要件事実論

村田 渉＋山野目章夫 編著
Wataru Murata＋Akio Yamanome

後藤巻則＋髙橋文清＋村上正敏＋大塚 直＋三角比呂
鈴木謙也＋桃崎 剛＋德増誠一＋劔持淳子 著

Makinori Goto＋Fumikiyo Takahashi＋
Masatoshi Murakami＋Tadashi Otsuka＋Hiro Misumi＋
Kenya Suzuki＋Tsuyoshi Momosaki＋
Seiichi Tokumasu＋Junko Kenmotsu

弘文堂

［第4版］はしがき

　2012年に第3版を刊行してから、6年が経つ。
　ここに本書の第4版を制作して読者の皆さんにお届けすることにした背景には、そのこともある。
　しかし、何よりも強い要請としてあることは、民法の債権関係規定の見直しを受け、本書が扱う題材をそれに即応するものとする必要があった。
　すでに人々が知るとおり、民法の契約に関する規律を全般的に見直す債権法改正事業は、平成29年法律第44号として結実した。これにより大きく変わることになる民法の新しい規定は、一部の特例的な扱いを除き、2020年4月1日に施行される。
　訴訟における攻撃防御の考え方は、すでに本書において折に触れ強調してきたとおり、実体法を十分に理解し、それを踏まえて考えることが、大切である。したがって、契約に関する諸規律を中心に民法が大きく変わったからには、新しい民法の考え方の基本精神に依拠した訴訟の展開を考究しなければならない。
　もとより、新しい民法の規定は、これから研究されていく部分も多く、細目にわたる点については、考え方が定まっていなかったり、異なる意見が成立する可能性があったりする事項もある。それらの事項について、第4版においては、性急に特定の見解を採るということではなく、今後の論議の推移を見守るという態度で論述をすることとした。
　第4版の制作については、さらに執筆陣のことも、特筆しておきたい。
　民事裁判実務の重要なツールである要件事実論は、ある時にのみ盛んに論議されたにとどまるということは許されず、世代から世代へと受け継がれなければならない。そこで、初版以来の執筆者がひきつづき本書の制作に参画すると共に、民事裁判実務の経験を積んできた中堅の世代の方々に加わってもらうこととした。その新しい執筆陣と編者らは、編集会議を催し、新しい民法の規定を踏まえた訴訟における攻撃防御がどのようなもの

として考えられるか、討議を重ねてきた。同時にまた、いずれも裁判所において責任のある立場を担うに至っている初版以来の執筆者らと編者との意見交換も併行して行なわれた。本書は、これらのすべての執筆者らの手になるものである。

　また、第3版と同じく、巻末の「請求原因・抗弁・再抗弁・再々抗弁記載例関係一覧表」の制作は、桃崎剛判事（名古屋地方裁判所）を煩わせた。さらに事項索引は、行川雄一郎判事補（司法研修所所付）の尽力の賜物である。

　担当編集者は初版以来変わらず、いまや本書の制作に欠くことあたわざる北川陽子さんに第4版もお世話になったことは、いうまでもない。

　　2018年1月

村　田　　　渉
山野目章夫

［第3版］はしがき

　本書の第2版を刊行してから3年が経過し，この間に民法の実体法に関する文献や要件事実論を扱う書物で新しいものが刊行されたり，改訂されたりしたものも多い。そこで，これらを参照した記述に改めるため，第3版を刊行することとした。

　民事紛争を解決するためには，事案の分析力，論理的な思考力などとともに，当該事案において法的な意味を有する本質的な事項（情報）とそうでない事項とを的確に識別する能力を涵養することが大切である。そして，このような能力は，法律実務家が法廷において訴訟活動を行う際に有益であるというにとどまらず，法律実務家が扱う様々な紛争のいずれの場面においても重要な役割を果たすものである。本書では，初版以来一貫して，要件事実論は，錯綜する事実関係の中から法的に意味のある事実を分析・抽出し，事実関係を法的に構成・整理するための有用なツールであり，必要不可欠な思考様式を提供するものであって，上記のような能力を修得するためには，是非とも学修しておくべき基礎的素養（スキルとマインド）の1つであるとの立場に立っている。そして，要件事実論が民事実体法の解釈を前提とするものである以上，その学修に当たっては，多様な解釈があり得ることを意識しつつ，常に新しい視点から要件事実論を捉え直し，考察していくことが求められているのである。

　また，要件事実を考えるうえでは前提となる実体法の理解が重要であること，要件事実についての適切な理解が事実認定や訴訟運営の基盤をなすものであることなどを強調する視点は，この第3版においても，第2版までと異ならない。

　さらに，本書が自習書としての役割を与えられて読者から受け容れられている側面も大きいことを考慮し，利便性を向上させるため，巻末には，「請求原因・抗弁・再抗弁・再々抗弁記載例関係一覧表」を設けることとした。これは，司法研修所の桃崎剛教官に協力をいただいて作成した。こ

こに，記して御礼を申し上げる。

　要件事実論の学習にとって重要であると思われる観点や現在の民事裁判実務が要件事実を考えるうえで前提としている基本的な立場などを講ずる趣旨でコラムを設けたことも，同様に自習書としての役割をさらに充実させたいとする考えによる。また，法制審議会で調査審議が進められている民法の債権関係の見直しは，それにより今後の民事訴訟の攻撃防御について検討しなければならない点を精密に見定めることができる段階にはなっていないものの，その動向を注視しておくことは重要であり，補講を設けて若干の考察をしている。

　第3版の制作においても，第2版までと同様に，弘文堂編集部の北川陽子さんにお世話になった。北川さんの熱意と催促がなければ第3版は世に出なかったと言っても過言ではない。厚く御礼を申し上げたい。

　　2012年2月

村　田　　　渉
山野目章夫

［第２版］はしがき

　本書を刊行してから，２年が過ぎた。さいわいにも，本書は，法科大学院の学生や司法修習生の皆さんをはじめ幅広い方々に受け容れられ，要件事実の学修に役立てていただける栄に浴しているようにみえる。

　こうした読者の皆さんの支持に一層応えていくため，ここに第２版を世に問うこととする。改訂にあたっては，主に次のような点に留意した。

　まず，本書の自習書としての利用という需要が初版刊行時に想定していたよりも大きいとみられることを踏まえ，巻末に新しく演習問題を設けることとしている。各講で学んだ内容を応用する力を養うために役立てていただきたいと考えると共に，債務不存在確認訴訟や請求異議の訴えのように実務上重要であると認められる訴訟形態の攻撃防御の枠組みの理解のためにも活用されることを望む。

　また，実務上重要であるにもかかわらず要件事実の考え方について未開拓な部分が残されている領域もみられる。本書で扱う内容のなかでは，第28講の医療過誤訴訟などが，それに当たる。そこで，同講末に記述を補って解説を拡充しており，これについては，当時，東京地方裁判所の医療集中専門部においてこの種類の事案を扱っていた小西安世福島地家裁郡山支部判事補に協力をいただき，稿を起こした。ここに，記して御礼を申し上げる。

　さらに，読者から理解しにくいとの声をいただいた部分をよりわかりやすく解説し，読者が間違えやすい点や，読者の理解が容易でない点などについて，解説を追加・補訂した。

　このほか，初版刊行後に要件事実の学修のうえでも重要である判例や文献が表われている。判例としては，会社の商人性を論じた最高裁判所平成20年２月22日第二小法廷判決・判例タイムズ1267号165頁があり，これらへの言及を補った。

　どのように要件事実の学修を受け止めていただきたいか，ということに

ついての執筆者らの思いは，初版刊行の際と異なっていない。要件事実の考え方を，文字どおり考え方として学ぶという姿勢で，実務上重要である諸々の紛争形態の主張立証の構造を理解し，実践的に展開することができるように努めていただきたいこと，したがってまた，安易に暗記に走るのではなく，民法や民事訴訟法の基本的な考え方とのつながりを重視して学んでいただきたいこと，これらの点を願っている。本書が，ひきつづき読者の皆さんの要件事実の学修の良き伴走者となるならば，さいわいである。

2008年12月

村田　渉

山野目章夫

［初版］はしがき

　法科大学院制度の出発点となったものは，いうまでもなく2001年6月12日に出された司法制度改革審議会意見書であり，そこでは，法科大学院の教育で扱うべき内容の1つとして，「実務教育の導入部分（たとえば，要件事実や事実認定に関する基礎的部分）」ということが掲げられていた。
　このような要請に応えて法科大学院における要件事実の基礎的教育を実践するためには，いうまでもなく教材が必要である。もちろん，すでに今までも，司法研修所が作成したものを中心として，いくつかの優れた教材が編まれている。しかし，それらは，司法試験に合格した司法修習生を主たる対象とし，かつ民事訴訟の実務および要件事実の教育に習熟した少数の教官が，しかも緊密な合議に基づいてする教育を想定したものであった。
　法科大学院の教育において要件事実を取り上げるということは，こうした様相を一変させ，学ぶ側と教える側の双方において，一挙に要件事実教育が，裾野の広がりを帯びたものになりつつある。
　本書は，こうした時代状況認識に立脚して，要件事実の学修について，法科大学院で学ぶ人々が活用することを想定して制作されたものである。そのような目的をもつ本書が，いわばモチーフとして抱いているものは，いくつかあるが，ここでは，著者らが強調しておきたい2つのメッセージについて語ることとしよう。

　第1に，当然のことといえば当然のことであるが，何より，本書により要件事実論を適切な仕方で学んでいただきたいと考える。要件事実については，今まで，いくつかの誤解があった。たとえば，"要件事実は暗記物である"という誤解である。要件事実の学修は，けっして，一定の解答の無批判な受容を強いるものではなく，民法を中心とする実体法の内容や，それについての判例・学説の発展の成果との関係で開かれたものでなければならない。本書が，民法の研究者を執筆陣に擁し，実務家裁判官との討

議により内容の吟味を試みた成果であるのも，このことを意識するからである。

　また，"要件事実は論理の遊戯ないしゲームのようなものである" という見方もある。これも誤解である。要件事実が実際の紛争処理と離れ空理として考察の対象となると捉えるとき，それは，たしかに，遊戯やゲームのように見えるのかもしれない。しかし，そこでは，司法制度改革審議会意見書が言及するもう1つの契機，すなわち事実認定の重要性ということが，視点として欠落している。要件事実の的確な整理があってはじめて，事実認定において証拠や間接事実を積み上げてゆくべき目標である立証対象・立証命題としての主要事実が定まるのである。本書の執筆に参画した実務家は，いずれも司法研修所の教官を経験した裁判官であるとともに，民事裁判の実務に習熟したベテラン法曹であり，本書は，これら実務家の経験を踏まえたリアリティのある要件事実の教材となることが，標榜されている。

　第2に，本書のもう1つのモチーフは，民事紛争の典型的な形態（あり方）についての知見を深めてもらいたい，ということにある。法曹となって実務に携わるまで，あるいは修習が始まるまでは，どうしても実際の紛争に学生の皆さんが触れることは，少ない。もちろん，法科大学院において，クリニックや模擬裁判などの臨床教育の試みが始められているし，今後は，こうした営みがさらに推進されなければならないであろう。そして，そうした試みを支援する意味において，本書は，言い分方式などで取り上げるストーリーの考案に当たっても，いたずらに複雑なものとすることを避け，むしろ典型的な民事紛争の様相を映し出すことに努めた。

　かつての旧司法試験の受験準備においては，たとえば民法の勉強というと，ともすれば学説が先鋭に対立している事項ではあっても，かならずしも民事裁判の実際において普遍的に表出するのではないような事項に学生諸君の関心が傾きがちであった。従来の法曹養成の仕組みにおいては，いわば民事紛争の"病理"に触れることばかりに精力が割かれ，その「生

理」を学ぶことへの関心が貧しいものになりがちであったことは，否定することができないであろう。まさに本書においては，そのような民事紛争の「生理」を認識してもらうための教材であることをも狙いとした。

　このようなことが本書制作の意図であり，上述のとおり，本書は，主に法科大学院の学生の皆さんに活用されることを想定している。しかし，要件事実というものが，民事裁判やそれに類する紛争処理における有用なツールであることに思いをいたすならば，本書は，より広汎な人々に手にとっていただきたいとも考えている。特別研修を受講することになる司法書士や土地家屋調査士の皆さんなどにも，ごらんいただきたいと考えるし，さらに，法学部の学部課程の学生の皆さんや一般の市民の皆さんにとっても，民事裁判のありようを知っていただくうえで，有益であると信じている。

　本書に託した制作の意図は，以上のようなことであるが，もとより，それらが達成されているかどうかは，読者の皆さんのご批評やご意見を待つほかない。機会があれば，そうした批評や意見をも踏まえ，改訂を重ねてゆきたいと考える。また，執筆者の側の私的な感慨を述べることが許されるとするならば，本書制作の過程において裁判官と研究者が討議を重ねた時間は，まさに至福のものであった。そうした討議に熱中するあまり，ときに脱稿時期を忘れてしまいがちになる中で，執筆者のわがままを快く受け入れ，原稿が出来上がるのを辛抱強くお待ちいただき，しかし，最後は適切に催促をいただくことを怠らなかった弘文堂編集部の北川陽子さんにも，厚く御礼を申し上げる。こうした関係者の思いが活かされ，本書が，要件事実の学修にとって良いガイドとなるならば，さいわいである。

　　2007年2月

　　　　　　　　　　　　　　　　　　　　　　　　　　　村　田　　　渉
　　　　　　　　　　　　　　　　　　　　　　　　　　　山野目章夫

要件事実論30講

はしがき　i
凡　例　xix

第1部　要件事実論の基礎　　1

第1講　要件事実の概念　　3

1　民事紛争の解決手法　　3
2　権利の存否を認識する方法　　4
3　要件事実の意義　　5
4　要件事実概念の分類と特色　　7
5　要件事実と主張立証責任　　11
6　主張立証責任の分配基準——法律要件分類説　　13
7　要件事実の特定性と具体性　　15

第2講　要件事実論入門(1)　　18

1　学習手順の確認　　18
2　要件事実の分類　　18
3　権利根拠事実　　20
4　事実の摘示に即して考察しておくべき若干の事項　　21
5　請求原因の認否　　25
6　権利障害事実　　27
7　権利消滅事実　　29
8　権利阻止事実　　30

第3講　要件事実論入門(2)　　32

1　所有権に基づく物権的請求権の訴訟における主張立証の基本構造　　32
2　占有権原の抗弁　　33
3　所有権喪失の抗弁　　37
4　対抗要件具備による所有権喪失の抗弁　　40

第4講　要件事実論と民法 ────── 44

1　民法と要件事実論との基本的関係　　44
2　民法学と要件事実論の役割分担　　45
3　民法学と要件事実論の相互作用　　48

コラム：民法の学習と要件事実論　　61

第5講　要件事実論と民事訴訟法 ────── 63

1　民事訴訟法の基本原理としての弁論主義　　63
2　弁論主義と要件事実との関係　　67
3　主張責任と立証責任の所在の必然的一致の否定　　80

コラム：主張自体失当とは何か　　84

第6講　規範的要件 ────── 89

1　規範的要件──法律要件としての規範的評価　　89
2　規範的要件における主要事実についての考え方　　90
3　具体例に基づく説明　　94
4　規範的評価は総合判断であること　　98
5　規範的要件についての注意事項　　99
6　黙示の意思表示の主張立証について──補論　　99

第7講　主張立証責任の分配(1) ────── 102

1　権利の発生根拠と契約の成立要件　　102
2　契約に基づく請求に関する要件事実　　103
3　非典型契約(無名契約)の要件事実の考え方　　106
4　法律の規定と同一内容の合意の取扱い　　107
5　立証責任の分配における立証の難易の位置付けについて　　108
6　攻撃防御方法の避けられない不利益陳述──「せり上がり」について　　109

第8講　主張立証責任の分配(2) ─ 117

1　要件事実は必要最小限の事実であること──「ミニマム」の原則　117
2　攻撃防御方法の内包関係──「a+b」について　117
3　許されたa+b──予備的主張について　124
4　「a+b」の攻撃防御方法と「許されたa+b」の攻撃防御方法の整理　134

第9講　要件事実論と民事訴訟の実務 ─ 137

1　要件事実の重要性　137
2　民事訴訟における要件事実の具体的な機能　139
3　要件事実と訴訟遅延　146
4　要件事実論の機能と役割　148

> コラム：民事裁判実務における要件事実論の背景にあるもの　149

第2部　要件事実論の展開　159

第10講　売買(1) ─事例1─ ─ 161

【訴訟物】
売買契約に基づく財産権移転請求権としての土地建物引渡請求権及び所有権移転登記請求権

売買(2) ─事例2─ ─ 183

【訴訟物】
売買契約に基づく代金支払請求権
履行遅滞に基づく損害賠償請求権

第11講　売買(3) ─ 198

【訴訟物】
売買契約に基づく代金支払請求権

第12講　消費貸借 ——————— 209

【訴訟物】
消費貸借契約に基づく貸金返還請求権
消費貸借契約に基づく貸金返還請求権及び履行遅滞に基づく損害賠償請求権

第13講　準消費貸借 ——————— 224

【訴訟物】
準消費貸借契約に基づく貸金返還請求権
利息請求権及び履行遅滞に基づく損害賠償請求権

第14講　賃貸借(1) ——————— 246

【訴訟物】
賃貸借契約終了に基づく目的物返還請求権としての建物明渡請求権
賃貸借契約に基づく賃料支払請求権
履行遅滞に基づく損害賠償請求権

第15講　賃貸借(2) ——————— 261

【訴訟物】
所有権に基づく返還請求権としての土地明渡請求権

第16講　賃貸借(3) ——————— 277

【訴訟物】
賃貸借契約終了に基づく目的物返還請求権としての建物明渡請求権

第17講　代理(1)—有権代理 ——————— 285

【訴訟物】
売買契約に基づく代金支払請求権
民法新117条1項に基づく履行請求権

第18講 代理(2)—表見代理 — 301

【訴訟物】
売買契約に基づく代金支払請求権
履行遅滞に基づく損害賠償請求権

第19講 保証 — 321

【訴訟物】
根保証契約に基づく保証債務履行請求権

第20講 物権的請求権(1) — 336

【訴訟物】
所有権に基づく返還請求権としての建物明渡請求権

第21講 物権的請求権(2) — 359

【訴訟物】
所有権に基づく妨害排除請求権としての抵当権設定登記抹消登記(手続)請求権

第22講 時効取得 — 376

【訴訟物】
所有権に基づく返還請求権としての土地明渡請求権

第23講 登記請求権 — 390

【訴訟物】
売買契約に基づく所有権移転登記請求権

第24講 不動産物権変動 — 397

【訴訟物】
所有権に基づく妨害排除請求権としての所有権移転登記請求権

第25講	………**相殺** ———————————— 408
	【訴訟物】 動産売買契約に基づく代金支払請求権

第26講	………**債権譲渡**(1) ———————————— 420
	【訴訟物】 A・Y間の売買契約に基づく代金支払請求権 履行遅滞に基づく損害賠償請求権

第27講	………**債権譲渡**(2) ———————————— 439
	【訴訟物】 A・Y間の売買契約に基づく代金支払請求権 履行遅滞に基づく損害賠償請求権

第28講	………**手段債務** ———————————— 454
	【訴訟物】 医療契約に基づく債務の不履行による損害賠償請求権

第29講	………**不法行為** ———————————— 470
	【訴訟物】 工作物責任に基づく損害賠償請求権 一般不法行為責任に基づく損害賠償請求権

第30講	………**相続** ———————————— 483
	【訴訟物】 使用貸借契約の終了に基づく目的物返還請求権としての土地明渡請求権

ブロック・ダイアグラム　　491

補　講	………**民法の債権関係の規定の改正に係る経過措置の概説** ——— 519

第3部　演習問題　527

第1問　時効取得 — 529

【訴訟物】
所有権に基づく返還請求権としての土地明渡請求権

第2問　売買 — 535

【訴訟物】
売買契約に基づく代金支払請求権

第3問　消費貸借 — 541

【訴訟物】
消費貸借に基づく貸金返還請求権
利息契約に基づく利息請求権
履行遅滞に基づく損害賠償請求権

第4問　準消費貸借 — 547

【訴訟物】
準消費貸借契約に基づく貸金返還請求権
利息契約に基づく利息請求権
履行遅滞に基づく損害賠償請求権

第5問　賃貸借 — 553

【訴訟物】
賃貸借契約終了に基づく目的物返還請求権としての建物明渡請求権
賃貸借契約に基づく賃料支払請求権
履行遅滞に基づく損害賠償請求権

第6問　代理 —— 558

【訴訟物】
売買契約に基づく代金支払請求権

第7問　保証 —— 563

【訴訟物】
保証契約に基づく保証債務履行請求権

第8問　物権的請求権 —— 569

【訴訟物】
所有権に基づく返還請求権としての動産引渡請求権

第9問　登記請求権 —— 574

【訴訟物】
所有権に基づく妨害排除請求権としての根抵当権設定登記抹消登記請求権

第10問　不動産物権変動 —— 578

【訴訟物】
所有権に基づく妨害排除請求権としての所有権移転登記請求権

第11問　債権譲渡(1) —— 583

【訴訟物】
Ａ・Ｙ間の敷金契約に基づく敷金返還請求権

第12問　債権譲渡(2) —— 589

【訴訟物】
Ａ・Ｙ間の売買契約に基づく売買代金請求権

第13問	………債権者代位 ──────── 595

【訴訟物】
土地所有権に基づく妨害排除請求権としての抵当権設定登記抹消登記請求権

第14問	………詐害行為取消権 ──────── 601

【訴訟物】
詐害行為取消権

第15問	………債務不存在確認 ──────── 608

【訴訟物】
売買契約に基づく代金支払請求権

第16問	………請求異議 ──────── 612

【訴訟物】
請求異議権

第17問	………第三者異議 ──────── 618

【訴訟物】
第三者異議権

請求原因・抗弁・再抗弁・再々抗弁記載例関係一覧表　　624
事項索引　　629

凡　例

　なお，本書では，改正法の施行時期を考慮し，改正法が適用される事例とするため，契約成立時期等を2021年以降として事例を設定している。したがって，特段の指示がない限り，検討の基準時はその後の時点となることに留意していただきたい。

一審解説	司法研修所監修『4訂　民事訴訟第一審手続の解説―事件記録に基づいて』（法曹会・2001）
起案の手引	司法研修所編『10訂　民事判決起案の手引』（法曹会・2006）
新問研	司法研修所編『新問題研究　要件事実』（法曹会・2011）
問題研究	司法研修所編『改訂　問題研究要件事実―言い分方式による設例15題』（法曹会・2006）
類型別	司法研修所編『改訂　紛争類型別の要件事実』（法曹会・2006）
要件事実(1)	司法研修所編『増補　民事訴訟における要件事実1』（法曹会・1986）
伊藤（滋）	伊藤滋夫『要件事実の基礎―裁判官による法的判断の構造〔新版〕』（有斐閣・2015）
伊藤	伊藤眞『民事訴訟法〔第5版〕』（有斐閣・2016）
内田Ⅰ・Ⅱ・Ⅲ	内田貴『民法Ⅰ　総則・物権総論〔第4版〕』・『民法Ⅱ　債権各論〔第3版〕』・『民法Ⅲ　債権総論・担保物権〔第3版〕』（東京大学出版会・2008・2011・2005）
大塚＝後藤＝山野目	大塚直＝後藤巻則＝山野目章夫編著『要件事実論と民法学との対話』（商事法務・2005）
大村Ⅰ・Ⅱ・Ⅲ	大村敦志『基本民法1　総則・物権総論〔第3版〕』・『基本民法2　債権各論〔第2版〕』・『基本民法3　債権総論・担保物権〔第2版〕』（有斐閣・2007・2005・2005）
大村1・2・3・4・5・6・7・8	大村敦志『新基本民法1　総則編』・『新基本民法2　物権編』・『新基本民法3　担保編』・『新基本民法4　債権編』・『新基本民法5　契約編』・『新基本民法6　不法行為編』・『新基本民法7　家族編』・『新基本民法8　相続編』（有斐閣・2014～2017）
奥田	奥田昌道『債権総論〔増補版〕』（悠々社・1992）

加藤(雅)・大系Ⅱ・Ⅲ・Ⅳ	加藤雅信『新民法大系Ⅱ　物権法〔第2版〕』・『新民法大系Ⅲ　債権総論』・『新民法大系Ⅳ　契約法』(有斐閣・2005・2005・2007)
加藤＝細野	加藤新太郎＝細野敦『要件事実の考え方と実務〔第3版〕』(民事法研究会・2014)
川井・概論Ⅰ・Ⅱ・Ⅲ・Ⅳ	川井健『民法概論Ⅰ　民法総則〔第4版〕』・『民法概論Ⅱ　物権〔第2版〕』・『民法概論Ⅲ　債権総論〔第2版補訂版〕』・『民法概論Ⅳ　債権各論〔補訂版〕』(有斐閣・2008・2005・2009・2010)
倉田〔債権総論〕・〔上〕・〔下〕	倉田卓次監修『要件事実の証明責任〔債権総論〕』・『要件事実の証明責任〔契約法上巻〕』・『要件事実の証明責任〔契約法下巻〕』(西神田編集室・1986・1993・1998)
後藤	後藤巻則『契約法講義〔第4版〕』(弘文堂・2017)
後藤＝山野目	後藤巻則＝山野目章夫『民法総則』〔新・論点講義シリーズ〕(弘文堂・2008)
潮見・概要	潮見佳男『民法(債権関係)改正法の概要』(金融財政事情研究会・2017)
潮見・新総論Ⅰ・Ⅱ	潮見佳男『新債権総論Ⅰ』・『新債権総論Ⅱ』(信山社・2017)
四宮＝能見	四宮和夫＝能見善久『民法総則〔第8版〕』(弘文堂・2010)
新堂	新堂幸司『新民事訴訟法〔第5版〕』(弘文堂・2011)
髙橋〔上〕	髙橋宏志『重点講義民事訴訟法(上)〔第2版補訂版〕』(有斐閣・2013)
中田	中田裕康『債権総論〔第3版〕』(岩波書店・2013)
中野	中野貞一郎『民事手続の現在問題』(判例タイムズ社・1989)
山野目	山野目章夫『物権法〔第5版〕』(日本評論社・2012)
山本Ⅰ・Ⅳ-1	山本敬三『民法講義Ⅰ　総則〔第3版〕』・『民法講義Ⅳ-1　契約』(有斐閣・2011・2005)
我妻Ⅰ・Ⅲ・Ⅳ・V₁・V₂・V₃	我妻栄『新訂　民法総則』〔民法講義Ⅰ〕・『新訂　担保物権法』〔民法講義Ⅲ〕・『新訂　債権総論』〔民法講義Ⅳ〕・『債権各論上巻』〔民法講義V₁〕・『債権各論中巻(一)』〔民法講義V₂〕・『債権各論中巻(二)』〔民法講義V₃〕(岩波書店・1965・1968・1964・1954・1957・1962)
民法Ⅰ・Ⅱ・Ⅲ・Ⅳ	山田卓生＝安永正昭＝河内宏＝松久三四彦『民法Ⅰ　総則〔第3版補訂〕』・淡路剛久＝鎌田薫＝原田純孝＝生熊長幸『民法Ⅱ　物権〔第3版補訂〕』・野村豊弘＝栗田哲男＝池田真

xx ……… 凡例

	朗=永田眞三郎『民法Ⅲ　債権総論〔第3版補訂〕』・藤岡康宏=磯村保=浦川道太郎=松本恒雄『民法Ⅳ　債権各論〔第3版補訂〕』〔有斐閣Sシリーズ〕(有斐閣・2007・2010・2012・2009)
旧版注釈(9)・(11)・(12)・(13)	柚木馨編『注釈民法(9)　物権(4)　抵当権・譲渡担保・仮登記担保〔増補再訂版〕』・西村信雄編『注釈民法(11)　債権(2)　多数当事者の債権・債権の譲渡』・磯村哲編『注釈民法(12)　債権(3)　債権の消滅』・谷口安平『注釈民法(13)　債権(4)　契約総則』(有斐閣・1982・1965・1970・1966)
新版注釈(4)・(6)・(9)・(13)・(15)	於保不二雄=奥田昌道編『新版注釈民法(4)　総則(4)　法律行為(2)』・舟橋諄一=徳本鎮編『新版注釈民法(6)　物権(1)　物権総則〔補訂版〕』・柚木馨=高木多喜男編『新版注釈民法(9)　物権(4)　抵当権・譲渡担保・仮登記担保・他〔改訂版〕』・谷口知平=五十嵐清編『新版注釈民法(13)　債権(4)　契約総則〔補訂版〕』・幾代通=広中俊雄編『新版注釈民法(15)　債権(6)　消費貸借・使用貸借・賃貸借〔増補版〕』(有斐閣・2015・2009・2015・2006・1996)

民録	大審院民事判決録
民集	最高裁判所民事判例集
高民	高等裁判所民事判例集
下民	下級裁判所民事判例集
集民	最高裁判所裁判集民事
東高民時報	東京高等裁判所(民事)判決時報
行集	行政事件裁判例集
家月	家庭裁判月報
判時	判例時報(判例時報社)
判タ	判タ(判例タイムズ社)
金判	金融・商事判例(経済法令研究社)
金融法務	金融法務事情(金融財政事情研究会)
ジュリ	ジュリスト(有斐閣)
司研	司法研修所論集(法曹会)
曹時	法曹時報(法曹会)
争点	民事訴訟法の争点(有斐閣)
法教	法学教室(有斐閣)
法セ	法学セミナー(日本評論社)

法時　　　法律時報(日本評論社)
民商　　　民商法雑誌(有斐閣)

第1部

要件事実論の基礎

第1講 要件事実の概念

1 民事紛争の解決手法

　権利義務や法的利益をめぐって民事紛争が発生すると、その紛争の解決を求めて民事訴訟が提起される。民事訴訟が提起されると、裁判所は、手続面では民事訴訟法等の民事手続法を、実体面では民法等の民事実体法を適用して、民事紛争を解決することになる。民事訴訟では、裁判所が、紛争の当事者間に、当事者が主張する権利義務や法律関係があるかどうかを判断し、仮に当事者の主張する権利が存在すると判断した場合には、権利者がその権利を行使する法的な地位を有していること、義務者が権利の行使を受ける法的な地位にあることを、国家意思の発現として判決という形で宣言し、その権利行使を保障するという仕組みがとられている。

　これを少し具体的な事例に即して述べる。

> 〔設例〕
> 　Xは、2021年3月15日、AからA所有の腕時計を代金80万円で購入し、代金80万円を支払い、その所有権を取得した。にもかかわらず、Yは、この腕時計を何らの権原なく占有して使用している。そこで、XはYに対し、腕時計の引渡しを求める訴訟を提起した。

　このような民事訴訟が提起された場合、裁判所は、XのYに対する腕時計の引渡請求権という権利があるか否かということについて判決することによって、民事紛争を解決する。引渡請求権があれば、XがYから腕時計を取得できることを国家として保障し、引渡請求権がなければ、YがXから腕時計の引渡しを請求されることがないということを保障することによって、民事紛争は解決を見ることになる。

このように，民事紛争とは，何らかの権利義務あるいは法律関係の存否について争いがある状態ということができる。なお，この事例の場合，訴訟物（訴訟上の請求の内容である一定の権利または法律関係）は，「所有権に基づく返還請求権としての動産引渡請求権1個」ということになる。

2　権利の存否を認識する方法
(1)　法律効果と法律要件
　権利は，目に見えないものであり，抽象的で観念的な存在である。たとえば，腕時計の所有権をめぐって紛争が生じた場合，腕時計は人の五感で認識することができるが，所有権という権利は抽象的で，観念的なものにすぎない。そこで，権利の存否は直接認識することができないことから，これを認識するために用いられるのが，民法等の民事実体法である。たとえば，民法555条は「売買は，当事者の一方がある財産権を相手方に移転することを約し，相手方がこれに対してその代金を支払うことを約することによって，その効力を生ずる。」と規定する。同条は，①当事者の一方が相手方に財産権を移転することを約束し，②相手方がその代金の支払を約束するという事実があれば，売買契約が成立し，売主には売買目的物の権利（所有権）移転義務，買主には売買代金支払義務が生ずると規定している。民法等の民事実体法の多くの条文は，「Fという事実がある場合には，Rという権利が発生し，あるいは権利Rの発生が障害され，あるいは権利Rが消滅するなどの法律効果を生ずる。」と定めている。**民事実体法の多くは法律効果の発生要件を定めたものであり，このような法律効果の発生要件を，講学上，「法律要件」あるいは「構成要件」と呼んでいる。したがって，法律要件は，権利義務の認識手段であるということになる。**

(2)　権利の継続性
　そうすると，権利の存否は，権利が発生すると実体法の定めた法律要件に該当する事実等があるか否かで判断されることになる。実体法の定める法律要件は，それが法的評価（規範的評価）である場合（たとえば，過失，重過失および正当理由など。なお，事実でなく法的評価〔規範的評価〕が法律要件となっている場合を「規範的要件」という。このような規範的要件についてはその評価が成立する根拠となる事実あるいはその評価の成立を障害する事

実の存否が問題となる。詳しくは第6講参照）もあるが，多くは，事実（たとえば，売買契約の締結。より具体的には売買契約の申込みと承諾など）をもって法律要件としている。

　裁判所が権利の存否を判断するためには，まず法律要件である事実（たとえば，売買契約の締結）の存否を確定することが必要である。法律要件である事実が認識できれば，これに民事実体法を適用することによって，権利が発生したと判断することができるということである。そして，権利が発生したものと認められると，その後に消滅したものと認められない限り，現に事実審の口頭弁論終結の時点で存在しているものと認識するという仕組みになっている。すなわち，**ある権利が発生すると定める法律要件に該当する事実の存在が認められた場合には，その権利が発生したものと認め，その権利の消滅要件に該当する事実が認められない限り，その後も権利が存続している（権利がある）ものとして取り扱うのである。**このことを「権利には継続性がある」あるいは「権利の継続性」などということがある（「権利関係不変の公理」とも呼ばれる）。これに対し，一般に「事実には継続性はない」（事実がある時点で存在すると認められても，その後も当該事実が存続しているとは当然には認められない）と考えられている。

3　要件事実の意義

　民事法学の分野では，一般に，実体法の条文の法律要件（構成要件）に記載されている類型的な事実が要件事実であり（上記のとおり，法律要件は事実でないこともあることから，正確には，要件事実ではなく，法律要件要素〔構成要件要素〕というべきであるという見解もある），このような要件事実に当てはまる具体的事実が主要事実であると解されている。すなわち，要件事実は「法的概念」であり，主要事実は「事実的概念」であると解されているのである。たとえば，売買契約について，民法555条が定める要件事実は，上記のとおり，民法555条に定める「当事者の一方がする財産権移転の約束」と「相手方がする代金支払の約束」という事実（すなわち，「売買契約の締結」という事実）であるが，主要事実は，「売主は買主に対し，○年○月○日，腕時計を代金80万円で売った」という事実ということである。主要事実は，いわゆる5W1H（誰が，誰に対し，いつ，どこで，何を，

どのようにしたか）を明らかにした具体的事実である。このように考えると，ある要件事実（法律要件要素）を念頭に置いて，これに該当する事実が何であるかを考えるのは条文解釈の問題であり，ある具体的な事実がある条文の要件事実（法律要件要素）に該当するかどうかは，事実認定の問題ではなく，法適用・法解釈の問題ということになる。たとえば，売買契約が締結されたというためにはどのような事実がなければならないか，逆に，どのような事実があれば売買契約が締結されたといえるかは，法適用・法解釈の問題である。

　これに対し，法的概念と事実的概念とを常に截然と区別して表現できるとは限らないし，これを区別して表現することにさほどの意味がない場合があること，実務上も，これを截然と区別しないで用いる場合が少なくないこと，法律に定める法律要件に該当する具体的事実があれば法律要件が充足されたことになり，法律効果が発生することになることなどを理由に，従来，司法研修所などでは，便宜的に，「要件事実」という用語を講学上の「主要事実」と同義で用いている。この立場では，「要件事実」とは一定の法律効果（権利の発生・障害・消滅・阻止の効果）を発生させる法律要件に該当する具体的事実と定義される（問題研究6頁，新問研5頁参照）。

　法概念の理論的な説明としては，**要件事実とは，実体法の条文の法律要件（構成要件）に記載されている類型的な事実をいう**と解するのが正当と考えるべきであろうが，本書においても，司法研修所などと同様に，便宜的に，「要件事実」という用語を「主要事実」と同義で用いることがある。

*　意思表示の解釈が訴訟の争点となりうることを考えると，黙示の意思表示を主張する場合だけでなく，明示の意思表示を主張する場合にも具体的な言語表現をそのまま再現すべきであり，契約当事者の表示行為の意味の確定を対象とする契約の解釈（民法が定める契約類型等への当てはめ）をする前段階の表示行為に該当すべき行為を主張すべきであって，たとえば，契約の締結を主張する場合には，当該契約の申込みと承諾に該当すべき表示行為が事実として摘示されるべきであるとする見解もある。しかし，契約の申込みと承諾に該当すべき表示行為が明示的で，その行為の「客観的意味」が明らかといえるような場合には，通常行われているように，「売った」「買った」「売ると合意した」「買うと合意した」などと主張することで差し支えないものと思われる。

4 要件事実概念の分類と特色
(1) 要件事実の分類
　一般に，要件事実は，①人の精神作用を要件とするもの（意思表示，観念の通知，意思の通知など）と，②人の精神作用を要件としないもの（時の経過，人の生死などのように人の精神作用と関係のないもののほか，物を破壊するなど人の行為でなくとも同一の効果を生ずるものが含まれる。これらは「事件」と呼ばれることがある）とに分類される。さらに，①の「人の精神作用を要件とするもの」は，外部的・客観的な「行為」と内部的・主観的な「内心の状態」とに区別することができる。たとえば，売買契約締結の申込みは「行為」であり，悪意・善意は「内心の状態」である（いずれも事実であることに注意する必要がある）。

　消滅時効における時効期間の経過や，売買契約に代金支払期限の合意がある場合の期限の到来などは，人の精神作用を「要素」（「要件事実論」において，「要素」とは「必要欠くべからざる本質的な部分」という含意で用いられることが多い）としないから，②の事件であり，このような「時の経過」や「到来」という事実（詳しくは第2講参照）も，それが法律効果の発生に必要な事実である限り，欠くことのできない要件事実であることに注意する必要がある（実務では，時の経過や到来などの顕著な事実〔民訴179条〕は明示的には主張されないことも少なくないが，これらが要件事実であることに変わりはない）。

(2) 訴訟における行為の位置付け
　要件事実（主要事実）は，訴訟外で生じた出来事（事実）に限られない。たとえば，口頭弁論期日や弁論準備手続期日において，相殺の意思表示をしたこと，留置権や同時履行の抗弁権のような権利抗弁（権利の発生・消滅の主要事実が弁論に出ていてもそれだけでは抗弁とはならず，当該訴訟において，権利者による権利行使の意思表明があって初めて抗弁として判決の基礎とすることができるものを「権利抗弁」という。これに対し，事実の主張だけで抗弁となるものを「事実抗弁」ということがある）について権利行使をすると陳述したことなどは，いずれも当該法律効果を発生させるための要件事実である。

(3) 法律の規定と同一内容の合意の要否

契約の当事者が実体法規の条文の内容と同一の合意をする場合は少なくない。たとえば，売買契約において，目的不動産について所有権移転登記手続と引き換えに，売買代金を支払うとの合意をする場合（民新533条本文，改正前の民法533条本文に括弧書として「債務の履行（債務の履行に代わる損害賠償の債務の履行を含む。）」を追加するものである），建物の賃貸借契約において賃料の支払時期を毎月末日とするとの合意をする場合（民614条本文）などがこれに当たる。このような場合には，そのような合意の成立が主張立証されるまでもなく，そのような合意に基づく法律効果と同じ法律効果が実体法規の規定によって発生する以上，訴訟当事者がその事実を主張立証することは無意味であり，不要である。したがって，実体法規の条文と同一の内容の合意がされたとの事実が要件事実となることはなく，上記の場合には，売買契約締結の事実，建物の賃貸借契約締結の事実を主張すれば，特段の事由がない限り（この特段の事由が存在することは相手方の主張立証責任となる），上記合意の内容と同一の法律効果が発生することになるのである（第7講参照）。

＊ 民法新533条本文，614条本文は任意規定（公の秩序に関しない規定）と解されている。任意規定とは，法律行為解釈の標準になるもの（意思表示の内容に欠けている点がある場合にこれを補充し，あるいは意思表示が不明瞭な場合にこれを一定の意味に解釈する作用を有するもの）である。したがって，民法学上は，任意規定と異なる内容の意思表示（合意）をすることも，同じ内容の意思表示（合意）をすることも可能であり，いずれの意思表示であっても，それが明確にされたのであれば，任意規定に優先して適用されるものと解されている（民91条。なお，民新521条は，新たに契約の締結と内容決定の自由について規定している）。このような理解からすると，任意規定と異なる意思表示が存在する場合はもとより，同じ内容の意思表示が存在する場合であってもこれを事実として主張・摘示すべきであるとも考えられる。しかし，要件事実は，民事訴訟における攻撃防御方法という観点から機能的に把握すべきものである。任意規定と同じ内容の意思表示（合意）の場合には，それが存在すると主張し，それが立証できたとしても，立証できなかったとしても，任意規定があることによって，意図された法律効果が発生するのであるから，そのような意思表示の存在は攻撃防御方法としては無意味であり，要件事実とはならないと考えるのである。このように，要件事実は，実体法規の内容を民事訴訟の仕組みに合わせて裁判規範として機能するように捉え直したものということができる。

(4) 相手方の認否による要件事実の変容

所有権に基づく物の引渡請求訴訟の場合，その要件事実は，①Xがその物（動産，土地，建物など）を所有していること，②Yがその物を占有し

ていること、であると解されている。

　まず、①については、所有権に関しては権利自白が認められていることから、権利自白が成立する場合には、Ｘの所有権取得原因となる事実を主張立証する必要はないが、Ｘの所有権が争われる場合には、Ｘの所有権取得原因となる事実を主張立証することが必要となる（第9講、第20講参照）。さらに、権利自白が成立する場合は、それが成立する時点（現在〔正確にいえば、事実審の口頭弁論終結時〕のＸの所有か、過去の時点におけるＸのもと所有〔当時所有ともいわれる〕か、過去の一時点におけるＸ以外の第三者〔Ｘの前主あるいは前々主など〕の所有か）に対応する形で、その要件事実は次のように変容する。すなわち、相手方の認否（応訴態度）によって、要件事実は変化するのである（なお、所有要件と権利自白、権利自白の成立時点について、新問研60頁参照）。

〔現在のＸの所有について権利自白が成立する場合〕
　Ｘは、本件腕時計を所有している。

〔過去の時点におけるＸのもと所有について権利自白が成立する場合〕
　Ｘは、2021年4月1日当時、本件腕時計を所有していた。

〔過去の時点における第三者Ａの所有について権利自白が成立する場合〕
(1)　Ａは、2021年3月15日当時、本件腕時計を所有していた。
(2)　Ｘは、Ａから、2021年3月15日、本件腕時計を代金80万円で買った。
　　または、
(2)'　Ａは、Ｘに対し、2021年3月15日、本件腕時計を代金80万円で売った。

　次に、②について、いわゆる占有の時的要素に関する通説的見解である

現占有説からは，Yの現在のその物の占有を主張立証することが必要であるが，「占有」は，民事訴訟における攻撃防御方法の観点から見た場合には，きわめて抽象度の高い概括的な事実概念（事実状態であるが，占有があるかどうかが社会観念に照らして判断され，直接占有，間接占有〔代理占有〕などの種々の占有状態のものがあるということ）であるとされている（第20講参照）。実務上の通説的見解では，占有のこのような性質から，Yの占有について当事者間に争いがない場合は，抽象的概括的事実である「占有」に自白が成立したものとして「Yが占有していること」を主張立証すれば足りるが，争いがある場合には，単に「占有している」と主張するのではなく，その占有の具体的な態様（自己占有か代理占有かなど）を明確に主張立証する必要があると解されている。すなわち，占有という要件事実も，相手方の認否（応訴態度）によって，要件事実は次のように変容するのである。なお，占有態様をどの程度まで詳しく主張立証するかは，個々の訴訟における相手方の防御権の保障という観点から，具体的に決定されるべき問題である（なお，占有は規範的要件であるとする見解も主張されている）。

〔占有について自白が成立する場合〕
　Yは，本件腕時計を占有している。
　あるいは，
　Yは，本件土地を占有している。

〔占有について自白が成立しない場合〕
　Yは，本件土地の周囲に高さ約1mの鉄製の柵をめぐらし，約2mの高さまでコンクリート破片等の建築廃材を積んで，本件土地を占有している。

このように，民事訴訟における要件事実は，実体法規の条文に記載された法律要件（法律要件要素）を前提としながら，個々の具体的な訴訟における攻撃防御方法としての要件事実（主要事実）が果たす役割や，当事者間の攻撃防御の態様等を考えて決定されるべきものであり，「ある訴訟物

の請求原因の要件事実は○○の事実で，その抗弁の要件事実は××の事実であり，その再抗弁の要件事実は△△である」などとマニュアル思考で記憶すべきものでないことに特に留意する必要がある。

(5) **要件事実最小限の原則**

　要件事実は，実体法規の条文解釈によって決定される。決定された要件事実（法律要件）に該当する具体的事実（主要事実）を主張立証するについては，その要件事実に該当するといえるために必要最小限の事実は何かという観点から検討することが必要である（これを**「要件事実最小限の原則」あるいは「要件事実ミニマムの原則」などということがある**）。すなわち，実体法規の条文からすると，この必要最小限の要件事実が主張立証されることにより，権利の発生・障害・消滅等の法律効果が発生することになるから，このような必要最小限の事実こそが，民事訴訟における主張立証のポイントということになるのである。

　また，実際の民事訴訟の場では，要件事実（主要事実）以外の事実が主張されることがあり，そのような事実は，当該訴訟における要件事実（主要事実）の存在を推認させ，あるいは推認を妨げる働きをする間接事実，証拠の実質的証拠力（証明力，証拠価値）の判断に用いられるべき補助事実となることがあるものの，それが要件事実（主要事実）ではなく，間接事実あるいは補助事実であると正確に位置付けるためにも，要件事実最小限の原則を十分に理解し，これを念頭に置いて，当該訴訟における要件事実（主要事実）は何かを考えることが必要である。これによって，初めて，裁判所および訴訟代理人が当該事案を的確に把握して無駄のない争点整理手続（民訴164条〜178条）を行い，真の争点について集中証拠調べ（民訴182条）を実施して，迅速かつ適正な民事裁判を実現することができるようになるのである。

5　要件事実と主張立証責任

　民事訴訟では，ある要件事実（法律要件）について，裁判官においてそれが存在するとも存在しないとも断定することができないという真偽不明の状態となることがあるから，そのような場合にはどのように取り扱うべきかを定めておく必要がある。これが主張立証責任の問題である。

(1) 立証責任の概念

　権利の発生・障害・消滅等の法律効果の発生が認められるためには，法律要件として規定された要件事実がすべて認められる必要がある。民事訴訟においてその存在が争われるときは，これをすべて立証しなければならず，これを立証できなかったときは当該法律効果の発生が認められないこととなる。**ある要件事実の存在が真偽不明に終わった場合には，当該法律効果の発生は認められないということになる。この訴訟の一方当事者が受ける不利益または危険が「立証責任」（「挙証責任」，「証明責任」とも呼ばれる）である。**ここで注意すべきは，理論的にいえば，立証責任によって存在・不存在が仮定される対象は法律要件要素（講学上の「要件事実」）であり，立証責任は主要事実レベルの事実認定問題を解決するための法理ではなく，事実が存否不明の場合に法律要件要素が存在するかどうかが不明となることを解決するための制度であるということである。しかし，民事訴訟において法律要件要素に該当する具体的事実として主張された主要事実が真偽不明であるということは，結局は法律要件要素が存在するとも，存在しないともいえないということになるのであるから，立証責任は，主要事実（司法研修所などでいう「要件事実」）の存在が真偽不明の場合に当該法律効果の発生が認められないという不利益または危険であるといってもよいであろう。

(2) 主張責任の概念

　民事訴訟においては，弁論主義が採られており（民訴159条，179条参照），法律効果の有無の判断に必要な要件事実は当事者が口頭弁論で主張したものに限られ，その主張がなければ，裁判所がその事実を認定することは許されない。そうすると，**ある法律効果の要件事実が弁論に現れない場合，裁判所がその要件事実の存在を認定することは許されず，その結果，当該法律効果の発生は認められないということになる。この訴訟の一方当事者が受ける不利益または危険が「主張責任」である。**なお，事実の主張とその法的効果・法的評価の主張とは厳格に区別する必要がある。主張責任は要件事実について存在するものであって，法律効果あるいは法的評価自体について存在するものではない。したがって，法律効果自体については当事者の主張がなくとも，その要件事実が弁論に現れているときは，裁判所

は，当該法律効果の発生について判断することができる。

(3) 立証責任と主張責任の関係（概説）

　立証責任と主張責任の関係について，通説的見解では，次のように解されている。すなわち，ある要件事実について立証責任を負担するということは，その事実が立証できなかった場合に，これを要件事実とする法律効果が認められないという不利益を受けることになる。他方，ある要件事実について主張責任を負担するということは，その事実が弁論に現れなかった場合に，裁判所はその要件事実を判断の基礎とすることができず，これを要件事実とする法律効果の発生が認められないという不利益を受けることを意味する。このように，ある事実が，立証できない場合であっても，弁論に現れない（主張がない）場合であっても，いずれも，これを要件事実とする法律効果の発生が認められないことになるのであるから，民事訴訟の実務においては，一般に，**立証責任と主張責任とは必ず同一当事者に帰属するはずのものと考えられている**。立証責任と主張責任は同一当事者に帰属し，両責任の所在は必ず一致するということは，立証責任と主張責任に関する上記の定義・内容から導き出される論理的帰結であるというのである。

　これに対し，訴えの十分性・有理性の要請（原告の主張のみで訴えに理由があることが十分に基礎付けられている必要があること）から主張責任と立証責任の不一致が生ずることがあるとする見解（たとえば，民新415条1項の履行遅滞に基づく損害賠償請求については，履行期に債務の履行がないことにつき債権者が主張責任を負い，債務者が債務の履行があったことの立証責任を負うとする）も学説的には有力に主張されている（主張責任と弁論主義との関係，立証責任と主張責任との関係をめぐる問題点について，詳しくは第5講参照）。

6　主張立証責任の分配基準 ── 法律要件分類説

　主張立証責任が当事者間でどのように配分されるべきかについては学説上争いがあるが，現在の裁判実務においては，いわゆる法律要件分類説（通説的見解であるとされる）を基本として主張立証責任を分配することにより，要件事実を定めている。

法律要件分類説とは，基本的に，実体法規における構成要件（法律要件）の定め方・条文の構造に従って主張立証責任の分配を考える立場である。しかし，現在の実務が採用する法律要件分類説は，法律効果の発生要件を実体法規の本文・ただし書あるいは1項・2項等の条文の形式および文言だけで定めようとした初期の法律要件分類説（あるいは規範説）とは異なっている。**現在の法律要件分類説（「修正された法律要件分類説」と呼ばれることもある）は，ある法律効果の発生要件が何かという問題は実体法規の解釈によって決められるべき事柄であり，この解釈は立証責任の公平な分配という視点に立ったものであることが必要であると考える。**そして，このような立場から，実体法規の解釈に当たっては，各実体法規の文言，形式を基礎として考えると同時に，立証責任の分配の公平性・妥当性の確保をも常に考慮して，法の目的，類似する法規，関連する法規との体系的整合性，要件の一般性と特別性，原則性と例外性，さらには要件によって要証事実となるべきものの事実的態様とその証明の難易等を総合的に考慮して，立証責任の分配を考えるとしている。

　そして，法律要件分類説の立場からは，立証責任は当該法律効果の発生によって利益を受ける側の訴訟当事者が負担することになるが，法律効果の発生要件は，すべて客観的に実体法規の各法条（実体法規に明文がない場合には判例等）が規定するところであり，これらの実体法規は，その法律効果がどのように働くかという観点から，権利の発生要件を定めた権利根拠規定，権利の発生障害要件を定めた権利障害規定，権利の消滅要件を定めた権利消滅規定，権利行使を一時的に阻止する要件を定めた権利阻止規定の4つに分類され（「四分説」と呼ばれることもある），訴訟当事者は，それぞれ自己に有利な法律効果の発生要件事実について立証責任を負担するとされている。

＊　立証責任の分配に関しては多くの学説が唱えられているが，その差異は，条文の表現形式をどの程度重視するか，証拠との距離等の証拠法的要素をどの程度考慮するかの違いであり，通説的見解である法律要件分類説を採用すべき理由としては，①一般に私法の立法における条文の配列や本文・ただし書等の書き分けは原則として立証責任の所在に対する立法関与者の認識を反映するものであるから，条文の構造・表現は立証責任の分配基準の基礎とするに足りるものであること，②実体法規の構造や表現は明文規定のある法律要件の全般について基準となり，明確性や思考経済の面で優れていること，③実際にも，これによる立証責任分配の結果は民法およびその他の特別法について多くの場合適切なものと評価できることなどが挙げられている（笠井正俊「証明責任の分配」民事訴訟法の争点〔第3版〕208頁参照）。

7　要件事実の特定性と具体性
(1)　要件事実を特定し具体化する必要性
　民事訴訟において主張立証すべき要件事実（主要事実）は，現実に発生した社会的な事実であり，その態様は実に多種多様であり，同種同様の事実も多い。このような多種多様な社会的事実の中から要件事実として一定の事実を主張するに当たっては，その事実を他の類似の事実から区別できるように特定し，かつ，具体的に示す必要がある。

　要件事実を特定する方法は，その事実が発生した時点を日付によって，さらに必要があれば時刻によって示すのが通常である。このような要件事実特定のための日時は「時的因子」と呼ばれる。特定の方法は，時的因子による方法に限られることはなく，時的因子以外にも，主体，客体，事実の態様などを組み合わせることによって特定することが可能な場合もある（ほかにも，たとえば，「本件売買契約締結の際」などと特定することもある）。しかし，時的因子によらないで事実を特定する方法は煩雑なことがあり，正確に特定できない場合も起こりうるから，できる限り時的因子によって事実を特定することを心掛けるべきである。

　また，要件事実が時的因子によって特定されて主張されたからといって，それで十分に具体的であるということにならない場合もある。たとえば，法定解除の主張に対し，弁済の提供（民493条）をしたこと（解除の意思表示前にされることが後記の時的要素となる）を抗弁として主張する場合には，それが現実の提供であるのか（同条本文），口頭の提供であるのか（同条ただし書。この場合には，①債権者が債務者に対し受領を拒絶したこと，または，債務の履行について債権者の行為を要すること，②弁済の準備をして，そのことを債権者に通知して受領するよう催告したことを示す必要がある）を明らかにすることのほか，たとえば，それが現実の提供である場合，それが行われたことが時的因子（年月日）で主張されることによって一応の特定がされたとしても，相手方がこれを争っている場合には，弁済期日に債権者の面前で弁済の提供をしたというものであるか，それとも弁済すべき金員等を持参して債権者宅に行ったが，債権者は不在であったというものであるかを具体的に主張しなければ，民事訴訟における攻撃防御の対象となる要件事実としては特定不十分であると考えるべき場合もあろう。

＊　時的因子と異なり，要件事実相互の時間的前後関係が問題となる場合，たとえば，有権代理の主張の場合には，代理行為に先立って代理権授与の事実がなければならず，代理行為は代理権授与の後にされることが有権代理の要件事実の要素となっている（代理行為に後れて代理権が授与された場合には，その代理行為は無権代理であり，その後の代理権授与については追認が問題となるだけである）。このことを，代理権授与は代理行為に先立つことが要件事実の「時的要素」となっているという。「時的因子」と「時的要素」は区別されなければならない（誤解を恐れずにいえば，「時的因子」は日付であり，「時的要素」は前後関係であると考えるのが簡明であろう）が，通常は要件事実の特定のために時的因子を主張すると，要件事実相互間の前後関係も明らかになり，時的要素の主張としてもこれで足りることになる（時的因子と時的要素については，第2講参照）。

(2)　要件事実における特定性と具体性の一般的な基準

　要件事実（主要事実）をどこまで正確に特定し，どこまで詳細かつ精密に具体化しなければならないかは，個々の訴訟において，当該要件事実の立証対象としての適格性や相手方の防御権の保障等を考慮して決められるべきものであり，抽象的に決められる性質のものではない。争いのある要件事実は，当事者にとっては攻撃防御の対象となり，争点整理の対象となるものであって，裁判所にとっては心証を形成すべき対象であるから，できるだけ正確に特定され，できるだけ具体化して主張されるのがよいことになるが，反面，特定および具体化の程度をあまり厳格に要求すると，主張立証を過度に困難にし，あるいは不可能を強いることにもなりかねない。
　そこで，一般的には，個々の訴訟において，①要件事実を特定し具体化することの困難性の程度，②当該訴訟において他の同種同様の事実と紛れる可能性の程度，③相手方の攻撃防御方法との関連で相手方が被る不利益の程度などを総合考慮し，相手方が当該要件事実に対して防御活動を行う利益を実質的に損なわない範囲で，事実の特定性および具体性の程度を定めるのが相当である。ただし，特定と具体化の程度が低い要件事実は，主張自体としては許容される（主張自体失当とはならない）としても，その立証に苦労する場合が少なくないことに留意すべきである。
　このような基準からすると，前記(1)で取り上げた「弁済の現実の提供」が争われる場合は，たとえば，次のような事実摘示となるものと考えられる。なお，債務者Yが債権者X宅に弁済のために行ったが，債権者Xが不在であった場合の事実摘示は，XにおいてYが本件売買代金300万円を持参してX宅に来たことを争った（Xがその時不在であったことは争いがない）

と想定した例である（Xがその時不在であったことにも争いがある場合は，Xが不在であったことも要件事実として主張する必要があろう）。

〔債権者Xの面前で弁済の提供をした場合〕

　Yは，2021年3月末日ころ，本件売買代金300万円を持参して，東京都〇〇区〇〇3丁目4番5号所在のX宅に行き，Xに対しその受領を求めた。

　または，

　Yは，Xに対し，2021年3月末日ころ，東京都〇〇区3丁目4番5号所在のX宅において，本件売買代金債務の履行として300万円を差し出して，その受領を求めた。

〔債権者X宅に弁済のために行ったが，債権者Xが不在であった場合〕

　Yは，2021年3月末日ころ，本件売買代金300万円を持参して，東京都〇〇区〇〇3丁目4番5号所在のX宅に行ったが，Xは不在であった。

第2講 要件事実論入門(1)

1　学習手順の確認

　第1講において学習した要件事実の概念の理解を前提として，その次のステップで必要なことは，要件事実には，どのようなものがあるか，ということであり，言い換えるならば，要件事実は，どのように分類されるか，ということである。この分類が重要であるのは，単に思考整理上の意義にとどまらず，どの範疇の要件事実に分類されるか，により訴訟における攻撃防御の構造のうえでの位置付けが異なってくるからであり，そのことにより原告が請求原因として主張立証すべきであるか，被告が抗弁として主張立証すべきであるか，が定まってくるという実践的な意義を有するからである。

　そこで，本講および第3講においては，要件事実の概念が，訴訟における攻撃防御の中で，どのように実際に役立てられるか，を具体的に観察してみることとしよう。まず本講においては，契約に基づいて生ずる権利の履行を請求する訴訟を設例として取り上げて，要件事実の働き方を観察してゆくこととする。

2　要件事実の分類

　要件事実は，訴訟物として問題となる権利ないし法律関係にとって有する意義に応じ，次の4つに分類することができる（これらの理解に当たり，問題研究6頁に掲げられている図が有益である）。

〔要件事実の分類〕
(1)　権利根拠事実　　権利根拠事実は，訴訟物である権利の発生要件に当たる事実であり，請求原因として原告が主張立証しなけれ

ばならない。
(2) 権利障害事実　権利障害事実は，権利発生の障害となる事実である。権利根拠事実の存在が認められる場合において，抗弁として被告が主張立証する。
(3) 権利消滅事実　権利消滅事実は，権利を消滅させる事実であり，これも被告が抗弁として主張立証する。
(4) 権利阻止事実　権利阻止事実は，権利の行使を阻止する事実である。これも権利根拠事実の存在が認められる場合において，被告が抗弁として主張立証する。

　このような分類を具体例に即して考察するため，本講においては，原告となる者の言い分は次のようなものであり，保証債務履行請求権が訴訟物となる場合を基本設例として想定することにする。

〔基本設例〕
　Xは，銀行である。Xは，Aに対し，2018年3月1日に，300万円を貸し付けることとし，同額の金銭をAに交付した。この際，両者の間において，弁済期は2021年3月1日とすることが決められた。また，株式会社であるYは，この金銭消費貸借契約に基づくAの債務を保証することを約し，その旨を記した書面を作成した。
　しかし，2021年3月1日になっても返済が得られないことから，Xは，Yに対し，この保証契約に基づき300万円の支払を求めた。

　そうすると，この事案の訴訟物は，

〔訴訟物〕
　保証契約に基づく保証債務履行請求権　1個

となり，請求の趣旨は，

> 〔請求の趣旨〕
> 　被告は，原告に対し300万円を支払え。

ということになる。

3　権利根拠事実

　上述のとおり，**権利根拠事実は，訴訟物である権利の発生要件に当たる事実であり，請求原因として原告が主張立証しなければならない**。請求原因は，訴訟物である権利または法律関係を理由付ける事実である。契約に基づいて成立する債務の履行請求権が訴訟物になる場合においては，契約が成立したことが，債務の履行請求権を発生させる要件であるから，それが権利根拠事実となり，これを請求原因として主張することになる。**一般に契約は申込みと承諾の内容的な合致により成立が認められる**ものであるから，それらが権利根拠事実となる。これが原則であり，さらに具体の事例において権利根拠事実となる事実を考えるうえでは，次の３点に注意を要する。

(1)　契約の成立時期

　契約の成立が申込みと承諾の合致により認められるものであることはたしかであるが，通常は，申込みがあったことと承諾があったことを区別して細かく摘示する必要はない。「原告と被告とは，○年○月○日に売買契約を締結した」などと摘示する。隔地者間の契約においては，承諾の意思表示が到達した日が，原則として，時的因子である契約成立の日付として摘示されるべき日となる（民新97条１項）。対話者間の契約においては，いうまでもなく，対話により申込みと承諾が合致した日が契約成立の日である。契約の種類によっても多様であるであろうが，実際上しばしば，当事者が面談して会同する機会に，契約証書を作成する場合においては，その日に契約が成立したものであり，訴訟実務上，その契約の成立を証するため，その契約証書が処分証書たる書証として提出されることが多い。

(2) 要物契約の場合

要物契約の場合には，申込みと承諾があったことに加え，目的物の引渡しがあったことを権利根拠事実として主張立証しなければならない（具体的には，要物契約としてされる消費貸借に基づく権利の主張について，第12講参照）。

(3) 契約の内容として主張立証すべき事項

どのような内容の事項について申込みと承諾の合致があったか，ということについては，合致があった内容の全部を主張立証すべきであるか。これについては，契約の形態に応じ本書の各講において考察されるから，ここでは，それら各講において論じられることの要点を指摘する。まず，内容的合致があった事項の全部の主張立証を要するとする見解があるが，それが相当でないことについて，第7講を参照せよ。また，物の貸借を内容とする契約において，法文上明示されていないが主張立証を要すると解される事項があり，第12講において貸借型理論として紹介する。そのほか，売買契約の成立の主張において代金額を意思表示の不可欠の要素と考えるか，など契約の類型ごとに検討しておくべき論点がある（第10講事例1参照）。

4 事実の摘示に即して考察しておくべき若干の事項

権利根拠事実について見た基本事項を踏まえ，本講の基本設例についていうならば，権利根拠事実は，請求原因として次のように摘示されることになる。

〔請求原因〕
(1) 原告は，Aに対し，2018年3月1日，弁済期を2021年3月1日として，300万円を貸し付けた。
(2) 被告は，原告に対し，書面をもって，前項の金銭消費貸借契約に基づくAの債務を保証することを約した。
(3) 2021年3月1日は，到来した。
(4) よって，原告は，被告に対し，保証契約に基づき，300万円の支

> 払を求める。

(1) 時的因子および時的要素

　ここの摘示には，いくつかの日付が出てくるが，その関連では，時的因子および時的要素の概念を知っておくことが有益である。

　要件事実，すなわち，法律要件である具体的な事実は，相当な程度において特定されなければならない。単に「売買を締結した」では足りず，どの売買契約であるか，が特定されなければならない。そして，その特定は，しばしば，いつ締結された売買であるか，という仕方において示される。このように，法律要件である事実を特定するために含められる時間の摘示を〈時的因子〉という。「5月10日に売買契約を締結した」といった仕方で時的因子による摘示がなされる。

　これに対し，一定の時間の要素ないし時間の先後関係が法律要件とされる場合においては，そのような時間的要素は，法律要件事実の特定の機能にとどまらず，法律要件そのものとしての意味を持つ。このようなものを〈時的要素〉という。時効の進行を障害する事由としての債務承認を例にとっていうならば，「3月14日に債務者が債務の存在を認めた」という場合の日付は，それが時効期間の満了前のものでない場合において，時効更新の効果を認めることができないこととなる（時効援用権を喪失させる事由となることはあるかもしれないが，それはまた別の問題である）。

　時的因子は，関係者の行為を特定することがその機能であるから，行為の同一性が認められる範囲においては，裁判所が，当事者が摘示した時的因子と異なる時的因子で事実を認定することも許され，弁論主義違反の問題とならない場合がある。これに対し，時的要素は，主要事実の本質的内容を構成するものであり，当事者の主張と異なる認定により，法律要件が備わらないことになる場合があることに注意を要する。

(2) 期限の到来・経過・徒過

　法律要件として期限が問題となり，したがって，事実の摘示においても，それに関する記載が必要となる場面は少なくない。そのような場面には，いくつかのものがあり，まず，その期限が到来することにより法律効果が

発生するものがある。たとえば債務の履行を請求することができるための要件は，弁済期として定められた期限が到来することである。この場合において，いうまでもなく弁済がなされているときに重ねて履行を請求することはできないが，履行を済ませたことは債務者の方で主張立証すべきであるから，債務の履行を請求する債権者が主張立証すべきことは，弁済期である期限の到来であるということになる。訴状などにおいて事実を主張する際も，期限が「到来した」と摘示する。

　これに対し，債務の履行がなされないで弁済期である期限が過ぎる場合には，債務不履行に基づく損害賠償の請求ができることとなる。この場合において，債務の履行があったかどうかについて，債務者の方で債務を履行したことを主張立証すべきであるものと考える場合においては，債権者の方は単に期限が過ぎたことを主張立証すべきこととなるから，要件事実としては，弁済期である期限が「経過した」ことを主張すべきである（債務不履行に基づく損害賠償請求権の主張立証関係について，第10講事例2参照。また，第28講で扱う内容に注意を要する）。このことを表現するのに「徒過する」という表現は，用いないことが望ましい。「徒過する」は，〈債務が履行されないままの状態で期限が過ぎた〉ことを意味するものと考えるならば，"債務が履行されないまま"の部分を債権者の方で主張立証しなければならないこととなり，上述の主張立証の分担と異なってくることとなるからである。

　民事の法律関係の多くは，法律上も契約条項においても，「日」をもって定められることが多く，「到来する」と「経過する」との差異が実際上可視的に明確であるのも，まさに，その場合である。

　7月14日を弁済期とする債務は，同日が到来するならば（つまり同日の午前零時以降は）履行を請求することが可能になるのに対し，債務不履行の損害賠償は，7月14日の午後12時の経過を待って可能となる。ただし，実際の取立は，「法令又は慣習により取引時間の定めがあるときは，その取引時間内に限り」することができるとされる（民484条2項）。多くの場合には，社会通念上，取引をするのに適すると常識的に考えられる時刻から後に弁済の請求をすることが要請されると考えるべきである（民法724条1号の3年の起算時についても，「損害および加害者を知った時が午前零時で

ない限り，時効期間の初日はこれを算入すべきものではない」と説かれる〔最判昭57・10・19民集36-10-2163〕）。したがって，たとえ取立債務の場合であっても，午前零時に債務者の自宅を訪ねることが当然に許されるというものではない。

(3) 期間の経過

　取り上げた設例には登場しないが，期限と類似する面をもちながら，これと区別されるべきものに，期間がある。期間とは，始期と終期という2つの時間的瞬間で画されるところの時の区分であり，その間の全体に稠密性が認められる概念である。終期が経過することを〈期間が経過する〉または〈期間が満了する〉と表現する（民619条，624条など参照）。期間の終期に当たる日を末日と呼ぶこともあり，この末日の概念を用いて言い換えるならば，期間の経過ないし満了とは，期間の末日が経過することにほかならない。

　期間の概念は，賃貸借や雇用などの継続的契約の契約条件を定める際に用いられる。たとえば，期間を2021年11月21日までとする建物賃貸借において，賃貸人が賃借人に対し建物の明渡しを請求するための要件事実は，期間の満了であるから，すなわち，期間の末日である11月21日の午後12時が経過することである。ひとしく貸借型の契約であっても，消費貸借においては，期間の観念がなく，もっぱら期限の定めにより法律関係が規律されるし，そこで貸主が返済請求をするための要件事実も期限の到来であることと対照的に理解されることとなる。このような差異が生ずるのは，賃貸借が継続的契約であって，定められた期間の間は間隙がない時間の継続をもって（数学で用いられる概念で表現すると，時間的な稠密を伴って）賃借人に目的物の使用収益を認める趣旨の契約であるものと考えられるところによる。実際の契約においては，たとえば，"期間を11月21日までとし，同日限り建物を明け渡すものとする"といった文言を用いるものも見かける。もし後段の"11月21日限り建物を明け渡すものとする"の意味が，11月21日の到来をもって建物明渡しを請求することができるとする趣旨であるとして契約を解釈するものとするならば，この条項の前段は，上述に整理したような意味での期間の観念からは問題がある。このような場合において，当事者意思の解釈としては，期間は11月20日までとする趣旨である

という合理的解釈を施すこととなる。

5　請求原因の認否

　請求原因に対しては，被告により認否がなされる。認否の典型的な形態は，「認める」か「否認する」かであるが，状況によっては，「知らない」という陳述であったり，認否をせず沈黙するということがあったり，また，認否を要しない事実があったりする。また，訴状の請求原因の項に掲げられた事項であっても，認否ということに親しまないものがある。さらに，抗弁の段階で出される主張の中には，別の意味において認否に親しまないものが見られる。以下に分説することとしよう。

(1)　自白

　「認める」ということの訴訟法上の意味は自白であり，自白は，相手方の主張する事実を争わず，これを認める趣旨の訴訟行為である。主要事実のうち自白があったものは，立証を要せず，裁判所を拘束する（民訴179条）。本講の基本設例でいうならば，

〔認否〕
　　請求原因(1)及び(2)の事実は認める。

となる。このように請求原因を自白する場合において，被告が，請求原因事実と両立する事実であって原告の請求が認容されるのを阻却するために提出するものが抗弁であり，次述**6**からあとの事実は，まさに被告が抗弁として主張立証すべきことになる。

　このように，相手方当事者が主張する事実を前提としながら，それに基づく法律効果の発生を妨げる事実を主張することが抗弁である。そのうち請求原因に対して被告がする抗弁が，狭義の抗弁であり，それに対し原告がする抗弁が再抗弁と呼ばれる。以下，再々抗弁，再々々抗弁など，同様である。たとえば，契約に基づく債権の履行請求に対し，時効による債権消滅を主張することが抗弁であり，それに対し時効障害事由を主張することが再抗弁となる。注意しなければならないこととして，抗弁とその攻撃

の対象となる事実は，両立するものでなければならない。契約に基づく債権の履行請求の訴訟において，「契約が成立した」という請求原因事実と，「時効期間が経過した」という抗弁を構成する事実は両立する。これとは異なり，「契約が成立した」という主張に対し，「予約は成立したが，いまだ予約完結の意思表示がなされていない（したがって契約は成立していない）」という言い分は，両立しないから，抗弁ではなく，契約成立の主張の否認（予約のことを理由として添えているから積極否認）となる。

(2) **否認**

請求原因について「否認する」場合には，請求原因について争いがあるから，原告が，それに係る事実を立証しなければならない。具体的には，否認された主要事実を直接に証明する証拠を提出するか，または，その主要事実の推認を可能とする間接事実を証明することになる。

(3) **不知**

「知らない」という陳述は，略して不知と称されることもある。その訴訟法上の効果は，事実を否認するものと推定される（民訴159条2項）。

(4) **沈黙**

ある主要事実について，相手方当事者が認否をせず沈黙する場合，つまり「争うことを明らかにしない場合」は，その訴訟法上の効果として，弁論の全趣旨から否認するものと認めるべきときを除き，自白を擬制される（民訴159条1項）。

(5) **顕著な事実**

顕著な事実は，立証の必要がない（民訴179条）。要件事実の学習において，しばしば登場するのは，確定期限の到来や経過である。「7月14日が到来した」ということは，世人の皆が知っていることであって，証明する必要がない。

(6) **よって書き**

訴状においては，請求原因として主張立証すべき事実の掲記のあとで，それらの請求原因事実から得られる法律上の主張を要約する記載がなされることが慣例である。例においては(4)の項であり，「よって」で始めるところから，実務上「よって書き」とも呼ばれている。この部分は，法律上の主張であって事実の摘示でないから，これに対しては認否をしない。そ

れを受け容れない旨の相手方当事者の表明は,「争う」と記すことが適当である（ここを単純に「争わない」とすることは,ふつう考えにくい。それは実質的に請求の認諾となるであろう。ある部分を争わないとしつつ「その余は争う」とすることは,しばしば見かける）。

(7) **権利抗弁**

請求原因においては登場せず,抗弁で登場するものに権利抗弁がある。「債権者が主たる債務者に催告をするまでは保証債務の弁済に応じない」といった主張（民452条参照）であり,これも法律上の主張であって,認否をすることに親しまない。

6 権利障害事実

権利障害事実は,権利発生の障害となる事実である。権利根拠事実の存在が認められる場合において,抗弁として被告が主張立証する。契約により成立する債務の履行を請求する訴訟においては,その契約の無効事由を主張することが,権利障害事実の典型である。取消可能事由がある場合には,その事由の存在および取消しの意思表示があったことが権利障害事実となる（未成年取消しにおいては,契約当時に被告が未成年であったこと,および取消しの意思表示をしたことが権利障害事実である抗弁となり,これらの主張を受け,原告が,たとえば親権者の同意があった事実や,被告による詐術があった事実を再抗弁として主張することとなる）。

* 権利障害事実と権利消滅事実との区別については,若干微妙な部分もある。権利の行使を阻却することとなる事由を構成する事実である,ということは共通するものの,どのような意味において阻却することとなるのか,の観察においては,2つの観点を想定することができる。第1は,[1] 権利の成立当時から存在していた事由であるか,それとも [2] 後発的に生起した事由であるか,という区別であり,第2は,①権利の行使を阻却するという効果の発生が権利発生時である（そのように擬制される場合をも含む。いずれにしても,このように構成される場合には,法律的な論理としては,権利は一度たりとも存在していた時期はないということになる）か,それとも②権利行使を阻却する効果は,権利発生後に生ずる（換言するならば,権利が発生し,それが存在していた時期を経て,権利を行使することができない事態に立ち至ることとなる）か,という区別である。

   従来の論議において,[1]と①の組み合わせ,たとえば権利の発生根拠である契約を無効とする事由を権利障害事実として扱うことに異論はないし,同様に,弁済による債権消滅のように,[2]と②の組み合わせを権利消滅事実で遇することも素直に理解することができる。

   これらに対し,時効による債権消滅は,どう考えるか。これは,民法144条の規律に鑑みるならば,[2]と①の組み合わせであるから,それを権利消滅事実であると考えることができるのは,[1]に当たるものは①と②のいずれに当たるかを問わず権利障害事実であって,

それ以外は権利消滅事実であると定義する前提に立つ場合である。

　また，契約の解除は，それにより契約に基づいて成立した債務が遡及的に消滅すると構成する考え方（直接効果説）を前提とする場合には，解除原因の存在および解除の意思表示があったことは，[2]と①の組み合わせを構成することとなるから，権利障害事実・権利消滅事実の定義の如何に応じ，それぞれ権利障害事実または権利消滅事実に当たると理解する両様の見解が成立可能である。これに対し，解除により未履行債務が将来に向かい消滅するとする構成（折衷説）においては，権利消滅事実に当たると理解すべきことは明らかであり，また，未履行債務は消滅せず履行拒絶の抗弁をなしうるにとどまるとする構成（間接効果説）においては，権利阻止事実となる。

　本講の基本設例でいうならば，

（Yの言い分・その1／物的担保の存在に関する錯誤）
　2018年3月1日にAがXから融資を受ける際，Yの役員が融資実行の席に同席し，この債務を保証する旨を発言し，その旨の書面を作成したことは事実である。その際に，Aは，自分の所有する土地に抵当権が設定されているし，万が一にも返済ができないときは，この抵当権により債権の回収がなされるから，Yには迷惑をかけない旨の発言をした。自分は，これを信じて保証に応じたのであるが，実際には抵当権の設定はなされておらず，納得がゆかない。そこで，Xに対しては，2021年12月5日になって，この保証契約はなかったことにする，ということを告げておいた。

といった事情を想定することができ，この場合において，抗弁の事実摘示は，動機が表示されることにより法律行為の内容になる場合はその錯誤が法律行為の取消し可能性をもたらすという解釈を前提とするならば（学説の状況について，山本Ⅰ186-188頁，後藤＝山野目・90頁以下〔第14講〕），

〔抗弁〕　　保証契約の取消し ― 錯誤
(1)　被告が本件保証契約を締結したのは，本件保証契約を締結した当時，Aが請求原因(1)の金銭消費貸借契約に基づく債務を担保するためAの所有する甲土地に抵当権を設定した事実がないにもかかわらず，この事実があると認識していたためである。

> (2) 本件保証契約を締結するのが上記抵当権の設定があるからであることは，同契約において表示されていた。
> (3) 被告は，2021年12月5日，原告に対し，本件保証契約を取り消す旨の意思表示をした。

のようになされる。

7 権利消滅事実

　権利消滅事実は，権利を消滅させる事実であり，これも被告が抗弁として主張立証する。債務の履行を請求する訴訟においては，債務消滅原因を構成する事実が権利消滅事実の典型であることは，いうまでもないであろう。どのような事実を具体的に債務消滅原因として主張すればよいかは，民法が定める債務消滅原因の要件規定を参酌して決定される。弁済の抗弁は，準法律行為である弁済の事実を主張することでよい。相殺は，相殺適状にあったことと相殺の意思表示があったこととを主張する（民505条1項，506条1項。相殺の抗弁に対する判断は，民訴114条2項により，判決の主文に包含されていなくても既判力を有するという特別の扱いを受けるし，そのこととの関係において，相殺と他の抗弁が選択的に主張される場合には相殺の抗弁を後に判断しなければならない，という，これまた特別の扱いを受ける）。代物弁済による債務消滅の抗弁は，代物弁済の合意があったのみではたりず，本来の給付に代わる給付があったことを主張立証しなければならない（民482条にいう「他の給付をした」という要件）。

　本講の基本設例でいうならば，権利消滅事実として構成することのできる言い分としては，たとえば，

> **（Yの言い分・その2／弁済による債務消滅）**
> 　2018年3月1日にAがXから受けた融資について保証をしたことは事実である。そして，自分は，2018年3月14日に，その保証債務の履行としてXに300万円を支払った。

といった事情を想定することができ，その場合には，抗弁の事実摘示は，

> 〔抗弁〕　　弁済
> 　被告は，原告に対し，2021年3月14日，保証債務の履行として300万円を支払った。

のようになされる。

8　権利阻止事実

　権利阻止事実は，権利の行使を阻止する事実である。これも権利根拠事実の存在が認められる場合において，被告が抗弁として主張立証する。この主張立証が奏功する場合において，原告の請求が全部認容されることにならないことはいうまでもないが，半面において，全部棄却されることになるかというと，そうであるとは限らない。たとえば，同時履行の抗弁（民新533条）が権利阻止事実として主張される場合には，引換給付を命ずる限度において原告の請求を認容し，その余の請求を棄却する，という判決がなされ，そのような判決をしたとしても処分権主義に反しないと考えられる。

　本講の基本設例でいうならば，たとえば，

> （Yの言い分・その3／催告の抗弁）
> 　2018年3月1日にAがXから受けた際，Yの役員が融資実行の席に同席し，この債務を保証する旨を発言し，その旨の書面を作成したことは事実である。しかし，その書面に連帯保証であることは記されておらず，これは連帯でない保証契約である。したがって，XがAに対し催告をしない限り保証の履行に応ずるつもりはない。

といった言い分を想定することができ，その場合には，抗弁の事実摘示は，

> 〔抗弁〕　催告の抗弁
> 　被告は，原告がAに催告をするまで，保証債務の履行に応じない。

のようになされる（保証債務履行請求権の主張立証については，さらに第19講参照）。

第3講 要件事実論入門(2)

1 所有権に基づく物権的請求権の訴訟における主張立証の基本構造

　第2講において，契約に基づく請求権を題材として要件事実論の基礎的事項を考察したことを受け，本講においては，所有権に基づく返還請求権を取り上げることとしよう。

　所有権に基づく請求権をはじめとする物権的請求権を訴訟物とする訴訟の請求原因は，一般に，[1]原告に物権が帰属すること，[2]被告の行為または状態が原告の物権から反発を受ける関係にあること，の2つであることが基本である。一見すると複雑に見える事案であっても，この基本を的確に確認することにより攻撃防御の構造の正確な理解に到達することができる。

　まず[1]は，事実ではなく権利関係であり，これを被告が認める場合は権利自白が成立する。そして，権利自白が成立する場合には，請求原因として，これ以上の摘示をする必要はない（たとえば，「Xは本件土地を所有している」で十分である）。これに対し，被告が[1]を否認する場合において，問題となっているのが所有権であるときには，既に第1講で学んだように，いわゆる"もと所有"に遡って主張をすることになる。すなわち，Xが「Aは所有権を有していた。XはAから買った」と主張するのに対し，YがAの過去の所有を認めるならば，Xは，Aとの売買契約を締結した事実を立証することになる。その方法としては，直接証拠による立証と，間接証拠により立証された間接事実からの推認による場合とがある。売買契約締結の事実から，Xが所有権を取得したことが判断され，このようにして，全体として[1]が充足される。

　＊　権利自白の効力に関しては，訴訟法学上論議がある（伊藤347-348頁）。実務上は，一定の範囲において，当事者が自白に係る権利主張を基礎付ける負担から解放され，また裁判所が自白に係る権利の存在を前提として審判をしなければならない，という効果を肯定されて

いる。本書においても，少なくとも，ここで問題とする[1]についての所有権や制限物権に関する自白の効果を是認する前提で講述を進めることとする。

また，[1]において主張される物権が所有権でなく制限物権である場合には，典型的な場面についていうならば，当事者の意思表示によって（民176条の「設定……は……意思表示……によって」）物権が成立したことを主張立証することになる。もちろん時効取得など，そのほかの特殊な成立原因もありうるが，基本は，あくまで設定行為の存在の主張立証である。

これに対し[2]は，権利関係ではなく，事実である。所有権に基づく返還請求権であれば，被告の現在の占有を主張立証しなければならない。ふつう，「被告は本件土地を占有している」などとすることで十分であるが，請求の趣旨などとの関係で「被告は本件土地上に建物を所有して本件土地を占有している」，「被告は本件土地上の建物を占有して本件土地を占有している」などと摘示することが望まれることがある。

2　占有権原の抗弁

民法の講義などにおいては，所有権に基づく返還請求権とは，権原を有しない占有者に対し所有者が物の返還を請求することができる権利である，という趣旨の説明がなされることが多い（例を挙げるならば，舟橋諄一・物権法〔有斐閣・1960〕43頁が，「相手方が自分の占有を正当ならしめる事由を有しないことを要する」という論述をするのは，このような定義を前提とするものである）。所有権に基づく返還請求権というものの輪郭を与えるうえで，この定義は特に誤っていないと考えられる。いわばそれは，所有権に基づく返還請求権というものの平面的な描写であり，そのことが意識されている限り，これはこれで一個の説明である。これに対し，問題を立体的に把握しようとすると，どのように考えられるであろうか。立体的，ということは，訴訟における主張立証を考慮して事態を表現すると，どうなるか，ということにほかならない（「民法の理解の立体化」という観点を強調して要件事実論の効用を説く文献には，加藤=細野6頁以下がある）。

とりわけ問題にしなければならないことは，被告に占有権原がないことを原告となる所有者が証明しなければならないか，それとも，被告である占有者の方で占有権原を有することを証明しなければならないか，という

ことである。

　そして，この問題については，被告に占有権原があるから所有権に基づく返還請求権を行使することができない，ということは，被告の方から問題提起をするべきことであると考えられる。裏返すならば，原告は，原告に所有権があること，および被告に占有があることを主張立証することが必要であり，かつ，それで十分である。このような主張立証責任の振り合いを前提として，**被告の側がする占有権原の主張は，占有権原の抗弁または占有正権原の抗弁と呼ばれる。**

*　占有権原の存在を被告の側で主張立証すべきものとされる理論的な根拠は，どのようなことであろうか。所有権を主張する原告の方で，"被告が賃借人でないこと"，"被告が使用借主でないこと"，"被告が地上権を有しないこと"，"被告が永小作権を有しないこと"……等々を延々立証してゆかなければならないことは難儀である，という事実に即した説明も，もちろん間違っているものではないが，たとえ難儀であるとしても，それが正義の要請であるならば，やはり原告の側に立証を求めるということは論理的に考えられないではない。にもかかわらず，やはり被告が立証すべきであるという価値判断が妥当視されるに当たっては，民法が予定する規範の競合・排除関係についての体系的視座が用意されなければならないはずである。物の使用・収益・処分を可能とする権利として民法が用意するもののなかで中核的な意義を有するものは，所有権であり，そのような所有権に基づく請求権の行使が認められるべきであることは，いわば物権的請求権規範の一般法を構成する。所有権を制限する物権やさらに債権的な利用権原の存在は，このような民法の体系把握を前提とするならば，例外的な事態であると考えなければならない。賃貸借の関係が存在することや制限物権が設定されていることは，一般法としての物権的請求権規範にとって特別の事態なのであり，そのような事態の存在は，それを主張する側の主導・負担によって一般的規範の排除が是認されるべきものである。

　　このように，主張立証責任の分配を決定する際の根拠の探求に当たっては，可能な限り，民法など実体法の規定ないしその背景をなす思想的・体系的な観点からの理論構築が試みられるべきである。消極的事実の立証困難など訴訟実践裡に固有の観点に安易に頼ることは，実定法から乖離して独自の分配指示を考えるものであるという批判を招きかねない。

　所有権に基づく請求権の訴訟における主張の在り方およびそれに関連して占有権原の抗弁の作用を実際に検討するための題材として，次のような事例を考えてみることとしよう。

（Xの言い分）

　甲土地は，東京の郊外にあり，かなり前から私の父であるAが所有してきたものである。2013年8月8日に父が他界したのに伴い，自分は，これを相続し，相続に基づく所有権移転登記も済ませた。

ずっと北海道で行政書士の仕事をしてきた自分は甲土地の状況を最近まで知らなかったのであるが，父の容態が悪くなってから，現地に赴いてみたところ，そこには，Ｙが建物を所有している。父が亡くなったころからＹとの交渉を始め，立ち退くように求めてきたが，Ｙは，応じてくれない。そこで，2016年３月に，やむなくＹに対し建物収去土地明渡しを請求する訴訟を提起した。

〔Ｙの言い分〕
　甲土地を所有していたのはＡであり，自分は，1997年７月５日にＡから甲土地を賃借し，甲土地に建物を築き，同年12月に，その建物の所有権保存登記をした。その後，Ａが死亡したことは聞いていたが，最近になって甲土地の登記名義がＡの長男であるＸという人物に移っていることを確認した。そして，先般来Ｘからは建物を取り壊して土地から立ち退くように求められている。自分は，前述の1997年以降，年に50万円の金員を土地使用料として支払ってきたものであり，何の落度もなく，貸借の契約を守ってきた自分が，このような要求を受けるのは，筋が通らない。

という事案を想定するならば，この事案の訴訟物は，

〔訴訟物〕
　所有権に基づく返還請求権としての土地明渡請求権　　１個

である。

＊　所有権に基づく返還請求権としての建物収去および土地明渡しを請求する訴訟の訴訟物は，これを建物収去請求権１個および土地明渡請求権１個と捉え，訴訟は，これらの単純併合であるとする見解も唱えられたことがある。確かに，建物収去と土地明渡しとでは執行方法を異にするが，訴訟物は，実体法上の根拠を一にするかどうかを基準として見定められるべきものであり，そのような観点からは，建物収去も土地明渡しも，同一局面において等しく１個の土地所有権に基づく返還請求権を根拠として導出される権利内容であるから，これを２個に分けて把握することは，相当でない。

なお，所問局面の訴訟物を1個と考える際にも，訴訟物となるものは，土地所有権に基づく土地明渡請求権であって，建物収去は，それを実現するための具体的方法を描写するものにすぎないと説く見解があるほか，建物収去の部分もまた訴訟物の内容部分を構成すると説く見解も成立可能である。後者の見解に立つならば，所問局面の訴訟物は，「所有権に基づく返還請求権としての建物収去土地明渡請求権1個」とすることが，むしろ自然であり，これも誤りではない。

そして，このように訴訟物を考えるならば，請求の趣旨は，

〔請求の趣旨〕
　被告は，甲土地上に所有する建物を収去して同土地を原告に明け渡せ。

ということになるものと思われる。これを根拠付ける請求原因としては，

〔請求原因〕
(1)　1997年7月5日当時，Aは，甲土地を所有していた。
(2)　2013年8月8日に，Aは死亡した。
(3)　原告は，Aの子である。
(4)　被告は，甲土地に建物を所有して同土地を占有している。

ということを主張立証すべきである。これらの事実のうち，(1)から(3)までが原告の所有権を根拠付けるものであり，(4)は，被告による所有権侵害があることを指摘するものである。当事者の言い分に照らすと，これらの事実の認否は，Yにおいて(1)は認め，(2)および(3)は不知とし，(4)は認める，ということが考えられる。そして，抗弁としては，

〔抗弁〕　　占有権原
(1)　被告は，1997年7月5日，Aから，賃料を年50万円とし，存続期間を2057年7月5日までとして，甲土地を賃借した。
(2)　Aは，被告に対し，1997年7月5日，この賃貸借契約に基づき，甲土地を引き渡した。

ということを主張することになり，これが占有権原の抗弁である。占有権原の抗弁は，具体的には，このように占有権原が発生した法律上の原因（ここでは賃貸借契約の成立）を構成する事実のほか，その原因に基づいて占有が開始した事実を主張すべきである。後者の主張が必要である理由は，**被告の占有が，偶然の契機で開始されたものではなく，占有権原に基づいて開始されたものであることを示す必要がある**からである。そのように主張されることにより，被告の占有が，まさに占有権原に依拠する正当なものであることが根拠付けられる。被告が占有をしていること自体は，請求原因(4)の主張とその自白により当事者間に争いがないが，それだけでは，被告の占有が明らかになったにすぎず，被告の〈正当な〉占有が明らかになっていると評価することはできない。

　なお，抗弁(1)は，賃貸借契約の本質的要素を冒頭規定（民601条）などを参照しながら明らかにするものであり，具体的には，賃料および存続期間を主張立証すべきであるが，このように，冒頭規定を参照しながら，さらに返還時期の主張立証も必要であると考えられることについては，詳しくは第10講事例１および第14講における考察に留意して理解をすることが求められる。

　　＊　所有権についての権利自白は，現在から遡って直近の時点について考えるべきである，という考え方に立つならば，この設例の請求原因(1)は，「2013年８月８日当時，Aは，甲土地を所有していた」となる。しかし，その場合は，抗弁(1)において，Aが当時に甲土地を所有していたことの摘示が必要となり，主張整理が，やや複雑である。ここでは，より簡明を期し，上掲のような整理を提示しておくこととする。

3　所有権喪失の抗弁

　所有権に基づく請求権を訴訟物とする訴訟において，原告の側が主張する請求原因，つまり原告に所有権があること，および被告に占有があることについて，立証がなされ，または争いがない場合であっても，占有権原の抗弁は問題となる。占有権原の抗弁は，それらの請求原因である事実と両立する事実であり，そして，それが立証されるならば所有権に基づく請求権の行使可能性を阻却することとなる。

　これに対し，原告に所有権があること自体が争われる中で提出されるものが，所有権喪失の抗弁である。被告が原告の現在の所有権を争う場合に

おいては，既に述べたように，原告は被告が認める過去のある時点の所有権を主張することになる。そして，この場合において，原告は，その過去の時点の後に所有権を失っていないことを主張立証する必要はない。むしろ**被告の側が，原告から所有権が失われる事由を構成する事実があることを主張立証するべきである。この被告の主張が，所有権喪失の抗弁と呼ばれる**。たとえば，原告が何人かに目的物を売った，とか，何人かが所有権を時効取得した，とかいうことが所有権喪失の抗弁においては，主張される。注意すべきであることとして，いうところの何人とは，被告その人であるとは限らない。原告の所有権が否定されれば，所有権に基づく請求権が阻却されるのであって，被告の方で自分が所有者であることの主張立証は求められておらず，そうであるからこそ，所問の抗弁は，"所有権取得の抗弁"でなく，「所有権喪失の抗弁」と呼ばれる。

> ＊　原告が過去のある時点での所有を立証するならば，その後で所有権を喪失していないことの立証をする必要がないことも，かつては消極的事実の立証困難という要素を強調して説明されることが多かった。しかし，これも，いったん帰属した所有権は，承継取得や時効取得のような変動要因が出来しない限り変動することはない，という実体法的説明を主軸として根拠付けられるべきことである。

この所有権喪失の抗弁についても，具体の事例に即して考察しておこう。この事例で気付いて欲しいことは，XとYが，けっして"Xが所有者である"，"いや，Yが所有者である"と言い立てて争っているのではなく，"AおよびAを相続したXが所有者であったし，今もそうである"，"いや，かつてAが所有者であったかもしれないが，今は違う"として争っているのであり，そうであるからこそ，繰り返しになるが，所有権"喪失"の抗弁と称される，ということである。

> （Xの言い分）
> 　甲土地は，東京の郊外にあり，ずっと前から私の父であるAが所有してきたものである。2013年8月8日に父が他界したのに伴い，自分は，これを相続し，相続に基づく所有権移転登記も済ませた。ずっと北海道で行政書士の仕事をしてきた自分は甲土地の状況を最近まで知らなかったのであるが，父の容態が悪くなってから，現地

に赴いてみたところ，そこには，Yが建物を所有している。父が亡くなったころからYとの交渉を始め，立ち退くように求めてきたが，Yは，応じてくれない。そこで，2016年3月に，やむなくYに対し建物収去土地明渡しを請求する訴訟を提起した。

（Yの言い分）
　甲土地を所有していたのはAであり，自分は，1997年7月5日にAから甲土地を賃借し，甲土地に建物を築き，同年12月に，その建物の所有権保存登記をした。そのようにして始まった甲土地の使用であるが，その後，2009年になって，Aとの間において，甲土地を私へ売り渡すことにするという話が持ち上がり，交渉の末，同年12月11日に代金を2300万円と定めて売買契約を締結した。同月中に，代金の支払も済ませている。その直後にAが持病の悪化により入院したため甲土地の所有権移転登記の手続が遅れ，今日に至っているが，今では甲土地が私のものであることは，はっきりしている。そうこうするうちに，Aが死亡したという知らせを受け，ほどなく甲土地の登記名義がAの長男であるというXという人物に移っていることを確認した。そして，先般来Xからは建物を取り壊して土地から立ち退くように求められている。が，これは，とうてい受け容れられることではない。

という事案を想定するとするならば，この事案の訴訟物および請求の趣旨は，上述2と同じであり，また，請求原因は，

〔請求原因〕
(1) 2009年12月11日当時，Aは，甲土地を所有していた。
(2) 2013年8月8日に，Aは死亡した。
(3) 原告は，Aの子である。
(4) 被告は，甲土地に建物を所有して同土地を占有している。

第3講　要件事実論入門(2) ……… 39

となる。これらの事実のうち、(1)から(3)までが原告の所有権を根拠付けるものであり、(4)は、被告による所有権侵害があることを指摘するものである。当事者の言い分に照らすと、これらの事実の認否は、Yにおいて(1)は認め、(2)および(3)は不知とし、(4)は認めることになるであろう。そして、抗弁としては、

> 〔抗弁〕　　所有権喪失 ― 売買
> 　Aは、2009年12月11日、被告に対し、代金2300万円で甲土地を売った。

という主張をすることなる。原告であるXとその前主であるAの所有権を否定することが眼目であるから、AからYが甲土地を賃借していたことは、ここでは主張立証の対象とならない。賃借して引渡しを受けていたYへのAからの引渡しは簡易の引渡しによったものと思われるが、そのことも実体的効果の発生要件としての意味を有せず、事案の経過を裁判所に説明する観点から、準備書面においては必要に応じ関連事実として記載することが相当である。また、A・Y間の関係は、物権変動の当事者であり、XはAを包括承継したものであるから、対抗問題として扱うことにはならず、したがってYへの所有権移転登記がなされていないことも、法律関係を左右する要素とはならない。

4　対抗要件具備による所有権喪失の抗弁

　所有権喪失の抗弁は、原告の過去の所有を認める被告が、承継取得や時効取得という所有権を目的とする物権変動があったことにより原告が所有権を失ったことを主張するものである。承継取得が原告を当事者とするものであったり（たとえば、原告が売主である売買や、原告が贈与者である贈与）、原告の所有物についての継続占有を理由とする時効取得であったりする場合には、原告は物権変動の当事者であって、民法177条、178条の「第三者」でないから、原告に対し承継取得や時効取得による物権変動を主張するために対抗要件を具備する必要はない。

これに対し，原告ではない者の過去の所有について争いがなく，その者から一方では原告が承継取得などをし，この所有権に基づく請求権が訴訟物になる場合において，被告が，原告の前主から所有権を承継した者などがいることを理由として，原告の所有権喪失を主張するときには，併せて対抗要件の具備を主張立証することが考えられる。そのような形態の所有権喪失の抗弁は，特に**対抗要件具備による所有権喪失の抗弁**と呼ばれる。

　対抗要件具備による所有権喪失の抗弁についても，事例に即した考察を試みておこう。所有権の二重譲渡ではなく土地の譲受人と借地権者との間の対抗要件の問題になるところが，やや複雑であるが，対抗問題の要件事実論的な処理であるという基本構造は異ならない。

（Xの言い分）
　甲土地を所有していたのはAであるが，自分は，2015年12月15日に，Aから甲土地を買うこととして，その旨の契約を締結し，同月20日に所有権移転登記も済ませた。甲土地には，Yが建物を所有しているが，Aの話によると，これは，YがAから無償で借り受けて甲土地を使用してきたものであり，土地の所有者が交代する場合において，土地から立ち退かなければならないことは，Yも知っているはずであるとのことである。そこで，所有権移転登記をしたころから，Yとの間において，建物収去土地明渡しを求めて交渉をしてきたが，Yは，応じてくれない。そのため，2016年3月に，やむなくYに対し建物収去土地明渡しを請求する訴訟を提起した。

（Yの言い分）
　甲土地を所有しているのはAであり，自分は，1997年7月5日にAから甲土地を賃借し，甲土地に建物を築き，同年12月に，その建物の所有権保存登記をした。最近になって甲土地の登記名義がXという人物に移っていることを確認したが，Aからは特段の連絡がなく，どうして，そのようなことになったか事情がよく分からない。Xは，建物を収去して甲土地を明け渡すよう求めてきているが，自

> 分は，1997年以降，年に50万円の金員を土地使用料として支払って
> きたものであり，何の落度もなく，貸借の契約を守ってきた自分が，
> このような要求を受けるのは，筋が通らない。

という事案を想定するとするならば，この事案の訴訟物および請求の趣旨は，上述2と同じであり，また，請求原因は，

> 〔請求原因〕
> (1) 1997年7月5日当時，Aは，甲土地を所有していた。
> (2) Aは，2015年12月15日に，代金2300万円で甲土地を原告に売った。
> (3) 被告は，甲土地に建物を所有して同土地を占有している。

となる。これらの事実のうち，(1)および(2)が原告の所有権を根拠付けており，(3)は，被告による所有権侵害があることの指摘である。これらの事実の認否は，Yにおいて(1)は認め，(2)は不知とし，(3)は認めることになると考えられる。そして，抗弁としては，

> 〔抗弁〕　　占有権原 ― 対抗要件具備
> (1) 被告は，1997年7月5日，Aから，建物所有の目的で，賃料を年50万円とし，存続期間を2057年7月5日までとして，甲土地を賃借した。
> (2) Aは，被告に対し，1997年7月5日，(1)の賃貸借契約に基づき，甲土地を引き渡した。
> (3) 被告は，1997年12月7日に，甲土地上に所有する乙建物について，被告を所有権登記名義人とする所有権保存登記手続をした。

という主張をすることになる。これら抗弁の各事実の役割は，(1)は，被告に占有権原があること，そして，その内容が建物所有目的の土地賃貸借であることの指摘であり，(3)は，その占有権原を原告に対抗することができ

ることの指摘であり，また，(2)は，被告の占有が正当な占有権原に基づくことの指摘である（Aから使用貸借である旨の説明を受けているXは，(1)および(2)を否認し，また，(3)は不知とすることなどが考えられる）。(3)については，賃貸借が対抗要件を備える場合には，その後に物権を取得した第三者に対しても効力を有すること（民605条），また，その対抗要件は，借地権（すなわち建物所有目的の土地賃借権または地上権）の場合は土地上に登記された建物を有することによっても具備が認められること（借地借家10条1項）といった実体法の基礎知識を踏まえることが重要である。

* この事例のYが建物の登記を経由していない場合においては，Yが抗弁の(3)を主張立証することができず，むしろXが対抗要件を具備していなければならないこと（抗弁「原告が所有権移転登記をするまで原告の所有権を認めない」）を抗弁することになる。これは，対抗要件の抗弁と呼ばれるものであり，詳しくは第24講において扱う。この抗弁の提出を受け，Xが土地の所有権移転登記を経由している場合は，対抗要件具備の再抗弁を提出する（抗弁「原告は〇年〇月〇日に売買契約に基づき所有権移転登記をした」）。

なお，Xが，Yによる借地利用を知りつつ低廉な価格で買い受けたなどの事情がある場合においては，土地の所有権移転登記を経由した場合においても，Yに対する明渡請求が権利濫用とされ，またはXが背信的悪意者とされる可能性がある（最判昭43・9・3民集22－9－1767参照）。その場合には，被告の側から，原告に権利濫用があり，または原告が背信的悪意者であるという評価を根拠付ける具体的な事実（権利濫用・背信的悪意者性の評価根拠事実）を主張立証し，それを受けて原告が，そのような評価を妨げる具体的な事実（権利濫用・背信的悪意者性の評価障害事実）を主張立証する。背信的悪意者の抗弁については，やはり第24講において詳しく学ぶし，評価根拠事実・評価障害事実の概念については，第6講において学ぶ。

第4講 要件事実論と民法

1 民法と要件事実論との基本的関係

　法律が定める要件に該当する具体的事実，すなわち第1講で定義をした要件事実は，それについての訴訟当事者間の主張責任・立証責任の分配を考察することなどを通じ，民事裁判の実務において，きわめて重要な役割を果たす概念である。そのようなものとしての要件事実に関する考究は，民法学との間においても，密接な関わりを持つ。法律が定める要件に該当する具体的事実を考察対象の中心に据えることという際に，民事の法律関係処理において最も重要な位置を持つ実体規範は，いうまでもなく民法にほかならず，その民法が定める要件を考察することは，民法学の営みそのものである，というふうにいうこともできるであろう。ただし，その際に，あわせて次の2つの側面にもまた注意を払っておくことが求められる。すなわち**民法学の仕事は，要件事実の研究に尽きるものではない**ということであり，また**要件事実の研究は，民法学とのみ接点をもつものではない**ということである。

　まず，当然のことながら民法学の仕事は，要件事実論に尽きるものではなく，民法典などが扱う制度・概念の思想的基盤や歴史的淵源を探求することもまた，民法学において担われるべきであり，かつ，現に担われてきている。そして，そうした民法学の営みから得られる知見が要件事実論に寄与をする部分も，少なくないものと思われる。

　また，もう1つの論点として，要件事実の研究は，民法学とのみ接点を持つものではないということもある。要件事実論は，一方において，事実認定や訴訟運営など実務的な彩りの豊かである方面と密接な関連を持つし，また学問領域としては，何より民事訴訟法学との接点を見落とすことができない。

2　民法学と要件事実論の役割分担

　このように考えてくるならば，民法を考究する学問，すなわち民法学と要件事実論との間には，密接な連携がなければならないとともに，両者は，相対的な独立性をも有しており，それぞれに固有の営みがみられる側面もある。ある1つの制度を描写する際の両者それぞれの態度にも，そのような側面は見て取ることができる。

(1)　民法学がする記述の特質

　民法学に課せられる重要な仕事として，民事の各制度について，本質を提示する仕方で制度の記述を行う，ということがある。そして，そのような記述とは別に，訴訟手続の展開において問題になる個別の事実の主張責任・立証責任の所在を指示するため，そのことに任ずる記述も用意されなければならない。

　これらの2つの記述は，それぞれの役割に応じた特色を有しており，そのことに留意して理解をすることが大切である。

　ここでは，物権的請求権が問題となる1つの設例を題材として，そのことを考えてみよう。

〔設例〕
　Aは，甲建物を所有している。甲建物に住んでいるBは，同建物をAから賃借したと主張しているが，Aとしては，この主張を認めることはできず，甲建物を明け渡して欲しい，と考えている。

という設例においては，当然のことながら，所有権に基づく返還請求権が問題となるが，それは，民法の文献においては，たとえば次のように説明される。

〔民法の文献における説明の例〕
　所有者が所有物の占有を全面的に失い，第三者がそれを不法に占有している場合に行使する〔権利である〕。
（安永正昭・講義／物権・担保物権法〔第2版，有斐閣・2014〕16頁）

ここで注意をしなければならないことは、まず民法の文献における説明は、必ずしも裁判官や弁護士のように民事裁判の実務を専門的に運用する立場の人たちのみを読み手とするものではない、ということである。そもそも民法をはじめとする実体法の規定法文にしてからが、訴訟の場面において関係者にとっての重要な規範であるとともに、一般に市民をも読み手とするものであるから、訴訟以外の場面をも視野に入れた多様な受け止め方に耐えうる説明が用意されなければならない、という観点が、ここでは重視されなければならない。

　たとえば、まず、上掲の説明においては、「所有物の占有を……失〔った〕場合」に問題となるものが所有権に基づく返還請求権であるとされるが、いったん所有者が占有を取得した後に、これを奪われる、という経過を辿ったという事実は、要件としては求められない（たとえば、建物をXが所有していて、BがXから無償で建物を借りて住んでいる場合において、その状態でXから建物を買ったAは、いまだ建物の占有を取得していないが、Bに対し所有権に基づき建物の明渡しを請求することができる）。

　それにもかかわらず、上掲のような説明がなされるのは、所有権に基づく返還請求権が問題となる場面のイメージを読者に与えようとするからである。したがってまた、訴訟上の主張立証においては、いったん所有者が占有を取得した事実も、また、それを失った事実も主要事実に当たるものとして主張立証することは求められない。このように**民法の文献の記述は、ある制度が働く典型的な場面の特徴的な要素であって必ずしも法律要件でない事項を随伴することがある**ということに注意を要する。

　また、まさしく法律要件であって、したがってまた主要事実としての主張立証が問題となる事項であっても、その事項に係る積極・消極のいずれの命題が主張立証の対象になるか、ということは、これを詮索しないで論述がなされることがある。上掲の説明においては、「第三者が〔所有物〕を不法に占有している場合」とあるが、「不法に」、つまり正当な占有権原を有しないで、ということを問題とする仕方は2つありうる。すなわち、〈正当な占有権原が認められない場合には所有権に基づく返還請求権を行使することができる〉という表現で提示する方法と、〈正当な占有権原が認められる場合には所有権に基づく返還請求権を行使することができな

い〉という表現で提示する方法とが考えられる。

　民法の文献においては，しばしば，このような局面にあって，論述の簡明を期した記述の方法を選ぶことが行われる。ここでも，「他人が物を占有している場合（なお，その占有が不法ではないと認められるときを除く）」と記すよりは簡明であると考えられるところから，上掲のような表現が採られる。すなわち**民法の文献の記述は主張立証責任の分配について差し当たり中立的であることがある**ということになる。しかし，そのことは，けっして，民法の文献が要件事実の考え方に無頓着であるからでないことは，次に述べるように，要件事実論の論述が民法の思考の展開の結果として得られるものであることに気付くならば，自ずと明らかである。

(2) **要件事実論がする記述の特質**

　民法実体法の記述が上述のようなものであるのに対し，**要件事実を考える場合には訴訟上の主張立証を考慮して実体法の要件を立体化して提示する**ことが求められる。(1)の設例において，Aが原告となって，Bを被告とする訴訟を提起して所有権に基づく返還請求権を行使するということになるとすると，その訴訟は，

〔請求の趣旨〕
　被告は，原告に対し，甲建物を明け渡せ。

ということを請求の趣旨とするものになり，

〔訴訟物〕
　所有権に基づく返還請求権としての建物明渡請求権　１個

が訴訟物である。そして，原告のAは請求原因事実として次の事実を主張立証すべきである。

〔請求原因〕
　(あ)　Aが甲建物を所有すること
　(い)　Bが甲建物を占有していること

これらの事実を認めるBは，抗弁として，

> 〔抗弁〕　占有権原
> ㈹　AとBとの間における賃貸借契約の締結
> ㈺　AがBに対し㈹の賃貸借に基づいて甲建物を引き渡したこと

ということを主張立証することになり，これが占有権原の抗弁と呼ばれるものである。

> 〔事実摘示例〕
> 1　請求原因
> (1)　原告は，甲建物を所有している。
> (2)　被告は，甲建物を占有している。
> (3)　よって，被告は，原告に対し，所有権に基づき甲建物を明け渡すよう求める。
>
> 2　請求原因に対する認否
> 　　請求原因 1 (1)(2)は，いずれも認める。
>
> 3　抗弁
> 　　占有権原 ── 賃貸借
> (1)　原告は，被告に対し，2025年5月30日，同日から2年間を期間と定め，賃料を月12万円と定めて甲建物を賃貸した。
> (2)　原告は，被告に，上記賃貸借契約に基づき甲建物を引き渡した。

3　民法学と要件事実論の相互作用

　要件事実の研究と民法学との間の関係について一般論を展開する際に最初に留意されなければならないことは，要件事実というものが訴訟の実践に仕えるためのツールである，ということにほかならない。このことに気付くならば，要件事実論が定立する主張立証関係に関する具体的なルール

は，それ自体が自己完結的に存在することは，ありえない，ということになる。**要件事実論の中味は，民法実体法の分析から得られる原理により指導されて初めて確定される**ことが求められるものであり，けっして，その逆ではないというべきであろう。

なるほど，確かに一見すると，現実の訴訟の場面においては，実際上ある当事者に一定の事実を証明させることが容易であるか困難であるか，といった要素の考慮が問題となることがあるであろうし，あるいは，ある間接事実が認められるならば一定の主要事実が存在することが経験に照らして普通である，という要素が考慮される場面もまた，あるであろう。このように訴訟当事者が置かれる現実というものが決め手になって，物事の処理が進められる，ということは，おおいに考えられるところである。

しかしながら，このような訴訟当事者の置かれる現実を構成する様々の要素が，民法実体法学の成果を参照することなく，孤立独走することには，次のような2つの問いの検討から得られる帰結として，危惧をもたざるをえない。

まず第1に，指摘したような訴訟当事者の置かれる現実というものが，直ちに訴訟の実践の場面において，要件となる事実の主張立証関係の在り方を決定付ける影響をもたらすことがあるというべきであろうか。また第2に，民法実体法の分析から得られる原理に指導されて初めて確定されるという思考手順とは反対に，訴訟における主張立証関係の在り方が民法の解釈など民法実体法学の思考内容を決定付ける影響をもたらすことがありうるであろうか。

まず前者について**立証の難易や経験則などを実体法の思考成果との対照を経ることなく無媒介に主張立証関係の決定的要素として用いてはならない**ということが強調されるべきであろう。

後者の問いも，確かに，要件事実論の思考成果から得られる知見が実体法の解釈構成や思考整理において参考にされる部分はあってもよいと考えられるが，それは，そうした知見がいったんは実体法的思考に基づく体系的ないし思想的な視座からの検証にさらされたうえで，のことである。証拠との距離といったような要素のみを理由として実体法の要件構成を変更するということは，基本的に避けられなければならない。

こうした観点に留意しつつ，一言で民法学と要件事実論との関係をいうとするならば，要件事実論の中味は，民法実体法の考察から得られる思考を本質的な基盤として充填されてゆくべきものであると考えられる。

(1) 民法学の要件事実論への寄与

　以上のような前提を踏まえながら，まず，民法学の方が要件事実論に対して及ぼす寄与としては，何よりも，訴訟上の攻撃防御において，法律要件として主張立証がなされるべき事実，すなわち主要事実が何であるか，は，民法学における思考の成果により明らかにされる，という関係を指摘することができる。

　なるほど何が法律要件たる事実であって，したがって何が主要事実であるかは，多くの場合において，民法"学"というよりも，民法の法文から明らかにすることができるであろう。しかし，場面によっては，民法の法文にはない要件が補われたり，民法の法文からは一見すると直ちには導き出しえない解釈が施されたりすることがある。この"補ったり"，"施したり"することで得られる要件の内容は，民法学の思考成果を参照することにより初めて明らかになることである。たとえば，

> 〔設例〕
> 　Aは，甲建物をBに賃貸したが，賃料の滞納があったところから，Bに対し賃料の支払を催告した。これを受けてBが賃料を支払ったこともあったが，最近になってまた滞納が生じている。そこでAは，この賃貸借を解除して甲建物を明け渡して欲しい，と考えている。
> 　Bは，Aの催告に対し，家計が苦しいから暫く支払うことができない事情を理解して欲しいと説明した。Bとしては，このように誠意をもって説明をしたはずであり，賃料の滞納といっても，徒過はしたものの支払をしてきたし，解除される前の滞納は僅か2か月分のことであるから，これで解除をされることに納得することができないでいる。

という設例において，賃貸人による解除が問題になることは当然であると

して，では，どのような要件が調うときに，契約解除の効果を認めることができるか。民法の賃貸借の規定のところには，そのことへの言及がない。たしかに，契約の通則には541条が置かれており，法典の体系のうえからは同条の適用が肯定されてよいようにもみえるが，なお判然としない。このような場合において，民法の文献が，

〔民法の文献における説明〕

　債務不履行・義務違反を理由とする解除に541条（解除の通則）が適用されるか，また，適用されるとしても何らかの修正が必要かについては，とくに土地・建物の賃貸借をめぐって，争いがある。

　たとえば，賃貸人Aからマンションを借りているBが賃料を1ヵ月延滞したときや，室内で動物を飼ってはいけないという特約に違反して猫を飼ったような事例を考えてみよう。541条が適用されるとするならば，賃料支払の遅滞や特約違反はBの債務不履行・義務違反であるから，Aは，催告して，相当期間内に賃料の支払や猫飼育の中止が行われなければ，契約を解除できるであろう（541条適用説）。しかし，形式的な不履行の事実だけで解除が認められるとすると，AがBの軽微な違約を理由に解除をする事態もときに生じる。そこで，541条を適用せずに，同じ継続的契約である雇傭に関する628条などを類推適用し，「やむを得ない事由」があるときにだけ解除（告知）を認めるべきだとの見解が唱えられるに至った（541条適用否定説＝告知説）。

　これに関して，判例は，541条適用説に立ちながらも，賃借権の無断譲渡・無断転貸での解除権制限の法理を応用し，解除権の行使を制約する方法を採用した。すなわち，債務不履行や義務違反の程度・事情などを検討して，未だ賃貸人と賃借人との間の信頼関係を破壊したと認められない場合には，解除権の行使は認められない。しかし，賃借人の義務（信義則上のものも含む）違反が著しく，信頼関係が完全に破壊されたと解される場合には，催告も要せず解除可能だとしたのである。したがって，541条適用否定説と541条適用説に基本的に立脚する判例との間に大きな相違はないということが

> できる。信頼関係法理を含めて考えるならば，541条の適用が可能と解してもよいであろう。なお，前出の事例では，Bの債務不履行・義務違反がAとの間の信頼関係を破壊する程度のものか否かが，解除の成否の決め手となろう。
> 　賃貸借では，債務不履行があるときは催告を要さず直ちに契約を解除できる旨の特約が結ばれることも多いが，このような特約は，債務不履行により信頼関係が破壊された場合には無催告で解除できる趣旨と解すべきである。
>
> 　　　　　　　　　　　　（民法Ⅳ134-135頁〔浦川道太郎〕）

という記述をしていることは，有益な示唆となる。この文献は，民法の債権関係規定の見直しがされる前のものであるが，ここでの考察に関する限り，今日においても，参考となる。

* 　民法新541条は，催告による解除を規定するものであり，本文においては，債権者が，催告をし，催告期間内に履行がなければ，契約を解除することができる旨を定める。債権者は，催告をしたことと，催告期間の末日が経過したことを主張立証する必要があるが，催告期間内に履行がないことを主張立証する必要はない。債務者の方が，抗弁として，催告期間内に履行をしたことを主張立証する。また，これとは別に，同条ただし書により，催告期間を経過した時における債務の不履行が，契約および取引上の社会通念に照らし軽微であることの評価根拠事実も，債務者の抗弁となりうる。いわゆる附随的義務の不履行にとどまるような場合は，このただし書に基づき債務者において契約解除を阻むことができる。

上記の民法の文献における説明を前提にして，AがBに対し，

〔請求の趣旨〕
　被告は，原告に対し，甲建物を明け渡せ。

ということを請求する訴訟，つまり，

〔訴訟物〕
　賃貸借契約の終了に基づく目的物返還請求権としての建物明渡請求権　1個

を訴訟物とする訴訟を提起する場合の請求原因事実を考えるならば，それは，所問場面への民法新541条の適用を肯定する前提で考えるかどうか，により要件事実として考えるべきものの内容が異なることになる。すなわち，適用を肯定する際には，

〔541条適用肯定説を前提とする場合に請求原因とされる要件事実〕
- (あ) A・B間における賃貸借の締結
- (い) 賃貸借契約に基づきAがBに甲建物を引き渡したこと
- (う) 賃料の弁済期の経過
- (え) AがBに対し賃料の支払を催告したこと
- (お) 催告期間の末日の経過
- (か) AがBに対し解除の意思表示をしたこと

ということになるのに対し，適用がないと考えるならば，催告関係の若干の事実が要件事実でないということになる半面において，信頼関係の破壊が認められることが有効な契約解除の要件となるから，

〔541条適用否定説を前提とする場合に請求原因とされる要件事実〕
- (あ) A・B間における賃貸借契約の締結
- (い) 賃貸借契約に基づきAがBに甲建物を引き渡したこと
- (う) 賃料の弁済期の経過
- (え) 背信性を基礎付ける具体的な事実
- (お) AがBに対し解除の意思表示をしたこと

が請求原因を構成する要件事実となり，これに対する抗弁として，

〔541条適用否定説を前提とする場合に抗弁とされる要件事実〕
　背信性の評価障害事実
- (カ) 背信性があるという評価を障害する具体的な事実

第4講　要件事実論と民法……… 53

という主張が提出されるということになる（なお，民法学説には，このほか，541条の適用を肯定しつつ貸借人から信頼関係不破壊の抗弁を提出することができるとする見解もある。山本Ⅳ－1・474－477頁）。

* 加えて実際上問題となることが多いものとして，債務不履行がある場合には催告を経ないで契約を解除することができるとする特約がある事例がある。一般論として541条適用肯定説を前提とする場合においても，541条が任意規定であるからには，そのような特約の効力を一概に否定することはできないが，とりわけ不動産の賃貸借契約については一般的に信頼関係破壊の法理が法律関係処理において定着した解釈指針になっていることに鑑み，無催告解除特約の効力を無制限に是認することは相当でないというべく，信頼関係の破壊が認められる場合に限り，催告を経ないでする解除を許容すべきであろう（最判昭43・11・21民集22－12－2741，第7講，第14講参照）。
  このような実体法解釈を前提として，無催告解除特約のある建物賃貸借の解除の例でいうならば，賃貸借契約の終了に基づく建物明渡請求において原告は，①賃貸借契約の締結，②賃貸借契約に基づく引渡し，③賃料の弁済期の経過，④無催告で解除をすることができる旨の合意，⑤背信性を基礎付ける具体的な事実，および⑥解除の意思表示をしたことを請求原因として主張立証し，これに対する抗弁としては，①弁済をし，もしくは弁済の提供をしたこと，または②背信性があるとする評価を障害する具体的な事実を主張立証することになる。

* 信頼関係の破壊が規範的要件であると考えられることとの関係で指摘しておくならば，一般に，その充足が求められる時期（実体法的にいうならば基準時であり，要件事実論的には時的要素となる）は，いつであると考えられるか。契約解除の要件として信頼関係破壊が要件であるとされる場合において，要件充足を根拠付ける具体的事実およびそのような評価を妨げる具体的事実は，いずれも解除の意思表示の時点において存在するものでなければならないと解される。解除の意思表示の後になされる滞納賃料の支払やその申出など賃借人の行動・態度は，和解を試みる際などにおいて斟酌されることがあるにしても，要件事実の整理としては考慮の外に置かれるべきである。
  ひとしく賃貸借終了の際に問題とされることが多い正当事由（借地借家5条1項，6条）についても，その存否は，借地権設定者から「異議が申し出られた時を基準として判断すべきである」とされる（最判平6・10・25民集48－7－1303）。もっとも，そこでは，正当の事由を「補完する」ところの立退料など金員の提供ないしその増額の申出は，「土地所有者が意図的にその申出の時期を遅らせるなど信義に反するような事情がない限り，事実審の口頭弁論終結時までにされたものについては，原則としてこれを考慮することができるものと解するのが相当である」とされることにも，併せて注意を要する（また第16講も参照）。

このように，法律要件をなすものとして証明すべき主要事実は，民法学の成果を反映して定められる。言い換えるならば，**要件事実論の思考結果が実体法の特定の解釈を当然に否定することはありえない**ということが，強調されなければならない。実体法学説として甲説と乙説が対立している場合において，要件事実の整理は，それぞれ甲説を前提とする整理と，乙説を前提とするそれが考えられるのであり，けっして，要件事実の整理を一様に考えたうえで甲・乙いずれかの説が否定される，ということになる

ものではない。

〔541条適用肯定説を前提とする事実摘示例〕

1　請求原因
(1)　原告は，被告に対し，2025年5月30日，次の約定で甲建物を賃貸した。
　　ア　期間　　同日から2年間
　　イ　賃料　　月12万円
　　ウ　賃料の弁済期　各前月末日
(2)　原告は，被告に，上記賃貸借契約に基づき甲建物を引き渡した。
(3)　2026年1月31日及び2026年2月28日は，いずれも経過した。
(4)　原告は，被告に対し，2026年3月10日，同年2月分及び同年3月分の賃料を支払うよう催告した。
(5)　2026年3月24日は経過した。
(6)　原告は，被告に対し，2026年3月26日，本件賃貸借契約を解除する旨の意思表示をした。
(7)　よって，原告は，被告に対し，本件賃貸借契約の終了に基づき，甲建物を明け渡すよう求める。

2　請求原因に対する認否
　　請求原因1(1)(2)(4)(6)の事実は，いずれも認める。

〔541条適用否定説を前提とする事実摘示例〕

1　請求原因
(1)　原告は，被告に対し，2025年5月30日，次の約定で甲建物を賃貸した。
　　ア　期間　　同日から2年間
　　イ　賃料　　月12万円
　　ウ　賃料の弁済期　各前月末日
(2)　原告は，被告に，上記賃貸借契約に基づき甲建物を引き渡した。

(3) 2026年同年1月31日及び2026年2月28日は，いずれも経過した。
(4) （背信性の評価根拠事実）
　ア　2025年5月31日及び同年8月31日は，いずれも経過した。
　イ　同年11月ごろ，被告は，甲建物を無断で知人に使用させようとし，その後にこれを断念したが，これは原告の抗議を受けてのものである。
　ウ　原告は，被告に対し，2026年3月10日，同年2月分の賃料及び同年3月分の賃料を支払うよう催告した。
　エ　2026年3月24日は経過した。
(5) 原告は，被告に対し，2026年3月26日，本件賃貸借契約を解除する旨の意思表示をした。
(6) よって，原告は，被告に対し，本件賃貸借契約の終了に基づき，甲建物を明け渡すよう求める。

2　請求原因に対する認否
　請求原因1(1)(2)(4)ウ及び(5)の事実は，いずれも認める。同(4)イについて，旅行で当地に来る知人を数日間泊めようとしたにとどまり，仮に宿泊をさせていたとしても信頼関係を破壊する無断転貸には当たらない。また，結局，知人に使用させなかったのは旅行の取りやめによるものであり，原告から抗議を受けたという事実はない。

3　抗弁
　背信性の評価障害事実
　被告は，2025年6月12日に同年6月分の賃料として，また，同年9月22日に同年9月分の賃料として，それぞれ12万円を原告に対し支払った。

4　抗弁に対する認否
　抗弁事実は認める。

(2) 要件事実論の民法学への寄与

　要件事実論が展開する主要事実の見定めや主張立証責任の分配が民法学の思考成果を十分に踏まえたものでなければならない，ということの一方において，そうであるからには，反対に民法学の方においても，要件事実論の視点からする発展があることを見通したうえでの思考上の緊張が求められる。

　たとえば実体法の研究者が提示する解釈学説は，それが裁判実務において，どのように活かされるか，という展望を常に意識しながら考案されなければならない。そうでなければ，その解釈学説は，いわば裁判実務における市場性を有しないということになるであろう。

　また，法律学を学ぶ学生にとっても，**ある実体法解釈の意義は，要件事実論的な考察を補ってみて初めて厳密な部分までの精確な理解が図られる**ということがある。

　このように，要件事実論的な思考が緊張感のある精緻な実体法の解釈理解を促す，という効用が見られることの例として，たとえば，

〔設例〕
　　Aは，その所有する別荘を代金3200万円でBに売る旨の契約をBとの間において締結した。Bは，資金繰りの関係から代金を直ちに支払うことができないため，代金相当額をAから借りたこととし，1年後に支払えばよい，ということにした。
　　その後，初夏を迎え，Bが別荘を訪れたところ，別荘が焼失しており，消防署の記録から，焼失は契約締結の前日であり，山火事の延焼によるものであることが判明した。
　　そこで，Bは，Aに対し，代金相当額を支払うつもりがない旨を告げた。

という設例において，売買契約成立時には売主の債務が原始的に履行不能であったから，この売買契約の効果は否定されるべきであり，準消費貸借の旧債務である代金債務は成立しておらず，準消費貸借に基づく債務の履

第4講　要件事実論と民法………57

行を請求することもできない。ところで、今、"売買契約の効果は否定されるべきである"と述べたが、いったい、その売買契約は無効であるのか、それとも他の原因により効力が否定されるのか。どちらにせよ売買契約の効果は否定されるのであるから、そのようなことは、どうでもよい、というようなことを言ったのでは、それは、実体法の精緻な理解にならないのみならず、裁判実務上も攻撃防御の構造を適切に描くことができない、ということになる。この場合の売買契約の効力について、2017年に民法の債権関係の規定の見直しがされる前の民法の学説の理解は、

> 〔民法の文献における説明〕
> 　債権成立時（契約では、一般には契約成立時）において給付がすでに不能である場合を原始的不能、債権成立後の不能を後発的不能という。原始的不能の給付を目的とする債務は成立せず、当事者双方の債務の成立上の牽連性により相手方の負う債務も不成立となり、その結果、契約は無効となるとするのが通説・判例であった。
> 　これに対して、①当初から不能であっても、当事者がそれと知らずに契約した場合と契約直後に目的物が滅失した場合との間に利益状況において決定的な差はないこと、②役務の提供を目的とする契約において、契約当事者の合意内容は契約で合意した役務を提供することであり、契約時にその提供が不能であっても契約が無効であるとする意思はないと考えられること、③種類物に使いものにならないような重大な設計欠陥があれば原始的不能と扱ってよいはずであるが、通説・判例とも契約の成否は問題とせずに債務不履行としており、一貫しないことなどを理由として、原始的不能の場合でも契約は有効であるとする学説が有力化していた。　　（後藤23-24頁）

というものであった。改正された民法においては、紹介されている通説・判例の方ではなく、原始的履行不能であることを理由として契約は当然には無効であると考えない後者の考え方が採用された。民法新412条の2の規定は、この理解を根拠となるものであり、また、民法新542条1項1号

は，契約が有効であることを前提として，この場合の買主が契約を解除することにより代金債務を免れることを可能とする（同号の法文が，履行が不能で「ある」とし，不能であった，としないことは，契約成立時に既に履行が不能である場合の解除権行使をも想定する趣旨である）。

このような法制の変遷がみられること前提として，訴訟における攻撃防御の構造を考察することとしよう。すなわち，AがBに対し，

〔請求の趣旨〕
　被告は，原告に対し，3200万円を支払え。

ということを請求する訴訟を提起し，したがって訴訟物は，

〔訴訟物〕
　準消費貸借契約に基づく貸金返還請求権　1個

であると考えられる場面において，準消費貸借の旧債務の存在を原告が主張立証すべきものと考えるとする（第13講参照）と，請求原因は，

〔請求原因〕
(あ)　A・B間における売買契約の締結
(い)　A・B間において(あ)の売買契約の代金を旧債務とする準消費貸借契約を締結したこと
(う)　準消費貸借契約に基づく債務の弁済期の到来

となり，具体的には，その事実摘示例は，

〔請求原因の事実摘示例〕
1　請求原因
(1)　原告は，2025年5月14日，被告に対し，代金を3200万円として本件建物を売った。

第4講　要件事実論と民法……… 59

> (2) 原告は，被告との間において，2025年5月17日，上記代金の債務を消費貸借の目的とすることを約し，その弁済期を2026年5月17日とすることを合意した。
> (3) 2026年5月17日は到来した。
> (4) よって，原告は，被告に対し，準消費貸借契約に基づき，3200万円の支払を求める。
>
> 2　請求原因に対する認否
> 　請求原因1(1)(2)の事実は認める。

となる。これに対する抗弁は，新しい民法の規定を前提とするならば，

> 3　抗弁
> 　旧債務の不存在―旧債務を生じさせた契約の解除
> (1) 本件建物は，2025年5月13日に火事により全焼した。
> (2) 被告は，2026年5月30日，原告に対し，請求原因(1)の売買契約を解除する旨の意思表示をした。
>
> 4　抗弁に対する認否
> 　抗弁(1)は，知らない。抗弁(2)は，認める。

　これに対し，原始的履行不能により売買契約は無効であるという民法改正前の法制を前提とするならば，抗弁(2)の陳述は，適当でない（不要である）ということになる。このように，契約が解除されて債務がなくなるものであるか，それとも契約が無効であるからそうなるのかは，けっして瑣末な論点ではなく，要件事実論的な意義を有し，正しい実体法（民法）の理解があって初めて的確な主張整理が可能になる。

コラム：民法の学習と要件事実論

　いろいろな制度を学ぶ際は，それらの「趣旨」を理解し，それに則った解釈をすることが大切である。と，私も講義などでは力説している。それを真面目に聴く学生諸君は，いきおい，基本書などの"文献"を開く。なぜならば，多くの場合において，趣旨は，そこに記されているから。

　しかし私は，同時に，この文献に記された趣旨を書き連ねた答案に不満を感ずることも多い。それは，趣旨とともに各制度の「要件」も大切にされなければならないし，その要件は，"法文"に示されているのであるから，それを初めに参照すべきではないか。趣旨は大切であるとしても，その趣旨が，そのまま要件として反映されるとは限らない。また，実体上の要件になる部分があるとしても，訴訟における攻撃防御の構造上，相手方の抗弁を待って初めて現れてくるものもある。

　動産がA→B→Cというふうに二段の売買により所有権が移転したとみられ，占有がCの下にあるという場合において，Aの成年後見人が，A・B間の売買の意思無能力無効を前提として，所有権に基づく返還請求権としての動産引渡請求権を主張するとしよう。即時取得による所有権喪失の抗弁を提出しようとするCが主張立証すべき事実は，B・C間の売買と，それに基づく引渡しである。

　民法の本において，即時取得は，動産を無権利者から（＝①）善意無過失で（＝②）買い受けた者の保護を「趣旨」とする制度であると説かれる。が，①も②も抗弁事実とはならない。それらのうち，①は，もともと実体上の要件ではない。Aの成年後見人が態度を変えて，あえて意思無能力を主張しないという態度をとり，A→Bの売買があった（そうすると，Bは無権利者でなくなる）ということを言おうとしても，それは，Cの即時取得の抗弁を潰すことのできる再抗弁とはならない。これに対し②は，少し性質が異なり，善意無過失は民法192条が提示する実体上の要件であることは疑いがないが，同法186条1項，188条の適用の結果として，悪意であることや過失の評価根拠事実がAの再抗弁にまわるという意味において，抗弁事実とならない。

　別の例を挙げるならば，Aが所有する土地を権原なくして占有するBがいて，Aが死亡して子のCが相続したという場合において，CがBに対し所有権に基づく返還請求権としての土地明渡請求権を行使するときに，原告となるCが，Aに他に相続人がいないことを主張立証する必要がないことは，と

きに教室において，実務上，非のみ説が採られているからである，と説明する学生がいる。が，そうではなく，この場面は，実体上，そもそも他の相続人の有無にかかわらず，ＣがＢに対し上記請求をすることができる（民252条ただし書。即時取得の例の①と性質が異ならない）。これに対し，生前にＡが有していた金銭債権の債務者がＥである場合において，Ｅに対し債権全額の支払を請求するＣが，他に相続人がいないことを主張立証する必要がないのは，まさに訴訟上の立証の適正を慮る非のみ説の帰結である（即時取得の例の②と性質が近い）。これに対し，他の相続人がいて，その者との分割により債権が帰属することになると考えるＥは，他に相続人がいるから，Ｃの相続分の限度で支払に応ずる旨の一部抗弁を提出することになる（最判昭29・4・8民集8－4－819参照）。

　ここまでの例示で述べようとすることは，もちろん趣旨を考えなくてよいとか，文献は読む必要がない，とかいうことではない。趣旨は考えるべきであり，それをよく理解し，そして，どのように趣旨が民法の要件に反映されるか，を考察し，その成果を踏まえてさらに訴訟上の攻撃防御の構造を考えて欲しい，ということである。

第5講 要件事実論と民事訴訟法

1 民事訴訟法の基本原理としての弁論主義
(1) 弁論主義の内容
　ア　弁論主義の意義
　弁論主義とは，判決の基礎となる事実の確定に必要な資料の提出（事実の主張と証拠の申出）を当事者の権限および責任とする原理である（これに対し，事実の確定に必要な資料の探索を裁判所の職責であるとする原理は，職権探知主義と呼ばれる）。
　我が国民事訴訟法には弁論主義の採用を直接に宣言する条文はないものの，私的利益の保護が問題となり，訴訟物である権利関係について私的自治が妥当する通常の民事訴訟では弁論主義が採用されるのが自明のこととされ，民事訴訟法159条（自白の擬制），179条（証明することを要しない事実）は，民事訴訟の一般原則としての弁論主義を前提としたものであると解されている（これに対し，公益に関係する人事訴訟では，人訴19条，20条で職権探知主義が採られているし，同じく公益が問題となる行政訴訟でも，行訴24条で部分的ではあるが，職権探知主義が採られている）。
　イ　弁論主義の3つのテーゼ
　弁論主義の内容は，通常，次の3つのテーゼとして説明される。

> 〔第1テーゼ〕
> 　法律効果の発生・障害・消滅等に直接必要な事実（主要事実）は，当事者の弁論に現れない限り，裁判所はこれを判決の基礎とすることができない。

　この第1テーゼから，判決の基礎となる事実の主張に関する「訴訟資料

（主張）」とその認定のための「証拠資料（証拠）」の区別が生ずる。証拠によって，主張を補充することは許されないということであり，証拠から認定できる事実であっても，当事者が主張しない限り，それに基づいて判決してはならないということである。また，この第1テーゼから，「主張責任」の概念も生ずることになる。弁論主義の下では，主要事実は当事者が主張しない限り判決の基礎にすることができないということであり，このことを裏からいうと，ある事実を判決の基礎とするためには，当事者が主張しなければならないということである。そして，ある事実を主張していないために，それが判決の基礎とされないことによって，当事者が被る訴訟上の不利益が「主張責任」である。

> 〔第2テーゼ〕
> 　裁判所は，当事者間に争いのない主要事実については，当然に判決の基礎としなければならず，当事者の自白は裁判所に対する拘束力を有する。

　この第2テーゼは，自白の拘束力の問題である。自白（裁判上の自白）の成立要件としては，通常，①事実についての陳述であること（権利関係・法律効果についての自認の陳述は「権利自白」と呼ばれ，ここでいう純粋な意味での自白とは区別される），②口頭弁論または弁論準備手続における弁論としての陳述であること，③相手方の主張と一致していること（主張が一致する過程や時間的先後関係は問わないから，相手方がした「先行自白」（自己に不利益な事実の陳述）を援用することでも足りるとするのが通説である。ただし，この場合には，相手方の援用があって初めて自白が成立することになることに注意する必要がある），④自己に不利益な事実についての陳述であること（この不利益要件について，学説としては，不利益の内容を敗訴可能性で捉える敗訴可能性説が通説といわれるが，実務では，相手方に証明責任がある主要事実であるかどうかで捉える説が支配的である）の4要件が挙げられている。

〔第3テーゼ〕
　裁判所が調べることのできる証拠は，当事者が申し出たものに限定され，いわゆる職権証拠調べは，原則として禁止される。

　この第3テーゼである職権証拠調べの禁止は，民事訴訟法が186条，218条1項，228条3項等で職権証拠調べを部分的ながら認めていることなどから，他の2つのテーゼほど絶対的なものではないといわれている。なお，証拠調べの結果得られた証拠資料は，当該証拠調べを申し出た当事者にとって有利であるか不利であるかを問わず，裁判所はこれを心証形成に用いることができる。これを「証拠共通の原則」というが，これは同法247条の自由心証主義の作用によるものである。
　ウ　弁論主義の適用対象
　ここで注意しておくべきことは，第1に，弁論主義は訴訟で主張立証されるすべての事実について適用になる原理ではなく，弁論主義が適用され，当事者からの主張を必要とし（主張責任の対象となる事実），自白の拘束力が発生する（自白の対象となる事実）のは，権利の発生・障害・消滅・阻止という法律効果の判断に直接必要な事実である主要事実（要件事実）だけであり，間接事実（経験則や論理則を適用することによって主要事実を推認させ，または推認を妨げる事実）や補助事実（証拠能力や証明力に関する事実）には弁論主義は適用されないということである（通説であり，判例〔最判昭27・12・25民集6－12－1240，最判昭28・9・11集民9－901，最判昭38・11・15民集17－11－1373，最判昭46・6・29判時636－50など〕である）。その理由は，一般に，事実認定における自由心証主義（民訴247条）との関係で説明されている。すなわち，訴訟において，権利義務の存否の判断のため事実認定の終局の対象となるのは主要事実であり，この主要事実の存否の判断との関係では，間接事実は，主要事実の存在を経験則によって推認させる働きをもつ事実であり，本来それは証拠資料と同様に主要事実を立証する1つの方法にすぎない。したがって，このような間接事実（補助事実も同様に考えられる）についても，当事者の主張を要することになると，不自由で不自然な事実認定を強いられることになって，自由心証主義を定めた趣旨に

反する。これらの事実については，証拠の評価において働くべき自由心証主義が適用されるべきであって，裁判所は，間接事実（および補助事実）については，当事者の主張を待たず，自由に認定してよいと考えるべきであるというのである。また，民事訴訟規則53条2項，79条2項が請求を理由付ける事実（要件事実）とこれに関連する事実とを区別して記載することを求めることも，上記のように考えるべき根拠ということができる。

> ＊　この点については，①主要事実たると否とを問わず訴訟の勝敗に影響する重要な事実について弁論主義の適用があるとの見解，②主要事実と間接事実とを問わず，事実はすべて当事者の主張があることを必要とするとの見解，③当事者の主張を必要とする主要事実は法規から形式的に定めるのではなく，具体的な類型ごとに機能的に定めるべきであるとの見解などが主張されている。しかし，①の見解については，間接事実についての主張責任の有無を判決の基礎となるか否かあるいは重要か否かといった基準で決めるとすれば，そのような基準に該当するか否かの判断の当否によって生ずる危険を当事者に負わせることになり，当事者の負担または危険の増加につながり，訴訟審理を不安定にするとの批判があり，②の見解については広きに失するおそれがあるとの批判，③の見解については法規を離れて主要事実を定義することはできないとの批判などがある（髙橋〔上〕427頁）。

　第2に，**弁論主義は，裁判所と当事者との関係での問題であって，原告と被告との関係での問題ではない。主張責任は原告と被告との分配の問題であるが，弁論主義違反となるのはどちらの当事者からも主張されていない主要事実を判決の基礎とする場合であり，主張責任を負わない当事者から主張された主要事実であっても，それを判決の基礎とすることができる**ということである（主張責任のない主要事実の陳述は，「自己に不利益な事実の陳述」あるいは，単に「不利益陳述」と呼ばれる）。このことは「主張共通の原則」と呼ばれる。

(2) 弁論主義の理論的根拠

　通常の民事訴訟において弁論主義が採られる理論的根拠については，学説上の対立がある。通説的な見解は，弁論主義は，私的利益に関する事項は当事者の自由な処分に任せるべきであるとの私的自治の現れであり，その根拠は，紛争解決（およびその内容）における当事者意思の尊重ということにあるとして，弁論主義の根拠を私的利益に関する紛争の解決を目的とする民事訴訟の本来的性格に求めており，「本質説（私的自治説）」と呼ばれる（新堂471頁，伊藤296頁等）。この本質説からは，弁論主義と処分権主義（民訴246条）とは，いずれも私的自治の現れであり（両者を合わせて

「広義の弁論主義」と呼ぶ），その違いは，処分権主義が訴えの提起・請求の趣旨のレベルで働くものであるのに対し，弁論主義は主張立証（訴訟の基礎となる事実および証拠の提出）レベルで働くものであるということになる。

> * これに対し，私的利益をめぐる紛争において最も強く利害を感ずるのは当事者であるからその利己心を利用すれば十分な訴訟資料の収集が期待できるし，反面，裁判所が訴訟資料収集の責任を負うのは現実問題として不可能であるとして，弁論主義は真実発見のための合目的的考慮によるとする説（手段説と呼ばれる）や，弁論主義の根拠を当事者に対する不意打ち防止に求める不意打ち防止説，弁論主義は当事者に攻撃防御の機会を保障する原理であるとする手続保障説，弁論主義は当事者に法探索の主体性を保障するものであるとする法探索主体説などもあるが，いずれも少数説にとどまるといってよいであろう。
> 　さらに，弁論主義は，歴史的な所産であり，通常の民事訴訟において弁論主義が採用されているのは，私的自治の尊重，真実発見の効率性，不意打ち防止の観点，裁判の公平さへの信頼確保の要請などの多元的な根拠に基づいて歴史的に形成されたものとする説（多元説と呼ばれる）もある。近時は多元説が有力である（高橋〔上〕410頁，竹下守夫「弁論主義」演習民事訴訟〔青林書院・1987〕375頁等）。

　弁論主義の理論的根拠に関する学説上の対立（弁論主義の根拠論）は，どちらかといえば，弁論主義が実際に適用される場面について，どのように説明するのがより適切かといった理念的な対立という面が強く，どの説を採っても，実際の場面での結論に差異はほとんどないといわれている。

2　弁論主義と要件事実との関係
(1)　主張の不備と解釈の必要性

　主張責任を考えると，ある法律効果の発生のために必要な要件事実が数個の事実（一群の要件事実）となる場合，そのうちの1つでも主張がないときは，法律効果の発生のために必要な要件事実の主張がないことになるから，この請求原因なり，抗弁なり，再抗弁なりは，「主張自体失当」として，その立証を待つまでもなく排斥されることになる。

　また，ある要件事実の主張があるかどうかが明確でない場合もある。当事者の主張が多義的に解釈できることや，要件事実（主要事実）として主張するのか，要件事実ではない単なる事情として主張するのかが明確でないこともあるからである。そのような場合には，当事者の主張の真意を的確に理解して，必要となる要件事実（主要事実）は何か，当事者の主張に要件事実の不備はないかを考え，当事者の主張に不備や欠落があるときは，

これについて適切に釈明権を行使する（訴訟代理人の場合には，当事者本人に説明を求め，事実を確認する）必要が生ずることになる。そのためには，当事者の主張の趣旨を的確に把握し，その主張の意味を合理的に解釈したうえ，民法から分析吟味した要件事実に照らしてこれを整理し，必要な主張の有無を正しく理解することが必要である。

(2) 主張事実と認定事実との同一性

当事者の主張の有無との関係では，当事者が主張する要件事実と証拠によって認定された事実が同じと評価できるかどうか（同一性）という問題もある。両者が同一と評価できないときは，主張された要件事実について立証がなく，認定できる事実については主張がないことになるから，主張立証責任を負う当事者に不利益な判決となる。そこで，問題となるのは，主張事実と認定事実とが同一性を損なわない限度とはどの程度のものかということである。一般的には，当事者の主張した具体的事実と，裁判所の認定した事実との間に，事実の態様や日時の点で多少の食い違いがあっても，社会観念上同一性が認められる限り，当事者の主張しない事実を確定したことにはならない（最判昭32・5・10民集11-5-715，最判昭52・5・27集民120-607）が，具体的事案に関して社会観念上の同一性の有無を判断するについては，その事実の性質や訴訟の経過のほか，主張責任によって保障される相手方の防御権が実質的に侵害されるかどうかをも考慮すべきであるとされている。ただし，主張の有無は民事訴訟の基本原理である弁論主義に関わる問題であるから，相手方の防御権が実質的に侵害されたかどうかは慎重に判断される必要がある。

(3) 主張責任の有無が問題となる要件事実

　ア　代理の要件事実

〔事例１〕

Xは，2021年９月11日，Yとの間で，X所有に係る甲土地を代金3000万円で売るとの売買契約を締結したと主張して，Yに対し，売買代金3000万円の支払を求めたところ，Yはこれを否認した。

裁判所は，証拠調べの結果，Xは，Yの代理人であるAとの間で，AがYのためにすることを示して，甲土地の売買契約を締結したと

の心証を得た場合，裁判所は，XとY代理人Aとの間に甲土地についての売買契約が締結されたものとして，X勝訴の判決をすることができるか。

〔事例2〕
　Xは，2021年9月11日，Y代理人Aとの間で，Yのためにすることを示して，X所有に係る甲土地を代金3000万円で売るとの売買契約を締結したと主張して，Yに対し，売買代金3000万円の支払を求めたところ，Yはこれを否認した。
　裁判所は，証拠調べの結果，Xは，Yの代理人であるAではなく，Y本人との間で，甲土地の売買契約を締結したとの心証を得た場合，裁判所は，XとY本人との間に売買契約が締結されたものとして，X勝訴の判決をすることができるか。

　弁論主義の第1テーゼとの関係でよく議論される問題として，代理の要件事実の問題がある。すなわち，Xが，ある意思表示について，その表示行為をした者はY本人であると主張している場合に，これをYの代理人による意思表示と認定することができるか，反対に，Yの代理人による意思表示があったと主張されている場合に，これをY本人による意思表示と認定することができるかという問題である。
　この問題では，Y本人による法律行為（意思表示）の場合とY代理人Aの法律行為の場合とで，XとYとの間に甲土地の売買契約が成立し，XがYに対し，売買代金3000万円の支払請求権を取得するという法律効果に差異はないが，これを要件事実から見ると，本人契約の構成と代理人契約の構成では，次のようにまったく異なる要件事実となる。すなわち，本人契約の要件事実（請求原因事実）は，XとYとの甲土地の売買契約の締結という事実であるのに対し，代理人契約の要件事実（請求原因事実）では，①XとAとの甲土地の売買契約の締結，②Aの顕名（代理人Aが本人であるYのためにすることを示すこと），③YのAに対する先立つ代理権授与という事実ということになる。

> 〔本人契約の要件事実〕
>   Xは，Yに対し，2021年9月11日，甲土地を代金3000万円で売った。
>
> 〔代理人契約の要件事実〕
> (1)　Xは，Aに対し，2021年9月11日，甲土地を代金3000万円で売った。
> (2)　Aは，(1)の際，Yのためにすることを示した。
> (3)　Yは，Aに対し，(1)に先立って，(1)の代理権を授与した。

　このように，本人契約と代理人契約では，その要件事実がまったく異なるのであるから，本来は，事例1も事例2も弁論主義違反の判決ということになるはずである。
　ところが，判例は，事例1についても，事例2についても，その法律効果の帰属の点で差異がないことを理由に，そのような判決をしても弁論主義に違反するところはないとした（事例1について，大判昭9・3・30民集13－418，最判昭33・7・8民集12－11－1740，事例2について，最判昭42・6・16判時489－50）。そうすると，判例は，代理の要件事実は弁論主義の例外となる結果を是認しているものとも考えられる。
　しかし，Y本人による法律行為（意思表示）の有無が争いとなっている場合に，何ら主張されていない代理人Aによる法律行為（意思表示）を認定することは，相手方であるYにとって不意打ちとなり，その防御権行使の機会を奪い，手続保障に欠けるおそれが生ずることになる。代理の要件事実について，弁論主義の例外を認めることは，弁論主義の有する機能である相手方の防御権の保障という見地から問題があるというべきであるから，判例には賛成することができない。
　そうすると，裁判官が，事例1において，証拠から法律行為をしたのがY代理人Aであるという心証を得た場合や，事例2において，証拠から法律行為をしたのがY本人であるという心証を得た場合には，適宜，当事者に対し，事例1においては代理人契約構成をも主張するかどうか，事例2

においては本人契約構成をも主張するかどうかを釈明するのが通常であり，相当であろうと思われる。裁判官がこのような釈明を行ったにもかかわらず，当事者がこれに応じないとき（事例1では本人契約のみを主張する，事例2では代理人契約のみを主張すると回答したとき）は，そのような事実は認定できないとして，Xの請求を棄却するのが相当である。

　もっとも，判例は，代理人契約または本人契約について実質的に黙示の主張があったと考えてよいともいえる事案について，実質的には不意打ちとならず，相手方の防御権も侵害しないから，手続保障に欠けるところはないと判断したものであり，当該事案限りのいわゆる救済判例であったと解することも可能であるといわれている。

　いずれにせよ，要件事実論の立場からは，本人契約と代理人契約では要件事実が異なるから，代理の要件事実にも弁論主義の適用があるものと考えるべきである。

　　イ　所有権取得原因の要件事実

　所有権訴訟における所有権の取得原因事実の認定が弁論主義に違反するものであるかどうかに関する判例理論には動揺があり，最高裁の見解も明確でない部分があったが，大判昭11・11・6（民集15-1771）（および最判昭25・11・10民集4-11-551）は，Xが，その先代Aが本件不動産をBから買い受け，さらにXが相続により取得したと主張してその所有権確認と引渡しを求めたのに対し，Yは，本件不動産はYがBから買い受けたのであり，Aがこれを所有したことはないと争った事案で，原審が本件不動産はAが生前にYに譲渡したと認定してXの請求を棄却したのは何ら違法ではないとしたが，最判昭55・2・7（民集34-2-123）は，これを変更して，明確な判例理論を打ち出したとされている。前掲最判昭55・2・7の事案と問題点は，次のとおりである（ただし，理解のため若干のデフォルメを行っている）。

〔最判昭55・2・7の事案〕

　Xら（X_1とX_2）は，本件土地はXらとC（Yの亡夫）の父であるAがBから買い受けたものであるが，C名義で所有権移転登記がされていたところ，Aの死亡により，XらとCが本件土地の各共有

持分3分の1を相続した。その後，登記名義をそのままにしていたため，Cの死亡に伴い，その妻であるYが単独で相続による所有権移転登記手続をした。しかし，本件土地は，Xらが共同相続したものであるとして，Xらは，Yに対し，本件土地の共有持分権に基づき，各持分3分の1の移転登記手続を求めた。これに対し，Yは，本件土地は，CがBから買い受けてC名義の所有権移転登記手続を行ったもので，Cの死亡によってYが相続取得したものであるから，Xらの請求は理由がないと主張して争った。

　原審は，証拠に基づいて，本件土地はAがBから買い受けて所有権を取得したと認定したものの，CはAから本件土地について死因贈与を受け，Aの死亡によって本件土地の所有権を取得し，その後Cの死亡に伴いYがこれを相続取得したものであると認定して，Xらの請求を棄却した。

〔問題点〕

　原審が，CがAから本件土地の死因贈与を受けたとの事実を認定し，Xらは本件土地の所有権（共有持分権）を相続によって取得することができないとしてその請求を排斥したことは弁論主義に違反しないか。

〔関係図〕

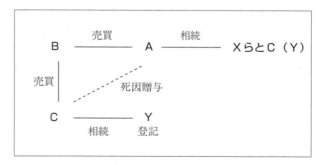

原審の判断が弁論主義に違反していないかどうかが問題となるのは，弁論主義の第1テーゼとの関係である。すなわち，当事者の主張する主要事実（要件事実）は，請求原因，抗弁，再抗弁等のいずれであっても，当事者の主張がなければ，裁判所はこれを認定することができないという原則に違反していないかということである。

　まず，この事案の訴訟物は，本件土地の共有持分権に基づく妨害排除請求権としての（共有持分に対応する）土地所有権移転登記（手続）請求権ということである。このことから，Xらの主張する請求原因事実（要件事実）は，①Aの本件土地もと所有（当時所有），②BとAとの本件土地売買契約の締結，③Xらによる本件土地の相続となり，具体的には，次のように摘示される。

〔Xらの請求原因〕
(1)　Bは，○年○月○日当時，本件土地を所有していた。
(2)　Bは，Aに対し，○年○月○日，本件土地を代金○○○万円で売った。
(3)　Aは，○年○月○日死亡した。
(4)　XらはAの子である。
　※相続の要件事実(3)(4)は，いわゆる非のみ説（第21講，第30講参照）によっている。

　これに対し，Yは，CがBから本件土地を買い受け，これに基づいてC名義に所有権移転登記手続を行ったと主張しているから（CがBから本件土地を買い受けて対抗要件を具備すれば本件土地の所有権はCに移転することになり，Xらは所有権を取得していなかったこととなる〔これも所有権喪失の抗弁と呼ばれる〕から，その後にYがCを相続したとの事実は，要件事実的には不要である），対抗要件具備による所有権喪失の抗弁を主張していることになる（所有権訴訟については，①順次譲渡型，②二重譲渡型，③保持権原型の類型があり，これらの訴訟類型に応じて，所有権についての権利自白の成立時期と抗弁の内容が異なり，①では権利自白は原告の当時所有〔もと所有〕に

ついて成立し，抗弁は「所有権喪失の抗弁」，②では権利自白は原告の前主の当時所有〔もと所有〕について成立し，抗弁は「対抗要件具備による所有権喪失の抗弁」，③では権利自白は原告の〔現〕所有について成立し，抗弁は「登記保持権原」あるいは「占有権原」となる。所有権訴訟の詳細は，第20講参照）。これを具体的に摘示すると，次のようになる。

〔Yの抗弁 ― 対抗要件具備による所有権喪失の抗弁〕
(1) Bは，Cに対し，○年○月○日，本件土地を代金○○○万円で売った。
(2) Bは，Cに対し，○年○月○日，本件土地について，(1)の売買契約に基づいて，C名義の所有権移転登記手続をした。

---

* 「基づく登記」と「登記基づく」について

　要件事実を摘示する際に問題となる事項の1つとして，若干細かな点ではあるが，「基づく登記」か，「登記基づく」かということが議論されることがあるので，この点について簡単に触れておくこととする。たとえば，Xの所有権（前所有者Bとの売買契約によって取得した所有権）に基づく所有権移転登記の抹消登記請求に対し，Yが対抗要件具備による所有権喪失の抗弁を主張した場合は，「①B（前所有者）は，Yに対し，2021年9月29日，本件土地を代金2000万円で売った。②Bは，Yに対し，同月30日，上記売買契約に基づき，本件土地について所有権移転登記手続をした。」と記載する（この②が「基づく登記」の摘示方法である）。これに対し，Xの所有権に基づく抵当権設定登記の抹消登記請求に対し，Yが登記保持権原の抗弁を主張した場合には，「①Yは，Xに対し，2021年9月29日，弁済期を2022年9月28日として，2000万円を貸し付けた。②XとYは，2021年9月29日，Xの上記債務を担保するため，本件土地に抵当権を設定するとの合意をした。③Xは，上記抵当権設定契約締結当時，本件土地を所有していた。④請求原因記載の抵当権設定登記は，上記抵当権設定契約に基づく。」と記載するのが一般的であるとされている（この④が「登記基づく」の摘示方法である）。対抗要件具備による所有権喪失の抗弁の場合には，所有権喪失の効果との関係では，対抗要件としての登記手続（登記具備）が行われることでよく，Xが請求原因で問題としているY名義の登記との同一性は問題とならないことから「基づく登記」の摘示方法で足りるのに対し，登記保持権原の抗弁の場合には，請求原因でXの所有権を侵害するものとして記載されたY名義の抵当権設定登記が，Xとの抵当権設定契約に基づいて行われたこと，すなわち，Xとの抵当権設定契約に基づいてされた抵当権設定登記とXが請求原因で問題としている登記が同一のものであることを摘示する必要があることから「登記基づく」の摘示方法を用いるのが望ましいとされる。なお，「登記基づく」の摘示方法を用いる場合，抗弁において登記手続の年月日等が摘示されないことになるが，請求の趣旨あるいは請求原因において，登記目録（法務局名，受付年月日，受付番号等が記載されている）等によって抹消が求められている登記が特定されるのが通常であるから，不特定とはいえないものと解されている。

　原審判決は，証拠によって請求原因（特に(2)の事実 ― B・A間の売買）

を認定したうえで，AがCに対して本件土地を死因贈与したと認定している。仮にこのような認定が許されるとすれば，A（したがってXら）は所有権を喪失したこと（順次譲渡型における所有権喪失の抗弁が成立したこと）になるから，Xらの請求は棄却される。

ところが，この事案において，Yが主張したのは，BとCとの売買契約の締結とこれに基づく対抗要件具備を要件事実とする「対抗要件具備による所有権喪失の抗弁」であるから，原審判決が，Xらも，Yも主張していない死因贈与を理由とする所有権喪失の抗弁事実を認定したことは弁論主義の第1テーゼに違反していることになる。

そこで，前掲最判昭55・2・7は，「原告らが，係争不動産は原告らの被相続人AがBから買い受けAの死亡によって原告らが共同相続したものであると主張して，右不動産の所有名義人である被告に対し，共有持分権に基づき各持分に応ずる所有権移転登記手続を求め，これに対し被告が，右不動産は被告の夫CがBから買い受けたものでありCの死亡によって被告がそれを相続取得したものであると主張したにとどまる場合において，裁判所が，右不動産はAがBから買い受けたのちCに死因贈与したものであるとの事実を認定し，原告らの請求を排斥するのは，弁論主義に違反する」とした。

ウ　不利益陳述 —— 相手方の援用しない他方当事者の自己に不利益な事実の陳述

(ア)　ある要件事実が原告か被告のどちらかの主張に現れている場合は，この主張をした者がその要件事実について主張責任を負う者でなくとも，その事実は弁論に現れたものとして，判決の基礎とすることができ，主張責任による不利益の危険はなくなる（最判昭41・9・8民集20-7-1314）。相手方に主張責任がある要件事実を他方の当事者が主張した場合，通常は，相手方がこの事実を主張し，あるいは先行自白として援用し，当事者間に争いのない事実となることが多い。しかし，相手方がこの事実を争う場合（不知または否認と陳述する場合）もあり，この場合には，当事者間に争いのない事実とはならないものの，主張責任を負わない当事者の主張としてその要件事実が訴訟資料となる。これを「相手方の援用しない他方当事者の自己に不利益な事実の陳述」，あるいは簡潔に「不利益陳述」と呼んで

いる。不利益陳述の例として，次のような場合が挙げられる。

> 〔事例１〕
> 　ＸがＹに，Ｙ本人と売買契約を締結したとして売買代金の支払を求めたのに対し，Ｙが，Ｘとの売買契約は，ＸがＹ本人との間に締結したものではなく，Ｙの代理人であるＡとの間で締結したものであると主張し，Ｘがこれを否認した場合。

> 〔事例２〕
> 　ＸがＹに，500万円を貸し付けたとして，貸金の返還を求めたのに対し，Ｙがこれを否認したところ，Ｘがその後Ｙから100万円の一部弁済を受けたと主張し，Ｙが一部弁済の事実をも否認した場合。

　事例１では，Ｘの主張する請求原因事実は，本人契約の構成であり，Ｘ・Ｙ間の売買契約の締結であるが，Ｙの主張によれば，代理人契約の構成として，①Ｘ・Ａ間の売買契約の締結，②Ａによる顕名，③Ｘによる先立つ代理権授与が請求原因となる余地があり，これが請求原因となる事実の不利益陳述ということになる。事例２では，Ｘの主張する請求原因事実である①Ｘ・Ｙ間の消費貸借契約の締結，②弁済期の到来について，Ｙは①の消費貸借契約の締結を否認するのみであるが，Ｘの主張によれば，ＹがＸに100万円について一部弁済をしたことが抗弁となる余地があり，これが抗弁となる事実の不利益陳述ということになる。不利益陳述が問題となる場合には，たとえば，事例２において，Ｙが予備的に消滅時効の抗弁の提出を予定している場合に，Ｘの主張する一部弁済を認めることは，時効中断の再抗弁を認めることになるなど，不利益陳述された事実が主張責任を負う相手方にとって別の局面で不利益となる場合も少なくない（不利な間接事実等と考えられる場合も少なくない）であろう。

　なお，不利益陳述に当たる事実は，その存否が争われているから，証拠によって認定する必要があることに注意すべきである。ただ，場合によっては，自己に不利益をもたらす要件事実を進んで陳述したことを弁論の全

趣旨（民訴247条）として斟酌して事実を認定することができる場合もあろう。

　　(イ)　不利益陳述となる要件事実（主要事実）を摘示するに当たっては，その要件事実の攻撃防御方法としての役割（請求原因か，抗弁か，再抗弁かなど）に即して，その攻撃防御方法の項に「不利益陳述」などの表題を付して摘示するのが通常である。

　不利益陳述が問題となる場合には，裁判所が適切に訴訟指揮権を行使したり，釈明権を行使することによって，できる限り，不利益陳述が生ずることのないようにするのが望ましい。裁判所が不利益陳述となることを指摘してこれを主張するかどうか釈明を求めたのに対し，主張責任を負う当事者が攻撃防御方法として援用しないことを明確にした場合には，当事者の主張について弁論主義を機械的に適用するのではなく，当事者の意識したものを採り上げ，法的観点（法的構成）等についても当事者の選択関与を認めるべきであるとするのが近時の実務・学説の考え方であるといわれていることから，実務上は，不利益陳述となる事実は主張がないものとして採り上げない取扱いとすることも少なくないであろう。

　念のために付言すると，訴訟物には処分権主義が適用されるから（民訴246条），原告が援用しない被告の不利益陳述によって新たな訴訟物となる権利または法律関係が提示されることは，被告の不利益陳述を原告が援用することによって，原告がこれを訴訟物として選択しない限り，ありえないことにも注意しておく必要がある。すなわち，請求原因レベルでの不利益陳述が問題となるのは，弁論主義が適用される領域である同一訴訟物の枠内で当該権利の発生要件に該当する事実を被告が主張し，原告がこれを争った場合に限られるということである。

　　エ　狭義の一般条項の主要事実──弁論主義といわゆる「王者的規範」

　過失，正当事由，信義誠実などのように，規範的評価（法的評価）がある法律効果の発生要件（法律要件）とされている場合，その主要事実は，たとえば「過失」などの抽象的な評価概念自体と考えるか（間接事実説），それとも，その評価を基礎付ける具体的事実と考えるか（主要事実説）は，後記（第6講）のとおり，見解が分かれている問題である。しかし，それとは別に，一般条項といわれる条文の中でも，公序良俗違反（民90条），

信義誠実（民1条2項），権利濫用（同条3項）などのように公益的要素に基づく規制を目的とした，いわゆる狭義の一般条項については，当事者の主張の要否が問題とされている。すなわち，証拠資料から公序良俗違反等の事実が認定できる場合に，それらの事実を当事者が主張しなくとも裁判所はそれを判決の基礎としてよいか（弁論主義はこれらの条項では適用されないとしてよいか）との問題である。多数説（篠田省二「権利濫用・公序良俗違反の主張の要否」新・実務民事訴訟法講座(2)〔日本評論社・1981〕50頁，青山善充「主要事実・間接事実の区別と主張責任」講座民事訴訟④〔弘文堂・1985〕403頁等）は，公序良俗違反，信義誠実，権利濫用のような狭義の一般条項は，当事者の私的処分に委ねることのできない法の一般原則であり，公益的色彩が強い，いわば「王者的規範」であるから私的自治に支えられている弁論主義は後退するとして，これを肯定している（なお，最判昭36・4・27民集15-4-901）。このような多数説の立場では，狭義の一般条項に関する主要事実については，弁論主義の適用がなく，主張責任は存在しないことになる。
　しかし，この問題については，①公益性の確保という要請と，相手方にとって不意打ちとなることを防止し防御の機会を保障している弁論主義の機能とを，訴訟上いかに調整すべきかという価値判断に委ねられるところ，公序良俗違反等の狭義の一般条項とはいっても，その公益的要請は強弱様々であるからすべて一律に弁論主義の例外となるとは考えられないし，最も公益性が強いとされる公序良俗違反の場合であっても，公益的要請には事案によって強弱があり，主張責任が生ずる場合と生じない場合とが不明確となるおそれがあるから，多数説の見解は疑問であるとの見解や，②証拠資料から公序良俗違反等の事実が認定できる場合は，不意打ちを避けるため，裁判所は公序良俗違反等と評価される事実が出ていることを指摘して当事者の事実主張ないし法的討議を促すべきであり，この場合において，仮に裁判所の指摘にもかかわらず，当事者がその主張を拒否したときは，通常は，裁判所はその事実あるいはその法的観点をもって判決することができないが，特に法の一般原則である公序良俗違反等にあっては，当事者の主張・援用の有無にかかわらず，それをもって判決することができ，そこに「王者的規範」の意味があるとして，公序良俗違反等には単に弁論

主義の適用がないとするのではなく，法律問題指摘義務を肯定したうえで弁論主義を後退させるという解釈の方が座りがよいとする見解（高橋〔上〕458頁，山本和彦・民事訴訟審理構造論〔信山社・1995〕317頁，同「狭義の一般条項と弁論主義の適用」広中俊雄先生古希祝賀論集　民事法秩序の生成と展開〔創文社・1996〕67頁等）もある。従来の司法研修所は①の見解であったようであるが，近時の学説では②の見解が有力のようである。

　オ　過失相殺の主要事実

　過失相殺については，裁判所が過失相殺の判断をするには，債権者側（民418条）あるいは被害者側（民722条2項）の過失を基礎付ける具体的事実（後記の主要事実説の立場を前提とする）が弁論に現れていなければならないかどうかという問題がある。改正前の民法418条の過失相殺に関する最判昭43・12・24（民集22-13-3454），民法722条2項の過失相殺に関する最判昭41・6・21（民集20-5-1078）は，債権者側または被害者側の過失を基礎付ける具体的事実について弁論主義の適用を否定し，当事者の主張を不要としたものと解されている。ただし，これらの判例をそのように解することに疑問を呈する見解もある。ここでも，多数説は，過失相殺は公平の理念の現れである，損害額の算定は非訟手続であるとの理由で，過失相殺の過失に当たる事実については，弁論主義の適用がなく，当事者からの主張は不要であり，証拠資料からそれが認定できれば職権で過失相殺してよいとする（篠田・前掲51頁，豊水道祐・最判解民事篇昭和43年度994頁等）。

　しかし，この問題については，①債権者側または被害者側の過失は，その者に債務不履行または不法行為による損害賠償請求権が発生したことを前提として，これを数額的に減少させるための要件であるから，裁判所の裁量が介入する余地はあるとしても，その過失を基礎付ける事実については主張責任を認めるべきであるとする見解や，②過失相殺を実体法上どのように捉えるかは別にして，手続的に不意打ち防止の観点から，弁論主義を適用して，当事者からの事実主張を要するとすべきであり，仮に過失相殺に使われる事実を当事者がそれと気付かずに主張中で述べている場合には，裁判所がいきなり過失相殺をするのは，弁論主義に反しないとしても，妥当でないというべきであるから，ここでも法的観点指摘義務・法律問題指摘義務（一般には，裁判所が当事者の気付いていない法的観点で裁判しよう

とするときは，その法的観点を当事者に向かって開示し，当事者と裁判所との間で法的観点・法律構成についても十分に議論を尽くすべき裁判所の義務と考えられている）を肯定して，過失の有無およびその割合について当事者と法的討論をするのが妥当であるとする見解もある（高橋〔上〕460頁）。ここでも，従来の司法研修所は①の見解であったようであるが，近時の学説では②の見解が有力なようである。

3　主張責任と立証責任の所在の必然的一致の肯否

(1)　立証責任と主張責任の一致ということについて—実務上の支配的見解

　ある要件事実について立証責任を負うということは，その事実が証明できなかった場合にその事実を法律要件とする法律効果が発生したと認められないという不利益を受けることを意味し，ある要件事実について主張責任を負うということは，その事実が弁論に現れなかった場合に，裁判所がその事実を判断の基礎とすることができず，その事実を法律要件とする法律効果が発生したと認められないという不利益を受けるということを意味する。そうすると，**立証責任も主張責任も，裁判所がある要件事実が存在すると認めるべきかどうかという局面で作用するものであり，いずれの責任も，裁判所がある要件事実を認めることができない場合に問題となるものであって，しかも，立証責任を離れて，主張責任の分配について基準となるべき独自の原則や基準といったものは見当たらないから，主張責任の分配の基準は，立証責任の分配の基準と同様に，修正された法律要件分類説の立場で考えるのが相当であるとするのが通説であり，実務の支配的見解といえる。**この立場では，立証責任と主張責任は，常に同一の当事者に帰属することになる。学説上も，立証責任と主張責任の原則的一致を認めるのが通説であるとされる（高橋〔上〕531頁，伊藤310頁，新堂473頁等）。

　ある実体法規（法条）に定める法律効果の発生によって利益を受ける当事者が一定している以上，この当事者に法律効果発生の要件事実についての立証責任とともに，主張責任もまた帰属することになるのは，立証責任と主張責任の定義（概念）から当然であるとされ，このことから，**主張責任の分配は立証責任の分配に従う**などと説明される。そして，前記の修正された法律要件分類説の立場からは，この分配の基準となるのは，基本的

に法律効果の発生要件を定めた実体法規であるということになる。

> *　実務の支配的見解では，上記のとおり，主張責任と立証責任との一致を力説するが，これには，原・被告の主張がかみ合い，攻撃防御の視点が定まり，対策や準備もしやすくなり，不意打ちを防ぐこともでき，審理の充実・促進に役立つという大きなメリットがある。仮に両者を一致させないでおくと，ある主張事実につき，そのつど改めて立証責任の分配を考えなければならないし，立証責任の転換に気付かないで判断するという間違いも起こりかねないが，主張責任と立証責任とを一致させておくと，こうした思考の煩わしさから免れ，判断の誤りを防ぐことができるし，何ら具体的な事実に基づかない主張は提出されるべきでないとする訴訟実務のプラクティスにも合致するものであるとも指摘されている。

(2)　立証責任と主張責任の一致は不要とする見解について

立証責任と主張責任は一致するとの通説に対し，立証責任と主張責任が一致すると考える必要はないとする見解もある。中野貞一郎教授，前田達明教授，松本博之教授の見解である（主な文献として，中野貞一郎「要件事実論の主張責任と証明責任」法教282号〔2004〕24頁以下，前田達明「主張責任と立証責任について」民商129巻6号〔2004〕23頁以下，同「要件事実について——主張責任と証明責任を中心として」曹時65巻8号〔2013〕1917頁以下，松本博之「要件事実論と法学教育(1)——要件事実論批判を中心に」自由と正義2003年12月号110頁以下がある）。

ア　中野貞一郎教授の見解

中野教授の見解は，次のようなものである。すなわち，民事訴訟では，まず主張があって，その後に主張された事実の証明が問題となるのであるから，まず主張責任が問題となり，その後に証明責任（立証責任）が問題となると考えるべきであり，主張責任について問題となるのは，当事者の請求や抗弁が実体法規に照らして「主張じたいにおいて理由がない」（＝有理性を欠く）として排斥される（これは，通常「主張自体失当」と呼ばれる）場合である。そして，有理性のある主張とするためには，当事者が自らは証明責任を負わない事実をも主張しなければならないことがあり，この場合には，主張責任と証明責任の不一致が生ずる。このような場合としては，たとえば，債務不履行に基づく違約金請求（損害賠償請求）等において債権者がその主張の有理性のため不履行の事実を主張しなければならないという場合がある。

イ　前田達明教授の見解

前田教授の見解は，次のようなものである。すなわち，主張責任の定義は上記通説の定義を支持すべきであるが，立証責任は，「訴訟上一定の事実の存否が確定されないとき，不利な法律判断を受けるように定められている当事者の一方の不利益」と定義すべきであり，これにより，いずれの当事者が不利益を負うかを定めるのが立証責任の分配である。そして，主張責任は可能な限り法文に忠実に解釈して分配されるべきであり（法律要件分類説），立証責任の分配は，①立法趣旨，②証拠との距離，③立証の難易，④信義則などといった基準で定められる（立証責任の分配に関する利益考量説）。したがって，法的にも，理論的にも主張責任の所在と立証責任の所在が一致する必要はない（一致することもあれば，一致しないこともある）。そして，たとえば，改正前の民法415条に基づく損害賠償請求事件の判決書では，「事実」欄に，原告が「債務履行がなかった」と主張し，被告が「債務を履行した」と主張したと記載し，仮に，裁判所が債務の履行があったとは認められないとの心証に達した場合には，「債務の履行があったとは，本件全証拠によっても，これを認めるに足りない」と記載することになる。

　ウ　松本博之教授の見解
　松本教授の見解は，次のようなものであり，基本的には，中野教授の見解と同旨であるといってよいであろう。債務の履行遅滞による損害賠償請求では，債務の履行遅滞の主張がなくても履行期の経過の主張だけで十分であるとする見解（上記通説の見解）もあるが，実体法（改正前民415条）は履行遅滞を遅滞による損害賠償請求権の成立要件にしていることは間違いがないから，この事実の主張がなければ法律効果たる損害賠償請求権の発生を根拠付ける事実として，主張自体失当とならざるをえない（事実主張が十分でない）。それゆえ，いかに債務履行の事実の証明責任が債務者にあろうとも，主張自体は必要なのである。

(3)　**立証責任と主張責任の一致の肯否についての考え方**
　立証責任と主張責任の一致の肯否に関する上記の議論は，要するに，履行期に債務の履行がないことを原告が主張しない場合（特に被告が欠席したり，弁済について何らの主張をしない場合）に，原告勝訴とすることで抵抗感がないかということに帰着するということができるように思われる。

履行期に債務を履行したことの立証責任が債務者にあることに争いがない以上，実務的感覚としては，請求認容の判決をすることに傾くであろう。実際にも，訴えの有理性あるいは十分性から要求される事実主張は抽象的なもので足りると考えられていること，仮に履行期に債務の履行がないことについて主張がない場合であっても，訴状の請求の趣旨・原因の記載を見れば，原告が被告には履行遅滞がある（すなわち履行期に債務の履行がない）として訴えを提起したことは明らかなことが多いこと（実務上は，訴状請求原因の末尾には，「よって書き」と呼ばれる結論部分を記載して，原告はいかなる権利または法律関係に基づいてどのような請求をするのかを結論的に記載し，請求の趣旨と請求原因との有機的関連付けをすべきであるとされている）などからすると，上記の各見解の間に結論においてさほどの違いがあるとは思われない。債務不履行に基づく損害賠償請求（民新415条）の事案では，①履行期の定めと②その経過の主張があれば，③履行期に債務の履行がないことの主張がなくとも，履行遅滞が発生していると考えてよいであろう。もちろん，これらが民法新415条等の解釈に基づき，同条等の適用として行われるものであることはいうまでもない（第10講事例1参照）。

　また，上記の通説の立場では，近時の訴訟法学において提唱されている「証明責任を負わない当事者も相手方の事実主張を否認する場合に一定の要件のもとに具体的な事実を陳述すべきことを命じられる」という，事案解明義務または証明責任を負わない当事者の具体的事実陳述義務の理論による当事者の義務を位置付けることができず，訴訟法学の発展の方向に反することになるとする見解もある。しかし，事案解明義務およびそれに基づく主張責任の転換が認められるべきかどうかはともかく，仮にそれらが認められるのであれば，それらによって証明責任と主張責任とが一致しないこと（主張責任と証明責任のあり方に変容が迫られること）はありうることであり，そのことをもって，上記の通説の立場が訴訟法学の発展の方向に反するものとはいえないように思われる。

　　＊　高橋〔上〕532頁は，主張責任の分配の判断には決め手を欠くとすれば，どこまでの事実が証明されれば法規を適用して原告を勝たせてよいかの判断と，どこまでの事実が弁論に現れていれば法規を適用して原告を勝たせてよいかの判断との近似性から，ひとまず，証明責任の分配に対応させて主張責任を考えるというのも，実践的には1つの在り方だということになろう（ただし，逆にいえば，通説の根拠がこのあたりにあるのだとすると，合理的理由

さえあれば，証明責任と主張責任が一致しない例外も認めてよいことになろう）とする。また，伊藤301頁は，「損害賠償請求を求める以上，それに関連する事情として原告が不履行の事実を明らかにすることは望まれるが，それが直ちに主張責任の負担を意味するものとは考えられない。実体法の解釈として，損害賠償請求権が契約自体に基づいて発生すると考えるのであれば」上記の通説の解釈が支持されるとしている。

コラム：主張自体失当とは何か

　当事者の主張に現れている事実であっても，それが当該訴訟において必要な実体法上の法律効果の発生に必要ではない事実の主張や，実体法上の法律効果を発生させるに足りない事実の主張である場合には，訴訟上の攻撃防御方法としては無意味であり，請求原因，抗弁，再抗弁などの主張を構成する事実とはならず，当該主張は，立証に入るまでもなく失当であるとして，判決書の主張整理においても摘示しないのが通常である（ただし，請求原因として主張された事実が権利の発生根拠とならないなど，無意味である場合，すなわち請求原因が後記の「主張自体失当」である場合には，請求原因は，抗弁，再抗弁等と異なり，当該訴訟において攻撃防御の核となる主題を提供するものであること〔民訴158条，170条5項参照〕から，判決書には請求原因として記載したうえで，原告主張の請求原因事実では，原告の請求を基礎付けることができないなどと判示されるのが通例である）。

　このように当事者の主張が訴訟上の攻撃防御方法として明らかに無意味といえる場合には，①判例学説等に照らして明らかに誤った法的見解に基づく「誤った主張」の場合，②必要な法律要件に該当する事実の主張が一部欠落しているために主張された事実のみでは実体法上の法律効果が発生しない「主張不足」の場合，③必要な法律効果を発生させる法律要件に該当する必要最小限の事実以外の事実を主張する「過剰主張」の場合，などがある。このような主張は「主張自体失当」といわれることがある。

　これまで実務において「主張自体失当」といわれてきたものには，上記各場合のように，いわば「実体法的な意味において主張自体失当」というべきもののほか，次のような場合も含まれるものとして取り扱われてきたようである。たとえば，①ある攻撃防御方法Bの要件事実（a＋b）が他の攻撃防御方法Aの要件事実（a）をすべて内包している「a＋b」の場合（117頁参照）である。この場合には，要件事実がa＋bである攻撃防御方法Bも実体法上の法律効果だけを考えると，攻撃防御方法Aとは別個のものとして構成できるが，このような攻撃防御方法Bは，訴訟法上の効果すなわち請求の

当否の結論を導き出すための効果において同じ働きを持つ攻撃防御方法Ａを完全に内包することから，攻撃防御方法Ｂとしての機能はａの事実のみにかかることになり，ｂの事実は訴訟上無意味であり，ｂの事実を主張立証する必要はないといえる。また，②原告は，被告に対し，被告から甲建物を代金2000万円で購入したとして売買契約に基づいて同建物の引渡しを求める訴訟を提起したところ，被告が，抗弁として，原告と被告とは同売買契約において，甲建物の賃借人であるＡが明け渡すことを停止条件とするとの合意をしたと主張し，これに対し，原告が再抗弁として，Ａは既に甲建物を明渡済みであると主張したが，争点整理の結果，再抗弁事実は当事者間に争いがなくなったというような場合がある。この場合には，抗弁である停止条件の合意の主張は，それだけを見ると，実体法的な効果が発生する法律要件に該当する事実の主張がされており，実体法的には意味があるといえるものの，これに対する再抗弁として主張された条件成就の事実に争いがないため，抗弁について主張立証を尽くしても意味がなく，抗弁が攻撃防御方法として訴訟上の機能（請求の当否の結論を導き出すための機能）を果たしているとはいえないことが明らかである。そうすると，①および②のような場合は，当該要件事実があると実体法的な法律効果自体は発生することから，実体法的な意味において主張自体失当とはいえないが，要件事実の有する訴訟法的な機能（141頁参照）を考えると，上記の各事実を主要事実として整理することは訴訟上無意味であるか，少なくとも相当でないし，特に②の場合には，当事者の合理的意思という点からも，このような主張は撤回したものと取り扱われるべきであるともいえる。そこで，これまでの実務では，上記のような主張も「主張自体失当」（いわば「訴訟法的な意味において主張自体失当」というべきもの）であるとして取り扱われてきたようである。

　そうすると，これまでの実務において「主張自体失当」といわれてきたものには，「実体法的な意味において主張自体失当」というべきもののほか，「訴訟法的な意味において主張自体失当」というべきものがあり，それらが主張自体失当とされる理由・根拠は異なっていることに注意する必要があろう。

　なお，「主張自体失当」については，最判平10・6・12（民集52－4－1087）が，「損害賠償を求める訴えが除斥期間の経過後に提起された場合には，裁判所は，当事者からの主張がなくても，除斥期間の経過により右請求権が消滅したものと判断すべきであるから，除斥期間の主張が信義則違反又は権利濫用であるという主張は，主張自体失当であると解すべきである。」と判示していることにも併せて留意する必要がある。

＊　①の「ａ＋ｂ」の主張については，「許されたａ＋ｂ（予備的主張）」となる場合

（124頁参照）との関係についても知っておく必要がある。「許されたａ＋ｂ」となる場合は，「ａ＋ｂ」の主張であっても，主張自体失当とはならないからである。たとえば，原告がその所有する甲土地を占有している被告に対し所有権に基づいて甲土地の明渡請求を求める訴訟を提起したところ，被告は，原告がもと甲土地を所有していたことは認めつつ，その後，原告がＡに甲土地を売り，さらに被告がＡから甲土地を購入し，これに基づいて，甲土地につき所有権移転登記を得たと主張したという事例について考えてみよう。この事例では，原告がもと所有していた甲土地をＡに売ったという事実（ａの事実）のみで原告の権利喪失の抗弁となり，これに加えてその余の事実，すなわち，被告がＡから甲土地を購入したとの事実（ｂの主張）を主張することは，仮に被告の占有権原を基礎付ける主張となる余地があっても，訴訟上無意味で，ａ＋ｂの主張ということになり，主張自体失当と扱われる。これに対し，同じ事例で，原告が，原告とＡとの甲土地の売買契約は通謀虚偽表示である（民94条１項）と主張し，被告が，被告とＡとの甲土地の売買契約の際，原告とＡとの売買契約が通謀虚偽表示であることを知らなかったと主張した場合には，被告がＡから甲土地を購入したとの事実と，その当時，被告が通謀虚偽表示について善意であったとの事実（ｂの事実）は，外見上はａ＋ｂの主張となるが，この主張は善意の第三者（民94条２項）の主張であり，許されたａ＋ｂの主張として，実体法上の意味を有するだけでなく，訴訟上も有効な攻撃防御方法となるから，主張自体失当ではないことになる（なお，通謀虚偽表示の善意の第三者が権利取得することについての法的構成については判例学説上争いがあり，上記のような事例では，予備的抗弁と位置付ける法定承継取得説と再々抗弁と位置付ける順次取得説が唱えられているが，最判昭42・10・31民集21－8－2232は，前者の構成を前提にするものと考えられており，上記の説明は，前者の構成に従ったものである。類型別79頁参照）。

　そこで，以下の各場合に関して，当事者の主張が主張自体失当となるか，それはどうしてかについて検討してみよう。

　１　原告が被告に対し，原告が被告の代理人Ａとの間で，原告を売主，被告を買主として，甲土地を代金1000万円で被告に売るとの契約を締結したとして，売買代金1000万円の支払を求めた事案において，被告が，Ａには乙土地の売買契約を締結する代理権を授与した事実はあるが，甲土地の売買契約を締結する代理権を授与した事実はなく，Ａは無権代理人であるから，被告は，原告の請求を拒むことができると主張した場合はどうか。

　２　甲土地の売買契約に基づく代金支払請求の事案において，被告が，甲土地の売買契約当時，実際には，甲土地の西方約500ｍの地点にＡ鉄道株式会社のＢ駅が設置される計画であったのに，西方約300ｍの地点にＢ駅が設置される計画があるものと信じ，甲土地を店舗用地として買い受けると述べたから，被告の意思表示は錯誤によるものであるから取り消すと主張した場合はどうか。

3　原告は被告に対し，2021年5月20日，原告の所有する甲建物を，賃貸月額20万円を毎月末に翌月分を支払い，賃貸借期間を同日から3年間とするとの約定で賃貸した。その後，原告は，被告が2021年12月分以降の賃料を支払わないとして，2022年4月1日に滞納賃料の支払を催告した。にもかかわらず，被告がこれを支払わなかったことから，同年6月1日，被告に対し，甲建物の賃貸借契約を債務不履行を理由に解除するとの意思表示をしたとして，甲建物の明渡しを求める訴えを提起した。被告が，2022年7月3日，原告に対し，原告方に滞納賃料全額を持参して受領するよう告げて提供したにもかかわらず，原告がこれを受け取らなかったため，同月5日，○○地方法務局に滞納賃料全額を供託したと主張した場合はどうか。また，上記事案において，被告が，弁済供託の事実があることを理由に被告の賃料債務の不履行に背信性はないと主張した場合はどうか。

4　原告は，被告に対し，甲土地建物を代金6000万円で売るとの売買契約を締結し，その後，売買代金のうち，3000万円は支払を受け，1000万円分は被告所有の乙土地による代物弁済を受けたが，残額の支払を受けていないとして，2000万円の支払を請求した。被告が，原告主張のような事実はまったくないと主張したうえで，仮に原告との間に甲土地建物の売買契約があるとしても，被告は，売買代金のうち，1000万円は現実に支払い，3000万円分は被告所有の乙土地と丙土地による代物弁済の合意をし，原告名義に所有権移転登記手続をしたから，原告の請求は理由がないと主張した場合はどうか。仮に，被告が，売買代金のうち，2000万円を現実に支払い，3000万円分は乙土地と丙土地による代物弁済により消滅したと主張した場合はどうか。さらに，原告の主張する3000万円の弁済の事実を認め，その他に代物弁済による3000万円の債務の消滅を主張した場合はどうか。

5　原告が，被告との間で，2022年2月10日，甲土地を代金5000万円，代金の支払期日を同年3月31日の約定で売るとの売買契約を締結したが，被告は，代金支払期日を経過したにもかかわらず，これを支払わないとして，売買契約に基づき，代金5000万円およびこれに対する代金支払期日の翌日である2022年4月1日から支払済まで民法所定の法定利率年3％の割合による遅延損害金の支払を求めた場合はどうか。

6　原告が被告に対し，甲土地の所有権に基づく妨害排除請求として，甲土地に設定されている，被告を抵当権者（債権者），原告を債務者とする抵当権設定登記の抹消登記手続を求める訴訟を提起し，原告は，その請求原因

として，原告は甲土地を所有していること，甲土地には，原告を債務者，被告を抵当権者（債権者），債権額を500万円とする2027年5月10日付の抵当権設定登記があることを主張した。ところが，被告は，請求原因事実をすべて認めたうえで，登記保持権原の抗弁として，原告と被告との2021年10月1日付の，弁済期を2022年10月1日とし，500万円を原告に貸し付けるとの消費貸借契約を締結したこと，原告と被告とは，その後2027年5月10日になって，上記債務を担保するため，原告が所有していた甲土地に抵当権を設定する旨の契約を締結し，同契約に基づいて，請求原因記載の抵当権設定登記手続がされたことを主張した。これに対し，原告は，抗弁事実を認めたうえで，再抗弁として，被告との上記消費貸借契約の弁済期である2022年10月1日から既に5年以上が経過しているから，消滅時効が成立しているとして，時効援用の意思表示をすると主張した場合はどうか。

*ヒント
1につき　抗弁事実と積極否認の事情との関係はどのように解すべきか
2につき　法律行為の基礎としての事情についての錯誤（民新95条1項2号）で取消しができる要件は何か
3につき　時的要素，規範的要件の注意点は何か
4につき　一部請求と弁済等（民新473条）の抗弁との関係はどのように解すべきか
5につき　売買契約における遅延損害金請求について留意すべき点は何か
6につき　時効の成否と承認による時効の更新（民新152条1項）について留意すべき点は何か

第6講 規範的要件

1 規範的要件 —— 法律要件としての規範的評価

　実体法規の中には，過失，重大な過失あるいは正当な理由，正当の事由などの法的評価・規範的評価に関する一般的・抽象的概念（具体的にイメージすることが困難な概念）をもって法律要件を定める規定も少なくない。たとえば，民法新109条1項，112条1項，民法709条等は過失，民法新95条3項は重大な過失，民法新109条2項，112条2項，110条は正当な理由，借地借家法6条，28条は正当の事由をもって，それぞれ法律要件としている。また，民法1条2項の信義誠実，同条3項の権利の濫用，民法新90条の公序良俗，いわゆる背信的悪意者排除論における背信性なども，同様に，それぞれの法的評価が成立することが法律効果の発生要件となっている。これらは，**事実をもって記載される法律要件（事実的要件とも呼ばれる）とは異なり，規範的評価をもって法律要件が記載されていることから，「規範的要件（あるいは評価的要件）」**と呼ばれる。また，規範的要件は，法文上はその発生要件を一般的・抽象的概念をもって記載するほかないことから，一般条項と呼ばれることもある。実際の民事訴訟において，このような規範的評価が成立したものと認められるためには，その評価の成立を根拠付ける具体的な事実が必要であり，このような事実は「評価根拠事実」と呼ばれている（規範的要件かどうかが問題とされている法律要件として，製造物責任法2条2項の「欠陥」，民法186条の「占有」，改正前の民法570条の「瑕疵」などがある。これらについては，いずれも事実的要件〔事実概念—ただし，相手方がその存在を争う場合には，具体的な事実の主張を要する〕であるとする見解と，規範的要件〔評価的要件〕であるとする見解が主張されている）。

　なお，背信的悪意者については第24講を，表見代理における過失および正当な理由については第18講を，借地借家法における正当の事由について

は第16講をそれぞれ参照すること。

* 実体法の条文の法律要件（構成要件）に記載されている類型的な事実が要件事実であるといわれるが、この法律要件には、ある事実を要件とするものと、ある法的な評価が成立することを要件とするものがある。売買契約の成立要件を規定した民法555条は基本的に事実を要件とするものであるが、不法行為の成立要件を規定した民法709条のうち、特に「過失」という法律要件は、「過失」という法的評価（規範的評価）が成立することを要件とするものと解されている（ただし、法律要件は、多かれ少なかれ法的概念あるいは法律用語をもって定められていることから、どの要件が事実で、何が法的評価であるかは、程度の問題であるともいえる。通常は、ある法律要件が定める事象を類型的かつ具体的なものとして観念・理解〔イメージ〕できる場合が「事実」であり、類型的かつ具体的なものとして観念・理解〔イメージ〕できない場合が「法的評価」であると考えられているといってよいであろう）。そうすると、実体法規が定める法律要件には、事実をもって法律要件が記載された「事実的要件」と、法的な評価（事実としてイメージ・理解できないもの）をもって法律要件が記載された「評価的要件」とがあることになる。

　また、法律要件の中には、事実的要件と評価的要件との中間的なものとして、一応は事実として典型的な場合等を観念・理解（イメージ）できることから事実的要件と解すべきであるものの、その事実があるかどうかは社会観念に照らして判断するのが相当であるとされるものがある。このような要件においては、相手方との間で争いがない場合には、実体法規に記載された法律要件（法律用語）を事実として主張することで足りる（これが「要件事実」である）ものの、相手方がその事実の存在を争う場合には、当該法律要件を主張するのでは、攻撃防御の対象たる具体的事実（具体的状況）が明確にならないため、弁論主義の実質的な保障あるいは不意打ち防止という民事訴訟法的な観点から、より具体的な事実を主張立証することが必要となる（これが「主要事実」となる）と解されている。これらは、「抽象度の高い概括的事実概念」などと呼ばれている。抽象度の高い法律要件のうち、どれが事実的要件で、どれが評価的要件（あるいは規範的要件）であるかについては見解の対立があるが、一般には、「引渡し」（民178条）、「所持」（民180条）、「占有」（民186条）、「弁済の提供」（民493条）などは、事実的要件に当たるとされている（ただし、「引渡し」、「所持」、「占有」について、規範的要件・評価的要件に分類する見解も有力に主張されている）。

* 事実的要件と規範的要件（評価的要件）との中間的な概念として、評価根拠事実のみを考えるべき価値的概念（価値的要件）を考えるべきでないかとする見解があり、そこでは、改正前の民法97条の「（意思表示の）到達」、同法95条の「要素」、民法493条の「弁済の提供」などがその例であると見解もある（ただし、伊藤滋夫・要件事実の基礎〔初版、有斐閣・2000〕123-125頁はそのような方向性を示していたが、伊藤（滋）・299-300頁は、価値的概念というものは認めるべきでなく、それらは評価的要件に当たるとする）。

2　規範的要件における主要事実についての考え方
(1)　間接事実説と主要事実説

　規範的要件における主要事実をどのように考えるべきかについては争いがある（規範的要件における法律要件〔要素〕が規範的評価であることは明らかであるから、規範的要件については、その要件事実〔あるいは法律要件〕を

どのように考えるべきかということではなく，主要事実をどのように考えるべきかという問題であり，その意味では，規範的要件における主要事実は何かとの問題は，民法の解釈で決まるのではなく，当事者の攻撃防御における不意打ち防止といった民事訴訟法的な観点から決定されるべきものであることに注意すべきである）。

　まず，規範的要件の主要事実は規範的評価自体ではなく（規範的評価は法的判断にすぎないから，そもそも主張立証の対象とならない），その判断を基礎付ける評価根拠事実が主要事実であるとする見解がある。これは規範的評価を基礎付ける具体的事実である評価根拠事実を主要事実と見ることから，「主要事実説」と呼ばれている。これに対し，規範的要件の主要事実を過失，正当理由等の規範的評価そのものであると解する「間接事実説」も有力に主張されている。この説は，法文上に過失，正当理由等の用語が要件を示すものとして用いられていることがその根拠とされる。

　最近では主要事実説が通説的見解であるとされ，この立場から，間接事実説に対する批判として，①元来，主要事実とは直接証拠によってその存在を証明できる性質のものであるが，間接事実説がいうように，規範的評価自体が主要事実であるとすると，規範的評価自体を証拠によって直接証明する方法はないこと，②弁論主義のもとで要件事実が果たすべき相手方の防御の機会の保障という面から見ても，間接事実説がいうように，規範的評価を主要事実と解するときは，単に「過失がある」，「正当理由がある」などと主張すれば，主張責任は尽くされたことになり，相手方はこのような評価を基礎付けるものとしてどのような評価根拠事実が現れてくるかを知る機会が弁論等では何ら保障されないことになるから，事案によっては，不意打ちを防止できない危険性があること，③これを訴訟指揮の面から見ても，具体的事実の主張があって初めて主張された個々の事実ごとに相手方の認否反論を求めて争点整理を行うことにより，真の争点（要証事実）に的を絞った集中的で効率的な立証活動となるよう訴訟指揮をすることができるのであり，具体的事実が主要事実ではなく，その主張立証責任が否定されることになると，このような訴訟指揮を行うことが困難となること，④間接事実説では，同説が有する上記②および③の弊害について適切な釈明権の行使で対処することになるが，主張責任によって被る不利

益がなくなった当事者に対して釈明権の行使のみで必要十分な具体的事実を主張させることは容易ではないことなどが指摘されている。

　なお，間接事実説，主要事実説とは別に，規範的要件における具体的事実は主要事実というべきであるが，構成要件要素への当てはめが普通の条文と違うこと（①多様性，②複合性，③職権性）を重視して，間接事実よりも主要事実に引き寄せて理解すべきという意味で「準主要事実」と呼ぶべきであり，当事者は規範的評価そのものではなく，当該評価の根拠となる事実（準主要事実）を主張立証すべきであるとする準主要事実説もあるが，この説の準主要事実とは主要事実説にいう評価根拠事実と同じであり，実質的に主要事実説と対立するものではないと解されている。理論的にはそのとおりであろうが，弁論主義はもっぱら事実のみに関係し法的観点の面は裁判所の専権で当事者は関与しないとしていたことを自覚的に反省し，法的観点ないし法律問題においても不意打ち防止の必要を認め，当事者にこの点についても関与を保障しようとする立場からは，規範的要件の主要事実を考える視点としては，この準主要事実説も魅力を失っていないように思われる（高橋〔上〕453-454頁，遠藤賢治・民事訴訟にみる手続保障〔成文堂・2004〕242頁等）。

(2) 主要事実説を採用する場合の注意事項

　主要事実説の立場からすると，規範的評価を根拠付ける事実のみが主要事実であるから，これに当たる具体的事実の全部について主張責任がある一方で，規範的評価自体については主張責任がないことになる。すなわち，主張された具体的事実によって過失，正当理由等があると評価できるかどうかは法的判断の問題であり，法律を適用する裁判所が職権で判断すべき事項であって，当事者の「過失がある」，「正当理由がある」などの主張は，法律上の意見，法的観点，法的構成にすぎないことになる（ただし，法的観点ないし法律問題においても不意打ち防止の必要は認められるから，当事者も事実主張の前提となっている法的構成や法的観点について法的討論をしておくべきである）。

　また，主要事実説に対しては，評価根拠事実はすべて弁論に現れたものに限られることになり，主張のない事実はそれが証拠上認められる事実であり，それがいかに強力に当該規範的評価を基礎付けるものであっても，

裁判所がこれを判断の基礎とすることは弁論主義に反し，許されないことになるから，裁判所が妥当な判断をすることができない場合があるとの批判があり，このような批判にはもっともな面がある。そこで，主要事実説に立つ場合には，①主張内容と証明された事実との食い違いに注意し，場合によってはこれを是正するための機会を設けること，②主張の補充が予定されている事案では，現に主張がなく，争点（要証事実）となっていないことを理由とする証明活動（書証の提出，尋問事項等）の制限は，比較的緩やかに扱われるべきこと，③当事者の主張内容を理解するには，その真意を的確に把握して主張を合理的に解釈し（このような解釈は「善解」と呼ばれる），主張の欠落に対しては裁判所が釈明権を適切に行使することなどに注意が払われる必要があるとされている。

また，主要事実説に立つ場合には，このほか，④評価根拠事実は実体法規に記載されていない事実であり，本来は間接事実にとどまるような具体的事実であるから，何が評価根拠事実となり，何が評価障害事実となるかは慎重に検討されるべきであること，⑤規範的要件要素が実現したかどうか，規範的評価が成立したかどうかは評価根拠事実と評価障害事実の総合評価で判断されるべきものであること，主張された「評価根拠事実」だけではまだ規範的要件が実現した（規範的評価が成立した）と判断できない状態である（その余の点について検討するまでもなく主張自体失当ということになる）場合には，「評価障害事実」について主張立証を待つまでもないことなどにも注意する必要があるとされている。

(3) 評価障害事実の攻撃防御方法としての位置付け

　ア　評価障害事実という概念

規範的評価を積極的に根拠付ける方向（プラスの方向）に働く事実である「評価根拠事実」に対し，この事実と両立はするが，規範的評価の成立を妨げる方向（マイナスの方向）に働く事実を観念することができる。このような規範的評価の成立を妨げる事実は，「評価障害事実」と呼ばれる。

評価根拠事実と評価障害事実とは，相互に事実として両立し，しかも，評価根拠事実が規範的評価が成立する方向に働くのに対し，評価障害事実は当該評価の成立を妨げる方向に心証を形成させる効果を持つから，上記の主要事実説の立場では，評価障害事実もまた主要事実ということになり，

当該規範的評価の成立を争う側の当事者に主張（立証）責任があることになる。

　　イ　抗弁説と間接反証類推説

　上記アのように評価障害事実を理解すると，ある規範的評価の成立を内容とする法律要件が請求原因となる場合は，その規範的評価を根拠付ける評価根拠事実が請求原因となり，この評価根拠事実が主張立証されたときには，抗弁が主張されない限り，請求原因事実が認められることになるのに対し，評価障害事実は，評価根拠事実と両立し，当該規範的評価の成立を妨げる方向に機能することによって，請求原因事実から生ずる法律効果の発生を妨げる効果を有する事実（請求原因と両立し，請求原因から発生する効果を覆滅する機能を有する事実）であるから，評価根拠事実に対する抗弁と位置付けられる。この見解は「抗弁説」と呼ばれ，通説である（さらに，評価障害事実を前提としてその事実と両立し評価障害事実の機能・効果をさらに妨害し，評価根拠事実の機能・効果を復活させる事実として「評価障害事実に対する評価障害事実（評価障害障害事実）」も観念できるが，その位置付けは，規範的評価の特殊性〔総合評価であることから，マイナスのマイナスはプラスと考えるのが通常であること〕から請求原因において評価根拠事実として位置付けるべきであるとする見解と，位置付けの明確性から再抗弁として位置付けるべきであるとする見解がある。どちらかといえば，前者の見解が有力である）。

　　＊　これに対し，前記準主要事実説の立場から，評価障害事実は主要事実を推認させる間接事実に対する間接反証に類似した関係にあると考える間接反証類推説も有力に主張されている。この見解では，被告側で立証すべき評価障害事実については，間接反証の考え方を類推して被告に証明責任を負わせるものの，主張責任を考える必要はないと考えられていることに注意する必要がある。

3　具体例に基づく説明

　以上の説明を踏まえて，即時取得における「過失」の有無が問題となる事例について検討してみよう。

（Xの言い分）

　私は，2021年5月25日，Aとの間で，Aが製作して所有していた

工作機械（機械番号ＷＬＳ－34567。以下「本件機械」という）を代金1500万円で購入する旨の契約を締結し，同年6月5日，代金全額を支払うとともに，占有改定の方法でその引渡しを受けて，その所有権を取得しました。その後，本件機械の転売先が見つかったことから，Ａに本件機械の現実の引渡しを求めたところ，Ａは，同年7月30日，私に無断で本件機械をＹに代金700万円で売却し，これを引き渡していることが判明しました。しかし，私が，本件機械を所有しているのですから，Ｙに対し，所有権に基づいて本件機械の引渡しを求めます。

　なお，Ｙは本件機械の所有権を取得したなどと主張していますが，①ＡはＹとの売買契約当時，資金繰りに窮していたこと，②Ｙは，Ａのかねてからの友人であり，Ａの資金繰りが苦しいことを知っていたこと，③本件機械には，Ｘ名義のネームプレートが付いていたこと，④Ｙは，Ａと本件機械の売買契約を締結するについて，Ｘに対し，本件機械が売却済みであるかどうかを確認しなかったこと，⑤ＡとＹとの本件機械の売買契約の代金額は，本件機械の実勢価格が1500万円相当であるのに比して廉価であることなどの事情もありますから，Ｙには過失が認められると思います。したがって，Ｙの主張を認めることはできません。

（Ｙの言い分）

　私は，かねてからの友人であるＡからの要請を受けて，2021年7月30日，Ａから本件機械を代金700万円で購入して（以下「本件売買契約」という），同日，代金全額を支払って，その現実の引渡しを受けました。本件機械は現在私の倉庫内に保管しています。①Ａは，本件売買契約を締結する際，Ｘとの売買契約はキャンセルされたため，本件機械はＡが所有していると言っていたこと，②実際にも本件機械はＡの工場内で保管されていたこと，③本件機械に付いていたＸ名義のネームプレートには気が付かなかったことから，本件機械はＡが所有するものであると信じていました。仮に，ＡとＸとの

> 売買契約が有効であり，Xが本件機械を所有していたとしても，私は善意無過失でAと本件売買契約を締結して，その引渡しを受けて現実にこれを保管しているのですから，即時取得が成立しているものと思います。したがって，Xの請求に応ずることはできません。

　この事例における訴訟物は，所有権に基づく返還請求権としての機械引渡請求権1個である。Xは，請求原因として，①Aは，2021年5月25日当時，本件機械を所有していたこと，②Xは，Aから，2021年5月25日，本件機械を代金1500万円で買ったこと，③Yは，本件機械を占有していることを主張した。これに対し，Yは，抗弁として，Yが本件機械を即時取得したこと（民192条）によって，Xが本件機械の所有権を喪失したことを主張している。

　Yの抗弁は，「所有権喪失の抗弁 ― 即時取得（売買）」であり，Yがこの抗弁として主張すべき要件事実（主要事実）は，①YがAから，2021年7月30日，本件機械を代金700万円で買ったこと（取引行為），②Aが同日①に基づいて本件機械をYに引き渡したこと（基づく引渡し）である。なお，Yの抗弁として「対抗要件具備による所有権喪失の抗弁 ― 売買」（Yの抗弁①②の事実），Xの再抗弁として「先立つ対抗要件具備の再抗弁」（AがXに対し，2021年6月5日，請求原因②に基づいて本件機械を〔占有改定の方法で〕引き渡したこと）も主張されているものと考えることもできるが，ここでは取り上げないこととする。

*　民法192条は，①「取引行為」によって，②「平穏」に，かつ，③「公然」と④「動産」の⑤「占有を始めた」（これを要件事実的にいうと「〔取引行為〕に基づく引渡し」ということになる）者は，⑥「善意」であり，かつ，⑦「過失がない」ときは，⑧「即時にその動産について行使する権利を取得」する，と規定する。①から⑦までが民法が規定する即時取得の要件であり，⑧が法律効果である。そうすると，即時取得が成立するためには，④は既に請求原因で本件機械が動産であることが摘示されているからよいとして，①の「取引行為」，⑤の「基づく引渡し」のほかにも，②および③，⑥および⑦の事実が必要であるように見える。しかし，②の「平穏」，③の「公然」，⑥の「善意」は民法186条1項によって「暫定真実」とされるから主張立証する必要がない。また，⑦の「無過失」についても，民法188条によって，占有者が占有物の上に行使する権利はこれを適法に有するものと推定（法律上の推定）されるから，本件機械の占有を取得したYは，前主Aにその所有権があると信じたことについて過失がないものと推定（法律上の推定）されると解されている（最判昭41・6・9民集20-5-1011）。なお，⑤の「引渡し」には，占有改定の方法は含まないとするのが判例（最判昭32・12・27民集11-14-2485，最判昭35・2・11民

集14−2−168)であるが、Yは現実の引渡しを受けたと主張しているから、この点についても問題はない。

　Yの即時取得による所有権喪失の抗弁に対し、Xは、再抗弁として、Yが占有取得時に前主Aが権利者であると信じたこと（即時取得における善意）について過失があったことを主張することができる。

　この過失という法律要件要素が規範的要件に当たるのである。主要事実説では、Xの再抗弁は、「過失の評価根拠事実」として、「Yの過失を根拠付ける具体的事実」を摘示することになるのに対し、間接事実説では、「過失」として、「Yが本件機械の引渡しを受けた際、YにおいてAが権利者であると信じたことには過失がある。」と摘示することになり、Yの過失を根拠付ける具体的事実は、主要事実ではなく、間接事実にとどまることになるから、摘示することを要しない。具体的な事実摘示例は、次のとおりである。なお、過失の基準時は、YがAと本件機械の売買契約を締結した時ではなく、Yが本件機械の占有を取得した時と解されていることに注意する必要がある。

〔主要事実説による事実摘示例〕
　　過失の評価根拠事実
(1)　Aは、本件売買契約締結当時、資金繰りに窮していた。
(2)　被告は、Aのかねてからの友人であり、本件売買契約締結当時、Aの資金繰りが苦しいことを知っていた。
(3)　本件売買契約締結当時から、本件機械には原告名義のネームプレートが付いていた。
(4)　被告は、本件売買契約を締結するについて、原告に対し、本件機械が売却済みであるかどうかを確認しなかった。
(5)　本件売買契約締結当時、本件機械の実勢価格は1500万円であった。

〔間接事実説による事実摘示例〕
　　過失
　　被告が本件機械の引渡しを受けた際、被告においてAが権利者で

> あると信じたことには過失がある。

　さらに、主要事実説・抗弁説では、Yは、Xの主張する上記再抗弁に対し、再々抗弁として、「過失の評価障害事実」として「Yに過失があったとの評価を妨げる具体的事実」を主張することができるが、間接事実説では、これらの具体的事実は過失があるとの推認を妨げる間接事実にすぎず、摘示することを要しないから、再抗弁はないことになる。主要事実説・抗弁説による事実摘示例は、次のとおりである。

〔主要事実説・抗弁説による事実摘示例〕
　　過失の評価障害事実
(1)　Aは、本件売買契約を締結する際、原告との売買契約はキャンセルされたため、本件機械はAが所有していると言っていた。
(2)　本件売買契約締結当時、本件機械はAの工場内で保管されていた。
(3)　被告は、本件売買契約を締結する際、本件機械に付いていた原告名義のネームプレートには気が付かなかった。

4　規範的評価は総合判断であること

　規範的評価の成否についての判断は、評価根拠事実と評価障害事実の総合判断であるが、まずは評価根拠事実によって当該規範的評価が成立することが前提となる。主張された評価根拠事実だけでは当該評価の成立を肯定することができないときは、主張の問題として、その規範的評価が成立するとの主張は、主張自体失当であるから、その事実を立証する必要はなく、相手方が評価障害事実を主張立証するまでもない。また、主張された評価根拠事実では当該評価の成立を肯定することができるものの、証拠等によって一部認定できない事実があり、そのために確定された評価根拠事実だけでは当該評価の成立を肯定できない場合には、立証の問題として、評価障害事実の有無について判断するまでもなく、当該規範的評価が成立するとの主張は採用することができないことになる。

このように，規範的評価の成否についての判断が総合判断であるというのは，確定された評価根拠事実によれば当該評価の成立を肯定できる場合に，この評価の成立を前提として，評価障害事実の存否について判断し，これらの確定された事実に基づいて当該評価の成否を判断するということである。

5　規範的要件についての注意事項
　規範的要件における主要事実に関する学説上の争いについて，上記主要事実説の立場に立つ場合には，次の点に注意すべきである。
① 具体的にどのような事実が評価根拠事実，評価障害事実になるかは，個々の事案ごとの個別的な判断によること。
② 評価根拠事実，評価障害事実はいずれも具体的事実を摘示すべきであり，法的評価を記載しないよう意識すること。
③ 評価根拠事実と評価障害事実は両立する事実を摘示すること。
④ 規範的要件については，規範的評価の成否を判断する際にどの時点までに存在した具体的事実を考慮すべきかが問題となることが多いことから，時的要素に特に意を用いること。
⑤ 評価根拠事実，評価障害事実について真偽不明はありうるが，規範的評価の成否について真偽不明はありえないこと。

6　黙示の意思表示の主張立証について ── 補論
　意思表示には，「明示の意思表示」と「黙示の意思表示」がある。明示の意思表示と黙示の意思表示の違いは，その意思を表明する行為（表示行為）の表示価値（明確さ）であり，相対的なものである。たとえば，明示の意思表示（契約締結）は，契約書を作成することによって契約締結の意思表示をした場合が典型例であり，黙示の意思表示（契約締結）は，Bが土地の所有者Aに対し，土地について使用貸借の申入れをして同土地の使用を開始したが，Aは長年にわたりBの土地使用について異議を述べなかった場合が典型例であるといえる。
　明示の意思表示の場合には，たとえば，「XはYに対し，○年○月○日，本件機械を代金○○万円で買うとの売買契約締結の申込みをし，Yはこ

れを承諾するとの意思表示をした。（実際には，「売買契約を締結した。」と記載する例が多い）」と記載することで攻撃防御の対象が明確になる。これに対し，黙示の意思表示の場合には，明示の「承諾」等の意思表示はないのであるから，どのような具体的事実をもって黙示の意思表示（承諾）があったと主張するのかを明確にしないと，攻撃防御の対象が定まらないことになり，場合によっては，相手方の防御の機会を奪い，不意打ちともなりかねない。明示の意思表示と黙示の意思表示の違いは，実体法上は区別の実益がないとされるが，民事訴訟法的，要件事実的には，その区別を明確に意識することが大切である。

　黙示の意思表示については，明示の意思表示とは表示価値の程度に差があるにすぎず，意思の解釈を伴う事実的要件であるとして，主要事実としては，黙示の意思表示の成立を基礎付ける具体的事実（これを「基礎付け事実」と呼ぶこともある。規範的要件における評価根拠事実に相当する事実である）のみが問題となり，その成立を妨げる具体的事実（評価障害事実に相当する事実）は問題とならない（これは間接事実となり，反証の対象となる）とする見解（事実的要件説）が実務上の多数説であろうが，これを規範的要件と同様に解し，評価障害事実を観念すべきであるとする見解（規範的要件説）も有力である（伊藤（滋）・329頁，要件事実(1)42頁，吉川慎一「要件事実論序説」司法研修所論集110号〔2003〕171頁等参照）。

　黙示の意思表示を規範的要件と解する見解には，上記の規範的要件と同様，黙示の意思表示が成立したこと（「黙示の意思表示をしたこと」）が主要事実であり，そのことを基礎付ける具体的事実は間接事実であるとする間接事実説と，黙示の意思表示をしたことは評価であって，そのことを基礎付ける具体的事実が主要事実であるとする主要事実説との対立がある。規範的要件と解する場合には，相手方の防御権行使の機会を実質的に保障するとの観点から，主要事実説が妥当であろう。

　なお，実務的には，間接事実説に立ちながら，具体的な事実を重要な間接事実として摘示する例も少なくない。

　黙示の意思表示について，事実的要件説に立った場合の一般的な事実摘示例は，次のとおりである。

〔黙示の使用貸借契約（民新593条参照）〕
　原告は，被告に対し，○年○月○日，被告所有の本件土地を無償で貸して欲しいと申し入れ，そのころから本件土地の使用を開始したが，被告は，原告が本件土地を使用していることを知りながら，その後○年○月○日に至るまで一度も原告に明渡しや使用の対価を請求したことがないから，遅くともそのころまでには原告と被告との間に黙示の合意によって，本件土地について，期間の定めのない使用貸借契約が締結された。

主張立証責任の分配(1)

1 権利の発生根拠と契約の成立要件

(1) 権利の発生根拠 ― 法規説と合意説

　たとえば，売買契約を締結した際には，買主は売買契約に基づく目的物引渡請求権を有することになるが，この権利（請求権）は何に基づいて発生すると考えるべきかについては争いがある。すなわち，権利の発生根拠は何か，契約の拘束力の根拠は何かという問題である。これについては，大きく分けて，2つの考え方がある。

　第1は，権利の発生根拠は法律であり，契約の拘束力の根拠も法律であるという考え方である。これは「法規説」と呼ばれる。この考え方では，訴訟物たる権利を発生させるのは，契約という合意ではなく，契約が締結されたことに法律効果たる権利の発生を認める法律であると考えるのである。

　第2は，権利は，当事者の合意に基づいて発生するという考え方である。これは「合意説」と呼ばれる。この考え方では，「約束は守られなければならない」という，いわば民法以前の理念から権利が発生するのであり，権利は民法等の法律がなくても当事者の合意（契約）自体から発生すると考えるべきであるとする。

(2) 契約の成立要件についての考え方

　権利の発生根拠に関する法規説と合意説の対立は，たとえば，ある法律効果（権利）の発生が一定の類型的な契約に基づく場合，この法律効果の発生を主張するには，その契約が民法等の実体法が定める契約類型（典型契約）に該当することを示す具体的事実，言い換えると，民法が定める契約類型の契約成立要件に当たる具体的事実をすべて主張立証しなければならないと考えるかどうかに現れる。たとえば，契約に基づいてある物の引渡しを請求する場合に，その引渡請求権の発生要件として，どのような要

件を主張立証しなければならないかを考えるということである。

法規説では，その契約が売買契約であるか，賃貸借契約であるかなど，その契約の法的な性質を認識できるように，売買契約であれば売買契約としての成立要件（要件事実）のすべてを，賃貸借契約であれば賃貸借契約としての成立要件（要件事実）のすべてを主張立証する必要があると考えられている。

これに対し，合意説は，権利の発生根拠は合意であるから，その合意がどの契約類型に当たるか，すなわち合意の法的性質を認識させる事実は不要であり，単に当事者間でその物を引き渡す旨の合意をしたことを主張立証すれば足りると考えられている。

(3) 法規説を採用すべき理由

現在の民事裁判実務では，法規説が採用されている。民法が成文法として制定されている以上，法律行為について，「法律の規定なしに法律効果が生ずるという自然法原理のようなものは認めることができない」（我妻Ⅰ242頁）と解されるからである。契約の拘束力の思想的な根拠が合意にあり，契約の成立には合意が必要であるとしても，権利の発生根拠・契約の拘束力の根拠は法律にあると考えるべきである。また，合意説では，典型契約以外の無名契約が認められることの説明が容易であるとされるが，法規説の立場に立っても，契約締結および内容の自由を定める民法新521条により，無名契約も法律に根拠を有するものとして肯定することができ，権利の発生根拠が法律であるとする考え方と整合しないわけではないとされるのが一般である（なお，無名契約の具体的な契約としての効力等は，典型契約の規定を類推適用して判断することになるとされている）。

法規説では，これまでに検討してきたように，原告は，まず自己が求める権利（請求権）の法的性質を決定し，その権利の発生要件である要件事実を過不足なく主張立証しなければならない。したがって，法律実務家としては，民法等の法律の規定についての理解を深めるとともに，契約の内容を緻密かつ合理的に分析するよう努めることが大切である。

2　契約に基づく請求に関する要件事実

契約に基づく請求を基礎付けるための要件事実として何を主張立証しな

ければならないかに関する学説としては，冒頭規定説，返還約束説（個別合意説），条件・期限一体説，全部合意説などがある。これらの学説は，権利の発生根拠・契約の拘束力の根拠に関する法規説・合意説の議論と結び付き（親和性）があり，また，条件・期限の法律行為の附款等の可分性・不可分性にも関連を有するものと解されている。これを図式的に示すと，次のようになろう（ただし，たとえば，法規説が必然的に冒頭規定説に結び付き，合意説が必然的に返還約束説に結び付くわけではなく，それぞれ親和性があるというにとどまるとの指摘もある）。

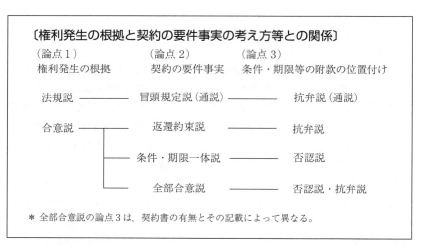

冒頭規定説とは，民法の第2章「契約」の第2節から第14節（典型契約）の冒頭にある規定（これを「冒頭規定」と呼ぶ）はいずれも各典型契約の成立要件を規定するものであり，この要件に該当する事実（要件事実）が当該典型契約に基づく請求権を発生させるものであるとする見解である。この見解が通説であり，実務の支配的見解である。この見解では，冒頭規定が定めていない条件・期限などの法律行為の附款（条件・期限等の合意・特約）は，権利（請求権）の発生を障害するものであるから，冒頭規定が定める契約の成立要件に当たる請求原因に対する抗弁と位置付けられることになる（「抗弁説」と呼ばれる）。この見解は，法規説の立場から，ある権利の発生は実体法規が定める一定の契約の法律効果として認められ

るものであるから，実体法規がある権利の発生原因として定める契約の成立要件のすべてが肯定されることが必要であり，そのためには，当該契約の成立要件に当たる事実はすべてその権利の発生を主張する者に主張立証責任があると考えられるとする（後藤巻則「要件事実論の民法学への示唆(2)契約法と要件事実論」大塚=後藤=山野目44頁，石川博康「典型契約冒頭規定と要件事実論」大塚=後藤=山野目122頁，大江忠「攻撃防御方法としての要件事実——契約の履行請求権を例として」伊藤滋夫編・民事要件事実講座第１巻〔青林書院・2005〕229頁参照）。

〔社会的事実の可分性と要件事実の不可分性〕

　冒頭規定説の立場では，歴史的・社会的には１個あるいは一連の事実であっても，所要の法律効果の発生要件に当たらない事実については，その法律効果に関しては主張立証責任がないという意味で，社会的事実は，要件事実とそれ以外の事実とに分けることができる（これを「社会的事実の可分性」ということがある）。これに対し，実体法が規定する契約の成立要件に当たる事実（要件事実）は，それが複数個ある場合には，そのいずれもが当該権利発生のために必要不可欠な事実であり，そのうちの１つでも主張立証できないときはその法律行為が成立したとは認められないという意味で，不可分である（これを「要件事実の不可分性」ということがある）。そのように考えると，請求原因で主張された契約に付けられた条件・期限等の法律行為の附款は，契約の成立要件ではなく，抗弁に位置付けられることになる。

＊　通説である冒頭規定説に対し，①返還約束説（個別合意説）は，契約の成立要件は権利（請求権）の発生原因事実ではなく，請求権は当事者の合意（契約中の一定の給付をする旨の合意）それ自体によって直接に生ずるとし，その権利を基礎付ける個別的な合意がその要件事実となるとする見解である。たとえば，使用貸借契約の終了に基づく目的物の返還請求では，同請求権の発生要件として貸主が主張立証責任を負うのは，借主が貸主に目的物を引き渡す旨の合意が成立したことのみであり，使用貸借契約の成立（民新593条），同契約に基づく目的物の借主への引渡しおよび同契約の終了は請求原因事実として不要であるとする。この見解では，契約法について，民法を「請求権の体系」ではなく，「抗弁の体系」と理解

し，当事者の合意のみから権利が発生することを認めるとともに，一定の契約類型に当たるとの法的性質決定（係争法律関係の性質決定）を前提としてその契約の成立要件を満たしていないことが抗弁となり，その主張立証責任を被告に負わせることに特徴がある。また，この見解では，条件・期限等の附款は抗弁に位置付けられる。この見解に対しては，実体法上の権利ごとに訴訟物を考えようとする伝統的な考え方と調和しないとの批判がある。②条件・期限一体説は，条件・期限のような附款が冒頭規定の要件事実に加えて一体として権利発生根拠事実となるとする見解である。この見解では，無条件の契約締結を主張する請求原因に対し，被告がその契約には条件や期限が付されていたことを主張するのは，抗弁ではなく，請求原因の否認となる（「否認説」と呼ばれる）。条件・期限一体説は，改正前の民法513条2項が，条件に関する変更を債務の要素の変更とみなすとしていたことを根拠の1つとして，条件や期限が付された契約は，それが付されていない契約とは別の契約として理解すべきであるとしていた。しかし，今回の改正で，条件の内容は多種多様であり，同規定には合理性がないとして削除されたことを考えると，新民法下において，この見解を採用することは難しくなったというべきであろう。③全部合意説は，契約書がある場合とない場合とに分け，契約書がある場合には契約書に記載のない事項はすべて抗弁となるのに対し，契約書がない場合には，合意成立の範囲が明確でないから，被告が条件・期限の定めやその他の合意事項の存在を主張したときは，原告はそのすべての事項についての合意の存在または不存在を証明しなければならないとする見解である。この見解は，契約書が存在しない場合にすべての事項について合意の存在あるいは不存在の立証を原告に要求する点に特徴があるが，その基礎にはすべての事項についての合意が契約の成立要件となるとの理解が存在しているとされる。全部合意説に対しては，契約書という証拠の存否によって，主張立証責任の分配を変えることは主張と立証の基本構造と矛盾するとの批判がある。

3　非典型契約（無名契約）の要件事実の考え方

　冒頭規定説の立場では，売買契約，賃貸借契約といった典型契約に基づく請求をする原告は，当該契約が成立するために必要不可欠とされる当該契約の「本質的要素（あるいは本質的部分）」について合意されたことを主張立証しなければならないから，民法が定める典型契約の冒頭規定は，当該典型契約が成立するための「本質的要素」を定めたものということになる。

　これに対し，非典型契約（無名契約）については，民法にはその要件等を定めた具体的な規定がないことから，実際には典型契約に関する民法の規定を手がかりにして，各種の非典型契約における本質的要素（要件事実）は何かを考えることになるものと思われる。具体的には，①当該契約の主たる給付内容や必要不可欠な要件・法律効果は何であるかを吟味して，これと類似する典型契約の考え方を当てはめ，これと適合しない部分は特約による修正があると考えたり，②機能面で部分的ながら一致する点のある典型契約に関する規定を類推したり，③複数の典型契約における本質的

要素が混在・結合しているものと見たり，④典型契約に当てはめて考えるのは困難であるとして，非典型契約は独自のものとして見たりすることにより，非典型契約の本質的部分（要件事実）は何かを考えることになる（後藤・前掲51頁）。ただし，冒頭規定説の立場では，判例の集積により非典型契約についても一定の契約類型ができあがったものと認められる段階では，判例の示す契約成立のメルクマール・法律要件要素に従って，その本質的要素・要件事実を考えることになるであろう。

4　法律の規定と同一内容の合意の取扱い

　当事者が民法等の法律の規定と同一内容の合意をする場合は少なくない。たとえば，建物の賃貸借契約において，賃料の支払時期を毎月末日とする旨合意したり（民614条），売買契約において，代金の支払と目的物の引渡しを同時履行とする旨合意したり（民新533条），あるいは，抵当権設定契約において，被担保債権全額を弁済したときは抵当権は消滅する旨合意したり（法理上当然のことである）する場合である。このような場合の法律の規定を任意規定（任意法規 — 公の秩序に関係しない規定）という。民法は，意思表示の内容が任意規定と異なるときは，任意規定の適用は排除される（民91条）とする。しかし，そうでないときは，任意規定は，意思表示の内容に欠けている点がある場合にこれを補充したり，意思表示に不明確な点がある場合にこれを一定の意味に解釈する作用があると解されている。このことからすると，実体法的には，当事者が任意規定と同一内容の合意をした場合には，まず合意を尊重すべきであるということになろう。

　しかし，これを訴訟法的に見ると，任意規定と同一内容の合意は，その成立が主張されない場合でも，任意規定があることから，この合意に基づく法律効果と同じ法律効果が発生するし，また，合意の成立が主張されたが，立証できない場合であっても，任意規定によって，合意が立証された場合と同じ法律効果が発生するから，いずれにせよ，その成立を主張立証させる意味がないことになる。したがって，任意規定と同一内容の合意の成立の主張は，これによる法律効果の発生を主張するための要件事実（攻撃防御方法）とはならないと，一般に解されている。

5　立証責任の分配における立証の難易の位置付けについて

　要件事実の主張責任をどのように分配すべきかについては学説上の争いがあるが，現在の実務においては修正された法律要件分類説が採用されていることは前記のとおりである。そして，この立場では，実体法の解釈に当たり，各実体法規の文言，形式を基礎として考えるとともに，立証責任の分配の公平性・妥当性の確保を常に意識して，法の目的，類似する法規，関連する法規との体系的整合性，要件の一般性と特別性，原則性と例外性，さらには要件によって要証事実となるべきものの事実的態様とその証明の難易等を総合的に考慮して，立証責任の分配を考えるとされている。

　修正された法律要件分類説が，立証責任の分配の公平性・妥当性の確保という観点から，法の目的等のほか，立証の難易等をも総合的に考慮して立証責任の分配を考えるとする点については，「不存在あるいは無いことの証明は困難であることから，そのような立証責任は当事者に負わせるべきでない」とか，「消極的事実（事実の不存在ということ）の立証は困難であるから，これを否定する当事者に積極的事実（事実が存在すること）の立証責任を負わせるべきである」とか，「不存在の主張立証はさせない」などといわれることがあり，この点を捉えて，そのように考える見解は，「歴史の中で既に否定されてきた見解であり，これを復活させる理由が明らかでない」とする批判もある。

　しかし，修正された法律要件分類説の立場で，立証の難易を考慮するというのは，立証責任の分配を考えるに当たり，あまり立証の困難な事実について立証責任を負担させるのは公平とはいえない場合があることをも，立証責任の分配を考えるうえで補助的・補充的に考慮に入れるべきであるというにすぎず，常に立証の難易を理由に立証責任を分配することが可能であり，そのように考えるのが適切であるとまでいうものではない。仮に，上記批判が，立証の難易は立証責任分配の際の総合考慮要素としても相応しくないというのであればそれは行き過ぎというべきであろう。立証の難易を考慮する例としては，履行遅滞に基づく損害賠償請求権（民新415条）の発生原因事実（要件事実）がある。この場合の損害賠償請求権の発生原因事実として，原告（債権者側）は，債務の履行期が経過したことを主張立証すれば足り，債務の履行がないこと（弁済がされていないこと）の立証

責任を負わないと考える理由として，履行すなわち弁済（民新473条）は債務消滅原因（権利滅却事由）であるから履行遅滞の発生原因とすべきでないこと，債務の履行がないことの立証責任があるとすると，弁済の提供の立証責任はそれを主張する者（被告・債務者側）にあると考えることと矛盾することに加えて，弁済のないことの立証は困難であることが挙げられることがあるが，その趣旨は上記のように解すべきであろう。

このことは，修正された法律要件分類説においても，一般に，①不当利得返還請求訴訟における「法律上の原因がないこと」の立証責任は，返還請求をする原告側にあるとされていること（最判昭59・12・21集民143－503参照），②賃貸借契約の「無催告解除特約」における背信性の評価根拠事実の1つとなる「一定期間，賃料を支払わなかったこと」の主張立証責任は，解除の有効性を主張する当事者にあるとされていることなどからも理解できるところである（なお，ある事実を知らないこと〔ある事実の認識・心理状態〕なども消極的事実といわれることがあるが明らかな誤解というべきである）。

6 攻撃防御方法の避けられない不利益陳述——「せり上がり」について

(1) 「せり上がり」の意味

ある権利（請求権）の発生原因事実を請求原因として主張したところ，その事実中に抗弁となる事実が含まれていることがある（たとえば，要件事実aとbから構成される請求原因において，要件事実bが抗弁となる法律効果の発生要件事実となる場合である）。このような場合には，請求原因事実が認められても，同時に抗弁事実も認められることになるから，そのままでは，請求原因事実が，その立証を待つまでもなく，主張自体失当となる。そこで，このような場合には，請求原因事実が主張自体失当とならないようにするために，抗弁（要件事実b）に対する再抗弁事実として機能する要件事実をも請求原因事実として併せて主張立証しなければならないことになる。このように，**ある法律効果の発生原因である要件事実（たとえば請求原因）を主張する場合に，その主張を主張自体失当としないために，本来は相手方が抗弁等として主張するのを待って主張すれば足りる要件事実（たとえば再抗弁として機能する要件事実）をもあらかじめ（請求原因として）主張しておかなければならない場合を，本来相手方の主張の後に主張**

すれば足りる要件事実を相手方の主張の前に主張しなければならないという意味で，便宜上「せり上がり」と呼んでいる。「せり上がり」は，一定の類型の訴訟において，ある法律効果の発生原因事実（要件事実）を主張する場合に必ず生じてしまうものであり，その意味で，「避けられない不利益陳述」とも呼ばれる（ただし，本来の不利益陳述である「相手方の援用しない他方当事者の自己に不利益な陳述」は相手方が事実を争った場合のみに生ずるものであるのに対し，「せり上がり」は，相手方の認否に関係なく生ずるものであって，その性質を異にするものである）。「せり上がり」というのは，要するに，「自らは意図しないものであっても，自分の主張に必要なために主張する以上は，責任をもって，主張を完結させなければならない」ということであり，有理性の要請（主張に不合理な点がないこと）に由来するものともいえる。

(2) 「せり上がり」が生ずる場合の具体例の検討

では，実際に「せり上がり」が生ずる場合の具体例について検討してみよう。ここでは，「せり上がり」が生ずる典型的な場合として，ア　売買代金債務の履行遅滞に基づいて損害賠償を請求する場合（事例1），イ　売買代金債権を自働債権とする相殺による債権の消滅を主張する場合（事例2），ウ　建物の賃貸借契約の期間満了を理由に建物の返還を請求する場合（事例3），エ　土地の賃貸借契約における無催告解除特約に基づいて契約が解除されたとして土地の返還を請求する場合（事例4）を取り上げることとする。

　ア　売買代金債務の履行遅滞に基づいて損害賠償を請求する場合

〔事例1〕
　Xは，YにX所有の本件絵画を代金200万円で売ったが，その後，契約で定めた代金支払期限にYが代金を支払わないため，Yに対し，売買代金の支払を請求するとともに，売買代金債務の履行遅滞に基づく損害賠償を請求した。

請求原因 ── 履行遅滞に基づく損害賠償請求権の発生原因事実
(1)　XとYが本件絵画について売買契約を締結したこと

(2)　XがYに対し，本件絵画を引き渡したこと
(3)　(1)の売買契約で定められた代金支払時期を経過したこと
(4)　損害の発生とその数額

「せり上がり」が生ずる理由
　履行遅滞の発生原因事実（要件事実）は，履行期が経過したことであり，債務を履行しないことについて違法性阻却事由があることは，債務者である相手方に主張立証責任があるとされている。しかし，売買代金債務の履行遅滞に基づく損害賠償を請求するためには，請求原因において，代金債務の発生原因事実（要件事実）として，本件絵画の売買契約の締結を主張立証することになるが，売買契約の締結を主張立証すると，代金債務が売主の目的物引渡債務と同時履行の関係（民新533条）にあることをも主張立証したことになり，同時履行の抗弁権が付着した契約であるということは履行遅滞に対して違法性阻却事由があるという抗弁となること（これを「同時履行の抗弁権の存在効果」という）から，請求原因において抗弁事由があることを主張立証したことになってしまう。そこで，「せり上がり」が生じ，Xは，請求原因において，本来は再抗弁として働くはずの事実である，同時履行の抗弁権の存在効果を消滅させるために売買契約の目的物（本件絵画）を引き渡したとの事実（上記請求原因(2)の事実）を主張立証しなければならないことになる（ただし，厳密にいえば，引渡しの提供で足りる）。
　なお，民法575条2項本文の「利息」は遅延損害金（遅延利息）を意味するものと解する多数説の立場では，同条項による履行遅滞に基づく損害賠償請求のためには売買契約の目的物の「引渡し」（引渡しの提供では足りない）を要することになる（第11講参照）。

　売買契約等の双務契約（民新533条）に基づく債務の「履行遅滞」において，同時履行の抗弁権の存在効果（同時履行の抗弁権は，本来はこれを有する者が抗弁権を行使する旨明示することを必要とする「権利抗弁」である）が

問題となるのは，同時履行の抗弁権はそれが存在すること自体が違法性阻却事由と解されているため，売買契約等に基づく債務について履行遅滞を主張する場合には，違法性阻却事由である同時履行の抗弁権がなく，債務の履行遅滞が違法であることを主張立証しなければならないからである。同時履行の抗弁権の存在効果によって，売買契約等に基づく債務の「履行遅滞」の発生原因事実（成立要件）として，同時履行の抗弁権が消滅したこと（あるいは存在しないこと）が付加されると考えてもよい。

したがって，売買契約等に基づく債務の履行遅滞が問題となる，売買契約等の債務不履行解除を主張する場合にも，同時履行の抗弁権の存在効果による「せり上がり」が生ずることになる。

　イ　売買代金債権を自働債権とする相殺による債権の消滅を主張する場合

〔事例２〕
　ＸがＹに対し，500万円を，弁済期を〇年〇月〇日とするとの約定で貸し付けたが，その弁済期が到来したので，この消費貸借契約に基づいて貸金500万円の返還請求をしたところ，Ｙは，Ｘに対し，Ｙ所有の高級腕時計を代金550万円で売ったから，この売買代金債権を自働債権として，Ｘの貸金債権と対当額で相殺すると主張した。

抗弁 ── 相殺の要件事実
(1)　Ｙは，Ｘに対し，高級腕時計を代金550万円で売ったこと
(2)　Ｙは，Ｘに対し，(1)に基づいて高級腕時計を引き渡したこと
(3)　Ｙは，Ｘに対し，上記売買代金債権をもって，Ｘ主張の貸金債権と対当額で相殺するとの意思表示をしたこと

「せり上がり」が生ずる理由
　相殺（民新505条，民506条）の要件事実は，①自働債権の発生原因事実と②相殺の意思表示であり，自働債権に抗弁権が付着していることは，本来は，相殺の相手方（自働債権の債務者）が主張立証

> すべき事実（この事例では再抗弁として働くはずの事実）と解されている。しかし，自働債権が事例２のように売買代金債権である場合には，その発生原因である売買契約締結の事実は，その売買代金債権に同時履行の抗弁権（民新533条）が付着していること（これも同時履行の抗弁権の存在効果である）を示す要件事実でもあり，自働債権に抗弁権が付着しているときはこれをもって相殺の用に供することはできないとされていることから，売買代金債権を自働債権として相殺を主張する場合には，そこに「せり上がり」が生じ，本来は再々抗弁として働くはずの事実である，同時履行の抗弁権（存在効果）が消滅した（あるいは存在しない）との事実（同時履行の抗弁権の消滅事由・障害事由）を主張立証しなければならないことになる。この場合も，同時履行の抗弁権の存在効果によって，相殺の成立要件に，同時履行の抗弁権が消滅したこと（あるいは存在しないこと）の要件事実が付加されることになるのである。

　また，相殺については，自働債権が消費貸借契約に基づく貸金返還債権の場合にも，いわゆる貸借型理論（第12講参照）の適用があると考えるときには，自働債権として，消費貸借契約締結の事実を主張立証すると，弁済期の合意の事実が現れることになるから，弁済期の定めがない場合を除き，相殺を主張する当事者は，自働債権の弁済期の到来をも主張立証しなければならない。
　　ウ　建物の賃貸借契約の期間満了を理由に建物の返還を請求する場合

> 〔事例３〕
>   Xは，Yに対し，X所有の本件建物を，賃料は月額20万円，賃貸期間は〇年〇月〇日から３年間との約定で賃貸し，これに基づいて本件建物を引き渡したが，その後，賃貸期間が経過したので，Yに対し，期間満了による賃貸借契約の終了に基づいて目的建物の返還を請求した。

請求原因 ── 期間満了による賃貸借契約終了の発生原因事実
(1) XとYとが本件建物の賃貸借契約（期間3年）を締結したこと
(2) XがYに対し，(1)の賃貸借契約に基づいて本件建物を引き渡したこと
(3) (1)の賃貸期間が満了（経過）したこと
(4) XがYに対し，期間満了の6か月前から1年前までの間に更新拒絶の通知をしたこと（借地借家26条1項）
(5) (4)の更新拒絶について正当事由があること ── 正当事由の評価根拠事実（借地借家28条）

「せり上がり」が生ずる理由
　一般に，賃貸借契約の終了に基づく目的物返還請求権としての建物明渡請求の請求原因事実は，上記(1)から(3)の事実と解されている。しかし，上記(1)の事実（賃貸借の目的物が建物であること）は，同時に，賃貸借契約に借地借家法が適用されることを明らかにする事実（抗弁事実）でもあり，上記(1)から(3)の事実のみでは，借地借家法26条1項によりその賃貸借契約は法定更新されていることになるから，請求原因は主張自体失当ということになる。そこで，「せり上がり」が生じ，原告は，請求原因として，上記(1)から(3)の事実に加えて，上記(4)及び(5)の各事実（借地借家26条1項，28条）を主張することで，法定更新の成立を妨げる事実（本来は再抗弁事実）をも主張立証しなければならないことになるのである。

エ　土地の賃貸借契約における無催告解除特約に基づいて契約が解除されたとして土地の返還を請求する場合

〔事例4〕
　Xは，Yに対し，X所有の本件土地を，使用目的を駐車場，賃料は月額1万円を毎月末日にX方に持参して支払う，賃貸借期間は○年○月○日から2年間，Yが賃料の支払を1回でも怠ったとき（要

件事実的に表現すると,「賃料支払時期が経過したとき」となる。第10講事例1参照)は, Xは催告をしないで解除することができるとの約定で賃貸し, これに基づいて本件土地を引き渡した。ところが, Yが約定の賃料の支払を怠ったとして, XはYに対し, Yの賃料不払を理由に無催告解除特約に基づいて賃貸借契約を解除したと主張して, 本件土地の返還を求めた。

請求原因 ── 無催告解除による賃貸借契約終了の発生原因事実
(1) XとYとが本件土地の賃貸借契約を締結したこと
(2) XがYに対し, (1)の契約に基づいて本件土地を引き渡したこと
(3) 賃料発生のための一定の期間が経過したこと
(4) 賃料の支払時期 (民614条あるいは特約) が経過したこと
(5) XとYとが無催告解除特約を締結したこと
(6) XがYに対し, (3)の支払時期の経過後, (1)の契約を解除するとの意思表示をしたこと
(7) Yの背信性を基礎付ける具体的事実 ── 背信性の評価根拠事実

「せり上がり」が生ずる理由
　催告解除による賃貸借契約終了の発生原因事実は, 上記(1)から(4)の各事実のほか, (5)′ XがYに対し一定期間分の賃料の支払を催告したこと, (6)′ 催告後相当期間が経過したこと, (7)′ XがYに対し, 催告後相当期間が経過した後に契約を解除するとの意思表示をしたことである。そうすると, 不動産の賃貸借契約について, 無催告解除特約が締結された場合には, 催告が不要になるのであるから, 上記(1)から(6)の各事実のみで足りるようにも思われる。しかし, 不動産の賃貸借契約において無催告解除特約が締結された場合には, 上記(1)から(6)の各事実に加え, 契約を解除するに当たり催告をしないで解除しても不合理とは認められない事情, すなわち賃借人 (Y) の背信性が認められない限り, 賃貸人 (X) による無催告解除は認められないと解されている (最判昭43・11・21民集22-12-2741。なお, この判例は,「家屋の賃貸借契約において」と述べたうえで無催告解除特約の効力の一般論を呈示している)。そこで, (1)の事実においてXの

第7講　主張立証責任の分配(1) ……… 115

> 主張する賃貸借契約が「不動産（土地）に関する賃貸借契約」（賃貸借の目的物は契約の要素）であること（本来抗弁事実として働くはずの事実）が現れているために，「せり上がり」が生じ，原告は，請求原因として，被告の背信性の評価根拠事実（(7)の事実）をも主張立証しなければならないことになるのである。

　なお，事例4は，不動産の賃貸借契約について無催告解除特約が締結された場合であるが，無催告解除特約ではなく，当然解除特約（債務不履行等があれば当然に契約解除となるとの特約）が締結された場合も，上記と同様に「せり上がり」が生ずることになる。

第8講 主張立証責任の分配(2)

1 要件事実は必要最小限の事実であること ──「ミニマム」の原則

　ある法律効果が発生するために必要な法律要件に該当する事実（要件事実）が何であるかを考えるについては，その法律要件に該当するというために必要最小限の事実は何かという観点（要件事実ミニマムの原則）から検討することが大切である。その法律要件に該当する必要最小限の事実が主張立証されれば，他の事実（事情）が主張立証されなくとも，所要の法律効果が発生するからである。また，実際の民事訴訟においても，要件事実として必要最小限の事実を明らかにすることにより，それ以外の事実を立証対象から除外することができ，的確な争点整理と迅速かつ妥当で効率的な審理と判断が可能になるとされている。したがって，要件事実を検討するに当たっては，法律要件に該当する必要最小限の事実が何かを見極め，それ以外の事実を要件事実であると誤解して主張すること（このような主張は「過剰主張」と呼ばれる）のないように注意する必要がある。

2 攻撃防御方法の内包関係 ──「a＋b」について

(1) 攻撃防御方法の内包関係の考え方

　たとえば，ある請求原因に対し，実体法上の法律効果の面だけを考えると，抗弁として，ａという要件事実を内容とする攻撃防御方法Ａのほかに，ａという要件事実とそれ以外のｂという要件事実から構成される別個の攻撃防御方法Ｂを構成することができる場合がある。もとより，実体法的には，攻撃防御方法Ａも攻撃防御方法Ｂもいずれも成り立つものであるとはいえ，事実の面から見ると，要件事実ａおよびｂから構成される攻撃防御方法Ｂは，要件事実ａを内容とし，かつ同一の訴訟上の効果（「請求の当否」の結論を導き出すための効果，たとえば，抗弁として機能することなど）を有する攻撃防御方法Ａをも「内包」していること（取り込んでいること）

になる。そうすると，民事訴訟における攻撃防御方法は，訴訟上の機能・効果という観点から考えるべきものであるから，攻撃防御方法Bは，訴訟上主張する実益がない。すなわち，訴訟において，要件事実aが立証された場合には，それだけで攻撃防御方法Aが成立するから，これと同一の訴訟上の機能・効果（「請求の当否」を導き出すための機能・効果）をもつ攻撃防御方法Bの要件事実（特に要件事実b）をさらに主張立証する必要はないことになる。このことは，攻撃防御方法Aが権利の発生障害事由となり，攻撃防御方法Bが権利の消滅事由となる場合であっても，異ならない。また，攻撃防御方法Aも，攻撃防御方法Bも，いずれも要件事実aの主張立証を前提とするものであり，要件事実aが立証できない場合には，いずれの攻撃防御方法も成り立たないことになるから，この場合も，要件事実bをさらに主張立証する必要はない。

　したがって，訴訟上の攻撃防御方法としては，Aのみが機能することになるから，Bは無意味である。

　このように，実体法上の法律効果の面だけを考えると，複数の攻撃防御方法が成り立つように見えるが，ある攻撃防御方法Bの要件事実（a＋b）が，他の攻撃防御方法Aのすべての要件事実（a）を内包している場合には，攻撃防御方法Bは，訴訟上の攻撃防御方法として無意味である。これを，攻撃防御方法Bは，攻撃防御方法Aと「a＋b（aプラスb）」の関係にあるという。すなわち，要件事実では，「小（の攻撃防御方法）は大（の攻撃防御方法）を兼ねる」あるいは「a＋b＝a（aプラスbイコールa）」と考えるのが基本である。この場合，攻撃防御方法Bは事実摘示する必要がない。「a＋b」は，実体法的に意味のある攻撃防御方法ではあっても，訴訟法的に見ると意味がない場合があるという意味で，上記の「過剰主張」の一例ということもできる。

　　＊　「a＋b」という講学上の概念は，ある事実が，訴訟上，攻撃防御方法として成り立つか否かは，その実体法上の法律効果だけで決められるものではなく，これを踏まえたうえで，さらに当該訴訟における攻撃防御方法としての機能の検討を要するということから生まれたものである。その意味で，「a＋b」は，訴訟における要件事実の「機能主義的分析」から生じたものといわれている。

〔過剰主張の類型〕

```
                        ┌─ 狭義の過剰主張*2
広義の過剰主張*1 ─────┤
                        └─ a + b *3
```

* 1　広義の過剰主張とは,「訴訟法上,要件事実として機能しない事実の主張」である。
* 2　狭義の過剰主張とは,「実体法上も,訴訟法上も,攻撃防御方法(要件事実)としてまったく意味のない事実の主張」である。
* 3　a + b は,「実体法上は攻撃防御方法としての意味を有するが,訴訟法上は,他の攻撃防御方法との関係で無意味となる事実の主張」であり,その意味では,過剰主張の一例ということができる。

* 攻撃防御方法Bの要件事実(a + b)が攻撃防御方法Aの要件事実(a)のすべてを内包している(その限りでは,a + b の関係にある)場合であっても,攻撃防御方法AとBに対して,それぞれ異なる要件事実から構成される,攻撃防御方法Aに対する攻撃防御方法C(要件事実c)と,攻撃防御方法Bに対する攻撃防御方法D(要件事実d)が提出された場合には,攻撃防御方法Bが訴訟上の攻撃防御方法としての意味を失わないこともある(このような場合を,「後ろに付くものが違うと,a + b の関係にならないことがある」などということがある。これは,後述の「許されたa + b」の一例でもある)。

(2) 具体例の検討

ア　賃料債務の不履行を理由とする賃貸借契約解除に基づく明渡請求に対する「供託の抗弁」と「弁済の提供の抗弁」との関係

〔事例1〕

Xは,Yに対し,X所有の本件建物を,賃料は月額10万円,賃貸借期間は○年○月○日から5年間との約定で賃貸し,これに基づいて本件建物を引き渡した。ところが,Yが賃料債務の支払を怠ったとして,Xは,Yに対し,賃料債務の履行遅滞を理由に賃貸借契約

を解除したと主張して本件建物の返還を求めた。これに対し，Yは，Xが契約を解除する前にX催告に係る賃料（及びその遅延損害金）を供託したと主張した。

〔抗弁の事実摘示例〕
1　攻撃防御方法A ── 弁済の提供の抗弁
　　被告は原告に対し，原告による解除の意思表示前に催告に係る賃料（及びその遅延損害金）を現実に提供した（要件事実a）。

2　攻撃防御方法B ── 供託の抗弁
(1)　被告は原告に対し，原告による解除の意思表示前に催告に係る賃料（及びその賃料相当損害金）を現実に提供した（要件事実a）。
(2)　原告が(1)の弁済の受領を拒絶した。
(3)　被告が解除の意思表示前に催告に係る賃料（及びその遅延損害金）を供託した（(2)と(3)が要件事実b）。

【抗弁2（攻撃防御方法B）がa＋bとなる理由】
　供託（民新494条）があれば，実体法上の効果として，解除前に催告にかかる賃料債務が消滅し，解除時において賃料債務の不履行はなかったことになり，解除の効果の発生が妨げられることになる。ところが，抗弁1の事実（要件事実a）があれば，民法新492条より，被告は，弁済の提供時以降は履行遅滞の責任を免れることができるから，その後にされた解除の意思表示はその効力を生じないこととなる。このように，抗弁1の事実（要件事実a ── 攻撃防御方法Aとなる）は，原告の主張する賃貸借契約解除に基づく建物明渡請求の請求原因に対し，それ自体が独立の抗弁（弁済提供の抗弁）として機能する。したがって，供託の抗弁（攻撃防御方法B）は，弁済提供の抗弁をすべて内包しているため，訴訟上無意味な攻撃防御方法ということになり，a＋bに当たることになる。
　ただし，供託の抗弁が，弁済提供の抗弁との関係でa＋bとなるのは，建物明渡請求との関係だけであり，仮に原告が建物明渡請求とともに賃料

の支払を求めた場合には，この賃料請求との関係では，供託の抗弁が債務消滅の抗弁となるのに対し，弁済の提供は抗弁事由とならないから，供託の抗弁がa＋bとならないことに注意する必要がある。

イ 所有権に基づく明渡請求に対する「所有権喪失の抗弁」と「所有権取得の抗弁」との関係

〔事例2〕
　本件土地の所有者であるXは，Yに対し，Yが権原なく本件土地を駐車場用地として占有して使用していると主張して，所有権に基づいて本件土地の明渡しを求めた。これに対し，Yは，本件土地の元の所有者がXであることは認めたうえで，XはAに対し，○年○月○日本件土地を代金1000万円で売り，さらに，AがYに対し，△年△月△日これを代金1300万円で転売し，これによって，Yは，本件土地の所有権を取得したと主張した。

〔抗弁の事実摘示例〕
1 攻撃防御方法A ─ 所有権喪失（売買）の抗弁
　原告は，Aに対し，○年○月○日，本件土地を代金1000万円で売った（要件事実a）。

2 攻撃防御方法B ─ 所有権取得（売買）の抗弁
(1) 原告は，Aに対し，○年○月○日，本件土地を代金1000万円で売った（要件事実a）。
(2) 被告は，Aから，△年△月△日，本件土地を代金1300万円で買った（要件事実b）。

【抗弁2（攻撃防御方法B）がa＋bとなる理由】
　物権は，一物一権主義によって，誰かがある物の所有権を確定的に取得すれば，これによって，元の所有者はその所有権を喪失するから，抗弁2のように，被告が本件土地の所有権を取得したとの事実も，実体法上の効

果だけを見れば，原告の本件土地の所有権を前提とする請求原因に対して，①「所有権取得の抗弁」として機能するようにも見える。また，②抗弁2は「占有権原の抗弁」（ただし，占有権原の抗弁として構成するためには，さらに，「(3)　Aは，被告に対し，△年△月△日，(2)の売買契約に基づいて本件土地を引き渡した」との事実等も必要である）としても機能するようにも見える。

しかし，原告は，Aとの関係では前主に当たるから，順次譲渡型（第5講参照）の訴訟類型（抗弁類型）ということになり，Aが原告との関係で，本件土地の所有権を取得したというためには，抗弁1の事実（要件事実a）があれば，本件土地の所有権は原告からAに移転し，その結果，原告は本件土地の所有権を喪失することになる。したがって，原告が本件土地の所有権を喪失したことを基礎付ける抗弁としては，要件事実a（抗弁1）だけで必要十分であり，所有権取得の抗弁（攻撃防御方法B）は，所有権喪失の抗弁（攻撃防御方法A）をすべて内包しているから，訴訟上は無意味な攻撃防御方法ということになり，a＋bに当たることになる。

したがって，原告の所有権に基づく本件土地の返還請求に対し，被告が所有権に基づいて占有していると主張する場合は，必ず原告の所有権喪失の抗弁を主張していることになるうえ，また上記のように「所有権喪失の抗弁」との関係ではa＋bに当たることになるから，原告の所有権に基づく請求に対し，被告の所有権を原因とする占有権原（登記保持権原が問題となる場合についても同様である）は抗弁とはならないものと考えるべきである。

(3)　訴訟物とa＋b（要件事実の内包関係）について

　ア　訴訟物と要件事実の内包関係

民事訴訟法上は，複数の権利関係の中からどの権利を選択して訴訟物とするか，どの権利に基づいて訴えを提起するかは，原告の権限であり，原告の選択に裁判所は拘束され，原告の主張する訴訟物以外の権利について判断することはできない（処分権主義。民訴246条）。したがって，**訴訟物について，a＋bの関係や過剰主張が生ずることはない。**

　イ　売買に基づく請求と所有権に基づく請求との関係

たとえば，原告が被告から，被告所有の本件工作機械を代金100万円で

購入したと主張して，本件工作機械の引渡しを求める場合，原告としては，訴訟物として，①売買契約に基づく目的物引渡請求権，②（売買契約による所有権取得を前提とする）所有権に基づく機械引渡請求権のいずれに基づく請求（主張）をもすることができる。そして，①の場合は，請求原因として，原告と被告との本件工作機械の売買契約締結の事実を主張立証すれば足りるのに対し，②の場合には，請求原因として，原告の所有権に争いがない場合には，(i)原告による本件工作機械の所有，(ii)被告の本件工作機械の占有の各事実を主張立証し，争いがある場合には，(i)被告の本件工作機械のもと所有（当時所有），(ii)原告と被告との本件工作機械の売買契約の締結，(iii)被告の本件工作機械の占有の各事実を主張立証しなければならない。そうすると，①の場合の請求原因（要件事実）と，②で原告の所有権について争いがある場合の請求原因（要件事実）では，①の場合の「原告と被告との本件工作機械の売買契約の締結」が要件事実 a となり，②の場合の「被告の本件工作機械のもと所有（当時所有）」と「被告の本件工作機械の占有」が要件事実 b となって，要件事実レベルでは，a＋b の関係にあるようにも見える。しかし，訴訟物については，前述のとおり，a＋b の関係が生ずることはないから，原告が②の訴訟物（所有権に基づく引渡請求権）を選択して請求する場合には，上記要件事実 a が主張立証されるだけでは足りず，要件事実 b をも主張立証することが必要となる。なお，原告が①の売買契約に基づく請求権を選択して訴えを提起した場合，被告が消滅時効の抗弁を主張することが予想されるようなときには，消滅時効の抗弁を主張されることのない②の所有権に基づく請求権を選択することに合理性が認められることになろう。

　ウ　内包関係にある複数の訴訟物と合理的意思解釈

　原告の請求および主張が明確でないため，上記のように，要件事実レベルでは a＋b の関係があるように見える複数の訴訟物を考えることができることがある。このような場合，裁判所としては，原告がどのような権利を訴訟物として選択したかを明確にするよう釈明することになろう。

　なお，考えられる複数の訴訟物について，要件事実レベルでは a＋b の関係があるように見えるとき，すなわち，ある訴訟物たる請求権 A の発生原因事実（要件事実 a）が他の請求権 B の発生原因事実（要件事実 a＋b）

に内包（完全に包含）されているときは，その主張立証の負担の一般的な軽重を考えて，請求権Ａを訴訟物としたものと解するのが通常であろう。

3　許されたａ＋ｂ —— 予備的主張について
(1)　許されたａ＋ｂということ

攻撃防御方法Ｂ（要件事実ａ＋ｂ）が攻撃防御方法Ａ（要件事実ａ）との関係でａ＋ｂとなる場合，攻撃防御方法Ｂは，訴訟上無意味であるから，過剰主張（広義）となることは，前述のとおりである。

しかし，抗弁１（攻撃防御方法Ａ —— 要件事実ａ）が主張されている場合に，抗弁２（攻撃防御方法Ｂ —— 要件事実ａ＋ｂ）が抗弁１との関係で，ａ＋ｂとなる場合であっても，たとえば，抗弁１に対し再抗弁１として攻撃防御方法Ｃ（要件事実ｃ）が主張立証されたときは，抗弁２が訴訟上の意味を有することになり，過剰主張とはならない。すなわち，抗弁（要件事実）レベルだけを見ると，抗弁２（要件事実ａ＋ｂ）は抗弁１（要件事実ａ）とａ＋ｂの関係にあるが，抗弁１に対し再抗弁１として攻撃防御方法Ｃ（要件事実ｃ）が主張立証された場合には，抗弁１（要件事実ａ）については再抗弁１（要件事実ｃ）が立証されているかどうかを判断しなければ，原告の請求の当否を判断することができない。そうすると，原告の請求の当否を判断するためには，抗弁１のルート（関係）では，要件事実ａ（抗弁１）と要件事実ｃ（再抗弁１）の立証ができているかどうかを，また抗弁２のルート（関係）では，再抗弁は主張されていないから，要件事実ａと要件事実ｂ（抗弁２）が立証できているかどうかを判断しなければならないことになる（126頁の図表〔**許されたａ＋ｂ（予備的主張）のイメージ**〕参照）。

たとえば，要件事実ａと要件事実ｃが立証され，同時に，要件事実ｂについても立証された場合を考えてみよう。この場合，抗弁１のルートでは，抗弁１（要件事実ａ）は認められるが，再抗弁１（要件事実ｃ）も認められることになるため，請求原因に基づく法律効果が復活し，原告の請求は認容されるべきであるということになる。これに対し，抗弁２のルートでは，抗弁２（要件事実ａとｂ）が認められ，抗弁２に対して再抗弁は主張されていないから，抗弁が成立し，原告の請求は棄却されるべきであるという

ことになる（その結果，裁判の主文では，原告の請求は棄却されることになる）。

　このように，上記の場合には，抗弁2（攻撃防御方法B）は，抗弁1（攻撃防御方法A）との関係で過剰主張すなわちａ＋ｂに当たるから，訴訟上の意味がなく主張立証させる必要がないということはできず，抗弁2も抗弁1と同列の主張として位置付けられるべきである。この場合，民事訴訟では，まずは抗弁1（要件事実ａ）が判断され，これが認められない場合は，その余の点について判断するまでもなく，抗弁1および同2は認められないことになるから，原告の請求（請求原因）が認められることになる。これに対し，抗弁1（要件事実ａ）が認められる場合には，これを前提として，再抗弁1（要件事実ｃ）および抗弁2（要件事実ａとｂ）について判断することになる。この場合，理論的には，再抗弁1または抗弁2のどちらから判断してもよいが，抗弁1の判断に引き続いて再抗弁1について判断するのが通常であろう。

　そして，抗弁1（要件事実ａ）が認められる場合において，再抗弁1について要件事実ｃが認められないときは，抗弁1が成立し，これに対する再抗弁1が成立しないことから，その余の点について判断するまでもなく，原告の請求は棄却されることになるが，再抗弁1（要件事実ｃ）が認められるときは，さらに抗弁2（要件事実ａとｂ——ただし，要件事実ａの成否の判断は，抗弁1の判断において既にされているから，この部分を除いた要件事実ｂについてのみ判断すれば足りる）について判断しなければならない。

　これに対し，判断の順序を変えて，まず抗弁1（要件事実ａ）について判断し，これに引き続いて抗弁2（要件事実ｂ）について判断した場合において，抗弁1も，抗弁2もいずれも認められるときは，抗弁2が成立し，これに対する再抗弁は主張されていないから，その余の点について判断するまでもなく，原告の請求は棄却されることになるが，抗弁2（要件事実ｂ）が認められないときは，さらに抗弁1に対する再抗弁1（要件事実ｃ）についても判断しなければならないことになる。

　このように，抗弁2（攻撃防御方法B——要件事実ａとｂ）は，抗弁1（攻撃防御方法A——要件事実ａ）が立証されない場合や，抗弁1が立証されても再抗弁1（攻撃防御方法C——要件事実ｃ）が立証されない場合には，訴

訟上の意味（機能）を失うことに注意する必要がある。

そこで，抗弁2（攻撃防御方法B）は，抗弁1（攻撃防御方法A）の「予備的主張」あるいは，「許されたａ＋ｂ」などと呼ばれている。抗弁2は，上記のとおり，抗弁1の判断を前提として，必ず第2次的に判断されることになるから，性質上当然に「予備的」主張となる（このような性質上の予備的主張のみを「予備的主張」と呼ぶべきであるとの見解もある）。また，抗弁2は抗弁1とａ＋ｂの関係であっても，訴訟上の意味があり，主張（事実摘示の必要性）立証する必要があるから，「許されたａ＋ｂ」となるのである。

＊　「性質上の予備的主張」のほか，当事者が複数の主張に，「主位的主張・予備的主張」あるいは「第1次的主張・第2次的主張」などと順序を付けて主張する場合がある。これも，講学上，「予備的主張」あるいは「仮定（的）主張」などと呼ばれる（「当事者の意思による予備的主張」である）。たとえば，原告が契約締結を主張する場合に，主位的に有権代理を主張し，予備的に民法110条の表見代理を主張するときなどがこれに当たる。この表見代理の主張が「当事者の意思による予備的主張」である。しかし，理由中の判断には既判力が生じないから，裁判所は当事者が攻撃防御方法（主張）に付した順序を尊重すべきであるが，これに拘束されることはないと解されている。したがって，裁判所は，有権代理の主張に対する判断をせずに，原告が予備的主張として提出した表見代理の主張から判断することも許されるから，「性質上の予備的主張」と「当事者の意思による予備的主張」とは明確に区別しておく必要がある。

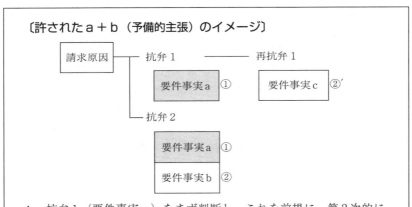

＊　抗弁1（要件事実ａ）をまず判断し，これを前提に，第2次的に，抗弁2（要件事実ｂ）または再抗弁1（要件事実ｃ）を判断する。このような場合は，訴訟上の機能としては，要件事実ｃと要件事実ｂが

> 同価値となると考えることもできる。

(2) 具体例の検討

　予備的主張が問題となる場合には、いろいろな場合があるが、ここでは、そのうち2つの例について検討することとする。

　ア　賃貸借契約の終了に基づく目的物返還請求に関する具体例

〔具体例1〕
　Xは、Yに対し、○年○月○日、本件土地を、使用目的は資材置場、賃貸借期間は○年○月○日から2年間、賃料は月額2万円を毎月末日に支払うとの約定で賃貸し（以下「本件賃貸借契約」という）、これに基づいて本件土地を引き渡した。その後、Xは、Yに対し、上記賃貸借期間が経過したとして本件土地の明渡しを求めた。これに対し、Yが、Yは上記賃貸借期間経過後も本件土地の使用を継続しており、Xはそのことを知っていたにもかかわらず、何らの異議を述べなかったと主張したことから、さらに、Xは、Yが上記賃貸借期間が経過してから6か月後に本件賃貸借契約の解約申入れをしており、この申入れから1年が経過しているから、Yには本件土地をXに明け渡す義務があると主張した。

〔事実摘示例〕
請求原因1 ― 期間満了
(1)　原告は、被告に対し、○年○月○日、本件土地を、賃貸借期間は○年○月○日から2年間、賃料は月額2万円との約定で賃貸し、これに基づいて本件土地を引き渡した。
(2)　△年△月△日（○年○月○日から2年）が経過した。

請求原因2 ― 解約申入れ（請求原因1及び抗弁を前提として）
(1)　原告は、被告に対し、×年×月×日、本件賃貸借契約について解約の申入れをした。

(2)　●年●月●日（(1)の後1年）が経過した。

抗弁（請求原因1に対し）
　　更新の推定
(1)　被告は，△年△月△日が経過した後，本件土地の使用を継続した。
(2)　原告は，□年□月□日，(1)の事実を知った。
(3)　原告は，(2)の後1か月以内（相当期間内）に異議を述べなかった。

　具体例1の訴訟物は，賃貸借契約の終了に基づく目的物返還請求権としての土地明渡請求権（1個）であり，その請求原因は，①本件土地の賃貸借契約の締結，②賃貸借契約に基づく本件土地の引渡し，③賃貸借契約の終了原因事実（請求原因1では賃貸借期間の満了）である。これに対し，被告は，抗弁として，民法619条1項の「更新の推定」に該当する事実があったと主張した。その抗弁の要件事実は，①被告が賃貸借期間の経過後本件土地の使用または収益を継続していたこと，②原告が①の事実を知ったこと，③原告が②の後異議を述べなかったこと（③について，さらに分析すると，(i)②から起算して相当期間が経過したこと，(ii)原告が(i)の期間内に異議を述べなかったこと，になる）である。

　　＊　③の要件については，異議を述べなかったという消極的事実について立証責任を負わせるのは相当でないし，一般に賃貸人の異議は更新の申込みに対する拒絶の意味を有するからこれを主張する者において主張立証すべきであるとして，「原告が異議を述べたこと」が再抗弁となるとの見解もあるが，民法619条1項の文言および同項の「更新の推定」の性質は法律上の事実推定（賃主から異議が述べられなかったことをも基礎とする推定）であると解されていること，借地借家法と民法の趣旨の違いからすると，借地借家法における賃借人保護と民法上の賃貸借における賃借人保護の態様に違いがあってもよいと解されることなどから，③の要件も抗弁事実として必要であると解されている。

　被告の抗弁が成立するとしても，この場合には，原告は，民法619条1項後段に基づいて，本件賃貸借契約が期間の定めのないものとなったとして，原告が被告に対し解約の申入れをし，その解約の申入れ後1年が経過したことにより（民617条1項1号），本件賃貸借契約が終了したと主張し

て，被告に本件土地の返還を求めることができる。その場合の要件事実は，請求原因1の要件事実および更新の推定の抗弁の要件事実に，①解約の申入れと②その後の1年の経過を加えたものとなる。

　問題は，この解約申入れの主張はどこに位置付けられるべきかということである。この解約申入れの主張は，更新の推定の抗弁と事実レベルでは論理的に両立し，かつ，更新の推定によって継続された本件賃貸借契約を終了させるものであるから，この抗弁に対する再抗弁のようにも見える。しかし，ここで再抗弁の定義を思い出してもらいたい。「再抗弁」とは，抗弁と（事実レベルで）両立し，そこから生ずる法的効果を覆滅（障害，消滅，阻止）することによって，請求原因から生ずる法律効果を復活させる機能を有する事実である。ところが，上記の解約申入れの主張は，更新の推定の抗弁と両立し，更新された賃貸借契約を終了させる事由となるものの，これによって当初の請求原因である期間満了による本件賃貸借契約（更新前の契約）の終了という効果を復活させるものではない。したがって，この解約申入れの主張は，期間満了による契約終了の主張とは別個の終了原因によって本件賃貸借契約の終了という法律効果をもたらすものであるから，更新の推定の抗弁に対する再抗弁とはならない。

　具体例1における解約申入れの主張は，請求原因1（期間満了）および抗弁（更新の推定）の事実を前提とし，請求原因1とは別個の，更新された後の本件賃貸借契約の終了原因となるものである。したがって，賃貸借契約の終了を原因とする目的物返還請求の訴訟物について，終了した賃貸借契約が同一である限り，その終了原因の個数・内容とは関係なく1個と考える一元説の立場（通説的見解）では，解約申入れの主張は，請求原因1とは別個の攻撃防御方法であり，別個の請求原因事実となるはずである。

　このように，請求原因1および上記抗弁を前提とする（内包する）解約申入れの主張は，請求原因1とa＋bの関係にあるから，その限りでは訴訟上無意味であるが，請求原因1に対し，更新の推定の抗弁が主張立証された場合には，それが訴訟上の意味を有することになる。したがって，具体例1における解約申入れの主張は，請求原因1の予備的主張，すなわち予備的請求原因となる（予備的主張を摘示する場合は，上記の事実摘示例のように，見出し欄に「……（他の攻撃防御方法）を前提として」として記載す

第8講　主張立証責任の分配(2)………129

れば足り，改めてその主張が前提とする他の攻撃防御方法の要件事実を記載あるいは引用することまでは要しないとされている）。

なお，抗弁事実について当事者間に争いがない場合には，請求原因1について抗弁が成立することは明らかであるから，原告は，請求原因2のみを主張しているものと解するのが合理的である。

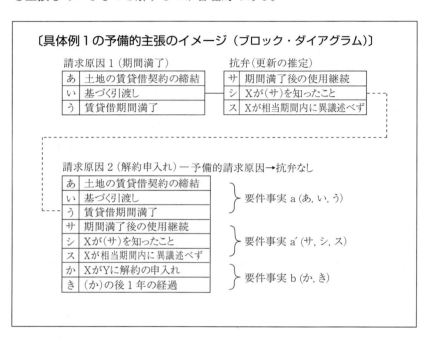

イ　所有権に基づく引渡請求に関する具体例

〔具体例2〕

XがYに対し，Xが所有する本件パソコン1台をYが何らの権原なく占有しているとして，その返還を求めた。これに対し，Yが本件パソコンはXからYが代金30万円で買い受けたものであると主張したことから，Xは，仮にYとの間に本件パソコンの売買契約が成立していたとしても，その後Yが約束どおり売買代金を支払わなか

ったため，債務不履行を理由に契約を解除したと主張した。そこで，さらに，Yは，確かに代金全額は支払っていないとしても，代金の内金10万円は支払ったのであるから，Xが支払済みの代金10万円をYに返還するまで本件パソコンを引き渡さないと主張した。

〔事実摘示例〕
1 請求原因
(1) 原告は○年○月○日当時，本件パソコンを所有していた。
(2) 被告は，本件パソコンを占有している。

2 抗弁1 ── 所有権喪失（売買契約）
　原告は，被告に対し，○年○月○日，本件パソコンを代金30万円で売った（以下「本件売買契約」という）。

3 抗弁2 ── 同時履行（抗弁1及び再抗弁を前提として）
(1) 被告は，原告に対し，●年●月●日，本件売買契約の代金の一部として代金10万円を支払った。
(2) 被告は，原告が(1)の売買代金を返還するまで本件パソコンを引き渡さない。

4 再抗弁 ── 催告による解除（抗弁1に対し）
(1) 原告と被告とは，本件売買契約において，本件パソコンの売買代金の弁済期は△年△月△日とするとの合意をした。
(2) 原告は，被告に対し，○年○月○日，本件売買契約に基づいて本件パソコンを引き渡した。
(3) △年△月△日が経過した。
(4) 原告は，被告に対し，本件売買契約の代金30万円を支払うよう催告した。
(5) (4)から相当期間が経過した×年×月×日，原告は，被告に対し，本件売買契約を解除するとの意思表示をした。

具体例2の訴訟物は所有権に基づく返還請求権（1個）であり，その請求原因事実は，①原告の本件パソコンのもと所有（当時所有），②被告による本件パソコンの占有である。被告は，抗弁として所有権喪失の抗弁（順次譲渡型）を主張し，その要件事実は，原告と被告との売買契約の締結である。これに対し，原告は，再抗弁として，催告による契約解除を主張し，その要件事実は，①代金支払期限の定めとその経過，②原告による代金支払の催告，③催告から相当期間が経過した後の原告による契約解除の意思表示である。催告による解除が再抗弁となるのは，原告は本件売買契約を解除することによって本件パソコンの所有権を遡及的に復帰させることができるからである（この主張は，所有権喪失の抗弁から生ずる所有権移転の法的効果を消滅させ，請求原因から生ずる法的効果を復活させる機能を有しているから，再抗弁である）。

　これに対し，被告は，本件売買契約に基づく売買代金の一部として10万円を原告に支払ったから，その返還を受けるまで本件パソコンを引き渡さないと主張している。この場合，具体例2の訴訟物は所有権に基づく返還請求権であることから，物権的請求権に対し，物権的請求権の背後にある契約に基づく同時履行の抗弁を主張することができるかどうかについては学説上争いがあるものの，その請求権（訴訟物）を物権的請求権と構成することも，債権的請求権として構成することもできる場合には，公平の見地から物権的請求権に対しても，本来は債権的請求権に対してのみ主張することのできる同時履行の抗弁権（民新533条）を行使することができるという立場（多数説といえるであろう）に立てば，被告の上記主張は，同時履行の抗弁として訴訟上の意味を有することになる。この抗弁の要件事実は，①本件売買代金の一部の支払，②一部代金の返還を受けるまで本件パソコンを引き渡さないとの権利主張である。

　問題は，その主張の位置付けである。上記の同時履行の主張は，催告による解除の再抗弁と事実レベルでは論理的に両立し，かつ，これを前提とするものであるから，この再抗弁に対する再々抗弁であるように見える。しかし，再々抗弁は，再抗弁と両立し，その効果を覆滅（障害・消滅・阻止）するとともに，抗弁から生ずる法律効果を復活させる機能を有するものであるが，この同時履行の主張は，再抗弁と両立し，再抗弁によって復

活する所有権に基づく返還請求権の行使を阻止する機能を有するものの,抗弁1（所有権喪失の抗弁）によって生ずる原告の所有権喪失という法律効果を復活させるものではないから,債務不履行解除の再抗弁に対する再々抗弁とはならない。

同時履行の主張は,抗弁1（所有権喪失の抗弁）および催告による解除の再抗弁を前提とし,原告の所有権に基づく返還請求に対し,抗弁1とは別個の主張として,原告の返還請求権の行使を阻止しうる事由となる。同時履行の主張は,抗弁1および催告による解除の再抗弁を前提とするもの（内包関係）であるから,抗弁1に対してa＋b（過剰主張）となり,その限りでは訴訟上の意味を持たないが,抗弁1に対して催告による解除の再抗弁が主張立証された場合に,原告の請求を阻止する事由となるという意味において,抗弁1の予備的主張,予備的抗弁となるのである。

なお,具体例2についても,具体例1と同様,再抗弁について当事者間に争いがない場合には,被告としては,抗弁2のみを主張しているものと解するのが合理的である。

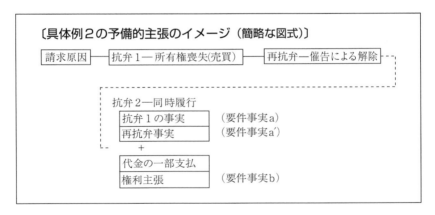

(3) その他の典型的な予備的主張

上記の具体例のほかにも,予備的主張となると考えられている場合が少なくないことは前述のとおりである。たとえば,民法94条2項に関する法定承継取得説（判例）と順次取得説のうち,前者の法定承継取得説の立場を採用した場合（類型別80頁参照）,民法545条1項に関する対抗関係説

（判例）と権利保護要件説のうち，前者の対抗関係説を採用した場合（類型別120頁参照），民法新112条1項について，代理権が消滅した以上，本来的には無権代理であり，善意の第三者は，他の表見代理（民新109条1項，110条）と同様，表見法理・外観法理によって保護するという趣旨の規定であると解する「表見代理説」の立場と，民法新112条1項は善意の第三者との関係では代理権が消滅しないとする趣旨の規定であると解する「有権代理説」の立場のうち，前者の「表見代理説」の立場を採用した場合（第18講，村田渉「法律実務家養成教育としての要件事実の考え方について」ジュリ1288号〔2005〕66頁参照）は，許されたa＋bの主張，予備的主張が現れると解されているので，併せて注意しておきたい。

4 「a＋b」の攻撃防御方法と「許されたa＋b」の攻撃防御方法の整理

以上を踏まえて考えると，「a＋b」の攻撃防御方法と「許されたa＋b」の攻撃防御方法に関する議論は，おおよそ次のように整理することができるように思われる。

上記の「a＋b」の類型のうち，許されない「a＋b」（本来的な「a＋b」ということもでき，過剰主張となるもの）はア型のみであり，他のイ型，ウ型はいずれも「許されたa＋b」となる。

攻撃防御方法B（要件事実aとb）が，攻撃防御方法A（要件事実a）と「a＋b」の関係になって過剰主張（広義）となるのか，それとも「許されたa＋b」として主張立証の対象となるのかの区別のポイントは，攻撃防御方法Aとの関係で，a＋bとなる攻撃防御方法Bであっても，その主張立証をさせることに訴訟上の意味があるといえるかどうかということである。

なお，上記の類型はいずれも理念型であって，どのような主張がこれらの類型に該当するかは，具体的な事案に即して，その主張によって生ずる実体法上の効果と訴訟上の機能に照らして慎重に検討すべきであり，安易に「許されたa＋b」と考えることのないようにすべきである。

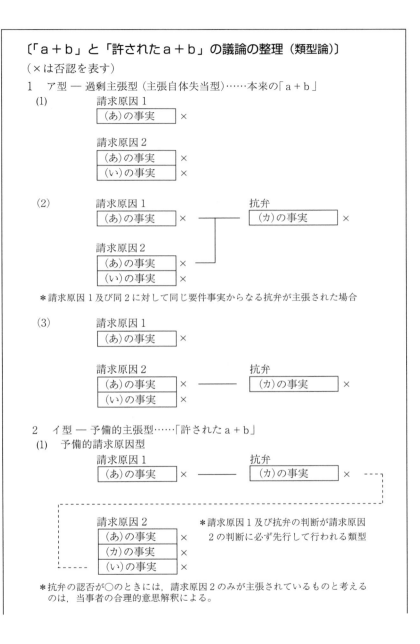

第8講　主張立証責任の分配(2) …… 135

(2) 予備的抗弁型

＊再抗弁の認否が○のときには，抗弁としては抗弁2のみが主張されているものと考えるのは，当事者の合理的意思解釈による。

3　ウ型 ― 後者の主張考慮型……「許されたａ＋ｂ」
(1)

(2)

＊ウ型も，上記の「予備的主張」の定義からすると，予備的主張の一例ということになる。

第9講 要件事実論と民事訴訟の実務

1 要件事実の重要性

　要件事実は，民事訴訟の審理において，当事者の攻撃防御の焦点となり，当事者の主張立証のポイントとなるものであって，当事者が民事訴訟を提起しようとする当初の段階から争点整理をする段階，証拠調べをする段階，裁判官が判決書を作成する段階まで，充実した審理を実現し，紛争を適正かつ迅速に解決するために必要不可欠なものということができる。

　実際にも，民事訴訟において，要件事実は適正な審理を実現するためにきわめて重要な意義を有している。たとえば，当事者が要件事実を必要かつ十分に主張しない場合には，その請求は証拠による証明を待つまでもなく排斥される（このような場合を「主張自体失当である。」という）。また，訴状において請求原因として必要な要件事実がすべて主張されている場合，被告が第1回口頭弁論期日に答弁書等を提出しないで欠席したときは，原告の主張事実について自白が成立したものとみなされ（民訴159条1項，3項），請求認容の勝訴判決（いわゆる欠席判決）を得ることができるが，訴状の要件事実が不備な場合には，そもそも自白の対象となるべき事実の主張自体がないのであるから，欠席判決を得ることができない。

〔要件事実の重要性に関する具体例〕

　たとえば，Yに甲建物を賃貸しているXが，その賃貸借契約が期間満了によって終了したとして，Yに対し，甲建物の明渡しを求める訴状を裁判所に提出したが，その訴状には，請求原因として，①XがYと甲建物について賃貸借契約を締結したこと，②XはYに対し同契約に基づいて甲建物を引き渡したこと，③その賃貸借契約の賃貸借期間が満了したことのみが記載されていた場合はどうであろうか。

> このような訴状では，仮にＹが第１回口頭弁論期日に欠席したとしても，Ｘが，Ｘ勝訴の欠席判決を得ることはできない。というのは，訴状の請求原因において，ＸとＹとの賃貸借契約が建物に関するものであることが主張されていることから，この賃貸借契約には借地借家法が適用されることが明らかである。そして，借地借家法は，借家権の継続を保障するために，期間満了の１年前から６か月前までの間に，当事者が更新拒絶の通知（または条件を変更しなければ更新しない旨の通知）をしないと，建物の賃貸借契約は更新されたものとみなす（借地借家26条１項）とともに，その更新拒絶には正当の事由があることを必要としている（同28条）から，建物の賃貸借契約の終了に基づいて建物の明渡しを求める場合には，これらに該当する事実も請求原因事実（要件事実）となる。そこで，Ｘは，上記①から③の事実のほか，④期間満了の１年前から６か月前までの間に，ＸがＹに対し更新拒絶の通知をしたこと，⑤更新拒絶をするについて正当の事由が存在したことを基礎付ける事実（正当事由の評価根拠事実）を主張する必要がある。これらの請求原因事実（要件事実）が訴状においてすべて主張されていて初めて，ＸはＸ勝訴の欠席判決を得ることができるのである（第16講参照）。

　また，訴訟における攻撃防御方法の提出（当事者のする法律上および事実上の陳述ならびに証拠の申出をいう）は，要件事実を念頭に置いて行われる。したがって，当事者（訴訟代理人）がこれを十分に理解していない場合には，何が要件事実（主要事実）であり，何が間接事実であるかを認識することも，当該事実について「本証」（本証とは，立証責任を負う事実についての立証活動で，その事実の存在について裁判官をして真実であるとの確信を抱かせる程度の立証状態に至って初めてその目的が達成される）を行う必要があるのか，あるいは「反証」（反証とは，相手方が立証責任を負う事実についての立証活動で，その事実について裁判官の心証を存在するとも存在しないとも分からない真偽不明の状態にすれば足りる）で足りるのかを正確に判断することもできず，有効な攻撃防御方法を主張・提出することができないことにもなりかねない。

裁判官にとっても，適正な裁判を実現するためだけでなく，的確な釈明権や訴訟指揮権を行使して迅速かつ適切な訴訟運営を行うためにも，要件事実について十分な理解を有していることが不可欠である。

　要件事実が当事者と裁判官が事件についての認識を共有化するための「共通言語」であるといわれる所以である。

2　民事訴訟における要件事実の具体的な機能

　実際の民事訴訟において要件事実（あるいは要件事実的な分析）が実際にどのような機能を果たしているかを，民事訴訟の段階ごとに見ておくこととする。

(1)　訴訟物の選択と要件事実

　必要十分にして，無駄のない充実した審理を実現するためには，まず原告において当該紛争の解決のために最も適切な訴訟物を選択し，これを基礎付ける要件事実を分析して請求原因事実を組み立てる必要がある。民事訴訟法246条は，訴訟物の選択は，当事者（原告）の権能であり，原告が審判の対象とその範囲を決定し，裁判所はこれに拘束されるという「処分権主義」を採用している。訴訟物の選択に当たっては，まずは何より当該紛争を適切かつ迅速に解決できる訴訟物（一定の権利・法律関係）が選択されなければならないが，**選択しうる訴訟物が複数考えられる場合には，各訴訟物ごとにその要件事実（請求原因事実）を分析し，立証すべき要件事実がより少なく，要件事実の立証がより容易な訴訟物を選択するのが，通常は合理的といえるであろう**（第8講参照）。このように，まず民事訴訟の入り口ともいえる訴訟物の選択の場面から要件事実的な分析が必要になるのである。

〔訴訟物の選択と要件事実に関する具体例〕

　たとえば，甲土地について，XからYに所有権移転登記がされている事例において，XがYに対し，Xはその不動産を所有しており，Y名義の所有権移転登記は不実の登記であるとしてその抹消登記手続を求める場合，Xとしては，訴訟物として所有権に基づく物権的登記請求権または消極的物権変動的登記請求権を選択することが考

えられる（第23講参照）。この場合には，所有権に基づく物権的請求権の発生原因事実（一般的な請求原因）は①Xの甲土地（もと）所有，②Yの甲土地についての所有権移転登記の存在であるのに対し，消極的物権変動的登記請求権の発生原因事実は，①および②の事実のほか，③X・Y間に所有権移転が生ずる法律上の原因がないことであって，消極的物権変動的登記請求権の発生原因事実には，所有権に基づく物権的請求権の発生原因事実が含まれている（内包されている）と考えられる。このような場合には，所有権に基づく登記請求権すなわち所有権に基づく妨害排除請求権としての所有権移転登記抹消登記請求権を訴訟物とするのが通常であり，合理的であると考えるのである（一般に，物権変動的登記請求権は補充的なものと考えられていることもその理由となる）。

(2) 訴状・答弁書・準備書面の記載と要件事実

民事訴訟規則53条は，「訴状には，請求の趣旨及び請求の原因（請求を特定するのに必要な事実をいう。）を記載するほか，請求を理由づける事実を具体的に記載し，かつ，立証を要する事由ごとに，当該事実に関連する事実で重要なもの及び証拠を記載しなければならない。」（1項），「訴状に事実についての主張を記載するには，できる限り，請求を理由づける事実についての主張と当該事実に関連する事実についての主張とを区別して記載しなければならない。」（2項）とし，また，同規則79条2項は，「準備書面に事実についての主張を記載する場合には，できる限り，請求を理由づける事実，抗弁事実又は再抗弁事実についての主張とこれらに関連する事実についての主張とを区別して記載しなければならない。」と規定している。

両規定にいう「請求を理由づける事実」，「抗弁事実」，「再抗弁事実」とは，請求原因，抗弁，再抗弁の各要件事実（主要事実）のことである。「当該事実に関連する事実」とは，要件事実（主要事実）の存否を推認させる事実である「間接事実」などを意味する。そうすると，**民事訴訟規則は，当事者（訴訟代理人）が訴状，答弁書および準備書面を作成するに当**

たっては，要件事実的な分析をしたうえで，要件事実（主要事実）とそれ以外の事実を区別して記載することが，適正かつ迅速な民事訴訟の実現のために必要であると考えているというべきである。このことからも，**要件事実は，裁判官が判決書を作成するに当たって，主張整理をするためのみに用いられるものでないことは明らか**であろう。

> ＊　請求原因事実（要件事実）は，請求を理由付けるために必要な事実であるが，民事紛争の背景には，これら請求原因事実のほかにも種々の社会的事実が複雑に絡み合って存在するから，民事紛争のより良い解決を目指すためには，法的に構成された請求原因事実のみにとらわれないようにする必要がある。紛争の全体像を理解するのに役立つ「事情」を審理の早い段階から明らかにしていくことは，裁判所の心証形成，事件の振り分けをはじめとする裁判所の訴訟運営等に有益であることが多い。
> 　現実の訴訟では，要件事実（主要事実）レベルでの争点をさらに整理することにより，間接事実，補助事実レベルでの実質的な争点が明らかになっていくことが多い。間接事実，補助事実の主張を十分に展開することは，的確な争点等の整理および立証活動に不可欠である。これに加えて，原告が審理の早い段階で主張事実と証拠との対応関係を明らかにすることは，被告による適切な応答を可能にし，争点の拡散を防ぎ，争点の絞り込みと深化のために非常に有益である。
> 　したがって，早期に争点および証拠の整理を行って証明すべき事実を明確にし，争点についての集中証拠調べを実施することにより，充実した審理を実現するためには，当事者双方が，要件事実（主要事実）のほか，間接事実，補助事実等を含めた事実の主張や申出予定の証拠等を訴訟のできるだけ早い段階で提示する必要がある。
> 　なお，理論的には，間接事実・補助事実には主張立証責任の観念はないが，前記のような機能があることから，それを十分に意識して主張を展開することが必要である。ただし，あまりに関連性が薄く，不必要な事情を雑多に主張すると，かえって，争点をあいまいにし，証明対象を不明確にするおそれがある。そこで，裁判所としても，場合によっては，間接事実（事情）等の陳述を制限し，または間接事実（事情）であることを明らかにしたうえで陳述を許すなどの適切な訴訟指揮をすべきである。

(3)　争点整理と要件事実

　まず，民事訴訟において，争点とは，一般に，「事実主張の面では，主要事実およびこれを推認させ，あるいは推認を妨げる間接事実，証拠の証明力に関する補助事実についての主張の不一致であり，法律論の面では，法律効果の発生要件についての法律解釈などに関する争いや経験則に関する争いをいう」と解されている。

　そして，争点整理とは，民事訴訟法164条，168条，175条にいう「争点および証拠の整理」のことであり，争点整理の内容は，一般に，「訴訟物について必要十分な主要事実が主張されているか，相手方が争う主要事実と争わない主要事実は何か，主要事実を推認させる間接事実，推認を妨げ

る間接事実としてはいかなる事実があるか，相手方が争う間接事実と争わない間接事実は何かという観点から当事者の主張する事実についての検討を行い，次に，争いのある事実を証明する証拠方法は何か，証拠の信頼性等に関する補助事実の争いは何か，書証によってその事実は証明できているかなどの証拠方法の検討を行い，さらには，法律上の争いに関して，自己が主張する法的解釈の根拠となる判例・学説を明らかにし，経験則を証明できる証拠を提出することなどを通して，争点の絞り込みと争点の深化を行い，その結果，訴訟における真の争点を確定し，最後に人証調べ等の証拠調べの対象を限定する作業である」と考えられている。

したがって，**的確な争点整理を行うためには，当事者および裁判官が要件事実的な分析ができることが必要であり，民事訴訟における争点整理は要件事実的な分析なくして行うことができない**ことは明らかである。ただし，実体法の解釈が必ずしも明確でない場合や判例の考え方や射程が明確でない場合も少なくないことから，要件事実（主要事実）や攻撃防御の枠組み・構造等を考えるに当たっては，柔軟に要件事実的な分析をする必要があり，特に当事者（訴訟代理人）としては，要件事実・主張立証責任についてどのような見解を採用した場合であっても，当該事案を解決するについて必要十分な事実を主張立証するよう心掛けておくべきであろう。

* 裁判上の自白の成立要件としては，①事実についての陳述であること，②口頭弁論または弁論準備手続等における弁論としての陳述であること，③相手方の主張との一致があること，④自己に不利益な事実についての陳述であることが挙げられるが，④の要件（不利益要件）については，不利益の内容を相手方に証明責任があることで捉える説（証明責任説。判例・有力説）と，敗訴可能性で捉える説（敗訴可能性説。通説）などがあるが，判例の立場である証明責任説では，自白に当たるかどうかは証明責任（立証責任）の所在を前提とすることから，自白の成否，自白の撤回の可否などの問題を的確に解決するためには，要件事実的な思考と正確な要件事実の分析・理解が必要不可欠である（第5講参照）。

* 争点整理手続では，要件事実（主要事実）だけではなく，間接事実についても，当該事件の紛争の実体を解明するのに役立つ事実をできる限り明らかにすることによって，早期に争点を整理し，裁判所と当事者双方が争点についての共通の認識を持ち，その後の証拠調べによって証明すべき事実（「要証事実」という。実務上，これを「争点」と呼ぶこともある）を明確にするとともに，これを証明するために必要かつ適切な証拠を整理したうえで，集中的かつ効率的な証拠調べを実施して，適正かつ迅速な審理を実現することが求められている（民訴182条，民訴規101条）。早期の争点整理によって的確に要証事実を確定し，効率的な集中証拠調べを実施するためには，その前提として，要件事実的な分析は欠くことができないものといえる。

ただし,実際の民事訴訟においては,間接事実が非常に重要な役割を果たしていることも忘れてはならない。この点については,要件事実の効用と機能を重視するあまり,間接事実による立証活動を軽視しないようにする必要がある。多くの場合,要件事実を立証する的確な直接証拠がないからこそ訴訟になるのであるから,間接事実による要件事実の推認という作業は,訴訟代理人および裁判官にとって日常的かつ重要な作業というべきである。民事訴訟における請求原因,抗弁,再抗弁という攻撃防御方法の枠組みの中で,訴訟の勝敗を左右する最大の争点が,ある要件事実（主要事実）の存否にある場合であっても,真の争点（勝敗を決するポイント）は,その要件事実を推認させる間接事実の存否あるいはその間接事実の存在を推認させる間接事実（再間接事実）の存否である場合もある。要件事実的な分析がきわめて重要かつ有用であることは上記のとおりであるが,そのことから,直ちに間接事実の重要性を否定したり,間接事実を軽視したりすることは明らかな誤解であって,厳に戒められるべきことである。要件事実と間接事実はその機能する場面・局面を異にするものであって,民事訴訟においては,そのいずれもが重要な役割を果たしているのである。

(4) 証拠調べと要件事実

要件事実的な分析に当たっては,権利の発生根拠事由,権利の発生障害事由,権利の消滅事由,権利行使の阻止事由としてどのような事実が不可欠な事実であるかを厳密に検討することが必要である。

〔証拠調べの対象と要件事実に関する具体例〕

たとえば,Xが甲土地を所有しているとして甲土地を占有しているYに所有権に基づく返還請求として土地明渡請求をしたところ,Yは,甲土地はもともとはXの所有であったが,その後Xは第三者Aに甲土地を代金3000万円で売り,Aに対し,甲土地を引き渡すとともにその所有権移転登記手続をし,さらにYがAから甲土地を代金3500万円で購入して,その引渡しを受けたと主張した。この場合,Yの抗弁は「所有権喪失の抗弁（順次譲渡型）」であり,その要件事実は,「XはAに対し,甲土地を代金3000万円で売った」との事実

> のみであって，XがAに甲土地を引き渡すとともにその所有権移転登記手続をしたとの事実，YがAから甲土地を購入したとの事実は審理・事実認定の対象とならない。

　そのうえで，充実した証拠調べを行うためには，充実した争点整理が行われていることが前提となる。そして，**充実した争点整理・証拠調べを行うためには，上記(3)のとおり，要件事実的な分析，主張立証責任を常に念頭において，当該訴訟における主張立証の状況を的確に把握しつつ，要件事実の主張が必要十分に行われているか，要件事実に関する立証活動が必要十分に行われているかを吟味する必要がある。集中証拠調べを的確かつ円滑に実施するためには，要件事実的な分析・思考は欠くことができない。**

(5) 事実認定と要件事実

　民事訴訟における事実認定は，争点（要証事実）となっている主要事実（要件事実）は何か，これを直接に証明することのできる直接証拠はあるか，これを基礎付ける間接事実はどのようなものがあるか，主要事実の認定を妨げる方向に働く間接事実はどのようなものがあるか，これらの間接事実を証明することのできる間接証拠はあるかなどを慎重に検討吟味しながら行われるものであり，そこにおいても，要件事実的な分析が前提となっているといえる。

　裁判官が行う事実認定では，裁判官は，事件がどのような法的紛争であるかを認識し，紛争の全体像を念頭に置いてどのような認定がその事件の解決に適切かを考え，①要件事実的な分析と，②事件の「すじ」論（あるいは「スワリ」論）的な検討とを加えることによって，事件の解決を図るといわれている。

　ここでいう**要件事実的な分析**とは，原告の主張および被告の主張に必要な要件事実が過不足なく主張立証されているかなどを吟味するものである。裁判官は，このような要件事実的な分析をする一方で，「細かく積み上げ大きく誤る」ことを避けるために，事案の「落ち着き」を考え，その結論が法の目的とするところにかなうか，当事者の公平に合致するかなど具体的妥当性について再考する。これが，いわば事件の「すじ」論からの検討であり，このような検討によって，要件事実的な分析による結論がおかし

い場合には，これを回避するために，釈明の活用，法解釈上の工夫，一般条項の活用などを考慮することになる。このように，民事訴訟実務における事実認定の場面では，要件事実的な分析とともに，事件の「すじ」論的検討が行われている。

(6) **判決書と要件事実**

民事事件における判決書には，在来様式（起案の手引98頁参照）と新様式（起案の手引107頁参照）の２つのタイプの判決書があるといわれる。在来様式の判決書は，弁論主義の貫徹を前提にして，当事者の口頭弁論での弁論（主張および証拠の申出）を聴取し審理を尽くしたことを証明することを重視するものである。請求を理由あらしめる事実の主張とこれに対する被告の認否，抗弁事実の主張とこれに対する原告の認否，原告の再抗弁事実の主張とこれに対する被告の認否というように主張立証責任の分配に従って記載し，争いのない事実（自白された事実，顕著な事実），争いのある事実（相手方の認否が否認または不知の事実）を明らかにして，当事者の弁論をすべて記載することを原則とするものである。

在来様式の判決書は，「事実」欄においても，「理由」欄においても，権利の発生・障害・消滅等という法的効果を発生させる要件事実についての主張立証責任の所在に従った論理構造によって展開されるものである。在来様式の判決書を作成するためには，要件事実的な分析が必要不可欠であることは明らかである。

これに対し，新様式の判決書は，裁判官と当事者との協議により争点整理を尽くしたことを前提にして中心的争点・真の争点（「実質的争点」）とそうでない争点を区別する。そして，まず「事案の概要」の「争いのない事実等」（あるいは「前提となる事実」）欄において，争いのない事実とともに，中心的争点でない争点については書証等による事実認定をも行ったうえで事件の内容を具体的に説明し，その後に「争点」として事件の中心的争点を記載し，最後に「争点に対する判断」として，中心的争点に対する裁判所の判断を記載するという様式である。

この新様式の判決書は，形式的な記載を省略し，実質的な記載を充実させることを目的とするものであり，争点整理を尽くして中心的な争点を洗い出し，これについて集中的な証人尋問等を行う充実した審理方式が採用

されれば，判決書もその点を中心にした記載で足り，要件事実を網羅的に，主張立証責任の分配に従って摘示するまでの必要はないという考え方に基づくものである（なお，民事訴訟法は，このような新様式の判決書の実務を前提として，事実の記載は，請求のほか，主文を導き出すのに必要な主張を記載すれば足りると規定している〔民訴253条2項〕）。

そして，現在の民事裁判実務においては，新様式の判決書が相当広範囲に作成されるようになっているが，在来様式による判決書も少なくない。

新様式の判決書では，要件事実を網羅的に主張立証責任の分配に従って摘示する必要はないとされていることから，要件事実的な分析は不要であると誤解されることもある。しかし，**新様式の判決書においては，確かに主張立証責任の所在ないし権利の発生・障害・消滅等の法律効果が発生する論理的な判断過程がそのままの形では判決書の上に現れないため，主張立証責任が判決書に明示されてはいないものの，新様式の判決書の作成は，充実した審理，つまり，的確な訴訟指揮が行われ，要件事実的な分析に基づく主張，主張整理・争点整理が行われることが必要不可欠の前提となっていることを忘れてはならない。**むしろ，新様式の判決書の作成に当たっては，在来様式の判決書と異なって，主張立証責任の分配に従って必要となる当事者の主張のすべてを記載するわけではないことから，①判決書自体から要件事実の主張の漏れをチェックすることが困難であること，②要件事実に関する主張立証責任の分配を誤るおそれがあること等の危険性を十分に意識することが必要である。

3　要件事実と訴訟遅延

要件事実については，従来の実務で支配的な「要件事実論」に従った主張立証責任の分配では，真の争点の形成までに時間がかかり，訴訟の大幅な遅延を招くおそれがあるとする見解も唱えられている。

しかし，民事実体法は，権利（法律効果）が発生する法律要件あるいは権利の発生の障害となる法律要件，権利が消滅する法律要件などを規定したものであり，要件事実的な分析とは，この実体法規に従い，権利が発生する法律要件，権利の発生の障害となる法律要件，権利が消滅する法律要件，権利行使を阻止することができる法律要件に該当する法律要件要素

（要件事実）は何であるか，その主張立証責任を原告と被告のどちらに負担させるべきかを考えるものであり，基本的に実体法規の解釈問題である。実体法規に従ってある権利が発生する要件事実を定立し，その要件事実について主張立証責任を分配した結果が，訴訟の促進・迅速化に資することになるのであれば，それはそれで望ましいことである。しかし，ある権利の発生要件事実が何であるかは，基本的に実体法規の解釈問題であり，訴訟の促進・迅速化の要請等の民事訴訟法上の目的とは離れて別個の観点から検討されるべき部分もあるから，仮に，上記の見解がこれら民事訴訟法上の目的の実現を実体法規の解釈論等よりも重視して要件事実を定立すべきであるとされるのであれば，それは要件事実の考え方として本来の姿ではないように思われる。

　また，上記のような**要件事実的な分析とこれに基づく主張立証責任の分配は，実体法の領域における解釈を基本として分析・検討されるべきもの**であって，基本的に実体法の規定からその構造を分析するにとどまるものであるから，これらによる要件事実の分析結果が実際の訴訟における主張の提出順序を拘束したり，規制したりするものでないことはもちろんである。

　さらに，**訴状，答弁書および準備書面は，もとより要件事実的な分析を念頭に置いて作成されるべきであるが**，これらの書面は，自己の主張の正当性を具体的に示すとともに，裁判官（および相手方）を説得するためのものでもあるから，その記載は要件事実だけにとどまるべきものではないこと，現在の民事訴訟法および民事訴訟規則では，訴訟関係人には，事案の早期把握と争点の明確化が求められているところ（民訴156条，157条，159条，164条〜178条，民訴規53条，79条〜81条，85条〜98条等の規定はこのことを前提とするものと考えられている），そのためには，予想される主張に対する積極否認となる事実や，抗弁となる事実，再抗弁となる事実を先行的に主張すべき場合あるいは主張するのが相当な場合があることは，改めていうまでもない。

　したがって，上記の見解には，要件事実的な分析が現在の民事訴訟において果たしている役割等を正解していない部分があるように思われる。

4　要件事実論の機能と役割

　現在，これまで実務で支配的であった要件事実の考え方（「要件事実論」と呼ばれている）については批判的な見解もある。要件事実論もそれが1つの理論である以上，長所とともに短所をも併せ持つものであることはもちろんであるが，要件事実論が，これまでに訴訟運営や判決内容の改善等に果たした機能と役割は決して過小評価されるべきではないであろう。**要件事実論は，このような機能と役割を有するからこそ，我が国の民事裁判の基礎を形成するものと考えられ，現在の民事裁判実務においても，基本的にこれに基づいて訴訟が運営されるなど広く実践されており，法律実務家の基礎的素養の一要素あるいは法律実務家の共通言語となっている。**

　要件事実的な分析（およびその実践的な理論としての「要件事実論」）とは，これまでの説明から明らかなように，基本的には，ある法律効果の発生のために必要な事実（実体法規が法律要件として定める事実）は何か，その立証責任はどちらの当事者に負担させるべきかを検討するとともに，数ある社会的事実の中から，どこまでが本質的なものとして不可分一体のもので，どこからが本質的なものでなく，可分のものといえるかを検討吟味して，必要な事実のみを抽出しようとするものであって，**民事裁判の仕組みに合わせた，実体法規についての機能主義的な思考方法にすぎないもの**である。

　ただ，現時点では，民事実体法と民事訴訟法の深い理解に基づく要件事実的な分析・思考方法以外に，実際の民事訴訟における審理・判断の指針となるものは考えられないから，その法律実務の場における有用性と重要性を否定することはできない。

　「要件事実」については，さらに検討・議論すべき問題や課題もあるが，その多くは民事実体法および民事訴訟法における理論的立場と解釈論等の違いに由来するものであって，このような問題や課題が残っていることをもって，法科大学院において要件事実的な分析（その実践的な理論としての「要件事実論」）を前提とする法曹養成教育は実施されるべきでないなどということはできない。むしろ，法科大学院では，民事裁判実務や司法研修所において採用されていた要件事実論の考え方を正しく認識・理解したうえで，民事実体法や民事訴訟法の解釈論に基づいた議論が行われることによって，それらが有している問題点や難点などを指摘するとともに，新た

な視点から，要件事実的な分析や要件事実論を捉え直し，考察していくことが求められている。

現時点においては，要件事実的な分析・思考方法に法科大学院における法理論教育と民事裁判実務とを架橋する役割を期待するのが適当であるし，また，そのような役割は「要件事実」に期待するほかないように思われる。

コラム：民事裁判実務における要件事実論の背景にあるもの

1　民事裁判実務における要件事実論の特徴

　これまでに司法研修所民事裁判教官室や多くの法律実務家が公刊物等で明らかにしてきた要件事実論（これを便宜，「実務における要件事実論」という）をみると，そこには，基本的に，次のような特徴があるように思われる。

(1)　権利発生の根拠については法規説が採用されていること

　法規説は，権利の発生根拠は法律であり，契約の拘束力の根拠も法律であるとする考え方である。民法が成文法として制定されている以上，法律行為について，法律の規定なしに法律効果が生ずるという自然法原理のようなものは認めることができないと解されている。このような考え方では，原告は，まず自分が求める権利（請求権）の法的性質を決定し，その権利の発生要件である要件事実を過不足なく主張立証しなければならないことになる（102頁参照）。

　なお，法規説（および冒頭規定説）のように考えるのではなく，民法の冒頭規定は典型契約としての一種の定義規定であり，法律効果はそうした定義規定の内容に合致する当事者の当該契約を成立させる合意から発生すると考えるべきであるとする見解（伊藤(滋)・367頁）もあるが，当事者の合意のみによって，法律の規定と関係なく，法的拘束力が生ずるわけではないとされていること（伊藤(滋)・368頁（注31））からすると，実質的な意義や機能において，法規説における考え方と大きく異なるものではないであろう。

(2)　契約に基づく請求に関する要件事実は冒頭規定説で説明されること

　契約に基づく請求を基礎付けるための要件事実として何を主張立証しなければならないかに関して，冒頭規定説は，民法第2章「契約」の第2節ないし第14節（典型契約）の冒頭にある規定（冒頭規定）はいずれも各典型契約の成立要件を規定するものであり，この要件に該当する事実（要件事実）が契約の成立要件であり，当該契約に基づく請求権を発生させるものであると

考える。現在の実務では，基本的に，このような冒頭規定説が採用されているように思われる（104頁参照）。この考え方では，冒頭規定が定めていない条件・期限などの法律行為の附款（特約）は，権利（請求権）の発生を障害するものであるから，冒頭規定が定める契約の成立要件に当たる請求原因ではなく，抗弁として位置付けられる（抗弁説）。また，たとえば，売買契約に基づく請求であれば，売主による売買代金請求であっても，買主による売買目的物の引渡請求であっても，売買不動産の所有権移転登記請求であっても，主張すべき要件事実は，売買契約の締結という事実（民555条）であり，原則として，同一の要件事実であると考える。同一の法律要件から複数の法律効果が発生する場合には，どのような法律効果を主張するかによって要件事実が変わるわけではないと考える。したがって，実体法規が定める法律要件の一部を必要に応じて取り出して主張する形となる，いわゆる「返還約束説（個別合意説）」（105頁参照）や，必要な主張の一部のみを取り出して摘示する，いわゆる「取り出し主張」は認めないのが一般である。

(3) **要件事実と主要事実と同義で用いられること**

　民事法の分野では，一般に，要件事実とは，民事実体法の条文（法規）の法律要件（構成要件）に記載されている類型的な事実（要件）をいい，このような要件事実に当てはまる具体的な事実を主要事実というとされている。しかし，実務では，実体法規に定める法律要件に該当する具体的事実があれば法律要件が充足されたことになり，法律効果が発生することになることなどから，要件事実と主要事実を截然と区別しないで用いられる場合が少なくない（6頁参照）。

(4) **法律要件に定める事実（事実的要件）と評価（規範的要件）を区別すること**

　民事実体法規の法律要件には，事実をもって記載される法律要件（事実的要件）とは異なり，過失，正当理由，信義則違反などの法的評価・規範的評価に関する一般的・抽象的概念をもって法律要件（規範的要件）が記載されていることがある（なお，個別的法律要件の内容が何らかの「評価」である要件を評価的要件と呼ぶ見解もある。伊藤（滋）・291頁）。そして，このような規範的要件における主要事実をどのように考えるべきかについては，学説上も，実務上も見解（主要事実説，間接事実説，準主要事実説）が分かれているところである（90頁以下参照）。なお，黙示の意思表示に関しても，その主要事実をどのように考えるかについて，規範的要件と同様の争い（主要事実説と間接事実説）がある。特に，黙示の意思表示については，学説上は，その主要事実は黙示の意思表示の成立を基礎付ける具体的事実（基礎付け事実）であるとする見解が多数説であるが（なお，この見解には，規範的要件と

は異なり，黙示の意思表示の成立を障害する事実は主要事実ではないとする立場と，規範的要件と同様，黙示の意思表示にも評価根拠事実と評価障害事実があるとする立場がある），実務的には，間接事実説も有力に主張されているところである（99頁参照）。

なお，規範的要件に関しては，最判平22・10・14判夕1337-105が，原審が釈明権行使によって，原告に信義則違反の点について主張するか否かを明らかにするよう促したり，被告に十分な反論・反証の機会を与えたりせずに，信義則違反があると判断したことについて，訴訟の経過等から予測困難な法的構成を採る場合には，法的構成の当否を含め，被告に十分な反論・反証の機会を与えたうえで判断すべきであり，釈明権行使を怠った違法があると判断しているところである。この判例は，読み方によっては，実質的に法的観点指摘義務を釈明義務として認めたもの，あるいは準主要事実説を採用したものと評価することもできることに留意すべきであろう。

(5) 時的因子と時的要素を区別すること

いつ締結された売買であるかといった，法律要件である事実を特定するためにされる日時（時間）の主張（事実としての記載）を「時的因子」という。これに対し，一定の時間の要素（時間の先後関係）が法律要件とされる場合があり，そのような時間的要素は，法律要件事実の特定の機能にとどまらず，法律要件そのものとしての意味を持つことから，これを「時的要素」という。時的因子については，当事者が具体的に摘示した時的因子と異なる時的因子を認定することが許され，異なる認定をしても弁論主義違反とならない場合があるが，時的要素について当事者の主張と異なる認定をすることは，法律要件が認められないことになる場合があるので注意する必要がある（22頁参照）。

(6) 売買型の契約と貸借型の契約とを区別すること

契約には，売買契約のように，契約を締結するのと同時に契約の目的物の引渡しを請求できる契約（売買型の契約）もあるが，他方で，消費貸借契約，使用貸借契約および賃貸借契約のように，その性質上，貸主において一定期間その目的物の返還を請求できないという拘束（制限）を受ける関係が成立している契約（貸借型の契約）もあると考えられている。ただし，このような貸借型の契約の成立の要件事実をどのように考えるべきか，同契約に基づく返還請求をするためにはどのような要件事実を主張立証すべきかについては，学説上も，実務上も争いがある（215頁参照）。

第1に，貸借型の契約の成立要件は，冒頭規定（民587条，民新587条の2，593条，601条）に記載された事実のみであり，貸借型の契約において

も，上記のような拘束があるとはいえないとして，契約の成立と同時に借主の返還義務は発生するが，その履行は合意された期限の到来または催告の時まで猶予されているにすぎず，借主において，未到来の期限の合意があることまたは催告がなかったことについて主張立証責任を負うとする立場である（大判大2・2・19民録19-87，大判大3・3・18民録20-191，大判昭5・6・4民集9-597等）。

　第2に，貸借型の契約の成立要件は，冒頭規定（民587条，民新587条の2，593条，601条）に記載された事実のみであるが，貸借型の契約では，上記のような拘束があるために，（継続的な）契約関係が終了した時に初めて目的物の返還を請求することができることになることから，目的物の返還請求をするためには，契約の終了（事由）を主張立証する必要があるのであって，返還時期の合意とその到来などの事実は，契約に基づく目的物返還請求権の行使要件（債権と請求権とを区別する見解では，請求権の発生要件ということになる）であるとする立場である（新問研39頁，46頁，123頁）。

　第3に，貸借型の契約は，一定の価値をある期間借主に利用させることに特色があり，契約の目的物を受け取るや否や直ちに返還すべき契約はおよそ無意味であるから，このような貸借型の契約では，貸主が一定の時期まで返還を請求しえないというのは，売買代金の支払に期限が付けられた場合などとは異なり，契約に内在する本質的な拘束といえるから，貸借型の契約では，貸借期間の定めは契約に不可欠な要素であり，貸借型の契約の成立を主張する者は，常に，冒頭規定の解釈として，冒頭規定に明文で定める成立要件のほかに，その合意の内容として返還時期の合意をも主張立証すべきであるという「貸借型理論」の立場である。

　そして，民法の学説上は第2の立場が多数説であり，第1の立場を採らないことを明言した最高裁判所の裁判例はなく，第3の立場では，「期限の定めのない場合」について，期限の定めは契約の要素であり，期限の定めを欠く貸借型の契約はありえないこととなるため，当事者の合理的意思について，返還時期を「催告の時とする約定で」などと事実上推定せざるをえないところに難点があるとの指摘もあるが，これまでの実務では，第3の立場を前提として考えられていることが多いように思われる。

2　民事裁判実務における要件事実論の前提となっているもの

　また，実務における要件事実論では，基本的に，次のような事項が前提となっていると思われる。

(1)　旧訴訟物理論が採用されていること

訴訟物については，学説上，実体法上の権利ごとに訴訟物を考える旧訴訟物理論と，1個の給付を求める地位を訴訟物と考える新訴訟物理論が唱えられており，新訴訟物理論が多数説であるといわれるが，現在の実務は，旧訴訟物理論を前提として運営されている。したがって，給付訴訟における訴訟物は請求と原則として一致することになる。たとえば，被告が原告の所有地を無断で占有して使用しているとして，原告が被告に対し所有権に基づいて土地の返還を求める場合の訴訟物は，（土地）所有権に基づく返還請求権としての土地明渡請求権であって，原告の所有権が訴訟物となるわけではない。また，訴訟物は請求の趣旨と原因によって特定される（民訴133条2項2号参照）。請求の原因が異なれば訴訟物は異なるのが原則であるが，請求の趣旨が同一であっても，請求原因が異なるために，これに伴って訴訟物が異なり，訴えの変更となる場合があることに注意すべきである。

(2) **要件事実は，訴訟物等の法的構成（法的観点）を決めてから考えること**

　現在の実務においては旧訴訟物理論が採用されているため，請求原因の要件事実は，原告において訴訟物をどのように法的に構成するかを検討吟味してからでないと，適確に決定することができない。また，これに対する抗弁，再抗弁などについても，同様に，どのような攻撃防御方法（法的主張あるいは法的観点と事実）をもって抗弁事実とするか，再抗弁事実とするかなどは，まずどのような法的効果（請求原因によって発生した権利の発生障害・消滅・権利行使の阻止など）を，どのような法的構成（民事実体法規に定める法律要件）によって主張するかを定めてからでないと，適確に決定することができない。

　なお，法的構成（法的観点）については，金銭消費貸借契約を締結したうえ，弁済期に借入金の返済がされない場合には債務者所有の土地を債権者名義に変更し第三者に売り渡すことを承諾する旨の契約について，当事者の一方が同契約は代物弁済契約に当たると主張したのに対し，他方は仮登記担保契約（停止条件付代物弁済契約）に当たると主張していた事例において，最高裁判所は，いずれの当事者も法的構成として主張していない譲渡担保契約であると判断したことがあり（最判平14・9・12判時1801-72），この裁判例については，弁論主義，法的観点指摘義務および裁判所の釈明義務との関係で，今なお議論があることにも留意しておく必要がある（66頁，79頁参照）。

(3) **修正された法律要件分類説の考え方が基本となっていること**

　主張立証責任の配分の基準については学説上争いがある。現在の実務においては，民法は裁判規範であることを前提として，基本的に，実体法規における法律要件の定め方・条文の構造に従って主張立証責任の配分を考えよう

とするいわゆる法律要件分類説を基本として運用されている。しかし，現在の実務が採用する法律要件分類説は，法律効果の発生要件を実体法規の本文・ただし書あるいは1項・2項等の条文の形式（本文・1項は原則規定であり，ただし書・2項は例外規定であると考える立場）および文言だけで定めようとした初期の法律要件分類説（あるいは規範説）とは異なるものといわれている。現在の実務では，ある法律効果の発生要件が何かという問題は実体法規の解釈によって決められる事柄であって，この解釈は立証責任の公平な分配という視点に立ったものであることが必要であり，実体法規の解釈に当たっては，まずは各実体法規の文言，形式を基礎として考えるが，加えて，立証責任の分配の公平性・妥当性の確保を考慮して，法の目的，類似する法規，関連する法規との体系的整合性，要件の一般性と特別性，原則性と例外性を考え，さらには要件によって要件事実となるべきものの事実的態様とその証明の難易等をも総合的に考慮して，主張責任の分配を考えるとする，修正された法律要件分類説の立場から，主張立証責任を配分することにより要件事実の配分が決定されている。この立場からは，立証責任は当該法律効果の発生によって利益を受ける側が負担するのであるが，法律効果の発生要件は，すべて客観的に実体法規の各法条（および判例等）が規定するところであり，これらの実体法規は，その法律効果がどのように働くかという観点から，権利の発生要件を定めた権利根拠規定，権利の発生障害要件を定めた権利障害規定，権利の消滅要件を定めた権利消滅規定，権利行使を一時的に阻止する要件を定めた権利阻止規定の4つに分類できるとする，いわゆる四分説が採用されている（14頁参照）。

(4) 主張責任と立証責任の所在は一致すること

　主張責任と立証責任との関係について，現在の実務では，一般に，次のように考えられている。ある要件事実について立証責任を負うということは，その事実が証明できなかった場合にその事実を法律要件とする法律効果が発生したと認められない不利益を受けることを意味し，ある要件事実について主張責任を負うということは，その事実が弁論に現れなかった（両当事者とも主張しなかった）場合に，裁判所がその事実を判断の基礎とすることができず，その事実の存在を法律要件とする法律効果が発生したと認められないという不利益を意味することになるものである。そうすると，主張責任も立証責任も，裁判所がある要件事実を認めることができない場合に問題となるものであり，しかも，立証責任を離れて，主張責任の分配の基準となるべき独自の原則や基準といったものは見当たらないから，主張責任の分配基準も，立証責任の分配基準と同様に，修正された法律要件分類説の立場で考えるの

が相当であり，このような立場から，主張責任と立証責任とは，常に同一の当事者に帰属することになる（80頁参照）。学説では主張責任と立証責任の所在が一致する必要はないとする見解も有力に主張されているが，実務では，上記のように考えるのが簡明であり，判断の誤りが生じにくいということが評価されているのであろう。

(5) 法規不適用説が採用されていること

　法律要件に該当する具体的事実が存否不明の場合に法規をどのように適用すべきか，言い換えれば，証明責任の根拠をどのように考えるかについては，かねてから争いがあるところである。1つの見解は，証明責任は，ある法律要件に該当する具体的事実が存否不明の場合にその事実を要件とする法規が適用できないことから当事者の一方に生ずる不利な結果であり，証明責任は事実の存否不明の場合における法規不適用の裏面であって，存否不明の法律要件要素が証明責任によって当事者のいずれか一方に不利益に措定される結果として法規の適用不適用の判断が可能になるのではないとする法規不適用説である。もう1つの見解は，法規の法律要件を充足する具体的事実が存否不明の場合には，裁判官はその法規の定める法律効果を肯定することも否定することもできないから，事実の存否不明の場合に裁判所に判決を可能にする法則が必要であり，そのような法則が証明責任規範であって，証明責任とは，法規の要件に該当する事実が存否不明の場合の法規不適用の結果ではなく，このような場合に裁判官に判決を可能にするための裁判規範であるとする証明責任規範説である。法規不適用説と証明責任規範説の対立は，基本的に，実体法規が定める法律効果は法律要件が充足されたから生ずると考えるのか（証明責任規範説），それとも法律要件に該当する具体的事実が証明されたから生ずると考えるのか（法規不適用説）に由来するところがある。学説的には，証明責任規範説が有力であるが，現在の実務では，法規不適用説を前提としていることが多いようである。ただし，このような，いわゆる「証明責任論争」は，その歴史的・法哲学的な価値はともかく，法理論的・観念論的・抽象論的な色彩の濃い議論であり，現在では，いずれの説によっても，実際の結論に大差はないという評価が一般的であって，仮に法規不適用説ではなく，証明責任規範説の立場に立ったとしても，具体的な要件事実をどのように考えるかという場面での要件事実論の結論には影響しないであろう。

　なお，法規不適用説を基本的な立場としつつ，事実の存否が訴訟上不明である場合にはその事実が存在しないものと扱うのが通常の考え方であり，事実が存在したことが訴訟上明らかな場合に限って事実が存在したものと扱う，という考え方によって要件事実を構成すべきであり，このようにして「裁判

規範としての民法」を構成すると，証明責任規範を考える必要はないとする「裁判規範としての民法」説も実務家を中心に有力に唱えられている（伊藤（滋）・183頁，192頁参照）。その趣旨は，証明責任の配分は，実体法の制度趣旨に合致するように決められるべきであり，実体法の法文を基礎にして，実体法の制度趣旨を踏まえて証明責任の配分を考えようとするものであって，具体的な要件事実の配分を考える際には，修正された法律要件分類説の立場と結論においてそれほど異なるものではないであろう。

3　要件事実論の考え方の民事裁判実務における有用性

現在の実務では，たとえば，どのような事件においても売買型の契約と貸借型の契約の区別という考え方が厳格に採用されているわけではないし，規範的要件についての主要事実説の考え方が必ずしもすべての事件で採用されているわけでもなく，本書で論じているような要件事実論の考え方のみで実際の民事裁判実務が運用されているのではないことに留意する必要がある。また，これまで論じられてきた要件事実論について，「必要以上に論理性・機能性・合理性を追求しすぎ，論理的にぎりぎり詰めすぎた面があり，実際の実務では，そのように論理的にぎりぎり詰めた要件事実論そのものではなく，そのような考え方を踏まえて，実際に生起した社会的事実をありのままに主張立証すべきであり，現実にもそのような訴訟活動をしている」との指摘にももっともなところがある。

しかし，本書を通じて読者に理解してもらいたいのは，要件事実の考え方（要件事実論）は民事紛争を解決するために有用な１つのツールであるが，あくまでも１つのツールにすぎないということであって，本書で論じられている要件事実論は，司法研修所がこれまでに示したことのある見解を含めて，そのいずれもが，その根拠と結論について批判的に検討吟味されるべき民法解釈における１つの学説あるいは立場にすぎないということである。そして，法廷において，実際に生起した社会的事実を全般にわたって証明することは通常困難であり，また，なぜそのような事実全般を証明しなければならないのかが問われるべきであるという要件事実論における本質的な問題意識は，今でもその重要性を失っていないというべきである。すなわち，検討しなければならない問題は，実際に生起した社会的事実の一部を証明できない場合に，その一部が証明できないことを理由にそのような主張をする当事者の請求を認めないでよいか，請求を棄却してよいかということである。実際の訴訟では，そのような必要から，原告の請求を根拠付ける法律要件に該当する事実である請求原因は何か，請求原因から生ずる法律効果を覆す法律要件に

該当する事実である抗弁は何か，抗弁から生ずる法律効果を覆し，請求原因の法律効果を復活させる法律要件に該当する事実である再抗弁は何かを考えることになるのであり，その際に必要になるのが要件事実論の考え方である。民事紛争を解決するためには，当該事案の本質的な問題点を見抜き，これに法律を適用して適切な紛争解決策を考えることが必要であり，そのような場面で有用な考え方を用意するのが要件事実論である。要件事実論を学修するということは，事案の分析力，論理的な思考力とともに，当該事案において法的な意味を持つ本質的なものと，法的な意味を持たない本質的でないものを識別する能力を養成するということであり，このような能力が民事紛争を解決する場面で必要不可欠な能力の1つであることは明らかであろう。

したがって，本書で論じたような要件事実論は，実際の民事裁判実務において採用されている，採用されていないにかかわらず，法律実務家にとって必要な知識・技術（スキルとマインド）であり，法廷での訴訟活動の指針となるにとどまらず，およそ民事紛争を解決しようという場面では，必要不可欠となる思考様式を提供するものである。それは，法律実務家の思考の底流に脈々と流れ，その思考の根本を形成しているものであって，法律実務家を志す者にとっては，是非とも身に付けておくべき基礎的素養（ミニマムスタンダード）の1つといってよいであろう。基本を鍛え，応用に備えるということである。

参考文献：文中に掲げたもののほか，賀集唱「要件事実の機能」司研90号（1993－Ⅱ）38頁，吉川愼一「要件事実論序説」司研110号（2003－Ⅰ）129頁，伊藤滋夫「要件事実論の現状と課題」伊藤滋夫＝難波孝一編・民事要件事実講座第1巻 ― 要件事実の基礎（青林書院・2005）3頁，原田和徳「要件事実の機能 ― 裁判官の視点から」同書70頁，永石一郎「当事者からみた要件事実 ― 当事者代理人に必要な要件事実の基礎知識」同書103頁，難波孝一「主張責任と立証責任」同書160頁，同「規範的要件・評価的要件」同書197頁，大江忠「攻撃防御方法としての要件事実 ― 契約の履行請求権を例として」同書229頁，同「要件事実論と弁護士業務」自由と正義1996年1月号67頁，永石一郎「要件事実のすすめ（上）」自由と正義1999年4月号74頁，「要件事実のすすめ（上）」自由と正義1999年5月号74頁，伊藤滋夫「司法研修所編『新問題研究要件事実』について（上）（中）（下）」法時84巻1号（2012）89頁，同巻2号（2012）94頁，同巻4号（2012）75頁，山口幸雄＝三代川三千代＝難波孝一編・労働事件審理ノート〔第3版〕（判例タイムズ社・2011），笠井正俊「要件事実論と民事訴訟」伊藤眞＝山本和彦編・民事訴訟法の争点（有斐閣・2009）160頁，

松本博之「証明責任の意義と作用」同書180頁，宇野聡「証明責任の分配」同書184頁，村田渉「主要事実と間接事実の区別」同書158頁

第2部
要件事実論の展開

第10講 売買(1)— 事例1

（Xの言い分）

　私は，友人であるYから，2021年5月14日，別紙物件目録記載1及び2の土地建物（以下「本件土地建物」という）を，本件土地建物は鍵の交付により引き渡すこととし，この引渡しと登記手続は同年6月18日にA司法書士事務所（所在地略）で行い，これと引換えに代金7000万円を支払うとの約定で購入しました（以下「本件売買契約」という）。その際，Yは，振込手数料はYが負担するので，Yの息子Bの銀行預金口座に代金から振込手数料を差し引いた金額を振り込むように指示しました。YによるとBの経営する会社の資金繰りが厳しくなっているため，Bを援助したいということでしたので，私は，その指示を了解しました。

　ところが，購入資金に充てる予定であった売掛金の入金がなかったため，Yにも事前に電話で事情を説明し，同年6月18日にはA司法書士事務所には行きませんでした。YがA司法書士事務所に行ったかどうかは知りません。その後，同年7月2日，Yから同月1日付の内容証明郵便が届きました。そこで，私は，他の取引先に対する売掛金を回収し，同月9日，私の取引銀行の窓口に赴き，Yの指示したBの銀行預金口座宛に，振込手数料864円を差し引いた6999万9136円を振り込み，同日に振込手続が完了しました。にもかかわらず，Yは，本件売買契約を解除したと主張して，本件土地建物の引渡しと所有権移転登記手続を行おうとしません。しかし，私は，Yの指示に従って代金を振り込んだのですし，仮に振込手数料を私が負担すべきであったとしても，そのような軽微な不足を理由に本件売買契約が解除されるというのは納得がいきません。

そこで，私は，Yに対し，本件土地建物の引渡しと本件売買契約を原因とする所有権移転登記手続をすることを求めます。

（Yの言い分）
　私が友人であるXとの間で本件売買契約を締結したことは認めます。私は，本件売買契約の約定に従って，2021年6月18日，Xに本件土地建物を引き渡せる状態にして鍵を準備し，本件土地建物の所有権移転登記手続に必要な書類を用意したうえで，A司法書士の事務所に行きました。ところが，Xからは何の連絡もなく，Xはその場には現れませんでした。後で聞いたところでは，Xは当日に売買代金を用意することができなかったようです。そこで，私は，Xに対し，同年7月1日付の内容証明郵便をもって，売買代金7000万円をこの郵便が届いてから2週間以内に支払うよう請求するとともに，この期間内にXが代金を支払わない場合には本件売買契約を解除するとの通知をし，この内容証明郵便は同月2日にはXに届いています。にもかかわらず，Xは，上記催告期間内に代金の支払をしませんでした。なお，Xは，同年5月14日の本件売買契約の際，私が，振込手数料は私が負担するので，私の息子Bの銀行預金口座に代金から振込手数料を差し引いた金額を振り込むように指示し，Xが了解したと主張していますが，そのような事実はありません。その当時，Bの経営する会社の資金繰りは厳しい状態でしたが，Bは自分で再建策を考えていたようなので，そのような指示をするはずがありません。また，Xが，同年7月9日，Bの銀行預金口座宛に，振込手数料864円を差し引いた6999万9136円を振り込み，同日に振込手続が完了した事実は，知りません。仮に，私が，Bの銀行預金口座に代金を振り込むように指示した事実があったとしても，Xは，その口座に代金全額を振り込んでいません。
　そうすると，本件売買契約は有効に解除されているはずですし，仮にそうでないとしても，私は代金7000万円の支払を受けていないのですから，本件土地建物の引渡しと所有権移転登記手続を拒める

はずです。
　　　したがって，Xの請求に応ずることはできません。

　（別紙物件目録）
　　1　所　　在　　〇〇県〇〇市〇〇町
　　　　地　　番　　541番
　　　　地　　目　　宅地
　　　　地　　積　　235.50㎡

　　2　所　　在　　〇〇県〇〇市〇〇町541番地
　　　　家屋番号　　541番2
　　　　種　　類　　居宅
　　　　構　　造　　木造瓦葺2階建
　　　　床 面 積　　1階　　120.50㎡
　　　　　　　　　　2階　　100.50㎡

1　事案

　本問は，XがYに対し，本件土地建物を代金7000万円で買ったと主張して，本件土地建物の引渡しと所有権移転登記手続を求めたのに対し，Yは，Xが代金の支払をしないことから，本件売買契約を催告により解除したと主張し，仮にそうでないとしても，代金の支払を受けるまで，本件土地建物の引渡しと所有権移転登記手続を拒絶すると主張して，これを争った事案である。

2　請求の趣旨

　　1　被告は，原告に対し，別紙物件目録記載1及び2の土地建物を
　　　引き渡せ。
　　2　被告は，原告に対し，1の土地建物について，2021年5月14日

> 売買を原因とする所有権移転登記手続をせよ。

3 訴訟物

> 売買契約に基づく財産権移転請求権としての土地建物引渡請求権及び所有権移転登記請求権　1個

契約に基づく請求の訴訟物の個数は契約の個数によって決定される。

　まず，Xは，本件売買契約に基づいて，本件土地建物の引渡しと所有権移転登記手続を求めているのであるから，訴訟物は，売買契約に基づく財産権移転請求権であり，その具体的内容は，「土地建物引渡請求権及び所有権移転登記請求権」と特定されることになる。

　ところで，売買契約は，売主が財産権を移転させ，これに対して，買主が代金を支払うことを，その本質とする契約である（民555条）。したがって，売買契約が成立した場合，買主は，売主に対して，目的となる物（または権利）について，財産権移転請求権を有することになる。売主は，この財産権移転請求権に対応して，目的が物であるときは，自己の所有権を移転する義務（特約がない限り民176条により売買の時点で直ちに移転する），または，他人から所有権を取得して移転する義務（民新561条）を負うほか，目的物の占有を移転する義務に加えて，目的物の登記，登録その他の権利移転についての対抗要件を具備させる義務（民新560条）を負うことになるが（なお，上記のような登記，登録その他の売買の目的である権利の移転についての対抗要件を具備させる義務は，改正前においても，民555条に規定されていた財産権移転義務の内容であると解されていたのであり〔大判明44・11・14民録17-708〕，民新560条によって従前の解釈と異なる規定が創設されたものではない），これらの義務は，売買契約から生ずる1個の財産権移転請求権に対応する1個の義務ということができる。

　本件売買契約は，本件土地建物を代金7000万円で売買するとの契約であるから，契約の個数は1個である。そして，上記のとおり，「土地建物引渡請求権および所有権移転登記請求権」は，1個の売買契約に基づいて発

生する1個の財産権移転請求権の具体的内容であるから，訴訟物は1個と考えられる。

4　本問における攻撃防御の枠組み

本問における請求原因は売買契約の締結である。これに対する抗弁として，①催告による解除と②同時履行が主張され，さらに，再抗弁として，①免除および弁済と②不履行の軽微性の評価根拠事実が主張されている。

5　請求原因 ― 売買契約に基づく財産権移転請求権の発生原因事実
(1)　冒頭規定説からの検討

契約に基づく履行請求権の要件事実（権利発生根拠事実）については争いがあるものの，以下では，「冒頭規定説」の立場で検討することとする。「冒頭規定説」とは，民法典が定める典型契約に基づく履行請求権は，当該典型契約の冒頭規定（典型契約の成立要件を規定するもの）の要件に該当する事実（要件事実）がある場合に発生するものであり，冒頭規定の要件に該当しない条件や期限などの附款（特約）は抗弁に位置付けられるとする見解である（第7講参照）。

売買契約に基づく財産権移転請求権について，冒頭規定である民法555条は「売買は，当事者の一方がある財産権を相手方に移転することを約し，相手方がこれに対してその代金を支払うことを約することによって，その効力を生ずる。」と規定している。この規定によれば，売買契約に基づく財産権移転請求権があると主張する者（本問のX）は，その要件事実（権利発生根拠事実）として①売主が売買の対象物を買主に移転することを約したこと（財産権移転の約束），②買主がこれに対して代金を支払うことを約したこと（代金支払の約束），を主張立証しなければならないことになる。

(2)　本問における請求原因の検討
　ア　請求原因の要件事実

請求原因とは，訴訟物である権利または法律関係が発生したものと認めるために必要とされる最小限の事実であるから，本問のように，買主Xが売主Yに対して売買契約に基づく財産権の移転請求（引渡請求および所有権移転登記請求）をする場合，Xは，請求原因として，XがYとの間で売

買契約を締結したことを主張立証すべきであると考えられる。

　もっとも，抽象的に「X・Yが売買契約を締結したこと」，あるいは「X・Y間に売買契約の申込みとこれに対する承諾があったこと」を述べただけでは，どのような売買契約が締結されたのか，ひいては，何を目的とするどのような財産権移転請求権（具体的権利）が発生したのか，を確定することはできない。そこで，XがYとの間で売買契約を締結したと認められるために何が必要であるかを検討しなければならない。これが「売買契約の要素（本質的要素 ― 必要不可欠な事実）」は何かという問題である（大村5・24頁，49頁）。そして，**売買契約の要素は，民法555条の規定から，売買の目的物（財産権）と代金額（または代金額の決定方法の合意）と解されるから，これらについて具体的に主張立証する必要がある。**

　イ　請求原因について検討すべき事項

　売買代金の支払時期や目的物の引渡時期は，冒頭規定説では，いずれも売買契約の本質的要素（成立要件）ではなく，売買契約の附款（特約）にすぎないから，これらをXが請求原因として主張立証する必要はない。Yが目的物を所有していたこと（なお，民新561条は他人物売買の有効性を認めている）や，YがXに目的物を引き渡していないこと，Yが目的物を占有していること，Y名義の所有権移転登記が存在することも，売買契約の本質的要素（成立要件）ではないから，請求原因としては不要である。

　これに対し，売買契約の締結日は，厳密には売買契約の本質的要素（成立要件）ではないが，売買を特定するために「時的因子」として記載すべき事実であると考えられている。

* 　売買代金請求訴訟では，原告は一定の金額の支払を求めるのであるから，代金額または代金額の決定方法が具体的に主張されなければならない。しかし，本問のような売買契約に基づく財産権移転請求訴訟では，基本的には同様に主張すべきではあるが，特に，売買契約の締結自体に争いがなく，抗弁として錯誤の有無のみが争われているような場合には，たとえば「時価」あるいは「相当額」といった程度の主張でも足りるものと解されている（類型別3頁，大村5・47頁）。

　　また，原告が主張した代金額と，証拠によって認定できる代金額との間に相違があっても，原告の通常の意思としては，契約の同一性を損なわない範囲で異なる代金額による売買契約の成立をも黙示的に主張しているものと考えられるから，その範囲内であれば，原告の明示の主張と異なる代金額による売買契約の締結を認定することができると解されている（類型別3頁）。

6 請求原因に対する認否

相手方の主張する事実の認否の態様には,「認める（自白）」,「否認する」,「知らない（不知）」,「何も認否しない（沈黙）」がある。不知はその事実を争ったものと推定され（民訴159条2項），沈黙は,弁論の全趣旨から争っているものと認められない限り,自白したものとみなされる（民訴159条1項）。本問では，Yは，Xとの間で本件売買契約を締結したことを認めている。

7 抗弁
(1) 抗弁1 —— 催告による解除
ア 主張の位置付け・法的効果

Yは,本件売買契約は催告期間内にXが履行しなかったことを理由に解除された（民新541条）と主張している。

民法新545条に規定されている解除の法的効果については，争いがあるところ，判例（大判大6・10・27民録23-1867，大判大8・4・7民録25-558），通説（我妻V₁・188頁以下，川井・概論Ⅳ91頁）である**直接効果説では，債務不履行解除があれば契約は遡及的にその効力が消滅すると解されているから，Xの売買契約に基づく代金支払請求の請求原因に対する抗弁となる**（間接効果説の立場でも，債務不履行解除があれば契約に基づく履行の請求を拒絶することができると解されているから，同様に抗弁となる。なお，内田Ⅱ103頁，潮見・新総論Ⅰ597頁以下参照）。

イ 抗弁1の要件事実

抗弁1（催告による解除）の要件事実は，①YがXに代金支払の催告をするとともに，催告後相当期間が経過したときは契約を解除するとの意思表示（停止期限付解除の意思表示）をしたこと，②催告後相当期間が経過したこと，③Yが催告以前に財産権移転について履行の提供をしたこと，である。

ウ 要件事実の分析
(ア) 催告による解除の法律要件

契約の債務不履行があった場合に，債権者が催告による解除をするための法律要件（民新541条，540条1項）は，①債務者が債務を履行しないこ

と，②債権者が相当の期間を定めて履行を催告したこと，③催告期間内に履行されなかったこと，④相当期間経過時における不履行が当該契約および取引上の社会通念に照らして軽微でないこと，⑤債権者が催告期間経過後に解除の意思表示をしたことと規定されている。以下，解除権の発生原因（上記①～④）と解除権の行使（上記⑤）とに分けて検討する。

* 改正前の民法が規定していた履行遅滞解除（同法541条）の法律要件は，講学上，①債務者の責めに帰すべき事由による履行遅滞があること，②債権者が相当の期間を定めて催告したこと，③催告期間内に履行されなかったこと（同法541条），④債権者が催告期間経過後に解除の意思表示をしたこと（同法540条1項）と解されていた（我妻V_1・152頁以下）。しかし，改正前の民法543条に明記されていた履行不能による解除の要件としての債務者の責めに帰すべき事由は，改正により削除された。その趣旨は，債務不履行解除は契約による拘束から当事者を解放する制度であることから，改正後の債務不履行解除（催告による解除〔民新541条〕および催告によらない解除〔民新542条〕の双方）において，債務者の責めに帰すべき事由の存否を考慮しないこととしたものである。

(イ) 解除権の発生原因
(i) ①債務者が債務を履行しないこと

Yは，本件売買契約は催告期間内にXが債務を履行しなかったことを理由に解除されたと主張しており，①債務者が債務を履行しないことの要件として，代金支払債務の履行遅滞を主張しているものと考えられる。

ところで，改正前の民法541条による解除について，一般的な法定解除権は履行遅滞の効果の1つであるから，解除のためには，履行遅滞の講学上の要件として，(a)債務が履行可能なこと，(b)債務の履行期が経過したこと，(c)債務者が履行期に履行しないこと，(d)履行しないことが債務者の責めに帰すべき事由に基づくこと，(e)履行しないことが違法であること，が必要であると解されていた（我妻V_1・153頁，川井・概論Ⅲ70頁以下）。そのうち(d)については，改正後の債務不履行解除（催告による解除〔民新541条〕および催告によらない解除〔民新542条〕の双方）において，債務者の責めに帰すべき事由の存否を考慮しないこととされたが，(a)(b)(c)(e)は，催告による解除の解除権発生原因としての履行遅滞の要件と考えられるから，これらの要件が，抗弁の要件事実になるかどうかを検討する必要がある（類型別11頁以下参照）。しかし，(a)は，債務は通常履行が可能であるから，履行遅滞の要件とはならない。(c)は，債権者において主張立証するというのは，債務は履行されなければならないという原則に照らして公平に反する

ものというべきであるし，債務の履行（＝弁済）は債務消滅原因であって（民新473条），解除権発生の障害事由であるから，解除の効果を争う債務者において主張立証するのが相当というべきである。(e)は，履行しないことについて債務者側に正当な理由がないということであり，債務者が同時履行の抗弁権や留置権を有しないということであるから，原則として（債権者の主張する契約内容から同時履行の抗弁権等の存在が明らかにならない限り），履行遅滞の要件事実とはならないと解されている。なお，同時履行の抗弁権の問題については後述する。以上によれば，催告による解除の解除権発生原因としての履行遅滞について，債権者が主張立証しなければならないのは，原則として（(e)を除いて），(b)債務の履行期が経過したことであり，(b)は，①債務者が債務を履行しないことの要件に該当するものである。

＊　上記説明は，立証責任と主張責任の関係は，ある実体法の法律効果の発生によって利益を受ける当事者が一定している以上，立証責任と主張責任は同一当事者に帰属し，両責任の所在は必ず一致するという実務における支配的な見解（問題研究9頁）によるものであるが，この見解に対しては，訴えの十分性（有理性―訴えにおける請求が原告の主張自体において実体法に照らし理由があること）などの要請から主張責任と立証責任の不一致が生ずることがあるとする見解もある（第5講参照）。

もっとも，履行遅滞の発生要件は，期限の定めがある場合（民412条1項）は，期限の定めがあることおよびその期限が経過したことが要件であり，期限の定めがない場合（同条3項）は，債権者が債務者に催告したことおよびその日の経過が要件である。本問では，前述のとおり（**5**(2)イ），代金支払時期の定めは，売買契約の要素ではなく附款（特約）にすぎず，請求原因には現れていないから，具体的な期限の定めが主張されない限り，本件売買契約の代金支払債務は期限の定めがないものと扱われる。そして，期限の定めがない場合については，民法412条の催告と民法新541条の催告とを兼ねることができると解するのが相当であるから（改正前の民法412条，541条に関する判例〔大判大6・6・27民録23－1153〕，類型別12頁参照），結局，①債務者が債務を履行しないことの要件は，②債権者が相当の期間を定めて履行を催告したこと，および③催告期間内に履行されなかったこと，の要件に吸収され，②③の要件と別個に主張立証する必要はないことになる。

＊　上記説明のように，Yが，本件売買契約の代金支払時期の定めを主張せずに，民法412条

の催告と民法新541条の催告とを兼ねることができることを前提に主張を構成するのが実務の通例といえよう。もっとも，必要最小限度の事実を主張すべきとする要件事実論的には若干問題はあるが，②③の要件が主張されている場合であっても，①の要件として，具体的な代金支払時期の定めとその期限の経過を主張することが許されないとまで考える必要はないと思われる。

* なお，後述のように，Yは，同時履行の抗弁権の存在効果を消滅させるために目的物引渡債務の履行の提供を主張立証しなければならないところ，その際に，履行期限を主張することにより，Xの代金支払債務についても同一の期限が定められたものと推定される（民573条）。しかし，当初の履行期限の後で催告したことが現れれば抗弁事実としては十分であり（Xの履行または履行の提供が再抗弁となる），当初の履行期限の経過を主張する必要はないと考えられる。

(ii) ②債権者が相当の期間を定めて履行を催告したこと，および③催告期間内に履行されなかったこと

②の要件について，催告とは，債務の履行を促す債権者の「意思の通知」と解されている（我妻V₁・158頁）。期間を定めずに催告した場合でも，催告から相当の期間を経過すれば解除権が発生すると解するのが相当である（最判昭29・12・21民集8-12-2211参照）。また，催告から相当の期間を経過した後にした解除の意思表示は，催告期間が相当であったかどうかに関わりなく有効と解するのが相当である（最判昭31・12・6民集10-12-1527参照）。したがって，②の要件については，**Yは，抗弁の要件事実として，催告したことを主張すれば足り，相当な期間を定めたことを主張する必要はない**。

次に，③の要件については，前記(i)と同様に，催告後相当期間を経過したにもかかわらず，解除権発生を主張する債権者において，催告期間内に履行がされなかったことを主張立証しなければならないというのは，債務は履行されなければならないという原則に照らして公平に反するものというべきであるし，債務の履行（＝弁済）は債務消滅原因であって（民新473条），解除権発生の障害事由であるから，解除の効果を争う債務者において債務の履行を主張立証するのが相当というべきである。したがって，③の要件については，**Yは抗弁の要件事実として，催告後相当期間を経過したことを主張すれば足り，Xによる代金支払債務の弁済は再抗弁に位置付けられることになる**。

(iii) 同時履行の抗弁権の存在効果

催告による解除の解除権発生原因のうち履行遅滞の要件としての(e)履行しないことが違法であることについては，検討を要する。

　契約に基づいてその履行を請求する場合には，同時履行の抗弁権（民新533条）は，一般に権利抗弁（同時履行の抗弁権の存在を基礎付ける事実だけでは足りず，その権利を行使するとの主張を要する抗弁）と解されているから，債務者において同時履行の抗弁権を行使するとの権利主張をしない限り，同時履行の抗弁権の消滅事由を主張立証する必要はない。しかし，本問では，Xが請求原因で双務契約である売買契約に基づく債務の履行を請求しているのに対し，Yは抗弁として催告による解除に基づく契約の消滅を主張しており，Xの代金支払債務とYの財産権移転義務とが同時履行の関係にあること，すなわち，代金支払債務に同時履行の抗弁権が付着していることが明らかになっている。そうすると，**抗弁の前提となる請求原因自体から，Xの代金支払債務について履行遅滞の違法性阻却事由があること（同時履行の抗弁権の存在）が基礎付けられているから，本件売買契約の催告による解除を主張するYは，同時履行の抗弁権（の存在効果）の発生障害事由（Yの債務についての先履行の合意）あるいは消滅事由（Yの財産権移転義務の履行またはその提供）を主張立証しなければならない**（類型別12頁）。

　そこで，本問において，Yは，同時履行の抗弁権（存在効果）の消滅事由として，Yの財産権移転義務について履行の提供を主張している。

　ところで，履行の提供（弁済の提供）は，原則として債務の本旨に従って現実にしなければならず（民493条），特定物の引渡債務の場所は，特約のないときは当該特定物の所在地とされるのが原則である（民484条1項）。もっとも，本件土地建物引渡債務について検討すると，XとYは，鍵の交付により本件土地建物を引き渡すこととし，これを，2021年6月18日に，A司法書士事務所で行うとの合意をし，Yは，同日，本件土地建物を引き渡せる状態にして鍵を準備して，A司法書士事務所に行ったと主張している。そのような履行方法の合意に従って，Yが本件土地建物を引き渡せる状態にして鍵を準備して履行場所に赴いたのであれば，Xが不在であっても，債務の本旨に従った現実の提供があったと解するのが相当である（金銭支払債務に関する判例〔大判明38・3・11民録11-349，最判昭39・10・23民集18

－8－1773〕参照）。また，所有権移転登記手続債務について検討すると，権利に関する登記の申請行為は債権者と債務者の共同申請によらなければならないところ（不登60条），そのような登記義務を一定の場所に集まって履行する場合には，その登記手続に必要な準備をして履行場所に赴いたのであれば，債務の本旨に従った履行の提供と解することができる（登記所を履行場所とした事案に関する判例〔大判大7・8・14民録24－1650〕参照，長谷部茂吉「弁済の提供」小野清一郎ほか編・総合判例研究叢書第2民法(2)〔有斐閣・1956〕6－9頁参照）。そして，ＸとＹは，登記手続を，2021年6月18日に，Ａ司法書士事務所で行うとの合意をし，Ｙは，同日，所有権移転登記手続に必要な書類を用意して，Ａ司法書士事務所に行ったと主張している。そのような履行場所の合意に従って，債務者として必要な準備を整えたうえで履行場所に赴いたのであれば，Ｘが不在であっても，債務の本旨に従った現実の提供があったと解することが許されよう。

　以上によれば，**本問では，Ｙがした財産権移転義務について履行の提供として，履行期，履行場所および履行方法等の合意と，それに従った現実の提供の主張が必要である。**

* 所有権移転登記義務については，その債務の履行の提供は，債権者の行為を要するものとして，口頭の提供と解する立場もある（民493条ただし書。大判大5・9・12民録22－1702，我妻Ⅳ231頁）。

* 同時履行の抗弁権については，債権者が債務者に契約に基づく本来的な債務について履行請求する場合には，仮に請求原因に同時履行の関係にある債権の存在が現れているとしても，同時履行の抗弁権は権利抗弁と解されているから，債務者が同時履行の抗弁権の援用（行使するとの権利主張）をしない限り，債権者の請求を認容すべきことは争いがない。これに対し，債権者が債務者に対して債務不履行に基づく損害賠償請求をする場合や，債務不履行解除による原状回復請求をする場合には，債務者の援用がなくとも，同時履行の抗弁権が存在することだけで一定の効果（存在効果）があることを認めるべきかどうかについては争いがある（なお，同時履行の抗弁権の付着した債権を自働債権とする相殺についても同様の議論がある）。通説（我妻Ⅴ₁・97頁以下，川井・概論Ⅳ35頁以下等），判例（大判大13・7・18民集3－399，最判昭29・7・27民集8－7－1455，最判昭35・10・27民集14－12－2733等）は，債務不履行に基づく損害賠償請求の場合や債務不履行解除の場合には，債務者の権利主張を待つまでもなく，同時履行の抗弁権が存在することのみで，一定の効果（違法性が阻却されるとの効果や相殺禁止の効果）が発生すると考えている（「存在効果説」と呼ばれる。上記本文の説明はこの説によるものである）。これに対し，同時履行の抗弁権の行使は債務者の意思によって決定すべきものであるから，債務者が行使しない以上，これを考慮する必要はなく，債務不履行に基づく損害賠償請求の場合も，債務不履行解除の場合も，そのまま認容されるべきであるし，同時履行の抗弁権の付着した自働債権による相殺も認められるべきで

あるとする見解(「行使効果説」と呼ばれる。倉田〔上〕121頁以下〔西野喜一〕,潮見・新総論Ⅰ307頁以下等。なお,山本Ⅳ-1・89頁以下参照)がある。後者の行使効果説では,抗弁1において,同時履行の抗弁権の存在効果の消滅事由を主張立証する必要はなく,Xの権利主張を待って主張立証すれば足りることになる。

　上記の争いについては,履行請求に対する同時履行の抗弁権は権利行使阻止の抗弁として機能する場合の問題である(訴訟の場での主張を前提とする)のに対し,債務不履行に基づく損害賠償請求の場合等は実体上の効果(権利義務)の発生要件として同時履行の抗弁権の存在をも考慮した要件を立てるべきかどうかという問題である(訴訟外においても生ずる問題である)ことにも注意する必要があろう。

　　(ⅳ)　④相当期間経過時における不履行が当該契約および取引上の社会通念に照らして軽微でないこと

　民法新541条では,上記①から③の要件を満たした場合であっても,相当期間経過時における不履行が当該契約および取引上の社会通念に照らして軽微であるときは解除することができない旨のただし書が新設されたところ,その文言に照らせば,解除の効果を争う債務者の側でただし書に該当する事由を主張立証すべきものと解するのが相当である。

　したがって,上記④の要件は,抗弁の要件事実にはならず,Xが,相当期間経過時における不履行が当該契約および取引上の社会通念に照らして軽微であること(その評価根拠事実)を,再抗弁の要件事実として主張立証すべきことになる。

　　(ウ)　解除権の行使

　催告による解除のためには,⑤債権者が催告期間経過後に解除の意思表示をしたことが必要であり(民新541条),「催告後相当期間を経過した後」というのは時的要素である(なお,一般に,「相当期間」とは,債務者が履行の準備をし,かつ,これを履行するために必要な期間であり,具体的には,債務の内容やその他の客観的な事情によって決まると解されている)。そして,解除権の行使は解除の意思表示によるものとされている(民540条1項)。意思表示を摘示する際には,(a)相手方を特定する必要があること,(b)民法は意思表示について到達主義を採っているから(民新97条1項),到達した日に意思表示があったものとして摘示すべきであること,(c)口頭によるか書面によるかなどの意思表示の具体的態様は原則として摘示することを要しないこと,(d)債務不履行解除に当たって解除原因を示す必要はないこと(最判昭48・7・19民集27-7-845,類型別12頁)に注意すべきである。

本問では，催告と同時に「停止条件」付きで解除の意思表示がされている。一般にされているこのような意思表示は，その文言に照らせば，催告期間内に適法な履行のないことを「停止条件」としているようにも見えなくもない。しかし，これを文字どおり「停止条件」が付されているものと解すると，債権者であるＹに「Ｘが催告期間内に履行をしなかったこと」（停止条件成就の事実）の主張立証責任を負わせることになり，通常の催告による解除の場合には催告期間内に催告のあった債務の履行をしたことが債務者の主張立証責任となるのと比べて均衡を失するし，当事者間の立証の公平な負担という観点からも妥当ではない。したがって，**このような解除の主張は，停止条件付解除ではなく，「催告期間が経過したときに売買契約を解除する。ただし，買主が催告期間内に代金の支払をしたときはこの限りでない。」と読み替えて，「停止期限付解除」の主張と解するのが相当である**（類型別19頁）。

　　＊　冒頭規定説（抗弁説）の立場では，一般的に停止条件や停止期限は附款と解される場合が多い。しかし，本問のような停止期限付解除において，停止期限は，催告と同時にする解除の意思表示の効果を発生させるために必要な要件事実であり（停止期限の主張がないと，催告後相当期間経過前の契約解除の意思表示ということになり，無効となってしまう），解除を主張する側で主張立証しなければならない。したがって，この場合の「催告期間が経過したときは」という要件は，解除の意思表示とは別個の附款と見るべきではなく，解除の意思表示の本質的要素を構成するものと考えるべきであろう。

(2)　**抗弁2　── 同時履行**

　ア　主張の位置付け・法的効果

　Ｙは，代金7000万円の支払を受けていないから，本件土地建物の引渡しと所有権移転登記手続を拒絶する旨を主張している。この主張は，Ｙの目的物引渡債務と移転登記義務はＸの代金支払債務と同時履行の関係にあるとして，同時履行の抗弁を主張しているものと考えられる。前記のとおり，**同時履行の抗弁（民新533条）は，権利抗弁（同時履行の抗弁権の存在を基礎付ける事実だけでは足りず，その権利を行使するとの主張を要する抗弁）であって，これを行使（権利主張・援用）する必要があるところ，これが行使された場合には，Ｘの売買契約に基づく代金支払請求という権利行使を阻止するから，請求原因に対する抗弁となる**。ただし，同時履行の抗弁は，これが認められた場合の判決主文は請求棄却ではなく，代金支払との引換

給付という一部認容判決となるから，その効果から見て，全部抗弁ではなく，一部抗弁であることに注意が必要である。
　　イ　抗弁2の要件事実
　抗弁2（同時履行の抗弁）の要件事実は，Xが債務を履行するまでYの債務の履行を拒絶するとの権利主張のみで足りる（類型別8頁）。
　　ウ　要件事実の分析
　　(ア)　同時履行の抗弁の法律要件
　同時履行の抗弁の法律要件は，講学上，①同一の双務契約から生じた相対立する債務が存在すること，②相手方の債務が履行期限にあること，③相手方がその債務の履行またはその提供をしないで履行の請求をしたこと（民533条），④権利主張をしたこと，である（我妻V₁・90頁以下，川井・概論Ⅳ25頁以下）。

　＊　なお，①について，民法新533条において，契約から生じた当初の債務だけではなく，「債務の履行に代わる損害賠償の債務の履行を含む」ことを明示する改正がされた。

　本問では，①②の要件は，請求原因において売買契約の締結の要件事実が主張されていることから明らかである（売買契約に基づく権利は契約成立と同時に履行請求できるのが原則である）。また，③の要件については，履行期限の定めがないこと，あるいは履行期限が経過したことにより，当事者の一方が相手方に履行を請求できる状態であるにもかかわらず，同時履行の抗弁を主張する債権者において，相手方が履行または履行の提供をしなかったことを主張立証しなければならないというのは，債務は履行されなければならないという原則に照らして公平に反するものというべきであるし，債務の履行（＝弁済）は債務消滅原因であって（民新473条），同時履行の抗弁権の消滅事由であるから，同時履行の抗弁の効果を争う相手方において債務の履行またはその提供を主張立証するのが相当というべきである。したがって，**同時履行の抗弁として，Yが主張すべき要件事実は④同時履行の抗弁権を行使するとの権利主張のみである。**
　　(イ)　検討すべき事項 ― 同時履行の対象
　不動産の売買契約では，買主が代金支払債務を負うのに対し，売主は移転登記義務と目的物の引渡債務を負うことになるところ，売主の移転登記

義務と買主の代金支払債務が同時履行の関係になることは争いがない。しかし，不動産の売主の目的物引渡債務と買主の代金支払債務との間に同時履行の関係を認めるべきかについては争いがある。判例（大判大7・8・14民録24－1650〔土地の事例〕，最判昭34・6・25判時192－16〔建物の事例〕），有力説（我妻V₁・93頁，内田Ⅱ50頁）は，「不動産の売買契約では，代金の支払と対価関係に立つのは所有権の移転であり，登記が移転すれば買主はその所有権を対抗することができるのであるから，原則として，目的物の引渡しがなくとも代金の支払を拒絶することはできない。ただし，目的物の引渡しが重要な意味を有する場合には代金支払と引渡しとの間に同時履行関係を認めてよく，建物の売買は通常これに当たると解される」としている。

* これに対し，不動産の売買契約では登記移転義務だけでなく，目的物の引渡債務も売主の主要な債務であるから，原則として，これら両者の債務と代金支払債務が同時履行の関係に立つ（ただし，転売目的で売買契約が締結された場合など，買主が使用することが予定されていない場合には目的物引渡しとの同時履行を主張することができない）とする見解（鈴木禄弥・債権法講義〔4訂版，創文社・2001〕296頁）もある（山野目章夫「不動産売買における代金支払と引渡の同時履行関係」みんけん598号〔2007〕3頁以下，山本Ⅳ－1・80頁以下参照）。

本問のように土地建物が売買の目的となった場合には，いずれの立場に立っても，代金支払と本件土地建物の引渡しおよび移転登記手続の両者との間に同時履行関係が認められると考えられる。

8 抗弁に対する認否

Xは，抗弁1のうち，本件売買契約において履行時，履行場所および履行方法等の合意があった事実と催告および停止期限付解除の意思表示があった事実は認めるが，Yが財産権移転義務について履行の提供をした事実は知らないとしている。なお，抗弁1のうち，期限の経過は顕著な事実であり，抗弁2は権利主張であるから，いずれも認否は不要である。

9　再抗弁

(1)　再抗弁1 ── 免除および弁済

ア　主張の位置付け・法的効果

Xは，解除の効果発生前に，売買代金のうち振込手数料が免除されるとともに，Yの指示に従って振込手数料を差し引いた売買代金全額をBの銀行預金口座宛に振り込み，その手続が完了したと主張している。**本問における免除および弁済は，解除権の発生障害事由であり，かつ同時履行の抗弁権の消滅事由と考えられるから，催告による解除および同時履行の抗弁に対する再抗弁となりうる**（問題研究51頁，新問研49頁）。なお，催告による解除との関係では，理論的には弁済の提供で足りるが，実際に弁済をした場合には，弁済の事実を主張立証するのが実務の通例であろう。

イ　再抗弁1の要件事実

免除は，債権を放棄する旨の債権者の債務者に対する一方的な意思表示であり，免除によって債権は消滅する（民519条）。**免除の要件事実は，債権者の債務者に対する免除の意思表示である。**

弁済は，債務の内容である給付を実現して債権者の利益を充足する行為であり，債務者の弁済によって債権は消滅する（民新473条）。**弁済の要件事実は，①債務者が債務の本旨に従った給付をしたこと，②給付がその債権についてされたこと，である**（最判昭30・7・15民集9-9-1058，問題研究51頁，新問研49頁参照。民新473条は，債務者による弁済の規定を新設したものであるが，弁済の定義に関する従来の議論を前提とした改正であると考えられるから，その改正は，上記の説明中の判例を前提とした従来の要件事実の解釈に影響を与えるものではない）。抗弁1（催告による解除）との関係では，解除の効果発生前にされたことが要件（時的要素）となる。なお，債権者の貯金または預金口座に対する払込みによる弁済は，債権者がその払込みに係る金額の払戻請求権を取得した時（振込手続が完了した時）に，効力を生ずる（民新477条）。もっとも，**本問では，Xが代金を振り込んだ預金口座は，Yの預金口座ではないから，Xは，弁済方法について，Bの預金口座に振り込むとの合意を主張立証しなければ，Xが債務の本旨に従った給付をしたことにならない。**

以上のとおり，Xの一部免除と一部弁済の主張は，そのすべてが認めら

れれば，催告による解除および同時履行の抗弁に対する全部再抗弁として機能することになる。そのうち，催告による解除（抗弁1）に対する関係について見ると，一部免除の主張が認められただけでは解除の効果を障害することはできず，同様に，一部弁済の主張が認められただけでは解除の効果を障害することができない。したがって，一部免除と一部弁済の主張は，両者が合体して初めて再抗弁として機能するものであり，いわゆる合体再抗弁である（合体抗弁について，第13問参照）。

> ＊　なお，一部免除の主張は，それのみで同時履行の抗弁に対する一部再抗弁として機能しうる。また，一部弁済の主張は，それのみで同時履行の抗弁に対する一部再抗弁として機能しうる。しかしながら，それらの一部再抗弁は，免除および弁済の合体再抗弁のうち一部の事実が認定できるか否かに帰着するため，免除および弁済の合体再抗弁のほかに，一部免除の再抗弁や一部弁済の再抗弁を別途摘示するまでもないと考えるのが相当であろう。

(2)　**再抗弁2――不履行の軽微性の評価根拠事実**

　ア　主張の位置付け・法的効果

　Xは，解除の効果発生前に，Yの指示に従って振込手数料を差し引いた売買代金全額をBの銀行預金口座宛に振り込み，その手続が完了したところ，仮に振込手数料をX自身が負担すべきであるとしても，そのような軽微な不足を理由に本件売買契約が解除されるというのは納得がいかない旨を主張している。**この主張は，民法新541条ただし書に該当する不履行の軽微性により，抗弁1（催告による解除）による解除権発生の効果を障害するものであるから，抗弁1（催告による解除）に対する再抗弁に該当する。**

　イ　再抗弁2の要件事実

　前述のとおり（**7**(1)ウ(イ)(iv)），民法新541条では，相当期間経過時における不履行が当該契約および取引上の社会通念に照らして軽微であるときは解除することができない旨のただし書が新設された。これは，従来の判例（最判昭36・11・21民集15－10－2507）が付随的義務等の軽微な義務違反の場合には，解除の効力を否定していることを踏まえて，この判例法理の趣旨を明文化したものであるところ，その文言に照らせば，解除の効果を争う債務者の側でただし書に該当する事由を主張立証すべきものと解するのが相当である。したがって，Xが，相当期間経過時における不履行が当該契

約および取引上の社会通念に照らして軽微であることを，再抗弁の要件事実として主張立証すべきことになる。

ところで，民法新541条ただし書は，法律要件として，「その期間を経過した時における債務の不履行がその契約及び取引上の社会通念に照らして軽微であるとき」と規定している。この規定は，債務者が債務の一部を履行したことを前提として，不履行が「軽微」と評価できる旨の法律要件を定めたものであり，規範的評価を内包するものであるから，規範的要件と解するのが相当である（規範的要件について第6講参照）。そこで，Xは，**再抗弁の要件事実として，不履行の軽微性を根拠付ける評価根拠事実，を主張立証しなければならない。**

本問では，XとYが，本件売買契約の際，Bの銀行預金口座にXが売買代金を振り込むとの合意をしたこと，Xが，Bの銀行預金口座宛に，代金の一部を振り込み，同日に振込手続が完了したこと，その振込みの際に，振込手数料864円を差し引いたこと，を主張する必要がある。不履行部分の金額は，振込手数料相当額であるから差し引かれたことについて一応の理由があるといえるし，代金額全体に比して些少であるといえるから，上記主張は，不履行の軽微性の評価根拠事実として十分であると考えられる。なお，規範的要件については，法的な観点を示すため，評価根拠事実（または評価障害事実）である旨の見出しを付するのが相当である。

＊　再抗弁1は再抗弁2を包含しているように見えるので，再抗弁1がa＋bにより主張自体失当にならないかが問題となろう。しかし，債務はその本旨に従って履行されるべきであるというのが原則であり，催告による解除の抗弁に対しても，そのすべての履行（解除前の弁済）が法の規定する原則的な再抗弁（本問では，すべての履行に準ずるものとしての免除および弁済の合体再抗弁）と考えられるのに，当事者が，解除前の弁済の再抗弁を主張するとともに，民法新541条ただし書の不履行の軽微性を併せて主張した場合に，解除前の弁済の再抗弁が失当となるというのは躊躇を感ずる。また，再抗弁2（不履行の軽微性の評価根拠事実）は，規範的要件を含んでいるから，再抗弁1に含まれない評価根拠事実が主張された場合には，両者は包含関係にはならないことになるし，再抗弁2（不履行の軽微性の評価根拠事実）に対しては，評価障害事実が再々抗弁として主張される可能性があって，後ろに引き続く大ブロックが異なるため，両者の法的効果は異なるものといえる。そこで，民法541条ただし書にいう不履行の軽微性という規範的評価の点で，解除権の発生が障害されるか否かは浮動的であって，再抗弁2の法的効果は再抗弁1の法的効果とまったく同一とはいえないと考えることもできよう（なお，a＋bについて第8講参照）。

10 再抗弁に対する認否

Yは，本件売買契約の際，振込手数料の免除，Bの銀行預金口座に代金を振り込むという弁済方法の合意について，「そのような事実はありません」として否認し，振込みとその手続完了について，「知りません」として不知としている。

　＊　実際の訴訟では，預金口座への振込みおよび手続完了の事実は，振込票や銀行作成の取引履歴などの客観的な書証が提出されることがほとんどであり，そのような書証によってその事実を容易に認定できるため，書証を見たうえで，「認める」との認否をする例が多いと思われる。

事実摘示例

　1　請求原因
(1)　原告は，被告から，2021年5月14日，別紙物件目録（省略）記載1及び2の土地建物（以下「本件土地建物」という）を代金7000万円で買った（以下「本件売買契約」という）。
(2)　よって，原告は，被告に対し，本件売買契約に基づき，本件土地建物を引き渡すとともに，同土地建物について，2021年5月14日売買を原因とする所有権移転登記手続をすることを求める。

　2　請求原因に対する認否
　　請求原因(1)は認める。

　3　抗弁
(1)　催告による解除
　ア　原告と被告とは，本件売買契約において，本件土地建物は鍵の交付により引き渡すこととし，この引渡しと登記手続を，2021年6月18日に，A司法書士事務所（所在地略）で行うとの合意をした。
　イ　被告は，2021年6月18日，本件土地建物を引き渡せる状態にして鍵を準備し，かつ，所有権移転登記手続に必要な書類を用意して，A司法書士事務所に行った。

ウ　被告は，原告に対し，2021年7月2日，売買代金7000万円の支払を催告するとともに，同月16日が経過したときは本件売買契約を解除するとの意思表示をした。
　　エ　2021年7月16日は経過した。
(2)　同時履行
　　被告は，原告が被告に対し売買代金7000万円の支払をするまで，本件土地建物の引渡し及びその所有権移転登記手続をすることを拒絶する。

4　抗弁に対する認否
(1)　抗弁(1)アは認める。
(2)　同(1)イは知らない。
(3)　同(1)ウは認める。

5　再抗弁
(1)　免除及び弁済（抗弁(1)(2)に対し）
　　ア　原告と被告は，本件売買契約の際，Bの銀行預金口座に原告が売買代金を振り込むとの合意をした。
　　イ　被告は，本件売買契約の際，原告に対し，売買代金のうち振込手数料相当額を免除するとの意思表示をした。
　　ウ　原告は，2021年7月9日，Bの銀行預金口座宛に，振込手数料864円を差し引いた6999万9136円を振り込み，同日に振込手続が完了した。
(2)　不履行の軽微性の評価根拠事実（抗弁(1)に対し）
　　ア　原告と被告は，本件売買契約の際，Bの銀行預金口座に原告が売買代金を振り込むとの合意をした。
　　イ　原告は，2021年7月9日，Bの銀行預金口座宛に，振込手数料864円を差し引いた6999万9136円を振り込み，同日に振込手続が完了した。

6 再抗弁に対する認否
(1) 抗弁(1)ア，イは否認し，同(1)ウは知らない。
(2) 同(2)アは否認し，同(2)イは知らない。

売買⑵ー事例2

（Xの言い分）

　私は，知り合いの不動産仲介業者であるYに対し，2021年8月22日，別紙物件目録記載の土地（以下「本件土地」という）を，代金は4000万円，同土地の引渡し及び移転登記手続は同月31日に行い，代金は同年9月30日に支払う，万が一，売買代金の支払が遅滞したときは年10％の割合による損害金を支払うとの約束で売りました（以下「本件売買契約」という）。そして，私は，Yに対し，同年8月31日，本件売買契約に従い，本件土地について本件売買契約を原因とする所有権移転登記手続を行うとともに，これを引き渡しました。しかし，Yは，本件売買契約の代金弁済期日である同年9月30日が経過しても，売買代金4000万円を支払いませんでした。そこで，私は，Yに対し，同年10月11日付の内容証明郵便をもって，売買代金とこれに対する代金支払期日の翌日である同月1日から支払済みまで約束の年10％の割合による損害金を速やかに支払うよう請求し，この内容証明は同月13日にYに配達されました。それにもかかわらず，Yは，本件売買契約に基づく売買代金等を支払いませんでした。

　ところが，同月23日，Yから本件売買契約を取り消すとの内容証明郵便が届きました。そして，Yは，本件売買契約を締結する際，私に，本件土地の北方1kmのところにT鉄道株式会社（以下「T社」という）がB新駅設置を計画しているとの事情があるので本件土地を買い受けると述べたなどと主張していますが，Yがそのように述べたことはありませんし，その事情が本件売買契約の基礎とされていることが表示されたこともありません。また，本件売買契約直前ころには，既にT社から，財政難等を理由にB新駅設置は断念せざるをえないことが公表されていたようですから，Yがそのような計画があると誤信するはずはありません。もっとも，私は，本件

売買契約の際，その公表内容は知りませんでした。仮に，Yがそのように誤信していたとしても，私は，本件売買契約の際，Yが誤信していたとは夢にも思いませんでしたから，Yに対し，上記事情で本件土地を買うことでよいのかなどと確認することもありませんでした。そして，Yは本件売買契約を締結するに際し，B新駅設置計画の有無について，T社に問い合わせるなどの調査をしていないのですから，Yには重過失があると思います。さらに，Yは，T社がB新駅周辺の用地買収等をしており，B新駅設置の計画は本件土地周辺の住民に周知されていたと主張していますが，そのような事実はありません。このような次第で，Yの主張を認めるわけにはいきません。

　したがって，私は，Yに対し，売買代金4000万円及びこれに対する2021年10月1日から支払済みまで約束の年10％の割合による損害金の支払を求めます。

（Yの言い分）
　私が不動産仲介業を営んでいること，2021年8月22日に本件土地についてX主張の本件売買契約を締結したこと，Xから同月31日に本件土地について本件売買契約を原因とする所有権移転登記とその引渡しを受けたこと，その後X主張の内容証明郵便が同年10月13日に配達されたことは認めます。

　確かに，私は，Xに本件売買契約の代金4000万円を支払っていません。というのは，私は，本件土地の北方1kmのところにT社のB新駅が設置される計画があると聞いていましたので，転売目的で本件土地を買い受けることにしたのですが，その後の調査で，本件売買契約締結当時には，そのような計画はなかったことが判明しました。しかし，私は，本件売買契約を締結した際，Xに対し，T社がB新駅設置を計画しているとの事情があるので本件土地を代金4000万円で買い受けると述べており，その事情がなければ転売目的が果たせませんから，本件売買契約の基礎とした事情について重要

な錯誤があり，その事情が本件売買契約の基礎とされていることが表示されていました。そこで，私は，Xに対し，同年10月21日付の内容証明郵便をもって，本件売買契約を取り消すと通知し，この内容証明郵便は，同月23日にXに配達されました。Xは，本件売買契約直前ころには，既にT社から，財政難等を理由にB新駅設置は断念せざるをえないことが公表されていたと主張していますが，そのような事実はありませんでした。また，T社はかねてからB新駅周辺の用地買収等をしており，B新駅設置の計画は本件土地周辺の住民に周知のことでしたから，私としても疑問を抱くことはなかったのであり，B新駅設置計画の有無について，T社に問い合わせるなどの調査はしませんでした。仮に，T社によるB新駅設置の断念が公表されており，私に重過失があるとすれば，Xは，本件売買契約の際，その公表内容を知っていたはずであり，私が，「T社がB新駅設置を計画しているとの事情がある」旨を述べた以上，私に，「上記公表があったのに，そのような事情で本件土地を買うことでよいのか」と確認すべきであったと思います。そうすると，Xは，私に錯誤があることを知っていた，あるいは重過失によって知らなかった，というべきです。ですから，仮に私に重過失があっても，取消しは許されると考えます。

したがって，Xの請求に応ずることはできません。

（別紙物件目録）
　所　　在　　○○県○○市○○町
　地　　番　　95番3
　地　　目　　宅地
　地　　積　　395.00㎡

1　事案

本問は，XがYに対し，本件土地を代金4000万円で売り（本件売買契約），これに基づいて，所有権移転登記手続をするとともに，その引渡しを行っ

たとして，売買代金4000万円およびこれに対する弁済期の翌日から約定の年10％の割合による遅延損害金の支払を求めたのに対し，Yは，本件売買契約には錯誤があるから取り消したと主張してこれを争っている事案である。

2 請求の趣旨

> 被告は，原告に対し，4000万円及びこれに対する2021年10月1日から支払済みまで年10％の割合による金員を支払え。

3 訴訟物

> 売買契約に基づく代金支払請求権　1個
> 履行遅滞に基づく損害賠償請求権　1個
> 合計2個　単純併合

　本問の訴訟物は，主たる請求の売買契約に基づく代金支払請求権1個と，附帯請求としての（売買代金債務の）履行遅滞に基づく損害賠償請求権1個の合計2個であり，これらの請求の併合態様は単純併合である。なお，**附帯請求とは，主たる請求と同じ事実関係から生じた「果実，損害賠償，違約金又は費用」を主たる請求と同一の訴えで請求する場合の請求（民訴9条2項参照）のことであるが，附帯請求も主たる請求と同様に独立した訴訟物である**ことを忘れてはならない。

4 本問における攻撃防御の枠組み

　本問における請求原因は，売買契約の締結，同契約に基づく所有権移転登記手続および引渡し，代金支払時期の経過であり，これに対する抗弁として錯誤による取消しの主張が，再抗弁として表意者の重過失の評価根拠事実の主張が，再々抗弁として，①表意者の重過失の評価障害事実，②相手方の悪意，③相手方の重過失の評価根拠事実の各主張がある。

5　請求原因

　本問の訴訟物は，上記のとおり 2 個であるから，請求原因もそれぞれの訴訟物ごとに検討する必要がある。

> ＊　訴訟物が複数の場合，あるいは訴訟物は 1 個であっても，訴訟物を基礎付ける請求原因のまとまり（攻撃方法のまとまり）が複数ある場合について，司法研修所や多くの法科大学院では，教育上の配慮（学生の理解度を見る必要性等）から，各訴訟物あるいは攻撃方法のまとまりごとに「見出し」を付けて整理した記載とするよう求めている。特に主たる請求について複数の請求原因が存在する場合（たとえば，有権代理による売買に基づく代金支払請求と，民法110条の表見代理による売買に基づく代金支払請求の場合など。第18講参照）には，「見出し」を付けて整理することが有益である。ただし，実務的には，訴訟物が複数の場合等であっても，「見出し」を付けず，請求原因を時系列で記載する例も少なくない。もっとも，法科大学院等における教育の場でも，訴訟物が複数の場合であってもそれが主たる請求と附帯請求の関係にあるときは，訴訟物ごとに区別して要件事実を考えることはもとより必要であるものの，「見出し」を付けて請求原因を別々に記載することは煩雑に過ぎるから，不要であると解してよいであろう。

(1) 売買契約に基づく代金支払請求の請求原因

　売買契約に基づく代金支払請求の請求原因（要件事実）は，売買契約の成立要件に該当する具体的事実である売買契約の締結の事実のみで足りる（売買契約の本質的要素として，売買の目的物と代金額が要件事実となり，その他の事項は要件事実とならない。本講事例 1 参照）。

(2) 売買代金債務の履行遅滞に基づく損害賠償請求の請求原因

　民法575条 2 項の「利息」の法的性質については，後記のとおり争いがあるが，その法的性質を遅延損害金と解する多数説（遅延損害金説）の立場によると，**売買代金債務の履行遅滞に基づく損害賠償請求の請求原因は，①売買契約を締結したこと，②売買契約に基づき目的物を引き渡したこと，③代金債務と同時履行関係にある債務（目的物の引渡債務を除く）について履行の提供をしたこと，④代金債務の履行期が経過したこと，⑤損害の発生とその数額**，である。

　なお，②は，後記のとおり，民法575条 2 項本文によって必要となる事実である（同項の「引渡し」は目的物の占有移転を意味するから，目的物が不動産の場合であっても買主への移転登記がこれに当たると解することはできない〔大判昭12・2・26民集16-176〕）。また，③について，売買契約は双務契約であるから，原則として，代金支払債務と目的物の財産権移転義務は同時履行の関係にあって（民新533条），①の売買契約締結の事実によって代

金支払債務には同時履行の抗弁権が付着していることが明らかとなっている。ところが，代金の支払請求の場合と異なり，**遅延損害金の支払請求の場合には，被告が遅滞に陥っていることが要件となるところ，同時履行の抗弁権の存在は，履行遅滞の違法性阻却事由に当たると解されているから**（同時履行の抗弁権の存在効果説，我妻 V_1・153頁），**売主が遅延損害金の支払を求めるためには，請求原因において，同時履行の抗弁権の存在効果を消滅させることが必要となる**。本問では，売買契約の目的物が土地であるから，判例・有力説によれば，売買代金債務と同時履行の関係にあるのは登記移転義務であり，売買契約に基づく所有権移転登記手続をしたこと（理論的にはその履行の提供で足りるが，履行済みである場合には，履行の事実を主張立証するのが実務の通例であろう）が要件事実となる（③について本講事例１参照）。

(3) **請求原因について検討すべき事項**

ア　履行遅滞に基づく遅延損害金請求の一般的な請求原因 ── 上記(2)の
　　①④⑤の各事実に関する検討

　履行遅滞に基づく遅延損害金請求の一般的な請求原因（要件事実）は，①履行すべき本来債務（元本債権）の発生原因事実，②弁済期が経過したこと，③損害の発生とその数額，である（類型別31頁）。

　①は，履行遅滞に基づく損害賠償請求（民新415条１項）をするには，本来の債務である元本債権が発生していることが前提となるから必要となる。②は，履行遅滞の発生要件事実であり，遅延損害金は債務者の履行遅滞に基づくものであるから必要となる。具体的には，履行遅滞については，確定期限の合意がある場合にはその期限の経過（民412条１項），不確定期限の合意がある場合にはその期限の到来と債務者がこれを知ったことおよびその日の経過，または，その期限の到来とその到来後の履行の請求およびその日の経過（債務者は前者と後者のいずれか早い時から遅滞の責任を負う。民新412条２項），期限の定めがない場合には履行の請求およびその日の経過（民412条３項）が必要となる。本問で，Ｘは，代金支払の確定期限を2021年９月30日と合意し，その期限が経過したことを主張している。③については，金銭債務の不履行の場合には，特約がなくとも，債務者が遅滞の責任を負った最初の時点（遅延損害金の起算点）における法定利率（民新

404条）の割合による遅延損害金，あるいは，約定利率がその時点の法定利率を超えるときは，法定利率を超える遅延損害金の利率の合意をした事実を主張立証して，約定利率による遅延損害金の支払を請求することができる（民新419条1項，420条1項）。本問で，Xは，Yとの売買契約には法定利率を超える年10％の遅延損害金の利率の合意があったと主張している。

* 弁済期が経過したとの要件事実について，売買契約に基づく代金支払義務と所有権移転義務は売買契約の締結と同時にその履行を求めることができる（期限の定めのない債務である）から，本問においては，付遅滞の要件として，代金支払期限の合意とその経過に代えて，2021年10月13日の売買代金の支払請求およびその日の経過を主張立証することも不可能ではないが，遅延損害金の発生時期が2021年10月14日以降となり，同月1日からの遅延損害金の支払を求めているXの意図に反することになるから，相当でないというべきである。

* 改正前の民法404条では法定利率は年5分と定められていた。しかし，民法新404条では，改正された民法施行の際の法定利率を年3％とし，その後は，法務省令で定めるところにより，一定の計算方式を用いて加算または減算し，法務大臣が告示して定めるという変動制が導入されるとともに，商事法定利率の定め（旧商法514条）が廃止された。

* 改正前の民法における履行遅滞の要件は，講学上，本来の債務について，(a)債務が履行可能なこと，(b)債務の履行期が経過したこと（民新412条が定める要件は上記②の本文に説明したとおりである。ただし，消費貸借による返還債務に関する民法591条1項および不法行為に基づく損害賠償請求に関する最判昭37・9・4民集16－9－1834はその例外である。），(c)債務者が履行期に履行しないこと，(d)履行しないことが債務者の責めに帰すべき事由によること，(e)履行しないことが違法であること，と解されていたところ（本講事例1参照），改正後の民法においても，同様に解することができよう。しかし，(a)は，債務は通常履行が可能であるから，履行遅滞の要件とはならない。(c)は，債権者において主張立証するというのは，債務は履行されなければならないという原則に照らして公平に反するものというべきであるし，債務の履行（＝弁済）は債務消滅原因であって（民新473条），履行遅滞に基づく損害賠償請求権発生の障害事由であるから，履行遅滞の効果を争う債務者において主張立証するのが相当というべきである。(d)は，民法新415条ただし書の文言に照らせば，「契約その他の債務の発生原因及び取引上の社会通念に照らして債務者の責めに帰することができない事由によるものであるときは，この限りでない。」というのであるから，「債務者の責めに帰することができない事由」を債務者が免責事由（損害賠償請求に対する抗弁）として主張立証すべきものと解するのが相当である。なお，本問で，Xは，売買代金債務の履行遅滞に基づく損害賠償を請求しており，金銭債務の履行遅滞に基づく損害賠償を請求しているから，その履行遅滞について不可抗力をもって抗弁とすることはできない（民419条3項）。(e)は，履行しないことについて債務者側に正当な理由がないということであり，債務者が同時履行の抗弁権や留置権を有しないということであるから，原則として（債権者の主張する契約内容から同時履行の抗弁権等の存在が明らかにならない限り），履行遅滞の要件事実とはならないと解されている（同時履行の抗弁権の存在効果について本講事例1参照）。

イ　売買契約における特例（民575条2項）——上記(2)の②の事実に関する検討

　売主が買主に対し，売買代金債務の履行遅滞に基づく損害賠償を請求する場合には，上記アの検討以外にも，民法575条2項との関係が問題となる。まず民法575条2項本文の「利息」をどのように解するかについて，その法的性質を遅延損害金と解する見解（我妻V₂・312頁等）と，法定利息と解する見解（大判昭6・5・13民集10－252，広中俊雄・債権各論講義〔第6版，有斐閣・1994〕83頁等）が対立している。前者は遅延損害金説（あるいは遅延利息説），後者は法定利息説と呼ばれ，前者の遅延損害金説が学説の多数説といわれている。**前者の遅延損害金説では，民法575条2項は，民法新415条による履行遅滞に基づく損害賠償（遅延損害金）請求権の特則を定めたものと解される**（したがって，民法415条の要件である履行期限の経過のほか，民法575条2項の要件である売買契約に基づく目的物の引渡しおよびその時期がその要件事実となる。ただし，遅延損害金は，目的物の引渡時期と代金債務の履行遅滞が生じた時期が同一であればその時期から，その時期が異なればそのうちのより遅い時期から発生する）。これに対し，**後者の法定利息説では，民法575条2項は，履行遅滞に基づく損害賠償請求権とは別の権利・請求権について定めた規定と解される**（したがって，法定利息説では，この法定利息請求と履行遅滞に基づく損害賠償〔遅延損害金〕請求との関係をどのように解すべきかが問題となり，売買契約に関しては民法575条2項の利息請求のみを認めれば足り，民法新415条等による遅延損害金請求は認めるべきでないとする法条競合説，法定利息請求と遅延損害金請求とは請求権競合の関係にあるとする請求権競合説があり，この説の中には，遅延損害金請求の場合にも民法575条2項の趣旨に照らし目的物の引渡しをもその要件とすべきであるとする見解と，法定利息請求と遅延損害金請求とはまったく別個の権利であるから遅延損害金請求の場合には目的物の引渡しは要件とならないとする見解が考えられる〔類型別7頁参照〕）。

＊　遅延損害金説は，次のように考える。すなわち，買主は，一般の金銭債務の債務者と同様，利息を支払うべき特約がある場合を除いて，利息の支払義務を負担するものではないから，民法575条2項にいう「利息」とは遅延損害金と解すべきである。したがって，同条項は，買主の履行遅滞の責任（遅延損害金）を目的物の引渡しまでは発生させないこととする旨を定めたものである。これに対し，法定利息説は，次のように考える。すなわち，民法575条

1項によって目的物の引渡しがあった時から果実は買主に帰属するのであるから，同条2項は買主の履行遅滞の有無にかかわらず，目的物の引渡しがあった時から買主に代金の利息支払義務を負わせたものである。したがって，民法575条2項は，売主が買主に対し，代金の法定利息を請求する場合，買主の履行遅滞はその要件とならない（なお，山本Ⅳ-1・319頁以下参照）。

6　請求原因に対する認否

Yは，請求原因のうち，本件売買契約の締結，同契約に基づいて，本件土地についての所有権移転登記手続がされたこと，同契約に基づいて本件土地の引渡しを受けたことは認めると認否している。代金債務の弁済期である2021年9月30日の経過は顕著な事実であるから認否は不要である。

7　抗弁

Yは，抗弁として，本件売買契約締結の際，Yには錯誤があったから本件売買契約（におけるYの意思表示）を取り消した（民新95条）と主張している。

　錯誤について，民法新95条1項では，意思表示は，当該意思表示に対応する意思を欠く錯誤がある場合（同項1号），または，表意者が法律行為の基礎とした事情についてのその認識が真実に反する錯誤がある場合（同項2号。以下「2号の錯誤」という場合がある）には，その錯誤が法律行為の目的および取引上の社会通念に照らして重要なものであるときは，取り消すことができると規定されている。もっとも，2号の錯誤の場合には，民法新95条2項で，その事情が法律行為の基礎とされていることが表示されていたときに限ると規定されている。そうすると，2号の錯誤は，ある事情の存否または内容に関する表意者の認識について錯誤があり，その錯誤がなければ表意者が意思表示をしていなかった場合のうち，その事情が法律行為の基礎とされていることが表示されて，法律行為の効力が当該事情の存否または内容に係っていることが法律行為の内容となっており，かつ，その錯誤が意思表示をするか否かの判断に影響を及ぼすような重要なものであるとき，と説明することができる。そして，錯誤による取消しの意思表示（民新120条2項，97条1項）がされた場合には，取り消された法律行為は初めから無効であったとみなされる（民新121条）。そこで，錯誤による取消しは，Xの売買契約に基づく代金支払請求および履行遅滞に基

づく損害賠償請求の請求原因に対する抗弁となる。

　2号の錯誤による取消しの抗弁を主張するための法律要件は，①表意者が法律行為の基礎とした事情についての認識が真実に反する錯誤があり，その錯誤に基づく意思表示がされたこと，②その事情が法律行為の基礎とされていることが表示されていたこと，③その錯誤が法律行為の目的および取引上の社会通念に照らして重要なものであること，④表意者が相手方に対して取消しの意思表示をしたこと，である。そして，本問では，「Yが，本件売買契約締結当時，本件土地の北方1kmのところにT社のB新駅が設置される計画がなかったにもかかわらず，その計画があるものと信じていた」という事実が①の要件に該当するとともに，その事実があれば③の要件を充足するものと考えることができる。また，「本件売買契約の際，T社がB新駅設置を計画しているとの事情があるのでYが本件土地を買い受けることが表示されていた」という事実が②の要件に該当するといえる。さらに，④として，「Yは，Xに対し，2021年10月23日，本件売買契約を取り消すとの意思表示をした」という事実が必要となる。

＊　改正前の民法95条の要素の錯誤について，従来の通説・判例（大判大3・12・15民録20-1101，最判昭29・11・26民集8-11-2087）は，錯誤とは，表示から推断される意思（表示上の効果意思）と真意（内心的効果意思）とが一致しない意思表示であって，その一致しないことを表意者自身が知らないものであるとしていた（我妻Ⅰ295頁）。そのため，動機の錯誤，すなわち，表示行為から推測される効果意思と内心の効果意思との間に不一致はないが，意思表示をした動機に錯誤が存在するとき，は原則として民法95条の要素の錯誤とならないが，その動機が表示されて意思表示の内容となっていた場合には，動機の錯誤も法律行為の要素に錯誤があったものとして意思表示は無効となると解されていた（「二元的構成説」と呼ばれている）。これに対し，動機の錯誤と表示の錯誤とは，判例理論のようにはっきりと区別することはできないし，錯誤による意思表示を無効とすべきか否かの判断の際には，相手方の事情をも考慮に入れるべきであるとの批判がされ，動機の錯誤の場合をも要素の錯誤の問題とし，錯誤無効を認めるかどうかの判断基準として，動機の表示を問題とせず，相手方の信頼という事情（認識可能性＝悪意・善意，過失・無過失）を考慮して取引の安全との調整を図るべきであるとし，相手方が悪意または有過失のときにのみ意思表示は無効になるとする，いわゆる「一元的構成説」が多数説として主張されていた（内田Ⅰ66頁以下，幾代通・民法総則〔第2版，青林書院・1984〕268頁）。このような見解の対立があって，動機の錯誤に関する要件が条文の文言上明確でなかったため，動機の錯誤に関する従来の判例の考え方を基本的に維持し，その要件を明確化する趣旨で，民法新95条が設けられたものである。

8　抗弁に対する認否

　Xは，Yの錯誤による取消しの抗弁について，Yが本件売買契約の基礎

とした事情についての認識に錯誤があったこと，本件売買契約の際にその事情が本件売買契約の基礎とされていることが表示されていたことの双方の事実を否認し，取消しの意思表示の事実を認めている。

9　再抗弁

Xは，錯誤による取消しの抗弁に対し，Yには重過失があると主張している。

民法新95条3項では，錯誤が表意者の重大な過失によるものであった場合には，原則として意思表示を取り消すことができない旨規定している。同項1号（錯誤についての相手方の悪意または重過失）および2号（共通錯誤）の各事情は，表意者の重大な過失による取消しの制限に対する例外事情として規定されているものと考えられる。したがって，表意者に重大な過失があったことが再抗弁となると解される。

ところで，表意者に重大な過失があったことは，いわゆる規範的要件（規範的評価）である。そして，規範的要件における主要事実はその規範的評価を基礎付ける具体的な事実であるとする主要事実説（第6講参照）の立場では，再抗弁は，表意者の重過失の評価根拠事実となり（法的な観点を示すためにその旨の見出しを付するよう指導されることが多い），相手方であるXにおいて，表意者であるYに重過失があったことを基礎付けるに足りる具体的事実を主張立証する必要がある。本問では，そのような事実として，①Yが本件売買契約締結当時に不動産仲介業を営んでいたこと，②本件売買契約直前のころ，T社からB新駅設置は断念せざるをえないことが公表されていたこと，③Yは本件売買契約締結当時，T社に問い合わせるなどの調査をしなかったことが主張されている。重過失の有無は，T社のB新駅設置計画についてYに重大な疑念が生じたといえるかどうか（調査確認義務の存在を基礎付ける事実であり，①および②がこれに当たる），それが肯定されるとして，Yが正しい認識を得るために相当な措置を講じたかどうか（調査確認義務の懈怠を基礎付ける事実であり，③がこれに当たる）にかかり，その判断の際には，不動産取引の実情，商慣習，当事者の不動産取引経験などが考慮されなければならないであろう。

なお，主要事実説の立場から，規範的要件の評価根拠事実（および評価

障害事実）を摘示する場合には，特に，(a)事実を記載し，法的評価を記載しないこと，(b)評価根拠事実と評価障害事実は両立する事実であること，(c)時的要素があること（ある一定の時期以後に生じた事実は評価根拠・評価障害事実とはならないこと）に注意する必要がある。また，裁判官から見て，主張された評価根拠事実だけでは当該規範的評価の成立を肯定することができないと判断される場合には，当該規範的評価の成立を基礎付けるだけの事実の主張がないことになるから，理論的には，主張自体失当となる（したがって，事実に争いがあっても立証を要しない）。

10　再抗弁に対する認否

Yは，①のYは不動産仲介業を営んでいたことと，③のT社に問い合わせるなどの調査をしなかったことは認めているが，②のT社からB新駅設置は断念せざるをえないことが公表されていたことは否認している。

11　再々抗弁
(1)　表意者の重過失の評価障害事実

上記の規範的要件に関する主要事実説の立場では，Yは，Xの再抗弁である重過失の評価根拠事実に対し，重過失という法的評価の成立を妨げる方向に働く事実，すなわち表意者の重過失の評価障害事実を再々抗弁として主張立証することができる（第6講参照）。本問において，Yは，再々抗弁として，T社は本件売買契約締結前からB新駅周辺の用地買収等をしていたこと，B新駅設置の計画があることは，本件売買契約締結当時，本件土地の周辺の住民に広く知られていたことを主張している。

(2)　相手方の悪意

表意者が錯誤に陥っていることを相手方が知っていた（悪意である）場合には，相手方には保護されるべき信頼がないから，再抗弁（表意者の重過失の評価根拠事実）が認められたとしても，表意者は，錯誤についての相手方の悪意を主張立証することにより，再抗弁を覆して，抗弁（錯誤による取消し）の効果を主張することができる（民新95条3項1号）。したがって，相手方の悪意は，再々抗弁となる。なお，相手方が，取消対象となる法律行為の時点で，表意者が錯誤に陥っていることを知っていたことが

要件となっており，その時点に注意が必要である。

> ＊ 改正前の民法95条においても，錯誤についての相手方の悪意を主張立証すれば，表意者は，たとえ重過失があっても錯誤を主張できるとするのが判例通説であったが（内田Ⅰ69頁，山本Ⅰ219頁），民法新95条3項1号はその趣旨を明文化したものである。

(3) 相手方の重過失の評価根拠事実

錯誤について表意者に重過失が認められる場合，相手方が錯誤について悪意ではなくても，相手方において，表意者の錯誤に容易に気付くことができたといえるとき，すなわち，相手方に重過失があるときは，相手方の信頼が保護に値しないことは，上記(2)と変わりないと考えられる（山本Ⅰ220頁参照）。そこで，表意者は，相手方の重過失の評価根拠事実を主張立証することにより，再抗弁を覆して，抗弁（錯誤による取消し）の効果を主張することができる（民新95条3項1号）。Yは，具体的な評価根拠事実として，Xが本件売買契約の際にT社からB新駅設置は断念せざるをえないことが公表されていたと知っていたこと，Xは本件売買契約の際，Yに対し，「その公表があったのに，T社の計画があるという事情で本件土地を買うことでよいのか」と確認しなかったこと，を主張している。

12 再々抗弁に対する認否

Xは，再々抗弁(1)（表意者の重過失の評価障害事実）をいずれも否認し，再々抗弁(2)（相手方の悪意）を否認している。また，Xは，再々抗弁(3)（相手方の重過失の評価根拠事実）について，Xが，本件売買契約の際にT社からの公表がされていたと知っていたことは否認し，Xが，本件売買契約の際，Yに対し，「その公表があったのに，T社の計画があるという事情で本件土地を買うことでよいのか」と確認しなかったことは認めている。

事実摘示例

> 1 請求原因
> (1) 原告は，被告に対し，2021年8月22日，別紙物件目録（省略）記載の土地（以下「本件土地」という）を代金4000万円，代金支払期日は同年9月30日，遅延損害金は年10％との約定で売った（以

下「本件売買契約」という）。
(2) 原告は，被告に対し，2021年8月31日，本件売買契約に基づいて，本件土地について所有権移転登記をするとともに，これを引き渡した。
(3) 2021年9月30日は経過した。
(4) よって，原告は，被告に対し，本件売買契約に基づいて，代金4000万円及びこれに対する弁済期の翌日である2021年10月1日から支払済みまで約定の年10％の割合による遅延損害金の支払を求める。

2　請求原因に対する認否
　　請求原因(1)(2)は認める。

3　抗弁（錯誤による取消し）
(1) 被告は，本件売買契約締結当時，本件土地の北方1kmのところにT鉄道株式会社（以下「T社」という）のB新駅が設置される計画がなかったにもかかわらず，その計画があるものと信じていた。
(2) 本件売買契約の際，T社がB新駅設置を計画しているとの事情があるので被告が本件土地を買い受けることが表示されていた。
(3) 被告は，原告に対し，2021年10月23日，本件売買契約を取り消すとの意思表示をした。

4　抗弁に対する認否
(1) 抗弁(1)(2)は否認する。
(2) 同(3)は認める。

5　再抗弁（表意者の重過失の評価根拠事実）
(1) 被告は，本件売買契約締結当時，不動産仲介業を営んでいた。
(2) 本件売買契約直前ころ，T社からB新駅設置は断念せざるをえないことが公表されていた。

(3) 被告は，本件売買契約締結当時，T社に問い合わせるなど，上記計画の有無についての調査をしなかった。

6　再抗弁に対する認否
(1) 再抗弁(1)(3)は認める。
(2) 同(2)は否認する。

7　再々抗弁
(1) 表意者の重過失の評価障害事実
　ア　T社は，本件売買契約締結前から，B新駅周辺の用地買収等をしていた。
　イ　上記計画があることは，本件売買契約締結当時，本件土地の周辺の住民に，広く知られていた。
(2) 相手方の悪意
　原告は，本件売買契約の際，抗弁(1)を知っていた。
(3) 相手方の重過失の評価根拠事実
　ア　原告は，本件売買契約の際，再抗弁(2)を知っていた。
　イ　原告は，本件売買契約の際，被告に対し，「上記公表があったのに，T社がB新駅設置を計画しているとの事情で本件土地を買うことでよいのか」と確認しなかった。

8　再々抗弁に対する認否
(1) 再々抗弁(1)のア，イは否認する。
(2) 同(2)は否認する。
(3) 同(3)のアは否認し，イは認める。

第11講

売買(3)

（Xの言い分）

　私は，美術品の輸入販売業を営んでおり，以前から取引があり，美術館を経営しているＹに対し，2021年４月１日，故人である西洋印象派の巨匠Ａが製作した別紙絵画目録（省略）記載の絵画１点（以下「本件絵画」という）を，代金3000万円で売りました（以下「本件売買契約」という）。私とＹは，本件売買契約の際，代金は同年５月31日に支払い，本件絵画は同年６月７日にＹの経営する美術館に搬入する方法で引き渡すと約束しました。

　私は，本件絵画の保管を倉庫業者Ｐに委託していたところ，Ｙの指定した運送業者Ｑに引渡しの準備を依頼しました。Ｐによれば，Ｐは，2021年５月28日，本件絵画をＱに引き渡したということでした。ところが，代金支払期日の同月31日になって，Ｙは，「Ｑからの報告では，本件絵画にはカンバスの８割程度を占める大きな傷が付いている。そのような傷が付いているのであれば，代金支払はできないし，本件絵画を受領することもできない。」と述べて，代金の支払をしませんでした。すぐにＱの倉庫を訪れて確認すると，本件絵画にはカンバスの８割程度を占める大きな傷が付いていましたが，Ｐに聞いたところでは，Ｐの倉庫ではそのような傷はなかったので，その傷はＱがＹから無償で貸与されたトラック（以下「本件トラック」という）で運搬した際の不手際（自損事故）によって発生したものであるということでした。

　そこで，私は，2021年６月２日付の内容証明郵便をもって，売買代金3000万円を速やかに支払うよう請求するとともに，約束どおり同月７日に本件絵画を引き渡す準備をしているのでこれを引き取る

ように通知し，その内容証明郵便は同月4日にYに配達されました。これに対し，Yから返答はありませんでした。私は，同月7日に引渡しができるようにQに指示をして準備をしていましたが，同日もYからの連絡はありませんでした。

　以上の経過で，私は，Yに対し，売買代金3000万円の支払を求める民事訴訟（以下「本件訴訟」という）を提起しました。

　なお，私が，本件絵画の引渡しを運送業者Qに依頼したのは，YがQと懇意にしており，Yが本件売買契約の前提としてQに仕事を依頼するよう私に指示したために，Yの指示に従ったからです。他の業者からは，Qは，過去に運送品の損傷を生じさせる交通事故を度々起こしている問題のある運送業者であり，エアサスペンションなど高価美術品運送用の装備を搭載したトラックを保有していないと聞いており，Yにもその内容を伝えたのですが，Yは，それは知っているが，懇意にしているQに任せて欲しいと強く述べたのです。さらに，本件トラックはYが所有していたものですが，修理業者によれば，自損事故の当時，本件トラックには整備不良の箇所があり，それが，Qが本件絵画の運搬中に自損事故を起こした要因の1つであったと聞いています。

　確かにAは故人であって傷の修復は不可能ですが，本件絵画が無価値ということは絶対にありません。また，仮にその傷のせいで本件絵画が無価値になったとしても，上記のとおり，Yが本件売買契約の前提としてQに仕事を依頼するように指示したなどの事情がある以上，Yの帰責事由によるものというべきであって，代金支払の拒絶が認められるというのは納得がいきません。

（Yの言い分）

　私が，美術品の輸入販売業を営んでおり，以前から取引のあったXから，2021年4月1日，故人である西洋印象派の巨匠Aが製作した本件絵画を，代金3000万円で買う旨の本件売買契約を締結したこと，その際，代金は同年5月31日に支払い，本件絵画は同年6月7

日に私の経営する美術館に搬入する方法で引き渡すと約束したことは，そのとおりです。

　しかし，私は，2021年5月28日，懇意にしていた運送業者Qから，「引渡しのために倉庫業者Pの管理経営する倉庫を訪れ，本件絵画を受領したが，自分の倉庫に持ち帰って確認したところ，本件絵画にはカンバスの8割程度を占める大きな傷が付いている。」と報告を受けました。Aは故人であって修復は不可能です。そこで，私は，同月31日，Xに対し，そのような傷が付いているのであれば，代金支払はできないし，本件絵画を受領することもできないと述べており，同日は代金の支払をしていません。

　その後，Xから，2021年6月4日に内容証明郵便が届いたのですが，その内容証明郵便は，売買代金3000万円を速やかに支払うよう請求するとともに，約束どおり同月7日に本件絵画を引き渡す準備をしているのでこれを引き取るように通知するというものでした。Xが，同月7日に引渡しができるようにQに指示をして準備をしていたことは，知りません。

　ところが，私もXも互いに何の連絡もしないでいたところ，Xは，本件絵画の傷の状態について何ら説明をすることなく，売買代金の支払を求める本件訴訟を提起してきたので，とても驚いています。

　なお，本件絵画の傷について私に帰責事由があるという主張は全面的に争います。Qによれば，その傷は，Xが依頼していた倉庫業者Pの落ち度によるものというべきです。私は，本件絵画の引渡しに関して，懇意にしている運送業者QをXに紹介しましたが，他の業者から聞いたところQは問題のある運送業者であるなどと，Xが伝えてきたことはありませんでした。また，私が，本件売買契約の前提としてQに本件絵画の引渡しの仕事を依頼するように指示したこともありませんでした。私が所有する本件トラックをQに無償で貸与したことは認めますが，本件トラックに整備不良の箇所は存在せず，本件絵画の運搬中にQが自損事故を起こしたとは聞いていません。

　本件絵画は，2021年5月28日ころまでに，カンバスの8割程度を

> 占める大きな傷が付いており，修復は不可能です。そのような大きな傷があれば，本件絵画は無価値であり滅失したものといわざるをえません。そこで，私は，本件訴訟（2021年7月10日の口頭弁論期日）において，売買代金全額を支払わないと主張しました。

1 事案

　本問は，XがYに対し，本件絵画を代金3000万円で売ったとして（本件売買契約），売買代金3000万円の支払を求める本件訴訟を提起したのに対し，Yは，本件絵画は無価値であり滅失したから売買代金全額を支払わないと主張して，これを争っている事案である。

2 請求の趣旨

> 被告は，原告に対し，3000万円を支払え。

3 訴訟物

> 売買契約に基づく代金支払請求権　1個

　本問の訴訟物は，売買契約に基づく代金支払請求権1個である。
　なお，本問では，附帯請求はなく，（売買代金債務の）履行遅滞に基づく損害賠償請求権は訴訟物とされていないが，これは，目的物である本件絵画の引渡し（民575条2項）がされていないためと考えられる（第10講事例2参照）。

4 本問における攻撃防御の枠組み

　本問における請求原因は，売買契約の締結である。これに対する抗弁として危険負担に基づく履行拒絶の主張（民新536条1項）があり，さらに，再抗弁として債権者の帰責事由の評価根拠事実の主張（同条2項）がある。

5　請求原因

　売買契約に基づく代金支払請求の請求原因（要件事実）は，売買契約の成立要件に該当する具体的事実である売買契約締結の事実のみで足りる（売買契約の本質的要素として，売買の目的物と代金額が要件事実となり，その他の事項は要件事実とならない。第10講事例1参照）。

6　請求原因に対する認否

　Yは請求原因を認めている。

7　抗弁

(1)　主張の位置付け・法的効果

　Yは，抗弁として危険負担に基づく履行拒絶（民新536条1項）を主張している。

　民法新536条1項によれば，本件売買契約に基づく目的物たる本件絵画引渡請求債権についての債権者であるYは，当事者双方の責めに帰することができない事由によって本件絵画引渡債務が履行不能になった場合には，反対給付である売買代金の履行請求を拒むことができると規定されている。同項の債権者が反対給付の履行を拒むことが「できる」との規定は，その条文の文言どおり，債権者が履行を拒絶する権利を規定したものといえる。そこで，危険負担に基づく履行拒絶は，Xの本件売買契約に基づく代金支払請求に対する阻止の抗弁となる。

　　＊　改正前の民法では，危険負担について債務者主義が適用される場面（民536条）では，一方の債務が当事者双方の責めに帰することができない事由によって履行不能となったときは，反対給付に係る債務は当然に消滅するものと規定されていた。
　　　ところが，改正前の民法543条に明記されていた履行不能による解除の要件としての債務者の責めに帰すべき事由は，改正により削除された。その趣旨は，債務不履行解除は契約による拘束から当事者を解放する制度であることから，改正後の債務不履行解除（催告による解除〔民新541条〕および催告によらない解除〔民新542条〕の双方）において，債務者の責めに帰すべき事由の存否を考慮しないこととしたものである（第10講事例1参照）。このような改正後の民法における解除制度と矛盾しない形にするため，危険負担は，反対給付に係る債務が当然に消滅するのではなく，債権者が履行拒絶権を行使できるという制度に改められたものである。

　　＊　本問の事案では，Yの言い分のとおり，Xからの代金支払請求に対して受動的に危険負担に基づく履行拒絶権を行使することが可能である。しかし，債権者Yとしては，債務者Xの

帰責事由を問わずに、債務の全部の履行不能による解除権を行使することを選択して、催告によらない解除（民新542条）を主張することも可能である（第10講事例１参照）。したがって、本件絵画の損傷という事態に対してどのような態度で臨むかは、債権者Yの選択によることになる。

(2) **危険負担に基づく履行拒絶の抗弁の要件事実**

危険負担に基づく履行拒絶の抗弁の要件事実は、①債務を履行することができなくなったこと（履行不能）、②債権者が反対給付に係る債務の履行を拒絶したこと（履行拒絶権の行使）である。

民法新536条１項は、「当事者双方の責めに帰することができない事由によって債務を履行することができなくなったとき」と規定しているが、同条２項は、「債権者の責めに帰すべき事由によって債務を履行することができなくなったときは、債権者は、反対給付の履行を拒むことができない。」と規定しており、１項の例外として、債権者の帰責事由による履行不能のときは履行拒絶権を否定している。同条１項と２項は、相互に矛盾のないように文言解釈すべきであるし、履行拒絶権の否定は債務者に有利な効果であって債務者が主張立証すべきものと解される。同様に、債務者の帰責事由による履行不能についても、履行拒絶権の否定は債務者に有利な効果であって債務者が主張立証すべきものと解されよう。したがって、危険負担に基づく履行拒絶の抗弁を主張する際に、債権者において、履行不能が、当事者双方の責めに帰することのできない事由によって生じたことまで主張する必要はないと考えられる。つまり、①債務を履行することができなくなったこと（履行不能）が要件事実となり、「当事者双方の責めに帰することができない事由によって」の部分については、その部分の反対事実が再抗弁になるものというべきである。また、前述のとおり、民法新536条１項の「債権者は、反対給付の履行を拒むことができる」との規定は、債権者の履行拒絶権を規定したものといえるから、②履行拒絶権の行使（権利抗弁における権利主張）が危険負担に基づく履行拒絶の抗弁の要件事実となる。

＊　改正前の民法では、危険負担は、双務契約における一方の債務についての後発的不能により債務が消滅する場合に関するものであって、債務の履行不能が債務者の責めに帰すべき事由によって生じたものである場合には、債務は消滅せず損害賠償債務として存続するので（民415条）、危険負担の問題を生ずる余地はないと解されていた（我妻V_1・100頁参照）。そして、改正前の民法536条１項における「当事者双方の責めに帰することができない事由に

よって債務を履行することができなくなったとき」という文言は、民法新536条1項にそのまま引き継がれている。ただし、法制審議会での審議において、改正後の債務不履行解除（催告による解除〔民新541条〕および催告によらない解除〔民新542条〕の双方）の要件として債務者の責に帰すべき事由の存否が考慮されないこととの関係で、危険負担について、債務者の帰責事由による履行不能の場合に履行拒絶権を否定することに対しては疑問が提示されていたところである。もっとも、たとえば、本問で、危険負担に基づく履行拒絶の抗弁に対して、債務者Xが自己の責めに帰すべき事由による旨を再抗弁として主張するという事態は、通常は考え難いであろう。そのような再抗弁の主張は、危険負担に基づく履行拒絶権を否定できたとしても、債務者Yの債務者Xに対する目的物引渡債務の履行不能に基づく損害賠償請求債権（民新415条）の発生を自認するものであって、債権者Yから、当該損害賠償請求債権を自働債権とする本訴請求債権との相殺（民新505条）の抗弁が追加された場合に、その相殺の抗弁の少なくとも一部を先行自白することになってしまい、不利益な状況に陥るからである。

　Yは、①履行不能について、本件絵画は、2021年5月28日ころまでに、カンバスの8割程度を占める大きな傷が付いており、修復が不可能であって、無価値であると主張している。この主張は、本件絵画が経済的に見てその価値を減失したことから、本件売買契約に基づく本件絵画引渡債務の履行が不能になったという趣旨と解される。また、Yは、②履行拒絶権の行使について、本件訴訟（2021年7月10日の口頭弁論期日）において権利行使したと主張している。

　＊　改正前の民法536条1項においては、売買目的物の一部減失が肯定されるにすぎない場合であっても、その一部減失が取引通念や契約の目的から見て給付全体の価値を失わせる性質のものであれば、目的物引渡債務の全部不能として、反対給付請求権全部が消滅すると解されていた（我妻V₁・110頁、新版注釈⒀587頁）。民法新536条1項の沿革に照らせば、本問でも、本件絵画が経済的に無価値になったと認められる場合には、大きな傷の残った本件絵画の引渡債務は全部不能になったと見ることができるから、債権者Yは、本件売買契約に基づく代金支払請求を全て拒絶できるものと解される。
　　これに対し、買主が目的物は無価値であると主張したのに対して、裁判所が一部減額は肯定するが無価値となったことは否定するという場合が考えられる。その場合、改正前の民法では明文規定は存在しなかったものの、債務の一部不能であるとして、反対給付請求権は、不能となった部分に相応するだけ当然に限縮されると解されていた（我妻V₁・110頁、新版注釈⒀587頁）。民法新536条1項でも同様に解されるから、本問において、裁判所が一部減額は肯定するが無価値となったことは否定するという場合には、減額相当額についての一部履行拒絶が認められる結果、裁判所が肯定する相当な価額に減額した金額での一部認容判決をすべきことになろう。なお、そのような場合には、債権者Yとしては、危険負担に基づく履行拒絶権を行使することに替えて、形成権としての契約の一部解除権である代金減額請求権（民新563条2項）の行使を選択することも可能である。

8　抗弁に対する認否

　Xは、Yの危険負担に基づく履行拒絶の抗弁について、本件絵画は、

2021年5月28日ころまでに，カンバスの8割程度を占める大きな傷が付いており，修復が不可能であることは認めているが，本件絵画が無価値であることは否認している。なお，抗弁のうち，履行拒絶権の行使は，本件訴訟（2021年7月10日の口頭弁論期日）における権利主張で顕著な事実であるから，認否は不要である。

9　再抗弁
(1)　主張の位置付け・法的効果
　Xは，Yの危険負担に基づく履行拒絶の抗弁に対し，仮にその傷のせいで本件絵画が無価値になったとしても，それはYの帰責事由によると主張している。

　前述のとおり，民法新536条2項は，「債権者の責めに帰すべき事由によって債務を履行することができなくなったときは，債権者は，反対給付の履行を拒むことができない。」と規定しており，1項の例外として，債権者の帰責事由による履行不能のときは履行拒絶権を否定している。したがって，履行不能が債権者の帰責事由によることが再抗弁となると解される。

(2)　再抗弁（債権者の帰責事由の評価根拠事実）の要件事実
　履行不能が，債権者の帰責事由によることは，いわゆる規範的要件（規範的評価）と解される。そして，規範的要件における主要事実はその規範的評価を基礎付ける具体的な事実であるとする主要事実説（第6講参照）の立場では，**再抗弁は，債権者の帰責事由の評価根拠事実となり**（法的な観点を示すためにその旨の見出しを付するよう指導されることが多いのは，第10講事例1のとおりである。事実摘示の際の注意点について，第10講事例2参照），**Xにおいて，債権者Yに帰責事由があったことを基礎付けるに足りる具体的事実を主張立証する必要がある。**

　本問では，Xは，①本件絵画の傷は，2021年5月28日ころ，倉庫業者Pから引渡しを受けた運送業者Qがトラックで運搬した際の自損事故によって発生したこと，②Xは，本件売買契約までに，他の業者から，Qは，過去に運送品の損傷を生じさせる交通事故を度々起こしている問題のある運送業者であり，エアサスペンションなど高価美術品運送用の装備を搭載したトラックを保有していないと聞いており，Yにその内容を伝えたところ，

第11講　売買(3)………205

Yはその内容を知っていたこと，③Yは，Xに対し，本件売買契約の前提としてQに本件絵画の引渡しの仕事を依頼するように指示したこと，④Xは，Yの指示に従って，Qに本件絵画の引渡しの仕事を依頼したこと，⑤Yは，Qに対し，本件絵画の運搬までに，所有する本件トラックを無償で貸すことを合意したこと，⑥Yは，Qに対し，本件絵画の運搬までに，その合意に基づいて本件トラックを引き渡したこと，⑦自損事故の当時，本件トラックには整備不良の箇所があり，それが，Qが本件絵画の運搬中に自損事故を起こした要因の1つであったこと，を主張している。なお，⑤について，使用貸借契約（民新593条）は諾成契約であるから，当事者間における無償で貸すことの合意によって成立する。

　　＊　改正前の民法では，使用貸借契約（民593条）は要物契約とされていたが，民法新593条では諾成契約に改められた（高須順一=木納敏和=大中有信編著・事案分析要件事実〔弘文堂・2015〕183頁参照）。

　①から⑦の事実が認められれば，Xは，債権者Yの指示に従って，運送業者Qを使用して本件絵画の引渡債務の履行に着手し，Qの運搬中の自損事故によって本件絵画の損傷（抗弁における経済的減失）が発生したところ，Qの自損事故は本件トラックの整備不良の箇所が要因であって，債権者Yは，他の運送業者からの情報や所有する本件トラックの状態から自損事故の危険について予見可能であったにもかかわらず，債権者Yが，あえてQを使用するという債務の履行方法を指示し，Xはそれに従っただけであると考えることが可能である。したがって，①から⑦の事実は，債権者の帰責事由の評価根拠事実ということができる。

　　＊　上記①から⑦のとおり主張された評価根拠事実だけでは当該規範的評価の成立を肯定することができないと判断される場合には，当該規範的評価の成立を基礎付けるだけの事実の主張がないことになるから，理論的には，主張自体失当となる（したがって，事実に争いがあっても立証を要しない）。

10　再抗弁に対する認否

　Yは，上記**9**の再抗弁事実のうち，⑤⑥は認めているが，①〜④と⑦はいずれも否認している。

事実摘示例

1　請求原因
(1)　原告は，被告に対し，2021年4月1日，別紙絵画目録（省略）記載の絵画（以下「本件絵画」という）を代金3000万円で売った（以下「本件売買契約」という）。
(2)　よって，原告は，被告に対し，本件売買契約に基づいて，代金3000万円の支払を求める。

2　請求原因に対する認否
　　請求原因(1)は認める。

3　抗弁（危険負担に基づく履行拒絶）
(1)　本件絵画は，2021年5月28日ころまでに，カンバスの8割程度を占める大きな傷が付いており，修復が不可能であるため，無価値である。
(2)　被告は，2021年7月10日の本件口頭弁論期日において，原告に対し，本件売買契約に基づく代金の支払を拒絶する。

4　抗弁に対する認否
　　抗弁(1)のうち，本件絵画は，2021年5月28日ころまでに，カンバスの8割程度を占める大きな傷が付いており，修復が不可能であることは認め，その余は否認する。

5　再抗弁（債権者の帰責事由の評価根拠事実）
(1)　本件絵画の傷は，2021年5月28日ころ，倉庫業者Pから引渡しを受けた運送業者Qが本件トラックで運送した際の自損事故によって発生した。
(2)　原告は，本件売買契約までに，他の業者から，Qは，過去に運送品の損傷を生じさせる交通事故を度々起こしている問題のある運送業者であり，エアサスペンションなど高価美術品運送用の装

備を搭載したトラックを保有していないと聞いており，被告にその内容を伝えたところ，被告はその内容を知っていた。
(3) 被告は，原告に対し，本件売買契約の前提としてQに本件絵画の引渡しの仕事を依頼するように指示した。
(4) 原告は，被告の指示に従って，Qに本件絵画の引渡しの仕事を依頼した。
(5) 被告は，Qに対し，本件絵画の運搬までに，所有する本件トラックを無償で貸すことを合意した。
(6) 被告は，Qに対し，本件絵画の運搬までに，上記(5)の合意に基づいて，本件トラックを引き渡した。
(7) 自損事故の当時，本件トラックには整備不良の箇所があり，それが，Qが本件絵画の運搬中に自損事故を起こした要因の1つであった。

6 再抗弁に対する認否
(1) 再抗弁(1)(2)(3)(4)(7)は，いずれも否認する。
(2) 再抗弁(5)(6)は認める。

第12講 消費貸借

（Xの言い分）

　私は，友人のYから，「私的に使う目的で100万円ほど貸して欲しい。」と頼まれ，Yに対し，2021年1月17日，100万円を貸し，同日，お金を渡しました。そのときは，友人への貸付でもあり，特に返済期限の定めはしませんでした。ところが，同年4月になって，Yから再び，「さらに500万円ほど必要になったので，是非貸して欲しい。」と頼まれました。友人の頼みで断ることもできず，私は，2021年4月15日，Yに対し，500万円を貸すことを約束しました。しかし，このときは金額も500万円と多く，前回の貸金もまだ返済されていませんでしたので，上記約束をした際，私とYとの間で，貸金の返済は分割返済とし，第1回は，2021年8月15日に，第2回以降は9月，10月，11月，12月の毎月15日に，毎回100万円ずつ返済すること，Yが1回でも返済日に返済しなかったときには，その時点で，残額全部を返済してもらうことを併せて合意し，Yが500万円について借用書を作成しました。そのうえで，私は，2021年4月30日，Yに500万円を渡しました。しかし，Yは，第1回の返済日に返済しませんでした。私は，Yに対し，2021年8月20日に，第1回目の100万円と併せて第2回目の貸金の第1回返済分100万円の返還を同月末までにするよう求めましたが，Yは返済してくれませんでした。

　なお，Yは，2021年3月5日に100万円を返したと言っているようですが，そのようなことはありません。

　※Xの言い分として，以下の各場合に分けて考えること（現時点を2021年11月4日と仮定する）。

(1) とりあえず，Yに対し，初めの貸金100万円と，2回目の貸金のうち，8月分から10月分までの3か月分300万円の合計400万円の支払を求めます。
(2) Yに対し，2回目の貸金500万円及びこれに対する2021年8月16日から支払済みまで同日の法定利率である年3％の割合による金員の支払を求めます。

（Yの言い分）
　私が，友人のXに対し，2021年1月17日，100万円を借り受けたことは間違いありません。使用目的は私の個人的な用途でした。また，確かにそのときは，Xの厚意で特に返済期限の定めもしませんでした。しかし，このときの100万円は，同年3月5日には返済しています。また，同年4月15日，Xが私に500万円を貸すことを約束し，私が500万円について借用書を作成したこと，私が同月30日に500万円の交付を受けたことも間違いありません。使用目的は同じく私の個人的な用途でした。このときは借受額も多かったので，分割弁済にしてもらったこともそのとおりです。ただし，このときの契約では，分割返済の開始は，同年8月ではありませんでした。私は，同年12月初めころにA銀行から融資を受ける予定となっており，Xが私に500万円を貸すことを約束した際，分割金のXへの返済は，その融資が実行される予定より後の2021年12月15日を第1回とすることにXに同意してもらったのです。したがって，500万円の貸金の返済期限は未到来なのです。Xは，2021年8月20日に1月に借りた100万円と4月に借りた500万円の第1回の分割金100万円の支払を請求したと言っていますが，そのようなこともありません。
　いずれにせよ，今回のXの請求には理由がないと思いますので，これに応ずるつもりはありません。

1　事案

本問は，XがYに対し，100万円を期限の定めなく，500万円を5回の分割払の約束で貸したとして，Xの言い分(1)においては，初めの貸金100万円と，500万円の貸金のうち，分割金の弁済期が到来した分300万円の合計400万円の支払を求め，Xの言い分(2)においては，500万円の貸金について，Yが第1回目の分割金の返済を怠って期限の利益を失ったと主張して，貸金500万円とこれに対する第1回目の弁済期経過後の遅延損害金の支払を求めたところ，Yは，初めの貸金100万円は返済した，500万円の貸金の第1回目の弁済期はまだ到来していないと主張して，これを争った事案である。

2　請求の趣旨

〔Xの言い分(1)の場合〕
　被告は，原告に対し，400万円を支払え。

〔Xの言い分(2)の場合〕
　被告は，原告に対し，500万円及びこれに対する2021年8月16日から支払済みまで年3％の割合による金員を支払え。

3　訴訟物

〔Xの言い分(1)の場合〕
消費貸借契約に基づく貸金返還請求権　2個
単純併合

(1)　原告による訴訟物の選択

原告は，請求の内容である訴訟物がどのような法的性質の給付請求権であるかを特定しなければならない。訴訟物の選択は原告の権能であり，原告が審判の対象とその範囲を決定し，裁判所はそれに拘束される（処分権

主義。民訴246条)。Xの言い分(1)の場合，Xが選択した訴訟物は，第1回（2021年1月17日）の消費貸借契約に基づく貸金返還請求権と，第2回（2021年4月15日）の消費貸借契約に基づく貸金返還請求権の2個の実体法上の請求権に基づく請求であり，契約は2個であるから訴訟物は2個であり，併合態様は単純併合である。なお，第1回の消費貸借契約は，要物契約としての消費貸借契約であり，金銭の返還約束と金銭の交付がされたとき（2021年1月17日）に消費貸借契約が成立するのに対し，第2回の消費貸借契約は，諾成契約としての消費貸借契約であり，金銭の引渡しおよび返還の約束がされたとき（2021年4月15日）に消費貸借契約が成立する。

(2) 一部請求の訴訟物

　第2回の消費貸借契約に基づく貸金返還請求権は，そのうち期限の到来した部分についてのみ請求しているので，一部請求となる。

　一部請求の場合の訴訟物をどのように捉えるかについては争いがある。たとえば本件のように，500万円のうち300万円の一部請求の場合について，①訴訟物を500万円全部とする見解と，②訴訟物を請求された300万円という一部だけであるとする見解に分かれている。この見解の対立は，いわゆる一部請求について，一部請求についての判決があった後の残部請求をどのように扱うべきかという考え方の対立による。すなわち，原則として再訴を許すべきではないとする考え方では訴訟物は全体だと構成し（①の見解），前訴の既判力によって再訴を否定するのに対し，再訴に寛容な考え方では訴訟物は一部だと構成し（②の見解），既判力は債権の一部にしか生じないとして再訴を肯定する（高橋〔上〕97頁以下）。

　判例は，一部請求であることを明示した場合に限り，その部分が独立の訴訟物となり，明示しなかった場合には，当該請求が訴訟物の一部にすぎなかった旨を主張することは許されないとし（最判昭32・6・7民集11－6－948)，また，1個の債権の数量的な一部についてのみ判決を求める旨を明示して訴えが提起された場合は，訴訟物となるのは上記債権の一部の存否のみであって，全部の存否ではなく，したがって，上記一部の請求についての確定判決の既判力は残部の請求に及ばないとする（最判昭37・8・10民集16－8－1720)。

> 〔Xの言い分(2)の場合〕
> 　消費貸借契約に基づく貸金返還請求権　　1個
> 　履行遅滞に基づく損害賠償請求権　　　　1個
> 　単純併合

　貸金返還請求訴訟においては，貸金元本とともに，利息，遅延損害金が請求されることが多い。Xの言い分(2)では，貸金元本と遅延損害金の請求がされている。これらは同じ金員請求であるが，主たる請求は消費貸借契約に基づく貸金返還請求権であり，附帯請求（附帯請求とは，主たる請求に附帯して申し立てられた果実，損害賠償等の請求をいう〔民訴9条2項〕）は履行遅滞に基づく損害賠償請求権であって，両者は法的性質を異にするものであり，それぞれ別個の訴訟物である（類型別26頁）。これらの訴訟物の併合態様は単純併合であり，訴訟物の個数は2個である。

4　本問における攻撃防御の枠組み

　本問のXの言い分(1)の請求原因は，2つの貸金に係る各消費貸借契約を理由とするものであり，100万円の貸金に対しては，抗弁として弁済の主張がある。これに対し，500万円の貸金については，弁済期未到来の主張がされているが，これは消費貸借契約のような貸借型の契約の場合には，抗弁ではなく否認となる（第13講，新問研38頁以下参照）。

5　請求原因 ── 消費貸借契約に基づく貸金返還請求権等の発生原因事実
(1)　Xの言い分(1)の請求についての請求原因の検討
　ア　貸金返還請求の要件事実（類型別26頁）
　　(ｱ)　消費貸借契約に基づく貸金返還請求の要件事実については，消費貸借契約が，要物契約としての消費貸借契約である場合と，諾成契約としての消費貸借契約である場合とで分けて考える必要がある。
　　(ｲ)　XがYに対し，要物契約としての消費貸借契約に基づき貸金返還請求をする場合，Xは，請求の原因として，①XがYとの間で金銭の返還の合意をしたこと，②XがYに対し金銭を交付したこと，③XがYとの間

で弁済期の合意をしたこと，④弁済期が到来したこと，を主張立証することになる。

　冒頭規定説（典型契約の定義規定であり，契約の成立要件を定める規定を冒頭規定といい，冒頭規定が定める要件に該当する事実がある場合に，民法典が定める典型契約に基づく履行請求権が発生し，冒頭規定に定めのない附款〔特約〕は履行請求権の発生の障害等となるものであって，抗弁に位置付けられるとする見解）によると，消費貸借契約に基づく貸金返還請求権については，民法587条が「消費貸借は，当事者の一方が種類，品質及び数量の同じ物をもって返還することを約して相手方から金銭その他の物を受け取ることによって，その効力を生ずる。」と定めていることから，上記①および②が要件事実（権利発生根拠事実）となり，消費貸借契約に基づく貸金返還請求権があると主張する者においてこれらの事実を主張立証する必要があることは明らかである。

　なお，事実摘示で「貸し付けた」と表現すれば，その中に，上記①および②が含まれていると理解してよい。

　　㋒　XがYに対し，諾成契約としての消費貸借契約に基づき貸金返還請求をする場合，Xは，請求の原因として，上記①および②に代えて，①′ XがYとの間で，XがYに対して金銭の交付をし，かつ，YがXに対して金銭の返還をする旨の合意をしたこと，①″ ①′の合意が書面（または電磁的記録）によってされたこと，②′ XがYに対し①′の合意に基づき金銭を交付したこと，を主張立証することになる。諾成契約としての消費貸借契約において，上記②′は，X・Y間の消費貸借契約の成立要件としては必要ないが，XのYに対する貸金返還請求権の発生要件としては必要であり，また，消費貸借契約自体は，合意により成立するから，「合意に基づき」が必要となる。すなわち，「合意に基づき」とは，合意（消費貸借契約）の履行としてという意味であり，合意（消費貸借契約）の履行としてではない金銭の交付がされたにとどまる場合には，合意（消費貸借契約）に由来する貸金返還請求権が発生することはないという考え方による。

　なお，諾成的消費貸借契約において，借主が金銭等を受け取るまでは消費貸借契約の解除をすることができ（民新587条の2第2項前段），金銭等の受取り前の解除によって貸主に損害が生じたときは，貸主は借主に対して

その賠償を請求することができるが（同項後段），損害および額（因果関係を含む）については，貸主が主張立証しなければならない。

　イ　弁済期の合意とその到来

　消費貸借契約は，物を貸すなど，相手方に利用させることを内容とする契約，いわゆる貸借型の契約である。**貸借型の契約は，一定の価値をある期間借主に利用させることに特色があり，契約の目的物を受け取るや否やこれを直ちに返還すべき貸借はおよそ無意味であるから，貸借型の契約において返還時期（弁済期）の合意は，売買契約の場合のように法律行為の附款となるのではなく，その契約に不可欠の要素であり，成立要件として必ずその摘示を要すると解する見解がある**（類型別27頁，我妻V_2・353頁参照）。このような考え方を貸借型理論という。これに対し，返済期限は，契約の成立要件ではなく，返還請求をするための要件事実であると解する見解もある（新問研39頁，山本Ⅳ－1・380頁）。

　貸金の返還を請求するためには，弁済期になっていることが必要であるから，④の弁済期の到来の主張が必要となる。実務上は，確定期限の場合には，「弁済期が到来したこと」はあまりにも自明なので，特に主張をしない例が多い。しかし，弁済期が到来していなければ現在給付請求の要件を欠くことになるから，弁済期の到来が貸金返還請求の要件事実であることは明らかである。

　ウ　期限の定めのない場合

　③の弁済期の合意は弁済期の態様に応じて主張立証すべきであるが，本問における2021年1月17日の消費貸借契約のように，期限の定めのない場合（民法591条1項にいう「当事者が返還の時期を定めなかったとき」）をどのように理解するかについては，2つの見解がある。

　すなわち，(i)消費貸借であっても，常に弁済期の合意があるとは限らず，その合意が欠けていることもあるとの前提に立ち，上記規定を文字どおり合意が欠けている場合の補充規定であるとする見解と，(ii)消費貸借において弁済期の合意が欠けている場合があることを否定し，「返還の時期を定めなかったとき」とは弁済期を貸主が催告したときとする合意がある場合とする見解である。貸借型理論を採用するのであれば，弁済期は契約の本質的要素ということになるから，合意が欠けていると理解することは妥当

ではなく，当事者の合理的意思解釈として(ii)の見解が相当と考えることになる（類型別27頁）。

(ii)の見解によれば，③の弁済期の合意は，特別の合意をしない限り，催告後の相当期間の経過（民591条１項）を不要とする趣旨を含まないものと考えられるから，Xは，③の弁済期の合意として弁済期を催告の時とする合意があること（具体的には「弁済期の定めなし」と摘示すればそのような合意があったと理解できよう），④の弁済期の到来として催告および相当期間の末日の到来の主張を要することになる（類型別27頁）。ここでいう相当期間とは，その消費貸借の目的となっているその種類の物を返還するのに，個々の場合において，取引上一般に必要と認められる期間であり，契約の目的や金額その他の具体的な事情により，客観的に決せられる（新版注釈⒂46頁〔浜田稔〕）。

本問では，第１回目の貸金100万円の請求をしたのは，2021年８月20日であり，相当期間としては，催告時に示していた同月31日と一応考えてよいと思われるから，2021年８月20日の催告と相当期間の末日である同月31日の到来の主張をすることになる。

エ　期限の利益喪失約款の主張の要否

2021年４月15日の消費貸借契約に基づく貸金返還請求については，いわゆる期限の利益喪失約款が合意されている。

しかし，Xの言い分(1)の事例では，請求している元金300万円については，それらの期限は既に到来しているから，それぞれの弁済期の定めとその到来を主張すれば足り，期限の利益喪失の合意があったことを主張立証する必要はない。

オ　よって書き

一般に，請求原因の最後に，原告の主張を締めくくり，請求の趣旨と結びつける要約（よって書き）の記載をする。Xの言い分(1)の2021年４月15日の消費貸借契約に基づく請求は，前記のとおり一部請求になり，判例によると本訴の既判力が残部請求に及ばないようにするためには明示的な一部請求とする必要があるから，よって書きに「貸金債務のうち300万円」などと記載しておくのが相当である（起案の手引47頁）。

(2)　Xの言い分(2)の請求のうち，主たる請求（貸金請求）についての請求

原因の検討

ア　期限の利益の喪失

他方，Xの言い分(2)では，本来の期限がいまだ到来していない元金があること，本来の期限の到来していない元金についても，その遅延損害金を第1回の期限である2021年8月15日が経過した後から（同月16日から）請求しているから，この場合には，期限の利益喪失約款の合意と，この合意による期限の利益喪失の要件に該当する事実を主張立証すべきことになる。

イ　期限の利益喪失約款の主張立証責任

期限の利益喪失約款とは，契約の履行期限の合意についてその効力を失わせることを内容とする合意であり，本問における期限の利益喪失約款は，「借主（Y）が分割金の支払を1回でも怠ったときは，期限の利益を喪失し，残金を一括して支払う」という内容の合意である。この期限の利益喪失約款の主張立証責任の分配については，期限の利益の喪失を主張する者が，合意の内容どおり，「借主が分割金の支払を怠ったこと」の主張立証責任を負うという考え方もありうるが，後記のとおり，履行遅滞一般の主張立証責任において，履行遅滞を主張する者に「債務を支払わなかったこと」の主張立証責任を負わせない考え方を採った場合との均衡を考える必要があること，「支払わなかったこと」の主張立証責任を負わせることは，事実の不存在という消極的事実の主張立証責任を負わせることになり，当事者の公平を損なうことになることを考えると，ここでも期限の利益の喪失を主張する者が「借主が分割金の支払を怠ったこと」の主張立証責任を負うとすべきではないと考えられる。すなわち，弁済期に分割金の支払がなかったことが期限の利益喪失の効果の発生原因事実になるのではなく，弁済期に分割金の支払（要件事実的には，弁済の提供で足りる）があったことが期限の利益喪失の効果の発生障害事実になると解すべきである。

そうすると，上記期限の利益喪失約款の実質的内容は，当事者の合理的な意思解釈によれば，「各分割金の弁済期が経過したときは，借主はその後に到来すべき期限の利益を失い，残額全部の弁済期が経過したものとする。ただし，各弁済期経過前に分割金を弁済したときはこの限りではない」とする趣旨の合意であり，このうちただし書の部分は，弁済期経過前の弁済により履行遅滞が生じないことになり，したがって，履行遅滞を前

提とする期限の利益の喪失が生じないことになるという法律上当然の効果を述べているにすぎないので，その限りにおいて合意としては無意味（合意をしなくても当然にそのような効果が得られる）である。したがって，期限の利益喪失約款の内容としては，「各分割金の弁済期が経過したときは，借主はその後に到来すべき期限の利益を失い，残額全部の弁済期が経過したものとする」というものであると理解される。

　ウ　本問について

本件では，各分割金の弁済期が経過したときは当然に借主はその後に到来すべき期限の利益を失い残額全部の弁済期が経過したものとする合意と，特定の分割金の弁済期が経過したこと（100万円について2021年8月15日の弁済期が経過したこと）を主張することになる（類型別28頁）。

なお，前記のとおり，特定の弁済期の到来や経過の事実は実務上摘示しないことが多いが，期限の利益喪失約款の要件に該当する事実としての不払があったと主張する特定の弁済期の経過については，期限の利益喪失約款により弁済期が変更されるから，明確に事実摘示すべきであろう。

(3)　Xの言い分(2)の請求のうち，附帯請求（遅延損害金請求）についての請求原因の検討 — 遅延損害金請求の要件事実（類型別31頁）

XがYに対し，遅延損害金を請求する場合，Xは，請求原因として，①元本債権の発生原因事実，②弁済期が経過したこと，③損害の発生とその数額を主張立証することになる。

　ア　①の元本債権の発生原因事実

遅延損害金も元本の存在を前提とするから，①の元本債権の発生原因事実が必要となる。前記のとおり，本件では，①の元本債権の発生原因事実は，既に主張されている。

　イ　②の弁済期が経過したこと

履行遅滞の発生要件は，債務の履行期限が経過したことである（民新415条1項）。本問Xの言い分(2)の場合のように，期限の定めがある場合には，期限の定めがあることおよびその期限が経過したことが要件となる（民412条1項）。

　　＊　実体法上の履行遅滞の要件は，(i)履行が可能なこと，(ii)履行期の定めがあること，(iii)履行期が経過したこと，(iv)履行期に履行がないこと，(v)履行しないことが契約その他の債務

の発生原因および取引上の社会通念に照らして債務者の責めに帰することができる事由によるものであること，(vi)履行しないことが違法であること，であると説かれている（我妻Ⅳ102頁参照。民法新415条1項ただし書参照）。

しかし，(i)の「履行可能」については，債務の履行が可能なことが常態であるから，(i)は履行遅滞の要件ではなく，(i)の反対事実，つまり履行不能となった具体的な事実を当該債務の消滅という法律効果を発生させる要件事実と見るべきで，それを債務者が主張立証することになる。

(iv)の「履行期に履行がないこと」も，本来，履行すなわち弁済が債務消滅原因であることから見て，履行遅滞の発生要件とすべきではなく，(iv)の反対事実（ただし，弁済でなく，弁済の提供で足りる）を抗弁と見るべきである。債務の不履行については，債務の支払の事実が一般に債務の消滅事由としてこれを主張する者に主張立証責任があるとされていること，主張立証分配の基本原理である公平の観点からすれば，債権者に不履行の主張立証責任があるのではなく，債務者に履行の主張立証責任があるというべきである。

(v)の「契約その他の債務の発生原因および取引上の社会通念に照らして債務者の責めに帰することができる事由によるものであること」についても，反対事実（不可抗力）が抗弁と考えられる。もっとも，金銭債務では，不可抗力を抗弁と主張しても主張自体失当になる（民419条3項）。

(vi)の「違法性」については，弁済期を経過している以上違法であることが原則であるから，違法性を基礎付ける事実は債務不履行を主張立証する者がこれを主張立証する必要がなく，違法性阻却事由が抗弁となる。

したがって，履行遅滞の発生による利益を受ける当事者が主張立証責任を負うのは，(ii)と(iii)に該当する具体的事実ということになる（第10講事例1，第11講参照）。

本件では，消費貸借契約の弁済期の経過の主張として，期限の利益喪失約款の合意と特定の分割金の弁済期の経過が主張されているので，重ねて摘示する必要はない。

ウ ③の損害の発生とその数額

(ｱ) ③の「損害の発生とその数額」については，金銭債務の特則（民新419条1項）があるから，法定利率または約定利率によって損害賠償額が定められ，特約がなくても，当然に，債務者が遅滞の責任を負った最初の時点の法定利率（同項）の割合による遅延損害金を請求することができる。本問では，貸金債務につき被告が遅滞の責任を負った時である2021年8月16日の法定利率である年3％の割合による遅延損害金の請求がされているから，この点について特段の主張は必要ない。

仮に遅延損害金につき法定利率を超える率の合意がされている場合（民新420条1項）に，原告がこの損害金率による損害額を請求するときは，「XとAが法定利率を超える遅延損害金の利率の合意をしたこと」を主張立証すべきである。

(イ) 遅延損害金の生ずる期間は，元本の返還をすべき日の翌日から元本が完済された日までであり，その始期から終期までの時の経過が要件である。始期については，これが経過していることは既に主張されているし，また，終期については口頭弁論終結後である「支払済みまで」となっているので具体的な日を主張することができない。始期から終期までの経過については，実務でも明示的に主張されることはない（類型別31頁，一審解説11頁）。

6　請求原因に対する認否

①Xの言い分(1)の場合，Yは，XからX主張の日に100万円を期限の定めなく借り受けたことは認めており，自白が成立する。

②Xの言い分(1)および(2)のいずれの場合でも，Yの主張のうち，「分割払の第1回期限を2021年12月15日にした」との主張は，本件のような貸借型の契約では，期限の主張が請求原因になるから，それを否定する否認の主張ということになる。

7　抗弁 ── Xの言い分(1)に対して

(1)　主張の位置付け・法的効果

Yは，Xから2021年1月17日に借り受けた100万円について，同年3月5日に返済したと主張している。これは，いったん発生した貸金返還請求権がその後消滅したとの主張であり，権利消滅原因事実であるから（民新473条において，弁済が債権の消滅事由であることが定められた），これを有利に主張するYに主張立証責任があり，Xの言い分(1)の請求のうち，100万円の貸金返還請求権について，抗弁となる（第10講事例1参照）。

(2)　弁済の要件事実

弁済の要件事実は，判例によれば，①Y（または第三者）がXに対し，債務の本旨に従った給付をしたこと，②①の給付がその債権についてされたこと，である（最判昭30・7・15民集9-9-1058。ただし，傍論）。

本問において，Yは，弁済の抗弁の要件事実として，通常は，「Yは，Xに対し，本件貸金債務の履行として，100万円を支払った。」というように，一括して摘示すれば足りる（類型別9頁，新問研49頁）。

事実摘示例

1　請求原因（Xの言い分(1)の場合）
(1)　原告は，被告に対し，2021年1月17日，100万円を，期限の定めなく貸し付けた。
(2)　原告は，被告との間で，2021年4月15日，原告が被告に対して500万円を貸し付ける旨の合意をした。
(3)　原告は，被告との間で，2021年4月15日，弁済期について，同年8月15日を第1回とし，以降12月まで毎月15日に100万円ずつ支払う（2021年8月15日に100万円，同年9月15日に100万円，同年10月15日に100万円，同年11月15日に100万円，同年12月15日に100万円）との合意をした。
(4)　(2)及び(3)の合意は書面による。
(5)　原告は，被告に対し，2021年4月30日，(2)及び(3)の合意に基づき，500万円を交付した。
(6)　原告は，被告に対し，2021年8月20日，(1)の貸金100万円の支払を催告した。
(7)　2021年8月31日は到来した。
(8)　2021年8月15日，同年9月15日，同年10月15日はそれぞれ到来した。
(9)　よって，原告は，被告に対し，(1)の消費貸借契約に基づき(1)の貸金100万円及び(2)の消費貸借契約に基づき(2)の貸金のうち300万円の各支払を求める。

2　請求原因（Xの言い分(2)の場合）
(1)　原告は，被告との間で，2021年4月15日，原告が被告に対して500万円を貸し付ける旨の合意をした。
(2)　原告は，被告との間で，2021年4月15日，次の内容の合意をした。
　　a．弁済期　2021年8月15日を第1回とし，以降12月まで毎月15日に100万円ずつ支払う（2021年8月15日に100万円，同年

　　　　　　9月15日に100万円，同年10月15日に100万円，同年11月15日に100万円，同年12月15日に100万円）。
　　　　b．期限の利益喪失　　前記の各期日を経過したときは，被告は期限の利益を失い，残額全部の弁済期が経過したものとする。
(3)　(1)及び(2)の合意は書面による。
(4)　原告は，被告に対し，2021年4月30日，(1)及び(2)の合意に基づき，500万円を交付した。
(5)　2021年8月15日は経過した。
(6)　よって，原告は，被告に対し，(1)の消費貸借契約に基づき貸金500万円及びこれに対する期限の利益を喪失した日の翌日である2021年8月16日から支払済みまで民法所定の年3％の割合による遅延損害金の支払を求める。

3　請求原因に対する認否
（Xの言い分(1)の場合）
　請求原因(1)及び(2)は認める。
　同(3)は否認する（第1回の返済期は2021年12月15日である。→積極否認）。
　同(4)及び(5)は認める。
　同(6)は否認する。
（Xの言い分(2)の場合）
　請求原因(1)は認める。
　同(2)は，否認する（第1回の返済期は2021年12月15日である。→積極否認）。
　同(3)及び(4)は認める。

4　抗弁（Xの言い分(1)の場合）
　被告は，原告に対し，2021年3月5日，請求原因(1)の貸金債務の履行として，100万円を支払った。

5　抗弁に対する認否
　否認する。

第13講

準消費貸借

要件事実論30講

（Xの言い分）

　私は，1989年ころから建物の建築請負を業としています。私は，2021年8月3日ころ，YからY所有の甲建物（○○県△△市□□○丁目○番○号所在）の屋根の葺き替え修繕を請け負いました。このときはYから予算として150万円でお願いしたいという話をされたので私も了解しました。工事は概ね1週間程度でできるのですが，Yと相談のうえ完成期限を同年8月18日にし，予定どおり工事に着手し完成させました。

　その後間もなくして，Yから今度は甲建物の増築を依頼されました。屋根の修繕工事代金をまだ受け取っていなかったのですが，前金として100万円を支払ってくれるという話でしたし，完成後には両工事の代金をまとめて支払ってくれるということだったので，2021年9月5日に請け負いました。完成期限は2022年2月28日とし，契約時に代金の一部として100万円を受け取りました。私は，予定どおり甲建物の増築工事に着手し，予定どおり期限までに甲建物の増築を完成させ，これを完成期日に引き渡しました。

　私は，Yに対し，2022年3月10日に，請負代金として，材料費などの実費に私の手間賃を加えた金額500万円から，既に受け取っている100万円を引いた400万円と，屋根の修理代金150万円，合計550万円を代金として請求しました。

　するとYは，「今は手持ちがないので，どうしても半年ほど待って欲しい。」と言うのです。私は話が違うとは思いましたが，お金がないというのでは仕方がないので，せめて半年分はきっちりと利息ももらおうと思ったのです。そこで，Yと話し合った結果，2022

年4月3日，上記代金の合計550万円について，利息を年利で8％と定めて貸すとの消費貸借契約を締結したのです。期限は，6か月後の2022年10月2日ということにしました。

　その3か月後の2022年7月2日，Yが私を訪ねて来て，200万円相当はするという有名画家の掛け軸乙を持って来たのです。そして，屋根の修繕代相当分150万円とその日までの利息分としてこれを受け取って欲しいと言うのです。私は，約束どおり半年後でいいからきちんとお金を払って欲しいと言ったのですが，最後は根負けして掛け軸乙を受け取りました。そのとき，Yは，残りはきちんと約束どおり支払うと言っていたのです。

　ところが，Yは，約束の2022年10月2日になっても支払をしないばかりか，私の請求に対し，「増築部分の壁に亀裂があり，その修繕を求めたい。修繕されない限り残金は払えない。」などと言って支払を拒んだのです。しかし，引渡しの際の点検では壁に亀裂などありませんでしたし，きちんと施工したのですから，そのような亀裂が生じたとは思えません。もし，亀裂があるとしても工事に原因があるとは思えません。

　さらに腹が立つのは，最近，知り合いの骨董屋に見てもらったところ，屋根の修繕代金相当分として受け取った掛け軸は，Yが言う有名画家の筆ではなく，真っ赤な偽物であり，価値は3万円程度だということです。私は，Yに騙されたのです。そこで，私は，Yに対し，2022年11月8日到達の内容証明郵便で，掛け軸によるYの支払を取り消すと通知しました。

　私は，Yに対し，請負代金をまとめて貸した550万円と，貸付日である2022年4月3日から支払済みまで，約定利率8％の割合による利息と損害金の支払を求めます。

（Yの言い分）

　私は，○○県△△市□□○丁目○番○号に甲建物を所有していますが，2021年8月3日ころ，その建物の屋根の葺き替え修繕を，

工事業者のXに依頼しました。このときはXと相談し，少し高いとは思いましたが，最終的にはXの言うとおり代金を150万円とすると合意しています。工事の完成期限は同年8月18日ということで，この工事は予定どおり完成しました。

　Xの屋根の修理が良かったので，私は，今度は甲建物の増築を依頼しました。屋根の修繕工事代金が未了だったのですが，Xからはまた仕事を頼んでくれるなら増築工事が完成してからでよいと言われました。しかし，それではあまりに悪いので，増築工事の前金として100万円を支払うことにしました。契約日は2021年9月5日で，完成期限は2022年2月28日とし，契約時に代金の一部として100万円を支払いました。Xは，予定どおり甲建物の増築工事に着手し，予定どおり期限までに甲建物の増築を完成させ，完成期日に引渡しを受けました。

　私は，Xから2022年3月10日に，増築工事の請負代金の残金として400万円と，屋根の修繕代金150万円の合計550万円の請求を受けました。

　しかし，私は，ちょうどそのころ別の支払のため手持ち資金が不足していました。そこで，Xに対し，「今は手持ちがないので，どうしても半年ほど待って欲しい。」と頼んだのです。すると，Xは，利息を10％付けるよう要求してきたのです。私はいくらなんでも10％は高いと思いましたが，お願いしている弱みもあり，最終的に8％の利息を付けることで合意しました。そして，2022年4月3日，上記代金の合計550万円について，利息を年利で8％と定めて貸すとの準消費貸借契約を締結し，期限は6か月後の2022年10月2日ということにしました。

　しかしその後も，Xから度々なるべく早く支払えとか，利息だけでも持って来いと催促がありました。私も，催促の電話を受けるたびに嫌な思いをしていましたので，3か月後の2022年7月2日，かねてから私が所有していた有名画家の掛け軸乙を持ってX宅を訪ね，屋根の修繕代相当分150万円とその日までの利息分としてこれを受け取ってくれるよう言いました。この掛け軸は買えば優に200万円

以上はするものでしたが，やむなくこれを渡すことにしたのです。Xは，初め躊躇していましたが，値段を聞くと喜んで引き取ると言い，掛け軸乙を受け取りました。

　ところが，その後，間もなくして増築部分の壁に亀裂が生じてきました。知り合いの建築士に調べてもらったところ，明らかに壁の強度が不足しており，手抜き工事だと言うのです。これを修繕するには壁の補強工事が必要だということです。そこで，Xが残代金を請求してきた2022年10月2日ころ，Xに対し，「増築部分の壁に強度不足による亀裂があり，その修繕を求めたい。修繕されない限り残金や利息は払えない。」と言い，支払を拒絶したのです。しかし，Xは，手抜き工事をしたことを一向に認めません。私は，Xが修繕をしない限り，残元金とその利息を支払うつもりはありません。

　しかも，私が代金の支払を拒んだとたん，私が引き渡した掛け軸乙が偽物であり，価値は3万円程度だと言い，支払ったことで合意したはずの150万円までも払えと言い出し，2022年11月8日到達の内容証明郵便で，掛け軸によるYの支払を取り消すと通知してきました。しかし，この掛け軸は間違いなく本物であり，200万円以上の価値があるものです。私がXを騙したなどとはまったくの言いがかりであり，強い憤りを覚えます。

1　事案

　本問は，XがYに対し，2つの請負契約に基づく報酬請求権について，準消費貸借契約を締結したとして，同契約に基づく債務と利息，履行期経過後の遅延損害金の支払を求めたのに対し，Yが一部は代物弁済を，他の部分については請負契約に基づく目的物修補請求権との同時履行を主張して，これを争った事案である。Xは，代物弁済について詐欺による取消しも主張した。

2　請求の趣旨

> 被告は，原告に対し，550万円及びこれに対する2022年4月3日から支払済みまで年8％の割合による金員を支払え。

3　訴訟物

> 準消費貸借契約に基づく貸金返還請求権，利息請求権及び履行遅滞に基づく損害賠償請求権　3個
> 単純併合

　原告は，請求の内容である訴訟物がどのような法的性質の給付請求権であるかを特定しなければならない。訴訟物の選択は原告の権能であり，原告が審判の対象とその範囲を決定し，裁判所はそれに拘束される（処分権主義。民訴246条）。

　本問において，Xは，2回にわたる請負契約に基づく報酬債権をまとめて，2022年4月3日に準消費貸借契約を締結したと主張し，同契約に基づく元金債権と利息契約に基づく利息と履行遅滞による損害賠償を請求している。このように別の債務を消費貸借の目的とする契約は，準消費貸借契約と解される（なお，今回の改正において，改正前の民法588条の「消費貸借によらないで」の文言が削除されたことにより，消費貸借を目的とする債務を対象とする準消費貸借を認める判例法理〔大判大2・1・24民録19-11〕との整合性が確保されている）。したがって，Xが選択した訴訟物は，2022年4月3日の準消費貸借契約に基づく貸金返還請求権と，利息契約に基づく利息請求権（契約日である2022年4月3日から弁済期である同年10月2日まで）およびこの貸金債権の履行遅滞に基づく損害賠償請求権（弁済期である2022年10月2日の翌日から支払済みまで）である。これらは同じ金員請求であるが，主たる請求は準消費貸借契約に基づく貸金返還請求権であり，利息契約に基づく利息請求権と履行遅滞に基づく損害賠償請求権は，附帯請求（附帯請求とは，主たる請求に附帯して申し立てられた果実，損害賠償等の請求

をいう〔民訴9条2項〕）であって，両者は法的性質を異にするものであるから，それぞれ別個の訴訟物である（類型別26頁）。訴訟物は3個であり，併合態様は単純併合である。

4　本問における攻撃防御の枠組み

　本問のXの言い分の請求原因は，2つの請負契約に基づく報酬債権を目的とした準消費貸借契約の成立であり，うち150万円とその利息3か月分については，掛け軸乙の代物弁済の主張がある。また，うち400万円とその利息および損害賠償請求の主張に対しては，準消費貸借の目的となった甲建物の増築工事について，同建物の増築部分の壁面に強度不足を原因とする亀裂があるので，その修繕をするよう求めており，その修繕と同時でなければ，増築工事による請負報酬に相当する貸金の支払をしない旨の同時履行の抗弁を主張している。一方，代物弁済については，原告から詐欺による取消しの再抗弁が主張されている。

5　請求原因 —— 準消費貸借契約に基づく貸金返還請求権等の発生原因事実

(1)　準消費貸借に基づく貸金返還請求の要件事実（一審解説47頁）

　ア　一般要件

　本件において，Xは，Yに対する2つの請負報酬債権を消費貸借の目的とした準消費貸借の成立を主張している。準消費貸借契約は，既に金銭その他の物を給付する義務（旧債務）が存在する場合に，これを消費貸借契約上の義務とする契約である（民新588条）。したがって，請求に係る債務が準消費貸借契約に基づく債務であれば，後記のとおり，貸借型理論を採る場合には，その成立要件として実体法上，①旧債務の発生原因事実，②準消費貸借の合意（その内容としては，返還約束と弁済期の合意）が必要となり（一審解説47頁），他方，貸借型理論を採らない場合には，②の準消費貸借の合意の内容が返還約束のみとなり，弁済期の合意は不要となる。

　イ　旧債務の主張立証責任

　本件の場合，旧債務は，XのYに対する2021年8月3日に締結された請負契約に基づく150万円の報酬債権と，2021年9月5日に締結された請負

契約に基づく500万円の報酬債権の内金400万円である。
　ところで，旧債務の存在の主張立証責任をいずれの当事者に負担させるかについては，原告説と被告説との対立がある（一審解説46頁）。ここでいう「原告」とは「準消費貸借契約の成立を主張する側」の意味であり，本件ではＸがこれに当たる。
　　㋐　原告説（本件ではＸに旧債務の発生原因事実について主張立証責任があるとする説）
　民法587条が金銭その他の物の交付と返還の合意を消費貸借契約の要件事実としている点を民法新588条においてもパラレルに考え，旧債務の存在と返還の合意が準消費貸借契約の要件事実となると考える。この説によれば，本件では，原告が旧債務である請負報酬債権の発生原因事実を主張立証すべきことになる（起案の手引—事実摘示記載例集6頁参照）。
　　㋑　被告説（本件ではＹに旧債務の不存在についての主張立証責任があるとする説）
　この説は，準消費貸借契約を締結する際，旧債務の証書等は貸主から借主に返還されるのが取引の実情で，貸主が旧債務の存在を立証するのは困難であるとの理解に立ち，借主に旧債務の不存在の主張立証責任があるとする。この説によれば，本件で，Ｘは旧債務を識別可能な程度に特定したうえで，旧債務の目的物について新たに返還の合意が成立したことを主張立証すれば足りる。
　　㋒　判例および両説の検討
　判例は，被告説を採り，被告に旧債務の不存在について立証責任を負わせている（最判昭43・2・16民集22－2－217）が，反対説も有力である。ここでは，両説ともに検討することとする。
　　ウ　弁済期の合意とその到来
　一方，消費貸借契約は，物を貸すなど，相手方に利用させることを内容とする契約，いわゆる貸借型の契約である。貸借型の契約は，一定の価値をある期間借主に利用させることに特色があるから，貸借型の契約において返還時期（弁済期）の合意は，売買契約の場合のように法律行為の附款となるのではなく，その契約に不可欠の要素であり，成立要件として必ずその摘示を要すると解する考え方がある（類型別27頁，第12講参照）。この

ような考え方を貸借型理論という。したがって，貸借型理論を採る場合，返還時期（弁済期）の合意も準消費貸借契約に基づく貸金返還請求権があると主張する者（本問のＸ）において主張立証することを要することになる。準消費貸借契約も貸借型の契約であり，貸借型理論に立つ限り，同様に弁済期の合意が必要となる。これに対し，返還時期（弁済期）の合意は，契約の成立要件ではなく，返還請求をするための要件事実であると解する考え方もある（新問研39頁，山本Ⅳ－１・380頁）。

また，本問のように準消費貸借契約に基づいて貸金の返還を請求するためには，弁済期になっていることが必要であるから，弁済期の到来の主張が必要となる。実務上は，確定期限の場合には，「弁済期が到来したこと」はあまりにも自明なので，特に主張をしない例が多い。しかし，弁済期が到来していなければ現在給付請求の要件を欠くことになるから，弁済期の到来が貸金返還請求の要件事実であることは明らかである。

(2) **旧債務について**
　ア　被告説に立った場合

被告説に立った場合は，原告は，旧債務を特定識別するに足りる事実のみを主張すれば足りる。債権の特定要素は，①権利者，②義務者，③権利の種類および内容並びに④権利の発生原因である。④が特定要素となるのは，同一当事者間に同一内容の債権が複数存在しうることにある。本問では，「ＸのＹに対する2021年８月３日に締結された請負契約に基づく150万円の報酬債権」，「2021年９月５日に締結された請負契約に基づく500万円の報酬債権の内金400万円」という程度に特定すれば十分であろう。

　イ　原告説に立った場合

原告説に立った場合，Ｘは，旧債務の発生原因事実について主張立証する必要が生ずる。本問の旧債務は，請負契約に基づく報酬債権であり，その発生原因事実を主張立証することになる。

　(ｱ)　請負契約に基づく報酬請求権の要件事実は，①ＸがＹとの間で，請負契約を締結したこと，②Ｘが上記請負契約に基づき仕事を完成したこと，である。

　(ｲ)　請負は，仕事の完成に対して報酬を支払うことを要素とする，諾成，双務，不要式の契約である。請負契約が成立するためには，契約当事

者双方が，一方当事者が仕事を完成することおよび他方当事者がこれに対して報酬を支払うことを合意する必要がある。報酬の定め方には，①あらかじめ契約で一定額が定められ原則としてその変更が認められない定額請負，②概算額だけ定められ，その変更が認められる概算請負，③報酬額の定めのない場合があるが，③の場合は，慣行上類似の例があればそれによって定め，それがないときは，実際に必要であった費用に相当の利潤を加えるなど，合理的な額の請求ができるとされている（我妻V₃・603頁，645頁，東京地判昭48・7・16判時726－63，東京地判昭45・8・17ジュリ487－6）。請負の場合には「報酬に関する合意の成立が実体上未了であっても，特定当事者間において，一方がある仕事の完成を約し，他方がこれに対して報酬を支払うことを約すれば，それだけで請負契約が成立する」とする見解（倉田〔下〕684頁）もあるが，③の場合は仕事の内容に応じた「通例の報酬」を支払うとの合意があったと構成すべきである（中野貞一郎「請負の証明責任」中野227頁）。

　したがって，定額請負の場合には具体的な報酬額の合意の成立を主張すべきであり，本件の請負契約のうち，2021年8月3日に締結された請負契約のように，契約で報酬を定めた場合はその額，本問では150万円を主張すべきであり，2021年9月5日に締結された請負契約のように，契約で報酬額を定めなかった場合は，報酬を仕事の内容に応じた通例の報酬額とする合意および当該仕事の内容に応じた通例の報酬額を具体的に主張することになる。

　(ｳ)　民法633条は，請負報酬債権の弁済期について仕事の完成より後であることを原則としており，仕事の完成は先履行義務になるから，報酬を請求するためには仕事の完成を主張する必要がある。また，同条によると，仕事の目的物の引渡しを必要とする場合には，目的物の引渡しと報酬の支払は同時履行の関係に立つが，元金のみの支払を求める場合は，被告が抗弁で同時履行の抗弁権を行使したときに再抗弁として仕事の目的物の引渡しを主張すれば足りる。

　　＊　この点，請負報酬債権は契約成立と同時に発生する（我妻V₃・647頁，最判昭42・10・27民集21－8－2161）と解すると，旧債務の発生原因事実としては，仕事の完成の主張立証は不要との考え方も成り立つ。これに対し，仕事の完成が請負報酬債権の発生要件である

とする見解もあり（中野貞一郎「請負の証明責任」中野225－226頁，倉田〔債権総論〕349頁参照），この見解では，旧債務の発生原因事実として，仕事の完成まで主張立証すべきことになる。

　後記8(3)のとおり，旧債務に付着した抗弁権が準消費貸借契約が締結された場合も存続すると解すると，請負報酬債権について，仕事の完成が先履行義務である以上，仕事の完成を主張立証しない限り，請負報酬債権は行使できないので，原告説に立つ以上，仕事の完成を主張立証すべきであると解することになろう。これに対し，仕事の未完成が抗弁になると解することもできるが，このように解すると，原告説に立つにもかかわらず，本来の主張立証責任が転換されることになる。

　ここでは，原告説に立つ場合は，仕事の完成の主張立証責任があると解することにしたい。

(3) 利息請求権

　利息債権発生の要件事実は，①元本債権の発生原因事実，②利息支払合意をしたことである（類型別29頁）。なお，利息金の支払請求をするためには，その他に，③②の合意（消費貸借の場合には，②の合意がされた日または借主が金銭その他の物を受け取った日のいずれか遅い日）の後一定期間が経過したことが要件となる。

　①については，利息は元本の存在を前提としてその利用の対価として支払われるものであり，元本債権に対して附従性を有するものであるから必要となる。本件では，既に準消費貸借契約の成立の主張がされているので，重ねて摘示する必要はない。また，消費貸借契約は無利息が原則であり，貸主は，特約がなければ，借主に対して利息を請求することができないとされている（民新589条1項）から，②が必要となる。そして，法定利率を超える約定利率による利息債権の成立を主張する場合には，利息支払の合意の他に，民法新404条1項の「別段の意思表示」として，「YがBとの間で法定利率を超える利率の合意をしたこと」を主張立証する必要がある（以上，類型別30頁）。本問では，年8％の利率の利息支払の合意がなされている。③については，民法新589条2項において，利息の特約があるとき，貸主が借主に対して請求することができるのは，借主が金銭その他の物を受け取った日以後の利息であることが定められている。本問では，元本債権が準消費貸借契約に基づく貸金返還請求権であり，消費貸借契約における金銭その他の物の交付に代わり，旧債務である請負報酬債務が存在するから，借主が金銭その他の物を受け取ったか否かは問題とならず，③は，準消費貸借契約の契約日である2022年4月3日から弁済期である同年

10月2日までの期間が経過したこととなる。

(4) 履行遅滞に基づく損害賠償請求権

XがYに対し、遅延損害金を請求する場合、Xは、請求原因として、①元本債権の発生原因事実、②弁済期が経過したこと、③損害の発生とその数額を主張立証することになる。

　ア　①の元本債権の発生原因事実

遅延損害金も元本の存在を前提とするから、①の元本債権の発生原因事実が必要となる。前記のとおり、本件では、①の元本債権である準消費貸借契約に基づく貸金債権の発生原因事実は、既に主張されている。

　イ　②の弁済期が経過したこと

履行遅滞の発生要件は、債務の履行期限が経過したことである（民新415条1項）。本問Xの言い分のように、期限の定めがある場合には、期限の定めがあることおよびその期限が経過したことが要件となる（民412条1項。なお、実体法上の履行遅滞の要件の検討については、第12講参照）。

本件では、準消費貸借契約の弁済期である2022年10月2日の経過を主張する必要がある。

　ウ　③の損害の発生とその数額

　　(ｱ)　③の「損害の発生とその数額」については、金銭債務の特則（民新419条1項）があるから、法定利率または約定利率によって損害賠償額が定められ、特約がなくても、当然に、債務者が遅滞の責任を負った最初の時点における法定利率（民新419条1項）の割合による遅延損害金を請求することができる。

本問のように、利息につき法定利率を超える率の合意がされている場合（民新419条1項ただし書）、原告がこの利息の利率による損害額を請求する際には、「XとAが法定利率を超える利息の利率の合意をしたこと」を主張立証すべきである。本問では8％の利率を合意している。

　　(ｲ)　遅延損害金の生ずる期間は、元本の返還をすべき日の翌日から元本が完済された日までであり、その始期から終期までの時の経過が要件である。始期については、これが経過していることは既に主張されているし、また、終期については口頭弁論終結後である「支払済みまで」となっているので主張することができず、始期から終期までの経過については実務で

も明示的に主張されることはない（類型別31頁，一審解説11頁）。

6 請求原因に対する認否
　Yの言い分によると，請求原因事実については，準消費貸借契約の旧債務の主張立証責任について，原告説・被告説のいずれを採った場合でも，すべて認めている。

7 抗弁1（代物弁済）——請求原因の貸金債権550万円のうち，150万円とその利息および損害金請求について
(1) 主張の位置付け・法的効果
　Yは，準消費貸借契約に基づく貸金債権550万円のうち，150万円とその3か月分の利息の支払に代えて，掛け軸乙の所有権を移転するとの代物弁済をしたと主張している。これは，貸金債権150万円と3か月分の利息について，いったん発生した貸金返還請求権がその後消滅したとの主張であり，権利消滅原因事実であるから，これを有利に主張するYに主張立証責任があり，抗弁となる。また，元金150万円について生じたとして請求されている遅延損害金請求に関し，弁済期前に既に元金債権が消滅したことにより，発生の障害となったことになるから，その意味でも抗弁となる。

(2) 代物弁済の要件事実（類型別113頁）
　ア　代物弁済の法的性質と要件事実
　民法上の代物弁済契約については，これを要物契約と解する見解（奥田558頁）と，諾成契約と解する見解（潮見・新総論Ⅱ84頁）の対立があったが，民法（債権関係）の改正により，代物弁済契約が諾成契約であることが明示され，代物弁済契約は当事者の合意のみによって成立し，代物の給付がされたときに初めて債権が消滅することとされた（民新482条）。
　諾成契約説によれば，動産を代物とする代物弁済契約の要件事実は，①本来の債務の存在（発生原因事実），②その債務の弁済に代えて動産の所有権を移転するとの合意のみである。これにより，債権的な給付請求権が当事者間に生じることになる。
　さらに，代物弁済によって，目的物の所有権が移転するためには，①および②に加え，③債務者が②以降口頭弁論終結時までに，その動産を所有

していたことが必要となる。また，債務消滅という法的効果が生ずるためには，①から③までに加え，④その動産につき，②に基づいて，引渡しがされたことが必要である。諾成契約説では，引渡しは，代物弁済契約の成立要件ではなく，代物弁済契約の私法上の義務の履行としてされることになる。

> ＊ 要物契約説は，代物弁済契約は，債権の消滅自体を目的とする合意であり，現実に代物給付がされたときに，それを本来的給付に代わる等価値のものとして承認し，債務を消滅させる合意であるとし，したがって，契約とはいうものの，履行の観念を容れる余地がなく，現実の給付がされて初めて成立するという意味において要物契約であるとする見解である。
> 　要物契約説によれば，本件のような動産を代物とする代物弁済契約の要件事実は，①本来の債務の存在（発生原因事実），②その債務の弁済に代えて動産の所有権を移転するとの合意，③債務者が②の当時その動産を所有していたこと，④その動産について引渡しがされたこととなる。

> ＊ 動産の場合，要物契約説，諾成契約説いずれの見解に立っても，本問の場合，上記①，②および④の要件によって，当該動産の即時取得の効果が生ずる（新問研136頁）。そのため，これらの事実だけでも所有権移転の効果が生じ，債務消滅の効果も得られるとして，③の要件を不要と考えることもできる。しかし，一般論として，即時取得の場合，これに対して悪意・有過失の主張が可能となり，攻撃防御の構造が変わる可能性がある。したがって，③の要件が主張されているときは，これも要件事実として摘示するのが妥当である（第8講参照）。

イ　今回の改正前の判例の理解

判例は，債務の消滅原因として代物弁済を主張する場合には，本来の給付と異なる給付の完了として，対抗要件を具備することが必要であるとしている（最判昭39・11・26民集18－9－1984，最判昭40・4・30民集19－3－768）。一方，所有権取得原因として代物弁済を主張する場合には，代物弁済による所有権移転の効果は代物弁済契約の意思表示によって生じ，対抗要件の具備までは必要ないとしている（最判昭40・3・11集民78－259，最判昭57・6・4集民136－39）。

判例は，要物契約説，諾成契約説いずれに立つか明らかにしていない。諾成契約説では矛盾なく判例を説明しうるが，要物契約説でも判例が代物弁済の合意による債務の履行を観念する必要がある場合に非典型契約としての代物弁済契約を認めたと理解すれば，判例と矛盾するとはいえないであろう。

8 抗弁2（同時履行の抗弁）—— 請求原因の貸金債権550万円のうち，400万円とその利息および損害金請求について

(1) 本問におけるYの主張の機能

　Yは，準消費貸借契約に基づく貸金債権550万円のうちの400万円について，その旧債務である甲建物の増築工事の請負契約に基づく報酬債権400万円に関して，増築部分の壁に強度不足があり，それにより壁に亀裂が生じ，壁の補強工事をする必要があり，その修繕をするまで，支払を拒絶するとの主張をしている。この主張は，YがXに対して負担していた旧債務である上記請負契約に基づく報酬債務に，同契約に基づく目的物修補請求権との同時履行の抗弁権が存在しており，準消費貸借契約を締結した後も，この同時履行の抗弁権が存続していて，それを行使して準消費貸借契約に基づく貸金債務とその利息について支払を拒絶するとの主張であると理解できる。そして，この主張が認められると，400万円については，目的物の修補との引換給付判決がされることになる。また，遅延損害金の請求に対しては，同時履行の抗弁権が存在することにより，履行遅滞の違法性が阻却され，遅延損害金の発生の主張に対する障害の抗弁としても機能することになる。

(2) 請負契約に基づく目的物修補請求権と同時履行の抗弁権

　仕事の目的物が種類または品質に関して契約の内容に適合しないときは，注文者は，請負人に対し，目的物の修補を請求することができる（民559条，民新562条，636条参照）。すなわち，民法（債権関係）の改正により，売買契約について，買主の追完請求権（目的物の修補，代替物の引渡しまたは不足分の引渡しによる履行の追完を求める権利）が規定され（民新562条），これが売買以外の有償契約に準用されることにより（民559条），請負契約について，注文者が目的物の修補請求権を有することが明確にされた（民新636条参照）。なお，民法新562条により買主の追完請求権を一般的に定めることで，契約責任説を採用すること（すなわち，法定責任説を否定すること）が明らかにされ，特定物ドグマを否定することが明確にされた。

　「仕事の目的物が種類又は品質に関して契約の内容に適合しない」（民新562条）とは，完成された仕事が契約で定められたとおりでなく，使用価値もしくは交換価値を減少させる欠点があるか，または，当事者があらか

じめ定めた性質を欠くなど不完全な点を有することである（改正前の民法634条1項の「仕事の目的物に瑕疵があるとき」に関して，我妻V₃・631頁）。本問において，被告は「増築部分の壁に亀裂が生じ，その原因が壁の強度不足によるものである」と述べており，壁の強度不足の存在は「仕事の目的物が種類又は品質に関して契約の内容に適合しないとき」に当たるといえる（壁に亀裂が生じた事例について，大阪地判昭44・9・24判時587－60，京都地判平12・10・16判時1755－118等参照）。ただし，債務の履行が契約その他の当該債務の発生原因および取引上の社会通念に照らして不能であるときは，債権者は，目的物の修補を請求することができない（民新412条の2第1項参照）。

　注文者は目的物の修補に代わる損害賠償請求権も有するが（民新415条1項本文），目的物修補請求権と損害賠償請求権は選択債権であって，債権者である注文者はいずれの権利を行使するかを明らかにする必要がある（民407条1項。我妻栄＝有泉亨・清水誠補訂・新版コンメンタール契約法〔日本評論社・1998〕318頁）。

　また，注文者の目的物修補請求権と，請負人の報酬請求権は同時履行関係に立つ（民新533条。なお，注文者の瑕疵修補請求権と請負人の報酬請求権との関係につき，最判平9・2・14民集51－2－337参照）から，同時履行の抗弁権を行使して，請負報酬の支払を拒むことができる。その場合，Yは，目的物が契約の内容に適合しない程度や各契約当事者の交渉態度等に鑑み信義則に反すると認められるときを除き，報酬全額の支払を拒むことができる。

　双務契約上の対価的な債務の履行請求については，被告が原告の請求を争っている場合に，被告から明示の本抗弁の援用がなくても，本抗弁の提出があったものとして扱うべきであるとする見解（新版注釈⒀623頁〔澤井裕・清水元補訂〕），双務契約の存在の主張があれば同時履行の抗弁権を行使していると見てよいとする見解（石田穣・民法Ⅴ〔青林書院・1982〕56頁）もあるが，同時履行の抗弁権の権利行使が必要であるとする見解が多数説である（権利抗弁説。類型別8頁，倉田〔上〕120頁）。同時履行の抗弁権の行使が認められると，裁判所は，目的物の修補と引換えに請負残報酬を支払えとの引換給付判決をすることになる。

以上によると，請負契約に基づく目的物修補請求権との同時履行の抗弁の要件事実は，①請負契約の成立，②仕事の目的物が種類または品質に関して契約の内容に適合しないこと，③被告が原告に対し，目的物の修補を請求する旨の意思表示をしたこと，④目的物の修補がされるまで請負報酬の支払を拒絶する旨の権利主張ということになる。

(3) 準消費貸借契約と旧債務の同時履行の抗弁権の存続の有無

　準消費貸借契約が締結された場合に，旧債務に付着していた同時履行の抗弁権が存続するか否かが問題となる。この問題は，準消費貸借契約に基づく債務と旧債務との同一性の問題であると捉えられている。この点について学説には，①両者の同一性の有無は当事者の意思によって決められるが，原則として当事者の意思は債務の同一性を失わせるにあるとする見解（末川博・債権各論　第一部〔岩波書店・1939〕132-133頁），②両者の同一性の有無は当事者の意思によって決められるが，原則として当事者の意思は，債務の同一性を維持するにあるとする見解（松坂佐一・民法提要　債権各論〔第5版，有斐閣・1993〕124頁），③抽象的な債務の同一性の有無から演繹して各事項を判断するのではなく，事項別に当事者の意思解釈，同一性の有無の判断をすべきであるとする見解（我妻V₂・367-368頁，星野英一・民法概論Ⅳ〔合本新訂，良書普及会・1986〕172-173頁，加藤（雅）・大系Ⅳ297頁）などがあるが，判例は，原則として，旧債務に付着した同時履行の抗弁権は準消費貸借契約が締結された場合も存続すると解している（大判昭8・2・24民集12-265，最判昭62・2・13集民150-175）。

　そうすると，本問における被告の同時履行の抗弁権の主張も実体上，原則として許されることになるであろう。

　　＊　判例の立場によっても，当事者が旧債務の同時履行の抗弁権を存続させない意思である場合は，同時履行の抗弁権は存続しないことになる。要は当事者の意思解釈の問題であるが，原則として同時履行の抗弁権が存続すると解すると，本件準消費貸借契約に基づく新債務には従前の債務の性質を引き継がないと解すべき特段の事情があることは，同時履行の抗弁権の存続を否定する当事者（本問では原告）が再抗弁でこれを主張立証することになろう。この特段の事情としては，本件準消費貸借契約には旧債務の性質を引き継がないとする明示または黙示の合意の存在，慣行などが考えられるが，本問ではこの主張はない。

(4) 原告説，被告説にそれぞれ立った場合の要件事実

　そこで次に，同時履行の抗弁権の要件事実を検討するのに，準消費貸借

契約における旧債務の発生原因事実の主張立証責任について，原告説に立つか，被告説に立つかによって，抗弁の内容は異なってくる。

　ア　原告説の場合

　前記のとおり，原告説は，準消費貸借契約における旧債務の発生原因事実の主張立証責任は原告にあると解しており，したがって，旧債務である請負契約に基づく報酬請求権の発生原因事実，すなわち，①請負契約の成立および②仕事の完成（工事の完成）の事実は，既に原告が請求原因で主張していることになる。したがって，目的物修補請求権の発生原因事実のうち，請負契約成立の事実は，請求原因で主張済みであるから，同時履行の抗弁権の行使の前提として，抗弁において改めてその事実を主張立証する必要はないことになる。

　イ　被告説の場合

　これに対し，被告説に立つと，原告は，準消費貸借契約における旧債務の発生原因事実の主張立証責任を負っていない（旧債務が特定されているだけである）から，被告が抗弁において，請求原因で特定された旧債務と同一の債務の発生原因事実を主張し，その旧債務と反対債務とが同時履行関係にあることを抗弁で明らかにしなければならない。したがって，本問でも旧債務として特定された請負契約の成立を被告が抗弁で主張する必要がある。

(5)　**遅延損害金請求権に対する抗弁としての機能**

　前記のとおり，履行遅滞に基づく損害賠償請求権の要件のうち，「違法性」については，弁済期を経過している以上違法であることが原則であるから，違法性を基礎付ける事実は債務不履行を主張立証するものがこれを主張立証する必要がなく，違法性阻却事由が抗弁となると解されている。そして，当該債務について同時履行の抗弁権が存在すると，当該債務の債務不履行について違法性が阻却されると解される（同時履行の抗弁権の存在効果）。したがって，準消費貸借契約に基づく貸金債務の履行遅滞に基づく損害賠償請求権（遅延損害金の請求）に対しても，同時履行の抗弁（上記の要件のうち，権利主張を除く事実）は抗弁として機能することになる。

9　抗弁に対する認否

　Xの言い分によると，代物弁済に対して次項の詐欺取消しの主張をしているものの，代物弁済がされた事実自体は認めている。また，同時履行の抗弁については，増築建物の壁の強度不足により亀裂が生じたという契約不適合の事実の存在は否認しているが，その他の事実はすべて認めている。なお，同時履行の抗弁権の権利行使の主張は，裁判所の面前でされ，顕著であり，認否が不要である。

10　再抗弁（詐欺による取消し —— 抗弁1〔代物弁済〕に対して）
(1)　本問におけるXの主張の機能
　Xは，掛け軸乙による代物弁済について，Yが，真実は偽物であるのに有名画家の作品であると騙したと主張し，詐欺を理由に代物弁済の取消しを主張している。詐欺により取り消されると，代物弁済は遡及的に無効となるから，債務消滅の効果は生じない。代物弁済による効果を妨げる主張であり，再抗弁として機能する。
(2)　詐欺の要件事実
　詐欺の要件事実は，詐欺による取消しを主張する者に立証責任がある。その要件事実は，①詐欺の事実（具体的には当該取消しの対象となっている意思表示をしたことについて，Yの欺罔行為およびこれがXの意思表示の錯誤の原因となったものであり〔因果関係〕，かつ，Yには欺罔によりXに錯誤を生じさせ，これによって意思表示をなさしめようとする故意があったことに該当すべき事実並びに詐欺が違法性を有することを基礎付ける事実関係）と②取消しの意思表示を主張立証しなければならない。

　なお，再抗弁の性質については，障害の再抗弁とする見解（意思表示の瑕疵の同時存在を強調する立場）と消滅の再抗弁とする見解（事後的に取消しの意思表示がなされて初めて効果が発生する点を強調する立場）とがある。
(3)　本問について
　本問では，①YがXに対して，掛け軸乙が真実は3万円の価値しかない偽物であるのに有名画家の作品であると告げたこと，②Xがその旨誤信して，抗弁の代物弁済の合意をしたこと，③XがYに対し，代物弁済を取り消す旨の意思表示をしたことを主張立証することになる。

11 再抗弁に対する認否

　Yの言い分によると，代物弁済に際し，Yに対し，代物弁済の目的物である掛け軸乙が時価200万円以上はする有名画家の作であると告げたこと，Xが詐欺取消しの意思表示をしたことは認めているが，詐欺の事実，すなわち，掛け軸乙が３万円の価値しかない偽物であるとの主張は否認している。

事実摘示例

　１　請求原因（原告説の場合）
(1)ア　原告は，被告との間において，2021年８月３日，甲建物（○○県△△市□□○丁目○番○号所在）の屋根の葺き替え修繕工事を，代金150万円で請け負った。
　イ　原告は，2021年８月18日，上記修繕工事を完成させた。
(2)ア　原告は，被告との間において，2021年９月５日，甲建物の増築工事を，通例の報酬額を支払う約定で，請け負った。
　イ　原告は，2022年２月28日，上記増築工事を完成させた。
　ウ　上記増築工事の通例の報酬額は，500万円（材料費などの実費に手間賃を加えた額）である。
(3)　原告は，被告との間において，2022年４月３日，利息年８％，弁済期を同年10月２日として，原告の被告に対する上記(1)の請負報酬債権150万円及び上記(2)の請負報酬債権のうち400万円をもって消費貸借の目的とするとの合意をした（以下「本件準消費貸借契約」という）。
(4)　2022年10月２日は経過した。
(5)　よって，原告は，被告に対し，本件準消費貸借契約に基づき，元金550万円並びにこれに対する契約日である2022年４月３日から弁済期である同年10月２日までの約定の年８％の割合による利息及びその翌日から支払済みまで約定の年８％の割合による遅延損害金の支払を求める。

2 請求原因（被告説の場合）
(1) 原告は，被告との間において，2022年4月3日，利息年8％，弁済期を同年10月2日として，原告の被告に対する2021年8月3日の請負契約に基づく報酬債権150万円及び同年9月5日の請負契約に基づく報酬債権のうち400万円をもって消費貸借の目的とするとの合意をした。
(2) 2022年10月2日は経過した。
(3) よって，原告は，被告に対し，本件準消費貸借契約に基づき，元金550万円並びにこれに対する契約日である2022年4月3日から弁済期である同年10月2日までの約定の年8％の割合による利息及びその翌日から支払済みまで約定の年8％の割合による遅延損害金の支払を求める。

3 請求原因に対する認否
　（請求原因が原告説による場合）
　　請求原因(1)，(2)及び(3)は認める。
　（請求原因が被告説による場合）
　　請求原因(1)は認める。

4 抗弁 ── 代物弁済及び同時履行の抗弁
(1) 代物弁済
　ア　被告は，2022年7月2日当時，掛け軸乙を所有していた。
　イ　被告は，原告との間において，2022年7月2日，本件準消費貸借契約に基づく貸金債務のうち150万円及び同日までの利息の支払に代えて，掛け軸乙の所有権を移転するとの合意をし，同日，その合意に基づき，被告に対し，これを引き渡した。
(2) 同時履行
　（原告説の場合）
　ア　甲建物の増築部分には，壁の強度不足があり，その結果，壁に亀裂が生じた。
　イ　被告は，原告に対し，2022年10月2日ころ，上記強度不足に

　　　　よる壁の亀裂について，修補を求める旨の意思表示をした。
　　ウ　原告が上記修補をするまで，本件準消費貸借契約に基づく貸金債務のうち400万円及びこれに対する利息の支払を拒絶する。
（被告説の場合）
　　ア　原告は，被告との間において，2021年9月5日，甲建物の増築工事を，通例の報酬額を支払う約定で，請け負った。
　　イ　原告は，2022年2月28日，上記増築工事を完成させた。
　　ウ　上記増築工事の通例の報酬額は，500万円（材料費などの実費に手間賃を加えた額）である。
　　エ　甲建物の増築部分には，壁の強度不足があり，その結果，壁に亀裂が生じた。
　　オ　被告は，原告に対し，2022年10月2日ころ，上記強度不足による壁の亀裂について，修補を求める旨の意思表示をした。
　　カ　原告が上記修補をするまで，本件準消費貸借契約に基づく貸金債務のうち400万円及びこれに対する利息の支払を拒絶する。

5　抗弁に対する認否
(1)　抗弁(1)は認める。
（原告説の場合）
(2)　抗弁(2)アは否認し，イは認める。
（被告説の場合）
(3)　抗弁(2)アからウまで及びオは認め，エは否認する。

6　再抗弁 ── 詐欺取消し（抗弁(1)に対する主張）
(1)　被告は，原告に対し，抗弁(1)の代物弁済に際し，掛け軸乙が真実は3万円の価値しかない偽物であるにもかかわらず，有名画家の作品で200万円の価値を有すると告げて原告を欺き，そのように信じさせたうえ，上記代物弁済を成立させた。
(2)　原告は，被告に対し，2022年11月8日，抗弁(1)の代物弁済を取り消す旨の意思表示をした。

7　再抗弁に対する認否
(1)　再抗弁(1)のうち，被告が原告に対し，抗弁(1)の代物弁済に際し，掛け軸乙が有名画家の作品で200万円の価値を有すると告げたことは認め，その余は否認する。
(2)　再抗弁(2)は認める。

第14講 賃貸借(1)

（Xの言い分）

　別紙物件目録（省略）記載の建物（以下「本件建物」という）とその敷地は，私が所有しているものですが，特にこれといった利用もせず，空き家のまま放置していたところ，Yが，賃貸して欲しいと言ってきました。そこで，私は，Yに対し，2021年11月20日，本件建物を賃貸しました。賃貸の条件として，賃料は月額10万円とし，毎月末日に当月分を支払うこと，賃貸期間は同年12月1日から2年間とすることを定め，敷金として30万円を受け取りました。Yは，すぐに本件建物に引っ越して来て，家族と一緒に住んでいます。

　ところが，Yは，2023年7月分以降の賃料を支払わなくなりました。そこで，私は，同年10月4日，Yに対し，内容証明郵便を送り，7月分以降の賃料合計30万円を7日以内に支払うよう求めるとともに，7日以内に支払がないときは賃貸借契約を解除すると通知しました。この内容証明郵便は同月5日にYのところに届いています。それなのに，Yは，現在まで，滞納賃料の支払をしません。

　Yは，私が賃料の支払を10月末まで待ってやると言ったと主張していますが，そんなことは言っていません。また，Yは，私の留守中に滞納賃料を持って来て，妻に支払おうとしたのに，拒否されたとも主張していますが，妻に確認したところ，Yが訪ねて来たのは事実ですが，申し訳ないがもう少し待って欲しいと言うだけだったそうです。

　そこで，私は，Yに対し，本件建物の返還と，2023年7月1日から本件建物の返還を受けるまでの毎月10万円の支払を求めます。

（Yの言い分）

　私がXから本件建物を賃借して家族と一緒に住んでいることは，間違いありません。賃借の条件は，Xの言うとおりです。
　私は，2023年3月31日，勤めていた会社を解雇されてしまいました。同年7月分以降の賃料の支払ができなくなったのは，そのためです。ただ，幸いなことに，知人の紹介で，新しい勤め口が見つかり，同年10月1日から働かせてもらっています。Xには，同年9月20日ころ，電話でこのような事情を説明したところ，Xは，7月分以降の賃料の支払を10月末まで待ってやると言ってくれました。それで安心していたところ，同年10月5日，Xの言っている内容証明郵便が届きました。私は，驚いて，妻の両親から30万円を貸してもらい，これを持って，同月12日，X宅を訪問しました。Xは留守でしたが，奥さんがいらっしゃいましたので，私は，30万円を差し出して受け取ってもらおうとしたのですが，もう契約は解除されたのだからと言われて，受取りを拒否されました。
　ですから，賃貸借契約を解除すると言われても，納得できません。
　仮に解除が認められるのであれば，敷金は返してもらいたいと思いますし，Xは，毎月10万円の支払を請求していますが，私には敷金を返してもらう権利があるのですから，それと相殺します。

1　事案

　Xは，本件建物をYに賃貸していたが，賃料債務の不履行があったから，賃貸借契約を解除したと主張して，本件建物の明渡しと未払賃料および賃料相当損害金の支払を求めている。
　これに対し，Yは，Xから賃料債務について，期限の猶予を受けたことと，弁済の提供をしたことを主張している（敷金返還請求権との相殺も主張しているが，後述のとおり，この主張は成り立たない〔このような場合，その主張は「主張自体失当」であるという。第5講のコラム参照〕）。

2　請求の趣旨

> 1　被告は，原告に対し，別紙物件目録（省略）記載の建物を明け渡せ。
> 2　被告は，原告に対し，2023年7月1日から1の明渡済みまで，1か月10万円の割合による金員を支払え。

3　訴訟物
(1)　主たる請求

> 賃貸借契約終了に基づく目的物返還請求権としての建物明渡請求権　1個

　考えられる訴訟物は，①賃貸借契約終了に基づく目的物返還請求権としての建物明渡請求権と②所有権に基づく返還請求権としての建物明渡請求権の2つである。

> ＊　①については，債務不履行による解除，合意解約や期間満了等による契約終了，正当事由ある場合の解約申入れのように，類型化された終了原因ごとに別個の訴訟物となるとする説もあった（岩松三郎＝兼子一編・法律実務講座民事訴訟法編第2巻［第1審手続(1)]〔有斐閣・1958〕104頁参照）。
> 　しかし，賃貸借契約終了に基づく明渡請求権は，賃貸借契約の効果として発生する賃借物返還義務（民法新601条）に基礎を置くものであり，契約終了原因自体の効果として発生するものではないから，1個の賃貸借契約に基づく明渡請求である限り，訴訟物は1個である（個々の終了原因は，Xの攻撃方法にすぎない）と考えるべきであろう。なお，いわゆる貸借型契約である賃貸借契約においては，目的物返還債務は，賃料支払債務と並ぶ賃借人の基本的な債務である。賃貸借の冒頭規定である民法新601条には，賃貸借の終了によって賃借人の目的物返還債務が生ずる旨が明記された。

　①と②のどちらを選ぶかは，Xが自由に決めることができる（処分権主義。民訴246条）が，Xの言い分だけからは，Xがどちらを選択しているかは明確ではない。したがって，Xは，これを明らかにすべきであるし，裁判所は，Xに対し，この点を明らかにするよう求める必要がある（求釈明。民訴149条）。

　現実には，Yとの間で賃貸借契約が締結されたことに争いのない本問の

ような類型の訴訟においては，①が選択されることが多いので，ここでは，①が訴訟物であることを前提として解説する。

- ＊　②が選択された場合については，第15講，第20講を参照されたい。
- ＊　②を訴訟物とした場合，請求原因として「Xの本件建物所有」（およびYの本件建物占有）が必要であるが，Yがこれを認めるかどうかは，Yの言い分からは明確ではない。しかし，Yとしてこれを争う意図は読み取れないから，おそらく，Yは，Xの本件建物所有を認めるであろう。そうすると，①と②のどちらを選択しても，Xの請求が認容されるかどうかの結論に差異は生じないことになる。

(2)　附帯請求

> 賃貸借契約に基づく賃料支払請求権　1個
> 履行遅滞に基づく損害賠償請求権　1個
> 合計2個　単純併合

　Xは，2023年7月1日から建物明渡済みまで1か月10万円の割合による金員の支払を求めているが，その訴訟物は，2つの部分に分けて考えなければならない。

　まず，賃貸借契約が存続していた間（2023年10月12日まで）については，訴訟物は，賃貸借契約に基づく賃料支払請求権である。

　次に，賃貸借契約終了後については，賃料支払請求権は発生しない。しかし，Yは，賃貸借契約終了に基づく目的物返還義務としての建物明渡義務があるのに，それを履行しない（履行遅滞）のであるから，③履行遅滞に基づく損害賠償請求権が発生することになり，これを訴訟物とすることが考えられる。また，賃貸借契約が終了したのであれば，YはXの所有物である本件建物を権原なく占有していることになるから，④不法行為に基づく損害賠償請求権が発生するし，また，Yは法律上の原因なくXの財産（本件建物）によって利益（居住利益）を受けたことになるから，⑤不当利得に基づく利得金返還請求権も発生するので，これらを訴訟物とすることも考えられる。Xは，上記(1)と同様，③④⑤のいずれを訴訟物として選択することもできるが，(1)において①を訴訟物とするのであれば，(2)においては③を訴訟物とするのが自然であろうから，ここでは，③が訴訟物であることを前提として解説する。

4　本問における攻撃防御の枠組み

　Xは，賃貸借契約につき，賃料債務の履行遅滞による解除を主張して，本件建物の明渡しと，未払賃料および明渡済みまでの賃料相当損害金を請求する。

　これに対し，Yは，賃料債務につき期限の猶予がされたと主張する。期限の猶予がされれば，履行遅滞とはならないから，この主張は抗弁となる。

　また，Yは，賃料債務につき弁済の提供をしたと主張する。弁済の提供がされれば，債務不履行の責任を免れるから，この主張も抗弁となる。

5　請求原因
(1)　主たる請求についての請求原因

　賃貸借契約終了に基づく目的物返還請求権としての建物明渡請求権の発生要件としては，①賃貸借契約の締結，②それに基づく引渡し，③賃貸借契約の終了原因事実，が必要である。

ア　賃貸借契約

　「賃貸借契約終了に基づく目的物返還請求権としての建物明渡請求権」が訴訟物であるから，請求原因として，まず，賃貸借契約の締結が必要である。

　賃貸借契約は，「当事者の一方がある物の使用及び収益を相手方にさせることを約し，相手方がこれに対してその賃料を支払うこと及び引渡しを受けた物を契約が終了したときに返還することを約することによって，その効力を生ずる」（民新601条）契約である。そうすると，まず，目的物，賃料額の合意および契約終了時の返還合意が，賃貸借契約の本質的要素であると考えられる。

> ＊　賃料額の合意が賃貸借契約の本質的要素であるという点を厳格に考えると，実際上の不都合が生ずる場合がある。たとえば，Xの親がYの親に対して何十年も前に賃貸し，XもYも契約当事者としての地位を相続によって承継したことを前提として，その賃貸借契約の終了を主張するような場合において，賃貸期間中に賃料額の変更があったが，当初の賃料額を明らかにする資料がないことがある。このような場合に，「賃料額の合意は賃貸借契約の本質的要素であるから，その主張がない限り，賃貸借契約の主張としては不十分である」ということになると，それだけで請求原因の主張が不十分であることになり，Xの請求は認められないことになってしまう。これは妥当な結果とはいえないであろう。そこで，このような場合には，具体的な金額まで主張しなくてもよく，ある程度抽象的な主張

（「当時の相当額」など）で足りるとする考え方が有力である。

　　＊　改正前の民法においては，消費貸借と使用貸借の冒頭規定（民587条，593条）には借主の目的物返還債務が明記されていたが，賃貸借の冒頭規定である改正前の民法601条には，これが明記されていなかった。民法新601条においては，「引渡しを受けた物を契約が終了したときに返還することを約する」ことが明文化された。

　また，貸借型理論を採用するのであれば，上記に加え，賃貸期間の合意も契約の本質的要素となる。

　　＊　貸借型理論の当否については，議論があるが，ここでは立ち入らない。第12講を参照のうえ，各自で検討されたい。

　したがって，賃貸借契約の締結を主張するためには，①目的物，②賃料額（貸借型理論を採用する場合には，これらに加えて③賃貸期間〔「Yの言い分」では，これらを「賃借の条件」という言葉で表現しているが，民法総則に規定がある「条件」ではない〕）および④契約終了時に目的物を返還することについての合意を主張する必要がある。なお，事実摘示で「賃貸した」と表現すれば，その中に④が含まれていると理解してよい。

　他方，これら以外のものは，賃貸借契約の本質的要素ではなく，契約締結の主張をするためには不要であると考えられる。すなわち，賃貸人が目的物を所有することの主張は不要である（他人の物の賃貸借契約も有効である。民新601条，民559条，民新561条。大判明39・5・17民録12－773等）。賃料の支払時期の合意も不要である（合意の主張立証がなければ，民法614条が適用される結果，合意の内容と同一の弁済期となるから，主張立証する実益がない）。敷金の交付も不要である（敷金契約〔民新622条の2〕は，賃貸借契約とは別個の契約であり〔最判昭53・12・22民集32－9－1768〕，敷金契約がなくても賃貸借契約は有効である）。

　イ　基づく引渡し

　賃貸借契約終了に基づいて目的物の返還を請求するためには，その前提として，目的物が引渡済みであることが必要である。**目的物を引き渡して初めてその返還を請求する権利が発生すると考えられるからである。**したがって，XがYに対し，賃貸借契約に基づいて本件建物を引き渡したことが要件事実となる。

　　＊　「基づいて」とは，ここでは「賃貸借契約上の義務の履行として」という意味である。

単なる「引渡し」ではなくて「基づく引渡し」が要件事実であるというのは、「契約上の義務の履行としてではない引渡し」がされたにとどまる場合は、契約に由来する目的物返還請求権が発生するということはできないという考え方による。もっとも、賃貸借契約締結の当事者間で「契約上の義務の履行としてではない引渡し」がされることは、実際上ほとんどないと思われるから、単に「引渡し」と表記しても差し支えない（「引渡し」は「基づく引渡し」を意味する表現である）と考えられる。

なお、Yが目的物を占有していることは、必要ではない。引渡しを受けた後、仮にYが占有を失ったとしても、そのことによって賃貸借契約上の目的物返還義務が消滅するとは考えられないからである。Xに明け渡した（返還した）という場合は、弁済の抗弁として、Yがその事実を主張立証することになる。

　ウ　賃貸借契約の終了原因事実

賃借人は、賃貸期間中、目的物の「使用及び収益」をする権利を有し、「契約が終了したときに〔目的物を〕返還する」義務を負う（民新601条）から、賃貸借契約が終了して初めて目的物返還請求権が発生すると考えられる。したがって、賃貸借契約の終了原因事実が要件事実となる。

Xは、賃料不払による契約解除を主張している。

賃貸借契約の解除については、改正前の民法541条は適用されないとする説もあるが、同条の適用を認めるのが判例・通説であり、以下では、民法新541条が適用されるとの立場を前提として解説する。

　(ア)　**債務不履行による解除をするためには、まず、債務が発生していなければならない。**本件では賃料債務の不履行が問題とされている。

賃料債務の発生原因事実としては、

(i)　賃貸借契約の締結

(ii)　(i)に基づく引渡し

(iii)　（不履行があったと主張する）賃料債務の発生期間の経過

(iv)　民法614条所定の（これと異なる特約がある場合には、特約の締結および特約における）支払時期の到来

が必要である。

賃料は、賃貸借契約において、賃借人が賃貸人に対して支払うことを約するものであるから、まず、(i)が必要である。

また、賃料は、目的物を一定期間賃借人の使用および収益が可能な状態

に置いたことに対する対価であるから，(ⅱ)および(ⅲ)が必要である。(ⅲ)は，期間の末日の経過で摘示するのが通常である。

　なお，(ⅲ)については，賃貸借は当事者相互の信頼関係を基礎とする継続的契約であるから，賃料債務の不履行があっても，相互の信頼関係が破壊されたものと認められないときは，賃貸借契約を解除することはできないとされている（最判昭39・7・28民集18－6－1220など）が，解除の効果を争う側に，信頼関係不破壊（賃借人の非背信性）の主張立証責任があるのであって，解除を主張する側に信頼関係破壊（賃借人の背信性）の主張立証責任があるわけではないと考えられているから，本来は，2023年9月分だけでも足りる。しかし，最判昭56・6・16民集35－4－763は，「継続した地代不払を一括して1個の解除原因とする賃貸借契約の解除権の消滅時効は，最後の地代の支払時期が経過した時から進行する」としており，何をもって解除原因と構成するかは，解除権者が自由に選択，決定できるとする立場に立っていると思われる。これを前提とすると，本設問では，Xは，7月から9月までの3か月分を一括して1個の解除原因としていると考えられるから，(ⅲ)も，7月から9月までの3か月分の期間経過が必要である。

　さらに，(ⅰ)で賃貸目的物が特定されることにより，目的物に応じて民法614条所定の支払時期の定めが現れることになるので，(ⅳ)を主張する必要がある（支払時期の到来は顕著な事実であるから，立証は不要である）。ただし，主たる請求についての請求原因としては，下記(イ)において「弁済期の経過」が必要とされることから，その「到来」を独立の要件事実として摘示する必要はない。

　（イ）　次に，賃料債務の「不履行」（債務を履行しないこと）が必要である。

　ここで問題となる「不履行」は，「履行遅滞」であるから，民法新412条各項（ただし，2項のみ改正）**のいずれかに該当する事実が必要である。**賃料債務の弁済期については，民法614条の規定があり，賃貸借契約の目的物は建物であるから，弁済期は「毎月末」になる。これは確定期限である。したがって，民法412条1項が適用されることになり，弁済期の経過（条文上は「到来」となっているが，期限当日に履行すれば履行遅滞とはならないから，期限が「経過」したことを要すると考えられる）が必要である。この

主張には(ア)(iv)が包含される。

なお,「履行期に弁済しなかったこと」は必要ではない。債務の弁済は債権の消滅原因であるから（民新473条),「弁済したこと」を抗弁に位置付けるべきものである。

* 「弁済しなかったこと」の証明は困難であるから，それを要件事実と考えるべきではない，とする考え方がある。しかし，そのような考え方は，基本的には適切ではないと思われる。消極的事実が要件事実となるかどうかは，実体法の立法趣旨いかんによって決まることであり，ただ，立法趣旨を解釈する過程で，証明の難易を考慮に入れるべき場合もありうるというにとどまる。第3講，第15講の**5**(2)参照。

(ウ) 民法新541条による解除をするためには，催告をする必要がある。同条は,「相当の期間を定めてその履行の催告」をすべきことを定めているが，期間を定めずに催告した場合でも，催告後，相当の期間を経過すれば解除の効力を生ずる（最判昭29・12・21民集8－12－2211）し，催告から相当の期間を経過した後にした解除の意思表示は，催告期間が相当であったか否かに関わりなく有効である（最判昭31・12・6民集10－12－1527）との判例を前提とする限り，要件事実となるのは催告の事実だけであって,「相当の期間を定めたこと」は要件事実ではない（反対，倉田〔上〕206頁，倉田〔下〕641頁)。

(エ) 上記(ウ)で述べたとおり，催告において相当期間を定めたことは要件事実ではないが，催告から解除の意思表示までに相当の期間が経過したこと自体は，要件事実である。

* 不動産賃貸借契約においては，無催告解除特約（たとえば，賃借人が賃料の支払を1回でも怠ったときは，賃貸人は催告をしないで賃貸借契約を解除することができるとの特約）が締結されることが多い。このような特約がある場合，契約を解除するに当たり催告をしなくても不合理とは認められない事情（＝賃借人の背信性）があれば，無催告解除が認められるとするのが判例である（最判昭43・11・21民集22－12－2741)。
  したがって，催告および相当期間経過の代わりに，無催告解除特約を締結したことおよび背信性の評価根拠事実（背信性は規範的要件であると考えられる）を主張することもできる（第6講参照）。
  背信性の評価根拠事実としては様々なものが考えられるが，不履行の対象とした賃料とは別の期間の賃料の支払がなかったことを評価根拠事実とすることもできる。

(オ) 契約の解除は，相手方に対する意思表示によってする（民540条）。したがって，賃貸人が賃借人に対して賃貸借契約解除の意思表示をしたことが必要である。「意思表示は，その通知が相手方に到達した時からその

効力を生ずる」(民新97条1項)から，到達日に意思表示がされたものとして摘示すべきである。

　本問では，Xは，未払賃料を7日以内に支払うよう催告すると同時に，「7日以内に支払がないときは」賃貸借契約を解除するとの意思表示をしている。これをどのように理解すべきであろうか。「7日以内に支払がないこと」を停止条件とする解除の意思表示であるとすると，解除の意思表示がその効力を生ずるためには，停止条件の成就，すなわち「7日以内に支払がなかったこと」の主張が必要であることになる（民127条1項）。しかし，上記(イ)で述べたとおり，支払をしたことが抗弁に位置付けられるべきであり，それと両立しない事実（反対事実）である「支払をしなかったこと」が請求原因になると考えるべきではない。そこで，この意思表示は，理論上は「7日（催告期間）が経過したこと」を停止期限とするものであると考えるべきである（第10講事例1参照）。

(2) 賃料支払請求権

　賃貸借契約に基づく賃料支払請求権の発生要件事実は，上記(1)ウ(ア)で説明したとおりである。

(3) 履行遅滞に基づく損害賠償請求権

　履行遅滞に基づく損害賠償請求権が発生したというためには，まず，履行遅滞の対象となった債務（＝賃貸借契約終了に基づく目的物返還債務）の発生原因事実が必要である。何がこれに当たるかは，上記(1)で述べた。

　次に，この債務について，履行遅滞となるための要件が必要となる。この債務は，不確定期限の定めのある債務であると考えられるから，民法新412条2項により，債務者は，「その期限の到来した後に履行の請求を受けた時又はその期限の到来したことを知った時のいずれか早い時」から遅滞の責任を負う。しかし，賃貸借契約解除の意思表示が要件事実であり，解除の意思表示があれば，通常は，債務者は当然に期限の到来を知るはずであるから，これを独立の要件事実と考える必要はなく，その後に履行の請求をした事実を主張立証する必要もない。

　さらに，損害賠償請求権の発生を基礎付けるためには，損害の発生およびその数額の主張が必要である。

＊　損害額は賃料と同額であると主張されるのが通常であり，その場合には，賃貸借契約の主張の中に賃料額の主張が現れているから，それとは別に独立の要件事実として掲げない記載例も多いが，それは記載を省略しているだけであって，要件事実として不要であるとする趣旨ではない。

6　請求原因に対する認否

　Ｙは，賃貸借契約の締結，それに基づく引渡し，催告および解除の意思表示，相当賃料額の主張をいずれも認めている。また，賃料債務の各弁済期の経過と催告期間の経過は，顕著な事実である。

7　抗弁
(1)　期限の猶予

　Ｙは，Ｘから，賃料債務について期限の猶予を得たと主張している。

　債権者であるＸが期限の猶予をしたのであれば，Ｘの主張する賃料債務の不履行の主張は成り立たなくなる。なぜなら，Ｘは，賃料債務の弁済期の「経過」による債務不履行を主張しているが，期限の猶予により，経過した日はそもそも「弁済期」ではなかったことになるからである。したがって，これは解除権の発生を障害するものであり，訴訟物たる権利の発生を障害するものとして，抗弁となる。

(2)　弁済の提供

　Ｙは，Ｘに対し，賃料債務の弁済の提供をしたことを主張している。

　弁済の提供があれば，「債務者は，弁済の提供の時から，債務を履行しないことによって生ずべき責任を免れる」（民新492条）。したがって，Ｙが弁済の提供をすれば，Ｙの債務不履行の状態は解消され，Ｘの解除権の発生は障害されるから，契約解除の意思表示は効力を生じないこととなり，訴訟物たる権利の発生は障害されるから，抗弁となる。

　　＊　もっとも，附帯請求のうち，賃料支払請求権との関係では，抗弁にならない。
　　＊　催告後，相当期間が経過するまでの間は解除権は発生しないから，相当期間経過前に提供がされれば，それによって解除権の発生が障害される。これに対し，相当期間経過後，解除の意思表示前に提供がされたときは，相当期間経過によって既に解除権は発生しているから，解除権が提供によって消滅することになる。

　「弁済の提供は，債務の本旨に従って現実にしなければならない」（民

493条本文）から，**弁済すべき場所において，弁済すべき金額を，債権者に対して提供する必要がある。**

弁済すべき場所は，Xの現在の住所である（民484条１項）。

弁済すべき金額については，考え方が分かれる可能性がある。

第１の考え方は，弁済期到来済みの賃料額だけでなく，それに対する遅延損害金も付加して提供する必要があるとするものである。これは，遅延損害金債務が発生している以上，それをも合わせて提供しなければ適法な提供とはいえないとの考え方に基づく。この考え方によるときは，本問のYの提供は適法な提供とはいえず，したがって，Yの提供の主張は，主張自体失当（その事実が認定できたとしても成り立たない主張であり，したがって，認定できるか否かの判断をするまでもなく，排斥されるべきもの。第５講のコラム参照）となる。

> ＊　もっとも，催告された賃料額の弁済を提供した以上，相互の信頼関係は破壊されていないとして，信頼関係不破壊（賃借人の非背信性）の抗弁を主張することは考えられる。上記5(1)ウ(ア)参照。信頼関係不破壊は規範的要件であると考えられるから，その評価根拠事実が要件事実となる。この場合の評価根拠事実としては，たとえば，それまで賃料債務の不履行がないこと，その後の賃料を毎月供託していることなどが考えられる。
> 　さらに，遅延損害金債務のみの不履行が契約および取引上の社会通念に照らして軽微であるといえれば，やはり解除権は発生しない（民新541条ただし書）。この場合も，軽微であることの評価根拠事実をYが主張立証する必要がある。この場合の評価根拠事実としては，たとえば，不履行となった遅延損害金の額などが考えられる。民法新541条は，付随的義務違反等の軽微な義務違反が解除原因とはならないとする判例法理（最判昭36・11・21民集15－10－2507号）に基づき，「債務の不履行がその契約及び取引上の社会通念に照らして軽微であるときは」解除をすることができないとするただし書を新設したものであり，その条文の体裁に照らし，ただし書に該当する事由は，解除の効果を争う債務者の側で主張立証すべきである。

第２の考え方は，催告された金額（本問でいえば，賃料債務の元本30万円）のみを提供すれば足りるとするものである。これは，催告された金額さえ提供すれば，催告に対応する部分の債務については不履行はなく，したがって，民法新541条本文の要件は満たされないと考えるものである。支払の催告を受けた金額を提供しても原則として解除されるという結論は不当であると考えるのであれば，第２の考え方によることになろう。

提供の相手方は，債権者，すなわちXである。本問では，Xが不在であったため，Xの妻に対して受領を求めており，X本人に対しては受領を求

めていないが，これを適法な提供というための説明としては，次の2つが考えられる。第1は，妻をXの履行補助者とする考え方である。第2は，催告期間の末日に債権者方に現金を持参したのであるから，債権者が不在であったとしても，それで適法な提供になるとする考え方である。いずれの考え方も成り立つであろう。

8　抗弁に対する認否

　Xは，期限の猶予の主張，弁済提供の主張をいずれも否認している。

9　敷金返還請求権

　Yは，「仮に解除が認められるのであれば，敷金は返してもらいたいと思いますし，Xは，毎月10万円の支払を請求していますが，私には敷金を返してもらう権利があるのですから，それと相殺します。」と述べている。
　敷金とは，「いかなる名目によるかを問わず，賃料債務その他の賃貸借に基づいて生ずる賃借人の賃貸人に対する金銭の給付を目的とする債務を担保する目的で，賃借人が賃貸人に交付する金銭」であり，賃貸人は，「賃貸借が終了し，かつ，賃貸物の返還を受けたとき」は，受け取った敷金の額から賃借人の上記金銭債務の額を控除した残額を，賃借人に返還しなければならない（民新622条の2第1項1号）。敷金については，改正前の民法には規定がなかったが，民法新622条の2第1項は，敷金の意義を，判例（大判大15・7・12民集5－616等）や一般的な理解を踏まえて上記のとおり明確にし，また，敷金返還債務が発生する時期についても，判例法理（最判昭48・2・2民集27－1－80）を明文化したものである。そうすると，賃貸借契約が終了し，賃貸目的物の明渡しが完了したときに賃借人に未履行の債務があるときは，敷金は当然にその弁済に充当されるのであって（「控除した残額を返還」する義務が生ずる），「相殺することができる」のではない。また，敷金返還請求権は，賃貸借契約の終了だけでは足りず，賃貸目的物の明渡しが完了して初めて発生するのであるから（最判昭48・2・2民集27－1－80等も参照），Yは，いまだ本件建物の明渡しを完了していない以上，敷金の返還は請求できないことになる。敷金返還請求権が発生していないのであるから，それを自働債権とする相殺もできない。

＊　敷金の返還を請求する場合，その請求原因は何か。

　まず，敷金契約は賃貸借契約の従たる契約と考えられており（最判昭53・12・22民集32－9－1768），賃貸借契約が締結されない限り，敷金契約も成立しないから，賃貸借契約の締結が必要である。また，敷金契約が必要である。敷金契約は，要物契約であると考えられており，敷金授受の合意と敷金の交付が必要となる。これらの考え方は，今回の改正で敷金が明文化されたことによっても何ら異ならない。

　次に，敷金返還請求権は，目的物の明渡しが完了して初めて発生するから，賃貸借契約の終了と，明渡しが必要であり（民新622条の2第1項1号），また，明渡しの前提として，賃貸借契約に基づく目的物の引渡しが必要である（もっとも，このように考えると，賃貸借契約締結後，引渡未了の間に賃貸借契約が終了した場合，敷金返還請求権は発生しないということになり，それでよいかどうかは，検討を要する。そのような場合には，目的物の返還を受けたと同視することができるから，賃貸借契約が終了したこと（のみ）で敷金返還請求権が発生するとするのが1つの考え方であろう）。

　さらに，以上の事実から，「引渡しから賃貸借終了までの間の賃料債権」と「賃貸借終了から明渡しまでの間の賃料相当損害金」の発生が現れており，その全額を弁済した事実がなければ，その額が敷金の額から当然に控除されるから，敷金全額の返還を請求するためには，上記の「賃料債権」と「賃料相当損害金」全額の弁済の事実も必要となる。

　結局，敷金の返還を請求するための請求原因は，
(i)　賃貸借契約
(ii)　(i)に基づく引渡し
(iii)　敷金契約（敷金の合意および交付）
(iv)　賃貸借契約の終了原因事実
(v)　賃貸目的物の明渡し
(vi)　(ii)から(iv)までの期間の賃料および(iv)から(v)までの期間の賃料相当損害金の全額弁済
となる。

　賃借人に，賃料や賃料相当損害金以外の金銭債務（たとえば，用法順守義務違反による損害賠償債務）があるときは，その額も敷金から控除されることになるが，その債務の発生原因事実は，以上の請求原因には現れないから，賃貸人の抗弁となる。

事実摘示例

1　請求原因
(1)　原告は，被告に対し，2021年11月20日，別紙物件目録（省略）記載の建物（以下「本件建物」という）を，賃貸期間同年12月1日から2年間，賃料1か月10万円の約定で賃貸した（以下「本件賃貸借契約」という）。
(2)　原告は，被告に対し，2021年12月1日，本件賃貸借契約に基づき，本件建物を引き渡した。
(3)　2023年7月から9月までの各月末日は経過した。
(4)　原告は，被告に対し，2023年10月5日，同年7月分から9月分

までの賃料合計30万円の支払を催告した。
(5) 原告は，被告に対し，(4)の際，2023年10月12日が経過したときは本件賃貸借契約を解除するとの意思表示をした。
(6) 2023年10月12日は経過した。
(7) 2023年10月13日以降の本件建物の相当賃料額は，1か月10万円である。
(8) よって，原告は，被告に対し，本件賃貸借契約の終了に基づき本件建物の明渡しを，本件賃貸借契約に基づき2023年7月1日から同年10月12日まで1か月10万円の割合による賃料の支払を，本件建物の明渡債務の履行遅滞に基づく損害賠償として本件賃貸借契約の終了の日の翌日である同月13日から明渡済みまで1か月10万円の割合による遅延損害金の支払を，それぞれ求める。

2　請求原因に対する認否
　請求原因(1)(2)(4)(5)(7)の各事実は認める。

3　抗弁
(1) 期限の猶予
　原告は，被告に対し，2023年9月20日ころ，同年7月分から9月分までの賃料の支払期限を同年10月末日まで猶予するとの意思表示をした。
(2) 弁済の提供
　被告は，2023年10月12日，同年7月分から9月分までの賃料合計30万円を○○市××所在の原告方に持参し［，原告に対しその受領を求め］た。

4　抗弁に対する認否
　抗弁(1)(2)の各事実は否認する。

第15講

賃貸借(2)

（Xの言い分）
　別紙物件目録（省略）記載1の土地（以下「本件土地」という）は，私の父が所有していたものです。父は2018年に亡くなりました。父には，子が2人（私と妹）いましたが，遺産分割協議の結果，本件土地は私が相続することとなり，それ以来，私が所有しています。
　2021年2月ころ，Aが，プレハブの建物を建てて農産物販売所を開きたいので本件土地を賃貸して欲しいと言ってきましたので，私は，この申出に応ずることにし，同年4月1日，Aに対し，本件土地を賃貸しました。賃料は，当初，月額4万円の約束でしたが，その後，近隣の相場と比べて安すぎると思ったので，2027年1月分から月額5万円に増額しました。なお，賃貸期間は特に定めませんでした。賃貸後まもなく，Aは本件土地上に別紙物件目録（省略）記載2の建物（以下「本件建物」という）を建て，農産物販売所を開いていました。
　ところが，2027年4月ころ，農産物販売所が閉鎖され，5月ころからゲームセンターになりました。驚いてAに尋ねると，Aは，同年4月30日，Yに対し，賃借権と本件建物を無償で譲渡したと言うのです。Yは，Aの息子であるBが代表取締役を務めている会社です。なお，Yの株を誰が持っているのかとか，B以外に誰が取締役なのかといったことは知りませんが，Yを実際に経営しているのはCという人物で，Cは暴力団とも関係があるのだそうです。そんな会社に貸しておくわけにはいきません。Aは，賃料増額の時に，Yに賃借権を譲渡し，本件建物をゲームセンターにすることを話し，私が承諾したなどと言っていますが，私は，そんなことを承諾した

覚えはありません。賃借権を勝手に譲渡すること自体，とんでもないことですが，ゲームセンターになると，非行少年の溜まり場になったりするので，とても困ります。もともと，賃貸借契約をした時，Aは，農産物販売所以外の目的で使うことはしないと約束していたのです。そこで，私は，同年7月7日，AとYに対し，2週間以内に元の状態に戻すよう，きつく申し入れましたが，無視されましたので，賃貸借契約を解除することにし，AとYに宛てて，解除の通知を内容証明郵便で送りました。内容証明郵便は，同月25日に届いています。

　そこで，私は，Yに対し，本件建物を収去して本件土地を明け渡すことを求めます。

（Y代表者（B）の言い分）
　Xが本件土地を相続して所有していること，AがXから賃借することになったいきさつ，賃貸借契約の内容，賃料が増額されたこと，Aが本件建物で農産物販売所を開いていたこと，AからYに対して賃借権と本件建物が無償譲渡されたこと，Yは私が代表取締役を務めている会社であること，Yが本件建物をゲームセンターにしたこと，Xから元の状態に戻すよう言われたこと，XからAとY宛に内容証明郵便が送られてきたことは，Xの言うとおりです。Aからは，賃料増額を認める代わりに，賃借権の譲渡と本件建物をゲームセンターにすることについてXの承諾を得たと聞いています。それに，Yの代表取締役は私で，ほかの取締役もみんな私の家族ですし，Yの株は私とAが半分ずつ持っており，ほかに株主はおらず，Aと私は親子なのですから，賃借人が変わったというのは形だけの話だと思います。Xは，Yを実際に経営しているのはCだとか，Cが暴力団と関係があるなどと言っているそうですが，とんでもない言いがかりです。また，Aは，農産物販売所以外の目的では使わないなどという約束をした覚えはないとのことです。ですから，解除するなどと言われても，応ずるわけにはいきません。噂ですが，Xのとこ

> ろに，本件土地を高く買うという話が来ているのだそうです。だからＸは，難癖を付けて，Ｙを追い出そうとしているに違いありません。

1 事案

Ｘ所有の本件土地を賃借したＡが，本件土地上に本件建物を建てたが，賃借権と本件建物とをＹに譲渡した。Ｘは，①ＡからＹへの賃借権譲渡を承諾したことはない，②本件建物を農産物販売所以外の目的では使わないとの合意があったのにゲームセンターに変えるという賃借人の債務不履行があったから，賃貸借契約は解除された，として，Ｙは不法占有者であると主張し，Ｙに対し，建物収去土地明渡しを求めている。

これに対し，Ｙは，①については，Ｘは賃借権譲渡を承諾したこと，また，賃借権譲渡に非背信性があること，②については，本件建物を農産物販売所以外の目的では使わないとの合意はもともとなく，また，ゲームセンターにすることをＸが承諾していたことを主張している。

2 請求の趣旨

> 被告は，原告に対し，別紙物件目録（省略）記載２の建物を収去して同目録（省略）記載１の土地を明け渡せ。

3 訴訟物

> 所有権に基づく返還請求権としての土地明渡請求権　１個

(1) 物権的請求権と債権的請求権

考えられる訴訟物は，所有権に基づく物権的請求権である。Ｘの主張を前提とすると，Ｘ・Ｙ間に賃貸借契約関係が存在したことはないから，賃貸借契約終了に基づく債権的請求権が発生する余地はなく，それを訴訟物

とすることはできない。
(2) 建物収去と土地明渡しとの関係
　Yは，本件土地上に建物を所有して本件土地を占有している。Yが本件土地上に所有しているのが動産である場合は，本件土地の明渡しを命ずる判決がされれば，その強制執行の際，執行官がその動産を取り除くことができる（民執168条5項）から，それで足りるが，Yが本件土地上に所有しているのが不動産である場合は，土地の明渡しを命ずる判決の執行によって建物を収去することはできず，建物収去について，代替執行（民執171条）の手続をとる必要がある。そこで，この場合の判決主文は，「被告は，原告に対し，○○の建物を収去して△△の土地を明け渡せ。」とすべきことになる。
　さて，土地所有者が，土地上に建物を所有して土地を占有する者に対して，所有権に基づき建物収去土地明渡しを請求する場合の訴訟物については，「建物収去」と「土地明渡し」との関係の捉え方いかんによって，次の3つの見解に分かれる（類型別58頁。第3講も参照）。
　(i)旧1個説　所有権に基づく返還請求権としての土地明渡請求権1個と考える。
　(ii)2個説　土地所有権に基づく妨害排除請求権としての建物収去請求権と，土地所有権に基づく返還請求権としての土地明渡請求権の2個と考える。
　(iii)新1個説　土地所有権に基づく物権的請求権としての建物収去土地明渡請求権1個と考える。
　上記(i)の旧1個説が通説であるとされている。この説によれば，建物収去が主文に掲げられるのは，上記の執行法上の理由により，執行方法を明示する必要があるからにすぎず，建物収去は土地明渡しの手段ないし履行態様であって，土地明渡しとは別個の実体法上の請求権として建物収去請求権があるわけではないとされる。
　上記(ii)の2個説は，主文（請求の趣旨）の記載と整合的であるようにも見える。ただ，この立場は，同一人の同一土地に対する同一時期の侵害から，土地所有権に基づく妨害排除請求権（占有以外の態様による所有権侵害）と返還請求権（占有による所有権侵害）とが共に発生すると考えるもの

であるが,「占有以外の態様による所有権侵害」と「占有による所有権侵害」との併存を認めることができるかは, 問題であろう。

上記(iii)の新1個説は, 物権的請求権を, ①返還請求権, ②妨害排除請求権, ③妨害予防請求権, の3種類に分類するのは, 物権的請求権の通常の型を示しただけであり, 請求権の内容は, 侵害の態様に応じて変化するとの考え方を前提として, 建物所有による土地占有という態様の侵害に対しては, 上記3つの類型に当てはまらない物権的請求権が発生すると考えるものである。

物権的請求権の本質に遡った検討を要するところであるが, ここでは, 上記(i)の旧1個説に立って説明することとする(なお, どの説に立っても, 要件事実自体は変わりないと思われる)。

4　本問における攻撃防御の枠組み

Xは, 本件土地の所有権に基づいて, 本件土地上に建物を所有して本件土地を占有しているYに対し, 建物収去土地明渡しを求めている。

これに対し, Yは, Aから賃借権の贈与を受け, そのことについてXの承諾があったことおよび非背信性があったことを主張する。

Xは, 非背信性に対してはその評価障害事実を, また, 承諾と非背信性の双方に対して用法違反解除を主張する。

Yは, 用法違反解除に対し, Xの承諾を主張する。

5　請求原因

(1)　所有権に基づく返還請求権としての土地明渡請求権の発生要件

所有権に基づく返還請求権としての土地明渡請求権が発生するための要件は,

①　Xがその土地を所有していること
②　Yがその土地を占有していること

であり, それが請求原因である(詳細は第20講を参照)。

Xは, Xが所有するに至った経緯(亡父が所有していたが, 遺産分割協議によって相続したこと)を主張しているが, Xが本件土地を所有していることはYが認めているから, そのことについて権利自白が成立するので,

それで十分であり，X所有に至った経緯を摘示する必要はない。

Y占有については，建物収去土地明渡しの主文を導くためには，単にYが土地を占有しているとするのでは足りず，Yが土地上に建物を所有して土地を占有していることが必要である。

* なお，「他人〔甲〕の土地上の建物の所有権を取得した者〔乙〕が自らの意思に基づいて所有権取得の旨の登記を経由した場合には，たとい建物を他〔丙〕に譲渡したとしても，引き続き右登記名義を保有する限り，土地所有者〔甲〕に対し，右譲渡による建物所有権の喪失を主張して建物収去・土地明渡しの義務を免れることはできない」とする判例（最判平6・2・8民集48-2-373）に留意する必要がある。

(2) 占有権原の位置付け

Yに占有権原がないことは，上記権利の発生要件ではなく，占有権原があることが抗弁となると考えられている。その理由は，次のように考えるべきであろう。**所有権は，排他的支配権であり，他人がその目的物を占有していることは，所有権のこのような性質と矛盾抵触する。したがって，他人（Y）の占有という客観的事実があれば，それだけで，所有権の完全な行使が阻害されていること（所有権に対する侵害状態）が基礎付けられるから，所有権に基づく返還請求権が発生する**と考えられる。そして，占有を正当化する権原（＝占有権原）があることは，この請求権の発生を障害する抗弁となる（松岡久和「物権的請求権」大塚＝後藤＝山野目202頁参照）。

* 「占有権原がないこと」が請求原因ではなく，「占有権原があること」が抗弁である理由として，しばしば「占有権原がないことを立証するのは困難であるから」といわれる。しかし，たとえば，意思無能力，不当利得返還請求権に関する「法律上の原因のないこと」，債務不履行による損害賠償請求権に関する「その債務の不履行が契約その他の債務の発生原因及び取引上の社会通念に照らして債務者の責めに帰することができない事由」，債権者代位権に関する「無資力」などについて，「ないこと」の立証責任があると一般に考えられていることからしても，主張立証責任の所在を考えるうえで「ないことの証明が困難であること」を論拠とするのは，基本的には適当とはいえない（第3講参照）。

6 請求原因に対する認否

Yは，Xが本件土地を所有すること，Yが本件土地上に本件建物を所有して本件土地を占有することを認めている。

7 抗弁

一般に，賃借権を占有権原として主張する場合，その要件事実は，

①　賃貸借契約
　②　①に基づく引渡し
である。

(1)占有権原 ―― 賃借権譲渡（承諾）
　ア　賃貸借契約
　賃貸借は，賃貸人が賃借人に対し，目的物の使用収益をさせる契約である（民新601条）から，X・Y間の賃借権は占有権原となる。
　占有権原として賃借権があるというためには，当然，賃貸借契約の締結が必要である。具体的には，目的物，賃料額，賃貸期間および契約終了時に目的物を返還することの合意の摘示を要する（ただし，貸借型理論〔第12講参照〕を採用しない場合には，賃貸期間の合意は不要となる。また，「賃貸した」と表現すれば通常は契約終了時の返還合意が含まれることにつき，第14講参照）。
　まず，賃料額の合意が賃貸借契約に不可欠の要素であるから，賃料額を月額4万円と合意したことは要件事実である。しかし，これを後に5万円に変更したこと（Xの言い分では，あたかもXの単独行為によって「増額」したかのごとき表現がされているが，そうではなく，XとAとの間で，賃料額を変更する合意をしたという趣旨であろうと思われる）は不要である。
　次に，本問の賃貸借契約は，賃貸期間の定めのないものであるが，貸借型理論（第12講参照）を前提とするならば，賃貸期間の合意がなかったのではなく，「期間の定めがない」（＝民法617条の定めに従って返還時期が定まる）という期間の定め方をしたものであると考えることになる。もっとも，建物所有目的の賃貸借であれば，借地借家法が適用され，賃貸期間は30年となる（借地借家3条）が，建物所有目的は賃貸借契約の不可欠の要素ではないから，借地借家法の適用があることを示す必要がない限り（本問では，その必要はない），建物所有目的であることは要件事実とはならない。
　なお，賃貸借契約が締結されても，その賃貸人が目的物の所有権を有していないときは，賃貸借契約としては有効であるが（民新601条，民559条，民新561条），その賃貸借契約によって所有者に対抗できないことは当然であるから，その物を占有する正当な権原（適法な占有権原）を有するとはいえない。しかし，**X（目的物の返還を求める者）との間の賃貸借契約を主**

張すれば，Xに対して主張できる賃借権（債権）があることは明らかであるから，これとは別に，「所有者である」Xとの間の賃貸借契約締結の事実（すなわち，賃貸借契約当時の賃貸人の目的物所有）が要件事実となるものではない。

　イ　賃借権の譲渡

　Yの主張する賃借権は，X・A間の賃貸借契約によって発生したものであり，それがAからYに譲り渡されたものである。

　本問では，賃借権が「無償で譲渡」されたことが主張されている。これは，賃借権の贈与を意味する。**通常，賃借権という権利が移転するためには，**（原則として承諾が必要な点を除けば）**贈与や売買等の契約だけで足り，それとは別個の「譲渡」行為なるものが必要であるとは考えられていないから，「贈与」のほかに「譲渡」が要件事実となることはない。**また，いわゆる返還約束説（第7講参照）をとるならば，贈与や売買等の契約の中に，その目的たる権利（ここでは賃借権）を移転させる合意が含まれており，要件事実としてはそれのみで足りることになるから，賃借権の「贈与」は要件事実とはならず，賃借権の「譲渡」が要件事実であることになるが，冒頭規定説（第7講参照）を前提とする限り，賃借権の「譲渡」が要件事実であると考えることはできない。

　贈与の目的は，賃借権と本件建物である。Yの占有権原を基礎付けるためには，賃借権の贈与だけで足り，本件建物の贈与は不要であるから，賃借権の贈与のみが要件事実なのではないかとの疑問が生ずるかもしれない。しかし，賃借権と本件建物の両方を1個の贈与契約の目的としている以上，両者は不可分（合わせて1個の契約）であり，「賃借権のみの贈与」という事実はないというほかないから，賃借権と本件建物の贈与が要件事実となると考えるべきである。

　ウ　賃借権譲渡の承諾

　Yの主張する賃借権は，Aから譲渡されたものであるが，賃貸人の承諾がなければ，賃借権を譲渡することはできないものとされている（民612条1項。なお，承諾がなくても，非背信性があれば譲渡できると考えられているが，その点については後述）。

　賃貸借は，賃貸人と賃借人との間の信頼関係を基礎とする法律関係であ

るから，賃借権は原則として譲渡することができず，ただ承諾があった場合に，その例外として，譲渡が認められるものと考えられる。したがって，承諾があったことは，譲渡を主張する側が譲渡と併せて主張すべき要件事実であり，承諾のないことについて相手方に主張責任があると考えるべきものではないであろう。

承諾は，賃貸人の意思表示である。承諾の相手方は，賃借権の譲渡人でも譲受人でもよいと考えられている。

なお，賃借人が賃貸人の承諾を得ないで賃借権を譲り渡し，第三者に賃借物の使用または収益をさせたときは，賃貸人は，契約の解除をすることができる（民612条2項）。しかし，賃貸人の承諾がない限り，賃借権は譲受人に移転しないから，賃貸人は，契約を解除しなくても，賃借権譲受人に対して明渡しを請求することができる。したがって，解除は要件事実ではない。

エ　引渡し

一般に，X・Y間の賃借権が占有権原となるためには，

①　X・Y間の賃貸借契約の締結のほか，

②　①に基づくXのYに対する引渡し

が必要である。

②が必要なのは，これがないと，Yの占有が適法であることを基礎付けることができないからである。

すなわち，まず，賃貸借契約締結の事実があっても，それだけで当然に，賃借人の占有が適法になるわけではない。契約を締結したのに引渡しをしない賃貸人から賃借人が占有を奪ったような場合，賃貸人から所有権に基づく返還請求をされればこれに応ずる義務がある（自力救済の禁止）とする考え方が一般的であり，この考え方を前提とすると，占有が適法であるというためには，引渡しが必要である。次に，引渡しがあっても，それが賃貸借契約に基づくもの（＝賃貸借契約上の義務の履行としてのもの）でない場合（具体的には想定しにくいが，別個の何らかの法律関係があり，その法律関係に基づく引渡しがされたような場合であろうか）には，賃借人の占有と賃貸借契約との間に結び付きがなく，占有の適法性を基礎付けることはできないから，「賃貸借契約に基づく」引渡しが必要であることになる。

＊　一般にはこのように考えられているが、「賃貸借契約が締結され、かつ、賃借人への引渡しがされているのに、その引渡しが賃貸借契約に基づくものではない」という事態はきわめて例外的なものであるから、第14講で述べたとおり、「引渡し」のみで「基づく引渡し」を表現していると考えることもできるであろう。

　さて、「賃貸借契約に基づく引渡し」によって基礎付けられるのは、引渡し当時の占有の適法性である。しかし、訴訟物たる権利（＝所有権に基づく返還請求権としての土地明渡請求権）は、Yの「現在の」占有がXの所有権に対する侵害になっていることによって発生するから、これに対する占有権原の抗弁が成り立つためには、現在の占有の適法性が基礎付けられることを要する。ただ、「賃貸借契約に基づく引渡し」があれば、その時点における占有が現れ、かつ、現在の占有が請求原因に現れているから、民法186条2項により、その間、占有は継続したものと推定される。すると、引渡し当時の占有の適法性が基礎付けられれば、現在の占有の適法性も基礎付けられていることになる。

　ところが、本問では、請求原因に現れているのは（現在の）Yの占有であり、「基づく引渡し」によって現れるのは（引渡し当時の）Aの占有である。2つの占有は、占有の主体が異なる（一方はY、他方はA）のであるから、民法186条2項の推定は受けない。そこで、

　　　A・Y間の賃借権贈与に基づくAのYに対する本件土地の引渡し

も要件事実となる。この事実があれば、次の論理により、現在のYの占有の適法性を示すことができる。

　a　2021年4月1日　　　X・A間の賃貸借契約に基づくXのAに対する引渡し
　b　2027年4月30日　　A・Y間の賃借権贈与に基づくAのYに対する引渡し
　①　aの事実により、a時点におけるAの占有の適法性が示される。
　②　aの事実によりa時点におけるAの占有が、bの事実によりb時点におけるAの占有が、それぞれ現れるから、民法186条2項が適用されて、b時点におけるAの占有の適法性が示される。
　③　②のとおりb時点におけるAの占有の適法性が示されているから、これとbの事実により、b時点におけるYの占有の適法性が示される。

④　ｂの事実によりｂ時点におけるＹの占有が，請求原因において現在のＹの占有が，それぞれ現れるから，民法186条２項が適用されて，現在のＹの占有の適法性が示される。

(2)　占有権原 —— 賃借権譲渡（非背信性）

　賃貸人の承諾がなくても，賃借権譲渡が「賃貸人に対する背信的行為に当たらない特段の事情」（＝非背信性＝信頼関係不破壊）があれば，賃借権の譲渡は有効であると考えられている。したがって，承諾の代わりに非背信性を主張することによって，(1)とは別個の抗弁を構成することができる。

　非背信性は，規範的要件である。規範的要件については，主要事実説と間接事実説とがある（第６講参照）が，主要事実説を前提とすると，非背信性の評価根拠事実が要件事実となる。具体的には，Ｙの代表取締役ＢはＡの子であること，Ｙの株式の半分ずつをＡとＢが保有すること（この事実があれば，「他に株主はいない」ことはその論理的帰結であって，これと別個の事実とはいえない），が評価根拠事実となろう。

8　抗弁に対する認否

　Ｘは，Ｘ・Ａ間の賃貸借契約の締結とそれに基づく引渡し，Ａ・Ｙ間の賃借権贈与とそれに基づく引渡し，Ｙの代表取締役ＢがＡの子であることは認めるが，賃借権贈与の承諾は否認し，Ｙの株式の半分ずつをＡとＢが保有することは知らないとしている。

9　再抗弁

(1)　用法違反解除

　ア　Ｘは，Ｙが農産物販売所を閉め，ゲームセンターに変えたことから，賃貸借契約を解除したと主張している。これは，用法遵守義務違反による解除の主張である。抗弁のいずれが認められた場合でも，賃貸借契約が解除されれば，Ｙの占有権原は消滅するから，用法違反解除は再抗弁となる。

　イ　使用貸借について，「借主は，契約又はその目的物の性質によって定まった用法に従い，その物の使用及び収益をしなければならない。」と定められており（民594条１項），この規定が賃貸借について準用されている（民新616条）。使用貸借については，用法遵守義務違反があった場合の

解除の規定がある（民594条3項）が，賃貸借については，この規定の準用がない。しかし，用法遵守義務違反があれば，それは債務不履行であるから，民法540条以下の法定解除の規定による解除ができると考えられている。

　ウ　用法違反解除を主張するためには，まず，「用法」の内容を明らかにする必要がある。上記の規定によれば，用法は，「契約」によって定められる場合と，「目的物の性質」によって定められる場合とがあることになるが，本問では，Xは，契約によって定められた用法を主張しているので，

　　(i)　XとAとの間で，本件土地を農産物販売所の敷地として使用するとの合意をしたこと

が要件事実となる。

　また，債務不履行を現すため，Yが上記の合意と異なる使用収益をしたことが必要であるから，

　　(ii)　Yが本件土地上の本件建物をゲームセンターとして使用したこと

が要件事実となる。

　ところで，ここでの債務不履行は「農産物販売所の敷地以外の用途には使用しない義務」の違反であり，ゲームセンターをやめて農産物販売所に戻すことは可能であると考えられるから，解除するためには，原則として，催告を要求するべきであろう。すなわち，民法新542条の催告によらない解除ではなく，民法新541条の催告による解除の規定が適用されると考えるべきである。

　　＊　もっとも，賃借人の義務違反が賃貸借契約の継続を著しく困難にする背信行為に当たる場合には，例外的に無催告解除も認められると考えられているが，本問の事情だけでは，そこまでの背信行為があるということは難しいであろう。

　したがって，
　　(iii)　XがYに対し，ゲームセンターとしての使用をやめるよう求める催告をしたこと
　　(iv)　(iii)の催告後，相当期間が経過したこと
　　(v)　Yが，(iii)の催告後，相当期間内，ゲームセンターとしての使用を継続したこと

(vi)　XがYに対し，上記相当期間経過後，賃貸借契約を解除するとの意思表示をしたこと

が要件事実となる。

　解除の意思表示の相手方はYである。なぜなら，この再抗弁は，賃借権がYに有効に移転したことを前提とするものだからである。Xの言い分によると，XはAに対しても解除の意思表示をしているが，Aに対して解除の意思表示をするのはAが賃借人であることを前提とするものであり，Aが賃借人であれば，そもそも抗弁がいずれも成り立たないのであるから，再抗弁の判断をする必要はない。したがって，Aに対する解除の意思表示は，要件事実ではない。

(2)　**非背信性（＝信頼関係不破壊）の評価障害事実**

　規範的要件について主要事実説を採り，非背信性の評価根拠事実が抗弁であると考えるならば，非背信性の評価障害事実が再抗弁となる（第6講参照）。具体的には，Yを実際に経営しているのはCであること，Cは暴力団と関係があること，が評価障害事実となろう。

10　再抗弁に対する認否

　Yは，XとAが本件土地を農産物販売所の敷地として使用するとの合意をしたこと，Yを実際に経営しているのがCであること，Cが暴力団と関係があることは否認するが，Yが本件土地上の本件建物をゲームセンターとして使用したこと，Xがその使用をやめるよう催告したこと，Yがその後もゲームセンターとしての使用を継続したこと，Xが本件賃貸借契約を解除するとの意思表示をしたことは認めている。

11　再々抗弁

　定められた用法に反する使用収益がされても，それについて賃貸人が承諾したのであれば，債務不履行とはならないから，承諾は，用法違反解除の再抗弁に対する再々抗弁となる。

　この場合の承諾は，使用収益方法の限定，制限を解消させる意思表示であると考えられる。

12 再々抗弁に対する認否
　Xは，承諾の事実を否認している。

事実摘示例

　1　請求原因
(1)　原告は，別紙物件目録（省略）記載1の土地（以下「本件土地」という）を所有している。
(2)　被告は，本件土地上に別紙物件目録（省略）記載2の建物（以下「本件建物」という）を所有して本件土地を占有している。
(3)　よって，原告は，被告に対し，本件土地の所有権に基づき，本件建物を収去して本件土地を明け渡すことを求める。

　2　請求原因に対する認否
　請求原因(1)(2)の各事実は認める。

　3　抗弁
(1)　占有権原 ── 賃借権譲渡（承諾）
　ア　原告は，Aに対し，2021年4月1日，本件土地を，期間の定めなく，賃料1か月4万円で賃貸した（以下「本件賃貸借契約」という）。
　イ　原告は，Aに対し，同日，本件賃貸借契約に基づき，本件土地を引き渡した。
　ウ　Aは，被告に対し，2027年4月30日，本件賃貸借契約に基づく賃借権と本件建物を贈与した。
　エ　Aは，被告に対し，同日，ウに基づき，本件土地を引き渡した。
　オ　原告は，Aに対し，同年1月ころ，ウの賃借権譲渡について承諾するとの意思表示をした。
(2)　占有権原 ── 賃借権譲渡（非背信性）
　ア　(1)アからエまでと同じ
　イ　非背信性の評価根拠事実

(ア)　被告の代表取締役BはAの子である。
　　　(イ)　被告の株式の半分ずつをAとBが保有する。

4　抗弁に対する認否
(1)　抗弁(1)アからエまでの事実は認めるが，同オの事実は否認する。
(2)　同(2)イ(ア)の事実は認めるが，同(イ)の事実は知らない。

5　再抗弁
(1)　用法違反解除（抗弁(1)(2)に対し）
　ア　原告とAは，本件賃貸借契約締結の際，本件土地を農産物販売所の敷地として使用するとの合意をした。
　イ　被告は，2027年5月ころから，本件土地上の本件建物をゲームセンターとして使用した。
　ウ　原告は，被告に対し，同年7月7日，イの使用をやめるよう催告した。
　エ　同月21日は経過した。
　オ　被告は，ウの後，エまでの間，イの使用を継続した。
　カ　原告は，被告に対し，同月25日，本件賃貸借契約を解除するとの意思表示をした。
(2)　非背信性の評価障害事実（抗弁(2)に対し）
　ア　被告を実際に経営しているのはCである。
　イ　Cは暴力団と関係がある。

6　再抗弁に対する認否
(1)　再抗弁(1)アの事実は否認するが，イ，ウ，オ，カの各事実は認める。
(2)　同(2)ア，イの各事実は否認する。

7　再々抗弁
　　承諾（再抗弁(1)に対し）
　原告は，Aに対し，2027年1月ころ，本件土地をゲームセンター

の敷地として使用することを承諾するとの意思表示をした。

8　再々抗弁に対する認否
　再々抗弁の事実は否認する。

第16講 賃貸借(3)

（Xの言い分）

　私は，2021年2月1日，別紙物件目録（省略）記載の建物（以下「本件建物」という）をYに賃貸しました。期間は同日から2年間，賃料は月額10万円の約束でした。2年が経った2023年1月31日には，契約を更新しました。契約の条件は同じで，期間は同年2月1日から2年間，賃料は月額10万円に据え置きました。

　ところで，私には，娘Aがいます。結婚して，私の家から電車を使って1時間ほどかかるところに住んでいます。2024年，Aが出産しました。Aは，会社に勤めていますが，2025年5月に育児休業を終え，職場に復帰する予定です。私たち夫婦は，Aから，近くに住んで子供の面倒を見て欲しいと言われました。たまたま，本件建物はAの住んでいるマンションから自動車で5分もかからないところにありますので，Yに本件建物から出て行ってもらい，私たち夫婦で住みたいと考えました。そこで，ちょうど2025年1月いっぱいで賃貸期間が終わりますので，Yに対し，賃貸借契約を更新しないことを口頭で伝えたうえ，内容証明郵便も送りました。この内容証明郵便は，2024年7月3日にYのところに届いています。ですから，これで賃貸借契約は終了させることができると思っていました。

　ところが，Yは，本件建物を立ち退くのは嫌だと言って，2025年2月に入ってからも，本件建物を明け渡してくれません。私は，同月2日に改めてYを訪問し，こちらの事情を話して，明渡しをお願いしたのですが，妻のBの病気のことがあるので，立ち退くことはできないと言われました。Yの奥さんBのご病気のことは，私にはよく分かりませんが，私としては，可愛い孫の面倒を見る必要があ

り，Yにはぜひとも立ち退いてもらいたいと思います。

（Yの言い分）
　私がXから本件建物を賃借したこと，賃貸借契約の条件，2年後に同じ契約条件で更新したことは，そのとおりです。Xの娘さんのことは，私には分かりません。Xの言うとおりの内容証明郵便がXの言っている日に届いたこと，2025年2月2日にXから本件建物の明渡しを求められたことは，そのとおりです。
　私には，難病の妻Bがおり，本件建物から歩いて5分くらいのところにある病院に1日おきに通っています。Bの病気は，専門のお医者さんが少ないのですが，その病院には，Bの病気を専門にするお医者さんがいて，Bはずっとその先生に診てもらっていますので，病院を変わるわけにはいきません。ですから，本件建物から立ち退いて欲しいと言われても困ります。

1　事案

　Xは，Yに本件建物を賃貸しているが，X自身が夫婦で住む必要があり，更新拒絶の通知をしたから，期間満了によって賃貸借契約は終了したと主張して，本件建物の明渡しを求めている。
　これに対し，Yは，Yの側も本件建物に住む必要があると主張している。

2　請求の趣旨

　　被告は，原告に対し，別紙物件目録（省略）記載の建物を明け渡せ。

3 訴訟物

> 賃貸借契約終了に基づく目的物返還請求権としての建物明渡請求権　1個

第14講と同じく，考えられる訴訟物は，①賃貸借契約終了に基づく目的物返還請求権としての建物明渡請求権と②所有権に基づく返還請求権としての建物明渡請求権の2つであり，どちらを選ぶかは，Xが自由に決めることができる（もっとも，Xは，本件建物を所有していることを明示的には主張していないので，②を選ぶのであれば，その主張を要する）が，現実には，このような類型の訴訟においては，①が選択されることが多いので，ここでも，①が訴訟物であることを前提として解説する。

4 本問における攻撃防御の枠組み

Xは，本件建物の賃貸借契約について，更新拒絶をしたから，期間満了により終了したと主張して，その明渡しを求めている。

これに対し，Yは，更新拒絶には正当の事由がないと主張している。

5 請求原因

(1) 賃貸借契約終了に基づく目的物返還請求権としての建物明渡請求権の発生要件

賃貸借契約終了に基づく目的物返還請求権としての建物明渡請求権を訴訟物とする場合，その発生要件（＝請求原因）は，一般に，

①　賃貸借契約の締結
②　①に基づく引渡し
③　賃貸借契約の終了原因事実

である（第14講参照）。

(2) 賃貸借契約の更新

本問において，賃貸借契約の終了原因は2025年1月31日までの賃貸期間が満了したことであるが，当初の賃貸借契約で定められた賃貸期間は，2021年2月1日から2年間であるから，2025年1月31日までの賃貸

期間の定めがあることを表すため，当初の賃貸期間満了時における賃貸借契約の更新の事実が要件事実として必要である。

> ＊　なお，下記(3)で述べるとおり，賃貸期間の満了の事実があれば，契約を更新したものとみなされる（法定更新。借地借家26条1項本文）から，当初の賃貸期間（2021年2月1日から2年間）の満了の事実さえあれば足りるように思えるかもしれない。しかし，法定更新の場合は，賃貸期間の定めがないものとされる（同項ただし書）から，2025年1月31日までの賃貸期間の定めがあるということができず，したがって，2025年1月31日までの賃貸期間が満了したことによる賃貸借契約終了を主張することはできないことに留意する必要がある。

(3) 期間満了による終了

　民法上は，期間の定めのある賃貸借において，賃貸期間が満了したときは，賃貸借契約関係は終了するはずである。しかし，本件賃貸借は建物についてのものであり（このことは，賃貸借契約締結の事実の中に現れている），「建物の賃貸借について期間の定めがある場合において，当事者が期間の満了の1年前から6月前までの間に相手方に対して更新をしない旨の通知又は条件を変更しなければ更新をしない旨の通知をしなかったときは，従前の契約と同一の条件で契約を更新したものとみなす。」との規定がある（借地借家26条1項本文）。そして，この通知は，正当の事由があると認められる場合でなければ，することができないとされている（借地借家28条）。

　したがって，期間の定めのある建物賃貸借契約が期間満了によって終了したことを主張するためには，

　　①　賃貸期間の満了
　　②　①の満了の1年前から6か月前までの間に更新拒絶の通知をしたこと
　　③　更新拒絶について正当の事由（正当事由）があったこと

が必要となる。

　更新拒絶の通知について，条文上は，「更新をしない旨の通知」と「条件を変更しなければ更新をしない旨の通知」とが併記されている。しかし，「条件を変更しなければ更新をしない旨の通知」とは，(i)「更新拒絶の通知」に(ii)「賃貸内容の変更に応じれば更新するとの申込み」を合わせたものであり，賃貸借契約終了の効果をもたらすためには(i)のみで足りる。そして，(i)と(ii)は可分であると考えられる（事実の可分，不可分については，第7講参照）から，(i)のみを主張すれば足りる。したがって，要件事実と

なるのは，更新拒絶の通知であり，「条件を変更しなければ更新をしない旨の通知」が要件事実となることはない。

　正当事由については，どの時点で存在しなければならないかという問題がある。

　　a　更新拒絶の通知をした時に存在すれば足りるとの説
　　b　更新拒絶の通知をした時から賃貸期間満了の時まで存在することが必要であるとする説
　　c　更新拒絶の通知をした時から口頭弁論終結時まで存在することが必要であるとする説
　　d　更新拒絶の通知をした時から明渡しの執行時まで存在することが必要であるとする説
　　e　口頭弁論終結時に存在すれば足りるとする説

などが考えられ，どの説を採るかが決まれば，それに応じて要件事実が決まる。

　＊　たとえば，b「更新拒絶の通知をした時から賃貸期間満了の時まで存続することが必要である」とする立場を採るのであれば，正当事由の評価根拠事実や評価障害事実も，更新拒絶の通知をした時から賃貸期間満了の時までの事実が要件事実であることになる。なお，後掲の「事実摘示例」では，このような厳密な摘示をせず，「現在」の事実であるかのような表現で摘示したので，各人の採る立場に従って適宜修正されたい。

　＊　b「更新拒絶の通知をした時から賃貸期間満了の時まで存続することが必要である」とする立場を採る場合，その理由は，次のように説明できるであろう。まず，借地借家法28条は，その文言上，更新拒絶の通知について正当事由を要求しているといえるから，更新拒絶の通知をした時に正当事由がなければならない。また，賃貸期間満了による契約更新の効果を否定しようとするのであるから，賃貸期間満了時にも正当事由が必要である。他方，訴訟を引き延ばせば賃借人が利益を得るというのは妥当ではないから，賃貸期間満了時よりも後の時点で正当事由を要求すべきではない。
　　　なお，判例（期間の定めのない賃貸借の解約申入れに関するものとして，最判昭28・4・9民集7－4－295，最判昭28・12・24集民11－527，最判昭32・7・25民集11－7－1359，最判昭33・1・23民集12－1－96，最判昭42・10・24判時501－66，最判平3・3・22民集45－3－293など。期間の定めのある賃貸借の更新拒絶の通知における立退料等の提供に関するものとして，最判平6・10・25民集48－7－1303）がどの立場を採っているかについての学説上の理解は，必ずしも一致してはいない（稲本洋之助＝澤野順彦・コンメンタール借地借家法〔第3版，日本評論社・2010〕225頁〔本田純一〕，小野木等「更新・更新拒絶等と正当事由」現代裁判法大系③借地借家〔新日本法規出版・1999〕254頁，稲葉威雄ほか編・新・借地借家法講座第3巻借家編〔日本評論社・1999〕47頁〔松井宏興・鈴木龍也〕など参照）。

＊　以上は，期間の定めのある建物賃貸借に関する説明である。期間の定めのない建物賃貸借においては，いつでも解約の申入れをすることができ（民617条1項），解約の申入れの日から6か月を経過した時に終了する（借地借家27条1項）が，解約の申入れは，正当の事由があると認められる場合でなければすることができないとされている（借地借家28条）。

(4) 正当事由

　正当事由は，規範的要件である。規範的要件の要件事実については，主要事実説と間接事実説とがあるが，主要事実説に立つことを前提とすると，その評価根拠事実が要件事実となる（第6講参照）。

　正当事由は，「建物の賃貸人及び賃借人（転借人を含む。以下この条において同じ。）が建物の使用を必要とする事情のほか，建物の賃貸借に関する従前の経過，建物の利用状況及び建物の現況並びに建物の賃貸人が建物の明渡しの条件として又は建物の明渡しと引換えに建物の賃借人に対して財産上の給付をする旨の申出をした場合におけるその申出を考慮して」判断される（借地借家28条）。この判断においては，「賃貸人及び賃借人が建物の使用を必要とする事情」が基本的要素であり，その他の事情は補充的要素であると考えられている（新版注釈(15)937頁〔広中俊雄・佐藤岩夫〕など）。

　本問では，
- (i)　Xの娘Aは，Xの家から電車を使って1時間ほどかかるところに住んでいること
- (ii)　Aは会社に勤めているが，2024年に出産し，2025年5月には育児休業を終え，職場に復帰する予定であること
- (iii)　X夫婦は，Aから，近くに住んで子供の面倒を見ることを求められていること
- (iv)　本件建物は，Aの住んでいるマンションから自動車で5分もかからないところにあること

が評価根拠事実になると考えられる。なお，上記(3)のとおり，これらの事実がどの時点で存在することが必要かという問題があることに留意されたい。

6　請求原因に対する認否

　Yは，賃貸借契約の締結，それに基づく引渡し，賃貸借契約の更新合意，

更新拒絶の通知の各事実を認め，正当事由の評価根拠事実はいずれも知らないとしている。

7 抗弁

正当事由について主要事実説を採り，その評価根拠事実が請求原因事実になると考える場合は，正当事由の評価障害事実が抗弁となる。

本問では，
(ⅰ) Yには難病の妻Bがいること
(ⅱ) Bは，本件建物から歩いて5分くらいのところにある病院に1日おきに通っていること
(ⅲ) Bの病気は，専門の医者が少ないが，その病院には，Bの病気を専門にする医者がいて，Bはずっとその医者に診てもらっていること

が評価障害事実になると考えられる。なお，これらがどの時点で存在することが必要かという問題があることは，正当事由の評価根拠事実の場合と同様である（上記**5**(3)(4)参照）。

8 抗弁に対する認否

Xは，正当事由の評価障害事実はいずれも知らないとしている。

事実摘示例

> 1 請求原因
> (1) 原告は，被告に対し，2021年2月1日，別紙物件目録（省略）記載の建物（以下「本件建物」という）を，賃貸期間同日から2年間，賃料1か月10万円の約定で賃貸した。
> (2) 原告は，被告に対し，同日，上記賃貸借契約に基づき，本件建物を引き渡した。
> (3) 原告と被告とは，2023年1月31日，上記賃貸借契約を，賃貸期間同年2月1日から2年間，賃料1か月10万円の約定で更新することを合意した。
> (4) 2025年1月31日は経過した。

(5) 原告は，被告に対し，2024年7月3日，上記賃貸借契約を更新しないとの通知をした。
(6) 更新拒絶について正当の事由があったことの評価根拠事実
　ア　原告の娘Aは，原告の家から電車を使って1時間ほどかかるところに住んでいる。
　イ　Aは会社に勤めているが，2024年に出産し，2025年5月には育児休業を終え，職場に復帰する予定である。
　ウ　原告夫婦は，Aから，近くに住んで子供の面倒を見ることを求められている。
　エ　本件建物は，Aの住んでいるマンションから自動車で5分もかからないところにある。
(7) よって，原告は，被告に対し，上記賃貸借契約の終了に基づき，本件建物の明渡しを求める。

2　請求原因に対する認否
　請求原因(1)から(3)まで及び(5)の各事実は認める。
　同(6)アからエまでの各事実は知らない。

3　抗弁
　更新拒絶について正当の事由があったことの評価障害事実
　ア　被告には難病の妻Bがいる。
　イ　Bは，本件建物から歩いて5分くらいのところにある病院に1日おきに通っている。
　ウ　Bの病気は，専門の医者が少ないが，その病院には，Bの病気を専門にする医者がいて，Bはずっとその医者に診てもらっている。

4　抗弁に対する認否
　抗弁アからウまでの各事実は知らない。

第17講

代理(1) — 有権代理

(Xの言い分)

　私は，別紙物件目録（省略）記載のパソコン（以下「本件パソコン」という）を持っていましたが，もっと性能の高いパソコンが欲しいと思っていました。その話を友人のYにしたところ，Yは，条件次第では本件パソコンを引き取ってもよいと言い出し，翌日，Zと一緒に見に来ました。本件パソコンは，30万円以上出して買ったもので，買って1年も経たないものでしたので，引き取ってもらうにしても，せめて10万円は欲しいと言いましたら，Yはかなり迷っていましたが，もう少し考えさせてもらうと言って帰りました。3日ほど経った2021年7月15日，Zが来て，やはりYが買うと言っていると言いますので，売買代金10万円は同月中に払うという約束で，Zに本件パソコンを持って帰らせました。
　しかし，同年8月に入ってもYが売買代金を払いませんので，催促したところ，Yは，自分は買っていない，Zが買ったのだろうと言うのです。驚いて，Zに確認すると，Zは，Yが買って自分に就職のお祝いとしてくれたのだと言います。
　私としては，Yの代理人としてのZに売ったつもりでしたので，Yに売買代金を払って欲しいと思っていますが，仮にZが無権代理人であったとすれば，Zに支払ってもらいたいと思います。
　YやZは，本件パソコンが故障したと言っており，確かにZが持ち帰った当日にZから修理を求める電話がありましたが，私が使っていた間は，まったく問題なかったのですから，修理代が5万円もかかるような故障をしていたとは思えません。Zの電話にもそのように答えました。

（Yの言い分）
　私は，Xから本件パソコンを買ったことはありませんし，Zに本件パソコンを買う代理権を与えたこともありません。2人で本件パソコンを見に行った後，本件パソコンは買わないとZに言ったところ，Zは，それなら自分が欲しいと言っていましたから，Zが自分で買ったことははっきりしています。私がZの就職祝いに本件パソコンを買ってやるなどという話をしたことはありません。それに，Zの話だと，本件パソコンは，買ってすぐに故障し，Xに修理を求めても応じてくれなかったため，Z自身が5万円もかけて修理に出したそうですので，売買代金を払うにしても，修理代分は減額してもらわないと困ります。

（Zの言い分）
　私は，本件パソコンを見て，気に入りましたし，Yが買わないということだったので，私の就職が決まったお祝いに買って欲しいと頼んだところ，Yは了解してくれました。そこで，私がXのところに行き，Yの代理人として，本件パソコンを買ってきたのです。Yの代理人として買うということは，Xにもはっきり言っています。
　ところで，本件パソコンは，持ち帰って電源を入れたとたんに故障してしまいました。私は，持ち帰った当日のうちにXに電話をして，修理を求めたのですが，Xは，故障しているはずがないので修理に応ずるつもりはないと言って，一方的に電話を切ってしまいました。その後も1週間待ったのですが，まったく応答がなかったため，業者に修理に出したところ，ハードディスクが壊れていたということで，修理代が5万円もかかってしまいました。ですから，仮に私が売買代金を払わなければならないのだとしても，修理代分は減額して欲しいと思います。

　本問では，Xは，Yの代理人であるZに対して本件パソコンを売ったと

主張して，第1次的には，Yに対して売買代金の支払を求める一方，仮にZに代理権がなかったのであれば，Zに対して支払を求めるとしているので，Yを被告とする場合とZを被告とする場合とに分けて解説することとする。

1　事案
(1)　Yを被告とする場合
　Xは，Yの代理人であるZに対し，本件パソコンを売ったと主張して，Yに対し，売買代金の支払を請求している。
　これに対し，Yは，Zの代理権を否認するとともに，本件パソコンは故障していたとして，修理代分の代金減額を求めている。
(2)　Zを被告とする場合
　Xは，ZにYの代理権がなかったのであれば，Zに対して売買代金の支払を求めるとしている。
　これに対し，Zは，Yから代理権を授与されていたと主張し，また，Yと同じく，本件パソコンは故障していたとして，修理代分の代金減額を求めている。
(3)　Y　Zの双方を被告とする場合
　Xが，YとZの双方を被告として訴えを提起したときは，「共同被告の一方に対する訴訟の目的である権利と共同被告の他方に対する訴訟の目的である権利とが法律上併存し得ない関係」にあるから，「原告の申出があったときは，弁論及び裁判は，分離しないでしなければならない」ことになる（民訴41条）。この申出をすることによって，Xは，Yとの関係では代理権授与が認定されず，他方，Zとの関係では代理権授与が認定されるという事態になることを防ぐことができる。

2　請求の趣旨

> 被告は，原告に対し，10万円を支払え。

　＊　YとZのいずれを被告とした場合も，請求の趣旨は同じである。YとZの双方を被告と

第17講　代理(1) ― 有権代理　………　287

した場合は「被告らは，原告に対し，各自10万円を支払え。」となる（これは，Yに対して10万円の支払を命ずる判決とZに対して10万円の支払を命ずる判決とを求めるものであり，合計20万円の支払を命ずる判決を求める趣旨ではない）。

3　訴訟物
(1)　Yとの関係

```
　売買契約に基づく代金支払請求権　　1個
```

(2)　Zとの関係

```
　民法新117条1項に基づく履行請求権　　1個
```

売買契約に基づく代金支払請求権を訴訟物とすることもできる（下記5(2)イ参照）が，Xは，民法新117条1項に基づく履行請求権（無権代理人に対する履行請求権）を訴訟物にしていると考えるべきであろう。なお，今回の改正において民法117条1項は表現が改められたが，規律内容に変更はない。

4　本問における攻撃防御の枠組み
(1)　Yとの関係
Xは，Yに対し，本件パソコンを売ったと主張して，売買代金の支払を求めている。

これに対し，Yは，本件パソコンは故障しており，売買目的物の品質が契約の内容に適合していなかったと主張して，修理代分の代金減額を主張する。

(2)　Zとの関係
Xは，Yのためにすることを示したZとの間で，本件パソコンを売る契約を締結したと主張して，Zに対し，無権代理人の責任として，売買代金債務の履行を求めている。

これに対し，Zは，Yから代理権を授与されたことと，本件パソコンは

故障しており，売買目的物の品質が契約の内容に適合していなかったと主張して，修理代分の代金減額を主張する。

5　請求原因
(1)　Ｙとの関係
　ア　売買契約に基づく代金支払請求権の発生要件

　請求原因は，売買契約のみである（第10講事例2参照）。売買契約締結の事実があれば，それだけで，代金支払請求権は発生するからである。目的物の引渡しは，要件事実ではない（同時履行の抗弁が主張された場合の再抗弁となる）。

　イ　代理の要件事実

　Ｘは，Ｙの代理人であるＺとの間の売買契約を主張している。

　この場合，契約を締結したのは，ＹではなくＺであり，契約の効果は，契約を締結した者に帰属するのが原則である。しかし，「代理人がその権限内において本人のためにすることを示してした意思表示は，本人に対して直接にその効力を生ずる。」（民99条1項）から，

　①　Ｘ・Ｚ間の売買契約（法律行為）のほかに，
　②　①の際，ＺがＹのためにすることを示したこと（顕名）
　③　ＺがＹの代理人であったこと，すなわち，①に先立ち，ＹがＺに対して①の代理権を授与したこと（代理権授与）

があれば，①の売買契約は，Ｙに対して直接にその効力を生じ，ＸのＹに対する「売買契約に基づく代金支払請求権」が発生する。したがって，これが請求原因である。

　③で「①に先立ち」が必要なのは，代理権授与が①の法律行為よりも前にされたのでないと，「代理人が」した意思表示（民99条1項）であるということができないからである（時的要素につき，第21講も参照）。法律行為の後に「代理権授与」がされた場合は，その「代理権授与」は実は「代理権授与」ではなく，追認（民116条）の意思表示であると考えることができるであろうが，それは「代理」とは別の主張になる。

　　＊　なお，「ＺはＹの代理人であった」とか「Ｙの代理人であるＺに対して売った」などという「事実」はない。「ＹがＺに代理権を授与した」という事実があると，その結果，Ｚ

にYの代理権が発生し，ZがYの代理人となるのである。したがって，「代理人である」とか「代理人であった」というような摘示をしてはならない。

(2) Zとの関係
ア　無権代理人の責任

Xは，仮にZが無権代理人であったとすれば，Zに代金を支払ってもらいたいと主張している。これは，民法新117条に定める無権代理人の責任を主張するものであると考えられる。

民法新117条1項は，「他人の代理人として契約をした者は，自己の代理権を証明したとき，又は本人の追認を得たときを除き，相手方の選択に従い，相手方に対して履行又は損害賠償の責任を負う。」と規定している。

本条による責任が発生するためには，まず，

(i)　XとZとが売買契約を締結したこと

が必要である。

次に，「他人の代理人として」契約をしたことが必要とされているから，

(ii)　ZがYのためにすることを示したこと（顕名）

が必要である。

「YがZに対して代理権を授与しなかったこと」は必要ではない。「自己の代理権を証明したとき……を除き，」本条の責任が発生することとされているのであるから，代理権授与が，本条の責任の発生を障害する抗弁である。代理権授与について真偽不明となったときは，本条の責任は発生する。

「Yが追認をしなかったこと」も必要ではない。「本人の追認を得たときを除き，」本条の責任が発生することとされているのであるから，追認は，本条の責任の発生を障害する抗弁である。無権代理行為の追認があれば，原則として，契約は，「契約の時にさかのぼってその効力を生ずる」（民116条）のであるから，無権代理ではなかったことになる。

無権代理人の責任は，「履行又は損害賠償の責任」であり，「相手方の選択」に従ってそのいずれかの責任を負うこととされている。この場合，「相手方」すなわちXが履行を選択する意思表示を必要とするという考え方と，選択の意思表示は不要であるとする考え方（その根拠も複数考えられる）がありえよう。

*　「履行又は損害賠償の責任」が「相手方の選択」によって定まることからすると，これらは「選択債権」（民406条以下）であるようにも思われる（新版注釈(4)379頁は，「学説はその規定〔選択債権に関する規定〕の適用を肯定している」とする）が，選択債権であることを否定する判例がある（大判昭2・4・21民集6-166）。仮にこれが選択債権であるとすると，選択権は「債務者」，すなわちZにあることになる（民406条）が，民法新117条は「相手方」，すなわちXの選択によるべきことを定めているから，これを選択債権であると考えるのは適当ではないと思われる。もっとも，選択債権ではないとしても，「相手方」，すなわちXがどちらかの債務を選択する意思表示をしたことが必要であるとする考え方はありうる。

他方，本件のような場合には，「損害賠償」といっても，「履行」と内容がまったく変わらないのであるから，選択の意思表示は不要であるとする考え方，さらには，民法新117条が「相手方の選択に従い」と定めているのは，単に，履行と損害賠償のどちらを請求することもできるということを意味するだけであって，選択の意思表示を要件事実とする趣旨ではないとする考え方（どちらかを請求することそれ自体が「選択」に当たるとする考え方）もありうる（我妻Ⅰ382頁は，「選択に関する問題は，大体において選択債務の規定（407条以下）に従ってよいであろうが，相手方において，とくに一方を選択する意識的な行為をする必要はない」としており，これは選択の意思表示は不要とする趣旨であろうか。他方，川島武宜・民法総則〔有斐閣・1965〕404頁は，「無権代理人の責任は一種の選択債権（406条以下）である」としたうえで，「相手方が選択をしなければ無権代理人の責任内容は確定しない」とする）。

結局，Xが民法新117条1項の責任を問うための請求原因は，

(i)　XとZとが売買契約を締結したこと
(ii)　ZがYのためにすることを示したこと（顕名）
[(iii)　Xが履行を選択する意思表示をしたこと]

となる。以上の要件に関しては，今回の民法改正によって主張立証責任の所在がよりわかりやすくなったが，規律内容に変更はない。

イ　契約責任との関係

ところで，(i)の事実（X・Z間の売買契約締結）があれば，それだけで，XはZに対し，売買代金の支払を請求することができる。

しかし，これは契約責任であり，民法新117条1項の責任とは別個の権利である。Xは，どちらを訴訟物とすることもできる。

なお，Xが契約責任を主張した場合，顕名（上記(ii)の事実）が抗弁となる。Zが「Yのためにすることを示して」（＝Yにその契約の効果が帰属するものとして）契約を締結した以上，Y以外の者（＝Z）に対して契約責任を問うことはできないからである。この場合，契約責任の請求原因（上記(i)の事実）と抗弁（上記(ii)の事実）の各事実によって，民法新117条1項の責任の請求原因を構成することができるから，このように考えてもXの

利益が害されることはなく，不都合はない。

> *　契約責任と民法新117条1項の責任とは別個の権利であるとはいっても，実際には，ほとんどの場合，義務の内容は同じである（もっとも，たとえば，相手方と本人は商人であるが無権代理人は商人ではない場合，商人間の取引に関する規定は，契約責任には適用されないが，法定責任には適用されるから，義務の内容が常に同じであるとまではいえないが，義務の内容が異なるのは，このようなごく例外的な場合だけである）。そして，契約責任の請求原因は契約締結（上記(i)の事実）のみであるのに対し，民法新117条1項の責任の請求原因は契約締結（上記(i)の事実）と顕名（上記(ii)の事実）であるから，契約責任のみを認めれば足りる（原則として民法新117条1項の責任は認めなくてよい）のではないかとする意見がありうる。
> 　しかし，そのように考えたのでは，上記のような例外的な場合を除き，民法新117条を設けた意味はないことになる。
> 　また，この立場に立つと，Xが契約責任を主張した場合に，顕名（上記(ii)）をもって抗弁が構成されると考えることは，実際上の不都合をもたらす。すなわち，この立場は民法新117条1項の責任を認めないのであるから，顕名（上記(ii)）のみによって抗弁が成り立つとすると，相手方は無権代理人に対して責任を問うことができなくなる。他方，契約締結（上記(i)）と顕名（上記(ii)）だけでは，本人に対しても責任を問うことができない。とすると，「顕名は証明できるが代理権授与は証明できない」という事態が生ずると，相手方は，本人に対しても無権代理人に対しても責任を問うことができないことになる。これが不当な結論であることは明らかであろう。そこで，この立場は，無権代理人に対して契約責任を問う場合，顕名のみで抗弁が構成されるのではなく，顕名と代理権授与（または追認）とが揃って初めて抗弁になると考えるほかないであろう。しかし，なぜ顕名のみで抗弁とすることができないのかの説明に疑問が残るように思われる。

6　請求原因に対する認否

(1)　Yとの関係

Yは，X・Z間の売買契約締結は認めるが，顕名と代理権授与は否認している。

(2)　Zとの関係

Zは，X・Z間の売買契約締結と顕名は，いずれも認めている。

7　抗弁

(1)　買主の代金減額請求権（Y・Zの関係）

ア　主張の位置付け・法的効果

Yらは，本件パソコンが売買契約・引渡しの当時から故障しており，Xに修理を求めたが応じなかったため，自ら業者に修理を依頼し，5万円を要したから，その分売買代金を減額すべきであると主張している。これは，

目的物の契約不適合による買主の代金減額請求権（民新563条）の主張であると考えられる。

　(ｱ)　改正前の民法（瑕疵担保責任としての損害賠償請求権）
　改正前の民法570条は，売買の目的物に「隠れた瑕疵」があったときは，売主の瑕疵担保責任の追及として，買主は損害賠償請求をすることができ，さらに，瑕疵があるために契約をした目的を達することができないときは，買主は契約の解除もすることができると規定していたが（改正前民570条，566条），数量不足の売主の担保責任の場合（改正前民565条，563条）とは異なり，代金減額請求権は認められていなかった。
　この瑕疵担保責任の法的性質については，法定責任説と契約責任説（債務不履行責任説）との対立が存在した。大別すると，特定物売買においては「性質は契約内容とならず，したがって，（目的物に瑕疵があっても）『この物』を引き渡せば完全な履行となる」との特定物ドグマを基礎に据え，その場合に対価の不均衡を是正し，買主の信頼を保護するために法が特に認めた責任が瑕疵担保責任であるとする法定責任説と，特定物ドグマを否定し，種類物であれ特定物であれ「性質も契約内容となりうる」ことを前提に，「瑕疵のない特定物を給付する」ことが契約の内容とされた場合に瑕疵ある物を給付すれば売主の債務不履行となるため，この種の債務不履行に関する特則として規定されたのが瑕疵担保責任であるとする契約責任説（債務不履行責任説）である。
　「瑕疵」の捉え方にも争いがあった。取引において一般的に要求される水準を基準に，その種類のものとして通常有すべき品質・性能を欠いていることとする「客観的瑕疵概念」と，当該売買契約において予定された品質・性能を欠いていることとする「主観的瑕疵概念」である。法定責任説からも契約責任説からも，後者のように捉えるのが通説的見解であるとされ（潮見佳男・基本講義債権各論Ⅰ契約法・事務管理・不当利得〔第2版，新世社・2009〕82頁等），判例においても，瑕疵の意義については，具体的な契約を離れて抽象的に捉えるのではなく，契約当事者の合意，契約の趣旨に照らし，通常または特別に予定されていた品質・性能を欠く場合をいうとすることで，ほぼ異論がない状況にあった（最判平22・6・1民集64－4－953についての最判解説＜平成22年度＞（上）348頁〔榎本光宏〕参照）。また，

「瑕疵」は事実的要件（事実概念。ただし，相手方がその存在を争う場合は，具体的な事実の主張を要する）であるとする見解と，規範的要件（評価的要件）であるとする見解とがあった（第6講参照）。

「隠れた（瑕疵）」の意義にも争いがあったが，通常人の用いるべき注意を用いても発見することのできない瑕疵，すなわち，買主の善意無過失を意味するものとして理解するのが通説とされていた。判例においては，①不表見，すなわち通常人がその買主となった場合に容易に発見することができないことが瑕疵担保責任の成立要件であり，②買主の悪意または過失，すなわち当該買主が知らず，かつ，知りえなかったことが阻却要件であるとされていた（大判大13・6・23民集3-399，大判昭5・4・16民集9-376等）。

(イ) 今回の改正

民法新562条1項本文において，「引き渡された目的物が種類，品質又は数量に関して契約の内容に適合しないものであるときは，買主は，売主に対し，目的物の修補，代替物の引渡し又は不足分の引渡しによる履行の追完を請求することができる。」と規定されて，買主の追完請求権が明示され，さらに，民法新563条1項において，「前条第1項本文に規定する場合において（＝引き渡された目的物が種類，品質又は数量に関して契約の内容に適合しないものであるときは），買主が相当の期間を定めて履行の追完の催告をし，その期間内に履行の追完がないときは，買主は，その不適合の程度に応じて代金の減額を請求することができる。」と規定され，契約不適合の場合一般の買主の救済手段として，買主の代金減額請求権が認められた。

民法新562条，563条は，物の種類・品質・数量に関して契約の内容に適合した物を引き渡すべき義務があることを前提とする規定であり（特定物ドグマの否定），契約不適合の場合の売主の責任が債務不履行責任であることを明らかにしている（契約責任説の採用，法定責任説の否定）。「瑕疵」概念を捨てて，「契約不適合」の観点から規律を体系化したものである。

改正前の民法では，売買目的物が契約の内容に適合しない場合，数量不足の場合を除いて代金減額請求権は認められていなかったが，契約不適合があった場合に，代金と売買目的物の等価交換の関係を維持するという観

点からは，不適合の割合に応じて対価である売買代金を減額するということは，契約不適合の場合一般の買主の救済手段として認められてよい。民法新563条1項は，これを規定したものである。

　今回の改正では，「隠れた」という要件が外されているが，買主側の善意無過失といった認識可能性は，その売買契約において当事者が売買の目的物に与えた意味は何かという契約の解釈に取り込まれているから，契約適合性と分けて判断することは理論的に説明が付かないという理論面での整合性を確保した結果としての変更であって，改正前の民法での実務を変更する意図に出たものではないと考えられる。

　代金減額請求権が，権利者の一方的な意思表示によって法律関係の変動を生じさせることができる実体法上の形成権であることは，改正前の民法と同様である。

　　(ウ)　本問における位置付け

　Yらにおいて代金減額請求権を行使すると，売買契約に基づく代金支払請求権は，その不適合の程度に応じて（すなわち修理代分が）遡って消滅するから，抗弁となる。なお，どの時点まで遡るかは一個の問題である。引渡し時とする考え方と売買契約締結時とする考え方がありえよう。いずれであっても，要件事実としては異ならないものと考えられる。

　　イ　買主の代金減額請求権（民新563条1項）の要件事実

　買主の代金減額請求権の発生要件としては，

①　売買契約に基づく売買目的物の引渡し
②　引渡し当時，売買目的物が種類，品質または数量に関して契約の内容に適合しないものであったこと
③　買主が履行の追完を催告したこと
④　催告後の相当の期間の経過
⑤　買主が売主に対し，不適合の程度（上記②の部分）に応じた代金減額の意思表示をしたこと
⑥　減額されるべき代金の額

が必要である。

　　(ア)　代金減額請求のためには，まず，売買契約に基づく売買目的物の引渡し（①）と，その引渡し当時に売買目的物に契約不適合があったこと

(②)が必要である。民法新562条，563条が「引き渡された目的物が」と規定していること，代金減額請求権は債務の一部履行を前提とするものと考えられることなどから，①が必要であると考えられる。②としては，具体的には，(i)売買目的物がどのような種類，品質あるいは数量であることが契約内容とされたかを主張し，次いで，(ii)引き渡された目的物がその契約の内容に適合しないことを主張する必要があると考えられる。本問では，本件パソコンの品質が正常に稼働するパソコンであることは契約当事者の共通の理解であったと考えられるから，②は，売買契約の際，正常に稼働する品質を有する本件パソコンを売買契約の目的として合意したが，引き渡された際，本件パソコンのハードディスクが壊れてい（て正常に稼働しなかっ）たことである。

(ｲ) 次に，代金減額請求は，売買契約の一部解除と同じ機能を営むため，催告による解除（民新541条本文）の場合と同様の手続要件が定められている。したがって，まず（目的物の修補，代替物の引渡しまたは不足分の引渡しによる）履行の追完の催告をし（③），催告後相当期間の経過を待ってから（④），代金減額の意思表示（⑤）をしなければならない。本問では，③は，引渡しの当日に電話で修理を求めたこと，④は，その後7日間の経過となる。なお，⑤の代金減額の意思表示は，明確ではないが，おそらく，訴訟中の期日においてされたのであろうと思われるので，その事実を摘示すべきことになる。

* 民法新563条1項は，「買主が相当の期間を定めて履行の追完の催告をし」と規定しているが，催告に期間を定めなかった場合でも，催告から相当の期間を経過すれば解除権が発生するとする判例（最判昭29・12・21民集8－12－2211）および催告から相当の期間を経過した後にした解除の意思表示は，催告期間が相当であったか否かに関わりなく有効であるとする判例（最判昭31・12・6民集10－12－1527）によれば，代金減額請求の場合も，催告に期間を定める必要はないと考えられる（③）。また，催告後相当期間内に履行の追完をしたことは，売主が主張立証すべきと考えられるから，買主において「その期間内に履行の追完がない」ことを主張立証する必要はないと考えられる（④）。代金減額請求権は形成権であるから，売主に対する実体法上の意思表示が必要である（⑤）。相当期間の解釈や，意思表示を摘示する際の注意等を含め，催告による解除の手続要件に関しては，第10講事例1を参照。

(ｳ) さらに，代金減額請求をするためには，減額されるべき代金の額（⑥）を具体的に主張立証する必要があると考えられる。代金減額請求権

は，実体法上の形成権であるから，その行使は，減額の対象となる部分を特定しなければならないが（⑤），⑥の減額されるべき代金の額は，訴訟において具体的に主張立証することで足りる。もっとも，これに対しては，代金減額請求権を行使する以上，その行使の際に減額されるべき代金の額も明示すべきであるとの考えもあり，これに従うときは，⑤と⑥に代えて，「⑤′買主が売主に対し，減額されるべき額を明示して代金減額の意思表示をしたこと」を主張立証すべきことになる（以上につき，要件事実(1)172頁参照）。

　減額されるべき代金の額を判断する基準時は，売買目的物の「引渡し時」（国際物品売買契約に関する国際連合条約50条参照）であると考えられる。本問では，⑥本件パソコンの修理代が「5万円であること」を主張立証することになろう。

　　＊　代金減額請求に対しては，「買主の責めに帰すべき事由による」不適合であることが，売主の再抗弁事由となる（民新563条3項）。言い換えれば，売主は，その責めに帰すべき事由がなかったことを主張立証しても，代金減額請求を退けることはできない（主張自体失当となる。第5講のコラム参照）ことに注意が必要である。

(2)　Ｚの抗弁

　Ｚとの関係では，「売買契約に先立ち，ＹがＺに対して売買契約の代理権を授与したこと」が抗弁となる。この事実があれば，Ｚに対する請求の請求原因事実と相俟って，売買契約の効果がＹに帰属することとなり，Ｚの無権代理人の責任の発生が障害されるからである。

　　＊　民法新117条1項に基づく履行請求権の主張に対し，Ｚが主張できる抗弁としては，次のようなものがあるが，本問で実際にＺが主張する抗弁は，下記aの代理権授与である。
　　　a　代理権授与（民新117条1項。上記5(2)ア参照）
　　　b　追認（民新117条1項。上記5(2)ア参照）
　　　c　Ｚが代理権を有しないことをＸが知っていたこと（民新117条2項1号）
　　　d　Ｚが代理権を有しないことをＸが知らなかったことについての過失の評価根拠事実（民新117条2項2号本文。なお，これに対しては，Ｚが自己に代理権のないことを知っていたこと〔Ｚの悪意〕が，Ｘの再抗弁となる〔民新117条2項2号ただし書〕。Ｚに代理権がなかったことをＸが過失によって知らなかった場合でも，自己に代理権のないことを知っていたＺが免責されるいわれはないからである。改正前の民法下における通説を明文化したものである）
　　　e　Ｚが行為能力の制限を受けていたこと（民新117条2項3号）

　　＊　表見代理が抗弁になるであろうか。表見代理が認められれば，本人Ｙの責任が認められるのであるから，代理権授与や追認と等価値であると考えると，表見代理も抗弁になるこ

とになる（新版注釈(4)376頁は，これが通説であるとする）。しかし，判例（最判昭33・6・17民集12-10-1532，最判昭62・7・7民集41-5-1133）は，無権代理人の責任の要件と表見代理の要件がともに存在する場合においても，表見代理の主張をすると否とは相手方の自由であるから，表見代理の主張をしないで，直ちに無権代理人の責任を問うことができ，これに対して無権代理人は，表見代理が成立することを抗弁として主張することはできないとしている。表見代理は相手方Ｘを保護するための制度であって，無権代理人を保護するための制度ではないから，無権代理人Ｚの側から表見代理を主張して責任を免れることは認められないと考えるべきであろう（四宮＝能見335頁，内田Ⅰ169頁，204頁）。

8 抗弁に対する認否

　Ｘは，正常に稼働する品質を有する本件パソコンを売買契約の目的として合意したことは争わないであろうし，引渡し当日に修理を求められたことも認めているが，引渡しの際本件パソコンが壊れていて正常に稼働しなかったこと，その修理代が５万円であること，ＹのＺに対する代理権授与の事実をいずれも否認している。修理を求めてから７日間の経過は顕著な事実であって認否不要であり，代金減額の意思表示が訴訟中の期日においてされた場合には，これも顕著な事実であって認否不要である。

> ＊　代理権授与は，Ｙに対する請求との関係では，Ｘ自らが請求原因として主張している事実であり，その事実を否認するというのは，奇異に感じられるかもしれない。
> 　しかし，もともとＹに対する請求権とＺに対する請求権は「法律上併存しえない関係」にあり，「代理権授与の事実が認定できるのなら，Ｙに対する請求を認容して欲しいが，認定できないのなら，そのことを前提として，Ｚに対する請求を認容して欲しい」というのがＸの意思である。Ｙに対する請求とＺに対する請求とは，通常共同訴訟であって，Ｙに対する請求に関する主張とＺに対する請求に関する主張とは矛盾していてもかまわない。したがって，Ｙとの間の訴訟における請求原因としてＸ自ら主張した事実を，Ｚとの間の訴訟においてＸ自ら否認することは許される。

事実摘示例

> （Ｙを被告とする場合）
> 1　請求原因
> (1)　原告は，Ｚに対し，2021年７月15日，別紙物件目録（省略）記載のパソコン（以下「本件パソコン」という）を代金10万円で売った。
> (2)　Ｚは，(1)の際，被告のためにすることを示した。

(3) 被告は，Zに対し，(1)に先立ち，(1)の代理権を授与した。
(4) よって，原告は，被告に対し，上記売買契約に基づき，代金10万円の支払を求める。

2 請求原因に対する認否
請求原因(1)の事実は認める。
同(2)(3)の各事実は否認する。

3 抗弁
代金減額請求
(1) 原告とZは，請求原因(1)の際，本件パソコンは正常に稼働する品質を有するものと合意した。
(2) 原告は，Zに対し，2021年7月15日，請求原因(1)に基づき，本件パソコンを引き渡した。
(3) 本件パソコンは，(2)の時点で，ハードディスクが壊れていた。
(4) Zは，原告に対し，2021年7月15日，本件パソコンの(3)の状態につき修補を催告した。
(5) 2021年7月22日が経過した。
(6) 本件パソコンの(3)の修理には5万円を要する。
(7) 被告は，原告に対し，○年○月○日の本件△△期日において，上記(3)に対応する額（5万円）についての代金減額請求権を行使するとの意思表示をした。

4 抗弁に対する認否
抗弁(1)(2)(4)の各事実は認める。
同(3)(6)の各事実は否認する。

(Zを被告とする場合)
1 請求原因
(1) 原告は，被告に対し，2021年7月15日，別紙物件目録（省略）記載のパソコン（以下「本件パソコン」という）を代金10万円で売

った。
(2) 被告は，(1)の際，Yのためにすることを示した。
(3) よって，原告は，被告に対し，無権代理人に対する履行請求として，上記売買代金10万円の支払を求める。

2　請求原因に対する認否
　　請求原因(1)(2)の各事実は認める。

3　抗弁
(1) 代理権授与
　　Yは，被告に対し，請求原因(1)に先立ち，その代理権を授与した。
(2) 代金減額請求
　ア　原告と被告は，請求原因(1)の際，本件パソコンは正常に稼働する品質を有するものと合意した。
　イ　原告は，被告に対し，2021年7月15日，請求原因(1)に基づき，本件パソコンを引き渡した。
　ウ　本件パソコンは，イの時点で，ハードディスクが壊れていた。
　エ　被告は，原告に対し，2021年7月15日，本件パソコンのウの状態につき修補を催告した。
　オ　2021年7月22日が経過した。
　カ　本件パソコンのウの修理には5万円を要する。
　キ　被告は，原告に対し，〇年〇月〇日の本件△△期日において，ウに対応する額（5万円）についての代金減額請求権を行使するとの意思表示をした。

4　抗弁に対する認否
　　抗弁(1)(2)ウ，カの各事実は否認する。
　　同(2)ア，イ，エの各事実は認める。

第18講 代理(2) ― 表見代理

（Xの言い分）

　私は，ヨーロッパ各国の陶磁器の販売を個人で行っている美術商です。Yは，個人で料亭を営んでおり，マイセン磁器の人形の収集家で，自宅に置くだけでなく，料亭内に収集した人形の展示室を設けている人です。もっともYは本業の料亭が忙しいため，マイセン磁器の人形の収集は，Aに依頼して行っていたようです。Aは，博識で作品を見る目も確かでしたので，「Yの代理人」として，マイセン磁器の販売業者の間では有名な人物でした。

　私は，2021年3月20日，代理人Aを通じて，Yに対し，マイセン磁器の人形のセットを231万円で売りました。私は，同年4月1日，その人形をYの自宅へ搬入してマイセン磁器の装飾皿の隣に置き，その場でAから自己宛小切手で代金の支払を受けました。

　私は，同年9月25日，得意先のみを招待する展示即売会を開催し，来訪したAに対し，420万円でマイセン磁器の時計（以下「本件時計」という）を売りました。その際，Aは，私に対し，Yの自宅が改修工事中なので，同月28日に本件時計をAの事務所に届けるように依頼し，本件時計と引換えに，以前の取引と同様，自己宛小切手で代金を支払うと約束しました。

　私は，約束の日に，Aの事務所へ本件時計を届けました。代金をもらおうとしたところ，Aから，Yから代金の自己宛小切手が届いていないが，間違いなく数日中にYから小切手が届くので，その日はA振出しの同年10月10日付の小切手を預かって欲しい，Yから小切手が届き次第私のところへ持参するので，その時にA振出の先日付小切手を返してもらいたいとの申出を受けました。私は，これま

でのＹやＡとの取引から，Ａの申出に問題はないものと考え，これを了承して，Ａ振出しの小切手を受け取って帰りました。

　ところが，Ａは，何日経ってもＹの小切手を持参せず，連絡しても居留守を使うようになりました。それで，私は，同年10月12日，受け取っていたＡ振出しの小切手を取り立てに出したのですが，同月13日に不渡りになってしまいました。

　Ｙの言うとおり，2017年ころから，Ｙは，Ａにマイセン磁器の人形の購入を依頼していました。しかし，ＹとＡとの間にトラブルがあり，ＹとＡとが前記人形の購入を委託する契約を解消したことは知りません。その他の言い分は争います。私は，2021年3月以前にも，何度か，Ａを通じて，Ｙに高価なマイセン磁器の人形を売ったことがありますが，Ｙが人形以外のマイセン磁器を買ったことがないことは知りませんでした。

　Ｙの代理人Ａが本件時計を購入したのですから，Ｙは，その代金420万円を支払う義務があると思います。仮に，Ｙの言うとおり，同年6月にＡが代理人を解任されていたとしても，私はＡの解任を知りませんでしたし，そのことについて私には何らの落ち度もないのですから，Ｙはきちんと支払うべきだと思います。

（Ｙの言い分）

　私は，2017年ころから，西欧の陶磁器に詳しく鑑定眼も確かなＡにマイセン磁器の人形の購入を全面的に依頼していました。

　ところが，2021年4月末ころ，Ａが美術商からも謝礼金を受け取っており，その金銭が私の購入代金に加算されている疑いが生じたことから，Ａとトラブルになりました。その結果，私とＡとは，同年6月21日，Ａに依頼していたマイセン磁器の人形の収集を同日をもって終了させること，両者の間には何らの債権債務もなく，金銭をめぐる紛争も一切ないものとすることで合意しました。

　ですから，Ｘが主張するＡとの間の同年9月25日の本件時計の売買契約は，Ａが勝手にしたものです。そもそも，私は，観賞用とし

> ては人形以外の物を購入したことはありません。自宅にある装飾皿は父の形見です。Aに対しても，マイセン磁器の人形の購入を依頼していただけですから，Aの本件時計の購入は依頼の範囲を超えた行為なのです。Xは，私がマイセン磁器の人形を収集していることを知っていたのですから，Aが本件時計を購入する時に，私に時計を購入することで間違いがないか確認すべきだったのです。私は，Xに対して，本件時計の代金を支払う必要はないと思います。
>   X，A及び私の仕事や趣味，同年3月の人形セットの売買の事実は，Xの言うとおりです。また，同年10月13日にA振出しの小切手が不渡りになったことも間違いありません。Aが，Xの言う時計の代金の支払のための自己宛小切手をX方に持参しなかったことや，居留守を使うようになったことなど，その他の経緯は知りません。

1 事案

　本問は，Xが，Yの代理人Aとの間で時計の売買契約を締結したとし，仮にAに代理権がなかったとしても，民法110条，民法新112条2項による表見代理が成立するとして，Yにその代金およびその履行遅滞に基づく損害賠償（遅延損害金の支払）を求めたところ，Yが，Aには代理権がなく，Xに落ち度があるから表見代理も成立しないと主張して争った事案である。なお，Xの言い分には遅延損害金に関する記載が明示されていないが，「きちんと支払うべきだ」とは，民法所定の遅延損害金も請求する趣旨だと理解すべきである。

＊　民法新404条は，法定利率について変動制を採用した。すなわち，利息を生ずべき債権について別段の意思表示がないときは，その利率は，当該利息が生じた最初の時点における法定利率による（同条1項）。「当該利息が生じた最初の時点」とは，「当該利息を支払う義務が生じた最初の時点」を意味し，「利息を支払う義務の履行期」とは異なる。また，法定利率は，改正法施行時は3％であるが（同条2項），法務省令で定めるところにより，3年ごとに，3年を一期とし，一期ごとに，以下のルールにより変更される（同条3項）。過去5年間の平均利率をもとに導かれた「基準割合」と法定利率に変更があった期のうち直近のもの（以下「直近変更期」という）（この間，変更がなかった場合には改正法の施行期）の「基準割合」の差をとり，この差が1％を超えたときには，（小数点以下を切り捨てたうえで）この差を「直近変更期の法定利率」に加算または減算する（同条4項，5項）。
　また，民法新419条1項本文は，金銭債務の履行遅滞の場合，その損害賠償の額は，債務

者が遅滞の責任を負った最初の時点における法定利率によって定めるものとする。

2　請求の趣旨

> 被告は，原告に対し，420万円及びこれに対する2021年9月29日から支払済みまで年3％の割合による金員を支払え。

3　訴訟物（類型別1頁）

> 売買契約に基づく代金支払請求権　　1個
> 履行遅滞に基づく損害賠償請求権　　1個
> 合計2個　単純併合

4　本問における攻撃防御の枠組み
(1)　請求原因
　ア　有権代理
　請求原因(1)は，Xが，Yの代理人Aと本件時計の売買契約（以下「本件売買契約」という）を締結したとして，売買代金とその遅延損害金の支払を求めたものである。
　イ　権限外の行為の表見代理
　請求原因(2)は，XがYの代理人Aと本件売買契約を締結したところ，Aの権限が，人形の売買契約に関するものであって，時計の売買契約に関するものではなかったとしても，Aに本件売買契約を締結する代理権があるものと信ずるについて正当な理由があった（民110条）というものである。
　なお，前記「正当な理由」は，いわゆる規範的要件である。規範的評価自体は，具体的事実が当該評価を根拠付けるという法的判断であるから，その成立を根拠付ける具体的事実が主要事実であると考えるべきである。なぜなら，規範的要件は，証拠によってその存在を直接立証することができず，これを根拠付ける具体的事実なしには成立しえない評価そのもので

あり，また，弁論主義の下で要件事実が果たすべき相手方の防御の機会の保障という機能を果たす，という2点で説明として優れているからである（いわゆる主要事実説）。

したがって，権限外の行為の表見代理を主張する者は，「正当な理由」を根拠付ける具体的事実（正当な理由の評価根拠事実）について主張立証責任を負う（第6講参照）。

　ウ　民法新112条2項による表見代理

　　㋐　請求原因(3)は，XがYの代理人Aと本件売買契約を締結したところ，Aの権限は人形の売買契約に関するものであり，その代理権も既に消滅しているが，XにはAに時計の売買契約を締結する権限があるものと信じ，そのように信ずるについて正当な理由があったので，本件売買契約の効果がYに及ぶというものである。

　　㋑　民法新112条1項は，他人に代理権を与えた者は，代理権の消滅後にその代理権の範囲内においてその他人が第三者との間でした行為について，第三者が代理権の消滅の事実を知らなかった場合には，第三者に対してその責任を負うが，第三者が過失によってその事実を知らなかったときは，その責任を負わないと定める。この第三者（本設例では，第三者がX，本人〔他人に代理権を与えた者〕がYである）の主観的要件についての主張立証責任の所在については，民法新112条1項の規定ぶりからすると，第三者が代理権の消滅を知らなかったことについて第三者に主張立証責任があり，第三者にその点について過失があったことについては本人（他人に代理権を与えた者）に主張立証責任があると考えるのが相当である。本講は，条文に忠実なこの考え方によっている。

　もっとも，この規定が表見法理の一環であること，代理権の消滅は本人と代理人間の事情で，相手方に明らかでない場合が多いことなどを理由として，第三者が悪意であることまたは第三者が代理権の消滅を知らず，その点について過失があったことの主張立証責任を本人が負うとの考え方も考えられるが，条文の規定ぶりとは反する考え方である。

　なお，過失はいわゆる規範的要件であって，過失があったことについての主要事実および主張立証責任についての考え方は，前記(1)イと同様である。

(ウ)　代理権消滅後の表見代理（民新112条1項）の主張の位置付けについては，①有権代理構成による請求原因およびこれに対する代理権の消滅の抗弁を前提とするいわゆる予備的請求原因に位置付ける見解と，②有権代理構成による請求原因に対する代理権の消滅の抗弁を攻撃する再抗弁に位置付ける見解が考えられる（田村幸一「代理の要件事実」鎌田薫ほか編・民事法Ⅰ　総則・物権〔第2版，日本評論社・2010〕144頁，村田渉「法律実務家養成教育としての要件事実の考え方について」ジュリ1288号〔2005〕66頁参照）。①の見解は，**第三者が代理権の消滅を知らなかった事実を主張立証しても，これによって，代理権消滅の効果を覆して，有権代理の効果が復活するものではないうえ，（有権）代理法理と表見法理とは制度の本質を異にする，**平たくいえば，表見代理は有権代理が成立しない場合の制度であるとの理解が背景にある（第8講参照）。

　①の見解は，いわゆる民法新112条2項による表見代理の主張も，代理行為の効果が本人に帰属すること，すなわち，売買代金請求権を理由付けるものであるから，請求原因に位置付けられ，かつ，権限外の行為の表見代理の主張と基本代理権の消滅の主張とを論理的前提とした予備的主張（本問では，予備的請求原因）に位置付けられるとするものである（後記エ(イ)）。本講は，相手方の主観的態様によって代理権の消滅の効果が左右されるわけではないとの実体的な法律関係を重視して，①の見解によるものである。

　エ　請求原因相互の関係

　(ア)　請求原因(1)と(2)との関係について見ると，Aの代理権の範囲に相違があり，この点において両立しない事実が主張されており，そして，両者は，そのいずれかを先に審理し，判断しなければならないという論理的な関係にはない。したがって，両者は選択的な攻撃方法である。Aの代理権の範囲は，Xにとって相手方の事情であって正確には把握できない事柄であるが，AがYの代理人として取引をしたから，Xは，AがYの代理人であることを前提とした法律関係を主張していると解される。そこで，Xは，まず有権代理の構成を主張し，併せて，仮に本件時計の購入がAの代理権の範囲を超えていたとしても，基本代理権があることを前提とした権限外の行為の表見代理を主張しているものと解する。

＊　Xとしては，有権代理を第1順位の主張とするであろうが，**当事者が付ける事実上の順位と主張の法律的な論理的順序とは異なる**ことに注意すべきである。

　(イ)　請求原因(2)と(3)との関係は，前記のとおり，請求原因(3)は，請求原因(2)および抗弁(1)を前提とする予備的主張である（第8講参照）。後記のとおり，本問で民法新112条2項による表見代理のみによって請求原因を構成する場合には，当該請求原因により同法110条の要件と代理権が消滅するための要件とが充足されている。すなわち，請求原因(3)の要件事実が，請求原因(2)および抗弁(1)の要件事実をすべて内包している。すなわち，①請求原因(2)が認められない場合および②請求原因(2)が認められ，抗弁(1)が認められない場合には，請求原因(3)は理由がなく，③請求原因(2)および抗弁(1)がともに認められた場合に，初めて請求原因(3)について独立して審理する意味がある（この場合には，抗弁(2)が認められるか否かにかかわらず，請求原因(2)に基づく請求が棄却になるので，請求原因(3)に基づく請求に理由があるかを判断する必要がある）。以上のとおり，請求原因(3)を判断する場合とは，必ず請求原因(2)と抗弁(1)が認められた場合（③）であり，①と②の場合には請求原因(3)を審理判断する意味はない。この意味で，**裁判所は，審理の順序を論理的に拘束されている**ということができる。

＊　本講では「予備的主張（予備的請求原因）」は，上記のように，その主張する法律関係の論理的関係により次順位になる主張の意味で用いている。
　なお，講学上，このような論理的な順序はないが，当事者が審理判断の順序を指定した場合に，第2順位に指定された主張を予備的主張と呼ぶことがある。初学者は，このような当事者が任意に付けた順位（本問の請求原因(1)と(2)の関係）と，主張の法律的な論理的順序とを混同しがちであるので，注意すべきである。

＊　請求原因(1)と(3)との関係は，前記のような法律的な論理的順序がないから，選択的な関係にあるというほかはないと考えられる。

(2)　**抗弁**

　ア　代理権消滅

　抗弁(1)は，YがAに授与した人形の売買契約に関する代理権が，Yの意思表示により消滅したとの主張である。

　この主張が認められれば，本件売買契約締結当時，権限外の行為の表見代理の要件である基本代理権がなかったことになり，代理行為の効果が本人に帰属しない。すなわち，A・X間の本件売買契約の効果がYに帰属し

なくなり，請求原因(2)に基づく請求が排斥されるので，請求原因(2)に対する抗弁として機能する（この抗弁は，時計の売買契約に関する代理権〔請求原因(1)の主要事実〕の消滅を基礎付けるものではないので，請求原因(1)に対する抗弁にはならない）。

イ　正当な理由の評価障害事実

抗弁(2)は，XがAに代理権があると信じたことについて，正当な理由があるとの評価の成立を妨げる事実の主張である。

代理権があると信じたことについて正当な理由があるか否かは，この評価障害事実と請求原因に位置付けられる評価根拠事実とを総合して判断される。評価障害事実の全部または一部が認められた場合には，「正当な理由」が否定される結果，A・X間の本件売買契約の効果がYに帰属しなくなり，請求原因(2)に基づく請求が排斥されるので，請求原因(2)に対する抗弁として機能する。正当な理由は規範的要件であり，その評価障害事実は，評価根拠事実と両立し，かつ，正当な理由を否定する方向に働く事実であるから，主要事実説の立場からは，評価障害事実が主要事実であり，正当な理由があることを争うYに主張立証責任がある（第6講参照）。

5　請求原因

(1)　有権代理

ア　売買契約に基づく代金支払請求

Yの代理人Aと売買契約を締結したXが，売買代金の支払をYに請求する場合の要件事実は，民法の原則に従えば，

① 　XとAとが売買契約を締結したこと
② 　①の契約締結の際，AがYのためにすることを示したこと（顕名）
③ 　①の契約締結に先立って，YがAに対し，①の契約についての代理権を授与したこと（代理権の発生原因事実）

である（第17講参照）。本問では，後述のとおり，Yが商人であり，Aは商行為について代理したのであるから，商法504条本文により，②の顕名は不要である。その代わり，①が商行為であることを基礎付ける事実が必要となる。その主要事実は，

　　　Yが，本件売買契約締結当時，料亭を営んでいたこと

である。

* **商人性**および**附属的商行為性**を基礎付ける要件事実

商法は，商行為の代理（商504条本文）などの商法の規定を適用するための要件として，「商人」および「商行為」という概念を用いている。そして，絶対的商行為（商501条）と営業的商行為（商502条）とを規定し，自己の名をもってこれらの商行為をすることを業とする者を「商人」と定め（商4条1項），商行為の概念から商人の概念を導くとともに，商人がその営業のためにする行為は，商行為（附属的商行為）であり（商503条1項），商人の行為は，その営業のためにするものと推定すると定め（同条2項。暫定真実であると解されている），商人の概念からも商行為を導くという構成が採られている。

以上によれば，ある行為が商行為であることを基礎付ける要件事実は，絶対的商行為または営業的商行為であること（商501条，502条）のほか，附属的商行為であることを基礎付けるものとして，行為者が商人であることである（商503条）。

そうすると，たとえば，ある自然人が，美術品の仕入・販売（商501条1号）を業とする者である事実により，その自然人が商人であることを基礎付けることができるので（商4条1項），「○○は，△△当時，美術品の販売店を営んでいた。」との事実主張で足りる（この事実によって，法律上当然に商人とされるのであるから，「商人である。」との事実を付け加えることは過剰な主張である）。したがって，その自然人が，商品を仕入れる資金を借り入れた借入金債務が商事債務であることを主張するための要件事実は，「○○は，借り入れの当時，美術品の販売店を営んでいた。」との事実である。

* **顕名について**

顕名とは，意思表示の効果の帰属先が本人であることを示すことである。契約は申込みの意思表示と承諾の意思表示の合致によって成立するのであるから，代理人が相手方に対してする意思表示の効果が本人に帰属することを示す代理人による顕名と，相手方が代理人に対してする意思表示が本人に帰属することを示す相手方による顕名が必要である（内田Ⅰ158頁，佐久間毅・民法の基礎1総則〔第3版，有斐閣・2008〕232頁）。厳密に考えれば，前記代理人の顕名と相手方の顕名とが要件事実であると考えられる。もっとも，具体的事案で「相手方と代理人とが契約を締結した」との事実が主張された場合，これは相手方と代理人による申込みの意思表示と承諾の意思表示の双方を示すものであるから，これに加えて，「代理人が本人のためにすることを示した」との事実が主張されれば，事柄の性質上，明示しなくても，当然に「相手方は，その意思表示の際，本人のためにすることを示した」との事実が表れていると実務的には理解しているものと考えられる。本文①と②の要件事実は，このような理解に基づくものである。

このように，要件事実は訴訟上の事実主張の局面で機能する道具であることから，実際に主張される主要事実によって，どの法律要件が充足されるかを考慮することが必要である。

* **代理権の発生原因事実について**

民法学上，単独行為説，無名契約説，事務処理契約説があるとされる（内田Ⅰ138頁）。③のような要件事実の把握の仕方は，単独行為説に立つものか，または，無名契約説もしくは事務処理契約説に立ちつつ，いわゆる取り出し主張を認める立場に立つものということにな

る。なお，代理権授与行為の法的性質は意思表示であるが，「代理権を授与した」と摘示する例であるとされている（類型別42頁）ので，本講ではこれに従った記載をする。

　無名契約説または事務処理契約説に立つ場合，本来は，本人と代理人との間で行われた代理権発生原因事実を具体的に特定して主張立証することが必要であるが（第1講参照），本件のように意思表示の相手方が代理人であった場合には，それが不可能な場合がある。そこで，主張立証責任の公平な分担の観点からは，代理権の発生原因事実は前記のように把握せざるをえないものと考えられる。もちろん，代理権発生原因事実を具体的に特定して主張立証できるときは，その具体的な事実（契約）を主張すべきである。この点は，要件事実論固有の論理（いわゆる取り出し主張の可否など）で処理することも可能であるが，民法学上は実益が乏しいとされる授権行為の性質論と関連付けて考えることも可能であろう。さらに，この授権行為の法的性質論が，民法111条2項（消滅原因）の主要事実の把握にどのような影響を及ぼすかも困難な問題である。

＊　代理権授与行為の時的要素（第17講参照）
　代理権授与行為は，代理人の法律行為に先立って行われなければならないが，当該法律行為の相手方にとっては，その代理権授与行為の時期を特定することが困難なことが多いので，多くの場合に「先立つ」という一般的な形で時的要素を示すことになる。しかし，その時期を特定できる場合には，事実を特定する意味で，本則に戻って，その具体的な時期（年月日）を指摘すべきである。

イ　履行遅滞に基づく損害賠償請求
　(ア)　売買代金債務の履行遅滞による損害賠償を請求する場合の要件事実が，
　①　売買契約の締結
　②　売主が売買契約に基づいて目的物を引き渡したこと
　③　代金支払債務の履行期が経過したこと
　④　損害の発生とその数額
であることは，第11講記載のとおりである。

＊　金銭債務の履行遅滞の場合，その損害賠償の額は，債務者が遅滞の責任を負った最初の時点における法定利率によって定める（民新419条1項本文）。本問では，代金の支払期限は，民法573条により，本件時計の引渡期限である2021年9月28日と推定され，かつ，Xは，同日，Aに対して，本件時計を引き渡しているから，同日が，債務者Yが遅滞の責任を負った最初の時点である。改正法の施行当時は，民法所定の年3％（民新404条2項）の割合による遅延損害金を請求することができる（民新419条1項本文）から，「損害の発生」の事実を主張する必要はないが，法定利率による遅延損害金を請求する場合は，その「数額」を基礎付けるために，履行期が経過してからの期間の経過，すなわち，「②の時期以降の期間の経過」が主要事実である。もっとも，暦の上の履行期（③）や期間の経過（④）は，当事者にも裁判所にも明らかであるため，実務における事実摘示では省略される例である。本書は，要件事実の基本的思考を学ぶ教材であることに鑑み，このような事実も事実摘示例に記載する。

　(イ)　上記(ア)②（履行）について，民法新484条1項の原則どおり考え

ると，本件時計は不特定物（種類物）であるからＹの住所が引渡場所であるが，本問では，Ｘは，Ａの事務所でＡに本件時計を引き渡したことが債務の本旨に従った履行であることを示す必要がある。そこで，引渡しの場所についての特別の合意にあたる主要事実として，

　②(i)　ＸとＡとが，本件売買契約に際し，本件時計の引渡場所をＡの事務所と定めたこと

が必要である。本件では，本件売買契約が（商行為であることは，後記事実摘示例１(1)ア～ウのとおり請求原因で表れるから），本件時計の引渡場所は商法516条１項によって定まる。

　また，2021年９月28日の履行が債務の本旨に従ったものであることを示す主要事実として，

　②(ii)　ＸとＡとが，本件売買契約に際し，本件時計の引渡期日を2021年９月28日と定めたこと

も必要である（民法上，売買契約に基づく債務は期限の定めのないものとして成立するが，同法573条は，売買の目的物の引渡しについて期限のあるときは，代金の支払についても同一の期限を付したものと推定する）。

　もっとも，本問では，Ｘは，引渡期日に本件時計を現実にＡに提供し，受領された（引き渡した）としているので，民法575条２項本文により遅延損害金を請求することができ，引渡場所および引渡期日の合意を問題とする余地がない。その意味で，本問における請求原因としては，前記の②(i)(ii)の合意は不要である。

　(ウ)　上記(ア)③（履行期の経過）についてみると，売買代金の支払期限は，民法573条により，2021年９月28日と推定されるので，同日が経過したことが主要事実である。

　(エ)　上記(ア)④の損害として，Ｘは，売買代金債権の履行遅滞による損害賠償として，民法所定の年３％の割合による金員の支払を請求している。

　今回の法改正により，商事法定利率を定めた商法514条は削除され，変動制の法定利率が採用されることとなった。前記**1**のとおり，民法新404条１項により，利息を生ずべき債務について別段の意思表示がないときの利率は，当該利息が生じた最初の時点における法定利率とされている。金

銭債務の履行遅滞の場合，その損害賠償の額は，債務者が遅滞の責任を負った最初の時点における法定利率によって定める（民新415条1項，419条1項本文）。そして，改正法施行時の法定利率は，年3％とされている（民新404条2項）。

* 前記(イ)②(i)(ii)の合意は代理人によるものであるから，これについて，顕名および代理権授与の要件が必要であるかを検討しておく。
 本問は，商事代理の事案なので，前記のとおり，顕名の事実を主張立証する必要はない。また，売買契約締結の代理権を授与された者は，それに通常付随する法律行為を行う権限をも有すると解される（川井・概論Ⅰ227頁）ので，当然に目的物の引渡場所や引渡時期を合意する権限も有すると解される。したがって，売買契約自体についての代理権授与行為の要件事実が主張立証されれば，引渡時期と引渡場所についての各合意の効果も本人に帰属することが基礎付けられるので，これについての代理権授与行為の要件事実の主張立証は不要である。

(2) 権限外の行為の表見代理

ア 実体法上の要件

権限外の行為の表見代理の実体法上の要件は，
① 基本代理権の存在
② 代理人が，代理権の範囲を超えた事項について法律行為をしたこと
③ 顕名
④ 相手方が，代理人に②の行為をする代理権があると信じたこと
⑤ 相手方が④のとおり信じたことについて「正当な理由」があること
である。これらのうち①②③④の主張立証責任は，表見代理の効果を主張する者にあると解される。そして，⑤は，いわゆる規範的要件であるから，その評価根拠事実が主要事実であり，表見代理の効果を主張する者に主張立証責任があると解する。

* ④と⑤の要件は，一括して論じられることが多い（川井・概論Ⅰ246頁，大村1・191頁）。しかし，民法新112条1項の要件とされる「（第三者が）代理権消滅の事実を知らなかったとき」とは，代理権の消滅の事実を知らなかったことをいうが，同110条の「第三者が代理人の権限があると信ずべき正当な理由があるとき」とは，単に代理権の不存在を知らなかったという消極的な状態ではなく，積極的に代理権があると信じた主観的状態をいうと思われ，両者は，その文言も規定ぶりも異なっている（佐久間・前掲273頁，277頁）。民法新109条，110条，112条の3つの規定が「表見代理」として一括して考えられているとされるが（大村1・186頁以下参照），要件事実や主張立証責任をどのように考えるか，なお検討が必要であろう（民法新112条1項の主観的要件につき前記4(1)ウ(イ)参照）。

イ 要件事実（主要事実）

Yの代理人Aが，その代理権の範囲を超えた契約をXと締結した本問の事案で，Xが，売買代金の支払をYに請求するために主張すべき主要事実は，
　① Yは，本件売買契約の締結に先立って，Aに対し，人形を購入する代理権を授与したこと
　② XとAとが本件売買契約を締結したこと
　③ Yが，本件売買契約締結当時，料亭を営んでいたこと
　④ Xが，Aに，本件売買契約を締結する代理権があると信じたこと
　⑤ Xが，④のように信じたことについて正当な理由があることを根拠付ける具体的事実
である。そして，⑤の具体的事実（正当な理由の評価根拠事実）として，
　(i) Aは，2021年3月20日，Yの代理人として，Xとの間で人形の売買契約を締結したこと
　(ii) Aは，(i)の前にも何度か，Yの代理人として，Xとの間で人形の売買契約を締結したこと
　(iii) Aは，同年4月1日，Yの代理人として，(i)の売買契約の目的物である人形の代金の弁済として，自己宛小切手をXに交付したこと
　(iv) Aは，本件売買契約締結の際，本件時計の売買代金も，(i)(iii)と同様に自己宛小切手で支払うと述べたこと
　(v) Xは，本件売買契約以前にはYが人形以外のマイセン磁器を購入したことがないことを知らなかったこと
　(vi) Xは，同年4月に，Y方にマイセン磁器の装飾皿が飾られているのを見たこと
を挙げることができよう（なお，③については，前記(1)ア，イ(エ)のとおり）。
　⑤(i)から(vi)までの各事実によれば，Aは，Yの代理人として何度かXから人形を購入したことがあり，本件時計の代金の支払方法も直近の人形売買と同様に自己宛小切手によると述べ，Xは，Y方にマイセン磁器の装飾皿が飾られているのを見たことがあって，Yが人形以外のマイセン磁器を買ったことがないことを知らなかったというのであるから，XがAに本件時計を購入する代理権があると信じたとしても，そのことが不合理であり，Xに落ち度があるとはいえないと考えられる。

＊ (ⅲ)の事実に関して，弁済について代理の規定が適用されるかの問題がありうる。なお，弁済については，民法新473条が，弁済が債務の消滅事由であることを新たに規定した。弁済の法的性質の理解に関わるが（中田302頁参照），小切手の交付は，単に事実行為ではなく，金銭代用物の占有の移転という法律行為の性質を有するので，肯定することができるものと考えられる。なお，給付が事実行為であるときには代理によることはできないとされている（我妻Ⅳ217頁）。

＊ (ⅴ)の事実は，Yがこれまで人形以外のマイセン磁器を購入したことがないとの事実を前提とするXの主観的認識であり，人形以外の磁器の購入歴がないとの正当な理由の評価障害事実による評価を覆すので，再抗弁に位置付けられるように見える。しかし，本講では，規範的要件を充足するか否かの判断は，その評価根拠事実と評価障害事実の総合判断によって行うという枠組みによっている。これによれば，前記のような関係はあるけれども，主張の位置付けとしては評価根拠事実になる。「総合評価」とは，そのような枠組みをも含んだ趣旨であると考える（第6講の**2**(3)イ参照）。

(3) 民法新112条2項による表見代理

ア　実体法上の要件

従前，以前に代理人だった者が，代理権消滅後，かつて与えられていた代理権の範囲を超える法律行為をした場合にも，民法110条と112条の重畳適用による表見代理が成立すると解されていたが（大判昭19・12・22民集23-626，最判昭35・12・27民集14-14-3234等），今回の改正により，この解釈が条文化された（民新112条2項）。改正前の民法110条と112条の重畳適用における主張立証責任に関する構造は，過去に存在していたが消滅した代理権が民法110条の規範に組み込まれるというものであったのに対し，この条文は，一般市民に分かりやすいように，民法112条に110条を組み込む構造とされた。

代理権消滅後の表見代理（民新112条2項）の実体法上の要件を見ると，

① 他人に代理権を与えたこと
② ①の代理権が消滅したこと
③ ②の後，①の他人が第三者と法律行為をしたこと
④ 顕名
⑤ 第三者が①を知らなかったこと
⑥ 第三者が①の他人が③の法律行為をする代理権があると信じたこと
⑦ 第三者が⑤のように信じたことについて正当な理由があることを根拠付ける具体的事実

である。これらのうち①②③④⑤の主張立証責任は，表見代理の効果を主

張する者にあると解される。そして，⑥⑦の主張立証責任の所在の考え方は，前記**4**(1)ウ(イ)のとおりである。民法110条の要件と主張立証責任の考え方は前記(2)のとおり。

> ＊　初学者は，②の代理権の消滅の要件に関して，有権代理の請求原因に対しては抗弁，代理権消滅後の表見代理の場合には請求原因になり，同じ要件事実の主張立証責任の所在が変わるのはなぜかとの疑問を持つことがあるようである。しかし，前者の場合には，「代理権の消滅」の事実は，有権代理の請求原因に対し，民法111条による代理権消滅の効果（本人への効果不帰属）を主張する場合の要件事実の主張であるのに対し，後者の場合には，民法新112条１項による表見代理の効果（本人への効果帰属）を主張する場合の要件事実の主張である。前者と後者とでは，主張されている法規範が相違しているのであり，同じ法規範による効果の発生要件に当たる要件事実の主張立証責任が，ある事案では原告に，別の事案では被告に存在するというものではないことを理解する必要がある。

イ　要件事実（主要事実）

Yの代理人Aが，既に消滅した代理権の範囲を超えた契約を，Yの代理人としてXと締結した本問の事案で，Xが，民法新112条２項による表見代理を主張して，売買代金の支払をYに請求する場合の主要事実は，

① 　Yは，本件売買契約の締結に先立って，Aに対し，人形の売買契約を締結する代理権を授与したこと
② 　XとAとが本件売買契約を締結したこと
③ 　Yが，本件売買契約締結当時，料亭を営んでいたこと
④ 　Xが，Aに，本件売買契約を締結する代理権があると信じたこと
⑤ 　Xが，④のように信じたことについて正当な理由があることを根拠付ける具体的事実として，前記(2)イと同じく，
(i) 　Aは，2021年３月20日，Yの代理人として，Xとの間で人形の売買契約を締結したこと
(ii) 　Aは，(i)の前にも何度か，Yの代理人として，Xとの間で人形の売買契約を締結したこと
(iii) 　Aは，同年４月１日，Yの代理人として，(i)の売買契約の目的物である人形の代金の弁済として，自己宛小切手をXに交付したこと
(iv) 　Aは，本件売買契約締結の際，本件時計の売買代金も，(i)(iii)と同様に自己宛小切手で支払うと述べたこと
(v) 　Xは，本件売買契約以前にはYが人形以外のマイセン磁器を購入したことがないことを知らなかったこと

(vi)　Xは，同年4月に，Y方にマイセン磁器の装飾皿が飾られているのを見たこと
⑥　YとAとは，②の契約に先立って（同年6月21日），①の代理権を消滅させる合意をしたこと
⑦　Xが，⑥の事実を知らなかったこと

である（なお，③については，前記(1)ア，イ(エ)のとおり。また，抗弁(1)の事実を論理的前提にする主張なので，⑥の「②の契約に先立って」との時的要素は，2021年6月21日であることが明らかである）。

　　＊　この主張の事実摘示は，上記①から⑦までの主要事実を摘示するのが本則であろうが，この主張が，請求原因(2)と抗弁(1)について判断された後に判断されるものであり，上記①から⑥までの主要事実が請求原因(2)および抗弁(1)と同じものであるので，「請求原因2と抗弁1を前提とする予備的請求原因」と明示することによって①から⑥までの摘示に代え，請求原因としては，⑦のみを摘示する方法もある（第8講参照）。

6　抗弁1
(1)　代理権消滅の要件
　民法111条は，1項で任意代理と法定代理に共通の消滅原因を定め，2項は，「委任の終了」を「代理権を授与した原因関係の終了」と読み替えて，任意代理に特有の消滅原因を定めたものと解される（内田I 149頁，新版注釈(4)176頁）。

　　＊　授権行為を単独行為と理解すれば，本人が代理権を消滅させる行為は「撤回」の意思表示と理解することになり，代理人が消滅させる行為は「告知」または「放棄」の意思表示であるとされる（新版注釈(4)177頁）。他方，授権行為を契約と理解すれば，代理権を消滅させる行為は，その契約の終了原因となるから，授権行為を委任契約と理解すれば，民法651条の解除（告知）や同法653条所定の事由になるものと考えられる。

(2)　代理権の消滅を主張する場合の要件事実
　YのAに対する人形の購入の委託を終了させることをYとAとが合意して，Aの代理権が消滅したことをYが主張する場合の主要事実は，
　　Yが，2021年6月21日，Aに対し，マイセン磁器の人形を購入する代理権を消滅させる旨の意思表示をしたこと
である（単独行為説による説明）。

　　＊　なお，無名契約説または事務処理契約説によった場合，本問では，Yは契約の終了原因を具体的に主張立証することになる。具体的には，2021年6月21日にYとAとがした人形購入

を委託する契約を終了させる合意における意思表示として行われたものであり，その合意を離れて存在するものではないと考えれば，「Yは，2021年6月21日，Aとの間で，マイセン磁器の人形の購入をYがAに委託する契約を終了させる旨の合意をした。」と記載することも考えられる（前記(1)の注参照）。

7　抗弁2

　Yは，その言い分にあるような事実関係のもとでは，それ以前の取引とは異なることに気付き，Yに対して，今回購入する品目について問い合わせるべきであったのに，それをしなかったのだから，XがAに代理権があると信じたことに正当な理由がないと主張しており，そのような評価も成り立ちうるとも考えられる。

　規範的要件を主張する場合の主要事実が，評価根拠（障害）事実であることは，前記**4**(1)イのとおりである。

　本問での評価障害事実は，
① Yは本件売買契約の前に人形以外のマイセン磁器を購入したことがなかったこと
② Xは，Yがマイセン磁器の人形の収集家であることを知っていたこと
③ Xは，2021年3月に，マイセン磁器の人形をYの自宅へ搬入したこと
④ XとAとは，本件売買契約締結の際，本件時計をAの事務所に届ける（引き渡す）ことを合意したこと
⑤ Xは，本件売買契約締結の際，Yに対し，本件時計を購入する意思があるかを確認しなかったこと

である。

8　争点整理について

　Xの言い分からは，前記のとおり，3つの請求原因を構成することができる。しかし，代理権の消滅原因事実（抗弁(1)）は本人側のいわば内部事情であるので，Aの協力が得られるなどの事情がない限り，第三者であるXがYによる抗弁(1)の立証を妨げることは，困難であることが予想される。そのような立証の見通しが成り立つならば，Xとしては，表見代理の主張を民法新112条2項の主張に絞ることも考えられる。

本講では，証拠関係が明らかではないので，3つの請求原因が維持されているものとして，事実摘示例を記載した。

事実摘示例

　1　請求原因
(1)　有権代理
　ア　原告は，2021年9月25日，Aに対し，マイセン磁器の時計（以下「本件時計」という）を420万円で売った（以下「本件売買契約」という）。
　イ　被告は，本件売買契約当時，料亭を営んでいた。
　ウ　被告は，本件売買契約締結に先立って，Aにその代理権を授与した。
　エ　原告は，同月28日，Aの事務所において，Aに対し，本件時計を引き渡した。
　オ　同月28日は経過した。
(2)　権限外の行為の表見代理
　ア　前記(1)ア，イ，エ，オと同じ。
　イ　被告は，本件売買契約締結に先立って，Aにマイセン磁器の人形の売買契約を締結する代理権を授与した。
　ウ　原告は，本件売買契約締結の際，本件売買契約を締結する代理権がAにあると信じた。
　エ　正当な理由の評価根拠事実
　　(ｱ)　Aは，2021年3月20日，被告を代理して，原告からマイセン磁器の人形セットを231万円で買った。
　　(ｲ)　Aは，(ｱ)の前にも何度か，被告を代理して，原告からマイセン磁器の人形を買った。
　　(ｳ)　Aは，同年4月1日，前記(ｱ)の売買代金として，自己宛小切手を原告に交付した。
　　(ｴ)　Aは，本件売買契約締結の際，本件売買契約の代金も自己宛小切手で支払うと述べた。

- (オ) 原告は，本件売買契約締結の際，被告が人形以外のマイセン磁器を購入したことがないことを知らなかった。
- (カ) 原告は，同年4月に，被告方にマイセン磁器の装飾皿が飾られていたのを見た。

(3) 民法新112条2項による表見代理 ─ 請求原因(2)と抗弁(1)を前提とする予備的主張

原告は，本件売買契約締結の際，2021年6月21日に，被告が，Aに対し，マイセン磁器の人形の購入に関する代理権を消滅させる旨の意思表示をしたことを知らなかった。

(4) よって，原告は，被告に対し，本件売買契約に基づいて，代金420万円及びこれに対する2021年9月29日から支払済みまで民法所定の年3％の割合による遅延損害金の支払を求める。

2 請求原因に対する認否

請求原因(1)のうち，ア，エの各事実は不知。イの事実は認める。ウの事実は否認する。

同(2)のうち，イ，エ(ア)(イ)(ウ)(カ)の各事実は認める。エ(エ)の事実は不知。同ウ，エ(オ)の事実は否認する。

同(3)の事実は否認する。

3 抗弁

(1) 代理権消滅（請求原因(2)に対し）

被告は，2021年6月21日，Aに対し，マイセン磁器の人形の購入に関する代理権を消滅させる旨の意思表示をした。

(2) 正当な理由の評価障害事実（請求原因(2)及び同(3)に対し）

ア 被告は，本件売買契約締結以前に，人形以外のマイセン磁器を購入したことがなかった。

イ 被告はマイセン磁器の人形の収集家であり，原告は，本件売買契約締結の際，そのことを知っていた。

ウ 原告は，2021年4月1日，請求原因(2)エ(ア)の人形セットを被告の自宅へ搬入した。

エ　原告とAとは，本件売買契約締結の際，本件時計をAの事務所で引き渡すことを合意した。
　　オ　原告は，本件売買契約締結の際，被告に対し，本件時計を購入する意思があるか確認しなかった。

４　抗弁に対する認否
　抗弁(1)の事実は否認する。同(2)のうち，アの事実は不知。その余の事実は認める。

第19講 保証

要件事実論30講

(Xの言い分)

　Xは，Y（自然人）との間で，2021年7月8日，今後4年間，XがAに対して貸し付ける貸金債務について，1000万円を債権極度額として，Yが連帯保証するとの契約を締結しました。XとYは，同日，この内容を記載した貸金等根保証契約書を作成し，互いに署名押印しています。

　その後，Xは，Aに対し，同年7月10日，300万円を，返済期限2022年1月10日，利息年8％の約定で，2021年8月12日，400万円を，返済期限2022年2月12日，利息年8％の約定で，2021年11月11日，200万円を，返済期限2022年5月11日，利息年8％の約定で，それぞれ貸し付けました。

　Aは，このうち，初めの300万円と2回目の400万円については，期限に利息とともに返済しましたが，3回目の200万円については，返済しません。保証人であるYは，「AのXに対する貸金があり，この貸金債権と主たる債務に係る貸金債権とを対当額で相殺することにより，Aが主たる債務の支払を免れるべき限度で支払を拒絶します。」と主張していますが，そのような債権はありません。

　そこで，私は，Yに対し，上記連帯保証契約に基づき，200万円と貸付日から弁済期までの年8％の利息及び弁済期の翌日から支払済みまでの年8％の割合による遅延損害金の支払を求めます。

(Yの言い分)

　私（自然人）が，X主張のとおり，Xとの間でAの債務について

第19講　保証　……… 321

の連帯保証契約を書面で締結したことは間違いありません。また，XがAに対し，X主張のとおり3回の貸付を行ったこともそのとおりです。Aの話によると，Aは，初めの300万円の貸金と，2回目の400万円の貸金については，弁済期に利息とともに現金で返済したということです。

　また，Aによると，逆に，AがXに対し，2022年2月25日，300万円を，利息を同じく年8％，返済期限を同年4月25日とする約定で貸し付けたということで，その返済を受けていないということです。Aはこの貸金債権と上記のXの貸金債権とを相殺するとの意思表示をしたことはないようですが，Aの貸金債権の方が金額が多いのですから，Aが債務を支払う必要はなく，したがって，私も保証債務を払うつもりはありません。私は，本件口頭弁論期日（2022年10月10日）において，両債権を対当額で相殺することにより，Aが主たる債務の支払を免れるべき限度で支払を拒絶する旨主張しました。

1　事案

　本問は，XとY（自然人）との間で，XのAに対する将来の貸金債権について締結された個人貸金等根保証契約に基づき，Xが，保証人Yに対し，Aの貸金債務200万円並びにその利息および遅延損害金についての保証債務の履行を求めたのに対して，Yが，AのXに対する反対債権である貸金債権をもってする相殺によりAが主たる債務の支払を免れるべき限度で支払を拒絶するとの主張をして争った事案である。

2　請求の趣旨

　被告は，原告に対し，200万円及びこれに対する2021年11月11日から支払済みまで年8％の割合による金員を支払え。

　本件において，Xは，Yに対し，200万円とこれに対する2021年11月11

日から支払済みまで年８％の割合による金員の支払を求めている。Xの言い分では，200万円に対する2021年11月11日から2022年５月11日までの８％の割合による金員の支払を求める部分を「利息」とし，同日を経過した以降の分を「遅延損害金」と述べているが，後記のとおり１個の保証契約に基づき元本，利息金および遅延損害金の保証債務の履行を請求する場合，これらはすべてその保証契約に基づく保証債務履行請求権に包含されるので，理論的には，これらの請求も法的性質としては主たる請求であり，附帯請求ではない。

> ＊　後記のとおり，個人貸金等根保証契約を含む個人根保証契約は極度額を定める必要があり，この極度額は，主たる債務の元本，主たる債務に関する利息，違約金，損害賠償その他の債務に従たるすべてのものおよびその保証債務について約定された違約金または損害賠償の額について，その全部に係る極度額，すなわち債権極度額であるとされている。そうすると，XがYに対して履行を求めることができるのは，最大で極度額である1000万円であるから，主文において，主たる請求と附帯請求の合計額が極度額を超えないように，その限度額を明示すべきであるか否かが問題となろう。しかしながら，個人貸金等保証契約の対象となる債権が請求に係る債権だけであるとは限らないから，請求債権についてだけ限度額を明示しても必ずしも意味がない。判決の基準時（事実審の口頭弁論終結時）の後に，保証人の支払総額が極度額に達したことは請求異議事由となると解すれば足りると考えられるから，主文で限度額を明示する必要はないといえるのではなかろうか。

3　訴訟物

> 根保証契約に基づく保証債務履行請求権　１個

(1)　訴訟物の選択

訴訟物の選択は，処分権主義により，原告の専権に属するが，本問において，Xは，2021年７月８日に，Yとの間で締結した「個人貸金等根保証契約」に基づいて保証債務の履行を求めている。

(2)　根保証契約

根保証契約とは，一般には，継続的供給契約，当座貸越契約，手形割引契約などの継続的取引関係から将来発生する不特定の債務を保証する契約をいう。民法は，一定の範囲に属する不特定の債務を主たる債務とする保証契約（根保証契約）であって，保証人が法人でないものを個人根保証契約とし（民新465条の２第１項），個人根保証契約であってその主たる債務

の範囲に金銭の貸渡しまたは手形の割引を受けることによって負担する債務（貸金等債務）が含まれるものを個人貸金等根保証契約として（民新465条の3第1項），特別の規律をする規定を置いている（民新465条の2以下）。個人貸金等根保証契約を独自の契約類型と解する立場も考えられるが，根保証契約の主たる債務の範囲に金銭消費貸借や手形割引による債務が含まれ，かつ，保証人が法人ではない場合について，民法の個人貸金等根保証契約の特則が適用されると解されるから（個人根保証契約および個人貸金等根保証契約につき，大江忠・要件事実民法(3)債権総論〔第4版，第一法規・2016〕305頁），個人貸金等根保証契約を根保証契約一般と別個の契約類型と解する必要はない。

(3) 保証と連帯保証

　保証契約と連帯保証契約との関係については，保証契約と連帯保証契約とを別個の契約類型と解する見解（連帯保証説）もある（倉田〔債権総論〕317頁）が，連帯保証債務は，保証契約において，保証債務のもつ補充性を奪うものではあるが，その特質である附従性を奪うものではなく，保証債務である性質には影響がない（我妻Ⅳ497頁）。そして，連帯保証が成立するためには，保証契約において特に連帯である旨の特約がされることを必要とする（我妻Ⅳ498頁）。つまり，連帯保証債務は，保証契約において，保証債務のもつ補充性を奪って債権者の権利を強化するため，保証人が主たる債務者と連帯して債務を負担することを特約することによって成立する債務であると解するのが相当である。

　以上によると，個人貸金等根保証契約の法的性質は根保証契約であり，連帯保証契約は保証契約に特約が付されたものであって，保証契約が原則的な形態となるから，訴訟物は，根保証契約に基づく保証債務履行請求権となる。

(4) 主債務の個数と保証

　ところで，本問で請求の対象になっている主たる債務は，①消費貸借契約に基づく貸金返還債務，②①に関する利息契約に基づく利息金債務，③①の履行遅滞に基づく損害賠償債務（遅延損害金債務），である。

　この点について，保証契約の主たる債務に対する附従性を重視し，1個の保証契約に基づく保証債務履行請求権も，主たる債務である貸金返還債

務，利息金債務，遅延損害金債務に対応して，複数個の請求権であるという見解，すなわち，貸金返還債務についての保証契約に基づく保証債務履行請求権，利息金債務についての保証契約に基づく保証債務履行請求権，遅延損害金債務についての保証契約に基づく保証債務履行請求権の複数個になるとする見解もありうる。しかし，保証債務は，特約がない限り，その対象として主たる債務に関する利息や遅延損害金を包含するものであり（民447条1項），1個の保証契約に基づき元本，利息，遅延損害金の保証債務の履行を請求する場合，これらはすべてその保証契約に基づく保証債務履行請求権に包含されているといえるから，訴訟物は1個であると解される。

4 本問における攻撃防御の枠組み

本問の請求原因は，主債務であるXのAに対する貸金債権，利息金債権および遅延損害金債権の各発生原因事実と，XとYとの間における個人貸金等根保証契約の締結であり，これに対し，抗弁として，AのXに対する反対債権での相殺によりAが主たる債務の支払を免れるべき限度で支払を拒絶するとの主張がされている。抗弁の内容は，反対債権である貸金債権の発生原因事実と，反対債権での相殺により主たる債務者がその債務の支払を免れるべき限度での支払拒絶の主張である。

5 請求原因

(1) 主たる債務

ア 一般に，保証債務がその附従性から主たる債務の存在を必要とするのに対し，根保証契約自体は主たる債務が存在しなくても契約は成立する。しかし，本件は，根保証契約に基づく保証債務履行請求であるから，主たる債務が存在しなければその履行を請求することはできない。本件では，主たる債務は，消費貸借契約に基づく貸金返還債務，利息金債務および遅延損害金債務である。そこで，保証債務履行請求権の要件事実は，貸金返還請求権，利息金請求権および遅延損害金請求権の各発生原因事実と根保証契約締結の事実ということになる（類型別39頁）。

イ 貸金返還請求の要件事実（類型別27頁）

XがAに対し，要物契約である消費貸借契約に基づき貸金返還請求をする場合，Xは，請求の原因として，①XがAとの間で金銭の返還の合意をしたこと，②XがAに対し金銭を交付したこと，③XがAとの間で弁済期の合意をしたこと，④弁済期が到来したこと，を主張立証することになる。消費貸借契約はいわゆる貸借型の契約である。貸借型の契約は，一定の価値をある期間借主に利用させることに特色があり，契約の目的物を受け取るや否やこれを直ちに返還すべき貸借はおよそ無意味であるから，貸借型の契約において返還時期（弁済期）の合意は単なる法律行為の附款ではなく，その契約に不可欠の要素であり，成立要件として必ずその摘示を要すると解する考え方がある（貸借型理論。第12講参照）。

　本問において，XはAに対し3回の貸付をしているが，請求に係るのは3回目の200万円の貸金のみである。したがって，本問において主張する必要があるのは，「XはAに対し，2021年11月11日，200万円を弁済期限2022年5月11日との約定で貸し付けた」ことおよび弁済期である「2022年5月11日が到来した」ことだけでよい。

　ウ　利息請求の要件事実（類型別29頁）

　XがAに対し，一定期間分の利息を請求する場合，Xは，請求原因として，①元本債権の発生原因事実，②XがAとの間で利息支払の合意をしたこと，③②の後一定期間が経過したこと，を主張立証することになる。

　利息は，元本の存在を前提としてその利用の対価として支払われるものであり，元本債権に対して附従性を有するものであるから，①が必要である。本件では，既に消費貸借契約の成立の主張がされている。

　消費貸借契約は無利息が原則であるから（民新589条1項），利息を請求するためには②が必要となる。そして，法定利率を超える約定利率による利息債権の成立を主張する場合には，利息支払の合意のほかに，民法新404条1項の「別段の意思表示」として，④XがAとの間で法定利率を超える利率の合意をしたことを主張立証する必要がある。本問では，年8％の利率の利息支払の合意がなされていると主張されている。

　利息の生ずる期間は，別段の合意のない限り，借主が金銭を受け取った日から（民新589条2項）元本の返還をすべき日までの元本使用期間である（③）。具体的には，一定期間の最終日の到来を摘示すれば足り，本問では，

2022年5月11日の到来ということになる。

　エ　遅延損害金請求の要件事実（類型別31頁）

　XがAに対し，遅延損害金を請求する場合，Xは，請求原因として，①元本債権の発生原因事実，②弁済期が経過したこと，③損害の発生とその数額，を主張立証することになる（第12講参照）。①は既に主張されており，②は「2022年5月11日は経過した」である。

　③の「損害の発生とその数額」については，金銭債務の特則（民新419条1項）があるから，法定利率または約定利率によって損害賠償額が定められ，特約がなくても，当然に，債務者が遅滞の責任を負った最初の時点の法定利率の割合による遅延損害金を請求することができる（同項本文）。しかし，本問のように，利息につき法定利率を超える率の合意がされている場合（同項ただし書）に，原告がこの損害金率による損害額を請求するときには，「XとAが法定利率を超える利息の利率の合意をしたこと」を主張立証することになる。

　遅延損害金の生ずる期間は，元本の返還をすべき日の翌日から元本が完済された日までであり，その始期から終期までの時の経過が要件である。終期については口頭弁論終結後である「支払済みまで」となっているので，具体的な日を主張することができない（類型別31頁，一審解説11頁）。

(2) **保証債務**

　ア　書面による契約

　保証契約は，書面（その内容を記録した電磁的記録でもよい）によらなければ効力が生じない（民446条2項，3項）。この書面性については，保証契約書を作成するか，申込みおよび承諾ともに書面でしなければならないとする見解（加藤（雅）・大系Ⅲ467頁）と，専ら保証人の保証意思がその書面上示されれば足りるとする見解（吉田徹=筒井健夫編・改正民法　保証制度・現代語化の解説〔商事法務・2005〕15頁）とが対立している。後者の見解は，本条の趣旨を，片面的に義務を負うこととなる保証人を保護するためには，保証人の保証意思が外部的に明らかになっていれば足りるとする（立法担当者の見解）。しかし，条文は保証契約が書面によってされたことを要件と規定しており，より保証人の保護を厳密に解すれば，前者の見解にも説得力がある。本問は，保証契約自体が契約書でされた事例であり，

いずれの見解でも有効である（事実摘示例は事案に沿って記載した）。したがって，平成16年法律第147号（民法の一部を改正する法律）が施行された平成17年4月1日以降に締結された保証契約については，少なくともYの保証意思が書面でされたことが要件事実となる。

　イ　根保証契約

　一定の期間の間に継続的に生ずる不特定の債務を担保する保証を根保証あるいは継続的保証という（内田Ⅲ360頁）。前記のとおり，民法は，一定の範囲に属する不特定の債務を主たる債務とする保証契約（根保証契約）であって，保証人が法人ではないものを個人根保証契約とし，個人根保証契約であってその主たる債務の範囲に金銭の貸渡しまたは手形の割引を受けることによって負担する債務（貸金等債務）が含まれるものを個人貸金等根保証契約として，特別の規律をする規定を置いており（民新465条の2以下），根保証契約の主たる債務の範囲に金銭消費貸借や手形割引による債務が含まれ，かつ，保証人が法人ではない場合について，民法の個人貸金等根保証契約の特則が適用されると解される（大江・前掲309頁）。

　したがって，一定の範囲に属する不特定の債務を主たる債務とする保証契約（根保証契約）であっても，保証人が個人ではなく，または，根保証契約において定められている主たる債務に貸金債務または手形割引にかかる債務が含まれていないものの場合には，個人貸金等根保証契約の規律によらなくても有効となる。しかし，本問の根保証契約は，主たる債務に貸金債務が含まれており，かつ，保証人は個人であって（法人ではない），この事実は請求原因に現れる（厳密には，保証契約の当事者は個人か法人か不明である「Y」であるから，保証人が個人であること〔法人ではないこと〕は，請求原因に現れているわけではない。しかし，実際の契約では，契約者が個人か法人か不明であるということはなく，当事者を識別するための名称を表せば，それが個人か法人かは通常明らかになる）。そのため，個人貸金等根保証契約が有効となるためのその他の要件事実の主張をしなければ，契約が有効とならない（一種の「せり上がり」である。第7講参照）。

　個人貸金等根保証契約を含む個人根保証契約は，主たる債務の元本，主たる債務に関する利息，違約金，損害賠償その他の債務に従たるすべてのものおよびその保証債務について約定された違約金または損害賠償の額に

ついて，その全部に係る極度額を定めなければならず（民新465条の2第1項），その定めをしなければその効力を生じない（同条2項）。これは債権極度額の考え方を採用したものである（吉田＝筒井・前掲39頁）。そして，この定めについても書面（電磁的記録によることもできる）によらなければ効力を生じない（民新465条の2第3項，462条1項，3項）。したがって，極度額の定めを書面でしたことは個人貸金等根保証契約を含む個人根保証契約成立の要件事実となる。

個人貸金等根保証契約において，主たる債務の元本の確定すべき日（元本確定日）を定める場合，その元本確定期日は個人貸金等根保証契約の締結の日から5年以内でなければその効力を生じず，5年を経過する日より後の日を元本確定期日として定めたときは，元本確定期日の定めがないものと扱われる（民新465条の3第1項）。そして，元本確定期日の定めがない場合（上記規定により元本確定期日の定めがその効力を生じない場合を含む）には，その元本確定期日は，その個人貸金等根保証契約の締結の日から3年を経過する日とするとされている（同条2項）。この規定によると，個人貸金等根保証契約では，元本確定期日の定めがない場合も想定されており，元本確定期日の定めのない個人貸金等根保証契約も有効と解されるから，請求原因でこれを主張立証する必要はないと解される。

　ウ　保証の対象

Xは，Yに対し，残元金だけでなく，利息および遅延損害金分の保証債務の履行をも請求しているが，前記のとおり，保証債務は特約がない限りその対象として主たる債務に関する利息や遅延損害金を包含するものであるから（民447条1項），本来，Xは保証契約において利息および遅延損害金が保証の対象になっていることを主張立証しなくても請求が可能である。しかし，本問の保証契約は個人貸金等根保証契約であり，前記のとおり，個人貸金等根保証契約を含む個人根保証契約は，主たる債務の元本，主たる債務に関する利息，違約金，損害賠償その他の債務に従たるすべてのものおよびその保証債務について約定された違約金または損害賠償の額について，その全部に係る極度額を定めなければならないから（民新465条の2第1項），極度額についての主張をすると，利息，損害賠償も保証の対象とされていることが当然に現れる。

エ　連帯の約定

前記のとおり，連帯の約定が保証契約に付された特約であるとする見解（保証説）によれば，催告・検索の抗弁に対する再抗弁に位置付けられ，請求原因として主張立証する必要はない。これに対し，連帯保証説によると，連帯の約定は，連帯保証債務履行請求権の発生要件事実となる。

オ　「事業に係る債務」についての保証契約の特則

Y（自然人）がXとの間で締結した保証契約が，「事業のために負担した貸金等債務を主たる債務とする保証契約」または「主たる債務の範囲に事業のために負担する貸金等債務が含まれる根保証契約」である場合には，保証契約の締結に先立って，保証人となろうとする者（Y）が，その締結の日前1か月以内に作成された公正証書で，保証債務を履行する意思を表示したことが必要となる（民新465条の6第1項。なお，手続の細目につき，同条2項参照）。ただし，保証人となろうとする者（Y）が，主たる債務者が法人である場合のその理事，取締役，執行役またはこれらに準ずる者等である場合には，この限りでない（民新465条の9）。

主張立証責任としては，請求原因で，保証契約または根保証契約の締結，抗弁で，保証契約が事業のために負担した貸金等債務を主たる債務とするものであることまたは根保証契約が主たる債務の範囲に事業のために負担する貸金等債務が含まれるものであること，再抗弁で，①保証契約もしくは根保証契約の締結に先立ち，その締結日前1か月以内に作成された公正証書で保証人になろうとする者が保証債務を履行する意思を表示していること，または②保証人となろうとする者が主たる債務者が法人である場合のその理事，取締役，執行役もしくはこれらに準ずる者等であることを摘示することになろう（潮見・概要144頁以下参照）。もっとも，実務上は，訴状において，保証契約または根保証契約が公正証書によることが主張されることが想定され，あまり問題とならないように思われる。

6　請求原因に対する認否

Yの言い分によれば，請求原因事実はいずれも認めている。

7 抗弁 —— 主債務者が相殺権を有する場合の履行拒絶

(1) 主債務者が債権者に対して相殺権を有する場合の履行拒絶の主張（類型別43頁参照）

ア　Yは，Xに対し，2022年10月10日の本件口頭弁論期日において，主債務者であるAがXに対して，同年2月25日に貸し付けた300万円の貸金債権をもって，請求原因の消費貸借契約に基づくXのAに対する貸金債権（主たる債務に係る債権）とその対当額において相殺することにより，Aが主たる債務の支払を免れるべき限度で支払を拒絶すると主張している。

イ　民法新457条3項は，「主たる債務者が債権者に対して相殺権，取消権又は解除権を有するときは，これらの権利の行使によって主たる債務者がその債務を免れるべき限度において債務の履行を拒むことができる」と規定しており，保証人は，主たる債務者が債権者に対して有する相殺権等の行使によってその債務を免れるべき限度で，保証債務の履行を拒絶するとの抗弁権を有するとされている（履行拒絶の抗弁権構成）。この規定によれば，保証人であるYは，主債務者であるAの有する反対債権をもってする相殺によってAがその債務を免れるべき限度で，保証債務の支払を拒絶することができ，請求原因の保証契約に基づく保証債務履行請求権の行使を阻止することができるので，上記の相殺によって主たる債務者がその債務を免れるべき限度で支払を拒絶する旨の主張は，抗弁として機能することになる。

民法新457条3項に基づいて債務の履行を拒絶するとの抗弁の一般的な要件事実は，①主たる債務者が債権者に対して相殺権等を有していること，②保証人の債権者に対する債務の履行を拒むとの権利主張（①の権利行使によって主たる債務者がその債務を免れるべき限度において債務の履行を拒絶するとの主張）である。

(2) 相殺の要件事実

民法505条1項によると，債務者が自己の債務を相殺によって消滅させる場合には，①同一当事者間に債権の対立があること，②対立する両債権が同種の目的を有すること，③両債権がともに弁済期にあること，④債権の性質が相殺を許さないものでないことが必要であり，このような要件を充たす債権の対立のある状態を相殺適状という（我妻Ⅳ321頁，第25講参照）。

本問は，前記のとおり，主債務者Aの債権者Xに対する債権を自働債権とし，XのAに対する債権（主たる債務に係る債権）を受働債権としてする相殺により，Aが，XのAに対する債権に係る債務（主たる債務）を免れるべき限度において，保証人YがXに対して保証債務の履行を拒むことができるという場合であるから，自働債権および受働債権の各発生原因事実のほか，民法新457条3項により保証人が保証債務の履行を拒むことができる場合であることを具体的に主張立証する必要がある。自働債権は，AのXに対する貸金債権であり，その発生原因事実を主張立証しなければならない（第12講参照）。一方，受働債権の発生原因事実は，既に請求原因で主張されているので，改めて抗弁で主張立証すべき事実はない。また，対立する両債権が同種の目的を有することについては，両債権がともに金銭債権であるから，これについても改めて主張立証すべき事実はない。

　両債権がともに弁済期にあることについては，自働債権の発生原因が本問の場合のように，貸借型の契約である場合は，貸借型理論を採ると，発生原因事実を主張立証することにより，弁済期の合意の事実が現れるので，弁済期の到来も主張立証しなければならない（類型別33頁。なお，貸借型理論を採らない場合〔新問研38頁〕には，要物契約としての消費貸借契約に基づく貸金返還請求権の発生原因事実として，①′金銭の返還合意および金銭の返還約束〔消費貸借契約の成立〕，②′弁済期の合意およびその到来〔消費貸借契約の終了〕を主張立証することになる）。受働債権については，請求原因で，貸借型の契約である消費貸借契約が主張され，弁済期の合意およびその到来が請求原因で主張されているので，改めて抗弁で主張すべき事実はない。

　債権の性質が相殺を許さないものでないことについては，その反対の事実である「債権の性質が相殺を許さないものであること」（民505条1項ただし書）が相殺の抗弁に対する再抗弁と考えられるが，本問ではこのような主張はない。

(3) 本問の要件事実

　以上によると，本問において，保証人であるYが，Xに対し，主たる債務者であるAがXに対して有する債権をもってする相殺により主たる債務を免れるべき限度において保証債務の履行を拒絶するとの抗弁を主張する場合の要件事実は，貸借型理論を採る場合には，①自働債権である貸金債

権の発生原因事実、②貸金債権の弁済期の到来（貸借型理論を採らない場合〔新問研38頁〕には、要物契約としての消費貸借契約に基づく貸金返還請求権の発生原因事実として、①′金銭の返還合意および金銭の交付〔消費貸借契約の成立〕、②′弁済期の合意およびその到来〔消費貸借契約の終了〕）、貸借型理論を採る場合および同理論を採らない場合のいずれについても、③Yの権利主張（「Yは、主債務者AがXに対して有する反対債権を自働債権とし、主たる債務に係るXのAに対する債権を受働債権として、その対当額において相殺することにより、Aが主たる債務の支払を免れるべき限度で、保証債務の支払を拒絶する。」との主張）となる。本問のように、裁判上された履行拒絶の権利主張は、顕著な事実であり、これを立証する必要はない。なお、債権の一部について履行拒絶の権利主張をする場合には、当該債権のうちのどれほどの金額について履行拒絶をするのかを明確にする必要がある。

(4) **本件における相殺適状の時期について**

自働債権であるAのXに対する貸金債権は、弁済期である2022年4月25日から支払を求めることが可能であり、他方、受働債権であるXのAに対する貸金債権の弁済期は同年5月11日である。しかし、受働債権の期限の利益は放棄することができるから、結局、自働債権の弁済期である同年4月25日に相殺適状が生じたことになる。

そして、自働債権の額は貸金債権300万円であり、他方、受働債権の額は、元金200万円と200万円に対する2021年11月11日から2022年4月25日までの間（166日）の年8％の割合による利息金7万2767円（1円未満切り捨て）となり、対当額で相殺すると、受働債権であるXのAに対する貸金債権は、元金および利息金ともにすべて消滅することになる。

8　抗弁に対する認否

Xの言い分によると、AのXに対する貸金債権の存在を否定しており、その発生原因事実である消費貸借契約の事実を否認しているといえる。支払拒絶の主張については、口頭弁論期日における権利主張で、顕著な事実であり、認否不要である。

事実摘示例

1　請求原因
(1) 原告は，被告（自然人）との間において，2021年7月8日，原告がAに対して貸し付ける貸金債務について，主たる債務の元本，主たる債務に関する利息，違約金，損害賠償その他の債務に従たるすべてのもの及びその保証債務について約定された違約金又は損害賠償の額について，その全部に係る極度額（債権極度額）を1000万円として，被告が保証する旨を書面で合意した。
(2) 原告は，Aに対し，2021年11月11日，200万円を，利息年8％，弁済期2022年5月11日とする約定で，貸し付けた。
(3) 2022年5月11日が経過した。
(4) よって，原告は，被告に対し，保証債務の履行として，200万円並びにこれに対する貸付日である2021年11月11日から支払済みまで約定による年8％の割合による金員の支払を求める。

2　請求原因に対する認否
請求原因(1)及び(2)は認める。

3　抗弁 ── 主債務者が相殺権を有する場合の履行拒絶
(1) Aは，原告に対し，2022年2月25日，300万円を，弁済期同年4月25日とする約定で貸し付けた。
(2) 2022年4月25日は，到来した。
(3) 被告は，2022年10月10日の本件口頭弁論期日において，主債務者Aが原告に対して有する上記(1)の消費貸借契約に基づく貸金債権300万円を自働債権とし，請求原因(2)の消費貸借契約に基づく原告のAに対する貸金債権200万円及び利息債権を受働債権として，その対当額で相殺することにより，Aが上記の原告のAに対する貸金債権200万円及び利息債権に係る債務の支払を免れるべき限度で，保証債務の支払を拒絶する。

4　抗弁に対する認否
　抗弁(1)は否認する。

第20講 物権的請求権(1)

要件事実論30講

（Xの言い分）

　私は，甲土地上の乙建物を所有していますが，この建物で食品店をして占有しているYに対して明渡しを求めたいと思っています。

　私がこの乙建物を取得したのは，2023年3月2日です。この乙建物とその敷地である甲土地は，以前はAの所有でしたが，Aから買って欲しいと言われ，2つ合わせて代金5000万円で買い，その日のうちに代金を一括で支払い，同年3月23日，乙建物の引渡し（鍵の授受）と所有権移転登記を受けました。

　この乙建物では，もともと賃借人であるBが雑貨店を個人で営んでいました。Aの話によると，Aは，2021年5月1日，Bに対し，乙建物を賃貸期間5年，賃料1か月30万円で賃貸し，そのころ引き渡したということです。乙建物は店舗兼住居用の建物でしたが，Bは乙建物を店舗として使用するとのことであり，Aもそのことは承知していたということです。また，賃貸借契約書を見ると，この賃貸借契約では，乙建物の賃借権を無断で譲渡したり，あるいは転貸することはできないこと，賃料の支払は当月分を前月末までに支払うこと，賃料を1か月でも怠ったときは，何らの催告もせずに当然に賃貸借契約を解除することができることが定められていました。Bはそこで雑貨店を始め，賃料も約束どおり支払われていたということで，私が買い受けた後も，賃料の支払は継続されていました。

　ところが，2024年8月ころ，私が乙建物の前を通ると，Bが営んでいた雑貨店がなくなっており，別の食品店になっていて，びっくりしてしまいました。そこで，その食品店に入って，店の人に話を聞くと，その店はYという会社が経営しており，2023年5月初めこ

ろから店を開いているということでした。

　私は，Ｙの連絡先を聞き，電話をすると，Ｙの代表取締役であるというＣが電話に出て，「乙建物を，2023年4月1日，Ｂから借りて引渡しを受けて店を始めた。賃貸期間は3年であり，賃料は1か月40万円となっている。この店がＸの所有であることは知らなかった。」と言うので，私は，「この店を転貸する話は初めて聞いた。転貸を承諾したことはないので，直ちに使用をやめてもらいたい。」と言いましたが，Ｃは納得してくれませんでした。そこで私は，Ｂに連絡をして抗議したのですが，Ｂは，「Ａが，あなたに乙建物を譲渡する前の2023年2月ころ，転貸の話をＡとしました。Ａは転貸を承諾し，2023年2月6日，Ａの署名と押印がされた承諾書を私に渡してくれています。」と言うのです。そこでＡに話を聞くと，確かにＢから転貸について相談を受け，承諾書の案を作って渡したことはあるが，その後私に売る話が本格化したので，正式に承諾したことはなく，承諾書にも署名押印はしていないということです。

　乙建物はもともと店舗ではありますが，私に何の断りもなく別の人が食品店をすることには納得がいきません。店を見た限りではありますが，食品のための冷蔵庫を置いたり，奥の倉庫に生ものを保管したりしており，使い方も雑貨店のときとはかなり違っているようでした。生ものもあるようですから，虫やネズミなどが入ることもあると思います。

　そこで，私は，2024年10月3日，Ｂに対し，同日到達の内容証明郵便で，Ｂとの賃貸借契約を無断転貸を理由に解除するとの意思表示をしました。この意思表示が到達した後，Ｂから，この乙建物を私がＢに売ったというありもしない話を書いた手紙が着きましたが，そのようなことは絶対にありません。Ｂは，私に頭金として360万円を払ったと言いますが，360万円は頭金などではなく，1年分の賃料として受け取ったものなのです。

　私は，Ｙに対し，所有権に基づき乙建物の明渡しを求めたいと思います。

（Y代表者（C）の言い分）

　Y社は，2012年8月10日，食料品の販売等を目的として設立された会社です。私（C）は，設立時からYの代表取締役をしています。Yは，X主張のとおり，2023年4月1日，Bから，乙建物を，賃貸期間は3年，賃料は1か月40万円との約定で賃借し，そのころ乙建物の引渡しを受け，その1か月後からそこで食品店をしています。Yは，ほかにも何件か食品店を経営していますが，乙建物の近くでも店を開こうと計画し，店舗を探していました。乙建物では，少し前までBが雑貨店を開いていたのは知っていたのですが，その雑貨店が閉店となるという話を聞き，店にBを訪ねて閉店後に貸してくれるよう頼みました。私自身は契約時には乙建物がXの所有であることは知りませんでしたし，Xが乙建物とその敷地である甲土地をいつ取得したのかは知りませんが，Xから立ち退くよう求められたときに，Bに事情を聞くと，Bは，X主張のとおり，当時の乙建物の所有者であったAから，乙建物を賃借しており，BがYに乙建物を貸す際に，Aはきちんとこれを承諾し，承諾書もきちんと取っているということでした。Bから受け取った承諾書は，2023年2月6日付で，Aの署名と押印がされています。私は，Bからの賃借後，きちんと賃料も期限に払っていますし，Bの話によると，Bも期限には約束どおりの賃料を支払ってきたということです。また，Bによると，Bは，2024年6月8日，Xから乙建物を代金1200万円で買ったと言っていますので，そうであれば，Xに出て行けと言われる筋合いはないはずです。

　なお，仮にXが所有者であるとしても，Bの雑貨店と私の食品店では店の内容は違いますが，店内を改造したわけでもなく，店に冷蔵庫を持ち込んだだけで，衛生面も十分に注意を払っていますから，むしろ雑貨店のときよりきれいに使っているくらいです。Bの話では，2024年10月3日，Xから，同日到達の内容証明郵便で，X・B間の賃貸借契約を無断転貸を理由に解除するとの意思表示がされたということですが，Aの承諾がある以上，解除は無効です。また，

> 仮に承諾が得られていなかったとしても，Bは今までどおりきちんと賃料も払っていますし，上記に述べたような，Yの使い方からすると，Aに対して背信行為をしたとはいえないと思います。

1 事案

　本問は，乙建物の所有者であるXが，同建物を賃借人Bから転借したと言うYに対し，その転貸借が所有者の承諾を得ないものであり，Xに転借権を主張することができないとして，所有権に基づきその明渡しを求めたのに対し，Yが転貸借について所有者の承諾を得た，仮に承諾がなくても背信行為と認めるに足りない特段の事情がある，また，Xはほかに乙建物を売却して所有権を失ったなどと主張して，これを争った事案である。

2 請求の趣旨

> 　　被告は，原告に対し，別紙物件目録（省略）記載の建物を明け渡せ。

　建物の占有移転を求める請求の趣旨では，一般に「引渡し」ではなく「明渡し」を用いることが多い。一般的に，「引渡し」とは，目的不動産に対する債務者の占有を排除し，債権者に直接支配を移転することをいい，「明渡し」とは，「引渡し」のうち，目的不動産等に債務者らが居住し，または物品を置いて占有している場合に，中の物品を取り除き，居住者を立ち退かせて，債権者に完全な直接的支配を移すことをいう。しかし，強制執行の方法には変わりはない（民執168条1項）。

3 訴訟物

> 　所有権に基づく返還請求権としての建物明渡請求権　1個

(1) 原告の選択
　原告は，請求の内容である訴訟物がどのような法的性質の給付請求権であるかを特定しなければならない。訴訟物の選択は原告の権能であり，原告が審判の対象とその範囲を決定し，裁判所はそれに拘束される（処分権主義。民訴246条）。

(2) 本問の訴訟物
　本問では，乙建物の所有者であるXが，転借人として同建物を占有しているYに対してその明渡しを求めているが，Xの主張によると，転貸借を承諾していないとしており，Yには何らの占有権原もないと主張している。そして，言い分の最後で「所有権に基づき乙建物の明渡しを求め」ると言っているから，Xが所有権に基づく物権的請求権を訴訟物としていることは明らかである。
　Xの本問における基本的な主張は，Yの転貸借は認めず，X・Y間には賃貸借関係が存在しないということであるから，賃貸借契約終了に基づく目的物返還請求権を選択しているとは考えられない（判例は，無断譲渡・転貸を受けた者を所有権に基づいて排除しうるものとし，かつ自己への直接の目的物引渡しを請求しうると解している〔大判昭15・2・23民集19-433，最判昭26・4・27民集5-5-325〕）。
　物権的請求権としては，他人の占有によって物権が侵害されている場合の返還請求権，他人の占有以外の方法によって物権が侵害されている場合の妨害排除請求権，物権侵害のおそれがある場合の妨害予防請求権を認めるのが通説である。本件は，被告の建物占有による原告の土地所有権の侵害が主張されている場合であるから，返還請求権になる。

4　本問における攻撃防御の枠組み

　本問のXの言い分の請求原因は，Xが乙建物の所有権を有していることと，Yが乙建物を占有していることであり，これに対し，抗弁として，Yが所有者の承諾を得た転借権を有していること，承諾に代わる背信行為と認めるに足りない特段の事情があること，Xが乙建物の売買により所有権を失ったことが主張されている。そして背信行為と認めるに足りない特段の事情については，その評価障害事実が再抗弁として主張されている。ま

た，無断転貸を理由とする解除の主張は再抗弁として機能しない点に注意を要する。

5 請求原因 —— 所有権に基づく返還請求権としての建物明渡請求権の発生原因事実

(1) 請求原因の構造

　ア　原告の所有と被告の占有

　所有権に基づく返還請求権を発生させる法律要件については，一般に，①請求権者がその物の所有者であること，②請求の相手方が現に所有物に対する所有者の占有を妨げている者であること，③相手方がその物に対する正当な占有権原を有していないこと，と解されている。

　所有権に基づく物権的請求権は，所有権が物に対する直接的な支配権であることから認められる権利であるから，上記の法律要件のうち，①および②に該当する要件事実の立証責任が原告にあることは明らかである。

　イ　被告の占有権原

　これらに加えて，さらに③に該当する事実である「被告に占有権原がないこと」の立証責任が原告にあると考えるべきか，それとも被告に「自分に占有権原があること」の立証責任があると考えるべきかが問題となる。

　この点については，まず民法188条の適用が問題となる。同条は，法律上の権利推定の規定と解されているから，同条が適用されるとすれば，占有者である被告の占有権限が法律上推定される結果，原告が「被告に占有権原がないこと」を主張立証しなければならなくなる。

　しかし，最判昭35・3・1（民集14-3-327）は，原告から土地を使用貸借により借り受けたBが本件建物を建て，自分はBからその建物を賃借して土地を占有しているという事案について，他人の不動産を占有する正権原があるとの主張については，その主張をする者に立証責任があると判示しており，学説も，登記ある不動産については登記の推定力によるべきであり，占有の権利推定は働かない（我妻栄=有泉亨・民法講義Ⅱ新訂物権法〔岩波書店・1983〕490頁，なお山野目136頁），占有の権利推定はその占有を伝来的に取得した前主に対して効力を有しない（柚木馨・判例物権法総論〔有斐閣・1955〕314頁），民法188条の推定は，占有が権利の表象であるこ

とを尊重して，第三者が占有者の権利を容易に争えないとする趣旨であって，占有者の権利そのものの存否が当事者で争点になっている場合は適用されない（我妻栄＝有泉亨・新版コンメンタール民法〔補訂版，日本評論社・2006〕370頁）などとして，これを支持している（なお，内田Ⅰ400頁は，「ある物を占有している人に対する返還請求の訴訟では，原告の方が被告である占有者に本権がないことを証明する必要がある。」とするが，不動産については登記の推定力が優先するとしている。そして，同362頁では，「返還請求権の要件は，所有者が占有を奪われていることである。返還請求権の相手方は，現に目的物を占有している相手方である。」と述べている）。

　民法188条の権利推定の規定の適用がないのであれば，他人の物を占有する者は，原則として不法占拠になるのであり，「被告に占有権原がない」という事実についての立証責任は原告になく，被告が「自らが正当な占有権原を有すること」を主張立証すべきであると解される（類型別47頁）。実質的にも，「被告に占有権原がない」という事実を原告が立証することは困難であり，被告が「被告には占有権原がある」という事実を立証するのが公平である。

　ウ　以上によれば，請求原因事実は，①原告が土地を所有していること，②被告が土地を占有していること，だけで足りることになる（第3講参照）。そして，被告が占有権原を有しないことは請求原因とはならず，逆に被告が占有権原を有することは，被告が主張すべき抗弁となる。

(2)　原告所有（①）について

ア　所有要件と権利自白

　前記(1)ウ①は，現在すなわち事実審の口頭弁論終結時において，原告がその建物を所有していることである。しかし，「現在の原告所有」というのは事実ではなく，一定の事実（所有権取得原因事実）による法的効果であり，本来，その要件事実は，原告の所有権取得原因となる具体的事実であると考えなければならない。しかし，取得原因事実は遡ると原始取得まで遡らなければならず，これが立証されなければ棄却されてしまうことになり，妥当な結論であるとは言い難い。しかし，通常は，どこかの時点まで遡れば被告が争わない時点がある。この関係を利用して，過去のある時点で権利自白を成立させることにより困難な所有権取得原因事実の主張立

証をまかなうことができる。権利自白の効力については，民事訴訟学説上諸説があるが，所有権という一般にも比較的理解がされている権利について，相手方がこれを認めた場合，自白に係る所有権の証明を要しないという効力を認めることには，ほぼ異論はないものと思われる。この考え方によれば，現在または過去の一定時点における原告の所有または過去の一定時点におけるその前主等の所有について権利自白が成立する場合には，原告は，原告またはその前主等の所有権取得原因となる具体的事実を主張立証する必要がないと解される（第3講参照）。

　イ　権利自白の成立時点

　次に問題となるのは，権利自白をどの時点でとるべきかという点であるが，原則として，「直近の時点での権利自白」をとるべきであろう。このように直近の時点での権利自白をとるのは，争いの範囲を明確にするという認否の目的からすれば，直近の時点における権利自白をとるのが，それ以前の時点での権利自白およびそこからの権利移転を問題にするよりも合理的と解されるからである（問題研究63頁）。これに対し，権利自白がいつの時点で成立するかは，原告の主張する所有権の取得経緯と，被告の認否や主張の内容との関係から検討すべきであるとして，必ずしも，直近の時点での権利自白をとることは要しないとする見解もある（新問研60頁，112頁，136頁）。

　本問で，Ｙは「Ｘが乙建物……をいつ取得したのかは知りません」としている。この主張は，いつ取得したかは知らないが所有していること自体は争わない趣旨にも読めなくもないが，明確に自白した陳述がないことから，Ｘの現在および過去の所有権については「不知」と答弁していると見ておくことが無難であろう。一方，Ｘの前主であるＡについては，Ｙの転貸借の根拠となるＢの賃貸借の当時乙建物の所有者であったことは認めている。そうすると，Ｘの前主であるＡの所有権については権利自白をしていると見ることができ，かつその直近の時点は，ＸがＡから乙建物を買い受けて所有権を取得した2023年3月2日の売買契約の直前であるということができる。

　ウ　Ｘの所有権取得事由

　Ｘは，自己の所有権取得事由として，2023年3月2日の売買契約を主張

している。

　売買契約における所有権移転時期については，学説上，①売買契約時に所有権が移転するという説（我妻=有泉・前掲物権法60頁），②登記，引渡しまたは代金支払の時に移転するとする説（川島武宜・民法Ⅰ〔有斐閣・1960〕153頁），③段階的に所有権が移転するという説などがある（内田Ⅰ427頁以下）が，判例は，意思主義の原則（民176条）に忠実に，①の考え方，すなわち原則として売買契約成立時に所有権が移転すると解している（大判大2・10・25民録19－857，最判昭33・6・20民集12－10－1585など）。

　判例の立場に立てば，Aの所有権は，A・X間の2023年3月2日の売買契約締結によってXに移転するから，Xは，自己の所有権取得事由として，この売買契約の成立を主張すればよいことになる。これに対し，②の立場に立てば，上記売買契約の成立に加え，同日の代金支払，同月23日の所有権移転登記手続または乙建物の引渡しの事実を主張する必要が生ずる（③の立場の場合の要件事実は，必ずしも明らかではない）。

　エ　売買契約の要件事実

　民法555条によると，売買契約成立の要件事実は，売主が目的物の所有権を買主に移転することを，これに対し買主が売主に代金を支払うことを約束することである（第10講事例1参照）。本問でXに所有権が帰属することを主張立証すべき目的物は乙建物のみであるが，A・X間の2023年3月2日の売買契約の目的物は甲土地と乙建物の2つであり，2つの目的物を合わせた代金の定めをしているから，売買契約は不可分であり，事実としては，「AがXに対し，2023年3月2日に，甲土地および乙建物を代金5000万円で売った。」ことを摘示すべきである。

(3)　**被告占有（②）について**

　ア　占有の事実概念について

　前記(1)ウ②に関し，Xは，Yによる妨害状態として，Yが現在すなわち口頭弁論終結時において当該不動産を占有していることを主張立証する必要がある。

　ところで，占有は事実概念であるが，占有の要素である事実的支配すなわち所持（民180条）自体が，社会観念に従って決定されるうえ，民法が占有代理関係を認めている（民181条）ことから，その概念はかなり観念

化しているといえる。そこで，占有は，攻撃防御方法の観点から見た場合，きわめて抽象度の高い概括的な事実概念ということができ，Yの占有について当事者間に争いがない場合には，「占有」について自白が成立したものとして，Yが当該不動産を占有していると摘示することで足りるが，争いのある場合には攻撃防御の指標となりうる程度に主張することが必要であり，自己（直接）占有ならば所持の具体的事実が，代理（間接）占有ならば民法181条の成立要件が必要となる（類型別50頁，新問研63頁）。

本問においては，Xは乙建物を食料品店としてYが使用していることを主張しているが，Yの占有自体については争いがないから，Yの占有の主張としては，単にYが乙建物を占有していると摘示すれば足りよう。

　　イ　占有の時的要素

原告は，被告による妨害状態として，被告が現在すなわち口頭弁論終結時において，甲土地を占有していることを主張立証しなければならない。

被告占有の時的要素については，以下のような考え方の対立がある（類型別50頁，新問研63頁）。

　　　(ア)　現占有説

物権的請求権の発生要件事実として，口頭弁論終結時における占有が必要であるという見解である。

　　　(イ)　もと占有説

被告の占有状態（すなわち，妨害）は，被告の占有開始時またはそれより後の一定時点で足りるとし，その後の被告の占有の喪失が抗弁となるという見解である。この立場では，過去の一時点での被告の占有が主張されると，その時点で物権的請求権が発生し，その後占有喪失の抗弁が主張されない限り，現在も存続すると解することになる。

しかし，もと占有説は，物権的請求権が，妨害状態の存する限り物権から不断に発生し，かつ，絶えず消滅し続けているとの実体法的認識にそぐわないと考えられるから，現占有説が妥当である。

　　ウ　本問での摘示

以上によれば，本問では，②の要件として「被告は，乙建物を占有している」と摘示すれば足りる。

6　抗弁1──占有権原（転借権）
(1)　占有権原の抗弁
　Yの占有が正当な権原に基づくときは，Xの物権的返還請求権は発生しない。前記のとおり，Yが正当な占有権原を有することについては，Yが主張立証責任を負う。本問では，Yは，Bからの転借権を主張している。
(2)　占有権原の要件
　ア　占有権原としての賃借権

　賃借権を占有権原として主張する場合の一般的要件は，①賃貸借契約の締結，②①に基づく引渡しである。①は占有権原の発生原因として，②は請求原因で主張された目的物に対するYの占有が，①の契約に基づく適法なものであることを示すために必要である。②の事実を主張立証すれば，この引渡しに基づく引渡し時の占有と，請求原因で主張された口頭弁論終結時の占有と，2つの時点の占有が主張されることになり，その占有は引渡し時から口頭弁論終結時まで継続したものと推定されるから（民186条2項），請求原因で主張された口頭弁論終結時の占有が，①の契約に基づく適法なものであることが主張立証されたことになるのである（新問研125頁，第3講参照）。

　イ　賃借権の承継

　XとYは賃貸借契約および転貸借契約の直接の当事者ではない。Yの転借権を新所有者であるXに主張するためには，その権利の根拠となっているBの賃借権が，Xに承継されている必要がある。

　賃貸人の地位の譲渡の方法としては，①賃貸借契約上の地位の移転の合意をするか，②対抗力のある賃借権が設定されている目的物の所有権を移転するかのいずれかの方法によることになる。

　合意によって契約上の地位を譲渡する場合，三者の合意によるのが原則であり，契約上の地位を承継する両当事者だけが合意した場合は，債権債務に影響することから，本来，相手方の承諾が必要である。しかし，不動産の譲渡人が賃貸人であるときは，その賃貸人たる地位は，賃借人の承諾を要しないで，譲渡人と譲受人との合意により，譲受人に移転させることができる（民新605条の3。最判昭46・4・23民集25-3-388参照）。賃貸人の債務は，個人的色彩がなく，目的物の所有者であることによってほとん

完全に履行することができ，賃借人にとっても売買によって賃貸借が破れ，旧賃貸人に対して債務不履行の責任を問うことができるだけになるよりも，譲受人が地位を承継してくれる方が有利であることなどがその理由である。

しかし，Yの言い分によれば，Yは，前記のとおり，AからXへの乙建物の所有権移転（売買）について不知と答弁しており，そうすると合意による賃貸人の地位の移転は主張していないと一応いえるであろう。Yとしては，Xの前主であるAの承諾を得たうえで，乙建物の賃貸借契約における賃借人であるBとの間で乙建物の転貸借契約を締結し，これを新所有者Xに対抗しうるとして，転借権を主張していると考えられる。

そこで，まず転借権の要件事実を検討し，その後，転借権（賃借権）を新所有者に対抗するための要件事実を検討する。

(3) 転借権の要件事実

ア　占有権原として，所有者に対し転貸借を主張する場合の一般的要件は，①建物（目的物）所有者である賃貸人と賃借人とが当該建物について賃貸借契約を締結したこと，②賃貸人が賃借人に対し，①の契約に基づいて建物を引き渡したこと，③賃借人（転貸人）と転借人とが当該建物について賃貸借契約を締結したこと，④賃借人（転貸人）が転借人に対し，③の契約に基づいて建物を引き渡したこと，⑤賃貸人（所有者）が賃借人または転借人に対し，③について承諾の意思表示をしたことである。

転借人Yが建物の所有者に対して建物の占有権原を主張立証するためには，単に，③および④の事実を主張立証しただけでは不十分であり，転借権が①および②に基づく賃借権に基づくものであること，すなわち，所有者が関与した①および②の事実があることをも主張立証しなければならない。さらに，転借人が取得した賃借権を占有権原として主張するためには，民法612条に基づき，⑤の承諾があったことを主張立証しなければならない（大判昭13・5・12判決全集5-11-29等）。

イ　X・Y間の賃貸借契約および同契約に基づく引渡し（①および②）について

占有権原としての賃貸借契約および同契約に基づく引渡しについては，前記(2)アのとおりである。

　(ア)　賃貸借契約の要素

賃貸借契約の締結により，賃借人には，目的物に対する使用収益権（占有権原）が発生するから，Ｙは，まず，賃貸借契約の締結を主張する必要がある。
　賃貸借契約の締結については，①目的物を使用・収益させることおよびその対価として賃料を支払うことについての合意，②引渡しを受けた目的物を契約が終了したときに返還することについての合意，③返還時期（賃貸期間）の合意が本質的要素である（民新601条）。
　①については，有償契約である賃貸借契約を使用貸借と区別する要素であるから，具体的な金額を主張立証することが必要である（第14講参照）。③については，賃貸借契約は貸借型の契約であり，貸借型理論によれば，返還時期（賃貸期間）の合意は，単なる法律行為の附款ではなく，その契約の不可欠の要素であるから，これを主張立証することが必要となる（類型別92頁）。
　　(イ)　賃貸人の所有について
　他人物賃貸借契約も認められ，契約当時賃貸人が目的物を所有していたことは契約の成立要件でないから，Ａ・Ｂ間の本件賃貸借契約当時，Ａが乙建物を所有していた事実は，賃貸借契約の成立要件としては不要である。
　この点，本問では，賃貸借契約が占有権原の発生要件として主張されているから，占有権原発生のためには，その賃借権が，所有権に由来するものであることが必要であり（無権原の者から賃貸借を受けても，占有権原になりえない），そのためには，通常は，賃貸人が所有者または所有者との関係で賃貸権原を有している者であることが必要であるから，「Ａが賃貸借契約当時（2021年5月1日当時）乙建物を所有していたこと」を主張すべきであるとの見解もある。
　しかし，本問では，請求原因で，Ａが2023年3月2日当時に乙建物を所有していたことが既に主張されている。他人の物の賃貸人がその後所有権を取得した場合でも，賃借人は，特段の約定がない限り，当然に占有権原を主張できると考えられること（他人物売買につき，最判昭40・11・19民集19－8－2003参照）から，Ａが2023年3月2日当時乙建物の所有権を有していることが請求原因に現れていることによって，本件賃借権が，少なくとも2023年3月2日以降は，所有者Ａに対する占有権原となっていることが

現れているといえ，本件でこれに加えて，「Aが賃貸借契約当時（2021年5月1日当時）乙建物を所有していた」ことを主張する必要はない。

> * 占有権原の抗弁について，所有者（または所有者との関係で権原を有する者）により設定された権原であることが必要であると解すると，所有権に基づく不動産の明渡請求に対して，当該不動産の賃借権を占有権原の抗弁として主張する場合には，本来は，被告が，当該不動産の所有者（または所有者との関係で賃貸権原を有する者）である賃貸人から当該目的物を賃借し，当該賃貸借契約に基づいて当該不動産の引渡しを受けたことを主張立証することが必要となるが，他人物売買についての最判昭40・11・19民集19－8－2003の考え方を類推すると，賃貸人が，賃貸借契約締結時，当該不動産の所有者（または所有者との関係で賃貸権原を有している者）でなくても，その後に当該当該不動産の所有権（または所有者との関係での賃貸権原）を取得すれば足りると解することができる。これが，従来，「賃借権が所有権に由来するものであることが必要である」といわれていたことの意味するところである。
> 　この点，占有権原の抗弁について，所有者（または所有者との関係で権原を有する者）により設定された権原であるか否かはともかく，明渡しを請求する者に対して明渡しを拒絶することができる権原で足りると解すると，所有権に基づく不動産の明渡請求に対して，被告は，賃貸人が所有者（または所有者との関係で賃貸権原を有する者）であるか否かはともかく，賃貸人から当該不動産を賃借し，当該賃貸借契約に基づいて当該不動産の引渡しを受け，当該賃貸借契約における賃貸人たる地位が原告に移転したことを主張することで足りることになる（これにより，当該賃貸借契約における賃貸人である原告は，賃借人である被告に対し，当該不動産を使用収益させる義務を負うことになり，被告は原告に対し，当該不動産の明渡しを拒絶することができることになる）。不動産の賃貸借が対抗要件を備えた場合において，その不動産が譲渡されたときは，その不動産の賃貸人たる地位は，その譲受人に移転するところ（民新605条の2第1項），当該不動産が譲渡されたというには，当該不動産の所有権が譲渡人から譲受人に移転することが必要であり，そのためには譲渡人が当該不動産の所有権を取得することが必要となるが，これはあくまで，賃貸人たる地位の移転の原因としての不動産の譲渡（不動産の所有権の移転）を主張するために必要となるものであり，上記の賃貸人たる地位が原告に移転したとの主張に係る抗弁においては，他の原因により当該不動産の賃貸人たる地位が原告に移転する場合には，必ずしも，賃貸借契約を締結した者が当該不動産の所有権を取得することは必要とならない。もっとも，所有権に基づく明渡請求に対し，占有権原の抗弁として賃借権を主張する場合には，原告が所有者であることが前提となるから，結局のところ，当該賃借権は，所有者に対して主張することができる権原であることが必要となる。

ウ　B・Y間の転貸借契約の締結・同契約に基づく引渡し（③および④）について

(ｱ)　賃貸借契約の要素については前記イ(ｱ)と同様である。

(ｲ)　「転貸借契約に基づく引渡し」は，請求原因で主張された目的物に対する賃借人Yの占有が，本件転貸借契約に基づく適法なものであることを示すために必要である。①から④までの事実を主張立証すれば，前記(2)のとおり，本件転貸借契約に基づく引渡し時の占有が適法なものであり，

これと請求原因で主張された口頭弁論終結時の占有との，2つの時点の占有（ポイント占有）が主張されることになって，その占有は引渡し時から口頭弁論終結時まで継続したものと推定され，請求原因で主張された口頭弁論終結時の占有が適法なものであることが主張立証されたことになる。

エ　賃貸人の承諾の意思表示（⑤）について

賃借人が第三者に対して賃借物を転貸することは，賃借人と転借人間の債権的な契約としては常に有効である（大判明43・12・9民録16－918等）。しかし，その行為の効果を賃貸人に対して主張するためにはその行為について賃貸人の承諾が必要である（民612条1項）。

承諾の意思表示は，賃借人（転貸人）に対してされるのが通常であるが，転借人に対してされてもよい（最判昭31・10・5民集10－10－1239）。また，転貸の行われる前に，一般的にまたは個別的にされることが多いが，事後にされたものでもよく，事実審の口頭弁論終結日までにされていれば足りる。

Yが取得した転借権を占有権原として主張するためには，前記のとおり，民法612条に基づき，賃貸人の承諾があったことを主張立証すべきである。このことは，民法612条1項の規定の形式からは必ずしも明確ではないが，規定の趣旨（借家人によって家屋の損傷に差異があることから，賃貸人の承諾を要するものとした〔我妻V₂・454頁〕）や同条2項との均衡，立証の難易および公平の理念の要求等に鑑み，賃貸人の承諾があったことの主張立証責任は転借人側にあると解されている（我妻V₂・456頁）。

(4)　転借権（賃借権）の対抗力

ア　転借権の対抗力

一般に，建物所有者が土地を賃貸し，その後所有者から他へ建物が譲渡された場合，建物の賃借人が建物の新所有者に対し，その賃借権を対抗するためには，その賃借権が対抗力を備えていることが必要である（民新605条，借地借家31条1項）。そして，その場合には，賃貸借関係が新所有者にも承継される（民新605条の2第1項。最判昭39・8・28民集18－7－1354参照）。これは当然承継であり，建物の賃借人に対して地位を承継したとの通知をする必要はない（最判昭33・9・18民集12－13－2040）。なお，不動産賃貸借が法令の規定による対抗要件を備えた場合において，その不動産

が譲渡されたときであっても，不動産の譲渡人および譲受人が，賃貸人たる地位を譲渡人に留保する旨およびその不動産を譲受人が譲渡人に賃貸する旨の合意をしたときは，賃貸人たる地位は，譲受人に移転せず（民新605条の2第2項前段），この場合において，譲渡人と譲受人またはその承継人との間の賃貸借が終了したときは，譲渡人に留保されていた賃貸人たる地位は，譲受人またはその承継人に移転する（同項後段）。

建物の賃借権の場合，この対抗力が生ずるためには，建物について賃借権の登記を備えること（民新605条），または建物の引渡しを受けること（借地借家31条1項）が必要である。

イ　対抗力の主張立証責任

この対抗力の主張立証責任については，まず，占有権原を主張する者が対抗要件の具備まで積極的に主張立証する必要があるかについて，必要説と不要説が考えられる。

必要説は，債権である賃借権は，対抗要件を具備することで初めて新たな物権取得者に主張することができる占有権原となることから，賃借人は，占有権原の抗弁として，①賃貸借契約，②基づく引渡しのほか，③賃借人の対抗要件具備（ここでは，賃借権登記または建物の引渡し）を主張しなければならないとする。

これに対し，不要説は，賃借人は，登記の欠缺を主張する正当な利益を有する第三者であるから，物権相互間の対抗関係と同様の関係に立つとして，新所有者が賃借人の権利を認めない旨の権利主張をしない限り，賃借人は，その賃借権を新所有者に対して主張することができ，新所有者が再抗弁として賃借人の対抗要件を問題とする権利主張をしてきた場合に，賃借人は再々抗弁として対抗要件具備を主張すれば足りるとする。

本来，「売買は賃貸借を破る」のであり，債権である賃借権は，対抗要件を備えることによって初めて物権と同等の権利となる。したがって，Yが，Xが物権取得者であることを前提としつつ，なお，自分の権利が占有権原となるのだと主張するためには，対抗要件の具備まで主張する必要があると解するのが相当であろう。

ウ　本問における対抗要件の主張

Bの建物賃借権については，登記がされたとの主張はない。一方，乙建

物は，2021年5月1日の賃貸借契約時にBに引き渡されている。したがって，借地借家法31条1項により，乙建物引渡しの時から，それ以降に乙建物について物権を取得した者に対して建物賃借権を対抗することができる。この引渡しの主張は，前記のとおり，既に主張済みである。

なお，新所有者Xの所有権取得の対抗要件具備（所有権移転登記の具備）が賃借人Bの賃借権の対抗要件具備（引渡し）より先立つ場合には，これを再抗弁で主張することも考えられるが，本問ではXの所有権移転登記の時期がBへの引渡しの時期に遅れるので，この主張をしても無意味である。

　　＊　なお，仮に，A・X間で賃貸人の地位を承継するとの合意があったとの主張がされていたとしても，前記のとおり，目的物の返還を請求する以上，その前提として賃貸借契約に基づく目的物の引渡しが要件となるが，これは同時に建物賃借の対抗要件（借地借家31条1項）の具備を主張したことになるから，本問の場合，その承継の合意の主張は法的に無意味である（いわゆる「a＋b」。第8講参照）。

7　抗弁2 ── 占有権原（承諾に代わる「非背信性の評価根拠事実」）

(1)　承諾に代わる非背信性

賃貸人の承諾を得ないで賃借権が譲渡された場合でも，賃貸人に対する背信行為と認めるに足りない特段の事情があるときは，譲受人は賃貸人に対抗することができると解されている（最判昭36・4・28民集15－4－1211）。そこで，Yは，前記承諾の意思表示の主張に代え，この主張をすることも可能である（その他の要件事実は，前記6で説明したものと同じになる）。

(2)　背信行為と認めるに足りない特段の事情の主張立証責任

ア　「背信行為と認めるに足りない特段の事情」，特に「背信行為」という概念は，事実そのものではなく，規範的な評価概念である。このような規範的な評価概念の主張立証責任について，どのように考えるべきであろうか。

イ　規範的要件の要件事実（新問研144頁）

実体法規が，法律効果の発生要件として，本問の「背信行為」や，過失，重過失あるいは正当理由などといった規範的評価に関する一般的，抽象的概念を取り込んだと解される場合，規範的評価の成立が法律効果の発生要件となっており，これらは規範的要件と総称され，これらの条項は一般条項と呼ばれている。

このような規範的評価に関する概念の主張立証責任については，①間接事実説，すなわち，主要事実は，当該規範的評価自体であるとし，その成立を根拠付ける事実は間接事実であるとする見解，②主要事実説，すなわち，規範的評価自体は，具体的事実が当該規範的要件に当てはまるという法的判断であり，その成立を根拠付ける具体的事実が主要事実であるとする見解などがある（ほかに，規範的評価自体を主要事実としつつ，それに該当する具体的事実を準主要事実として弁論主義の適用を認める見解もある）。

　規範的要件は，証拠によってその存在を直接立証することができないうえ，これを根拠付ける具体的事実なしには成立しえないことから事実とはいえないし，また，相手方の防御の機会の保障という機能の点からも，これを基礎付ける具体的事実に弁論主義の適用（主張責任）を認めるべきである。したがって，基本的に②説が妥当であると考える（少なくとも，規範的評価を基礎付ける具体的事実に弁論主義の適用を認める準主要事実説によるべきであろう。第6講参照）。

　　ウ　規範的要件の主張立証責任の分配

　規範的要件による規範的評価を基礎付ける具体的事実には，規範的評価を積極的に基礎付ける事実（規範的評価を肯定する方向で働く事実）と規範的評価を消極的に基礎付ける事実（規範的評価を否定する方向で働く事実）がある。そこで，規範的評価を積極的に基礎付ける事実を「評価根拠事実」と呼び，これらの事実は規範的評価を肯定する主張をする者が主張立証責任を負い，逆に規範的評価を消極的に基礎付ける事実を「評価障害事実」と呼び，これらの事実は規範的評価を否定する主張をする側が主張立証責任を負うと解することになる。

(3) **本問における評価根拠事実**

　したがって，抗弁において，被告は，「背信行為と認めるに足りない特段の事情」の評価根拠事実，すなわち背信性を否定する方向に働く具体的事実を主張立証すべきことになる（第15講参照）。

　本問のYの言い分によると，背信性を否定する方向に働く事実としては，①乙建物は店舗兼住宅用の建物であること，②A・B間の賃貸借契約の際，賃貸借契約の目的を店舗と定めたこと，③Yは，乙建物を店舗（食料品店）として使用していること，④Yは，乙建物の衛生面に十分注意し，B

が雑貨店として使用していたときよりきれいに使用していること，⑤B・Y間の賃貸借契約に基づく引渡し後も，BがAに対し，賃料支払期限（AとBは，A・B間の賃貸借契約締結の際，賃料は当月分を前月末までに支払う旨合意した）までに賃料を支払っていることを主張している。これらの事実がすべて認定できた場合に，背信行為と認めるに足りない特段の事情があるといえるか否かについては問題もあるが，「Xに対して背信行為をしたとはいえない」と明確に主張しているので，実務的には，この主張があるとして事実摘示しておくのが妥当であろう。

8　抗弁3 —— 所有権喪失の抗弁

(1)　意義

Yの言い分には「Bは，2024年6月8日，Xから乙建物を代金1200万円で買った」との主張がされている。この主張は，Xが現在までに乙建物の所有権を失ったとの主張であり，物権的返還請求権の発生の障害となる事実である。このような抗弁を「所有権喪失の抗弁」という。

(2)　本問の主張 —— 売買

前記のとおり，売買契約における所有権移転時期について，判例の立場によると，原則として売買契約成立時に所有権が移転することになるから，この立場に立つ限り，X・B間の売買契約の成立の主張のみで，所有権移転の効果が生ずるから，所有権喪失の抗弁として機能することになる。一方，売買契約による所有権移転時期について，代金の支払，目的物の引渡しまたは所有権移転登記のいずれかがされた時であるとの学説の立場によると，Yの言い分ではこれらの事実が明らかとなっていないことから，Yの言い分だけでは，所有権喪失の抗弁を構成することができないということになる。

9　再抗弁 —— 背信行為と認めるに足りない特段の事情の評価障害事実 （抗弁2に対する再抗弁）

(1)　評価障害事実と総合評価

前記のとおり，規範的評価を消極的に基礎付ける事実を「評価障害事実」と呼び，これらの事実は規範的評価を否定する主張をする側が主張立

証責任を負うと解される。したがって，これらの評価障害事実は，抗弁2に対する再抗弁として機能する。ただし，規範的要件の場合，評価障害事実のみにより特定の法的効果を生じて抗弁の法的効果を覆すのではなく，抗弁における評価根拠事実と再抗弁における評価障害事実とを併せた総合評価により規範的要件における規範的評価が認められるか否かを判断することになる。

(2) 本問における主張

本問のXの言い分によると，背信性を肯定する方向に働く事実としては，①Yは株式会社であり，その代表取締役はCであって，株式もCおよびその家族がすべて保有している（Bとは別の者である）こと，②Yは，冷蔵庫を持ち込み，奥の倉庫に生ものも保管しており，使い方もBの雑貨店のときとはかなり異なり，虫やネズミなどが入ることもあるという事実を主張している。ただし，上記②の事実は，抗弁2の評価根拠事実のうち，「Yは，乙建物の衛生面に十分注意し，Bが雑貨店として使用していたときよりきれいに使用している」との主張に対する否認の理由と見ることもできる（「きれいに使用」という主張が評価を含むようなものであるため，本来は，その使用態様をもう少し具体的に主張すべきであり，上記②の事実は，その具体的態様が前記7(3)④の事実と両立する事実であれば再抗弁，前記7(3)④の事実と両立しない事実であれば否認とすることになろう）。

10　無断転貸を理由とする解除の再抗弁の成否

(1) 問題の所在

抗弁1および同2の占有権原の主張に対し，Xは，A・B間で締結された賃貸借契約（A・X間の乙建物の所有権移転に伴って，X・B間に承継された賃貸借契約関係）を，無断転貸を理由として解除する旨の意思表示をしたと主張しており，占有権原が解除により消滅したとの再抗弁が構成できるか否かが問題となる。

(2) 検討

しかし，Yの占有権原のうち，抗弁1については，その要件事実の1つとして賃貸人の承諾の意思表示が必要であるから，抗弁1が認められる場合には，Aの承諾の事実も認められ，無断転貸を理由とする解除の再抗弁

に対する再々抗弁が成立することになる。したがって，この再抗弁は，抗弁1に対しては意味を持たない。また，抗弁2についても，その要件事実の1つとして，賃貸人の承諾の意思表示に代わる「背信行為と認めるに足りない特段の事情」が必要であり，抗弁2が認められる場合には，「背信行為と認めるに足りない特段の事情」が認められることになり，これもまた無断転貸を理由とする解除の再抗弁に対する再々抗弁が成立することになる。したがって，この再抗弁は，抗弁2に対しても意味を持たないことになる。

事実摘示例

　1　請求原因
(1)　Aは，2023年3月2日当時，乙建物を所有していた。
(2)　Aは，原告に対し，2023年3月2日，乙建物及び甲土地を代金5000万円で売った。
(3)　被告は，乙建物を占有している。
(4)　よって，原告は，被告に対し，所有権に基づき，乙建物の明渡しを求める。

　2　請求原因に対する認否
　　請求原因(1)及び(3)は認め，同(2)は知らない。

　3　抗弁1―占有権原（承諾による転借権）
(1)　Aは，Bに対し，2021年5月1日，乙建物を，賃料1か月30万円，賃貸期間を同日から2026年4月30日までとの約定で賃貸した。
(2)　Aは，Bに対し，2021年5月1日，(1)の賃貸借契約に基づき，乙建物を引き渡した。
(3)　Bは，被告（代表取締役C）に対し，2023年4月1日，乙建物を，賃料1か月40万円，賃貸期間を同日から2026年3月31日までとの約定で賃貸した。
(4)　Bは，被告に対し，2023年4月1日，(3)の賃貸借契約に基づき，

乙建物を引き渡した。
(5) Aは, Bに対し, 2023年2月6日, (3)の賃貸借契約を承諾する旨の意思表示をした。

4 抗弁2 ― 占有権原（背信行為と認めるに足りない特段の事情）
(1) 抗弁1の(1)から(4)までと同じ。
(2) 背信行為と認めるに足りない特段の事情の評価根拠事実
　ア 乙建物は店舗兼住宅用の建物である。
　イ AとBは, 抗弁1(1)の賃貸借契約締結の際, 賃貸借契約の目的を店舗とする旨合意した。
　ウ 被告は, 乙建物を店舗（食料品店）として使用している。
　エ 被告は, 乙建物の衛生面に十分注意し, Bが雑貨店として使用していたときよりきれいに使用している。
　オ Bは, Aに対し, 抗弁1(4)の引渡し後も, 賃料支払期限（AとBは, A・B間の賃貸借契約締結の際, 賃料は当月分を前月末までに支払う旨合意した）までに賃料を支払っている。

5 抗弁3 ― 所有権喪失（売買）
原告は, Bに対し, 2024年6月8日, 乙建物を代金1200万円で売った。

6 抗弁に対する認否
(1) 抗弁1(1)及び(2)は認め, 同(3)及び(4)は知らない。同(5)は否認する。
(2) 抗弁2(2)ア, イ, ウ及びオは認め, 同エは否認する。
(3) 抗弁3は否認する。

7 再抗弁
（背信行為と認めるに足りない特段の事情の評価障害事実 ― 抗弁2に対し）
(1) 被告は株式会社であり, その代表取締役はCであって, 株式も

Ｃ及びその家族がすべて保有している（Ｂとは別の者である）。
(2)　被告は，乙建物に冷蔵庫を持ち込み，奥の倉庫に生ものも保管しており，使い方もＢの雑貨店のときとはかなり異なり，虫やネズミなどが入ることもある。

8　再抗弁に対する認否
　再抗弁(1)は認め，同(2)のうち，被告が乙建物に冷蔵庫を持ち込んだことは認め，その余は否認する。

第21講

物権的請求権(2)

　（Ｘの言い分）
　私は，甲土地とその土地上に乙建物を所有していますが，甲土地と乙建物にＹ名義の抵当権設定登記（2021年4月2日設定。以下「本件抵当権設定登記」という）がされているため，その抹消を求めたいと思っています。
　甲土地と乙建物は，もともと私の父Ａの所有でしたが，父が2025年10月15日に死亡し，私が相続したものです。
　乙建物も既にかなり古くなっており，私には家を建て替えるお金もありませんでしたので，甲土地と乙建物を不動産業者Ｃに売り，その代金で小さなマンションを購入し，残りの資金は自分の生活のための資金にすることにしたのですが，その際，甲土地と乙建物の相続登記の手続や売買のために登記事項証明書を見たところ，今までまったく聞いたことのないＹ名義の本件抵当権設定登記がされていることが分かったのです。
　債務者となっているＢは父の友人ですが，抵当権者のＹは，まったく知らない人です。抵当権設定登記には，被担保債権として，2021年3月10日のＢ・Ｙ間の消費貸借契約に基づく400万円の貸金債務と，同年4月2日のＢ・Ｙ間の消費貸借契約に基づく600万円の貸金債務（利息年10％，損害金年20％）が記載されています。ＢのＹに対する借金はまったく知りません。もちろん，Ｂが父の代理人と称して抵当権設定契約を締結し，登記手続をしたことも知るわけがないのです。
　父の所有する土地と建物に友人Ｂの借金のために抵当権を設定するという話は，これまで父から聞いたことはなく，Ｂが父の代理人

として抵当権を設定したということは絶対にないと思います。確かに、Yが示す父の委任状には父の実印が押されていますが、署名は父の字ではありません。父からは、2021年3月ころに父がBの債務の保証人になり、そのころ一度父の実印をBに預けたことがあるという話を聞いたことがあるので、そのときにBが勝手に押したに違いありません。つまり、父の委任状は偽造であり、Bが父に勝手に父の代理人となり、抵当権を設定したのであり、無権代理であったことは明らかです。
　仮に、父がBに代理権を与えていたということになっても、Bは、2016年ころから雑貨販売業を営んでおり、この借金は、Bが営んでいた雑貨販売業の仕事上した借金ですから、5年の時効にかかっていると思います。Yは、今までBから借金を回収することもなく、放っておいたのですから、今さら抵当権で回収しようなどというのは許せません。そこで、私は、2026年12月9日、Yに対し、Bの債務の消滅時効を援用するとの内容を記載した同日付の内容証明郵便を送り、この内容証明郵便は同月10日にはYに届きました。Yは、Bが、2025年5月1日にこれらの債務を承認したと主張していますが、承認した証拠書類もないのだから、このような事実はないと思います。
　私は、Yに対し、所有権に基づき、別紙登記目録（省略）記載のY名義の抵当権設定登記の抹消登記手続を求めます。

（Yの言い分）

　私は、Xから私名義の抵当権設定登記の抹消登記手続を求められ、困っております。
　私は、Bとは若いころからの友人で、大変親しくしており、Bの友人であったAとも面識がありました。この抵当権設定の経過をお話しします。
　Bは、2016年ころから雑貨販売業を営んでおり、当初は、なかなか事業もうまくいっていたようです。2021年2月末ころ、久しぶり

にBから連絡があったのですが，Bから仕事の資金繰りのため400万円が必要なので貸して欲しいと言われました。そこで，同年3月10日，Bに対し400万円を貸し付けました。資金は銀行からお金を下ろしましたので，当時の通帳に記録が残っています。友人関係でしたので，特に借用書も作りませんでしたし，期限を決めませんでした。ところが，1か月も経たないうちに，またBから，どうしても仕事上の必要で，600万円捻出しなければならないので，貸してくれないかと言われたのです。しかし，先月400万円もの大金を貸し付けたばかりでしたので，今回は契約書を作り，利息や損害金も付け，期限も半年くらいと一応定めることにし，また，前回の貸金と今回の貸金について，抵当権を設定してもらいたいと言いました。

　その後，Bから連絡があり，Bの友人のAの了解を得て，Aの所有する甲土地と乙建物に抵当権を設定できるということになりました。そこで，私は，2021年4月2日，Bとの間で，利息年10％，損害金年20％の約定とし，期限を同年10月31日と定めて，600万円を貸し付け，併せて，当日，Bは，Aを代理して，Aが当時所有していた甲土地と乙建物について，上記の400万円の貸金債務と600万円の貸金債務に係る債権を被担保債権として，抵当権を設定するとの契約を結び，抵当権設定契約書を作成しました。Bは，当日，Aの委任状と印鑑証明書を持参していましたから，AがBに代理権を授与したことは間違いありません。そして，その契約に基づいて，私の知り合いの司法書士に依頼して，本件抵当権設定登記をしたのでした。Xは，Bは無権代理であったと言いますが，Bは「間違いなくAの了解を得たから。」と言っていましたので，代理権を有していたことは明白ですし，私の本件抵当権設定登記も当然有効です。

　また，Xは，この借金が5年の時効にかかって消滅したなどと主張していますが，とんでもないことです。間違いなく，Xからは，「Bの債務の消滅時効を援用する」旨を記載した2026年12月9日付の内容証明郵便が送られてきており，この内容証明郵便は同月10日に私の自宅に届いております。確かに，Bが友人ということもあって，私の方から明確な形で請求したりはしてきませんでした。しか

し，それを逆手に借金を踏み倒すというのはひどいと思います。それに，Bは，これまでも債務は必ず払うと言っており，2025年5月1日には，私に対し，はっきりと上記2つの債務があることを認め，必ず払うと述べて債務を承認しています。Bの書面はありませんが，そのときのことは，私の手帳に明確に記録してあるので間違いありません。

　Xは，甲土地と乙建物を父親であるAから，2025年10月15日，Aの死亡に伴い，相続により所有権を取得しました。XはAの一人っ子だったと思いますし，Aの妻もAより前に死亡しています。

　私の本件抵当権設定登記は，以上に述べたとおり，現在も有効ですから，Xの請求はぜひ棄却していただきたいと思います。

　※なお，検討は，2027年1月31日の時点を基準として行うこと。

1　事案

　本問は，Xが父親から相続した土地と建物に設定された抵当権設定登記を不実の登記であるとして，その抹消登記手続を求めたのに対し，Yが登記保持権原として代理人による抵当権設定契約を主張したところ，Xが代理権の授与を否認するとともに，抵当権の被担保債権の消滅時効を主張し，Yが承認による時効の更新を主張してこれを争った事案である。

2　請求の趣旨

　　被告は，別紙物件目録（省略）記載の土地及び建物について，別紙登記目録（省略）記載の抵当権設定登記の抹消登記手続をせよ。

(1)　抹消登記の主文

　抹消登記の主文については，抹消されるべき登記は，物件と登記の名称・登記所の名称・受付年月日・受付番号によって特定が可能であるから，その点のみを明らかにすれば足りる（起案の手引15頁）が，登記目録を利用した記載が望ましい（起案の手引22頁）。抹消登記手続を命ずる主文では

登記原因を示さないのが通例であり（起案の手引14頁），抹消登記手続を命ずる場合には，抹消登記の相手方が明らかであることから，「原告に対し」を記載しない例が多い（起案の手引15頁）。

(2) **仮執行宣言**

登記手続を命ずる判決は，意思表示を命ずる判決であり，給付訴訟の一種ではあるが，性質上，仮執行宣言を付することができないと解するのが通説である（起案の手引29頁）。

3　訴訟物

所有権に基づく妨害排除請求権としての抵当権設定登記抹消登記（手続）請求権　2個
　単純併合

(1) **原告の選択**

訴訟物の選択は，処分権主義により，原告の専権に属するが，Xの言い分では請求の根拠が「所有権に基づき」と記載されており，登記の抹消を求める土地および建物について，X所有，Y名義の登記の存在がそれぞれ主張されていることから，Xが訴訟物として，所有権に基づく妨害排除請求権としての抵当権設定登記抹消登記請求権を選択していることは明らかである。

(2) **登記請求権**

権利に関する登記は，登記法上の権利者と義務者との共同申請によるのが原則とされている（不登60条）。そして，登記義務者が登記申請に協力しない場合に登記権利者が登記義務者に対して登記申請に協力すべきことを求める実体法上の請求権が認められている。このように登記権利者が登記義務者に対し登記官に対する登記申請という公法上の意思表示をすべきことを求める権利を登記請求権という（類型別63頁）。登記請求権の法的性質，発生原因をどのように把握するかについて，学説は分かれているが，判例により認められている登記請求権は，一般に，物権的登記請求権，債

権的登記請求権，物権変動的登記請求権の3類型に整理されている（第23講参照。なお，山野目113－114頁〔104〕〔105〕参照）。このうち，現在の実体的な物権関係と登記とが一致しない場合に，この不一致を除去するため，当該物権そのものの効力として発生する登記請求権を物権的登記請求権という。物権的登記請求権は，本問のように，真実の権利者からの不実登記の抹消登記請求権という態様で現れ，この場合には，相手方の登記の存在が物権に対する目的物の占有以外の態様による妨害になっていると考えられるので，物権的登記請求権の法的性質は妨害排除請求権であると解される（類型別64頁）。

(3) 所有権に基づく妨害排除請求権の場合，訴訟物の個数は，侵害されている所有権の個数と所有権侵害の個数とで決まる。本件の場合，1筆の土地および1棟の建物について，それぞれ抹消の対象となる登記が1個ずつあるから，訴訟物は2個となる（新問研88頁）。併合の態様は単純併合である。

4 本問における攻撃防御の枠組み

物権的妨害排除請求権の請求原因事実として，Xの所有とY名義の抵当権設定登記の存在を主張したのに対し，抗弁として，Yが登記保持権原として，Bに対する2つの貸金債権を被担保債権として，代理人による抵当権設定契約を締結したことを主張している。これに対し，再抗弁として，Xが被担保債権の消滅時効を主張し，再々抗弁として，Yが承認による時効の更新を主張している。

5 請求原因

(1) 要件事実

所有権に基づく妨害排除請求権としての抵当権設定登記抹消登記請求権の発生要件は，①Xが当該不動産を所有していること，②Y名義の抵当権設定登記が存在することである。

②の抵当権設定登記が正当な権原に基づいてされた場合には物権的登記請求権は発生しないが，この点については，Yが登記保持権原の抗弁として当該登記が正当な権原に基づいてされたことを主張立証すべきことにな

る（新問研89頁，類型別72頁）。登記保持権原の主張立証責任については，登記の推定力との関係が問題となるが，学説は，権利の所在自体または登記簿上に登記原因として記載された権利取得原因事実を事実上推定する効力を認める見解が多く（川井・概論Ⅱ41頁），判例も事実上の推定の効力のみを認める見解に立っている（最判昭34・1・8民集13－1－1，最判昭38・10・15民集17－11－1497）。事実上の推定の場合は主張立証責任の転換は起こらないから，登記の推定力が登記保持権原についての前記のような主張立証責任に影響を及ぼすことはないことになる（類型別73頁）。

(2) 権利自白

　本問では，Yは，甲土地と乙建物についてのXの現在の所有権を認めたうえで，登記保持権原の抗弁を主張している。この場合には，Xの現在の所有について権利自白が成立することになる（第3講参照）ので，Xは，①の要件として，所有権取得原因事実を主張立証する必要はない。

　②の要件については，妨害状態としての登記の内容を明らかにするために，抹消を求めているY名義の抵当権設定登記についての登記原因，債務者，債権額，利息・損害金の定めなどの表示内容（不登59条，83条1項，88条1項）を具体的に主張する必要がある（類型別73頁）。この点は，前記のとおり登記目録を適宜利用して，記載する。

6　請求原因に対する認否

　Yの言い分によれば，いずれも認めている。

7　抗弁 —— 登記保持権原（抵当権）

(1)　前記のとおり，本問において，Yは，当該抵当権設定登記が正当な権原に基づくものであるとの登記保持権原の抗弁を主張している。

　Y名義の抵当権設定登記が有効であるためには，当該抵当権設定登記に符合する実体関係の発生要件として，①被担保債権の発生原因事実，②①の債権を担保するための当該不動産についての抵当権設定契約の締結，③②の当時，当該不動産を所有していたこと，④当該登記が②の抵当権設定契約に基づくことが必要となる（類型別74頁）。

(2) 被担保債権

抵当権は，被担保債権がないと成立しない（成立上の附従性）から，前記(1)①が必要である。本問では，Ｙは，元本債権として，２つの貸金債務の発生を主張している。
　民法上の消費貸借契約には要物契約としての消費貸借契約と要式契約である諾成契約としての消費貸借契約があり（民新587条，587条の２），要物契約としての消費貸借契約の成立を主張するためには，金銭の返還約束と金銭の交付が必要である。また，いわゆる貸借型理論を採用すると，消費貸借契約の成立要件として，弁済期の合意も必要となる。弁済期の合意は弁済期の態様に応じて主張立証すべきであるが，2021年３月10日の消費貸借契約には弁済期の合意がされていない。民法591条１項にいう「返還の時期を定めなかったとき」については，見解の対立があるが，貸借型理論を前提とすると，消費貸借において弁済期の合意が欠けている場合があることは否定すべきであり，「返還の時期を定めなかったとき」とは弁済期を貸主が催告した時とする合意がある場合とする見解が，当事者の合理的意思解釈として相当である（第12講参照）。この見解によれば，Ｘは，本来，弁済期の合意として弁済期を催告の時とする合意があることを主張立証すべきことになるが，具体的には「弁済期の定めなし」と摘示すれば足りよう（類型別27頁）。ここでは，被担保債権の請求をするわけではないから，弁済期の到来の主張は必要ない。
　次に，Ｙは，抵当権設定登記の内容が実体的権利に符合していることを主張する必要があるから，利息・損害金の合意も具体的に主張する必要がある（類型別74頁）。この場合，利息または遅延損害金の請求をするわけではないから，利息契約および損害賠償額の予定としての遅延損害金の利率の合意の成立を主張すれば足りる。

(3) **抵当権設定契約（代理の要件事実）**
　次に，前記(1)②の抵当権設定契約であるが，本問では，土地建物の所有者であるＡの代理人としてＢが契約を締結しているから，(ア)ＢがＹとの間で，前記(1)①の債務を担保するために，甲土地および乙建物に抵当権を設定するとの合意をしたこと（法律行為・代理行為），(イ)(ア)の際，ＢはＡのためにすることを示したこと（顕名），(ウ)ＡがＢに対し，(ア)に先立ちその代理権を授与したこと（代理権授与）を主張立証する必要がある。代

理権は，代理行為に先立ち授与されている必要があり，その先後関係は要件事実となっている（時的要素）。日時が特定できれば，その時点（時的因子）を具体的に主張すれば先後関係（時的要素）は明らかになるが，本問では必ずしも明確ではない。その場合，代理行為に「先立ち」と摘示すれば足りる。

(4) **抵当権設定契約時の処分権**

ア　前記(1)③の要件の必要性

抵当権設定契約は直接物権の発生を目的とする物権契約であるから，抵当権設定契約締結当時に設定者に当該物件の処分権が必要であり，前記(1)③の要件が必要となる（類型別74頁）。

ところで，判例上，将来取得すべき目的物の上にあらかじめ抵当権設定契約を締結することは妨げられず，その場合にはその目的物の所有権取得とともに抵当権が成立するとされ（大決大4・10・23民録21-1755），学説もこれに賛成する（我妻Ⅲ228頁，新版注釈(9)11頁〔高木多喜男〕など）。

この点について，他人物売買（他人の物を自己の所有物だとして売った場合）では，債権行為として契約は有効に成立し，物権行為の独自性・無因性は否定され，原則として，売主がその物について所有権を取得すれば，直ちに買主は所有権を取得する（民561条。最判昭40・11・19民集19-8-2003）と解されており，抵当権設定契約についても，これと同様に解して，契約締結当時，設定者に処分権がなくても契約は有効であり，当事者が抵当権設定契約を締結し，設定者がその後に目的物の所有権等の処分権を取得したときは，そのときに抵当権が発生すると解する立場が考えられる（a説）。この立場は，抵当権設定契約を物権行為ではなく，債権行為と解するものと思われる（道垣内弘人・担保物権法〔第4版，有斐閣・2017〕125頁参照）。

一方，物権契約については，その効力が生ずるときに所有権等の処分権が必要であると解し，設定者が将来取得すべき目的物の上にあらかじめ抵当権設定契約を締結した場合を停止条件付物権契約（抵当権設定契約）と捉え（前掲大決大4・10・23），停止条件付物権契約（抵当権設定契約）が効力を生ずるのは，停止条件成就時，すなわち，抵当権設定者が所有権等の処分権を取得したときであり，そのときに抵当権が発生すると解する立場が

考えられる（b説）。

　抵当権設定契約を物権行為と捉えるならば，後者の見解（b説）に立つことになろう。

　　イ　本問における事実摘示

　前記(1)③の要件が必要であるとの立場（b説）に立った場合，本来，所有権の取得原因事実が要件事実となるが，この点について権利自白が成立する場合にはこれを主張立証する必要がない。本問のXの言い分によれば，Xは，2021年4月2日当時のAの甲土地および乙建物の所有を認めている。

　　＊　なお，アでa説に立った場合，被告はいつまでに本件土地の所有権を取得すればよいか。抵当権設定登記がされた後に土地の所有権を取得した場合，抵当権設定登記がされた時点では登記の実体的要件に欠け無効であるが，債務者が所有権を取得した時点で登記は有効となると考えれば，現在（事実審の口頭弁論終結時）までに所有権を取得すれば足りることになる（無効登記の流用について，判例は実体的有効要件の追完を認めている〔大判昭7・12・21法学20－7－102，最判昭29・12・8民集8－1－276等〕）。
　　　　ところで，本問では，請求原因で「原告（X）の現在の甲土地および乙建物の所有」が現れているが，抵当権設定契約の設定者（本人）はAでありXではないから，この摘示だけでは抵当権は有効に発生しない。そこで，抵当権設定契約締結時からAの死亡時までのいずれかの時点でAが甲土地および乙建物を所有していたことを主張する必要がある（もっとも，その時点での権利自白の成立が前提となる）。また，XはAの相続人であることから，A・X間の相続の要件事実（A死亡，XがAの子であること）を主張すれば，抵当権設定契約の設定者（契約者）の地位をXがAから承継したことになり，請求原因の「Xの現所有」によって，抵当権は有効に生じたことになる。Yとしては，上記のいずれかを主張すればよいが，本問では，抵当権設定契約締結時のAの所有権について権利自白が成立しているから，Aの所有を主張するのが最も自然であるといえよう。

　　＊　民法397条は，債務者または抵当権設定者でない者が抵当不動産について時効取得に必要な要件を具備する占有をしたときは，抵当権が消滅すると規定している。本問の事例は，XがAを相続した事案であり，時効取得の事案ではない。しかし，主張上，請求原因には「Xの現所有」，抗弁には「抵当権設定契約締結時のA所有」しか現れておらず，XがAの承継取得をした者であるのか，時効取得をした者であるのかが事実摘示上明らかになっていない。しかし，時効取得は抵当権の消滅事由（我妻Ⅰ500頁）であり，抵当権の消滅を主張する者が主張立証責任を負うものと解される。

(5)　抵当権設定契約に基づく登記手続

　Y名義の抵当権設定登記が有効であるためには，前記(1)④の当該抵当権設定登記が抵当権設定契約に基づいてされたことが必要である（類型別75頁）。すなわち，その登記と実体関係との関連性（当該登記が私法上の義務の履行としてされたこと）が必要であり，また，登記についてはそれが有効であるためには，その登記が手続的に適法にされたこと（原則として，

その登記が登記義務者の登記申請意思に基づくこと）が必要となる。しかし，実務上，実体的権利関係とは別個独自の争点がない場合には，単に「当該登記は抵当権設定契約に基づく」というように摘示すれば足りるであろう。

> ＊　本問の場合，登記申請行為も代理人Ｂがしたとの主張であろうと解されるが，登記申請行為についての有権代理と並んで実体的権利関係の発生原因についても有権代理が主張される場合，後者についての代理権授与の事実が主張立証されても，直ちに登記が登記申請意思に基づくことや登記申請代理権の授与が主張立証されたことにはならない。そうすると，本来は，登記義務者の代理人に対する代理権の授与，代理人の顕名，代理人の登記申請行為を主張立証する必要がある。しかし，この代理権の授与についても，実質上，実体的権利関係とは別個独自の争点はないので，「当該登記は抵当権設定契約に基づく」との表現に含めて理解すれば足りるであろう。

8　抗弁に対する認否

Ｘの言い分によると，ＢのＹとの間の２つの消費貸借契約については「不知」と認否している。また，ＢがＡのためにすることを示してＹとの間で抵当権設定契約を締結したこと自体については，必ずしも明らかではないが，「Ｂが父に勝手に父の代理人となり，抵当権を設定したのであり」と主張していることから「認める」と認否していると解してよかろう（ただし，消費貸借契約と同様，「不知」と認否しているとしても誤りとまではいえない）。ＡがＢに対して抵当権設定契約の代理権を授与したことは「否認」しており，この点は本問の主要な争点の１つである。

9　再抗弁 ── 消滅時効

(1)　消滅時効の要件

登記保持権原の抗弁に対し，Ｘは，再抗弁として，被担保債権についての消滅時効を主張している。消滅時効は権利の消滅原因の１つであるが，民法新166条は，債権の消滅時効について，改正前の民法の規律に抜本的変更を加え，主観的起算点（債権者が権利を行使することができることを知った時）から５年，客観的起算点（権利を行使することができる時）から10年という二元的なシステムを採用した（潮見・概要46頁）。主観的起算点から５年の消滅時効の要件事実は，①権利を行使することができるようになったこと，②債権者が権利を行使することができることを知ったこと，③②の時から５年（時効期間）が経過したこと，④援用権者が相手方に対し

時効援用の意思表示をしたことである（改正前の民法166条について，類型別34頁参照）。取引から生じた債権のうち，主たる給付に関するものについては，通常，民法新166条1項1号の主観的起算点（債権者が権利を行使することができることを知った時）が，同項2号の客観的起算点（権利を行使することができる時）と一致すると考えられるから（潮見・概要46頁），取引行為についての摘示（たとえば，弁済期の定めの摘示）とは別に，「②債権者が権利を行使することができることを知ったこと」の摘示（たとえば，弁済期の到来を知ったことの摘示）は不要との考え方もありうるであろう。

なお，経過措置として，新法施行日前に生じた債権（施行日以後に債権が生じた場合であって，その原因である法律行為が施行日前にされたときを含む）については，従前の例によることとされている（改正附則10条1項）。

(2) 権利を行使することができるようになったこと（①）

①については，弁済期の到来が要件事実となるが，貸借型契約の場合，貸借型理論を採ると，抗弁において弁済期の合意が主張されることになるから，その弁済期の到来を主張することになる。

ところで，2021年4月2日の消費貸借契約では弁済期が同年10月31日と合意されており，権利を行使することができる時が明確（同日の到来）であるのに対し，同年3月10日の消費貸借契約では期限の定めがないから，弁済期は催告時と合意されており，民法新591条1項により催告から相当期間を経過した時に期限が到来する。期限の定めのない債務の消滅時効は，一般に，いつでも同債務の履行を請求しうることから債務の成立時から時効が進行すると解されているが，貸金債務の場合，上記のように催告から相当期間経過後に期限が到来することから，債務の成立時から相当期間が経過した時から消滅時効が進行すると解すべきである。したがって，権利を行使することができる時は必ずしも明確ではないが，本問の場合，遅くとも2021年4月2日の消費貸借契約の弁済期である同年10月31日には，相当期間が経過しているといって差し支えないと解されるから（相当期間の判定基準について，新版注釈⒂46頁〔浜田稔〕参照），同年10月31日の到来を主張すれば足りる。

(3) 債権者が権利を行使することができることを知ったこと（②）

前記のとおり，取引から生じた債権のうち，主たる給付に関するものに

ついては，通常，民法新166条1項1号の主観的起算点は，同項2号の客観的起算点と一致すると考えてよい（潮見・概要46頁）。

(4) **時効期間**（③）

債権は，債権者が権利を行使することができることを知った時から5年間行使しないときは，消滅時効にかかる（民新166条1項1号）。消滅時効の期間計算は初日を算入せずに翌日からとするのが判例である（大判昭6・6・9新聞3292-14，最判昭57・10・19民集36-10-2163）。本問では，前記(2)および(3)によれば，消滅時効は2021年10月31日から起算することになるから，2026年10月31日の経過（民143条，141条）により時効期間が経過する。

   ＊　本問の消費貸借上の債権は，2021年10月31日の到来（午前零時）から権利行使が可能であることから，民法140条ただし書により初日を算入して期間計算をすべきではないかとの考え方もありうる。しかし，上記の判例は，実際に権利行使が可能であるのは取引時間内であることを考慮して，初日を算入していない。

(5) **時効の援用**（④）

ア　援用の法的性質

時効の援用の法的性質については学説上見解が分かれるが，判例は，時効による債権消滅の効果は，時効期間の経過とともに確定的に生ずるものではなく，時効が援用されたときに初めて確定的に生ずるものとしており（最判昭61・3・17民集40-2-420），不確定効果説のうちの停止条件説に立っている。この見解によれば，時効の援用は，権利の得喪を確定させる実体法上の要件となるから，時効によって不利益を受ける者に対する実体法上の意思表示（訴訟外でも可能である）と解することになる（類型別35頁）。

意思表示は，その通知が到達した時に効力が生ずる（民新97条1項）から，本問の時効援用の意思表示は，内容証明郵便が到達した2026年12月10日に効力が生ずる。

イ　援用権者

時効の援用権者については，民法新145条において，改正前の民法145条の「当事者」に付加する形で，消滅時効の場合には，「保証人，物上保証人，第三取得者その他権利の消滅について正当な利益を有する者」も時効援用権者であることが明記された。Xは，物上保証人であるAの相続人

（包括承継人）であるから，実体法上，消滅時効の援用権者であることには問題はない（改正前の民法145条に関し，物上保証人が時効援用権者となることについて，最判昭43・9・26民集22－9－2002参照）。しかし，前記のとおり，Xが抵当権設定者Aの相続人（包括承継人）であることは，請求原因および抗弁に現れていないことから，Xが時効の援用当時，援用権者であったことを示す事実を摘示すべきである。

　　＊　確かに，請求原因には「X現所有」が現れており，Xの所有権取得事由を原則として承継取得（包括承継または特定承継による取得）であると考えるのであれば，現時点における援用権者であることは既に現れていることになる（改正前の民法145条に関し，第三取得者が援用権者となることについて，最判昭48・12・14民集27－11－1586）。しかし，Xが時効援用の意思表示をしたのはその前であるから，これだけではXが援用当時に援用権者であったことを示したことにはならないであろう。

　そこで，Xが援用権者であることを示す事実として，「Xが援用当時，甲土地および乙建物の所有者であったこと」または「XがAの相続人であったこと」を示す事実を摘示することになる。いずれとしても誤りではないと解されるが，端的にXがAの相続人であったことを摘示する方が分かりやすいと思われる。

　相続の要件事実は，①被相続人Aが死亡したこと（民882条），②XがAの子であること（民887条1項）。相続の要件事実としては，さらに「他に相続人がいないこと」を要するか否かについて争いがあるが，これを要しないとする見解（いわゆる「非のみ説」）が妥当である（第30講参照）。

10　再抗弁に対する認否

　Yの言い分によると，Yが，弁済期に2つの消費貸借契約に基づく各貸金債権を行使することができることを知ったこと，Xが時効援用の意思表示をしたこと，XがAを相続したことに係る各要件事実は認めている（Yは，YのBに対する上記各貸金債権を主張しているのであるから，Yが弁済期に上記各貸金債権を行使することができることを知ったことを認めていると解してよいであろう）。また，時効期間の経過（2026年10月31日経過）は裁判所に顕著な事実である。

11 再々抗弁 —— 承認

　Yは時効の更新事由として，承認（民新152条）を主張している。承認とは，時効の利益を受ける者が時効によって権利を失う者に対してその権利の存在することを知っていることを表示する，いわゆる観念の通知である。本問では，消滅時効完成前の2025年5月1日に債務者BがYに対して2つの消費貸借契約に基づく貸金債務を承認したとの主張がされている。

　ところで，民法新153条は，時効の完成猶予または更新は当事者およびその承継人の間においてのみその効力を生ずるとしている。ここで，当事者とは，時効の完成猶予または更新行為に関与した当事者を指すが，本問では，時効の更新行為（債務の承認）をしたのはBである。しかし，改正前の民法148条に関して，債務者の承認による中断の効力は，物上保証人が債務の時効を援用する場合にもこれを否定することはできないとするのが多数説（丸山昌一「被担保債権の消滅時効の中断」裁判実務大系14巻〔青林書院・1991〕37頁など）であり，最判平成7・3・10（判時1525-59）も同旨である。第三取得者の場合にも，同様に解されている（丸山・前掲37頁など）。これらの考え方は，時効の更新についても妥当するであろう。本件のXは，物上保証人の包括承継人である（この事実は再抗弁に現れている）ので，実体法上は問題ない。

12 再抗弁に対する認否

　Xの言い分から否認していることは明らかである。本問の主要な争点の1つである。

事実摘示例

　1　請求原因
(1)　原告は，甲土地及び乙建物を所有している。
(2)　甲土地及び乙建物には，別紙登記目録（省略）記載の被告名義の抵当権設定登記（以下「本件抵当権設定登記」という）がある。
(3)　よって，原告は，被告に対し，所有権に基づき，甲土地及び乙建物について，本件抵当権設定登記の抹消登記手続を求める。

2　請求原因に対する認否
　　請求原因(1)及び(2)は認める。

3　抗弁 ─ 登記保持権原（抵当権）
(1)　被告は，Bに対し，2021年3月10日，400万円を，期限の定めなく貸し付けた。
(2)　被告は，Bに対し，2021年4月2日，600万円を，利息年10％，損害金年20％，弁済期を同年10月31日とする約定で，貸し付けた。
(3)　Bは，Aのためにすることを示して，被告との間において，2021年4月2日，抗弁(1)及び(2)の債務を担保するため，甲土地及び乙建物について，抵当権を設定する旨を合意した（以下「本件抵当権設定契約」という）。
(4)　Aは，Bに対し，本件抵当権設定契約に先立ち，その代理権を授与した。
(5)　Aは，2021年4月2日当時，甲土地及び乙建物を所有していた。
(6)　本件抵当権設定登記は，本件抵当権設定契約に基づく。

4　抗弁に対する認否
　　抗弁(1)から(3)までは知らない。同(4)及び(6)は否認する。同(5)は認める。

5　再抗弁 ─ 消滅時効
(1)　2021年10月31日は到来した。
(2)　被告は，2021年10月31日，抗弁(1)及び(2)の貸金債権を行使することができることを知った。
(3)　2026年10月31日は経過した。
(4)ア　原告は，被告に対し，2026年12月10日，抗弁(1)及び(2)の貸金債務の消滅時効を援用する旨の意思表示をした。
　　イ　Aは，2025年10月15日，死亡した。
　　ウ　原告は，Aの子である。

※ 5(2)については，摘示不要との考え方もありうるであろう（前記**9**(1)参照）。

6　再抗弁に対する認否
　　再抗弁(2)，(4)アからウまでは認める。

7　再々抗弁 ─ 承認
　　Bは，被告に対し，2025年5月1日，抗弁(1)及び(2)の貸金債務を承認した。

8　再々抗弁に対する認否
　　否認する。

第22講

要件事実論30講

時効取得

（Xの言い分）

　自分の父であるAは，県庁所在地である市の郊外に図の17番地を所有しており，そこに事務所を建てて不動産販売業を営んでいました。1998年11月7日に他界した父を相続するとともに，その経営を引き継いだ私は，より広く事業を展開しようと考え，住宅の販売のみならず，不動産の開発や住宅の建設施工なども手がけてみたいと思っています。そのために建設業の免許も取得しました。ただ，そのように手広く事業を拡げるには，今の事務所用地は手狭であると感じています。17番地とその隣にある18番地は，いずれも父が所有していたのですが，登記上は，もとから2つの筆に分かれていたものです。そのうちの18番地は1995年5月ころに父がYに売ったと聞いていますが，2つの土地の境について，あまり父がうるさく言わなかったらしく，杭などは設けられていません。Yは，境界のあたりを花壇にしたりして使っていますが，あまり土地の使用が真剣に必要であるようには見えません。最近になって法務局がこのあたり一帯の土地の測量をしたところ，花壇にしてあるあたりは，じつは17番地の一部であることが判明しました。そうであるならば，私としては，そこを建設機械などを置いておく場所として使いたいので，その部分を明け渡して欲しいと考えています。

（Yの言い分）

　私は，かつては市の中心部に住んでいましたが，夫を亡くして一人暮らしを始めるようになってから，郊外にある18番地を買い，そ

こに建物を建てて移り住みました。そのころは，18番地と，それから隣の17番地も，Ａという人が所有していました。手許にある書類によると，18番地をＡから買うことにした私が，代金を支払って同地の引渡しを受けたのは1995年5月30日ですが，その折にＡから見せられた公図では，2つの土地の境界は墨で曖昧に書かれていました。しかし，Ａが現地において，だいたいここが境でしょう，と言った線が，イ・ロを結ぶ線に当たるものであったところから，その線に接しているあたりは，将来は駐車スペースにしようと考えています。隣の街で勤め人になっている息子が結婚したら自動車を買うと言っていて，時々帰って来るときに駐車ができるように，と思ったからです。ところが，Ａの跡継ぎのＸが先日訪ねて来て，工務店を営むことになり，今は花壇にしているイ・ロ・ハ・イで囲まれた部分について，機材を置く場所にするから明け渡して欲しい，という申入れを受けました。突然のことで驚いているし，自分としては，今さら明け渡すことなど考えられないと思っていますから，2011年3月27日に先方に対し時効を主張することを通告しました。

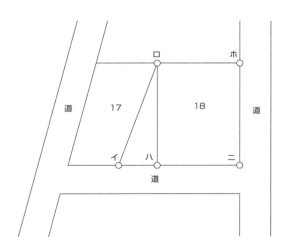

1　事案

本問で扱うのは，Xが，図面のイ・ロ・ハ・イで囲まれた部分の土地の所有権がXにあるにもかかわらず，これをYが占有しているところから，Yに対し，この土地部分の明渡しを所有権に基づいて請求するのに対し，Yは，この部分を含む土地を所有するのはYであるから，Xの請求には理由がないとして，これを争う事案である。

> ＊　要件事実論の理解のために必要である事項ではないが，この種の紛争の実際的な背景を理解するうえで有益であるから，その関係で若干の解説を添えておくこととしよう。Xの言い分にある法務局の最近の調査とは，土地を管轄する法務局または地方法務局が不動産登記法14条1項に定める地図を作成するために実施する事業である。この事業の施行に際し，筆ごとに筆界を確認する作業が行われる。本問のように当事者の間に紛争がある場合には，そもそも，この筆界確認の段階において，円滑な筆界確認が行われず，当該の筆が筆界未定地として残ることも，少なくない。そうした場合には，不動産登記法123条以下が定める筆界特定の手続により筆界を定めることとなったり，土地家屋調査士会が営む裁判外紛争処理（ADR）に解決が委ねられたり，さらには裁判所に対し筆界確定訴訟が提起されたりする（清水響＝松岡直武＝山野目章夫編・境界紛争解決制度の解説 — 筆界特定・ADRのポイント〔新日本法規出版・2006〕は，これらの制度の解説である）。
> 　筆界確定訴訟は，それ自体の性質について民事訴訟法学上，種々の議論があり，訴訟上の攻撃防御方法についても，特別の考慮を要することが多い。
> 　本問は，紛争の実態と解決方法について，こうした側面があることにも留意しながら，時効取得が登場する場面における攻撃防御の構造を簡明に考察するため，筆界の関係を問題とせず，やや単純化をして，もっぱら所有権に基づく請求権が行使される場面を考察の対象とする。

2　請求の趣旨

> 被告は，原告に対し，庭坂市功名が丘一丁目17番，宅地，〇〇.〇〇㎡（以下「17番地」という）のうち，別紙図面表示のイ・ロ・ハ・イの各点を順次直線で結んだ線で囲まれた部分（〇〇.〇〇㎡）を明け渡せ。

3　訴訟物

> 所有権に基づく返還請求権としての土地明渡請求権　　1個

4　本問における攻撃防御の枠組み

本問事案は，原告が係争土地部分の所有権を有することを主張して，所有権に基づき明渡しを求めるものであり，被告は，これを争って，係争部分の所有権が自分にあることを主張しようとしている。

係争土地部分は，本問事案において関係する土地である17番地および18番地の境界付近にあり，長年にわたり，いずれの土地に属するかが明確でなく，それが本問係争を生起させた契機ともなっている。

ただし，事案において，土地の境界それ自体は，近年の法務局の測量によりロ・ハを結ぶ直線であることが明らかになった。したがって，Xの先代であるAとYとの間の土地の売買の目的が18番地であると理解する限り，係争部分は，売買の目的ではないことになり，Aを相続したXが17番地の一部として所有しているものと考えざるを得ない。そして，その場合において，YがXの所有権を否定してXの請求を棄却せしめるために，Yとしては，本問事案のもう１つの特徴であるYによる長年月の占有の継続に伴う時効取得ということに頼ることになる。この時効取得の主張は，Yの側から抗弁として提出される。

もっとも，A・Y間の売買契約の趣旨の理解によっては，売買の目的は，かならずしも登記所備付の図面上の18番地ということではなく，むしろイ・ハ・ニ・ホ・ロ・イを各直線で結ぶ線で囲まれた土地であると見ることもできないことはない。Yが，そのように主張してXの請求に対し争う場合において，係争土地部分は，YがAから買ったことのゆえにXは所有権を有していないことを言い立てるということになり，すなわち，第３講で学んだ所有権喪失の抗弁を提出して，上述のような売買契約の趣旨の解釈を主張してゆくことになる。

5　請求原因 ── 所有権に基づく土地明渡請求権の発生原因事実

所有権に基づく返還請求権の権利根拠事実は，原告に目的物の所有権があること，および被告が目的物を占有していることである。前者を被告が認めることは権利自白に当たる。この権利自白がなされない場合は，被告が認める過去の所有関係に遡って原告が主張立証をすることになる。

本問において，まず，Yが時効取得を主張して本件係争部分の所有権を

第22講　時効取得………379

主張して争う場合から考察するならば，Yとしては，まず，Xが土地を所有することを否認することになる。したがって，Xとしては，Xの前主であるAが，Yが時効に基づいて係争土地部分を取得したと主張する時期に土地を所有していた，ということを主張することとなる。

6　請求原因に対する認否

被告が時効取得で争う場合には，被告は，上述のとおり，原告のいわゆる「もと所有」を認め，さらに現在の自身の占有を認めることになるから，結局において，請求原因事実の全部を自白したうえで，時効取得の抗弁を提出することになる。

7　時効取得の抗弁

(1)　取得時効の実体的要件

民法162条は，時効期間が20年である長期取得時効（同条1項）および10年の短期取得時効（同条2項）を定める。

長期取得時効の完成が認められるための実体的要件は，同条1項の法文に徴するならば，

① 目的物を20年間にわたり占有すること
② その占有が「所有の意思をもって」する占有，つまり自主占有であること
③ その占有が平穏かつ公然のものであること

が求められる。また，短期取得時効の実体的要件は，同条2項の法文に徴するならば，

① 目的物を10年間にわたり占有すること
② その占有が「所有の意思をもって」する占有，つまり自主占有であること
③ その占有が平穏かつ公然のものであること
④ 占有開始の時に占有者が善意無過失であったこと

である。

同条各項の法文によるならば，これに加えて，占有が他人の物についてするものであることも必要であるように見える。しかし，これについては，

重要な判例形成が見られる。すなわち判例は，不動産売買契約の当事者間において，引渡しを受けた買主が売主に対してした取得時効の援用を認めたことがあり（最判昭44・12・18民集23－12－2467），これは一般に，**取得時効を援用する者が，自分の占有が他人の物についてのものであることを主張立証する必要はない，**とする趣旨に理解されている。学説もまた，「取得時効というのは，はたして真実のところだれの所有か判然としないときに占有者の所有として処理するという場合に最もその実益を発揮すべきものであるから，取得時効の完成を主張するための前提として当該の物が本来は占有者以外の他人の所有に属するということを立証する必要はない」（幾代通・民法総則〔第2版，青林書院・1984〕493頁）などと説明して，おおすじにおいては，こうした方向を支持する（山本Ⅰ546－547頁において論議の状況を整理して把握することができる）。

> ＊　もっとも，上記の不動産売買のような場合において，時効による裁判を認めることは，双務契約の1つである売買契約の当事者間において民法533条が予定する利益衡量を働かなくするおそれを否定することができない。買主が売主に対し所有権移転登記手続を請求する訴訟の場合を例として考えるならば，代金未払の場合には引換給付判決（「買主が売主に代金を支払うのと引換えに売主は買主のために所有権移転登記手続をせよ」）をすべきである（なお，民執31条1項，174条2項）のにもかかわらず，時効に基づく所有権取得を考える場合には，そのような処理をすることができず，単純に登記手続を命ずる給付判決になるからである。そこで，買主の側で他人の物であることを主張立証する必要はないものの，売主の側で，他人の物でないこと，すなわち買主の物であることを主張立証したうえで同時履行の抗弁権を援用する場合には，引換給付の判決をなすべきであるとする考え方も説かれている（後藤＝山野目169頁〔第27講〕）。

(2) **注意すべき民法の推定規定**

民法の中には，占有に関し，若干の推定規定が置かれており，それらは，おもに取得時効との関係において意義を発揮する。

まず，占有の継続に関する推定規定として，民法186条2項が，任意の2つの時点において占有をしていたことの立証がなされる場合には，その2つの時点の間占有が継続したものと推定する。この推定は，**甲という事実**（ここでは占有の継続）が要件である場合において，甲という事実を直接に立証することをしなくても，乙という事実（ここでは前後両時点の占有）の立証があるならば，甲という事実の立証を必要としないとするものであり，**法律上の事実推定**である（伊藤372－374頁）。この場合の反証（本

証たる反証）は，甲という事実そのものを否定する証拠を提出することによりなされる（具体的には，両時点の間の任意の時点に占有がなかったことの立証をすることになる）。

したがって，上記(1)の①の要件である事実は，時効期間の起算時と満了時の占有を主張立証することにより，その主張立証に代えることができる。

また，同条1項は，占有の態様に関し，それが自主占有であること，および善意・平穏・公然の占有であることは推定されるものとする。この推定は，上記2項所定の推定と異なり，検討を要する問題があるから，次の(3)において，あらためて考察することとしよう。いずれにしても，これにより同じく(1)の②および③ならびに④のうちの善意の部分は，民法186条1項により，立証を要しないこととなる。

これに対し，無過失は，それを推定する旨の特段の規定がないから，推定されない（最判昭46・11・11判時654-52）。過失の有無は規範的要件である（規範的要件について，第6講参照）から，時効取得を主張する者が無過失という評価を根拠付ける具体的な事実を主張立証すべきであり，これに対し時効取得を否定しようとする側が，無過失であるという評価を障害する具体的な事実を主張立証すべきであることとなる。

(3) 暫定真実という考え方

民法186条1項が同法162条の各項との関係でもつ意義は，暫定真実と呼ばれるものを定めている，というところに求められる。暫定真実は，いくつかある推定の1つの態様にほかならない。**ある法律効果を導くための主要事実として甲および乙という事実が求められる場合において，甲という事実があるならば乙という事実の存在が推定される，という構造**になっている（そのことにより，主張立証責任を負う者は，甲という事実のみを主張立証することでよいとされる）場合に，この推定は，**暫定真実**を定めるものであるという（伊藤375-376頁）。法律の規定により事実から事実を推定するというものであるから，これも法律上の事実の推定の1つの形態にほかならない。ただし，関係する事実がすべて同一の法律効果に向けられているところに，特徴がある。

本講設例において問題となっているものは，そのような暫定真実である。すなわち，時効取得は，一定期間にわたり「物を占有した」ということ

（甲という事実），およびその占有が「所有の意思をもって，平穏に，かつ，公然と」する占有であるということ（乙という事実）を要件とするところ，民法186条1項により，前者が認められると後者が推定される関係になっている。換言するならば，民法162条各項は，一定期間の間「他人の物を占有した者は，その所有権を取得する。ただし，その占有が所有の意思をもってするものでなく，又は暴行若しくは強迫若しくは隠匿によってされた場合は，この限りでない」と書き換えることが可能であり，このような書き換えが可能であるところに，暫定真実というものの特色がある。

(4) 時効の法的構成

時効による利益を受ける者が，時効の利益を受けることを望む旨の意思を表示することを時効の援用という。裁判所は，当事者による援用がない場合には，時効の成立に伴う権利変動を前提にして裁判をすることができない（民145条）。

もっとも，時効期間の経過による時効の完成が認められる場合において，そのことと時効援用との関係をどのように考えるか，については，やや検討を要する問題がある。時効の効果について法文は，たとえば20年が経てば「占有した者は……所有権を取得する」（民162条1項）と表現しており，これのみに着眼するならば，時効の効果は，時効期間の経過という客観的事実のみにより確定的に発生すると構成するもののように見える。しかし他方においては，上述のとおり，民法145条が，当事者の援用がない限り時効を理由とする裁判はすることができない旨を定めており，両条の関係は，必ずしも明確でない。学説の中には，実体法上は時効は期間経過により確定的に効果を生じ，援用は訴訟上の攻撃防御方法にすぎないとするもの（確定効果説）もあるが，むしろ有力であるのは，**援用も時効の効果に関する実体上の意味をもつとする考え方**であり（不確定効果説），後者は，さらに2つに分かれる。第1は，時効完成により一応は時効の効果が生ずるが，援用がないことがはっきりすれば（または時効利益の放棄があれば）時効の効果は生じなかったものと構成する解除条件説であり，第2は，**時効の完成によっても時効の効果は生ぜず，援用により初めて効果が確定すると説明する停止条件説**である。これらのうち，攻撃防御方法は提出がない限り裁判において斟酌することができないことは訴訟法上の弁論主義の

第22講　時効取得………383

一般原則であり，あえてこのことを念押しする意味においてのみ民法145条が設けられたと見ることは適当でないから，確定効果説よりは不確定効果説を妥当とすべきであり（最判昭61・3・17民集40－2－420），また，その中では，停止条件説の方が簡明であると考えられる（学説の分布状況について，山本Ⅰ594－598頁）。

　訴訟上の主張立証として，まず確定効果説においては，時効に基づく効果の発生を主張するために，時効援用の意思表示を主要事実として掲げる必要はなく，攻撃防御方法としての時効を当事者が提出していることが弁論の全趣旨から明らかであればよい。解除条件説においても，時効援用の意思表示は主張すべき事実とはならないが，相手方が，時効利益を放棄する旨の意思表示ないしそれに準ずる事実があったことを抗弁として主張し立証された場合は，時効に基づく裁判をすることができない，ということになる。

　先述のように停止条件説が妥当であると考える前提のもとでは，時効の効果発生を肯定するために，時効援用の意思表示があることが実体法の定める要件として求められていることになり，したがって，主張立証しなければならない事実となる。

(5)　時効取得の抗弁の要件事実

　以上の考察を前提とする場合には，長期取得時効の抗弁を提出するにあたり主張立証すべき事実は，

　①　ある時に目的物を占有していたこと
　②　①の時点から20年が経過した時に目的物を占有していたこと
　③　時効援用の意思表示があったこと

であり，さらに本問事案のように短期消滅時効を主張する場合には，上記②が，①の時点から10年が経過した時に目的物を占有していたこととなるほか，無過失の評価根拠事実を主張立証すべきである。まず①について，判例は，時効の起算点を当事者が任意に選択して主張することはできないとする（最判昭35・7・27民集14－10－1871）けれども，①の時点として主張する時期が占有開始時と一致することの主張立証までをも求める趣旨に解すべきではないであろう。判例の考え方を前提とする際にも，民法177条の適用関係などとの関係で時効による権利変動が生じた時期であるとされ

る占有開始時が争点となるような場合において，相手方当事者の側から，占有開始時が異なる時期であることを主張立証すべきものであると考えられる。

いずれにしても，①で主張する時は，日付を摘示して主張することでよい。そして，その①で主張する日の翌日から起算して20年の期間の末日の経過時が②で占有を証明すべき時点であるということになる。

上記③は，年月日を摘示して主張すべきであり，その日付は②のそれより後でなければならない。訴訟実務上，準備書面をもって時効を援用する，とされることが珍しくないが，もちろん訴え提起前にする時効援用の意思表示は許されるし，訴え提起後であっても裁判外ですることが妨げられない。たとえ準備書面をもって時効を援用する場合であっても，その理論的性質は，訴訟行為ではなく，実体私法上の意思表示である（民訴113条参照）。

* なお，前述6における被告の自白により，被告の現在の占有（＝弁論終結時の被告の占有）が当事者間において争いのない事実となるから，占有開始時の①の主張と併せ，20年を超える期間の占有継続が推定されることになるとする考え方も，可能である。そのように考える際には，いわば大が小を兼ねる関係から，20年を超える占有が認められることにより，20年の占有継続が認められることになり，②は，あえて主張しなくてもよいと考えられないでもない。
  もっとも，本講設例においては問題とならないが，判例理論（最判昭33・8・28民集12－12－1936など）を前提とする際には，第三者が登場する場合において対抗問題として扱うかどうか，という論点の関係から時効完成時が問題となることもあり，一般的に，いつが時効完成時であるかを明瞭に意識しながら攻撃防御が展開されることが望まれるという視点は，重視されてよい。事実摘示例においては，時効取得の主張において時効期間経過時の占有を主張することの一般的重要性に注意を促す趣旨も含ませつつ，②の主張立証を掲げておくこととする。

8 時効取得の抗弁に対する認否

Xの言い分によると，Yが土地を占有してきた経過については異なる認識を有しているものではなく，むしろYの占有開始時に本件係争部分にXの所有権が及ぶことのYにおける認識可能性を争う態度を看て取ることができる。また，Yが時効援用の意思表示をしたこと自体は，これを認めることになるであろう。

したがって，原告としては，時効期間の起算時および満了時の被告の占

有は認め，被告が占有開始時に無過失であったことを根拠付ける具体的な事実は，内容に応じ，不知・自白・否認を選んで認否をし，また，時効援用の意思表示は，これを認める，といった認否が考えられる。

9 再抗弁とそれに対する認否
　原告としては，このように被告が占有開始時に無過失であったことを争う場合には，無過失であるという評価を妨げる具体的な事実を再抗弁として主張することになり，これに対し，被告は，内容に応じ，不知・自白・否認を選んで認否をすることになる。

10 売買契約の解釈が問題とされる場合の攻撃防御の枠組み
　本問売買契約の趣旨が，売買の目的は，登記所備付の図面から定まる18番地ということではなく，むしろイ・ハ・ニ・ホ・ロ・イを各直線で結ぶ線で囲まれた土地である（それが当事者の考えていた18番地である）と理解したうえでYが主張を組み立ててゆく場合においても，Yは，この係争部分のXの所有権を否認することになり，所有権に関する権利自白が成立しないから，Xは，AがYに土地を売った時点まで遡り，いわゆるAの「もと所有」を主張することから出発して，請求原因を考えることになる。すなわち，
　① 　請求原因事実として，係争部分は，後にXが相続人となるAが過去に所有していたこと，および係争部分をYが占有していることを主張することになる。
　② 　この請求原因に対するYの認否は，Aの「もと所有」について権利自白をし，また，Yの占有を認めるものとなる。
　③ 　そのうえでYは，抗弁として，係争部分を含む土地をAがYに売った，と主張する旨の所有権喪失の抗弁を提出する。
　④ 　これに対し，Xは，この抗弁事実を否認し，その理由として，A・Y間の売買契約の趣旨は，売買の目的が，登記所備付の図面上の18番地ということであって，けっしてイ・ハ・ニ・ホ・ロ・イを各直線で結ぶ線で囲まれた土地であるということであったものではないということを指摘することになる。このようにして，売買契約の趣旨の解釈

理解が実質的争点を形成することが顕在化される。

事実摘示例1

> 時効取得が主張される場合
> 1　請求原因
> (1)　Aは，1995年5月30日当時，17番地を所有していた。
> (2)　Aは，1998年11月7日に死亡した。
> (3)　原告はAの子である。
> (4)　被告は，17番地のうち，別紙図面のイ・ロ・ハ・イの各点を順次直線で結んだ線で囲まれた範囲の部分（以下「本件係争地」という）を占有している。
> (5)　よって，原告は，被告に対し，所有権に基づき，本件係争地の明渡しを求める。
>
> 2　請求原因に対する認否
> 　　請求原因(1)(2)(3)(4)は，認める。
>
> 3　抗弁
> 　　所有権喪失 ── 時効取得
> (1)　被告は，1995年5月30日当時，本件係争地を占有していた。
> (2)　被告は，2005年5月30日経過時に，本件係争地を占有していた。
> (3)　無過失の評価根拠事実
> 　　被告は，1995年5月30日にAから庭坂市功名が丘一丁目18番，宅地，○○.○○㎡（以下「18番地」という）の引渡しを受けた際に，同地と17番地との境界がイ・ロを結ぶ直線であるとする説明をAから受けた。
> (4)　被告は，原告に対し，2011年3月27日，本件係争地の取得時効を援用する旨の意思表示をした。
>
> 4　抗弁に対する認否

抗弁(1)(2)(3)(4)は，認める。

　5　再抗弁
　　　無過失の評価障害事実
　　原告は，1995年5月30日にＡから18番地の引渡しを受けた際に，同地と17番地との境界が，公図では，やや曲がった線で墨で描かれていて，曖昧なままであることを認識して18番地を購入したものである。

　6　再抗弁に対する認否
　　　再抗弁は認める。

事実摘示例2

売買契約の解釈が争われる場合
　1　請求原因
(1)　Ａは，1995年5月30日当時，17番地を所有していた。
(2)　Ａは，1998年11月7日に死亡した。
(3)　原告はＡの子である。
(4)　被告は，17番地のうち，別紙図面のイ・ロ・ハ・イの各点を順次直線で結んだ線で囲まれた範囲の部分（以下「本件係争地」という）を占有している。
(5)　よって，原告は，被告に対し，所有権に基づき，本件係争地の明渡しを求める。

　2　請求原因に対する認否
　　　請求原因(1)(2)(3)(4)は，認める。

　3　抗弁
　　　所有権喪失 ── 売買
　　Ａは，1995年5月30日ころ，別紙図面のイ・ハ・ニ・ホ・ロ・イ

の各点を順次直線で結んだ線で囲まれた範囲の部分の土地を代金3200万円で被告に売った。
　4　抗弁に対する認否
　　抗弁は，否認する。

第23講 登記請求権

（Xの言い分）

　私は，2013年12月20日，Yの代理人と称するAとの間で，Yが所有する甲土地を代金3000万円で買い受ける旨の契約を締結しました。ところが，Yは，甲土地の移転登記に応じようとしません。そこで，私は，Yに対して，甲土地の所有権移転登記を求めます。Yが，2013年12月20日当時，Aが既に代理人でなくなっていたと主張している点についてですが，Yの手もとにAを解任する通知のコピーが残っているようですので，私は，Aが解任されたこと自体を争うつもりはありませんが，その当時，私自身はそのことをまったく知りませんでした。

（Yの言い分）

　確かに，私は，Aに甲土地を売却する代理権を授与しました。それ以来，私は，甲土地をなるべく早く売るようにAに催促してきたのですが，1年近くが経過しても甲土地は売れませんでした。私は，Aが甲土地を売るための十分な努力をしていないように思いましたので，Aを解任しました。Aは，それにもかかわらず，Xとの間で売買契約を締結したのです。したがって，Aの代理権は既に消滅していますから，私は，Xの移転登記請求に応ずる義務はありません。Xは，2013年12月20日当時，Aが既に代理人でなくなっていたことをまったく知らなかったと述べているようですが，それは違います。私は，Aを解任することをAには文書で通知し，XにはAを解任した直後に，その旨を電話で伝えています。Aへの解任通知はコピー

> して保存してあります。

1 事案

本問では，XがYの代理人Aから Y所有の甲土地を代金3000万円で買ったとして，Yに対して所有権移転登記手続を求めたのに対して，Yが，Aの代理権は消滅しているとして争っている。

2 請求の趣旨

> 被告は，原告に対し，甲土地について，2013年12月20日売買を原因とする所有権移転登記手続をせよ。

3 訴訟物

> 売買契約に基づく所有権移転登記請求権　1個

　登記の申請は，原則として，当事者（登記権利者と登記義務者）の申請によって行われる（共同申請主義。不登60条）。当事者のうち，権利に関する登記がされることによって登記上直接利益を受ける者を登記権利者といい，登記上直接不利益を受ける者を登記義務者という。
　登記義務者が登記申請に協力しない場合は，登記権利者は登記義務者の協力を求める権利を有する。これを，登記請求権という。
　登記請求権の根拠，発生原因については，議論があるが，判例および実務は，多元的に，各場合に応じた説明をしている（多元説。川井・概論Ⅱ60-61頁等）。
　すなわち，第1に，**現在の実体的な物権関係と登記とが一致していない場合に，これを一致させるために，物権それ自体の効力として発生する登記請求権がある（物権的登記請求権）。**たとえば，偽造書類によって所有権移転登記を得た者，登記手続の過誤によって登記名義人になった者に対す

る本来の権利者からの抹消登記請求のように，物権が存在していないのに不実の登記がされている場合に，実質的権利者が抹消登記請求権を有する場合である。

第2に，**実質的に物権変動があったのに登記がこれに伴っていない場合に，物権変動と登記を一致させるために登記請求権が認められる**（物権変動的登記請求権）。売買契約がなされ，所有権が売主から買主に移転したのに，移転登記がなされていない場合には，買主は売主に対して登記請求権を有することが典型例であるが，その買主が目的不動産を転売した後でも売主に対する登記請求権を失わない点は，物権変動的登記請求権により説明される。

第3に，**当事者の契約によって登記請求権が認められる**（債権的登記請求権）。不動産売買契約における買主の売主に対する所有権移転登記請求権は，売買契約に基礎を持つものであり，契約上の請求権としての性格を持っている。また，たとえば，Aがその所有地をBに賃貸し，Bとの間で賃借権の登記（民新605条）の手続をとる旨の合意をした場合に，Bは，契約上の義務の履行請求として登記手続をAに求めることができる（以上の多元説につき，加藤新太郎「登記請求権の要件事実」月報司法書士2004年8月号80頁以下参照）。

本問で，Xは売買契約に基づく債権的登記請求権を訴訟物とすることができる。また，Xは，原則として，売買契約の成立と同時にその所有権を取得するから（民176条。最判昭33・6・20民集12-10-1585），所有権に基づく物権的登記請求権を訴訟物とすることも考えられる。しかし，物権的登記請求権，物権変動的登記請求権の発生原因事実は，債権的登記請求権の発生原因事実を包含していると考えられるから，買主としては，債権的登記請求権を訴訟物とすることが多いであろう（類型別84頁）。

ただし，被告の抗弁を考えると，Yは，Xの所有権移転登記請求に対して，債権的登記請求権が消滅時効により消滅したことを抗弁として主張立証することができるが（民新166条1項），物権的登記請求権および物権変動的登記請求権に対しては消滅時効の抗弁は主張自体失当となる。また，XがYから本件土地を買い受けた後に，これをAに売却したとの所有権喪失の抗弁は，債権的登記請求権および物権変動という事実自体に基づいて

発生する物権変動的登記請求権に対しては，抗弁としては機能せず，主張自体失当となる，などの違いがある（加藤＝細野107頁以下）。

なお，物権変動的登記請求権を認める立場に立っても，物権変動的登記請求権には補充性があり，債権的登記請求権も物権的登記請求権も認められない場合に限って認められると考える立場が有力である。

また，物権変動的登記請求権に対しては，近時の民法学説では疑問も出されている。たとえば，不動産がAからB，BからCへと売却された場合，BのAに対する登記請求権も，CのBに対する登記請求権も，それぞれ両者間に成立した売買契約を基礎として成立するものというべきであり，これらの登記請求権は，民法新533条，166条1項などの規律に服すると指摘されている。この見解は，登記請求権は物権的または債権的性格を有するものとして二元的に捉えるべきであるとする（山野目114頁，加藤（雅）・大系Ⅱ166頁）。

4　本問における攻撃防御の枠組み

本問事案では，代理権消滅後の表見代理（民新112条1項）が問題となる。そのため，本問における請求原因は，①XとAが売買契約の締結の意思表示をしたこと，②その際，AはYのためにすることを示したこと（顕名），③YがAに代理権を授与したこと，である。これに対する抗弁として，代理権消滅の抗弁があり，再抗弁として，Xが代理権消滅の事実を知らなかったという主張がある。

もっとも，民法新112条1項における攻撃防御の枠組みをこう解することに対しては有力な反対説がある（後記**9**参照）。

5　請求原因

> 1　2013年12月20日，Xは，Aとの間で，甲土地を代金3000万円で買い受ける旨の契約を締結した。
> 2　1の際，AはYのためにすることを示した。
> 3　Yは，Aに対し，1に先立ち，1の契約締結についての代理権

> を授与した。

* 代理権授与の摘示をどうするかは，一個の問題である。実務では，上記3のように，請求原因で，「Yは，……代理権を授与した」というように摘示するのが例であるが（類型別42頁），これは，代理権授与行為の独自性を認める考え方，すなわち，代理権授与行為がその原因である本人・代理人の内部的契約関係（たとえば委任）と別個な行為であるとする考え方に立っているものと考えられる。学説では，内部的契約と代理権授与行為を区別することが困難であることなどから，代理権は内部的契約から生ずると考える立場（四宮＝能見299頁）も有力であり，代理権授与行為の独自性を否定する見解に立てば，「3　Yは，Aに対し，1に先立ち，1の契約を締結することを委任した」と摘示することになろう。

* 本問では，民法新112条1項の要件事実が問題となるが，代理の問題が介在しない売買契約に基づく所有権移転登記手続請求自体の要件事実（請求原因）は，以下のとおりである（上記請求原因1は，債権的登記請求権が訴訟物とされた場合の請求原因である）。
    (1) 債権的登記請求権が訴訟物とされた場合の請求原因
    　XがYから不動産を買い受ける契約を締結した場合には，Xに不動産の所有権を取得させ，不動産を引き渡すことがYの基本的な義務であるが，対抗要件（登記）をXに移転することも義務の内容となる（民新560条）。そこで，Xは売買契約に基づき所有権移転登記請求権を有する。
    　したがって，売買契約に基づく所有権移転登記手続請求の請求原因は，XとYとが売買契約を締結したこととなる。
    　なお，他人物売買も可能であるから（民新561条参照），売買契約締結時にYが目的物を所有していたこと（同条参照）は請求原因とならない。また，物権的登記請求権と異なり，Y名義の登記が存在することも請求原因とならない。
    (2) 物権的登記請求権が訴訟物とされた場合の請求原因
    　物権的登記請求権では，所有権に基づく物権的請求権として登記請求権が発生することになるから，Xは，請求原因として，①Xが本件土地を所有していること，②Yが本件土地について所有権移転登記を有していること，を主張立証することになる。
    　この場合の②は，口頭弁論終結時における登記の存在が請求原因事実になるので，登記喪失の事実は抗弁ではなく，否認となる。
    　Xが本件不動産を所有することについて権利自白が成立せず，YがXの所有権を争う場合には，Xは，所有権取得原因につき主張立証しなければならない。その場合，Xは，①に代えて，①′-(i)Yが本件土地をもと所有していたこと，①′-(ii)XとYとが売買契約を締結したことを主張立証することになる（加藤＝細野109頁）。
    (3) 物権変動的登記請求権が訴訟物とされた場合の請求原因
    　物権変動的登記請求権では，物権変動の過程を登記に反映させることに登記請求権の根拠があるから，Xは，請求原因として，①Yが本件土地をもと所有していたこと，②XとYとが売買契約を締結したことを主張立証しなければならない。①の状態（Yのもと所有）で，②があれば，所有権がYからXに移転し，この事実に基づいて登記請求権が発生するから，これらが請求原因事実になる。

6　請求原因に対する認否

Yは，請求原因1，2，3の各事実とも認めている。

7　抗弁

Yは，民法111条2項に基づき，代理権消滅の抗弁を主張することができる。すなわち，Yは，①請求原因3の代理権の授与が，YとAとの委任契約に基づくこと，②①の委任契約が請求原因1に先立って終了したことを主張することができる（加藤=細野41頁）。

8　抗弁に対する認否

Xは，抗弁①②の各事実とも認めている。

9　再抗弁

Xが，代理権消滅の事実を知らなかった場合には，Xに対して代理権消滅の効果を主張することができない（民新112条1項本文）。そこで，Xは，再抗弁として，Xは抗弁②の代理権消滅の事実を知らなかったことを主張することができる。

* なお，民法新112条1項は表見代理の規定であり，有権代理の主張を復活させるものではないから，再抗弁と位置付けることはできないとして，民法新112条1項本文を，有権代理の請求原因，代理権消滅の抗弁を前提とする予備的請求原因であり，代理権の消滅原因を知らなかったことについてXに過失があることが，これに対するYの抗弁となるとする見解も有力である（第18講参照）。

10　再抗弁に対する認否

Yは，再抗弁の事実は否認している。

事実摘示例

> 1　請求原因
> (1)　原告は，2013年12月20日，Aとの間で，甲土地を代金3000万円で買い受ける旨の契約を締結した。
> (2)　(1)の際，Aは被告のためにすることを示した。
> (3)　被告は，Aに対し，(1)に先立ち，(1)の契約締結についての代理

権を授与した。
(4)　よって，原告は，被告に対し，上記売買契約に基づき，甲土地につき，上記売買を原因とする所有権移転登記手続をすることを求める。

2　請求原因に対する認否
　　請求原因(1)(2)(3)の各事実は認める。

3　抗弁
　　代理権消滅
(1)　請求原因(3)の代理権の授与は，被告とＡとの委任契約に基づく。
(2)　抗弁(1)の委任契約が請求原因(1)に先立って終了した。

4　抗弁に対する認否
　　抗弁(1)(2)の各事実は認める。

5　再抗弁
　　善意の第三者
　　原告は，請求原因(1)の際，抗弁(2)の事実を知らなかった。

6　再抗弁に対する認否
　　再抗弁の事実は否認する。

（別紙物件目録）　　省略

第24講

不動産物権変動

（Xの言い分）

　私は，2015年4月10日，N県の甲町にある本件山林をその所有者であるAから代金3000万円で買い受けて現在所有しています。私は，現在，東京の社宅に住んでいますが，5年後に退職予定ですので，その後は，本件山林に居宅を建てて住む予定でいました。甲町は，私が子供時代を過ごした町で，本件山林も私の小学校の時の友人で，Aの甥に当たるYにすすめられて，Yの仲介で買いました。

　その際の事情を述べますと，売買契約をする準備の段階で，3000万円という代金額はどうも高すぎるように思いましたので，私は，そのことをYに尋ねましたし，適正な代金額の物件がないか甲町の不動産業者に問い合わせて調べたりもしました。すると，Yは，腹を立て，話を白紙に戻すと言い出しました。このような事情で，売買契約をした時点では，私とYは不仲になっていたのですが，私は，近くに湖もある本件山林の自然環境を気に入っていたので，結局，本件山林を3000万円で買うことにしたのです。

　ところが，この売買契約をした直後，私は海外勤務を命ぜられ，本件山林の所有権移転登記手続をする余裕もなく，出国しました。所有権移転登記は1年後に帰国してから行えばよいと考えていたのですが，その間にYが，本件山林に小屋を建てることを意図して，その準備のために本件山林に頻繁に通うようになったようです。そして，ついには，Yは，Aから本件山林を買って移転登記を経由してしまいました。

　Yは，もともとは私に仲介するために本件山林を訪れていたのですが，そのうちに，本件山林を気に入って，私が海外勤務をしてい

るすきをついて,「Xには代金を返せば問題ない」などと言って,Aに契約を迫り,趣味の油絵製作をするためのアトリエとして本件小屋を建てようとしているのです。仲介者でありながら自分が先に登記して私の登記を妨げるような行為をすることは許されないはずですし,Yは私と不仲になっていたため,私を害する意図で移転登記を経由したのです。また,Yは本件山林を相場より安価な2000万円で買っていますが,これは,YがAの甥であるという特別な立場を利用したもので,適正な取引ではありません。このような次第で,Yの本件山林の取得には到底納得できません。本件山林は私の所有物なのですから,私は,Yに対して所有権移転登記を求めます。

(Yの言い分)
　私は,2016年2月1日に,Aから本件山林を代金2000万円で買い受け,同月2日に,売買契約に基づいてAから登記もしてもらいました。XがAからその主張どおり本件山林を買い受けたことは認めますが,本件山林の所有者は私であって,Xは所有者ではありません。Xは,私が本件山林の仲介者でありながら本件山林を買うことなど許されないと言っているようですが,そんなことはありません。売買契約と同時に登記するのを怠ったXが不利に扱われて当然です。私がAの甥であり,相場より安い価格で本件山林を買ったことは確かですが,それは私が趣味で描いている油絵をAが気に入って,本件山林に小屋を建てて私が絵を描くことを応援してくれたためで,Xを害する意図があったわけでもないし,Aの甥であることを利用したわけでもありません。

1　事案

　本問では,本件山林の所有権移転登記を取得しているYに対して,XがAから本件山林を買ったとして,所有権に基づく妨害排除請求権としての所有権移転登記手続を求めている。これに対して,Yは,XがAから本件

山林を買ったことは認めるが，YもAから本件山林を買い，登記も得たので，Yが所有者であり，Xには所有権がないと主張して争っている。このYの主張に対して，Xは，Yの所有権取得は適正なものではなく，Xは登記なくしてYに対抗できる旨を主張している。

2　請求の趣旨

> 被告は，原告に対し，本件山林について，真正な登記名義の回復を原因とする所有権移転登記手続をせよ。

3　訴訟物

> 所有権に基づく妨害排除請求権としての所有権移転登記請求権1個

4　本問における攻撃防御の枠組み

　本問における請求原因は，Aのもと所有，およびA・Xの売買契約の締結であり，これに対するYの抗弁として，A・Yの売買契約の締結の主張，およびこの契約に基づいてYが所有権移転登記手続をしたという主張が可能である（対抗要件具備による所有権喪失の抗弁）。さらに，Xの再抗弁として，Yは背信的悪意者であるという主張が考えられる。

　なお，Yの抗弁としては，A・Yの売買契約の締結の主張，およびXが対抗要件を具備するまで，Xの所有権取得を認めないという主張（対抗要件の抗弁）も可能であるが，本問のように，Yが所有権移転登記を備えている場合には，対抗要件具備による所有権喪失の抗弁を主張することが多いであろう。

5　対抗要件具備についての主張立証責任

(1)　民法177条の第三者

物権変動は当事者の意思表示のみによって生じさせることができる（意思主義）。しかし，物権変動が生じたことを登記しなければ，その物権変動を第三者に対抗することができない（民177条）。

民法177条にいう「第三者」は，すべての第三者なのか（無制限説），それともその範囲に制限があるのか（制限説）が問題となる。これにつき，古い判例・学説は，登記による画一的処理をすることが望ましいという考え方に基づいて，すべての第三者に対して登記が必要であるという立場（無制限説）を採っていた。しかし，明治41年の大審院連合部判決が従来の無制限説の立場を改め，同条にいう「第三者」とは，「登記の欠缺を主張する正当の利益を有する者」に限るとして，正当な権原によらないで権利を主張する者（無権利者）や不法行為者に対しては登記なくして対抗することができるとした（大連判明41・12・15民録14-1276）。この判決以降，判例は制限説の立場に立っている。

(2)　諸見解の検討

本問では，AからYへの所有権移転登記がなされている。そのため，XはYに対して「所有権に基づく妨害排除請求権としての所有権移転登記手続」を求めているが，X・Yとも登記を取得していない場合についての対抗要件具備についての主張立証責任はどうなるであろうか。すなわち，甲土地の所有者Aから売買契約を原因としてこれを譲り受けたXが，甲土地を占有するYに対し，所有権に基づく明渡請求訴訟を提起する場合，土地所有権取得の対抗要件（民177条）の主張立証責任はX・Y間でどのように分配されるであろうか。

この点につき直接論じた最高裁判決はないが，学説には，次のような考え方がある。

　　ア　請求原因説

原告Xが，請求原因において，対抗要件（登記）の具備まで主張立証する必要があるとする。その場合，Xが請求原因において主張立証すべき要件事実は，①Aの土地もと所有，②A・X間の売買，③②に基づく登記の具備，④Yによる土地占有である。

しかし，民法177条は，不動産に関する物権の得喪および変更はその登記をしなければ「第三者」に対抗できない旨を定めているから，登記は不動産物権変動の対抗要件であり，成立要件ではない。そのため，Xは，所有権移転登記を経由したことまで請求原因として主張立証する必要はないはずである。

　イ　事実抗弁説（抗弁説）

　物権変動の効力を否定する被告Yが，抗弁として，Yが「第三者」（民177条）に当たること，および原告Xには対抗要件（登記）が存在しないことを主張立証する責任を負うとする。ここで要求される抗弁は事実抗弁であることから，この見解は事実抗弁説と呼ばれる。事実抗弁とは，たとえば，売主の代金支払請求に対する買主からの弁済や錯誤の抗弁などのように，その抗弁を構成する事実関係が主張されさえすれば，それを裁判の基礎とすることができる抗弁である。

　事実抗弁説によると，前記ア説のXの主張①②④に対し，Yが抗弁として，⑤A・Y間の売買などによる所有権取得，⑥Xの登記の不存在を主張立証すべきことになる。

　しかし，この説では，物権変動の主張に対し，相手方が，自ら関わっていない消極的事実を主張立証する必要があることになるため——登記の場合には，登記事項証明書を見ればよいが——，登記以外の対抗要件の事案では，公平の見地から問題である（要件事実(1)252頁，類型別56頁）。

　ウ　第三者抗弁説（再抗弁説）

　ア説とイ説の中間的な見解であり，**前主→原告Xの権利移転の主張に対し，被告Yは，自らが「第三者」に当たることを主張立証すれば足り，これに対し，Xによる対抗要件の具備が再抗弁になるとする**。これによると，Yは，前記ア説のXの主張①②④に対する抗弁として，⑤′自らが民法177条の「第三者」に当たることを主張立証すれば足り，これに対し，Xが，再抗弁として，⑥′対抗要件具備の事実または対抗要件を具備しなくともYに対抗できる事実（たとえば，Yが背信的悪意者であるという事実）につき，主張立証責任を負う。

　この説は，対抗要件具備の事実が原告Xの再抗弁として主張立証されるべきであるとする点で，再抗弁説とも呼ばれる。**この説によれば，Yが抗**

第24講　不動産物権変動………401

弁で主張立証すべき要件事実は，Ａ・Ｙ間の売買などの所有権取得の事実だけで足りることになる。

　この説に対しては，「第三者」の側で対抗要件の具備の有無を問題にするつもりがない場合であっても，「第三者」であることを基礎付ける事実が主張されるだけで，対抗要件に関する抗弁が当然に提出されていることになり，対抗要件という法律要件の性質から妥当でない，とする批判がある（要件事実(1)250頁）。また，抗弁事実である被告の第三者性が請求原因で現れてしまうケースもあるが，その場合，本来再抗弁である「原告が対抗要件を具備した」という事実を請求原因でせり上げて主張立証しなければならず，不適切な結果となるとする批判がある（要件事実(1)251頁）。

　エ　権利抗弁説

　もう１つの中間的な見解として，ウ説の要件事実に加え，「第三者」としての権利主張をする必要があると解する立場がある（要件事実(1)249頁，類型別57頁，問題研究80頁，新問研74頁）。この説は，前主─→原告Ｘの権利移転の主張に対し，被告Ｙは，「第三者」に当たることの主張立証のみならず，「Ｘが対抗要件を具備するまでは物権変動を認めない」という対抗要件の抗弁を行使する旨の権利主張を必要とするという見解である。すなわち，Ｙは，前記ア説のＸの主張①②④に対する抗弁として，⑤″自らが民法177条の「第三者」に当たる事実の主張立証に加え，⑥″「Ｘが対抗要件を具備するまでは，Ｘの土地所有権取得を認めない」との主張（権利抗弁）までが必要であるとする見解である。権利抗弁とは，権利者が権利行使の意思表示をしない限り，裁判所がこれを基礎として裁判することができない，という性質をもつ抗弁である。

　この見解は，ウ説と類似した考え方であるが，被告（「第三者」）が対抗関係を争わないこともありうることを考慮して，被告に対抗関係の権利主張を要求するという考え方であり，そのために，被告の主張を権利抗弁と構成する。

　しかし，民法177条は，その文言上，権利抗弁を規定したとは見られず，「第三者」が出現すると，当然に適用される規定である。また，この見解にはウ説で生ずる「せり上がり」（第７講参照）を回避しようとの配慮があるが，物権変動の主張者は，本来，対抗要件を具備しなければ「第三者」

に優先的な効果を主張し得ないのであるから，請求原因で被告が「第三者」であることが現れている場合，むしろ「せり上がり」を認める方が筋であるとする批判もある（新版注釈(6)438頁〔原島重義＝児玉寛〕）。

　以上の諸見解のうち，学説では第三者抗弁説が多数説であるが，現在の実務は概ね権利抗弁説によっている。もっとも，被告Ｙの権利抗弁は，準備書面等に明示される必要はなく，第三者性の主張と併せ，全体として原告Ｘの対抗要件の不存在を問題とする趣旨が現れていればよいとされる。また，ＹがＸの対抗要件の有無を問題とする意思をもつかどうか不明なときは，裁判所が釈明権を行使してこれを明確にすることができる。これらの点も考慮に入れると，両説の相違は大きくないといえる（以上の見解の対立については，松尾弘「対抗要件を定める民法の規定の要件事実論的分析」大塚＝後藤＝山野目209頁以下）。

6　請求原因

> 1　Ａは，2015年４月10日当時，本件山林を所有していた。
> 2　Ａは，同日，Ｘに対し，本件山林を代金3000万円で売る契約を締結した。
> 3　本件山林について，Ｙ名義の所有権移転登記がある。

7　請求原因に対する認否

　Ｙは，請求原因1，2，3の各事実を認めている。

8　抗弁

　Ｙが，Ａからの所有権取得原因事実を主張立証する場合，さらに対抗要件である登記も具備しているときは，これによりＹが確定的に所有権を取得し，その結果としてＸが所有権を喪失することになる。したがって，Ｙは，これを「対抗要件具備による所有権喪失の抗弁」として主張することができる。

> 1　Aは，Yに対し，2016年2月1日，本件山林を代金2000万円で売るとの契約を締結した。
> 2　Aは，Yに対し，2016年2月2日，上記売買契約に基づき，本件山林につき所有権移転登記手続をした。

　Aからの所有権取得原因事実を主張立証する場合に，本問と異なり，Yが登記を具備していないときは，実務で支配的な「権利抗弁説」によると，Yは，抗弁として，Xが対抗要件を具備するまでは，Xの所有権を認めないとの権利主張を「対抗要件」の抗弁として主張することになる。

9　抗弁に対する認否
　Xは，抗弁1，2の各事実を認めている。

10　再抗弁
　判例・通説は，悪意の（物権変動があったことを知っている）第三者も民法177条の第三者に当たると解している（大判明45・6・1民録18-569など）。したがって，第1譲受人は悪意の第2譲受人に対抗することはできない。その理由として，民法177条は第三者を善意者に限定していないが，これは，自由競争の原理（先に物権を譲り受けた者がいることを知っていても，より有利な条件を提示するなどして，重ねて取引をすることは許されるという考え方）を認めた規定であると説明されることが多い。
　しかし，第三者が単なる悪意の程度を通り越し，極端に悪質・背信的であって，その第三者に相手方の登記の欠缺（登記がないこと）の主張を許すことが信義則に反すると見られるような場合には，この第三者を背信的悪意者として，民法177条の第三者から排除する理論（背信的悪意者排除論）が，判例・通説になっている（最判昭43・8・2民集22-8-1571など）。
　これによれば，背信的悪意者は，登記の欠缺を主張する正当の利益を有せず，背信的悪意者に対しては登記なくして物権変動を対抗することができることになる。不動産登記法では，詐欺または強迫により登記の申請を妨げた者（不登5条1項）や，他人のために登記を申請する義務のある者

（同2項）は，その欠缺を主張することはできないと定められているが，これは明文で定めた背信的悪意者の例である。その他に背信的悪意者に該当する者としては，既に第1買主に売却されたことを知っていながら第1買主が登記していないことに目をつけ，第1買主に高値で売りつけて利益を得る目的で売主から時価よりも著しく安価で買い受け，登記を経由した場合の第2買主（前掲最判昭43・8・2）などが挙げられる。

そこで，Yからの対抗要件具備による「所有権喪失の抗弁」に対して，Xは，背信的悪意者の再抗弁を主張することができる。これは，Yが背信的悪意者であるから，対抗要件の欠缺を主張する正当な利益を有しないとの主張である。背信性は，いわゆる規範的要件である。

1　Yは，抗弁1の売買の際，請求原因2の売買を知っていた。
2　背信性の評価根拠事実
　ア　Yが，請求原因2の売買の仲介をした。
　イ　抗弁1の売買の当時，XとYは不仲になっており，YはXを害する意図を有していた。
　ウ　YはAの甥であるという立場を利用して本件山林を安く買い受けた。

Yが，Aからの所有権取得原因事実を主張立証する場合に，本問と異なり，Yが登記を具備していないときは，Yの「対抗要件の抗弁」に対して，Xは，再抗弁として，Xが対抗要件を具備したという事実を主張することができる。

11　再抗弁に対する認否

Yは，再抗弁1，2アの各事実は認めているが，同2イ，ウの各事実は否認している。

　＊　再抗弁2イ，ウの各事実に対して，Yは，①YがAの甥であるという事実，および，②YがAから本件山林を相場より安く買い受けたという事実は認めたうえで，③相場より安く買えたのは，AがYの油絵を気に入って，本件山林に小屋を建ててYが絵を描くことを応援してくれたからであり，YにはXを害する意図があったわけではなく，Aの甥であることを利用したわけでもないと主張している。すなわち，Yが本件山林を相場より安く買

えた理由として，Ｘは，「ＹがＡの甥であることを利用したからである」と主張し，Ｙは，「Ｙが絵を描くことをＡが応援してくれたからである」と主張している。このように，Ｙは，①②の各事実は認めつつ，③の事実は否定して争っているのであるから，Ｙは，再抗弁２イ，ウの各事実を否認していることになる。

事実摘示例

1　請求原因
(1)　Ａは，2015年４月10日当時，本件山林を所有していた。
(2)　Ａは，原告に対し，2015年４月10日，本件山林を代金3000万円で売る契約を締結した。
(3)　本件山林について，被告名義の所有権移転登記がある。
(4)　よって，原告は，被告に対し，所有権に基づき，本件山林につき，真正な登記名義の回復を原因とする所有権移転登記手続をすることを求める。

2　請求原因に対する認否
　　請求原因(1)(2)(3)の各事実は認める。

3　抗弁
　　　対抗要件具備による所有権喪失 ── 売買
(1)　Ａは，被告に対し，2016年２月１日，本件山林を代金2000万円で売るとの契約を締結した。
(2)　Ａは，被告に対し，2016年２月２日，上記売買契約に基づき，本件山林につき所有権移転登記手続をした。

4　抗弁に対する認否
　　抗弁(1)(2)の各事実は認める。

5　再抗弁
　　　背信的悪意者
(1)　被告は，抗弁(1)の売買の際，請求原因(2)の売買を知っていた。
(2)　背信性の評価根拠事実

ア　被告が，請求原因(2)の売買の仲介をした。
　　イ　抗弁(1)の売買の当時，原告と被告は不仲になっており，被告は原告を害する意図を有していた。
　　ウ　被告は，Aの甥であるという立場を利用して，本件山林を安く買い受けた。

6　再抗弁に対する認否
　再抗弁(1)(2)アの事実は認める。
　同(2)イ，ウの各事実は否認する。

（別紙物件目録）　　省略

第25講

相殺

（Xの言い分）

　当社は，空調設備の製造販売をしている会社です。2006年5月ころに，Yから申入れがあり，一定の期間，業務提携により関係を緊密化したうえで，最終的には資本統合を視野に入れた協力関係を推進する，という提案を受けました。当社において検討した結果として，ひとまず業務提携を試みること自体は悪いことではないと考え，その限度において応ずることとしました。同年8月1日に調印した業務提携協定においては，いろいろなことを定めたのですが，ちょうど，そのころ，当社の事務所を改装する予定であったことから，その中の1つの条項において，価格350万円相当の事務所内装一式についてYから提供を受けることとしました。当社としては，これは業務提携の一環としての内装一式の無償の貸付ということであると考えています。

　このようにして，提携が強化される中で，2008年11月10日には，Yの事務所及び店舗で使用するための設備を売ることにしました。設備というのは，具体的には，別紙物件目録第1（省略）に記す空調設備10機です。通常の販売価格では1機25万円のものですが，廉価で売ることとし，代金は合計で200万円としました。

　困ったことは，その後Yの経営者が交代し，新しい経営陣が当社との業務提携に消極的であることです。そのような関係の悪化が災いしているのかもしれませんが，Yは，上記の200万円の代金を支払ってくれません。当社としては，もはややむをえないこととして，Yとの提携を解消して代金支払の裁判を起こすほかないという判断に傾いています。Yの側は，裁判の話を持ち出したところ，上記内

装一式は貸付でなく売買であると言い出し，当方の代金の権利と差引にするなどと言い出していますが，承服することはできません。

（Yの言い分）
　当社は，事務機器の卸販売を手がける中堅の企業です。今の経営陣に一新される前の経営者たちが，事務機器だけでなく，オフィス用の空調などにも事業を拡げることを欲し，その方面の事業をするXとの提携を模索したことは，確かなようです。2006年8月1日に業務提携の協定を結んだこともあったようです。しかし，現在の経営陣は，このようなことは，見通しのない不当な拡張主義であって，経営戦略として適当でないと考えており，早急にXとの提携関係を白紙に戻そうと考えています。
　そのような事情から，前の経営陣の時代に取引があったとされる空調機器についても，経過を確かめるため，差し当たり代金の支払をしないでいたところ，調べてみると，どうやら，この取引があったことは事実のようです。
　しかしまた，その際の調査で併せて判明したことですが，業務提携の協定書において，事務所内装一式を代金350万円で売ることとし，2006年8月23日に，その内装一式の引渡しが済んでいるにもかかわらず，代金が支払われていないようです。そうであるならば，当社としては，空調設備の代金と差引にし，むしろXに150万円を支払って欲しいと考えています。内装一式というのは，具体的には，事務机，会議用テーブル及び応接セットなど別紙物件目録第2（省略）記載の動産です。そこで，当方としては，2015年9月4日に，先方の主張する代金と金額が重なる限度において差引計算にしていただくということを通告しました。

1　事案

　本問事案は，事業会社間の訴訟であり，原告が被告に対し，売買契約に基づく代金を請求するものである。これに対し，被告は，別件取引として被告が原告に対し売買契約に基づく代金債権を有しており，これらの2つの売買代金債権を対当額で相殺したことにより原告の主張する代金債権は消滅したものとして，原告の請求の全部棄却を求めている。

　しかし，原告は，被告が代金債権を取得した根拠として主張する売買契約なるものは実は使用貸借であるという認識のもと，主張される売買契約の成立を否定し，したがって相殺の効力は認められないとする。

　このようなところから，相殺の成否が問題となるのが本問事案であり，そこでは，相殺の実体的構造の理解を前提として，それが主張される際の主張立証関係の正確な把握が求められる。

　なお，このような本問事案の内容に鑑みるならば，本問においては，XのYに対する代金支払請求訴訟のみならず，YのXに対する相殺後残額に係る代金請求訴訟や，予備的に使用貸借契約の終了に基づく動産返還請求訴訟も問題となる可能性があるし，これらの請求を本問訴訟において反訴として定立することも可能であると考えられる。本講においては，これらの点に留意しつつ，考察の簡明を期する見地から，こうしたYのXに対する請求の主張立証関係は視野の外に置くこととする。

2　請求の趣旨

> 被告は，原告に対し，200万円を支払え。

3　訴訟物

> 動産売買契約に基づく代金支払請求権　1個

4　本問における攻撃防御の枠組み

　上記代金債権を訴訟物とする本問訴訟においては，原告が，売買契約に基づく代金請求に必要な事実を請求原因として主張するのに対し，被告が相殺の抗弁を提出することになる。相殺の抗弁は，具体的には，自働債権となる代金債権の発生根拠となる売買契約の成立などを主張することになるが，これに対し原告は，そこで売買契約であると称されているものが使用貸借であると陳述することになるであろう。この陳述は，売買契約の成立の積極否認（使用貸借であるという理由を附ける否認）に当たる。

5　相殺の実体的構造

(1)　相殺の要件

　相殺は，「二人が互いに同種の目的を有する債務を負担する場合」に「対当額について……債務を」消滅させることである（民505条1項）。民法が定める相殺，すなわち法定相殺は，「相手方に対する意思表示によって」（民506条1項）なされるものであるから，当事者のいずれもが意思表示をしないでいると相殺の効果が生じない半面，相手方の承諾がなくても一方当事者の単独行為（形成権の行使）により相殺の効力が生ずる。相殺の意思表示をなす者が有する債権を自働債権と呼び，そうでない方の債権を受働債権と呼ぶ。

　相殺が効力を生ずるためには，2つの要件を同時に充足することが求められる。第1は，「双方の債務が互いに相殺に適する」状態（民506条2項）にあること，すなわち相殺適状の存在であり，第2は，相殺をする旨の一方当事者の「相手方に対する意思表示」（同条1項）がなされること，すなわち相殺の意思表示の存在である。

(2)　相殺適状

　これらのうち相殺適状は，「二人が互いに……債務を負担する」こと，それらの債務が「同種の目的を有する債務」であること，および「双方の債務が弁済期にある」ことのすべてが充足され，かつ，相殺を妨げる事由が存在しない場合に，その成立が認められる。若干の分説をしておこう。

　　ア　「二人が互いに……債務を負担する」こと
　同一当事者間に，互いに債権を有する状態が存在することを要する趣旨

である。自働債権が時効完成前に相殺適状に至っていた場合は，自働債権の債権者が相殺に対してもつ期待を保護することが相当であり，時効完成後においても，相殺をすることができる（民508条）。制度の趣旨に照らすならば，時効が完成した債権の譲渡を受け，これを自働債権とする相殺は，債権譲受人に相殺に対する期待があったとは考えられないから，許されない（最判昭36・4・14民集15－4－765）。なお，除斥期間が経過した債権を自働債権とする相殺は，民法508条の類推解釈として許される（最判昭51・3・4民集30－2－46）。

　　イ　双方の債務が「同種の目的を有する債務」であること
　対立する2つの債権の目的は「同種」であることが必要である。特定物債権は，したがって相殺に適さず，金銭債権と種類債権に限られる。目的が同種であるならば，履行地が同じである必要はない（民507条参照）。

　　ウ　「双方の債務が弁済期にある」こと
　両債権の弁済期が到来することにより相殺が可能となるのであり，ここにいう弁済期到来の中には，民法136条，137条や当事者間の特約により弁済期が到来したこととなる場合も含まれる。この要件の趣旨は，自働債権の弁済期到来前に，その弁済を実質的に強制することはできないというところにあるから，実際上，自働債権については特約または民法137条に基づく期限の利益の喪失が，また，受働債権については同法136条による期限の利益の放棄が問題となる。

(3)　相殺が禁止される場合
　相殺が禁止される若干の場合においては，相殺適状を欠くものとされる。相殺は，「債務の性質が〔相殺を〕許さないとき」（民505条1項ただし書），「当事者が相殺を禁止……する旨の意思表示をした場合」（民新505条2項）および法律に相殺を禁止する旨の規定がある場合には，することができない。また，自働債権に抗弁権が附着している場合も，自働債権の債務者に実質的な履行を強いることは相当でないから，相殺をすることができないものと解される。なお，当事者が相殺を制限する特約をした場合は，その制限の範囲内においてのみ，相殺が許される（同項参照）。

(4)　相殺の効果
　相殺の基本的効果は，両当事者が「対当額について……債務を免れるこ

と」（民505条1項），すなわち対当額の限度において両方の債権が消滅することである。この効果は，「双方の債務が互いに相殺に適するようになった時にさかのぼって」生ずる（民506条2項）。一般に元本の支払が遅滞する場合には遅延利息が生ずるが，元本債権が相殺適状開始時に消滅していたものとして扱われることにより，遅延利息は生じていなかったこととなる。

6 相殺の要件事実的整理

(1) 相殺の抗弁の基本的構造

このように相殺の実体的構造理解として，**相殺適状および相殺の意思表示が要件として求められる**ところから，相殺を主張して債権についての消滅事実を主張すること，つまり相殺の抗弁においては，これらの2つに関わる事項の主張立証が求められる。以下に個別的考察を試みることとしよう（なお，第27講も参照）。

(2) 相殺適状の要素ごとの考察

相殺適状は，「二人が互いに……債務を負担する」こと，それらの債務が「同種の目的を有する債務」であること，および「双方の債務が弁済期にある」ことのすべてが充足され，かつ，相殺を妨げる事由が存在しないことであるが，それらの全部が相殺の抗弁の主張事実として求められるものではない。

ア 「二人が互いに……債務を負担する」こと

2つの対立する債権のうち，受働債権は，相殺の意思表示を受ける原告の側の請求原因により明らかであるから，相殺の意思表示をする被告が主張する必要はない。これに対し，自働債権の発生原因事実は，相殺の抗弁を提出する側の当事者が主張すべき最も重要な事実になる。

イ 双方の債務が「同種の目的を有する債務」であること

この要件は，ことさら独立に主張する必要はなく，自働債権の発生原因事実が顕出した段階で自ずと明らかである。本問事案のように，200万円の支払請求に対し，350万円の金員支払請求が自働債権として主張されるならば，この要件の充足は自ずと裁判所に明らかである。これに対し，同じ請求の場合において，被告が，自働債権を"350万円相当の精米の給付

請求権"と主張する場合は，金員と精米というふうに種類を異にするから，相殺の抗弁は主張自体が失当である。

　ウ　「双方の債務が弁済期にある」こと

　この要件は，受働債権については，相殺の意思表示をする者が期限の利益を放棄することができることに着目するならば，その主張立証を要しない。確かに，実体上，民法505条1項の「文理に照らせば，自働債権のみならず受働債権についても，弁済期が現実に到来していることが相殺の要件とされている」から，「受働債権の債務者がいつでも期限の利益を放棄することができることを理由に両債権が相殺適状にある」として扱い，特に「上記債務者が既に享受した期限の利益を自ら遡及的に消滅させることと〔なることは〕相当でない」というべきである（最判平25・2・28民集67－2－343）。しかし，この理解を訴訟上の攻撃防御においてどのように受け止めるべきであるかは，さらに一考を要する問題である。受働債権の債務者が相殺の意思表示をし，そのことを主張立証している場合には，それにより，受働債権について期限の利益を放棄することができるという状況にあることを超えて，現実に期限の利益が放棄されていると考えるべきであり，受働債権の弁済期が現実に到来していると見てよい。そこで，受働債権の弁済期到来を独立して主張立証する必要はないと考えられる。

　これに対し自働債権の弁済期は，さらに丁寧な検討を要する。それを相殺の抗弁において主張しなければならないか，は自働債権の発生原因事実の種別に応じて異なる。売買契約に基づく代金債権のように，本来において弁済期の主張を要しないものは，相殺の抗弁においても主張を要しない。もし売買契約において弁済期の特約がなされているならば，その主張は原告の再抗弁となる。これに対し，**貸借型の契約の場合には，自働債権の発生原因事実と併せて，その弁済期の主張が求められる**。たとえば，金銭消費貸借に基づく貸金返還請求権が自働債権となる場合においては，"金銭を貸し付けた"では不十分であり，"何年何月何日を弁済期として金銭を貸し付けた"と主張しなければならない。

　　＊　売買など，貸借型でない契約の場合においても，相殺の抗弁を提出する被告の側が自働債権の弁済期を主張立証しなければならないか，については，原告説と被告説に分かれる。本書の立場のように，条件や期限の主張立証責任について抗弁説を採るならば，原告説を

採ることになる。これに対しては，相殺において自働債権が弁済期にあることは，債権の行使に係る事実であるにとどまらず，相殺権の発生の原因となる事実であることを重視する見解もある。すなわち，相殺適状の存在を相殺者が主張立証するのは，相殺権の存在を証明する手段としてであることなどを強調し，被告説を採用すべきであるとの見解も有力に主張されている（倉田〔債権総論〕295頁，299頁〔並木茂〕）。被告説によれば，本問事案においても，Yが主張する代金債権について，発生原因事実にとどまらず，それに弁済期の定めがあるときにはそのこと，およびその弁済期が到来したことも，Yが抗弁として主張立証すべきことになる（大判明38・6・24民録11－1042，村上博巳・証明責任の研究〔新版，有斐閣・1986〕168頁，平井宜雄・債権総論〔第2版，弘文堂・1994〕234頁も同旨）。

(3) 相殺禁止事由の主張立証関係

相殺が禁止される若干の場合においては，相殺適状を欠くものとされるが，多くは法的評価の問題であり，要件事実の整理のうえで特段の注意を要することはない。**注意を要するのは，自働債権に附着する抗弁権の問題である。**

ア 「債務の性質が〔相殺を〕許さないとき」（民505条1項ただし書）の相殺はできないものとされるが，それに当たるかどうかは，両債権が主張された段階において自ずと明らかである。

イ 自働債権に抗弁権が附着していることが同債権の発生原因事実から定型的に明らかである場合においては，相殺の抗弁を提出する側において，そのような抗弁権が存在しないこと，より厳密に要件事実的に整理していうならば，そのような抗弁権の発生を障害し，または消滅せしめるべき事実を主張しなければならない。まさに本問事案において，そうであるが，自働債権が双務契約に基づいて発生するものである場合には，同時履行の抗弁権が消滅している事実を主張しなければならないことが，その典型となる。

ウ 「当事者が相殺を禁止し，又は制限する旨の意思表示をした場合」（民新505条2項）において，これらの禁止または制限に抵触して相殺が許されないことについては，相殺の意思表示を受ける相手方である原告が，相殺の禁止または制限の特約がされていたことを再抗弁として主張すべきである。

エ 法律に相殺を禁止する旨の規定があることにより相殺をすることができないことは，自働債権ないし受働債権の発生原因事実の主張を受けて裁判所が法律の解釈適用として判断すべき事項であり，そのこと自体の事

実としての主張は求められない。また，不法行為に基づく損害賠償請求権が受働債権として請求原因において主張されているため相殺が許されない場合も，「人の生命又は身体の侵害による損害賠償」の債権が受働債権であるとき（民新509条2号）は，それに当たることが受働債権の発生原因の主張から顕らかであるから，裁判所は，相殺の抗弁を主張自体失当として斥けるべきである。

* 自働債権である代金債権に抗弁権（本問においては同時履行の抗弁権）が附着していることが明らかな場合において，判例・多数説によるならば，抗弁権の存在自体の効果として相殺が許されないものとされる（いわゆる存在効果説。大判昭13・3・1民集17-318など）。本書も，この立場に従う。抗弁権が附着していることが明らかな場合にまで相殺が許されるとする必要はないからである。これに対し，抗弁権というからには，その行使がなければ，何ら抗弁権の機能が発揮されるものではなく，単に存在するのみでは無意味であるとする見解（末川博・契約法〔上〕〔岩波書店・1958〕76頁）のもとでは，自働債権に附着する抗弁権は再抗弁として主張される。

* 受働債権が「悪意による不法行為に基づく損害賠償」の債権である場合（民新509条1号）において，そこにいう「悪意」は，単なる故意ではなく，破産法253条1項2号と同様に，積極的な害意であることを要すると解すべきである。そこで，被告の加害行為が積極的な害意によるものであることが受働債権の請求原因において顕らかである場合において，被告は，相殺の抗弁を提出することができない。物品の強奪行為による損害の賠償が請求される場合において，加害行為として強取の事実が請求原因で示されるというようなときが，これに当たる。そうではなく悪意が請求原因に現われていない場合において，被告から反対債権をもってする相殺の抗弁が出されたときには，これに対する再抗弁として，原告は，加害行為が積極的な害意があってされたものであることを主張立証することになる。

(4) 相殺の抗弁の要件事実

以上の考察を踏まえるならば，相殺の抗弁を提出する当事者が抗弁事実として主張すべき要件事実は，

① 自働債権の発生原因事実
② （必要がある場合には）自働債権の弁済期の到来
③ （必要がある場合には）自働債権に附着する抗弁権の発生障害事実または消滅原因事実
④ 受働債権の一定額について自働債権をもって相殺する旨の意思表示をしたこと

であるということになる。

(5) 損害金請求との関係

本問においては問題とならないが，一般に，相殺の基本的効果が遡及すること（民506条2項）により，元本債権が相殺適状時に消滅していたものとして扱われ，元本債権の弁済がなかったことに伴う損害金の債権も生じていなかったこととなるから，相殺の抗弁は，元本債権の行使を阻却するのみならず，附帯請求である損害金の支払請求がなされる場合のそれらの主張に対しても，権利消滅事実の主張として働くことには，注意を要する。

7　請求原因

原告は，被告に対し売買契約に基づく代金請求権の権利根拠事実を主張することになるから，具体的には，売買契約の締結を主張することになる。

8　請求原因に対する認否

Yの言い分によるならば，被告であるYは，売買契約の締結を自白することになると考えられる。

9　抗弁

そのようにして請求原因事実を自白するYは，そのうえで，相殺の抗弁を提出することにより，訴訟物である権利について権利消滅事実に当たる事実を主張することになる。

具体的には，自働債権の発生原因事実として，別件取引による売買代金請求権の発生を主張することが，まず出発点となる。

そして，売買代金債権は，特に弁済期の主張立証を要しないことが原則であるから，その主張立証を要しない。もし弁済期の特約があるならば，そのことは，相殺の意思表示を受ける相手方の原告が主張立証すべきである。

これに対し，本問事案は，売買契約という双務契約に基づく代金債権が自働債権であるから，その性質から当然に導かれることとして，同時履行の抗弁権（民533条）の発生が障害され，または消滅した事実を併せて主張しなければならない。本問事案においては，これにより，目的動産を被告が原告に引き渡したことが抗弁としての主張において求められる。

また，相殺は意思表示によりなされるものである（民506条1項本文）か

ら，その意思表示があったことの主張が抗弁として求められる。

10　抗弁に対する認否

　このような抗弁たる事実の主張に対し，原告は，まず，自働債権の発生原因事実としての別件取引である売買契約の成立は，そのようなものはなく実は使用貸借であったと考えているから，これを否認すると考えられる。

　そして，同様に，目的動産を売買契約に基づき被告が原告に引き渡したことは，引渡しを受けたことは認めて，その余は否認することになる。否認の理由としては，原告が被告から同動産の引渡しを受けたのは使用貸借に基づくものである，ということが陳述されるであろう。

　なお，Xの言い分で特に争っていないから，相殺の意思表示があったことは，原告において自白するものと考えられる。

事実摘示例

　1　請求原因
(1)　原告は，被告に対し，2008年11月10日，代金を200万円として，別紙物件目録第1（省略）に記載の動産を売った。
(2)　よって，原告は，被告に対し，この売買契約に基づき，200万円の支払を求める。

　2　請求原因に対する認否
　　請求原因(1)は認める。

　3　抗弁
　　　相殺
(1)　被告は，原告に対し，2006年8月1日，代金を350万円として，事務机，会議用テーブル及び応接セットなど別紙物件目録第2（省略）記載の動産を売った。
(2)　被告は，2006年8月23日，上記売買契約に基づき，上記別紙物件目録第2記載の動産を原告に引き渡した。

(3) 被告は，原告に対し，2015年9月4日，上記(1)の売買契約に基づく代金債権をもって，請求原因(1)の売買契約に基づく代金債権のうち対当額について相殺をする旨の意思表示をした。

4　抗弁に対する認否
　抗弁(1)は否認する。
　同(2)について，2006年8月23日，別紙物件目録第2記載の動産について被告から引渡しを受けたことは認め，その余は否認する。原告が被告から同動産の引渡しを受けたのは，同月1日に被告との間で締結した使用貸借に基づくものである。
　同(3)は認める。

第26講

債権譲渡(1)

（Ｘの言い分）

　私は，Ｙから，①某地方の旧家であるＡが，老朽化した自宅の建て替えを計画し，屋敷内にある倉の整理をしていたところ，鑑定書付きの古伊万里の大皿（以下「本件大皿」という）を見つけたこと，②骨董品に興味のなかったＡが，釣り仲間で，骨董品を収集しているＹに本件大皿を見せたところ，300万円近い値段の逸品であることが判明したこと，③Ａが，自宅の建替費用の足しにしようと考え，本件大皿をＹに買ってもらえないかと頼んだのに対し，Ｙは，現金をすぐには用意できないので，代金の支払を定期預金の満期日の後にしてくれるよう頼んだこと，④ＡとＹとは，2021年2月21日，代金の支払を同年6月25日に行うこととして，Ｙが本件大皿を代金250万円で買う旨を合意し，Ａは，同年2月21日，本件大皿をＹに引き渡したことなどを聞いています。

　その後，Ａは，Ａが経営する会社の資金繰りの必要から，同年4月18日，Ｙに対する本件大皿の売買代金債権（以下「本件債権」という）を私に譲渡し，私は，その代金として245万円をＡに支払いました。

　同年5月半ばころ，私は，Ｙに対し，私がＡから本件債権を譲り受けたこと，同年6月25日の支払期日には，私に本件大皿の代金250万円を支払うよう電話で伝えました。しかし，Ｙは，Ｂに支払わなければならないなどと主張して，前記支払期日を過ぎても支払ってくれません。

　Ａが本件債権をＢに譲渡した旨の内容証明郵便がＹに到達したことは，知りません。Ａと私との信頼関係に照らして，ＡがＢに本件

債権を譲渡することはありえません。Yが本件大皿の代金をBに支払うつもりであったことや，YとBとが同年5月にした会話の内容は，私には分かりません。Yのその他の言い分は筋が通っていないと思います。

　ですから，Yには，250万円と遅延損害金を支払ってもらいたいと思います。

（Yの言い分）
　Xが主張する経緯で，私がAから本件大皿を買って，引渡しを受けたことは間違いありません。

　Aは，Xが請求するのと同じ売買代金債権を，2021年4月21日，Bに代金220万円で譲渡しました。Aは，同日，その旨を記載した内容証明郵便を私にも発送し，同郵便は，翌22日に私に届きました。この通知があったので，私は，同年6月25日に本件大皿の代金をBに支払うつもりにしていました。ですから，同年5月7日に，釣り仲間であるBと磯釣りへ行った際，Bから「6月には，例の代金をよろしく。」と言われたので，私は，「間違いなく（支払います）。」と返事をしました。

　Aから本件債権をXに譲渡したとの連絡はなく，私は，Aから，本件債権をBに譲渡したとの連絡を受けたので，私がXに本件債権について弁済する理由はないと思います。仮にXが同年4月18日にAから本件債権を譲り受けたのだとしても，Bへの譲渡の通知がされたのですから，Xは本件債権の債権者ではありません。

　XがAからどのような経緯で本件債権を譲り受けたのかは知りません。私は，Aから買った本件大皿の代金をXに支払わなければならないとは夢にも思っておらず，今回，Xから請求を受けて初めてそのことを知ったのです。同年5月半ばころ，Xから電話があったことは認めますが，その内容はAの資金繰りが苦しそうだという内容で，Xが本件債権を譲り受けたとの話ではなく，まして，その支

> 払をして欲しいという内容ではありませんでした。

1　事案

　本問は，Xが，AのYに対する売買代金債権を譲り受けたと主張して，その売買代金および遅延損害金の支払を求めたのに対し，Yが，Xが債務者対抗要件を具備していないこと，当該債権がBに二重に譲渡されており，XはBに対抗することができないこと，および第三者対抗要件を具備したBが当該債権を取得したことを主張して争った事案である。

2　請求の趣旨

> 　被告は，原告に対し，250万円及びこれに対する2021年6月26日から支払済みまで年3％の割合による金員を支払え。

3　訴訟物（類型別124頁）

> 　A・Y間の売買契約に基づく代金支払請求権　1個
> 　履行遅滞に基づく損害賠償請求権　1個
> 　合計2個　単純併合

(1)　債権譲渡の意義

　債権譲渡は，**債権の同一性を変えることなく，その帰属主体を変更すること**であるとされている（中田520頁，奥田423頁）。

　　＊　沿革的には，債権は，その主体が変更されると，その同一性を維持することはないと観念されていた。しかし，経済の発達に伴い，債権は，債権者や債務者が誰かということを離れて，一個の客観的な給付を内容とする財産と考えられるようになった結果，債権者・債務者の変更自体は債権の同一性を失わせるものではないと観念されるようになった。
　　　債権譲渡において債権の同一性が失われないとするのは，債権に附着している各種の優先権や担保権，その債権に従たる権利が消滅せずそのまま新債権者に移転し，債務者の有していた各種の抗弁権もそのまま存続し，新債権者にも対抗できるとの効果（**法律上の取扱いが同一であること**）（第27講参照）を認めるための構成である，と説明される（川井・概論Ⅲ239頁，民法Ⅲ176頁，潮見・新総論Ⅱ352頁）。

＊　本問では問題になっていないが，元本債権についての利息契約が締結されていた場合について補足しておく。**利息債権は，元本債権に対して附従性を有するから**，元本債権の移転に伴って利息債権も移転する。したがって，元本債権の譲渡に伴って利息債権が移転したことを主張する場合の要件事実は，元本債権の譲渡を基礎付ける事実で足りる。

　　　ただし，**利息債権は，基本権たる利息債権と支分権たる利息債権とが区別され，元本債権の譲渡に伴って移転するのは基本権たる利息債権である**。既に発生した支分権たる利息債権は，基本権たる利息債権から切り離された債権で独立性があるから，必ずしも元本債権の譲渡に伴って移転するとは限らないことに注意すべきである（川井・概論Ⅲ239頁，民法Ⅲ176頁）。

＊　債権の譲渡も，動産や不動産の譲渡と異なるところはない。すなわち，債権譲渡自体は債権の処分行為であるが，債権譲渡がたとえば売買契約によって行われた場合については，理論的には，債権の帰属主体を変更する効果を直接発生させる契約（準物権行為）と，債権の帰属主体を変更する義務（債務）を成立させる契約（債権行為）とを観念することができ，債権の譲渡に関しても，物権の譲渡の場合と同様，両者の関係が問題となりうる（奥田424頁）。

　　　しかし，債権譲渡が，売買契約など財産権の移転を目的とする契約によって行われる場合には，不要式の意思表示によって行われるのであるから，実際上，同一の行為によって，債権行為と準物権行為を同時に行っても差し支えないうえ，両者を識別すべき外形的なものが存在しないし，両者を区別する実益もない。このような理由から，当事者の意思として終局的な債権の移転を目的とする契約では，債権譲渡の効果も同時に発生すると考えるのが判例（大判昭3・12・19民集7－1119，最判昭43・8・2民集22－8－1558）であり，多数説（我妻Ⅳ526頁，川井・概論Ⅲ240頁）である。したがって，債権譲渡が行われた場合には，債権の取得原因事実としては，その原因行為である契約等の事実のみを主張すれば足りる。

＊　債権の取得原因として，単に債権者と譲受人との間で債権譲渡契約が締結されたことを主張すれば足りるとする見解もありうる。これによれば，債権譲渡についての合意部分のみを抽出し，「Aは，Xに対し，2021年3月20日，A・Y間の売買契約に基づく代金債権を譲渡した。」と摘示すればよいことになる。

　　　しかし，債権譲渡の原因となっている売買契約や贈与契約等の法律行為が存在するのが通例であるから，その原因となっている法律行為を主張立証すれば足りる（第10講事例1参照）。

(2)　譲受債権請求訴訟の訴訟物

　第三者から債権を譲り受けた原告が，債務者を被告として，当該債権の債権者として，その給付の実現を求める訴訟であるから，その訴訟物は，当該譲受債権の目的である給付を求める請求権である（中田19頁，奥田11頁）。

　債権の目的である給付は発生原因によって定まっているのが通常であるから，譲受債権は，発生原因によって特定される。**債権譲渡の経路，原因**

によっては債権の同一性は変わらない。したがって，債権譲渡の経路，原因は，債権を特定するための要素とはならない（類型別124頁）。

(3) 本問における訴訟物

以上のとおりであるから，主たる請求の訴訟物は，その発生原因を特定して表示することになる。厳密に発生原因を特定して訴訟物を記載すれば，「ＡとＹとが2021年2月21日に締結した古伊万里の大皿の売買契約に基づいて発生した，ＸがＹに対して有する250万円の売買代金請求権」となろう。

附帯請求は，Ｘが売買代金債権を譲り受けて債権者の地位を取得した後であって，その履行期の翌日である2021年6月26日から発生する損害賠償請求権であるから，上記のとおりの記載で特定される。厳密に記載すれば，「ＡとＹとが2021年2月21日に締結した古伊万里の大皿の売買契約に基づく売買代金債権の履行遅滞に基づいて発生した，ＸがＹに対して有する損害賠償請求権」となろう。

> ＊　通常は，訴訟における原告と債権帰属の主体とが一致するので，訴訟物の特定のために債権の帰属主体を明示する必要はないが，たとえば，ＡがＸに対して取立権を授与するための債権譲渡（この場合の債権の帰属主体の変更がない）をした場合には，帰属主体を記載する必要がある（「ＡがＹに対して有するＡ・Ｙ間の売買契約に基づく代金支払請求権」と表示する）ことになると思われる。
>
> ＊　「Ａ・Ｙ間の売買契約に基づく代金支払請求権」と記載すると，訴訟物がＸのＹに対する請求権ではないかのような印象を与えるかもしれない。しかし，本書では，訴訟物を表示する際に，特に断らない限り，ＸのＹに対する請求権であること（請求権の帰属主体がＸであること）は当然の前提としてその記載を省略しているだけであり，ここでもそれにならったものである。
> 　一般に，債権は，相対的，非排他的権利であることから，権利義務の主体，権利の内容，発生原因によって特定される。契約に基づく請求権であれば，通常，契約の当事者，契約の種類，契約の締結日，給付内容等によって特定される。それらをどこまで具体的に記載しなければならないかは，他と誤認混同を生ずる可能性があるかという相対的な問題である（中野貞一郎＝松浦馨＝鈴木正裕・新民事訴訟法講義〔第2版補訂2版，有斐閣・2008〕50頁）。本講では，要件事実との解説との関係で，差し当たり，上記のとおり表示しておく。

4　本問における攻撃防御の枠組み

(1) 請求原因

請求原因は，Ｘが，ＡからＹに対する売買代金債権を譲り受け，その弁

済期が経過したとして，Yに対して，売買代金とその遅延損害金の支払を求めたものである。

(2) **抗弁**

　ア　債務者対抗要件

　抗弁(1)は，Yが，Xの債務者対抗要件の欠缺を指摘して，Xが債務者対抗要件を具備するまで，弁済を拒絶するとの主張である。

　この主張は，債権の譲受人Xが債務者対抗要件を具備しなければ，債務者YはXの請求を拒絶することができるとの実体法上の法律関係を指摘するものであり，請求原因によって理由付けられた債権の行使を阻止するものであるから，抗弁として機能する。

　イ　第三者対抗要件

　抗弁(2)は，当該債権が二重に譲渡されたことを指摘して，譲受人であるXが第三者対抗要件を具備するまで，弁済を拒絶するとの主張である。

　この主張は，債権の二重譲渡があった場合，各譲受人は，第三者対抗要件を具備しない限り，互いに優先することができないとの実体法上の法律関係を指摘するものであり，第三者対抗要件の欠缺を主張する正当な利益を有する債務者Yが，その点を指摘して請求原因によって理由付けられた債権の行使を阻止するものであるから，抗弁として機能する。

　ウ　第三者対抗要件具備による債権喪失

　抗弁(3)は，当該債権が二重に譲渡され，第三者Bが第三者対抗要件を具備した結果，Bが確定的に当該債権を取得し，Xは債権者ではないので，弁済を拒絶するとの主張である。

　この主張は，債権の二重譲渡があった場合，第三者対抗要件を具備した譲受人が確定的に債権を取得し，Xの債権の取得が否定されるとの実体法上の法律関係を指摘し，Xは債権者ではないとして，請求原因によって理由付けられた債権のXへの帰属を否定するものであるから，抗弁として機能する。

5　請求原因（類型別125頁）

(1) **枠組み**

　契約の当事者である債権者が原告となって，債務者である被告に対して，

その債権の目的である給付を請求するためには，原告は，原告と被告とが当該債権の発生原因である契約を締結した事実を主張立証しなければならない。それにより，その債権の内容である給付が明らかになり，同時に，当該債権が原告に帰属することを理由付けることができる。

譲り受けた債権の目的である給付を求める場合も，上記と変わるところはない。すなわち，譲受債権請求訴訟の訴訟物は，原告が譲り受けたと主張する債権の目的である給付を求める請求権であるから，給付内容を明らかにするために，当該債権の発生原因事実を主張する必要がある。しかし，それだけでは当該債権が債権の譲受人に帰属することが主張上明らかではないので，当該債権がもとの債権者から原告へ移転したことを主張立証しなければならない。

そこで，債権の譲受人が債務者に対して，その債務の履行を請求するために主張すべき請求原因を一般的な形で提示すれば，次のとおりである。

　ア　譲受債権の発生原因事実
　イ　譲受債権の取得原因事実

上記ア，イのほかに，請求原因として，「債務者対抗要件の具備の事実」を主張する必要がないかが問題となる。

債権譲渡において債務者対抗要件が必要とされる理由は，債務者に二重弁済の危険を回避させるためであり，通知・承諾がない場合でも，債務者の方から債権譲渡の事実を主張することは可能である。すなわち，通知・承諾は，それがない場合に，債務者は譲受人の請求を拒絶することができるという点に主な意味があるものである。したがって，通知・承諾を備えたことは，譲受人が債権を行使するための積極的要件ではなく，債務者が，対抗要件の有無を問題として指摘しこれを争うとの権利主張をした場合に，譲受人の債権行使を阻止することができるにすぎないと解するのが相当である（権利抗弁説。最判昭56・10・13集民134－97，類型別128頁，第24講参照）。権利抗弁説によれば，債権者が請求原因で債務者対抗要件具備を主張する必要はなく，債務者が抗弁で対抗要件の権利主張をした場合に初めて，再抗弁として主張すれば足りる。

　　＊　物権変動についての対抗要件の主張立証責任については，第三者抗弁説，事実抗弁説，権利抗弁説の対立があり，学説上は第三者抗弁説が多数説であるといわれている（松本博

之・証明責任の分配〔新版，信山社・1996〕270頁，第24講参照）。債務者対抗要件の主張立証責任を，物権変動の対抗要件の主張立証責任のアナロジーで捉えるべきか否かについては争いがあり，同一に考える見解もあるが（類型別128頁，北秀昭「債権譲渡」民事要件事実講座第3巻〔青林書院・2005〕189頁），債権譲渡において債務者対抗要件が必要とされる趣旨と物権変動において対抗要件が必要とされる趣旨はまったく異なるとして，同一には考えない見解も有力である（中田531頁，倉田〔債権総論〕375頁）。このため，物権変動については第三者抗弁説を採る論者であっても，債権譲渡について第三者抗弁説を採るとは限らない。その他の学説においても，債務者対抗要件について第三者抗弁説を明示的に採っている見解は見当たらず，権利抗弁説が通説といってよい状況である（潮見・新総論Ⅰ423頁）。

(2) 譲受債権の発生原因事実（上記(1)ア）

本問の訴訟物は，Ａ・Ｙ間の2021年2月21日の本件大皿の売買契約（本件売買契約）に基づく代金支払請求権（本件債権）であるから，Ｘは，請求原因として，

　Ａは，Ｙに対し，2021年2月21日，本件大皿を代金250万円で売ったとの事実を主張しなければならない。

(3) 譲受債権の取得原因事実（上記(1)イ）

本問で，Ｘは，本件債権を譲り受け，その代金として245万円を支払ったと主張している。このような取引行為は，代金を支払って財産権たる売買代金債権を移転するものであるから，売買契約にほかならない。すなわち，Ｘは，本件債権の取得原因事実として，本件債権を目的とし，代金を245万円としたＡ・Ｘ間の売買契約を主張していると解される。

そこで，Ｘは，請求原因として，

　Ａは，Ｘに対し，2021年4月18日，本件債権を代金245万円で売ったとの事実を主張立証しなければならない（前記3(1)参照）。

＊　本問とは異なり，譲受債権が消費貸借契約に基づく貸金債権であった場合には，その請求は貸金返還請求にほかならないから，前記5(1)ア，イのほかに，消費貸借契約で定められた返還時期が到来したとの事実を主張することが不可欠である（類型別125頁）。

(4) 履行遅滞に基づく損害賠償請求

売買契約の履行遅滞に基づく損害賠償請求をする場合の要件事実は，

① 売買契約の締結
② 売主が売買契約に基づいて目的物を引き渡したこと
③ 代金支払債務の履行期が経過したこと
④ 損害の発生とその数額

である（第11講参照）。本問では，Xは，上記①として(2)の事実を主張するほか，遅延損害金がXのもとで発生することを基礎付けるために，(3)の事実を主張する必要がある。そして，上記(4)の②③④の要件事実に対応して，

(ⅰ) AとYが，本件売買契約の際，代金の支払時期を2021年6月25日と定めたこと
(ⅱ) Aが，Yに対し，同年2月21日，本件売買契約に基づいて，本件大皿を引き渡したこと
(ⅲ) 同年6月25日が経過したこと

を主張立証しなければならない。

　　＊　原告は，2021年5月半ばころ，被告に対して，本件債権を譲り受けた旨伝達したと主張している。しかし，仮にその事実が認められても，債権譲渡の通知は，譲渡人が自ら債務者に対して行わなければならないので（民467条1項。川井・概論Ⅲ252頁，民法Ⅲ164頁），事情としての主張であると解される（仮に法的な主張だとするならば，主張自体失当である）。

　　＊　後記事実摘示例「1　請求原因」で，前記(ⅲ)（2021年6月25日経過）の事実を摘示しているが，暦日は裁判所に顕著な事実であるから証明を要しないうえ，実務上は，明示的な主張がなくても，当然に黙示的な主張があるものと解し，判決の事実摘示にも記載しない例である。本書は，要件事実論の基礎的思考を学ぶ教材であることに鑑み，実務上記載されない事実も事実摘示例に記載する。

　　＊　後記事実摘示例「1　請求原因(5)」で「弁済期の翌日である」と記載したのは，全部請求であることを示す趣旨である。

6　抗弁1――債務者対抗要件（類型別128頁）

(1)　債務者対抗要件

　民法新467条1項は，指名債権の譲渡は，譲渡人が債務者に通知をし，または債務者が承諾をしなければ，債務者に対抗することができないと定める。

　債務者に対する対抗要件を具備しなくても，譲受人への債権の帰属自体が否定されるわけではない。「対抗することができない」とは，債務者対抗要件が，債権の譲受人が債務者に対して債権を行使するための積極的要件ではなく，**債務者において対抗要件が欠けていることを主張して，譲受人の債権行使を阻止できるにすぎない**ことをいうと解するのが一般的見解

である（旧版注釈(11)250頁，前記**5**(1)参照）。

> ＊　この債務者対抗要件は「債務者に対する権利行使要件」であると解釈するのが適切だとされる（民法Ⅲ163頁）。

　判例（最判昭56・10・13判時1023-45）も，「民法467条1項所定の通知又は承諾は，債権の譲受人が債務者に対して債権を行使するための積極的な要件ではなく，債務者において通知又は承諾の欠けていることを主張して譲受人の債権行使を阻止することができるにすぎないものと解するのが相当である」としている。債務者にとって，通知または承諾のないことは，譲受人の請求に対して支払を拒絶することができる点に主たる意味があり，通知または承諾がないと債権移転の効果が発生しないというものではないから，権利阻止事由として，債権の譲受人が債務者対抗要件を具備していない点について，債務者が主張立証責任を負うと解される（川井・概論Ⅲ250頁，潮見・新総論Ⅰ423頁）。

> ＊　民法新467条1項は，債権譲渡に関する債務者に対する対抗要件と，その他の第三者に対する対抗要件とを規定している。
> 　第三者に対する対抗要件には一定の形式が要求されているだけでなく（同条2項），債務者対抗要件とはその趣旨が異なる。すなわち，債務者に対抗するとは，譲受人が債務者に対し，譲り受けた債権を主張する要件となるということであり，それ以外の第三者に対抗するとは，その債権を二重に譲り受けたり，または差し押さえたりした者との間でその優劣を決するということである。後者は，物権の譲渡の場合と共通性を有する問題であるが，前者は，債権者・譲受人間で行われた債権譲渡の事実を知らない債務者を不測の損害から保護するためのもので，債権譲渡に特有の問題である。したがって，債務者に対する対抗要件と第三者に対する対抗要件とは分けて考えるのが妥当であるとされる（奥田434頁）。
> 　以上のとおり，債務者対抗要件と第三者対抗要件とは区別されることを前提としつつ，「対抗要件」という性質に着目して，その要件事実を物権変動における対抗要件と統一的に説明する立場もある（類型別128頁）。

(2)　債務者対抗要件の抗弁

　前掲最判昭56・10・13は，「債務者において通知又は承諾の欠けていることを主張して譲受人の債権行使を阻止することができる」としているところから，債務者が，何らかの事実上または法律上の主張をしなければならないことは明らかである。そこで，債務者は何を主張立証しなければならないかが問題となる。

　第1に，民法学上，通知・承諾が対抗要件であると解されているところから，債務者は**対抗要件の欠缺を主張するについて正当な利益を有するこ**

とを根拠付けなければならない。

　第2に，しかし，請求原因に表れた債権の発生原因事実により，債務者が対抗要件の欠缺を主張するについて正当な利益を有することが明らかになる。したがって，債務者は対抗要件の欠缺を主張するについて正当な利益を有することを理由付ければ足りるとの立場（第三者抗弁説）を採ると，上記のとおり，対抗要件の抗弁となる事実が請求原因に表れている以上，譲受人は，請求原因が主張自体失当とならないよう，対抗要件具備の事実を主張立証しなければならないこととなる。被告が欠席して争わない場合や，被告がもっぱら債権譲渡行為の無効を主張して争っている場合でも，原告は，請求原因としてその債権譲受けについて対抗要件を具備したことを主張しなければならなくなるのである。

　しかし，これでは，結果的に，通知または承諾が譲受債権を行使するための積極的要件となってしまい，前記(1)の解釈と整合しない。

　第3に，債務者が何ら関与しない債権譲渡についての通知の事実または債務者による承諾の事実の主張立証責任を債務者に負わせることは，債務者が通知を受けまたは承諾を行うものであることを考慮しても，譲受人が権利を行使していることと比較して，なお公平ではないと思われる。

　以上3点を総合すると，債務者は，通知または承諾がない事実自体を主張立証するのではなく，**債権者が通知をしたことまたは債務者が承諾をしたことを譲受人たる原告が主張立証しない限り，譲受人に対して弁済を拒絶することができるとの法的地位を主張すれば，債務の弁済を拒絶することができる**と解する立場（権利抗弁説）が相当であろう。

　したがって，債務者は，債務者に対する対抗要件の抗弁として，

　　当該債権譲渡につき，譲渡人が譲渡の通知をするか，または債務者が承諾しない限り，譲受人を債権者と認めない

との権利主張をすることができる。これは，前記のとおり，権利阻止事由の主張であるから，阻止の抗弁である。

> ＊　以上のように考えると，債務者に対する対抗要件の欠缺を指摘された譲受人は，その主張を覆すために，譲渡人が債務者に対し，債権譲渡以後に譲渡の通知をしたこと，または債務者が譲渡人または譲受人に対して債権譲渡を承諾したことを主張立証しなければならないことになるが，本問ではそのような主張はない。

＊　債務者対抗要件の要件事実については，時的要素に注意しなければならない。すなわち，譲渡前に行われた債権譲渡通知には効力がないとされている（川井・概論Ⅲ252頁，民法Ⅲ165頁）ので，債権譲渡通知は譲渡の時以降にされたものであることが必要であり，この点が時的要素となる。もっとも，将来の債権の譲渡についての通知は，債権自体の成立前のものでも有効であるとされる（大判昭9・12・28民集13－2261）。
　　　他方，承諾の時期は債権譲渡の前後を問わない（最判昭28・5・29民集7－5－608）ので，債権譲渡の承諾について時的要素を考える必要はない（もっとも，具体的事実を主張する場合に事実を特定するために，承諾の時期を記載すべきことは，時的要素とは別の問題である）。

(3) 本問におけるYの主張

　Yは，「Aから何も連絡がない」としているので，Xが債務者対抗要件を具備していないから，その不備を主張して，Xの請求を拒絶しているものと解される。そこで，Yは，抗弁として，

　　AのXに対する2021年4月18日の債権譲渡について，AがYに通知するまで，Xを債権者と認めない

との権利主張をすべきである。

7　抗弁2 ── 第三者対抗要件（類型別132頁）
(1) 第三者対抗要件

　指名債権の譲渡は，民法新467条1項の通知または承諾を，確定日付のある証書によってしなければ，債務者以外の第三者に対抗することができない（同条2項）。

　このような制度について，最判昭49・3・7（民集28－2－174）は，以下のように説明する。「民法の規定する債権譲渡についての対抗要件制度は，当該債権の債務者の債権譲渡の有無についての認識を通じ，右債務者によってそれが第三者に表示されうるものであることを根幹として成立しているものというべきである」。そして，第三者による対抗要件が確定日付ある証書（民施5条）をもってされることを必要とするのは，「債務者が第三者に対し債権譲渡のないことを表示したため，第三者がこれに信頼してその債権を譲り受けたのちに譲渡人たる旧債権者が，債権を他に二重に譲渡し債務者と通謀して譲渡の通知又はその承諾のあった日時を遡らせる等作為して，右第三者の権利を害するに至ることを可及的に防止するにある。」「〔民467条2項は ── 筆者注〕前示のような同条1項所定の債権譲渡につい

ての対抗要件制度の構造になんらの変更を加えるものではないのである。」
　したがって，**確定日付ある証書による通知または承諾によって二重譲渡の優劣が決まると，債務者は，第三者対抗要件を備えた者だけを債権者と認め，この者に弁済しなければならない**（大判大8・3・28民録25-441，民法Ⅲ162頁）。

* 郵政民営化に伴う民法施行法5条の改正について
　平成15年4月1日に日本郵政公社が成立したことに伴って，日本郵政公社法施行法（平成14年法律第98号）90条により，「官庁又ハ公署ニ於テ私署証書ニ或事項ヲ記入シ之ニ日付ヲ記載シタルトキハ其日付ヲ以テ其証書ノ確定日付トス」との民法施行法5条1項5号の「官庁」の下に「（日本郵政公社ヲ含ム）」が加えられた。
　平成17年10月に郵政民営化法等の施行に伴う関係法律の整備等に関する法律（平成17年法律第102号）が成立し，同法3条により，民法施行法5条1項5号について，前記のとおり「官庁」の下に加えられた「（日本郵政公社ヲ含ム）」が削除され，同項に「郵便認証司（郵便法（昭和22年法律第165号）第59条第1項ニ規定スル郵便認証司ヲ謂フ）ガ同法第58条第1号ニ規定スル内容証明ノ取扱ニ係ル認証ヲ為シタルトキハ同号ノ規定ニ従ヒテ記載シタル日付ヲ以テ確定日付トス」とする6号が加えられた。これにより，郵政民営化が実現した後も，内容証明郵便に記載された日付が確定日付として機能することとなった。なお，郵政民営化法等の施行に伴う関係法律の整備等に関する法律は，平成19年10月1日施行された。それ以前は，同法による改正前の民法施行法5条1項5号による。

* 電磁的記録に記録された確定日付
　平成12年法第40号により，民法施行法5条に，2項と3項が加えられ，指定公証人が設けた公証人役場において，コンピュータにより記録された日付を内容とする情報が確定日付とされた。

　このように，民法新467条2項によれば，**確定日付ある証書による通知または承諾は**，債権の二重譲受人相互間など**両立しない地位を争う者同士の間で優劣を決定する要件である**。他方，同条1項が，通知または承諾を債務者対抗要件であると定める。そこで，債務者は，第三者があることを主張して，譲受人に対する弁済を拒否できるかが問題となる。第三者対抗要件の抗弁は二重譲受人間の優劣が問題になったときに機能するものであり，債務者は，債務者対抗要件を具備した譲受人に支払義務を負っているのであるから，譲受人が第三者対抗要件を具備していないことまたは具備していても第三者に劣後することを主張しても，支払を拒絶することはできないようにも思われるからである。

　債務者対抗要件を具備した譲受人の地位について，次のような2つの考え方がある。

第1は，債権が二重に譲渡され，各譲受人が債務者対抗要件を具備した場合，各譲受人は互いに優先することができないから，債務者はいずれの譲受人に対しても弁済を拒絶することができるとする考え方である（川井・概論Ⅲ255頁，内田Ⅲ232頁，民法Ⅲ174頁）。

　第2は，各譲受人は，確定日付がなくても債務者には対抗できるから，いずれの譲受人も債務者に対しても履行を請求することができ，債務者はいずれの譲受人に対しても弁済を拒絶することができないとする考え方である（潮見・新総論Ⅱ465頁以下，中田550頁）。

　譲渡人の通知は，譲渡の事実を事実上推定させるものであるが（川井・概論Ⅲ259頁），二重に行われた場合にはそのような事実上の推定が破れ，支払をした債務者には過失があるとされて，準占有者への弁済として免責されないこともありうると考えられる。そうすると，債務者の危険において有効な譲渡が先に行われた譲受人にのみ弁済せよとすると，債務者に不当な不利益を与えることになるから第1の考え方が相当である（奥田452頁）。

　この第1の考え方に従えば，二重譲渡の優劣の決定基準である第三者対抗要件を具備した事実を譲受人の側で立証しない限り，債務者は，いずれの譲受人に対しても債務の弁済を拒絶できることになる。すなわち，**債務者は，債権を二重に譲り受けた者の第三者対抗要件を具備していないことを主張することができる者（正当な利益を有する者）である**ということができる（前記第2の考え方によれば，債務者による第三者対抗要件の抗弁は，主張自体失当となる）。

(2) 第三者対抗要件の抗弁

　そこで，債権の譲受人から請求を受けた債務者が，債権を二重に譲り受けた第三者があり，譲受人が第三者対抗要件を具備していないことを主張して弁済を拒絶するために主張立証しなければならない要件事実は，以下のとおりである。

　債権を二重に譲り受けた第三者があることを基礎付けるために，

① 　第三者の当該債権の取得原因事実
② 　①の債権譲渡に関する債権者の債務者に対する通知または債務者の承諾

の各事実が必要である。①のほかに②が必要である理由は，債権譲渡があってもその譲受人が債務者対抗要件を具備していなければ，債務者は，当該譲受人を債権者として扱う必要はなく，②の事実があって初めて，譲受人相互の優先関係が問題となり，二重弁済の危険があることを根拠付けることができるからである（類型別133頁）。

このように，債務者は，主張立証責任の負担の公平の観点から，譲受人が第三者対抗要件を具備していないことまで主張立証する必要はないが，

③　債権を二重に譲り受けた第三者の第三者対抗要件の欠缺を主張して支払を拒絶する権利主張

をしなければならない（第24講参照）。

* 通知または承諾は，債務者その他の第三者の善意・悪意を問わないとするのが，判例（大判明45・2・9民録18-88），通説（川井・概論Ⅲ250頁）である。

* 通知は債権譲渡の事実を伝達すること，承諾は債権が譲渡された事実についての認識を表明することであり，観念の通知である。
　　もっとも，いずれも準法律行為であり，法律行為に関する規定が類推適用される（川井・概論Ⅲ251頁，253頁）。したがって，意思表示の規定が類推適用されて到達によりその効力が発生する（民新97条1項）ので，後記事実摘示例では，到達日である25日を摘示し，「意思表示をした」ではなく「通知した」と記載した。

* ②と③の要件事実として債権の帰属先の変更を生じさせる合意の具体的内容を摘示しなければならないとの考えもありうるが，後記事実摘示例の抗弁(1)，(2)イ，ウ，(3)イでは，債権の移転行為を特定できれば足り，「債権譲渡」という記載も許されるものとして摘示した。

以上によれば，Yは，
①　BのAからの債権取得原因事実
②(i)　AからBへの債権譲渡につき，それ以後AがYに対し譲渡の通知をしたとの事実
　　または
　(ii)　AからBへの債権譲渡につき，YがAもしくはBに対し承諾したとの事実
③　AからXへの債権譲渡につき，Aが確定日付ある証書による譲渡の通知をし，もしくはYが確定日付ある証書による承諾をしない限り，Xを債権者と認めない

との主張立証をする必要がある。この抗弁は，AのYに対する債権の存在自体を否定するものではないから，阻止の抗弁である。
(3) **第三者対抗要件の抗弁と債務者対抗要件の抗弁との関係**
　第三者対抗要件の抗弁における権利主張は，債務者対抗要件の抗弁における債権譲渡の通知または承諾があるまで債権者と認めないとの権利主張に，通知または承諾に確定日付を具備することを付加するものであり，前者の抗弁の要件事実が後者の抗弁の要件事実を包含する関係にあるようにも見える。
　しかし，第三者対抗要件の抗弁は，債権が二重に譲渡された場合の優先関係を問題とするものであるのに対し，債務者対抗要件の抗弁は，債権の行使要件の存否を問題とするものであって，明らかに**その主張が前提とする法律関係が異なり，その意味で実体法的性質ないし権利主張の内容が異なる**主張である。したがって，包含関係にはなく，別個の法的観点を指摘する抗弁であって，選択的な関係にある。

8　抗弁3 —— 第三者対抗要件具備による債権喪失（類型別134頁）
(1) **債権の二重譲渡における第三者対抗要件具備による債権の得喪**
　譲受人の双方が債務者対抗要件を具備しているところ，そのうち一方が第三者対抗要件を具備し，他方がこれを具備していない場合，前記7(1)のとおり，第三者対抗要件を具備した譲受人のみが唯一の正当な債権者となり，債権は，第三者対抗要件にかかる債権譲渡行為により譲渡人から直接当該譲受人に移転し，その反面，他方の譲受人への債権の移転はなかったものと扱われる（第24講参照）。
(2) **第三者対抗要件具備による債権喪失の抗弁**
　上記のような二重譲渡により当該債権を確定的に取得した第三者がいる場合，債務者は，そのような法律関係を主張し，原告が債権を喪失したとの抗弁を主張することができる。この場合の要件事実は，以下のとおりである。
　① **第三者の当該債権の取得原因事実**（債権を二重に譲り受けた第三者があることを基礎付けるための要件事実）
　② **第三者が当該債権の譲受けについて，第三者対抗要件を具備した事**

実（第三者が，譲受人との関係で確定的に債権を取得したことを基礎付けるための要件事実）

* 上記のとおり，第三者対抗要件を具備していない譲受人は，およそ債権を取得しなかったものとされるのであるから，実体法的には「喪失」という表現は正確ではない。おそらく，抗弁が認められて第三者が確定的に債権を取得したと認められると，請求原因事実からは債権を取得したように見える原告が，その債権を失うように見える点を捉えて，このような名称で呼ばれるのであろう。

以上によれば，Yは，
① BのAからの債権取得原因事実
②(i) AからBへの債権譲渡につき，その後，AがYに対し，確定日付のある証書による譲渡の通知をしたとの事実
  または
 (ii) AからBへの債権譲渡につき，YがAもしくはBに対し，確定日付のある証書による承諾したとの事実
を主張立証する必要がある。

(3) 第三者対抗要件の抗弁と第三者対抗要件具備による債権喪失の抗弁との関係

この２つの抗弁は，いずれも第三者対抗要件の有無を問題にするものである。しかし，第三者対抗要件の抗弁は，債権が二重に譲渡され，債権の帰属がいわば浮動状態にある場合の優先関係を問題とするものであるのに対し，第三者対抗要件具備による債権喪失の抗弁は，債権が確定的に第三者に帰属したとの法律関係を問題とするものであって，明らかに**その主張が前提とする法律関係が異なり，その意味で実体法的性質ないし権利主張の内容が異なる**主張である。したがって，別個の法的観点を指摘する抗弁であって，選択的な関係にある。

事実摘示例

1 請求原因
(1) Aは，2021年2月21日，被告に対し，別紙物件目録（省略）記載の古伊万里の大皿（以下「本件大皿」という）1枚を，代金250万円，代金支払時期を同年6月25日と定めて，売った（以下「本

件売買契約」という）。
(2) Aは，2021年2月21日，被告に対し，本件売買契約に基づいて，本件大皿を引き渡した。
(3) Aは，2021年4月18日，原告に対し，本件売買契約に基づく売買代金債権を代金245万円で売った。
(4) 2021年6月25日は経過した。
(5) よって，原告は，被告に対し，A・被告間の本件売買契約に基づいて，代金250万円及びこれに対する弁済期の翌日である2021年6月26日から支払済みまで年3％の割合による遅延損害金の支払を求める。

2 請求原因に対する認否
　請求原因(1)(2)の事実は認める。同(3)の事実は知らない。

3 抗弁
(1) 債務者対抗要件
　　請求原因(3)の（Aの原告に対する）債権譲渡につき，被告は，Aが被告に通知し又は被告が承諾するまで，原告を債権者と認めない。
(2) 第三者対抗要件
　ア　Aは，2021年4月21日，Bに対し，本件売買契約に基づく売買代金債権を代金220万円で売った。
　イ　Aは，同月22日，被告に対し，前記アの（AのBに対する）債権譲渡を通知した。
　ウ　請求原因(3)の債権譲渡につき，被告は，Aが確定日付のある証書によって被告に通知し又は被告が確定日付のある証書によって承諾するまで，原告を債権者と認めない。
(3) 第三者対抗要件具備による債権喪失
　ア　抗弁(2)アと同じ。
　イ　Aは，2021年4月22日，被告に対し，内容証明郵便によって，前記アの（AのBに対する）債権譲渡を通知した。

4　抗弁に対する認否
　抗弁(2)ア，イ及び同(3)イの各事実は知らない。

第27講

要件事実論30講

債権譲渡(2)

（Xの言い分）

　A株式会社（以下「A社」という）は，美術品・欧州アンティーク家具等の販売を目的としています。Yは，最近急成長したIT関連の株式会社です。

　A社からは，①A社は，2021年2月1日，Yに対し，引渡期日を同年3月22日，代金の支払期日を同年6月1日と定めて，Yが新築する社屋の応接室に設置する欧州アンティークの応接家具一式（以下「本件家具」という）を1000万円で売ったこと，②A社は，契約どおり，同年3月22日，本件家具の搬入，設置を完了したことを聞きました。

　A社は，資金繰りの必要から，同年3月24日，Yに対する本件家具の売買代金債権（以下「本件代金債権」という）を私に譲渡し，私は，同日，その代金として990万円をA社に支払いました。

　私は，同年5月22日，Yに対し，A社から本件代金債権を譲り受けたので，同年6月1日の支払期日に1000万円を私宛に支払うよう，電子メールで伝えました。これに対し，Yは，その日のうちに，私に対し，事実関係を調査のうえ回答する旨の電話をかけてきました。Yは，同年5月26日，代金の一部は支払済みであり，残代金はYのA社に対する貸金債権と相殺するので支払義務がないなどと記載した内容証明郵便を私宛に送付し，現在まで本件家具の代金を支払ってくれません。

　Yが同年2月にA社に本件家具代金の一部を支払ったこと，YがA社に1000万円を貸し付けたこと，YがA社に支払を督促しなかったこと，その貸金債権と本件代金債権とを相殺したことなどは事実

第27講　債権譲渡(2) ……… 439

ではありません。本件家具の引渡しも受けず，支払期前にその代金を支払うことも，1000万円もの多額の融資の弁済期が経過してもその弁済を督促をしないことも，通常の取引では考えられませんから，相殺に至った事情も嘘に違いありません。過去にＹがＡ社から資金援助を受けていたことや，Ｙが同年５月下旬に相殺するとの内容証明郵便をＡに送付したことは知りません。その趣旨の内容証明郵便が私に届いたことは間違いありません。

　Ｙは，私に本件家具の代金1000万円と年３％の損害金を支払うべきです。

（Ｙの言い分）
　ＸがＡ社から聞いたという本件家具の売買契約，搬入および設置の事実は間違いありません。
　弊社は，2021年２月23日，Ａ社の強い依頼を受けて，約定の支払期日より前でしたが，本件家具の代金の内金として200万円を支払いました。また，弊社は，Ａ社から運転資金の融資を依頼され，2020年12月10日，Ａ社に対し，2021年３月10日に元利金を一括弁済すること，利息を年７％，遅延損害金を年10％とすることを定めて，1000万円を貸し付けました（以下「本件貸金債権」という）。
　弊社がＡ社に対して前記1000万円の貸付をし，本件家具の売買200万円の支払をしたのは，弊社が，弊社代表者個人に対する信用に基づいて，創業時にＡ社から資金援助を受け，その後もＡ社からの融資によって資金繰りを維持した恩義があったからです。
　Ａ社は，同年３月10日を過ぎても，前記1000万円の借入金の返済をしませんでした。しかし，弊社は，前記の経緯もあり，また，同月22日まで本件家具をＡ社に保管してもらっていたこともあって，あえて支払の督促をしませんでした。
　弊社は，同年５月半ばころ，Ｘから債権を譲り受けた旨の電子メールを受け取りましたが，Ａ社からは何の連絡もなく，Ａ社の資金繰り状態がかなり危険な状態になっているとの噂を聞いたことから，

> 本件貸金債権と本件代金債権とを相殺することにしました。そこで，弊社は，同月25日，A社とXに対し，A社に対する本件家具の残代金債務と本件貸金債権とを対当額で相殺するとの趣旨を記載した内容証明郵便を発送し，同書面は翌26日にA社とXに届きました。
> 　以上のとおり，弊社は，一部弁済及び相殺をしたので，Xに本件代金債権を支払う義務はありません。
> 　なお，A社や弊社に関する事項，Xから電子メールが弊社に届いたので，弊社がXに電話で事実関係を調査のうえ回答する旨連絡したことはX主張のとおりです。A社が，本件代金債権をXに譲渡したかどうかは，弊社には分からないことです。

1　事案

　本問は，Xが，A社のYに対する売買代金債権を譲り受けたと主張して，その売買代金および遅延損害金の支払を求めたところ，Yが，売買代金の一部は支払済みであること，その余は相殺により消滅したことを主張して争った事案である。

2　請求の趣旨

> 　被告は，原告に対し，1000万円及びこれに対する2021年6月2日から支払済みまで年3％の割合による金員を支払え。

3　訴訟物（類型別124頁）

> 　A・Y間の売買契約に基づく代金支払請求権　1個
> 　履行遅滞に基づく損害賠償請求権　1個
> 　合計2個　単純併合

　訴訟物の説明は，第26講参照。

4　本問における攻撃防御の枠組み
(1)　請求原因
　請求原因は，Xが，A社から売買代金債権を譲り受け，その弁済期が経過したとして，売買代金とその遅延損害金の支払を求めたものである。
(2)　抗弁
　　ア　弁済
　抗弁(1)は，Yが，A社のXに対する債権譲渡よりも前に，本件代金債権について，その一部である200万円を弁済したとの主張である。
　この主張は，本件代金債権1000万円のうち200万円（弁済の時には，遅延損害金は発生していない）が弁済により消滅したとの実体法上の債務消滅の効果を主張するものである。これが認められると，本件代金債権の一部が消滅し，請求の一部が認められないことになって，一部認容・一部棄却判決がされることになるものであるから，一部抗弁として機能する。なお，相殺の抗弁との関係は，後記イ(イ)，ウのとおりである。
　　イ　相殺（第25講参照）
　(ア)　抗弁(2)は，Yが，A社に対して有する貸金債権ならびにその利息債権および遅延損害金債権を自働債権とし，本件代金債権およびその遅延損害金債権を受働債権として，対当額で相殺したとの主張である。
　指名債権が譲渡された場合，債務者は，対抗要件具備時より前，すなわち，その通知を受け，またはその承諾をした時より前に取得した譲渡人に対する債権による相殺をもって譲受人に対抗することができる（民新469条1項）。本問で，Yは，売買代金債務の期限の利益を放棄することができ，かつ，YがA社に対して有していた前記貸金債権等の弁済期が債権譲渡よりも前に到来しているので，それらを自働債権とする相殺をXに対して主張することができる（大判昭8・5・30民集12-1381，最判昭32・7・19民集11-7-1297）。
　「Yの言い分」によれば，Yは，2021年2月23日に本件家具の代金のうち200万円を支払ったことを前提に相殺の主張をしている。したがって，受働債権は800万円の売買代金（残額）およびこれに対する遅延損害金である。自働債権は，貸金についての遅延損害金債権および利息債権ならびに貸金債権であり，当事者間に別段の合意がない限り，その順番で法定充

当される（民新512条2項2号，489条1項）。

　(イ)　抗弁(2)が認められると，本件代金債権のうち800万円およびその遅延損害金債権が消滅する。したがって，弁済の抗弁と相殺の抗弁の双方が認められると，その効果が一体となって，請求棄却判決がされることになるので，抗弁(2)は，抗弁(1)と併せて全部抗弁として機能するものである。

　他方，相殺の主張だけでも，本件代金債権のうち800万円およびその遅延損害金債権が消滅し，請求の一部200万円のみが認容されることになって，一部認容・一部棄却判決がされるものであるから，一部抗弁としても機能する。

　　＊　「債権の同一性を維持したまま移転すること」（第26講参照）とは，債務者がこのような抗弁を主張できることをいう。

　　＊　Yが相殺を主張する場合，「Yの言い分」では，200万円の弁済の主張を前提とした相殺の主張がされているが，Xが弁済の事実を争い，かつ，その点に相応の理由があるように見えるときには，Yは，仮に200万円の弁済が認められないとしても，本件貸金債権1000万円ならびにこれに対する利息債権および損害金債権を自働債権とし，本訴代金債権を受働債権とする相殺の主張をすることになると思われる。その場合には，抗弁(2)とは自働債権の金額を異にする相殺の意思表示がされ，抗弁(2)とは別個の相殺の抗弁が構成されることになるが，本問では，Yはそのような主張をしていない。

　　＊　債権譲渡と相殺
　　　本問においては，前記のとおり，Yが受働債権の期限の利益を放棄することができ，Yの貸金債権等の弁済期がXのA社に対する債権譲渡よりも前に到来している。この点については，「既に弁済期にある自働債権と弁済期の定めのある受働債権とが相殺適状にあるというためには，受働債権につき，期限の利益を放棄することができるというだけでなく，期限の利益の放棄又は喪失等により，その弁済期が現実に到来していることを要するというべきである」とする最判平25・2・28（民集67-2-343）との関係が問題となる。受働債権の債務者が相殺の意思表示をし，そのことを主張立証している場合には，それにより，受働債権について期限の利益を放棄することができるという状況にあることを超えて，現実に期限の利益が放棄されていると考えるべきであり，受働債権の弁済期が現実に到来しているとみてよいから，受働債権の弁済期到来を独立して主張立証する必要はないと考えられる（第25講参照）。したがって，XのA社に対する債権譲渡よりも前に相殺適状になっているとして，民法新469条1項により，Yは相殺による債務消滅の効果をXに主張することができる。

　　　この点に関連して，従前，債権譲渡と相殺に関する解釈論上の問題があった。たとえば，DのEに対する債権をDがFに譲渡した場合に，DのEに対する債権譲渡の通知よりも前からEがDに対する反対債権を有しており，債権譲渡の通知後に弁済期が到来して相殺適状になったときは，Eはその反対債権を自働債権とする相殺の意思表示をして，債権の譲受人Fに対して譲渡債権の消滅を主張することができるかの問題である。

　　　民法新469条は，①対抗要件具備時より前に債務者が取得した債権（同条1項），②対抗要件具備時より「前の原因」に基づいて生じた債権（同条2項1号），③「譲受人の取得

した債権の発生原因である契約」に基づいて生じた債権（同項２号）については，債務者は，当該債権による相殺をもって譲受人に対抗することができるとした（同条１項，２項本文）。ただし，②と③の債権については，債務者は，対抗要件具備時より後に他人から取得したときは，相殺をもって譲受人に対抗することはできないとした（同条２項ただし書）。

　上記①は，債権譲渡と相殺の優劣につき，差押えと相殺の場面と同様に，いわゆる無制限説を採用したものである。

　上記②も，差押えと相殺の場面と同様の規律である。対抗要件具備時に反対債権が未発生であったとしても，この時点で債権の発生原因が存在する債権を反対債権とする相殺については，相殺の期待が保護に値するとの考慮に基づくものである。なお，「対抗要件具備時より前の原因」とは，債権譲渡を発生させた原因と同一のものであることを要しない。また，契約に限らず，不法行為や不当利得も含まれる。

　上記③は，「対抗要件具備時より後に取得した譲渡人に対する債権」であっても，「譲受人の取得した債権の発生原因である契約に基づいて生じた」ものを自働債権とする相殺を認めるものである。これは，差押えと相殺の優劣が問題となる局面以上に相殺への期待利益が保護される局面を拡張するものであるが，将来債権が譲渡された場合については，譲渡後も譲渡人と債務者との間における取引が継続することが想定されるので，相殺の期待利益を広く保護する必要性が高いという考慮に基づき，相殺の抗弁を対抗することができるとしたものである。もっとも，③は，債務者が取得した反対債権の「原因」である「契約」が譲渡債権を発生させる「原因」である「契約」と同一であることが必要である。

　民法新469条２項ただし書の趣旨は，対抗要件具備時より後に他人から取得した債権による相殺がされる場面では，対抗要件具備前に譲渡人・債務者間で相殺への合理的な期待利益を認めることができないから，このような債権を自働債権とする相殺を認めないとしたものである（潮見・概要146頁）。

　ウ　弁済の抗弁と相殺の抗弁との関係

　上記のとおり，抗弁(1)と(2)は，訴訟上，それぞれ独立した一部抗弁として機能するので，選択的な主張の関係にある。また，これらが両方とも認められた場合には，結局，本訴請求が全部棄却されることになるので，両者が一体となって全部抗弁として機能する。

　この関係を，抗弁としての機能の観点から模式図的に示すと，以下のように，抗弁が３つ構成される。ただし，実務的には，抗弁(1)と(2)のみを事実摘示すれば足りるとされることが多い。

＊　なお，今回の改正により，異議をとどめない承諾による善意譲受人との関係での抗弁の切断を認めた改正前の民法468条１項は削除された。このような改正が行われた理由は，債権が譲渡されたことを認識した旨を債務者に通知しただけで抗弁の喪失という債務者にとって予期しない効果が生ずるのは債務者の保護の観点から妥当でないとの考慮によるものである（潮見・概要143頁）。

5　請求原因（類型別125頁）
(1)　債権の譲受人が債務者に対して，その債務の履行を請求する場合の要件事実は，一般的な形では，
　　ア　譲受債権の発生原因事実
　　イ　アの債権の取得原因事実
である（第26講参照）。

(2)　譲受債権である代金支払請求権の発生原因事実（上記ア）
　本問の訴訟物の１つは，Ａ社・Ｙ間の2021年２月１日の本件家具の売買契約（本件売買契約）に基づく代金支払請求権であるから，Ｘは，請求原因として，
　　Ａ社は，Ｙに対し，2021年２月１日，本件家具を代金1000万円で売った
との事実を主張しなければならない。

(3)　譲受債権である損害賠償請求権の発生原因事実（上記ア）
　　ア　売買契約の履行遅滞に基づく損害賠償請求をする場合の要件事実は，
　　①　売買契約の締結
　　②　売主が売買契約に基づいて目的物を引き渡したこと
　　③　代金支払債務の履行期が経過したこと
　　④　損害の発生とその数額
である（第11講参照）。
　　イ　ア②（引渡し）に該当する主要事実として，本問では，本来，2021年３月22日に引き渡したことが債務の本旨に従った履行であることを示さなければならない。本問で，Ｘは，Ａ社とＹとは，本件売買契約に際し，本件家具の引渡期日を2021年３月22日と定める合意をしたと主張している。しかし，引渡し（履行済みであること）が主張されているから，引渡期日を定める合意をしたことを主張立証することは不要である。

ウ　ア③（履行期の経過）に該当する主要事実は，本問では，代金の弁済期が定められているから，履行期の定めとその履行期が経過した事実である（民法573条との関係につき，第18講の**5**(1)イ(イ)参照）。そこで，Xは，
　(i)　A社とYとは，本件売買契約に際し，本件家具の代金の支払期日を2021年6月1日と定めることに合意したこと
　(ii)　同日が経過したこと
を主張立証しなければならない。
　エ　ア④（損害）の要件事実について見ると，金銭債務の不履行の場合，改正法の施行当時は，民法上年3％の割合（民新404条2項）による損害金を請求することができる（民新419条1項本文）ので，法定利率による損害金を請求する場合は，代金支払債務の履行期が経過してからの期間の経過のみが主要事実である。

(4)　譲受債権の取得原因事実（上記(1)イ）

　本問で，Xは，本件代金債権を譲り受け，その代金として980万円を支払ったと主張している。このような取引行為は，代金を支払って売買代金債権を移転するものであるから，売買契約にほかならない。すなわち，Xは，本件代金債権の取得原因事実として，売買代金債権を目的とし，代金を980万円とするA社・X間の売買契約を主張していると解される。
　そこで，Xは，請求原因として，
　　A社は，Xに対し，2021年3月24日，本件売買契約に基づく代金債権を代金980万円で売った
との事実を主張しなければならない（第26講参照）。

6　抗弁1 —— 弁済（類型別9頁）

　弁済については，民法新473条が弁済が債務の消滅事由であることを新たに規定した（第17講参照）。
　判例（最判昭30・7・15民集9－9－1058）は，「弁済の抗弁については，弁済の事実を主張する者に立証の責任があり，その責任は，一定の給付がなされたこと及びその給付が当該債務の履行としてなされたことを立証して初めてつくされたものというべきである」と判示しているところから，**弁済の効果を主張するための要件事実は**，

① 一定の給付がされたこと
② その給付が当該債務の履行としてされたこと

であると解されている。

そこで，Yの主張によれば，

　Yは，2021年2月23日，A社に対し，本件家具の代金として200万円を支払った

との事実が弁済の抗弁になる（この事実によって前記①と②の要件事実が表れる）。

　　＊　弁済の要件事実は，①と②を合わせて，「当該債務の履行として，一定の給付がされたこと」と表現することもできる。
　　　この点に関して，要件事実の書き表し方について付言する。たとえば，初学者は，消費貸借契約の要件事実を「⑦弁済期の合意（または，返還の合意）と④金銭の交付である」と覚え込むことが多い。しかし，⑦と④は，消費貸借契約の要素に即して表現したものであり，「弁済期を定めて（または，返還を約束して）目的物を交付した」と記載しても何ら差し支えない（新問研38頁）。また，売買契約の要件事実は，「⑦財産権の移転の合意と④代金支払の合意である」や，「売買契約の締結」と表現される（第10講事例1参照）。このように，要件事実を解説する場合に，しばしば契約の要素に分解して要件事実を示すことがある。なお，このように要素に分解して要件事実（主要事実）を示すことには，単に講学上の便宜にとどまらず，契約等の一部の事実（前例でいえば，目的物の交付や財産権移転の合意）に争いがなく，その余の事実（弁済期または返還の合意，代金支払の合意）に争いがあるという事例において，立証対象を絞るという実践的意味がある。

7　抗弁2 ── 相殺（類型別32頁）

(1)　相殺の民法学上の要件

　ア　相殺をするには，民法上，次の要件が必要とされる（民505条1項）。これらの要件を備えることを「相殺適状」という（川井・概論Ⅲ347頁，民法Ⅲ224頁）。

　　(ア)　同一当事者間に債権の対立があること
　　(イ)　対立する両債権が同種の目的を有すること
　　(ウ)　両債権がともに弁済期にあること
　　(エ)　債権の性質が相殺を許さないものでないこと

　イ　上記ア(ウ)の要件は，やや細かく検討する必要がある。まず，自働債権について見ると，弁済期の定めがないときは，債権者はいつでも請求できるのであるから，相殺も可能である。しかし，弁済期の定めがあるとき

は，弁済期が到来しなければ，相殺をすることができない（我妻Ⅳ327頁）。

受働債権について見ると，弁済期の定めがないときは，債務者はいつでも弁済することができる。弁済期の定めがあるときは，債務者は，期限の利益を放棄することができるのであれば，これを放棄して相殺することができる。すなわち，債務者が，弁済期未到来の債務を受働債権として相殺の意思表示をするときは，その時に期限の利益を放棄して清算する意思をも表示したものと解すべきである（我妻Ⅳ328頁，中田387頁）。最判平25・2・28との関係は前記（**4**(2)の*）のとおりである。これに対し，期限の利益は放棄することができるから（民136条2項），受働債権の弁済期は問題にならず，自働債権の弁済期のみが問題であるとする見解（内田Ⅲ250頁）もある。なお，期限が債権者の利益のためのものであるときは，その期限が到来するまで相殺することはできない。

ウ　上記ア(エ)の要件は，民法505条1項のただし書という**規定の体裁**と，相殺制度の立法趣旨の1つが公平であることから，反対事実である「債務の性質が相殺を許さないものであること」について相殺の相手方に主張立証責任があると考えられる。

エ　「相殺の禁止・制限がないこと」も要件である。民法は，当事者が相殺を禁止し，または制限する旨の意思を表示した場合は悪意・重過失の第三者に対して相殺禁止の合意を対抗できるとするほか（民新505条2項），個別に相殺禁止を定めている（民新509条，民510条，民新511条）。また，他の法律上相殺が禁止されている場合（破産71条，72条等倒産法上の相殺禁止が重要である）がある。

「相殺禁止の意思表示があったこと」の主張立証責任は，ア(エ)と同様に，相殺の相手方に主張立証責任があると考えられる。ただし，法律上相殺が禁止されていることが受働債権の内容自体から明らかになるときは，そのような債権を受働債権とする相殺の主張は，主張自体失当である。

オ　明文はないが，**自働債権について相手方が抗弁を有しないことも**，相殺の要件であると解されている。抗弁権を主張しうる相手方の利益を一方的に奪うことは許されないと考えられるからである。

自働債権に付着した抗弁の主張立証責任は，原則として，相殺の相手方にあると解されるが，抗弁の付着が自働債権の内容自体から明らかなとき

は，相殺適状の状態にあっても相殺の効果は発生しない（主張自体失当になる）ので，相殺を主張する者が，他の相殺適状の要件とともに抗弁の消滅原因等も主張立証しなければならない。

- ＊ 伝統的には，相殺の要件を相殺適状にあることと相殺禁止がないことと説明することが多かった（川井・概論Ⅲ347頁以下）。最近では，相殺適状にあること（ア，イ，ウ）を積極的要件，その他を消極的要件（エ，オ）として説明されることが多い（内田Ⅲ249頁，中田389頁，潮見・新総論Ⅱ282頁）。

- ＊ 「相手方が抗弁を有しないこと」という要件は，上記ア(エ)の債権の性質上の禁止（民505条1項ただし書）の問題に位置付ける見解（川井・概論Ⅲ351頁），明文がないが，解釈上認められる相殺禁止であるとするもの（内田Ⅲ255頁）などがある（潮見・新総論Ⅱ282頁以下参照）。

- ＊ この点に関連して，債権譲渡の債務者対抗要件が問題となる。すなわち，本問とは異なって，譲受債権を相殺の自働債権とする場合，自働債権の取得原因事実が主張されるので，自働債権の債務者が債務者対抗要件の抗弁を主張できることが明らかになる。そこで，債務者対抗要件の抗弁を覆す債務者対抗要件具備の事実をも併せて主張しなければならない（その主張がないと，主張自体失当となる）。もっとも判例（大判昭15・9・28民集19-1744）は，債務者に対する対抗要件を具備する以前においては，双方の債権は対立せず，相殺の要件を完備しないから，譲渡債権につき譲渡の対抗要件が備わったときにおいて初めて相殺できるとしており，債務者対抗要件を具備しなければ，「対立する債権が有効に存在する」とはいえないとするものと思われる（我妻Ⅳ324頁）。

カ 相殺適状の状態にあれば，当事者の一方は，他方に対する意思表示によって相殺をする（民506条1項前段）。相殺の意思表示の相手方は，意思表示の時点において，相殺適状にある受働債権を有する者であり（最判昭32・7・19民集11-7-1297），受働債権が譲渡された場合には，譲受人である（大判明38・6・3民録11-847）。相殺の意思表示は，訴訟外においてはもちろん，訴訟手続期日においてされることもある。

(2) **相殺を主張する場合の要件事実**

相殺を主張する者は，上記(1)ア(ア)(イ)(ウ)の要件に該当する具体的な事実と相殺の意思表示をした事実を主張立証しなければならない。

ア 同一当事者間に債権の対立があることおよび対立する両債権が同種の目的を有することは，自働債権と受働債権の各発生原因事実が主張立証されれば，債権債務の当事者も給付の内容も当然明らかになるので，

自働債権と受働債権の各発生原因事実

が上記(1)ア(ア)(イ)についての要件事実である。

　これらのうち受働債権の発生原因事実は，請求原因に既に表れており，裁判所はこれを前提として判断するので，Yが改めて主張立証する必要はなく，裁判所も判決において抗弁として摘示する必要はない。

　したがって，Yは自働債権の発生原因事実を主張立証すれば足り，裁判所もこれを抗弁の要件事実として摘示すれば足りる。

> ＊　初学者がしばしば陥る誤解の1つは，一定の法的効果の発生を基礎付けるためにいかなる法律要件を充足しなければならないか（要件事実は何か）の問題と，ある主張を判断するために必要な要件事実が，既に他の主張の要件事実として表れているので，一方当事者が改めて主張する必要はなく，また裁判所はそれを再度摘示する必要がないという主張立証の負担の問題および主張整理（事実摘示）の問題とを区別しないことである。
> 　本問における相殺の主張についてこの点を検討すれば，容易に理解することができる。すなわち，相殺の効果を主張するYは，本来であれば，民法が相殺の要件とし，かつ，その要件を充足する事実であって，Yが主張立証責任を負うものをすべて主張立証しなければならないはずである。したがって，受働債権の発生原因事実も主張立証しなければならない。しかし，相殺の抗弁を主張する場合，受働債権の発生原因事実は，請求原因としてXによって主張されており，裁判所は，Yの主張を待つまでもなく，受働債権の発生原因事実を判断の基礎とすることができる。したがって，Yは，Xとは別に，これを主張立証する必要はないということにすぎない。
> 　相殺に限らず，このような現象は種々の場面で発生する。大事なことは，ある法律効果を発生させる要件は何かを確認したうえで，その要件事実が当該主張の系列内に表れているかを考えることである。

イ(ア)　自働債権が弁済期にあることについての要件事実は，次のとおり考えるべきである。

　自働債権に弁済期の定めのない場合は，債権者はいつでも請求できるから，相殺を主張する者が弁済期の到来を主張する必要はない。

　自働債権の発生原因である契約において弁済期が定められている場合は（いわゆる貸借型理論の見解に立つときは，消費貸借契約には，契約の要素として弁済期の合意が含まれる），その弁済期が到来するまで相殺することができないから，相殺を主張する者が，

　① **弁済期の合意**
　② **弁済期が到来したこと**

を主張しなければならない。

　本問は，後者の場合であるから，Yは，2021年3月10日が到来したことを主張立証しなければならない。なお，消費貸借契約の要件事実を，「返

還を約束して目的物を交付したこと」と考える見解によれば，前記弁済期の到来の事実により貸金返還請求権が発生することを基礎付けるために，消費貸借契約の締結の事実のほかに，弁済期の合意を主張立証しなければならない。すなわち，弁済期の合意は，自働債権の発生原因と相殺適状の双方の要件に関わる要件事実である。

> ＊　「弁済期が到来した事実」を主張しなければならないといっても，弁済期が暦日によって定められている場合には，裁判所に顕著な事実であるから，証明を要しない。実務上は，明示的な主張がなくても，当然に黙示的な主張があるものと解し，判決の事実摘示にも記載しない例である。
>
> ＊　本問では，貸金の元本債権，利息債権および遅延損害金債権を自働債権とするものであるから，厳密にいえば，前二者に関して弁済期の到来，遅延損害金債権に関して弁済期の経過が要件事実として必要である。
>
> ＊　本書は，要件事実論の基礎的思考を学ぶ教材であることに鑑み，実務上記載されない例である事実も摘示例に記載する。なお，「経過」の事実には，論理上「到来」の事実も包含されるから，講学上，「経過」のみを摘示すれば足りるとされることもある。

(イ)　**受働債権が弁済期にあること**についての要件事実は，次のとおり考えるべきである。

受働債権に期限の定めのない場合は，債務者はいつでも弁済できるから，相殺を主張する者が弁済期の到来を主張する必要はない。

受働債権に弁済期が定められている場合，債務者が期限の利益を放棄することができるときは，

債務者が期限の利益を放棄する意思表示をしたこと

が，相殺の要件事実であるが，前記のとおり，受働債権の債務者が相殺の意思表示をし，そのことを主張立証している場合には，それにより，期限の利益が放棄されていると考えることができる。もっとも，期限が債権者の利益のためのものであるときは，その期限が到来するまで相殺することができないから，この意思表示を主張しても，主張自体失当である。

本問は前者の場合であり，かつ，受働債権の発生原因事実は，請求原因に既に表れている。

> ＊　仮に受働債権に弁済期の合意があった場合でも，その合意と到来は請求原因に既に表れている。

以上によれば，Yは，

第27講　債権譲渡(2)　………　451

① 2020年12月10日のＹ・Ａ社間の消費貸借契約
② 同日のＹ・Ａ社間の利息契約
③ 同日のＹ・Ａ社間の遅延損害金の利率についての合意
④ 2021年3月10日の（到来と）経過
⑤ Ｙが，Ａ社に対し，同年5月26日，①から④までによる貸金債権，利息債権および遅延損害金債権を自働債権とし，訴求債権（売買代金債権および遅延損害金債権）を受働債権として，対当額で相殺する旨の意思表示をしたこと

を主張立証する必要がある。

＊　上記④の記載について，前記イ(ｱ)の＊参照。
＊　上記⑤は，相殺の意思表示が同時に期限の利益を放棄する旨の意思表示をも含み，期限の利益を放棄する意思が黙示的に表示された事実は相殺の意思表示の事実を記載することによって表れているとの理解を前提にした記載である。この点を厳密に考えれば，期限の利益を放棄する意思表示があったことも要件事実であり，その意思表示が黙示的にされたのであるから，たとえば，「Ｙが，Ａ社に対し，2021年5月26日，①②③による貸金債権，利息債権および遅延損害金債権を自働債権とし，訴求債権（売買代金債権および遅延損害金債権）を受働債権とする相殺の意思表示をし，もって本件売買代金債務について期限の利益を放棄する旨の黙示の意思表示をした。」との事実を摘示することになろう。
＊　相殺の意思表示の具体的内容として，遅延損害金の金額が確定している必要がある。「①②による貸金債権，利息債権」と記載すれば，元本の金額および利息の金額は明らかになるが，遅延損害金債権は，始期と終期を明示しなければ，その金額が明確であるとは言い難い。しかし，当事者が特に限定しない限り，履行遅滞に陥った日から相殺の意思表示をした日までの金額であるのが当事者の通常の意思であると解され，本問では，④で始期，⑤で終期が表れている。

事実摘示例

1　請求原因
(1)　Ａ株式会社（以下「Ａ社」という）は，2021年2月1日，被告に対し，アンティークの応接家具一式（以下「本件家具」という）を代金1000万円，引渡期日を同年3月22日，代金支払期日を同年6月1日とする約定で売った（以下「本件売買契約」という）。
(2)　Ａ社は，2021年3月22日，被告に対し，本件売買契約に基づいて，本件家具を引き渡した。
(3)　Ａ社は，2021年3月24日，原告に対し，本件売買契約に基づく

代金債権を代金990万円で売った。
(4)　2021年6月1日は経過した。
(5)　よって，原告は，被告に対し，A社・被告間の本件売買契約に基づいて，代金1000万円及びこれに対する2021年6月2日から支払済みまで民法所定の年3％の割合による遅延損害金の支払を求める。

2　請求原因に対する認否
　請求原因(1)(2)の各事実は認める。同(3)の事実は知らない。

3　抗弁
(1)　弁済（本件家具の売買代金請求に対し）
　被告は，2021年2月23日，A社に対し，本件家具の代金として200万円を支払った。
(2)　相殺（本件家具の売買代金請求及びこれに対する遅延損害金請求に対し）
　ア　被告は，2020年12月10日，A社に対し，次の約定で1000万円を貸し付けた。
　　弁済期　　　2021年3月10日
　　利　息　　　年7％
　　損害金　　　年10％
　イ　2021年3月10日は，（到来し，）経過した。
　ウ　被告は，2021年5月26日，A社に対し，アの契約に基づく貸金債権，利息債権及び同年3月11日から同年5月26日までの遅延損害金債権をもって，原告の本訴請求債権とその対当額において相殺するとの意思表示をした。

4　抗弁に対する認否
　抗弁(1)の事実及び同(2)アの各事実はいずれも否認。同(2)ウの事実は知らない。

第28講 手段債務

（当事者間に争いのない事実又は公知の事実）

　遺伝子異常性慢性膵炎は，生まれつき膵臓の機能に支障があり，インスリンの分泌が異常に少ないことに起因する疾病である。乳幼児が罹患し，原因ははっきりしていないが，何らかの遺伝子異常が関係すると考えられている。ＰＷ沈殿法で明らかになる血液型でＰＷγ型の者に高い確率で発症することが知られている。

　一般に予後は芳しくなく，放置すると，糖尿病網膜症を伴うようになり，やがて失明に至ることも多い。そのほか，糖尿病の合併症に当たるものが重度で進む事例もみられ，死亡に至ることも少なくない。

　2021年，小石川医科大学の北村喜三郎教授の研究班が，その研究成果として「遺伝子異常性慢性膵炎の診断並びに治療基準に関する研究報告」を公表した。それによると，ＰＷ沈殿法による血液型判定でＰＷγ型であることが明らかになった者には，定期的に血糖及び尿糖の値を確かめるための検査（以下「血液等検査」という）を施し，異常が認められて発症が確かめられた場合には，この疾病の治療体制が整っている医療施設に移し，インスリン投与と併用して，新薬として承認されたプロセプケトンを服用させること（以下「施薬等処置」という）により，高い確率で寛解に向かわせることができるとされている。同年以降，乳幼児医療の現場においては，この研究報告に示された指針に即した診断や治療がされている。

　（遺伝子異常性慢性膵炎は，本講の考察のために想定する架空の疾病である。）

（Xの言い分）

　AはXの実父であり，BはXの実母です。未成年であるXに代わり，その法定代理人の立場から言い分を述べると，Xは，2020年12月11日に出生しました。出生の際に血液型がＰＷγ型であることが分かり，また，血糖と尿糖の数値にも若干の異常が認められました。

　そこで，私たち（A及びB）は，Xのために，同月13日，Yとの間で，診療契約を締結して，Yが設置・運営する病院にXを転医・入院させました。これは，Xのために，遺伝子異常性慢性膵炎に必要な診断・治療等の医療を受けさせるためであり，これによりYは，その発症の早期発見に努め，また，罹患が認められる場合には早期治療のために必要な措置を講ずる義務を負ったものです。

　Yの設置する病院は，遺伝子異常性慢性膵炎の発見と治療を意識して小児科と他の診療科が連携する体制をとり，血液等検査の結果，発症が疑われるときは，施薬等処置を講ずる方針をとっていました。したがって，私たちが，新規の治療法を前提として検査等に当たる知見をYが有すると期待したことは当然といえます。

　Xを担当した小児科医のCは，同年12月27日及び退院当日の2021年2月21日の2回しか血液等検査を行わずにいたところ，同年4月になって，Xが遺伝子異常性慢性膵炎と診断されました。Xは，これに伴う精神的損害として5000万円の損害を被ったものと考えています。

　担当医師のCは，遺伝子異常性慢性膵炎についての認識及び治療法として施薬等処置があるという知見を有していたらしいのですが，同症の臨床経過等の知識はないことに加え，遺伝子異常性慢性膵炎の診断についてあまり経験がなく，特別の修練も受けていませんでした。Yは，こうした事情を当然のことながら知っていたはずであり，それにもかかわらず，その雇用するCに漫然とXの診療に当たらせたのです。失明のおそれもある重篤な疾病に罹患したXは不憫であり，その精神的損害はYにより償われるべきものです。

　そこで，Yに対し，診療契約に基づいて当然に行われるべきであ

る定期的な血液等検査及び早期の施薬等処置の不実施等の注意義務違反を理由として，精神的損害の賠償を求めたいと考えています。

　（Ｙの言い分）
　　記録によるならば，Ｘは，2020年12月11日に血液型がＰＷγ型で出生しました。Ｘとの間においては，同月13日，Ｘの父母であるＡ及びＢがＸを代理して，診療契約を締結し，これに基づいてＸは当方の設置・運営する病院に転医・入院してきました。Ｘを担当したのは小児科医のＣですが，同年当時は，まだＹが設置・運営するような規模の病院では，ＰＷγ型の乳児に対し定期に血液等検査を実施することやその結果に基づいて施薬等処置をすることが法的義務として確立していませんでした。現在，Ｘが遺伝子異常性慢性膵炎に罹患していることは認めますし，そのことは遺憾に思いますが，当病院に過失があったものとは考えていません。
　　小石川医科大学の北村喜三郎教授らの研究班による「遺伝子異常性慢性膵炎の診断並びに治療基準に関する研究報告」が発表されたのは2021年３月であり，同年２月21日当時，ＰＷγ型の乳児のために，定期に血液等検査を実施することの必要性及びその結果に基づいて施薬等処置を講じなければならないことの必要性は，医療上要請されることとして一般に認識されていなかったのです。
　　なお，Ｙの設置する病院においては，2019年10月ころから，小児科の医師らが中心になり，遺伝子異常性慢性膵炎の早期発見及び治療を意識して小児科と他の診療科とが連携する体制をとっていました。すなわち，まず，血液等検査は，小児科医が患児の全身状態を見て適切であると判断した時期に実施し，次回の検査時期を見定めることとし，血液等検査の結果として発症が疑われる場合には，施薬等処置を実施することにしていました。このように当時の医療水準に照らし，遺伝子異常性慢性膵炎の問題について一応の対応を用意していたものです。しかし，ＸがＹの設置・運営する病院に入院していた際には，Ｘの血液等検査の結果において遺伝子異常性慢性

膵炎の発症を疑うべき顕著な所見はありませんでした。その意味においても，当方に過失はなかったと考えています。

1 事案

　本問は，ＸがＹに対し，Ｘが遺伝子異常性慢性膵炎となったことにより被った精神的損害の賠償を求めるものである。Ｘは，2020年12月11日に出生し，遺伝子異常性慢性膵炎の罹患が疑われたことから，直ちにＹが設置・運営する病院に転医・入院した。Ｘは，担当の小児科医であるＣが，同年12月27日および退院時の2021年2月21日の2回しか血液等検査を行わずにいたところ，同年4月になってＸが遺伝子異常性慢性膵炎と診断されたとし，Ｙが血液等検査を定期に実施せず，それに伴い，施薬等処置を実施しなかったことについて注意義務違反があると主張し，これに対し，Ｙは，2020年当時，Ｘが主張するような定期の血液等検査さらに施薬等処置を実施することが法的義務として確立しておらず，Ｙに過失があったとはいえないと主張した事案である。

　なお，Ｙの病院は，遺伝子異常性慢性膵炎の早期発見と治療を意識して小児科と他の診療科が連携する体制をとり，血液等検査の結果，発症が疑われたときは，施薬等処置を実施することとしていた。

　すなわち，この事案は，**医療過誤**が問われるものであり，医療過誤については，その被害の損害賠償について，**不法行為を根拠とする損害賠償請求権をもってする構成**と，**医療契約に基づく診療債務・治療債務の不履行に基づく損害賠償請求権をもってする構成**と，両方が可能であり，実務上も，この両者が選択的併合の関係で主張されることが多い。本書においては，不法行為に基づく損害賠償請求権の主張立証は第29講で扱うこととしており，本講においては，もっぱら債務不履行構成を前提として手段債務の不履行に基づく損害賠償請求権の主張立証関係に焦点を置いて考察を進めることとする。

2　請求の趣旨

> 被告は，原告に対し，5000万円を支払え。

3　訴訟物

> 医療契約に基づく債務の不履行による損害賠償請求権　1個

4　本問における攻撃防御の枠組み

　本問において問題となる医療契約は，それに基づいて生ずる債務が典型的な**手段債務**であって，その不履行が問われる医療過誤は，したがって，手段債務の不履行に基づく損害賠償請求が問題となる典型的な場面である。

　ところで，この手段債務の不履行に基づく損害賠償請求の攻撃防御の枠組みについては，手段債務という概念が，比較的新しく導入されたこともあって，いまだ定説的な見解が確立していない。

　しかし，医療過誤に代表される現代的な諸問題は，役務提供契約などに基づいて生ずる手段債務の不履行として問題とされることが多く，これについての要件事実的な検討を等閑にすることは適当でない。そこで，これを本書において取り上げることとするが，上述のような問題状況にあることから，本書が提示する考え方も，あくまでも1つの試論であることに留意を求める。

　そのような前提のもと，本講においては，ひとまず，債権者（患者）の側において，本旨履行の内容をなす債務の内容を明らかにする評価根拠事実を主張立証するのに対し，債務者（医師）においてその評価障害事実を主張立証すべきものとし，そして，本旨履行がされていないと認められる場合において，さらに免責事由の主張立証として，債務者の側において免責事由の評価根拠事実を主張立証すべきであり，これに対し債権者が免責事由の評価障害事実を主張立証することになる，という振り合いを基本的なデッサンとして，攻撃防御の枠組みを考えることとする。

5　手段債務の不履行とそれをめぐる訴訟上の攻撃防御
(1)　債務不履行の主張立証 —— 一般論
　既に第11講において説いたように、売買や贈与に基づく財産権移転義務の不履行などを典型とする結果債務の不履行に基づく損害賠償請求にあっては、債務者による履行がないこと、および不履行について債務者に帰責事由があることは、これらを債権者において主張立証する必要はなく、むしろ債務者において、本旨履行をしたこと、または不履行について債務者に帰責事由がないことを主張立証すべきである。これは、債務不履行の損害賠償請求が、債務の履行請求とともに、債権の効力の１つの発現であって、それらの請求をするには、債権が発生したこと（権利根拠事実）を主張立証すれば足り、これに対し、債務者が債務の消滅原因（権利消滅事実）を主張立証する責任を負うことによる。いうまでもなく弁済は債務の消滅原因であり、本旨に従う履行をする、ということは、弁済をすることにほかならない。

(2)　債務不履行の主張立証 —— 例外的考慮
　もっとも、このような考え方が単純な結果債務（売主が目的物を引き渡す債務など）においては妥当するとしても、弁済の態様が相対的に複雑である場合は、別異の考察を要する。弁済があったことを単純に債務者に主張立証させることでよいのは、結果債務の場合において、多くは弁済の内容が一義的に明確であり、弁済があったとする側で主張立証することで的確に訴訟関係の明瞭を確保することができるからである。
　そうではなく、何をもって本旨に従った弁済とみるか、ということ自体が評価の対象になる場面においては、**債務の内容そのものが規範的要件**であると考えたうえで、何をもって本旨弁済になるか、ということの評価根拠事実を債権者の側で明らかにすることを求め、これに対し債務者がその評価障害事実を主張立証する、という役割分担を考えることが、実質的な争点を的確に把握するうえで、むしろ望ましい。
　要するに、履行の有無の主張立証は、原則としては債務者の側で履行があった事実を主張立証すべきであると考えられるとしても、広く様々な態様の種々の債務を見渡す中では、それぞれの債務の内容や性質の分析に導かれ、例外的な主張立証責任の分配を考えることを要請される局面がある。

(3) 結果債務と手段債務の概念

　一定の結果を実現することを内容とする債務が結果債務であり，一定の結果を実現すべく最大限の努力をすることを内容とする債務が手段債務である（後藤140頁。この概念の意義や限界などの詳細な検討として，森田宏樹・契約責任の帰責構造〔有斐閣・2002〕）。建物を建築し完成させるべき請負人の債務（民632条）は結果債務であり，また，病気を治癒するために最大限の医療を尽くすべき医師の債務（民656条）は，通常，手段債務の概念で理解される。

　結果債務にあっては，結果が実現されないことは，それ自体として，債務の本旨に従った履行をしない，ということ（民新415条1項本文）に当たるのに対し，手段債務の不履行を主張するためには，ある結果の実現のため債務者が所要の尽力をしなかったことが要件となる。

　　＊　そこで，手段債務の場合には，めざすべき結果がAであるとしても，それを述べるのみでは，履行請求や損害賠償請求を根拠付けることがではない。
　　　Aという結果を実現する結果債務は，そのような内容の債務が存在することを主張立証するならば，債務者の側がAを実現する弁済を抗弁として主張立証しない限り，その結果債務の不履行に基づく損害賠償請求が成り立つ。これに対し，手段債務の場合は，医療契約を題材として攻撃防御を観察するならば，多くの事例において，診療契約成立後の患者の状態の推移に応じ，債権者（患者）の側が，Aを実現するためにはaという診療・治療などの医療行為をすることが債務内容をなすものであったとする評価を根拠付ける事実を主張立証するのに対し，債務者（医師）の側は，その状態の推移のもとにおいては，aではなくβという医療行為をすることが期待され，それで十分であったとする陳述をすることになる。この医師の側の陳述は，債権者の側の債務内容特定のための評価根拠事実の主張に対する否認ないし評価障害事実の主張になる。そして実際上，βという医療行為が適切であり，それで十分であったとする陳述は，実際にもβという医療行為を実施したという陳述を伴うことが普通である。この陳述の部分は，結果債務の場合であれば弁済の抗弁を構成するものであるかもしれないが，手段債務の特質上，そうではなく，債務内容特定の評価根拠事実の主張に対する否認の理由付けもしくはそれに関連する事情または評価障害事実の主張に関連する事情という位置付けを与えられる。

(4) 手段債務の不履行の主張立証

　手段債務のなかでも，とりわけ，ここで扱う医療過誤には，前述(2)の例外的考慮が妥当すると考えられる。ここでは，債務が履行されていない，という問題提起は，債権者の側から積極的にされていくことにより，訴訟関係が明瞭になり，実質的な争点が審理において的確に把握される。手段債務が「合理的な債務者としての取引・社会生活上期待される注意・努力

を引き受けているにすぎない場合」の債務であるという実体的理解の上での特質認識に即していうならば，「債務不履行を構成している合理的注意・努力については，債務不履行を理由とする損害賠償請求にあっては，債権者側が，『債務の本旨』が何であり，どのような不履行があったかという点に関する事実として，主張・証明責任を負う」とする考え方（潮見佳男「債務不履行の構造と要件事実論」大塚=後藤=山野目254頁）が適切であると考えられる。

　そこで，本講で問題とする医療過誤の典型的なものについては，債権者の側において，**本旨履行の内容をなす債務の内容を明らかにする評価根拠事実**を主張立証するのに対し，**債務者においてその評価障害事実を主張立証**すべきであり，この攻撃防御において民法新415条1項本文にいう**本旨履行の不存在**という評価をすべきかどうかが見定められる。そして，本旨履行がされていないと認められる場合は，さらに同項ただし書の**免責事由**の有無が問題となるが，これも規範的要件である。免責事由の主張立証においては，債務者の側において免責事由の評価根拠事実を主張立証すべきであり，これに対し債権者が免責事由の評価障害事実を主張立証することになる。実際の審理においては，債務内容の評価根拠事実と免責事由の評価障害事実が重なることがあるかもしれない（同じように，債務内容の評価障害事実と免責事由の評価根拠事実が重なることがありうる）が，あくまでも理論的な整理としては，債務内容そのものの問題とは異なり，契約にとって外在的な事情を構成する事実を考慮することになるものが，免責事由にほかならない。たとえば，病院が所在する地域の一帯において予期しない停電が起き，そのために適時に手術をすることができなかったというような，契約成立後の経過であって契約外在的な事実も取り込んで攻撃防御がされることになる。

　なお，弁済の内容が一義的に明確であるようにみえるものが多い結果債務にあっても，不完全履行があったことに伴う損害賠償などを考えると，手段債務についてと同様の思考を要請される場面がないとは限らない。

　＊　疾病に罹患した者に対し医師が診断と治療をし，これに対し患者が報酬を支払う契約（医療契約）は，準委任契約（民656条）であると考えられる。いうまでもなく，医師が受任者であり，患者が委任者である。これに基づき医師が負う債務は，診断と治療を適切に

行うという「事務」（同条）にほかならない。この事務が適切にされなかった場合において，患者は，医師に対し債務不履行を理由とする損害賠償請求をすることができる余地が生ずる。その可否は，民法新415条1項の規定の適用として定まる。同項の定める要件は，同項本文が定める不履行の存否と，同項ただし書が定める免責事由の存否とがある。

　この要件構成の医療契約に即した攻撃防御における反映として，本書においては，債務不履行の存否と免責事由のそれとのいずれもが規範的要件であるという前提で考察をする。すなわち，原告が，本旨に従って債務が履行されなかったという評価を根拠付ける具体的な事実を主張立証するのに対し，被告が，この評価を妨げる具体的な事実を主張立証し，また，被告が，免責事由があるという評価を根拠付ける具体的な事実を主張立証するのに対し，被告が，この評価を妨げる具体的な事実を主張立証することになる。

　これは，このように攻撃防御を考えることが法文の文理からもありうる理解であるということに加え，医療契約の実状を踏まえた実務の適切な運用を可能にするということによる。医療契約は，ふつう，必ず患者の疾患を治癒に至らしめる義務を医師に負わせるものではなく，そこでの医師の債務は，いわゆる手段債務であるにとどまる。医師は，適切に診断および治療をする義務を負う。適切に診断・治療がされたかどうか，を明らかにするためには，債務の内容を明らかにし，かつ，その履行の実際の過程が明らかにされなければならない。しかも，それらは，個別の患者の状況に即して専門的に判断されることである。このような医療契約の特性を訴訟における攻撃防御に反映させて受け止めるには，原被告の主張立証が十分に尽くされるような場の提供が求められる。

　契約に基づいて生ずる債務が手段債務である場合の民法新415条1項の適用については，「債務不履行の事実の立証責任は債権者にある」という立証責任の分配から出発し，債務不履行の有無について攻撃防御が尽くされるならば，同項ただし書の免責事由の問題は，いわば本文の要件判断に吸収される「一元的に判断される考え方」がありうる（森田宏樹・債権法改正を深める―民法の基礎理論の深化のために〔有斐閣・2013〕31－32頁における紹介）。

　この考え方を発展させていくと，まず，債務不履行の成否そのものを「少なくとも手段債務の場合には，規範的要件と位置づけ」るもの（債務不履行があったという患者の主張に対し，それがなかったことの医師の主張が抗弁としてされる）が想定される（潮見佳男「債務不履行による損害賠償・解除の法理と要件事実論」伊藤滋夫ほか・債権法改正と要件事実〔法科大学院要件事実研究所報8号，2010〕81頁の見解の，森田・前掲32頁における紹介）。

　本講で考えているように，2つの種類の規範的要件を併せて設ける考え方は，さらに，民法新415条1項ただし書の免責事由の判断も規範的要件として位置付ける「二元的に判断されるとする考え方」（森田・前掲33頁）にほかならない。

　もっとも，債務不履行の評価根拠事実・評価障害事実と免責事由の評価障害事実・評価根拠事実が実際上重なることもありうる。

　また，この考え方が，そもそもすべての手段債務をめぐる攻撃防御に親しむものであるかも，一考を要する。「結果債務・手段債務論というのは，すべての契約上の債務を2つのカテゴリーに区分すべきことを主張する考え方ではない」（森田・前掲38頁）という指摘もある。医療契約でない準委任契約のなかには，本講の当面の考察と同じ発想が親しむものがあるかもしれない（たとえば，弁護士を受任者とする契約。王冷然「弁護士の善管注意義務と説明義務―最高裁平成25年4月16日判決民集67巻4号1049頁を手がかりとして」社会科学研究28号〔徳島大学総合科学部・2014〕は，その総合的な判例研究である）。半面において，すべての医療契約を同じように考えてよいとも限らない。高度で複雑な診断・治療が問題となる場合について，ここで提示する考え方が実際的であると考えられる一方，かなり定型的な医療行為を内容とする場合は，結果債務の不履行の判断構造に近い

ものが適当であるとみられる場面もあると考えられる。

6　手段債務の不履行に基づく損害賠償請求の請求原因

　結果債務とは大きく異なる手段債務の実体的構造を要件事実論的な考察に投影させるならば，要するに，ある手段債務の本旨に従った履行がなかったということは，本質的には1つの規範的要件として構成されることに親しむ。これは，法文でいうと，「債務者がその債務の本旨に従った履行をしない」こと（民新415条項本文）に当たる。

　これをさらに分析するならば，「債務の本旨に従った履行」の意味内容を明らかにする部分と，「履行をしない」という部分とから，この要件が構成されることになる。そして，前者こそが規範的要件であり，そこで期待される履行行為として明らかになるものがないこと自体を意味する後者は，それ自体としては，規範的要件ではない。

　このような考え方を前提とするならば，手段債務の不履行に基づく損害賠償請求権の行使に際し請求原因であるとされる事項は，

① 債務の発生原因である契約
② 契約に基づいて発生した債務の内容を根拠付ける具体的な事実
③ 契約に基づいて発生した債務の内容に相当する履行がなかったこと
④ 損害が発生したことおよびその数額
⑤ 本旨に従った履行がなかったことと発生した損害との間の因果関係

というものであることになる。

7　請求原因

　以上のような一般的な考察を前提とするならば，本問事案の請求原因事実は，医療契約の締結，それに基づく遺伝子異常性慢性膵炎の発症予防・早期発見・早期治療に努める義務の発生を根拠付ける事実，これらの義務の履行がなかったこと，遺伝子異常性慢性膵炎の発症に伴う精神的損害の発生およびその数額，医療機関の債務不履行と遺伝子異常性慢性膵炎の発症との因果関係である。

　本問事案においては，医療契約に基づいて発生した義務の内容を根拠付ける事実として，原告がＰＷγ型の血液型で出生した事実や，被告の設置

する病院に入院した経緯，同病院における診断と治療の経過に係る事実などが主張立証されなければならないことは，当然である。

加えて，本問事案の核心をなす部分として，一方において，2021年に小石川医科大学の北村喜三郎教授らの研究班による「遺伝子異常性慢性膵炎の診断並びに治療基準に関する研究報告」が出されたのが，医療水準の具体的な時期・内容の一般的基準であるとすると，本問事案の診療の時期がそれ以前であり，他方において，Yの病院は，遺伝子異常性慢性膵炎の発見と治療を意識して各診療科が連携する体制をとり，血液等検査の結果，その発症が疑われたときは，施薬等処置を実施するなど，新規の治療法を前提として検査等に当たる知見を有すると期待することが相当と認められることである（2017年の民法改正の前の事案であるが，いわゆる未熟児網膜症について本問と類似の事案を扱った最判昭60・3・26民集39－2－124や，最判平7・6・9民集49－6－1499が参考となる）。

さらに，担当医の資質とその問題についての被告医療機関の自覚的対応の欠如，担当小児科医による血液等検査の実施状況や，遺伝子異常性慢性膵炎の治療について被告が採っていた一般的な方針なども主張することになると考えられる。

実際の主張立証においては，契約に基づいて発生した債務の内容を根拠付ける具体的な事実と，その債務の内容に相当する履行がなかった事実とは一体として提示され，事実として摘示されることが少なくないと考えられる（債務の内容に相当する履行がなかった事実は，規範的要件ではなく，その履行がないという通常の事実であると考えられる。宮﨑朋紀「医療訴訟における要件事実の整理に向けて」判タ1432号〔2017〕21頁参照）。

そして，これらの主張立証に加え，上述のとおり，損害の発生とその数額，因果関係を主張立証することになる。因果関係は，その存在を１つの事実として主張立証するものであるが，通常，「によって」などという摘示で陳述することがされる。もっとも，因果関係の存在を肯定するができるかどうかが難しい争点となる事案もあり，法的評価を通じ認定判断がされる性格が強い事実である。学説の中には，因果関係の存在は評価であり，その存在を基礎付ける具体的な事実が主要事実であるとするものもみられる（米村滋人「法的評価としての因果関係と不法行為の目的―現代型不法行為

訴訟における責任範囲拡大化を契機とする因果関係概念の理論的検討」法学協会雑誌122巻4号・5号〔2005〕）。

8　請求原因に対する認否

　Yの言い分によるならば，医療契約の締結，血液型がPWγ型で出生した事実，被告の設置する病院への転医・入院の経過，同病院における小児科と他の診療科との連携体制がとられていたことなどの事実は自白することになると考えられる。また，遺伝子異常性慢性膵炎の発症に伴う精神的損害の発生およびその数額，医療機関の債務不履行と遺伝子異常性慢性膵炎の発症との因果関係などは不知とされるであろう。

　特別の考察を有するのは，ここでもやはり医療契約に基づく債務の内容の評価根拠事実である。請求原因として主張することが想定される評価根拠事実のうち，Xについて血液等検査を実施した時期および回数ならびにその結果に基づいて施薬等処置を講じなかったことは，いずれも争わないこととなるものと考えられる。これに対し，病院の一般的な診察・治療体制の内容，この事案におけるXのための医療措置の具体的経緯におけるYの対応姿勢および担当医の資質などは，争うことが想定される。

9　抗弁

　手段債務の不履行に基づく損害賠償請求について，本旨債務の不履行を規範的要件とする理解に立ち，評価根拠事実を請求原因とし，評価障害事実を抗弁とする考え方を前提とするならば，被告の側から提出する抗弁は，原告が主張する内容の医療契約に基づく債務が発生していたという評価を障害する具体的な事実である，ということになる。

　具体的には，抗弁は，本問事案当時，遺伝子異常性慢性膵炎について医療水準の一般的基準が形成されていないことの主張立証が中心となる。

　すなわち，2020年から2021年初頭にかけての時期は，PWγ型の乳児に対し定期の血液等検査を実施することの必要性およびその結果に基づいて施薬等処置を講ずることが，要請される医学的な処方として確立していなかったことを主張することになると考えられる。これは，2021年3月に上記の「遺伝子異常性慢性膵炎の診断並びに治療基準に関する研究報告」が

出されたことにより，医療水準の具体的な時期・内容の一般的基準が確立したと考えられることによる。

なお，一般論としては，民法新415条1項ただし書の免責事由の存在を根拠付ける具体的事実も，抗弁となりうる。特に医療契約が締結された後に新しく生じた事情を攻撃防御に反映させることは，免責事由の問題とすることに親しむ。本問事案においては，特にこれに当たる事情として同項本文の要件とは別立てに考えなければならないものは，見当たらない。

10 抗弁に対する認否

抗弁の認否としては，まず，本問事案が，2021年に上記の「遺伝子異常性慢性膵炎の診断並びに治療基準に関する研究報告」が出されるより前に起こったことは認めることになると考えられる。

しかし，Xは，Yの設置する病院が，遺伝子異常性慢性膵炎の早期発見と治療を意識して小児科と他の診療科が連携する体制をとり，血液等検査の結果，その発症が疑われたときは，施薬等処置など新規の治療法を前提として検査をするなど適切と認められる経過観察やそれを踏まえての治療に当たる知見を有すると期待することが相当と認められると考えている。そこで，そのような理由を示しつつ，Yが，定期の血液等検査および施薬等処置を実施する必要性の認識を欠いていたことに正当性があるという部分は争うことになる。

事実摘示例

1　請求原因
(1)　Aは原告の父であり，Bは原告の母である。
(2)　A及びBは，2020年12月13日，被告との間において，原告のためにすることを示して，原告の発育に必要な保育，診断及び治療等の医療を実施することを内容とする医療契約を締結した。
(3)　（医療契約に基づく債務の評価根拠事実）
　ア　原告は，2020年12月11日，血液型がＰＷγ型で出生した。
　イ　その当時，被告の設置する病院においては，遺伝子異常性慢

性膵炎の発見及び治療を目的として，小児科と他の診療科が連携する体制をとっていた。
　　ウ　原告は，遺伝子異常性慢性膵炎の発症予防及び同症の早期発見並びに同症の罹患が認められる場合における早期治療などの医療措置を受けることを目的として，同月13日，被告が設置する病院に転医・入院した。
(4)　（医療契約に基づく債務の不履行）
　　ア　原告の診断及び治療を担当したのは，被告が雇用する小児科医のＣであった。
　　イ　Ｃについて，ＰＷγ型の乳児の血液等検査及び同症の診断の経験の有無・程度並びに同症の診断及び治療に関する研修を受けた実績は，明らかでない。
　　ウ　被告は，こうした事情にもかかわらず，Ｃに原告の診療を担当させた。
　　エ　被告の設置する病院に原告が入院していた当時，被告は，前記(3)イの体制の一環として，血液等検査の結果としてその発症が疑われたときは，施薬等処置を実施するという方針をとっていた。
　　オ　Ｃが，原告について血液等検査を実施したのは，2020年12月27日及び2021年2月21日であった。
　　カ　原告は，2021年2月21日に同病院を退院した。
　　キ　原告は，同年4月20日，遺伝子異常性慢性膵炎に罹患していることが診断により判明した。
(5)　原告は，これにより精神的損害として5000万円の損害を被った。
(6)　よって，原告は，被告に対し，被告が定期に血液等検査を実施するべきであるにもかかわらず，これを実施せず，また，そのような定期の血液等検査を自身履行することが困難である事情がある場合には早期に施薬等処置を講ずるべきであるにもかかわらず，これを実施しなかったことの注意義務違反があり，これらは医療契約に基づく債務の本旨に従う履行ではないから，債務不履行に基づく損害賠償として5000万円の支払を求める。

2　請求原因に対する認否

請求原因(1)(2)(3)ア，イ及びウ並びに(4)ア，エ，オ及びカの事実は認める。

同(4)イについて，Cが，遺伝子異常性慢性膵炎の診断及び治療を専ら主題とする研修を受けた実績を確認することができないことは認め，その余は否認する。

同(4)ウについて，Cが遺伝子異常性慢性膵炎の診断及び治療を専ら主題とする研修を受けた実績を確認しないでCに原告の医療を担当させたことは認め，その余は否認する。

同キのうち，現在において原告が遺伝子異常性慢性膵炎に罹患していることは認め，その余は知らない。

同(5)は知らない。

3　抗弁

医療契約に基づく債務の不履行の評価障害事実

(1)　小石川医科大学の北村喜三郎教授らの研究班による「遺伝子異常性慢性膵炎の診断並びに治療基準に関する研究報告」が発表されたのは2021年3月であり，同年2月21日当時，ＰＷγ型の乳児のために，定期の血液等検査及び施薬等処置を講ずる必要性は，医療上要請されることとして一般に認識されていなかった。

(2)　被告が設置・運営する病院における小児科と他の診療科との連携体制は，具体的には，小児科医が患児の全身状態から遺伝子異常性慢性膵炎の罹患が疑われると判断した場合に血液等検査を実施し，当時の医学的水準に照らし血液等検査の結果としてその発症が合理的に疑われるときには，施薬等処置を実施することとしていたものである。しかし，原告が被告の設置・運営する病院に入院していた際には，原告の血液等検査の結果において遺伝子異常性慢性膵炎の発症を疑うべき所見はなかった。

4　抗弁に対する認否

(1) 抗弁(1)のうち，小石川医科大学の北村喜三郎教授らの研究班による「遺伝子異常性慢性膵炎の診断並びに治療基準に関する研究報告」が発表されたのが2021年3月21日であることは認め，その余は知らない。
(2) 同(2)のうち，前段は知らない。後段は否認する。

第29講 不法行為

（Xの法定代理人親権者母Bの言い分）
　私の子のX（当時8歳）は，2021年7月26日，本件ビルのそばで遊んでいたところ，本件ビルの塗装工事をしていたA社従業員が工具を落とし，同工具は同ビルの上部を通るYが架設し，所有・占有していた高圧（3300ボルト）の送電線（複数）を直撃し，その送電線の被覆がはがれていたため，2本の送電線が接触してショートし，送電線が切れて地上に落下し，電線の一端がXの足部に触れて感電し，全治3か月の大怪我を負い，後遺障害が残りました。断線の原因はもっぱら電線の接触によるショート（短絡電流によって電線が溶けたこと）にあり，電線の被覆があれば電線が接触してもこのようなショートは起こらないということです。送電線の被覆がはがれたのは，被覆の老朽化が原因だそうですが，Yは被覆のはがれの点検もせず，電線（被覆）の交換をしないまま数年間放っておいたということが分かりました。Xは工事用の柵内に入って遊んでいたのですが，柵は低く，子供でもたやすく乗り越えられる状況でした。
　そこで，Yに対し，民法717条1項の土地工作物の占有者として，又は民法709条の不法行為に基づき，Xの3か月分の入院費90万円，治療費120万円及び精神的損害に対する慰謝料140万円，後遺障害による逸失利益が3000万円，後遺障害による慰謝料が650万円の合計4000万円賠償を求めます。

（Yの言い分）
　本件電線を我が社が架設し，所有・占有していることは認めます。

また，Xが地上に落下した電線に感電して後遺障害を残したこと，その後遺障害による損害額がX（B）主張のとおりであることも認めます。しかし，この断線事故は訴外A社従業員が過失によって工具を落としたことによるもので，電線が接触してショートしたことによるものではありません。また，送電線の被覆がはがれていたのは，老朽化だけでなく，たまたま本件事故の3日前に生じた落雷も原因となっています。Yとしては，電線の点検はしていたのであり，1週間前の点検でも被覆のはがれは発見されていませんでした。さらに，Xは，工事用の柵内に入って遊んでいたのであり，ショートから送電線の落下まで5，6分の時間がかかったことからすると，その場から直ちに離れなかったことについて落ち度があったといえます。

1　事案

　本問は，X（Xは当時8歳で未成年者のため，損害賠償請求は，Xの法定代理人親権者母のBがしている）がYに対し，Xの傷害に対する損害賠償を求めたものである。Xは，訴外A社は本件ビルの塗装工事の作業中，A社従業員の過失により工具を落とし，同工具は同ビルの上部を通るY架設の高圧送電線を直撃し，その送電線の被覆がはがれていたため，2本の送電線が接触してショートし，5，6分後，電線が切れて地上に落下し，電線の一端が，工事用の柵を越えて中に入って遊んでいたXの足部に触れて感電し，大怪我を負ったと主張し，Yは，断線事故はもともと訴外A社従業員が過失によって工具を落としたことによるものであり電線の接触によるショートが原因ではないこと，送電線の被覆がはがれていたのは，老朽化だけでなく，たまたま本件事故の3日前に生じた落雷も原因となっていること，Bは，工事用の柵内に入って遊んでおり，また，その場から直ちに離れなかったことについて落ち度があったことを主張した事案である。

2　請求の趣旨

> 被告は，原告に対し，金4000万円を支払え。

3　訴訟物

> 工作物責任に基づく損害賠償請求権　1個
> 一般不法行為責任に基づく損害賠償請求権　1個
> 選択的併合

　X（B）の言い分から，上記2つの請求権を本件訴訟の訴訟物としていることは明らかである。**身体傷害による財産上および精神上の損害の賠償請求権の個数は1個と解するのが判例である**（最判昭48・4・5民集27－3－419）。
　上記の2つの請求は，同一の損害賠償請求の根拠として主張されているものであり，いずれか一方が認められれば足りるから，選択的併合（一方の請求が認容されることが，他の訴えの解除条件となっている）の関係にある。

4　本問における攻撃防御の枠組み

　本問における請求原因は，土地工作物責任および一般不法行為責任に基づく損害賠償請求権である。Yは，断線の原因をA社従業員の行為に基づくものであると主張して因果関係を否認するとともに，これに対する抗弁として，①自然力起因の主張と②過失相殺の主張をしている。

5　請求原因
(1)　民法717条1項による土地工作物の占有者の責任の要件事実
　ア　一般

　本件電線が民法717条1項の土地工作物に当たるとした場合，土地工作物責任の要件事実は，工作物の占有者の責任については，次のようになる

（山本和敏「損害賠償請求訴訟における要件事実」新・実務民事訴訟講座4〔日本評論社・1982〕347頁）。
① Xが一定の権利または保護法益を有すること
② 本件電線が民法717条の「工作物」に該当し、Yが③の侵害の際、これを「占有」していたこと
③ 工作物に「瑕疵」（設置または保存の瑕疵）があったこと、これによって①が侵害されたこと
④ 請求原因③と⑤の間に因果関係が存在すること
⑤ Xに損害が発生したことおよびその数額

通説によれば、土地の工作物とは、土地に接着している物のみならず、土地の工作物としての機能を有するものをいう（加藤一郎・不法行為〔増補版、有斐閣・1974〕195頁）。高圧送電線が土地工作物に当たることには異論はなかろう。

Yの占有は、侵害行為の際、当該工作物がYの事実上の支配にあったことを示すものである。Yが侵害行為の時点で占有していたことを主張立証すべきであるとする見解（**現占有説**）と、侵害行為の前のある時点でYが占有していたことを主張立証すれば足りるとする見解（**もと占有説**）がありうるが、占有は事実であり、権利とは同様に扱えない（過去のある時点である者の占有があっても、その後にその者が占有していると扱うことはできない）こと、直接に侵害行為時点の占有の存在を立証することができることから、現占有説が妥当である（山本・前掲349頁）。

工作物の設置・保存の「瑕疵」とは、工作物がその種類に応じて通常備えているべき安全性を欠いていることをいい、瑕疵は客観的に判断されるのであって、占有者・所有者の過失ないし義務違反を問題とすべきではないとする見解が通説である（四宮和夫・不法行為〔青林書院・1985〕733頁、潮見佳男・不法行為法Ⅱ〔第2版、信山社・2011〕253頁）。高圧架空送電線のゴム被覆が破損していたため感電事故が生じた事例について、これを瑕疵と認めて民法717条1項の責任を認めた判例がある（最判昭37・11・8民集16-11-2216）。

因果関係と損害については、後述(2)を参照されたい。

イ 本問における土地工作物の占有者の責任の請求原因

以上によると，本問における本件電線の占有者Ｙの責任追及のための請求原因事実は，
　①　請求原因②の当時，本件電線はＹが架設し占有する物であったこと
　②　請求原因①の電線の被覆がはがれていたため，Ａ社従業員が工具を落とした際に電線どうしが接触・ショートし（短絡電流が流れて電線が溶け），そのため電線が断線してその一端が地上に落下したこと
　③　請求原因②の落下した電線が，Ｘの足部に触れて感電し，Ｘが全治3か月の大怪我を負ったこと
　④　Ｘの上記大怪我について，3か月の入院費および治療費，後遺障害による逸失利益，入院による精神的損害による慰謝料および後遺障害による精神的損害に対する慰謝料の合計は4000万円であること
となる。
(2)　一般不法行為責任の請求原因
　ア　一般
　一方，Ｘは，Ｙの一般不法行為（民709条）責任を問うこともできる。この場合の要件事実は，一般には，次のようになる（山本・前掲321頁以下）。
　①　ＹがＸに対し，傷害行為をしたこと（Ｘが権利あるいは法律上保護される利益〔保護法益〕を有することおよびこれに対するＹの加害行為）
　②　Ｙに請求原因①について故意があること，または請求原因①についての過失があることを基礎付ける事実（評価根拠事実）
　③　請求原因①と④の間に因果関係があること
　④　Ｘに損害が発生したことおよびその数額
　民法709条の不法行為が成立するためには，加害行為の客体である被侵害利益の存在が必要であり，これに対する傷害行為が加害行為ということになる。本問のように，Ｘの身体が保護法益になることは明らかであり，これを傷害するというような古典的な型の加害行為においては，この両者があれば行為の違法性も基礎付けられるから，要件事実上，これとは別に独立して違法性を要件とすべきかを論ずる実益はないとされる（山本・前掲324頁）。
　民法709条の責任を追及するためには，①について，故意または過失の存在が必要である。本問ではＹの過失が問題とされている。過失の意義に

ついては，伝統的見解として，「結果の発生を予見すべきであるにもかかわらず，不注意のために，これを予見しなかったという内心の状態」と捉える見解があるが，判例（最判昭57・9・7民集36-8-1572など）は，過失を行為義務違反と捉え，「結果回避のための行為（作為または不作為）義務を尽くさなかったこと」と捉えている（山本・前掲328頁）。後者の見解によると，過失の内容は，①加害行為（権利侵害）を回避（防止）する義務が発生したこと，②Yが，加害行為の際，①の義務を懈怠（不履行）したことということになる。義務の具体的内容としては，加害者（Y）という特定人の具体的な能力を基準として定立されるものではなく，**合理的な平均人**を基準として定められるものと解されている（山本・前掲330頁）。学説上も，「過失」を予見可能性を前提とする行為義務違反と捉える見解が多数であり，基本的に後者の立場に近いといってよい。

　「過失」という要件は，いわゆる**規範的要件**である。「過失」自体を主要事実として捉え，これを基礎付ける具体的事実を間接事実と見る見解（間接事実説）もあるが，「過失」自体は規範的評価の問題であり，これを基礎付ける具体的事実を主要事実ないし準主要事実と捉えて，弁論主義の適用を認める見解が有力であり，実務も概ねこの見解に立っていると考えられる（第6講参照。なお，「過失」の要件事実に関する近時の学説上の見解として，大塚直「要件事実論の民法学への示唆(3)」大塚=後藤=山野目73頁以下参照）。

　損害が加害行為によって生じたこと，すなわち「因果関係」が必要である。判例および従来の通説は，この因果関係を相当因果関係であるとして民法416条と同じ意味に解しているが，この見解に対して，学説上は，事実的因果関係と賠償範囲等を分ける立場が有力である（平井宜雄・債権各論Ⅱ〔弘文堂・1992〕80頁以下）。ところで，X（B）の主張によると，本件電線の瑕疵とA社の従業員の過失による工具の落下とが断線の原因として競合していることになり，競合的不法行為の問題となる。しかし，X（B）の言い分によれば，「電線の被覆があれば電線が接触してもこのようなショートは起こらない」というのであるから，電線の被覆がはがれていたことと断線との間には事実的因果関係があるとの主張といえる。寄与度の問題も生ずるが，複数原因が互いに引き金となって損害が発生した場合，すなわち，いずれかの原因が欠けていれば損害が発生しなかった場合（必

要条件的競合の場合）には，全部連帯責任を認めるべきであろう（大塚直「原因競合における割合的責任論に関する一考察 ― 競合的不法行為を中心として」星野英一先生古希祝賀・日本民法学の形成と課題（下）〔有斐閣・1996〕877頁）。

　損害の発生とその数額については，「損害」とその**金銭的評価額（数額）**の２つが問題となる。前者の「損害」は，「**被侵害法益の被侵害部分（滅失，毀損の範囲，態容などいわば物的なマイナス状態）**」とされており（山本・前掲332頁），この立場を採用するときは，学説上の「損害＝事実説」にいう「損害」（平井・前掲75頁）に類似する。前者の「損害」が証明されても，後者の金銭的評価額が証明できなかったときは，証明できなかった額は認容されないので，後者についてもＸに立証責任があると解される。しかし，個々の「損害」ごとに評価額が結び付いて，それが主要事実であるとまで解すると，ある損害（ａ）の評価額の主張は過大だが，ある損害（ｂ）の評価額の主張は過小な場合に，両者の合算額が適切な評価額であると考えても，常にａの適正な損害額を超える分だけ請求が排斥され，ｂの損害額は過小な主張どおりと認定されることになり，請求額の低額化を招き妥当ではない結論となる。個々の「損害」の項目（治療費，入院費，逸失利益，慰謝料など）は主要事実だが，その評価額自体は主要事実ではなく，その合計額についてだけ弁論主義の適用を認めれば，不当な結論は回避できよう。この点についても様々な考え方がありうるが（山本・前掲332頁），一応ここではこの見解に立っておく。

　イ　本問における一般不法行為責任の請求原因の検討

　以上によると，本問におけるＹの不法行為責任を追及するための請求原因事実は，以下のようになろう。本件電線の点検とその交換については，もう少し具体的な事実の主張が必要であろうが，Ｘ（Ｂ）の言い分から拾い上げる限りでは，以下のように摘示せざるをえない。

① Ａ社従業員が工具を落とした際に，本件電線の被覆がはがれていたため，電線どうしが接触・ショートして（短絡電流が流れて電線が溶け），そのため電線が断線して電線の一端が地上に落下し，その電線が，Ｂの足部に触れて感電し，Ｘが全治３か月の大怪我を負ったこと

② Ｙに過失があることを基礎付ける具体的事実（評価根拠事実）

(ⅰ)　本件電線は，①の当時，Ｙが架設・所有していた。
　　(ⅱ)　①の際，本件電線の被覆がはがれていたのは，本件電線の老朽化による。
　　(ⅲ)　Ｙは，数年間，本件電線の点検をせず，電線（被覆）の交換をしなかった。
　③　Ｘの上記大怪我について，3か月の入院費および治療費，後遺障害による逸失利益，入院による精神的損害による慰謝料および後遺障害による精神的損害に対する慰謝料の合計は4000万円であること

6　請求原因に対する認否
(1)　土地工作物責任の請求原因に対する認否
　本問では，Ｙは，本件電線を架設し占有していること，Ｘが地上に落下した電線に感電して大怪我をしたこと，さらに，大怪我により後遺障害が残り，Ｘ（Ｂ）の主張どおりの損害およびその額が生じたこと，本件電線が老朽化し被覆がはがれていたことも認めている。一方，本件電線の断線の原因は，電線がショートしたことではなく，Ａ社の従業員の過失によって工具を落としたことであると主張している。これは，本件電線の瑕疵（被覆がはがれていたこと）と断線との因果関係を否認したものと理解できる。

(2)　一般不法行為責任の請求原因に対する認否
　本問では，Ｙは，加害行為の当時本件電線を架設し所有していたこと，Ｘが地上に落下した電線に感電して大怪我をしたこと，さらに大怪我により後遺障害が残り，Ｘ（Ｂ）の主張どおりの損害およびその額が生じたこと，さらに，本件電線が老朽化し被覆がはがれていたことも認める。一方，本件電線の点検をしていなかったことは否認している。1週間前に点検したとの主張は，数年間点検を放置したとの主張の否認といえる。因果関係の主張については，上述(1)と同様である。

7　抗弁
(1)　土地工作物の占有者の責任の請求原因に対する抗弁
　ア　抗弁1 —— 自然力起因の抗弁
　　(ア)　主張の位置付け・法的効果

第29講　不法行為………477

Yは，本件電線の被覆がはがれていたのは，老朽化だけでなく，本件事故の3日前に生じた落雷が関係していることを主張している。これは，本件電線の被覆がはがれていたのは，老朽化という瑕疵と自然力が競合した結果であるとの主張である。
　　(ｲ)　抗弁1の要件事実
　抗弁1（自然力起因の抗弁）の要件事実は，損害の原因が，本件電線（工作物）の瑕疵と自然力の競合によって生じたことの主張である。
　　(ｳ)　要件事実の分析
　抗弁1の，工作物の瑕疵と自然力の競合については，それを理由として，損害賠償の減責を認める説も少なくない（四宮・前掲742頁。名古屋地判昭49・3・30判時700－3〔飛騨川転落事故第1審判決〕）。しかし，上記判決の控訴審判決（名古屋高判昭49・11・20高民集27－6－395）は，このような抗弁を認めない。減責を認めることにより自然力の寄与した部分の損害を何の責任もない被害者の負担にすることには疑問があり（森島昭夫・不法行為法講義〔有斐閣・1987〕79頁以下，平井宜雄「因果関係論」現代損害賠償法講座Ⅰ〔日本評論社・1976〕107頁），このような抗弁は認めないのが適切であると考える。この立場によると，この主張は主張自体失当となる。
　イ　抗弁2 ── 過失相殺の抗弁
　　(ｱ)　主張の位置付け・法的効果
　Yは，過失相殺の抗弁を主張している。
　　(ｲ)　抗弁2の要件事実
　抗弁2（過失相殺の抗弁）の要件事実は，X側に一定の損害を負担させるべき正当な事由（過失）があることを基礎付ける事実（評価根拠事実）の主張である。すなわち，本件では，①Xは，工事用の柵を越えて遊んでいる際に，感電したこと，②Xは，ショートから送電線の落下まで5，6分の時間がかかったのに，その場から直ちに離れなかったことの2点である。
　　(ｳ)　要件事実の分析
　過失相殺については，判例が，裁判所の職権ですることができ，弁論主義の適用を否定していると解する立場もある（最判昭41・6・21民集20－5－1078参照）。しかし，判例をそのように読むことに対して否定的な考え方

も有力である。すなわち，被害者の過失はその者に不法行為による損害賠償請求権が発生したことを前提として，これを数額的に少なくするための要件であり，加害者に有利な事情であるから，被害者に過失があることを示すべき事実についての加害者の主張責任は肯定すべきであるとする。この見解を支持しておきたい。もっとも，その過失を斟酌すべき旨の主張は必要でない（大判昭3・8・1民集7-648。民法418条の過失相殺についての最判昭43・12・24民集22-13-3454もこのように読むことができる）。

本問のXは当時8歳であり，過失相殺能力があるかが問題となりうるが，判例上，**事理弁識能力**があれば足りるとされている（最判昭39・6・24民集18-5-854は，交通事故の事案について，8歳の子の過失相殺能力を認めている）。

(2) 一般不法行為責任の請求原因に対する抗弁

ア　抗弁1 —— 自然力起因の抗弁

(ア)　主張の位置付け・法的効果

Yは，本件電線の被覆がはがれていたのは，老朽化だけでなく，本件事故の3日前に生じた落雷が関係していると主張している。これは，本件電線の被覆がはがれていたのは，Yの過失と自然力が競合した結果であるとの主張である。

(イ)　抗弁1の要件事実

抗弁1（自然力起因の抗弁）の要件事実は，損害の原因が，Yの過失と自然力の競合によって生じたことの主張である。

(ウ)　要件事実の分析

瑕疵と過失の相違はあるが，同様の問題となる。したがって，前記の立場によれば，この主張は，一般不法行為に対する抗弁としても，主張自体失当となる。

イ　抗弁2 —— 過失相殺の抗弁

上記(1)イと同様である。

8　抗弁に対する認否

(1) 土地工作物責任の請求原因に対する抗弁

Xは，抗弁1については，落雷があったことは認めるが，落雷と被覆が

はがれたこととの因果関係については否認する。
　抗弁2①については，柵のあったことは認めるが，その余は知らないとし，抗弁2②については，知らないと述べている。
(2)　一般不法行為責任の請求原因に対する抗弁
　Xは，抗弁1については，落雷があったことは認めるが，落雷とXの過失との間の因果関係については否認する。
　抗弁2①②については，上述(1)と同様である。

9　再抗弁
(1)　再抗弁の要件事実
　抗弁2①について，Xは，柵が子供でも軽く乗り越えられる高さであったことを主張する。
(2)　要件事実の分析
　X側に一定の損害を負担させるべき正当な事由（過失）があることを障害する事実（評価障害事実）の主張である。

10　再抗弁に対する認否
　Yは，柵の高さについては知らないと主張する。

事実摘示例

> 1　請求原因
> (1)　工作物責任について
> 　ア　原告（当時8歳）は，2021年7月26日，被告が架設し占有する送電線の被覆が老朽化してはがれていたため，A社従業員が工具を落とした際に電線どうしが接触・ショートし（短絡電流によって電線が溶け）て断線し，電線の一端が地上に落下し，原告の足部に触れて感電し（以下「本件事故」という），その結果，全治3か月の大怪我を負った。
> 　イ　原告は，上記傷害により，入院費，治療費，後遺障害による逸失利益並びに入院及び後遺障害による精神的損害（慰謝料）

を被り，その損害額は合計4000万円になる。
(2) 一般不法行為責任について
　ア　原告（当時8歳）は，2021年7月26日，被告が架設し所有する送電線の被覆が老朽化してはがれていたため，A社従業員が工具を落とした際に電線どうしが接触・ショートし（短絡電流によって電線が溶け）て断線し，電線の一端が地上に落下し，原告の足部に触れて感電し（以下「本件事故」という），その結果，全治3か月の大怪我を負った。
　イ　本件電線の被覆がはがれていたのは，以下のとおり，被告の過失による。
　　(1) 本件電線は，本件事故の当時，被告が架設・所有していた。
　　(2) 本件事故の際，本件電線の被覆がはがれていたのは，本件電線の老朽化による。
　　(3) 被告は，数年間，本件電線の点検をせず，電線（被覆）の交換をしなかった。
　ウ　原告は，上記傷害により，入院費，治療費，後遺障害による逸失利益並びに入院及び後遺障害による精神的損害（慰謝料）を被り，その損害額は合計4000万円になる。
(3) よって，原告は，被告に対し，土地工作物の占有者の責任又は不法行為責任に基づき，上記4000万円の損害の賠償を求める。

2　請求原因に対する認否
(1) 請求原因(1)について
　被告が本件電線を架設し占有していること，原告が地上に落下した電線に感電して大怪我をしたこと，大怪我により後遺障害が残り，イのとおりの損害及びその額が生じたこと，本件電線が老朽化し被覆がはがれていたことは認める。本件電線の被覆がはがれていたことと断線との因果関係は否認する。
(2) 請求原因(2)について
　被告が本件電線を架設し所有していること，原告が地上に落下した電線に感電して大怪我をしたこと，大怪我により後遺障害が残り，

ウのとおりの損害及びその額が生じたこと，本件電線が老朽化し被覆がはがれていたこと，本件電線（被覆）の公開をしていなかったことは認める。本件電線の被覆がはがれていたことと断線との因果関係，本件電線を数年間点検していなかったことは否認する。

3　抗弁（請求原因(1)及び(2)に対して）
(1)　自然力起因（ただし，本文の立場によれば主張自体失当となる）
　2021年7月23日，本件送電線には落雷があったことにより，本件送電線の被覆の剥離が拡大された。
(2)　過失相殺
　ア　原告は，本件事故時，工事用の柵に入って遊んでいた。
　イ　原告は，本件事故時，ショートから送電線の落下まで5，6分の時間がかかったのに，その場から離れなかった。

4　抗弁に対する認否
(1)　抗弁(1)については，落雷があったことは認めるが，その余は否認する。
(2)　抗弁(2)アについては柵があったことは認めるが，その余は知らない。
(3)　抗弁(2)イは知らない。

5　再抗弁（抗弁(2)に対して）
　　過失相殺の評価障害事実
　抗弁(2)アについて，柵は，子供でもたやすく乗り越えられる高さであった。

6　再抗弁に対する認否
　　柵の高さについては知らない。

第30講 相続

(Xの言い分)

　私の母であるAは，私の父の死亡後は，自己の所有する甲土地上の甲′建物に1人で住んでいましたが，父死亡後の生活費を得る必要から，2006年5月10日，甲土地を乙土地（甲′建物が存在する土地）と丙土地に分筆して，若い夫婦であるY₁・Y₂（以下，両者をあわせて「Y」という）に，丙土地を売り渡しました。Yは，丙土地に丙′建物を建てて暮らしていましたが，丙土地は建物を建てるには狭い土地で，Yが丙′建物を建てた後は，庭と呼べるようなスペースはほとんど残らない状態でした。そこで，Yは，2007年初頭から，Aに頼んで，乙土地（A所有）の一部（乙′土地）をYの庭として無償で使用することを承諾してもらい，乙′土地を花壇として使用してきました。Aも，Yが四季の花を育ててくれることを喜んでいました。

　2010年秋ころに，Yは乗用車を購入したのですが，駐車スペースがないため，花壇を壊して，それ以降はAに無断で乙′土地を駐車スペースとして使うようになりました。Aは花壇が壊されたことを寂しく思ったようでしたが，他方で，Yが，その乗用車でAを買物に連れて行ってくれることもあり，高齢で一人暮らしのAに親しく接してくれることを心強く思っていたため，AはYが乙′土地を駐車スペースとして使用することを黙認していたようです。

　Aは，2013年9月1日に死亡し，私が単独相続しましたが，そのころ，私は遠方の社宅に住んでいましたので，Yが乙′土地を駐車スペースとして使用していることは気になったものの，特に文句を言うこともありませんでした。しかし，2016年3月に，私は会社を

退職し，社宅から出なければならなくなりましたので，Aから相続した甲′建物に住みたいと思っています。実際に甲′建物に住むとなると，Yが乙′土地を駐車スペースとして使用し，自動車のエンジン音などで平穏な生活が害されることにはがまんができません。Aが生前にYに対して乙′土地を無償で使用することを認めていた時期があることは確かですが，それは，Yが乙′土地を花壇として使用していたからです。駐車スペースとして使用することは用法義務違反ですので，私は，乙′土地についてのYとの使用貸借契約を解除し，乙′土地の返還を求めます。

※この解除の意思表示は，2016年5月10日になされたものとする。

（Yの言い分）
　乙′土地が，Xが相続した乙土地の一部であることは確かです。しかし，乙′土地は，私がAから庭として無償で使用して構わないとの承諾を得て使用してきた土地ですし，乙′土地を駐車スペースとして使用することもAから承諾を得ています。したがって，私は正当な権原に基づいて乙′土地を使用しているのですから，Xの請求に応ずる義務はありません。

1　事案

　本件は，Aから乙′土地についての使用貸借契約の貸主としての地位を相続したXが，用法義務違反（民594条3項）を理由として解除したのに対し，借主であるYが，乙′土地の使用目的につき承諾を得ていると主張した事案である。

2　請求の趣旨

　被告は，原告に対し，乙′土地を明け渡せ。

3 訴訟物

> 使用貸借契約の終了に基づく目的物返還請求権としての土地明渡請求権　1個

＊　所有権に基づく返還請求権としての土地明渡請求権を訴訟物とすることもできる。

4 本問における攻撃防御の枠組み

使用貸借契約の貸主としての地位を相続した者が，用法義務違反（民594条3項）を理由として使用貸借契約を解除したのに対し，借主が使用目的につき承諾を得ていると主張しており，原告の請求原因として相続の主張がなされている。

5 相続の要件事実

民法896条本文が定める「被相続人の財産に属した一切の権利義務を承継する」という効果を主張するためには，相続の開始，すなわち「被相続人の死亡」を主張立証することになる。

この場合，相続人の全部を主張し，他に相続人がいないことまで主張立証すべきだとする見解（いわゆる「のみ説」）と，主張者が相続人であることだけ主張立証すれば足り，他に相続人がいることは抗弁にまわるとする見解（「非のみ説」）がある。

Aが2013年9月1日に死亡し，Bが相続するという場合，のみ説では，単独相続の主張は，

① Aは，2013年9月1日，死亡した
② Bは，Aの子であり，他に同人の相続人はいない

となる。

非のみ説では，単独相続の主張は，

① Aは，2013年9月1日，死亡した
② Bは，Aの子である

で足りる。

実務は，非のみ説を採っており（起案の手引 ― 事実摘示記載例集5頁），

これが通説である（第21講も参照）。相続の効果を主張する者の側で，その効果に必要な範囲で相続の基礎となる事実を主張すべきであると考えると，事実の主張としては非のみ説の範囲で足りることになるから，非のみ説が正当であるが，この問題を，より詳しく順序立てて検討すると，次のようになる。

　すなわち，Ａに帰属した権利（または義務）が相続によってＢに承継されたことを主張するためには，Ａに権利（または義務）が帰属していたことのほか，「相続が開始したこと」と，「ＢがＡの相続人であること」が必要である（民896条本文）。

　そこで，「相続が開始したこと」を示すために，Ａが死亡したことが要件事実となる（民882条）。また，「ＢがＡの相続人であること」を示す必要がある。これについては，次のケースが考えられる。

(1)　**子が相続するケース**

　被相続人の子が相続するケースでは，ＢがＡの子であることが要件事実であり（民887条1項），それで足りる。Ａに配偶者やＢ以外の子がいれば，共同相続となるが（民900条1号，4号），そうであっても，Ｂが相続人ではないことになるわけではなく，配偶者や他の子がいても，ＢがＡの権利（または義務）を承継することに変わりはない。言い換えると，ＢがＡの子であるという事実さえあれば，ＢがＡの権利（または義務）を承継することが確定するのであるから（欠格や廃除の問題はあるが，それは抗弁である），要件事実としては，それで足りる。したがって，他の相続人がいないことは，要件事実とはならない（「いないことの証明は困難だから」ではない）。もっとも，配偶者や他の子がいれば，承継の割合が一部分に制限されるから，そのことが意味を持つ場合には，それが抗弁となると考えられる。

(2)　**父（または母）が相続するケース**

　被相続人の父（または母）が相続するケースでは，「父である」ことだけでは足りず，「第887条の規定により相続人となるべき者がない」ことも要件事実となる（民889条1項）。すなわち，ＢがＡの父であることと，Ａには子（およびその代襲者）がいないことが要件事実である。これは，「のみ説か非のみ説か」の問題ではない。他方，Ａに配偶者がいないことや，Ａに母がいないことは，要件事実ではない。なぜなら，Ａの配偶者や母は，

Aの父（B）と同順位の相続人となるだけであって，配偶者や母（「第887条の規定により相続人となるべき者」ではない）がいても，父Bが相続人となることに変わりはないからである。これは，「のみ説か非のみ説か」の問題である。

(3) 兄弟姉妹が相続するケース

被相続人の兄弟姉妹が相続するケースでも，(2)と同様に考えて，兄弟姉妹であることのほかに，子および直系尊属がいないことが要件事実となる。他方，配偶者や他の兄弟姉妹がいないことは要件事実ではない。

6 請求原因

Xは，AとYとの間で締結された使用貸借契約の解除を主張して乙′土地の明渡しを請求している。この場合，Xは，使用貸借の合意および同使用貸借の解除原因事実を主張立証することになるが，本問事案では，用法義務違反による解除（民594条3項）が問題となる（このタイプの訴訟につき，伊藤滋夫＝山崎敏彦編・ケースブック要件事実・事実認定〔第2版，有斐閣・2005〕239頁以下参照）。

---

(1) Aは，Yに対し，2007年初頭，乙′土地を，無償で，期間を定めずに貸し渡した。

(2) Aは，2013年9月1日，死亡した。

(3) Xは，Aの子である。

(4) AとYは，(1)の際，乙′土地の用法を，Yの庭として使用する旨合意した。

(5) Yは，2010年秋ころ以降，乙′土地を駐車スペースとして使用した。

(6) Xは，Yに対して，2016年5月10日，請求原因(1)の契約を解除する旨の意思表示をした。

＊ 使用貸借成立の時的因子は，「2007年初頭」よりも，できれば，さらに暦日を特定する仕方で摘示することが望まれるであろうが，本講設例では，当事者の記憶からこれ以上特定することができないというやむをえない事情があることに加え，使用貸借契約の締結という事実は当事者間に争いがないことから，この程度の摘示でも許されると考えられる。

7　請求原因に対する認否
　Yは，請求原因(1)から(6)までの各事実とも認めている。

8　抗弁
　Yは，Aが，2010年秋ころ，請求原因(5)の使用をすること（乙′土地を駐車スペースとして使用すること）を承諾したと主張している。

　　＊　承諾としては，黙示の承諾も考えられる。黙示の承諾については，Yは，AないしXの黙示の承諾の存在を基礎付ける具体的事実を主張立証する必要がある（第6講参照）。

9　抗弁に対する認否
　Xは，抗弁の事実を否認している。

事実摘示例

　1　請求原因
(1)　Aは，被告に対し，2007年初頭，乙′土地を，無償で，期間を定めずに貸し渡した。
(2)　Aは，2013年9月1日，死亡した。
(3)　原告は，Aの子である。
(4)　Aと被告は，(1)の際，乙′土地の用法を，被告の庭として使用する旨合意した。
(5)　被告は，2010年秋ころ以降，乙′土地を駐車スペースとして使用した。
(6)　原告は，被告に対して，2016年5月10日，請求原因(1)の契約を解除する旨の意思表示をした。
(7)　よって，原告は，被告に対し，上記使用貸借契約の終了に基づき，乙′土地の明渡しを求める。

　2　請求原因に対する認否
　請求原因(1)から(6)までの各事実は認める。

3　抗弁
　　用法の承諾
　Aは，2010年秋ころ，被告に対して請求原因(5)の使用をすることを承諾するとの意思表示をした。

4　抗弁に対する認否
　抗弁事実は否認する。

（別紙物件目録）　　省略

第10講—事例1 ブロック・ダイアグラム（「X」は原告，「Y」は被告を表す。）

請求の趣旨 1 Yは，Xに対し，別紙物件目録記載1及び2の土地建物を引き渡せ。
2 Yは，Xに対し，1の土地建物について，2021.5.14売買を原因とする所有権移転登記手続をせよ。

訴訟物 売買契約に基づく財産権移転請求権としての土地建物引渡請求権及び所有権移転登記請求権　1個

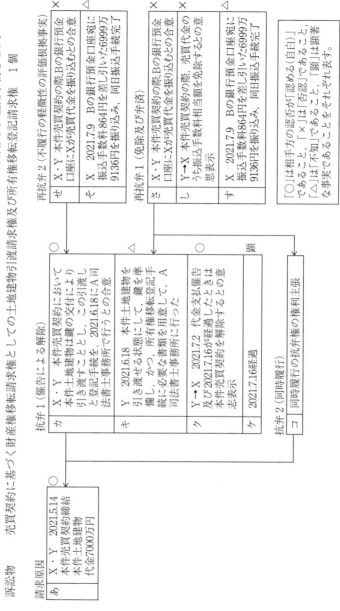

［「○」は相手方の認否が認める（自白）であること，「×」は否認であること，「△」は不知であること，「顕」は顕著な事実であることをそれぞれ表す。］

第10講―事例2 ブロック・ダイアグラム

請求の趣旨 Yは、Xに対し、4000万円及びこれに対する2021.10.1から支払済みまで年10%の割合による金員を支払え。

訴訟物 売買契約に基づく代金支払請求権 1個
履行遅滞に基づく損害賠償請求権 1個
合計 2個 単純併合

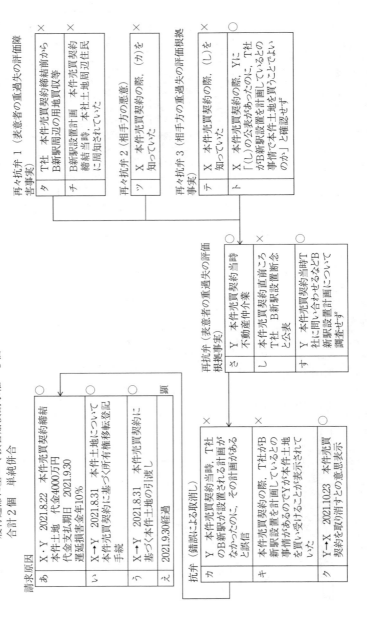

492 ……第10講―事例2 ブロック・ダイアグラム

第11講 ブロック・ダイアグラム

請求の趣旨 Yは、Xに対し、3000万円を支払え。

訴訟物 売買契約に基づく代金支払請求権 1個

請求原因

あ	X・Y 2021.4.1 本件売買契約締結 本件絵画 代金3000万円	○

抗弁（危険負担に基づく履行拒絶）

か	本件絵画の傷 2021.5.28ころカンバスの8割を占める大きな傷が付いており修復不可能	○
き	本件絵画 2021.5.28ころ（カ）により無価値	×
く	Y→X 2021.7.10本件口頭弁論期日 本件売買契約に基づく代金支払拒絶	顕

再抗弁（債権者の帰責事由の評価根拠事実）

さ	本件絵画の傷 2021.5.28ころ倉庫業者Pから引渡しを受けた運送業者Qが本件トラックで運送した際の自損事故により発生	×
し	X→Y 本件売買契約まで他の業者から、Qは過去に運送品を損傷させる交通事故を度々起こしている問題のある業者であり、高価な美術品運送用の装備を登載したトラックを保有していないと聞いているとのとの内容を伝えたところ、Yはその内容を知っていた	×
す	Y→X 本件売買契約の前提としてQに本件絵画の引渡しの仕事を依頼するように指示	×
せ	Xの指示に従って、Qに本件絵画引渡しの仕事を依頼	×
そ	Y・Q 本件絵画運搬までにY所有の本件トラックをQに無償で貸すことを合意	○
た	Y→Q 本件絵画運搬までに（そ）に基づき本件トラックが引渡し	○
ち	自損事故当時、本件トラックには整備不良箇所があり、それが（さ）の自損事故の要因の1つ	×

第12講 ブロック・ダイアグラム

【Xの言い分 (1)】

請求の趣旨　Y は、X に対し、400 万円を支払え。

訴訟物　消費貸借契約に基づく貸金返還請求権 2 個（ただし 1 個は一部請求）　単純併合

請求原因
あ	X→Y 2021.1.17 100万円貸付	○
	期限定めず	
い	X→Y 2021.8.20 100万円催告	×
う	2021.8.31 到来	
え	X→Y 2021.4.15 500万円を貸し付ける旨の書面による合意　弁済期2021.8から12まで各月15日 100万円ずつ	弁済期について×
お	X→Y 2021.4.30 に基づき500万円交付	○
か	2021.8から10まで各月15日到来	

抗弁
カ	Y→X 2021.3.5 （あ）につき100万円弁済済	×

【Xの言い分 (2)】

請求の趣旨　Y は、X に対し、500 万円及びこれに対する 2021.8.16 から支払済みまで年 3 ％の割合による金員を支払え。履行遅滞に基づく損害賠償請求権 1 個　合計 2 個　単純併合

訴訟物　消費貸借契約に基づく貸金返還請求権 1 個

請求原因
あ	X→Y 2021.4.15 500万円を貸し付ける旨の書面による合意　弁済期2021.8から12まで各月15日 100万円ずつ　期限の利益喪失約款	弁済期について×
い	X→Y 2021.4.30 （あ）に基づき500万円交付	○
う	2021.8.15 経過	

memo

第13講 ブロック・ダイアグラム

請求の趣旨 Yは、Xに対し、550万円及びこれに対する2022.4.3から支払済みまで年8％の割合による金員を支払え。

訴訟物 準消費貸借契約に基づく貸金返還請求権 1個、利息請求権 1個、履行遅滞に基づく損害賠償請求権 1個 合計3個 単純併合

元金について

原告説

請求原因

あ	X・Y 2021.8.3 屋根修繕の請負契約締結 報酬150万円	○
い	工事完成	○
う	X・Y 2021.9.5 建物増築の請負契約締結 通例の報酬	○
え	工事完成	○
お	通例報酬 500万円	○
か	X・Y 2022.4.3 準消費貸借契約締結 弁済期 2022.10.2	○
き	2022.10.2 到来	顕

元金及び利息について

原告説

抗弁

代物弁済（一部消滅）		
タ	Y・X チ当時 掛け軸 所有	○
チ	Y・X 2022.7.2 （か）のうち150万円及び利息について掛け軸での代物弁済を合意し、（基づき）引渡し	○

同時履行		
ツ	増築部分に瑕疵	×
テ	Y→X 2022.10.2ごろ 補修を求める意思表示	○
ト	支払拒絶	

再抗弁（詐欺取消し）

は	Y→X 欺罔により（チ）成立	×
ひ	X→Y 2022.11.8 （チ）を取り消すとの意思表示	○

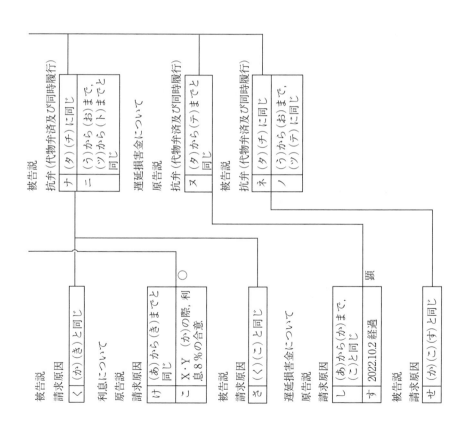

第13講　ブロック・ダイアグラム……　497

第14講 ブロック・ダイアグラム

請求の趣旨
1 Yは、Xに対し、別紙物件目録記載の建物を明け渡せ。
2 Yは、Xに対し、2023.7.1から1の明渡済みまで、1か月10万円の割合による金員を支払え。

訴訟物
賃貸借契約終了に基づく目的物返還請求権としての建物明渡請求権 1個
賃貸借契約に基づく賃料支払請求権 1個
履行遅滞に基づく損害賠償請求権 1個
合計3個 単純併合

請求原因

あ	X・Y 2021.11.20 本件建物賃貸借 期間2021.12.1から2年間 賃料月額10万円	○
い	X→Y 2021.12.1 （あ）に基づく本件建物引渡し	○
う	2023.7～2023.9の各月末日経過	顕
え	X→Y 2023.10.5 賃料30万円支払催告	○
お	X→Y 2023.10.5 同月12日経過時に（あ）を解除するとの意思表示	○
か	2023.10.12経過	顕
き	2023.10.13～の相当賃料月額10万円	○

抗弁1（期限の猶予）

サ	X→Y 2023.9.20ごろ 賃料の支払期限を2023.10.末までY猶予するとの意思表示	×

抗弁2（弁済の提供）

シ	Y 2023.10.12 賃料30万円をX方に持参	×

498 ……第14講 ブロック・ダイアグラム

第15講 ブロック・ダイアグラム

請求の趣旨　Yは、Xに対し、別紙物件目録記載2の建物を収去して同目録記載1の土地を明け渡せ。

訴訟物　所有権に基づく返還請求権としての土地明渡請求権　1個

請求原因

あ	X 本件土地所有	○
い	Y 本件土地上に本件建物を所有して本件土地占有	○

抗弁1（占有権原―賃借権譲渡〔承諾〕）

カ	X・A 2021.4.1 本件土地賃貸借 期間の定めなし 賃料月額4万円	○
キ	X→A 2021.4.1 （カ）に基づく本件土地引渡し	○
ク	A・Y 2027.4.30 本件土地賃借権・本件建物贈与	○
ケ	A→Y 2027.4.30 （ク）に基づく本件土地引渡し	○
コ	X→A 2027.1ころ （ク）につき承諾の意思表示	×

抗弁2（占有権原―賃借権譲渡〔非背信性〕）

サ	（カ）から（ケ）まで同じ	
シ	非背信性の評価根拠事実 a Yの代表者BはAの子 b Yの株式の半分ずつをAとBが保有	○ △

再抗弁1（用法違反解除）		再々抗弁（承諾）	
た X・A（カ）の際、本件土地を農産物販売所の敷地として使用する合意	×	ハ X→A 2027.1ころ ゲームセンターとしての使用承諾の意思表示	×
ち Y 2027.5ころ 本件土地上の本件建物をゲームセンターとして使用	○		
つ X→Y 2027.7.7（ち）の使用中止の催告	○		
て 2027.7.21経過	顕		
と Y（つ）から（て）まで（ち）の使用継続	○		
な X→Y 2027.7.7（カ）を解除するとの意思表示	○		

再抗弁2（非背信性の評価障害事実）

に	a Yの実際の経営者はC	×
	b Cは暴力団と関係あり	×

第16講 ブロック・ダイアグラム

請求の趣旨　Yは、Xに対し、別紙物件目録記載の建物を明け渡せ。
訴訟物　賃貸借契約終了に基づく目的物返還請求権としての建物明渡請求権　1個

	請求原因			抗弁（更新拒絶についての正当事由の評価障害事実）	
あ	X・Y　2021.2.1　本件建物賃貸借　期間同日から2年間　賃料月額10万円	○	サ	a　Yには難病の妻Bがいる	△
い	X→Y　2021.2.1　（あ）に基づく本件建物引渡し	○		b　Bは本件建物から5分くらいの病院に通っている	△
う	X・Y　2023.1.31　（あ）の更新合意　期間2023.2.1から2年間　賃料月額10万円	○		c　bの病院にはBの病気の専門医がいる	△
え	2025.1.31経過	顕			
お	X→Y　2024.7.3　更新拒絶の通知	○			
か	更新拒絶についての正当事由の評価根拠事実				
	a　Xの娘AはX宅から1時間はどかかるところに居住	△			
	b　Aは出産し、2025.5に育児休業を終える予定	△			
	c　X夫婦はAから、近くに住んで子の面倒を見ることを求められている	△			
	d　本件建物はA宅から5分もかからないところにある	△			

第17講 ブロック・ダイアグラム

【Yとの関係】

請求の趣旨　Yは、Xに対し、10万円を支払え。
訴訟物　　　売買契約に基づく代金支払請求権　1個

請求原因

あ	X・Z 2021.7.15 本件パソコン売買 代金10万円	○
い	Z（あ）の際、顕名	×
う	Y→Z（あ）に先立つ代理権授与	×

抗弁（代金減額請求）

カ	X・Z（あ）の際、本件パソコンの品質合意	○
キ	X→Z 2021.7.15（あ）に基づく本件パソコン引渡し	○
ク	（キ）の時点で、本件パソコンはハードディスクが壊れていた	×
ケ	Z→X 2021.7.15 修補を催告	○
コ	2021.7.22 経過	顕
サ	（ケ）の修理に5万円を要する	×
シ	Y→X ○○○の本件△△期日において5万円の代金減額の意思表示	顕

【Zとの関係】

請求の趣旨　Yは、Xに対し、10万円を支払え。
訴訟物　　　民法新117条1項に基づく履行請求権　1個

請求原因

あ	X・Z 2021.7.15 本件パソコン売買 代金10万円	○
い	Z（あ）の際、顕名	○

抗弁1（代理権授与）

カ	Y→Z（あ）に先立つ代理権授与	×

抗弁2（代金減額請求）

キ	X・Z（あ）の際、本件パソコンの品質合意	○
ク	X→Z 2021.7.15（あ）に基づく本件パソコン引渡し	○
ケ	（ク）の時点で、本件パソコンはハードディスクが壊れていた	×
コ	Z→X 2021.7.15 修補を催告	○
サ	2021.7.22 経過	顕
シ	（ケ）の修理に5万円を要する	×
ス	Y→X ○○○の本件△△期日において5万円の代金減額の意思表示	顕

memo

第18講　ブロック・ダイアグラム

請求の趣旨　Yは、Xに対し、420万円及びこれに対する2021.9.29から支払済みまで年3％の割合による金員を支払え。

訴訟物　売買契約に基づく代金支払請求権　1個
　　　　履行遅滞に基づく損害賠償請求権　1個
　　　　合計2個　単純併合

請求原因1（有権代理）（元金請求）

あ	X・A 2021.9.25 本件売買契約	△
い	Y（あ）の当時、料亭経営	○
う	Y→A 先立つ（あ）の代理権授与	×

請求原因1'（有権代理）（遅延損害金請求）

え	X・A 2021.9.28 本件時計をAの事務所に	△
	（あ）（い）（う）と同じ	
	おいて引渡し	
お	2021.9.28 経過	

請求原因2（権限外の行為の表見代理）	
さ	（あ）（い）（え）（お）と同じ ○
し	Y→A 先立つ人形購入の代理権授与 ×
す	X（あ）の際、Aに代理権ありと信じた ○
せ	正当理由の評価根拠事実 (a) A 2021.3.20 Yを代理してマイセン磁器の人形を購入 ○ (b) A 以前に何度かYを代理してマイセン磁器の人形を購入 ○ (c) A→X 2021.4.1 (a)の代金として、自己宛小切手交付 ○ (d) A（あ）の際、本件時計の売買代金も、自己宛小切手で支払うと述べた △ (e) X（あ）の際、Yが人形以外のマイセン磁器を購入したことがないことは知らなかった × (f) X Y方には、マイセン磁器の装飾皿が飾られていたのを見た ○

抗弁1（代理権消滅）	
ナ	Y 2021.6.21 Aの代理権を消滅させる意思表示 ×

抗弁2（正当理由の評価障害事実）	
ハ	(a) Y 人形以外の陶磁器を購入したことがない △ (b) X（あ）の際、Yがマイセン磁器の人形の収集家であることを知っていた ○ (c) X 2021.4.1 (せ)の人形をX宅へ搬入 ○ (d) X・A（あ）の際、本件時計の引渡場所をAの事務所とする合意 ○ (e) X（あ）の際、Yに確認しなかった ○

請求原因3（請求原因2と抗弁1を前提とする予備的請求原因、民法110条と同法112条の重畳適用による表見代理）

た	X（あ）の際、（ナ）につき善意 × （さ）から（せ）及び（ナ）と同じ
た'	X（あ）の際、（ナ）につき善意

第19講　ブロック・ダイアグラム

請求の趣旨　Yは、Xに対し、200万円及びこれに対する2021.11.11から支払済みまで年8％の割合による金員を支払え。

訴訟物　根保証契約に基づく保証債務履行請求権　1個

請求原因

あ	X・Y（個人）2021.7.8　根保証契約　主債務の範囲 X→A　貸金債権 債権極度額1000万円 書面による締結	○
い	X→A　2021.11.11　200万円貸付 利息8％　弁済期2022.5.11	○
う	2022.5.11 経過	顕

抗弁（主債務者が相殺権を有する場合の履行拒絶）

カ	A→X　2022.2.25　300万円貸付 弁済期2022.4.25	×
キ	2022.4.25 到来	顕
ク	Y　2022.10.10（口頭弁論期日） 相殺により支払を免れるべき 限度で支払拒絶	顕

第20講 ブロック・ダイアグラム

請求の趣旨　Yは、Xに対し、別紙物件目録記載の建物を明け渡せ。

訴訟物　所有権に基づく返還請求権としての建物明渡請求権　1個

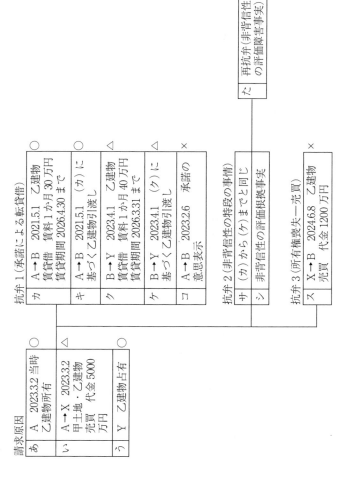

第21講 ブロック・ダイアグラム

請求の趣旨　Yは、別紙物件目録記載の土地及び建物について、別紙登記目録記載の抵当権設定登記の抹消登記手続をせよ。

訴訟物　所有権に基づく妨害排除請求権としての抵当権設定登記抹消登記（手続）請求権　2個　単純併合

請求原因			抗弁（登記保持権原）			再抗弁（消滅時効）			再々抗弁（承認）	
あ	X 本件土地建物所有	○	カ	Y→B 2021.3.10 400万円貸付 期限の定めなし	△	た	2021.10.31到来	○顕	ナ	B→Y 2025.5.1 （カ）（キ）の債務承認 ×
い	Y名義抵当権設定登記の存在	○	キ	Y→B 2021.4.2 600万円貸付 弁済期 2021.10.31 利息年10% 損害金年20%	△	ち	Y （カ）（キ）の債権を行使できることを知った	
			ク	B・Y 2021.4.2 抵当権設定契約	△	つ	2026.10.31 経過	○顕
			ケ	B（ク）の際、顕名	△	て	X→Y 2026.12.10 時効援用の意思表示	
			コ	A→B 代理権授与	×	と	A 2025.10.15 死亡 X Aの子	○顕
			サ	A（ク）の際、所有	○			
			シ	登記基づく	×			

第22講 ブロック・ダイアグラム

請求の趣旨　Yは、Xに対し、保有土地部分を明け渡せ。
訴訟物　　　所有権に基づく返還請求権としての土地明渡請求権　1個

【時効取得が争点となる場合】

請求原因

A　1995.5.30当時　土地部分所有	○
A　1998.11.7　死亡	○
X　Aの子	○
Y　土地部分占有	○

抗弁（所有権喪失―時効取得）

Y　1995.5.30　土地部分占有	○
Y　2005.5.30経過時　土地部分占有	○
無過失の評価根拠事実	○
Y→X　2011.3.27　時効援用の意思表示	○

再抗弁（無過失の評価障害事実）

無過失の評価障害事実

【売買の契約の解釈が争点となる場合】

請求原因

A　1995.5.30当時　土地部分所有	○
A　1998.11.7　死亡	○
X　Aの子	○
Y　土地部分占有	○

抗弁（所有権喪失―売買）

A・Y　1995.5.30ころ　売買契約締結　土地部分代金3200万円	×

第23講　ブロック・ダイアグラム

請求の趣旨　Yは、Xに対し、甲土地について、2013.12.20 売買を原因とする所有権移転登記手続をせよ。
訴訟物　　　売買契約に基づく所有権移転登記請求権　1個

請求原因

あ	A・X　2013.12.20　甲土地売買　代金3000万円	○
い	A（あ）の際　顕名　Yのためにすることを示した	○
う	Y→A　(あ)に先立つ代理権授与	○

抗弁（代理権消滅）

カ	(う)がY・A間の委任契約に基づく	○
キ	(あ)に先立つ(カ)の委任契約の終了	○

再抗弁（善意の第三者）

さ	X（あ）の際　(キ)の事実を知らなかった	×

第24講　ブロック・ダイアグラム

請求の趣旨　Yは、Xに対し、本件山林について、真正な登記名義の回復を原因とする所有権移転登記手続をせよ。
訴訟物　　　所有権に基づく妨害排除請求権としての所有権移転登記請求権　1個

請求原因

あ	A　2015.4.10 当時　本件山林所有	○
い	A・X　2015.4.10　本件山林売買　代金3000万円	○
う	Y　名義の登記の存在	○

抗弁（対抗要件具備による所有権喪失―売買）

カ	A・Y　2016.2.1　本件山林売買　代金2000万円	○
キ	A→Y　2016.2.2　(カ)に基づき所有権移転登記手続	○

再抗弁（背信的悪意）

さ	Y (カ)の当時 (い)の売買を知っていた	○
し	背信性の評価根拠事実	○
i	Y (い)の売買の仲介	×
ii	(カ)の当時　X・Y不仲　YがXを害する意図	×
iii	Y (カ)につきAの甥であることを利用して安く	×

第25講 ブロック・ダイアグラム

請求の趣旨　Yは、Xに対し、200万円を支払え。
訴訟物　　　動産売買契約に基づく代金支払請求権　1個

請求原因

| あ | X・Y 2008.11.10 売買契約の締結
別紙物件目録第1記載の動産
代金200万円 | ○ |

抗弁（相殺）

カ	Y・X 2006.8.1 売買契約の締結 別紙物件目録第2記載の動産 代金350万円	×
キ	Y→X 2006.8.23 （カ）の売買契約に基づき （カ）の動産引渡し	×
ク	Y→X 2015.9.4 相殺の意思表示 自働債権（カ）の売買契約に基づく代金債権 受働債権（あ）の売買契約に基づく代金債権	○

第26講 ブロック・ダイアグラム

請求の趣旨 Yは、Xに対し、250万円及びこれに対する2021.6.26から支払済みまで年3％の割合による金員を支払え。

訴訟物 A・Y間の売買契約に基づく代金支払請求権　1個
　　　　　履行遅滞に基づく損害賠償請求権　1個
　　　　　合計2個　単純併合

請求原因1（代金支払請求）

あ	A・Y 2021.2.21　本件売買契約　本件大皿　代金250万円	○
い	A・X 2014.4.18　売買契約　本件債権　代金245万円	△

請求原因2（損害賠償請求）

	請求原因（あ）（い）と同じ	
か	A・Y （あ）の際、代金の支払時期を2021.6.25と定めた	○
き	A→Y 2021.2.21 （あ）に基づき本件大皿の引渡し	○
く	2021.6.25経過	顕

抗弁1（債務者対抗要件）

サ	Y 権利主張	顕

抗弁2（第三者対抗要件）

タ	A・B 2021.4.21　売買契約　本件債権　代金220万円	×
チ	A→Y 2021.4.22 （タ）の債権譲渡につき通知	△
ツ	Y 権利主張	顕

抗弁3（第三者対抗要件具備による債権喪失）

	（タ）と同じ	
ナ	A→Y 2021.4.22 （タ）の債権譲渡につき内容証明郵便で通知	○

第27講 ブロック・ダイアグラム

請求の趣旨　Yは、Xに対し、1000万円及びこれに対する2021.6.2から支払済みまで年3％の割合による金員を支払え。

訴訟物　A・Y間の売買契約に基づく代金支払請求権　1個
　　　　履行遅滞に基づく損害賠償請求権　1個
　　　　合計2個　単純併合

請求原因1 (代金支払請求)

あ	A・Y 2021.2.1 本件売買契約 本件家具 代金1000万円	○
い	A・X 2021.3.24 売買契約 本件債権 代金990万円	○
か	請求原因(あ)(い)と同じ	○
き	請求原因(あ)の当時 A (又はY) は株式会社	○
く	A・Y (あ)の際代金支払期日を 2021.6.1と合意	○
け	A→Y 2021.3.22 (あ)に基づき 本件家具の引渡し	
こ	2021.6.1経過	顕

抗弁1 (弁済)

サ	Y→A 2021.2.23 200万円弁済	×
タ	Y→A 2020.12.10 消費貸借契約 弁済期H18.3.10 1000万円	×
チ	Y・A 2020.12.10 利息契約 利息年7％	×
ツ	Y・A 2020.12.10 利率合意金年10％ 遅延損害金	×
テ	2021.3.10到来	顕
ト	2021.3.10経過	顕
ナ	Y→X 2021.5.26 (タ)から(ト)までによる各債権をもって本訴請求債権と対当額で相殺するとの意思表示	△

第27講　ブロック・ダイアグラム……513

第28講 ブロック・ダイアグラム

請求の趣旨　Yは、Xに対し、5000万円を支払え。
訴訟物　医療契約に基づく債務の不履行による損害賠償請求権　1個

請求原因

あ	A・BとYとの間の医療契約の締結 2020.12.13	○
い	(あ)の契約締結当時Xは未成年	○
う	A・BはXの父母	○
え	顕名 A・BはXのためにすることを示して(あ)の契約を締結した	○
お	医療契約に基づく債務の評価根拠事実 Xの血液型PWγ型での出生 Yにおける連携体制 Xの転医入院の経過	○ ○ ○
か	医療契約に基づく債務の不履行の評価根拠事実 担当医師はC Cの経験不足 Cの経験不足を知ってYは担当に指名 血液等検査結果に基づく施薬等処置の方針 血液等検査の実施回数	○ × × ○
き	損害の発生　2021.4.20 Xが遺伝子異常性慢性膵炎に罹患と判明	△
く	損害の数額 精神的損害　5000万円	△

抗弁 (債務不履行の評価障害事実)

か	医療契約に基づく債務の不履行の評価障害事実 血液等検査及び施薬等処置の必要性は、事案が北村報告の前であり、一般に認識されていなかった	△
	Xの入院中、Xの血液等検査の結果に疑うべき所見なし	△

memo

第29講 ブロック・ダイアグラム

請求の趣旨 Yは、Xに対し、4000万円を支払え。
訴訟物 工作物責任に基づく損害賠償請求権 1個
一般不法行為責任に基づく損害賠償請求権 1個
選択的併合

【工作物責任】

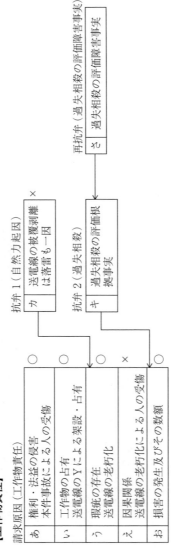

【一般不法行為責任】

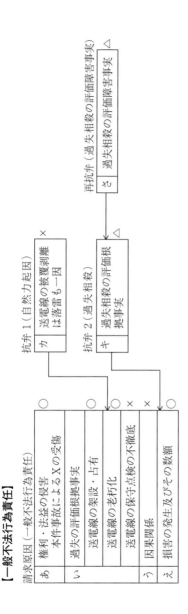

第29講 ブロック・ダイアグラム…… 517

第30講 ブロック・ダイアグラム

請求の趣旨　Yは、Xに対し、乙'土地を明け渡せ。
訴訟物　　　使用貸借契約の終了に基づく目的物返還請求権としての土地明渡請求権　1個

	請求原因			抗弁(用法の承諾)	
				カ	A→Y 2010秋ころ (お)の使用を承諾するとの意思表示 ×
あ	A・Y 2007初頭 乙'土地使用貸借	○			
い	A 2013.9.1 死亡	○			
う	X Aの子	○			
え	A・Y (あ)の際 乙'土地をYの庭として使用するとの同意				
お	Y 2010秋ころ以降 乙'土地を駐車スペースとして使用	○			
か	X→Y 2016.5.10 (あ)を解除するとの意思表示	○			

補講

要件事実論**30**講

民法の債権関係の規定の改正に係る経過措置の概説

1 「民法の一部を改正する法律」の成立・公布・施行

　今般の「民法の一部を改正する法律」は，2017年5月26日に参議院が衆議院送付案を修正しないで可決したことにより，法律となった。公布がされた日は，同年6月2日である。この法律の規定は，原則として，公布の日から起算して3年を超えない範囲内において政令で定める日から施行される（附則1条。なお，事項により若干の例外がある。同条各号に定める規定など。この項において，同法の附則を単に「附則」とよぶことにする）。初日である公布の日を算入して計算するから，大部分の事項は，2020年6月1日までの間に施行される。この施行までの期間が，実質的には周知期間となる。

　施行前に設けられるのが**周知期間**であるのに対し，施行の以後に重要になるものが，**経過措置**である。

　＊　個人が保証人となる契約は，施行日前に締結されたものは，なお従前の例による（附則21条1項）。注意を要するのは，施行日以後に締結されるもので民法新465条の6により締結前1か月以内に公証人に口授をして公正証書を作成しなければならないとされる場合であり，この公正証書の作成は，施行日前にもすることができるようになっていなければならない。そこで，この作成は施行日前でもすることができるとされ（附則21条2項，3項），そして，このことを定めるルールそれ自体は，新しい規定の全般が施行される前に施行されていなければならないから，最大3年の周知期間を待たず，公布の日から起算して2年9か月を超えない範囲内において政令で定める日に施行される（附則1条3号）。

2 経過措置の基本原則

　改正事項のうち，契約に関するものは，原則として，施行日の以後に成立する契約に限り，適用される。それより前に成立していた契約は，「なお従前の例による」（附則22条，27条，34条1項など）。「なお従前の例による」とされるから，改正前の民法を適用して解決がされる。

　たとえば，施行日の前に成立していた契約に不履行があった場合の契約

解除や損害賠償は，不履行があった時期が施行日以後であったとしても，改正前の民法を適用して解決する（附則17条1項）。したがって，施行日より前にされた売買契約を解除するには，債務者の責めに帰すべき事由を要する（附則32条）。代金減額請求や追完の可否や要件も，改正前の民法の規定およびその解釈により解決される。

> 2017年11月15日に締結された建物の売買契約の買主が，施行日の6か月後に同建物の柱が腐っていることに気付いた。売主に対する責任の追及は，改正前の民法570条に基づく。なお，この時点で建物の引渡しから10年が経過していることはありえない。

3　消滅時効

時効に関しては，一般の債権のほか，不法行為に基づく損害賠償請求権などについて考察を要する。

(1) 時効期間の一般的なルール

新法の時効期間が適用される債権は，施行日以後に生じた債権に限られる。たとえば，施行日より前にした消費貸借契約に基づいて生じた貸金債権の消滅時効の期間は，なお従前の例による（附則10条4項）。加えて，施行日以後に生じた債権であっても，その原因である法律行為がされた時期が施行日より前である場合，たとえば，上記の消費貸借契約の不履行に基づく損害賠償請求権で施行日以後に生じたものの時効期間も，新法でなく，なお従前の例による（同条1項括弧書）。

> 銀行が企業に融資をし，その返済の期限は2016年11月15日である。この融資の債権の消滅時効は，2021年11月15日の経過により完成する。いつが施行日であるかは，この帰結を左右しない。

(2) 時効障害の一般的なルール

時効障害については，施行日より前に生じた中断は，その効果が覆され

ることはない。したがって，時効の中断の効果は，従前の例により定まる（附則10条2項）。反対に，施行日前にされていた協議の合意は，それで中断が生ずるということはない（同条3項）。改正前の民法においては，協議の合意は何ら時効障害でないから，新法の施行により遡って時効障害の効果を賦与することは，相当でない。

　これらとは異なり，施行日より前に生じた債権であっても，施行日以後に更新または完成猶予の事由が生じた場合は，新法の規律に従い更新または完成猶予の効果が認められる。たとえば，施行日より前にされた法律行為に基づく債権について施行日以後に書面または電磁的記録により協議の合意がされるならば，新法の規律（民新151条）に従い完成猶予の効果が生ずる。

> 　銀行が企業に融資をし，その返済の期限は2016年11月15日であるとする。
> (1)　2017年11月15日に銀行が返済を請求する訴えを提起すると，時効が中断し，その請求を認容する判決が確定した時期にかかわらず，判決確定から10年に時効期間が変更される。
> (2)　債務の内容や消長をめぐる意見の相違があることから，2017年11月15日，銀行と企業が書面をもって協議開始を合意した。このことは，消滅時効に何ら影響しない。時効は，2021年11月15日に完成する。
> (3)　銀行が施行日の6か月後に企業に対し催告をし，催告後4か月の日に企業が債務を承認すると，承認の時に時効期間の更新が生ずる（民新152条1項）。

(3)　不法行為に基づく損害賠償請求権

　不法行為に基づく損害賠償請求権は，改正前の民法724条後段の20年の期間が新法施行の際に経過していた場合において，この期間制限（判例が示す解釈によるならば，除斥期間としての期間制限）により行使が妨げられる（附則35条1項）。また，改正前の民法724条前段の3年の消滅時効の期間が新法施行の際に経過していた場合において，これによる時効の完成が

覆ることはない（附則10条4項）。このことは，生命・身体を害する不法行為による損害賠償請求権についても，異ならない。この損害賠償請求権は，一般には，民法新724条の2によるならば時効期間が5年となるはずであるが，施行日前に改正前の民法の3年の時効期間が経過して時効が完成しているのに，この時効完成が覆って時効期間が伸びるということにはならない（附則35条2項）。

> あくまでも仮の想定であるが，施行日が2020年4月1日であるとする前提を考えて法律関係を描くと，2016年10月30日に起きた交通事故で死傷した被害者の側が同日に損害と加害者を知った場合において，その有する損害賠償請求権は，施行日の時点で3年の時効期間が経過しており，たとえ事故の日から5年が経過していなくても，時効が完成したものとされる。

反対に，改正前の民法724条前段の3年の消滅時効の期間が新法施行の際に経過していない場合において，生命・身体を害する不法行為による損害賠償請求権の時効期間は，民法新724条の2が適用され，被害者またはその相続人が損害と加害者を知った時から5年に変更される。また，生命・身体の侵害によるものであるどうかを問わず，改正前の民法724条後段の20年の期間が新法施行の際に経過していない場合において，その損害賠償請求権の客観的起算点（「不法行為の時」）からの時効期間が，民法新724条2号の20年となる（附則35条2項）。

> やはり施行日が2020年4月1日であるとする仮定を考えて法律関係を描くと，2019年10月30日に起きた交通事故で死傷した被害者の側が事故の当日に損害と加害者を知った場合において，その有する損害賠償請求権は，施行日の時点で3年の時効期間が経過しておらず，時効期間は同日から5年となる。

＊ 「不法行為の時」とはいつであるか，改正の前後を通じ，検討を要する問題であることは異ならない。形成されてきた判例（最判平16・4・27民集58－4－1032など）の理解や評価

をめぐり，引き続き検討が重ねられるべきである（松本克美「民法724条後段の20年期間の起算点と損害の発生―権利行使可能性に配慮した規範的損害顕在化時説の展開」立命館法学357・358号〔2015〕参照）。

4　法定利率

　法定利率の経過措置は，2つのことが問題となる。第1は，法定利率そのものの見直しのリズムのルールに関する問題であり，第2は，個別の事案における適用利率の選択である。

(1)　法定利率の見直しのリズム

　第1の問題は，法定利率の見直しが，一般ルールとしては，直近変動期の法定利率に加算または減算してされることになっていること（民新404条4項）から生ずる。直近変動期といっても，初めは，そのようなものはない。そこで，この初めのところのみ，直近変動期の法定利率なるものは，施行後最初の期の利率すなわち3％と読み替え，問題処理がされる（附則15条2項）。

(2)　適用利率の選択決定

　施行日前に利息が生じた場合におけるその利息を生ずべき債権に係る法定利率は，なお従前の例によるものとされ（附則15条1項），商事法定利率の年6％が適用されなければ，年5％となる。債務不履行の遅延損害金（民新419条1項参照）も，施行日前に遅滞に陥って遅延損害金が生ずることとなった場合は，なお従前の例による（附則17条3項）。

　不法行為の損害賠償は，不法行為があった日に遅滞に陥るから，その日が施行日前であれば，その遅延損害金は，現行の民事法定利率である年5％による。逸失利益の中間利息控除も，不法行為があった日が施行日前であれば，この利率によりされる（附則17条2項）。したがって，不法行為が一つの日に起きたものとして単純に観察される場合は，その日が施行日の前後いずれであるかにより，新旧の利率の適用関係が定まる。

　考え込まなければならない問題があるとするならば，不法行為が複数の日に跨ってされる場合である。土地を不法に占拠する者が所有者に及ぼす損害は，日々発生するものであるが，実務上は日々遅延損害金が発生するとして計算をすることが煩瑣であることから，占拠があった期間の分の賃

料相当額の単純な積算額について，支払済みまで従来の年5％の遅延損害金を付して支払うことを求める事例が見られた。今後も，たとえ占拠の期間が施行日の前後に跨るとしても，同じ手法を用い，ただし全体の積算額について年3％の遅延損害金を加えて支払うことを求めることは，法律的に問題がないと考えられる。損害の全部または一部について実体的に5％で請求することができるとしても，主張立証の煩瑣を避けるなどのため，訴訟上は一部請求をするものと理解される。また，同じ設例において，施行日までの占拠の期間の分は年5％の遅延損害金が生ずるものとして，しかしまた施行日以後の分は年3％の遅延損害金が生ずるものとして，それぞれを加えて支払え，と請求することも許されてよい。

　交通事故の場合は，事故が発生した日が施行日以後であるならば，それにより生じた損害の遅延損害金を年3％で計算することになることは，疑いがない。逸失利益の中間利息控除も同様の考え方により，施行日以後の事故については，年3％で控除がされる。

　事故が施行日前に発生し，被害者の症状が固定した時期が施行日以後である場合は，どのように考えることがよいか。まず，この場合であっても，遅延損害金が事故の当日から生じ，したがって，その遅延損害金は，年5％で計算される。では，後遺逸失障害の損害に係る中間利息控除は，新旧のいずれの利率によりするべきであるか。なお，ここで，おもに後遺逸失障害を問題とするが，将来において介護に要する費用など，いわゆる積極損害についても，同様に中間利息控除が問題となるし，それについても，ここまでで確認するものとまったく同一の規律が働く。

　この問題については，遅延損害金の処理と組み合わせると，後遺逸失障害の損害は，症状固定時の損害の現価により賠償がされるべきであり，この日から年5％の利率により中間利息控除がされ，また，その遅延損害金は，事故の日から年5％で生ずる，とすることが相当であると考えられる（北河隆之・交通事故損害賠償法〔第2版，弘文堂・2016〕198-199頁，山野目章夫・新しい債権法を読み解く〔商事法務・2017〕86頁）。

5　使用貸借や賃貸借

　使用貸借や賃貸借のように，法律関係が比較的長期にわたり継続するこ

とが想定される契約の場合についても，経過措置の基本原則は異ならない。これらの貸借の契約の期間の途上で施行日を迎えるとしても，その日から新法が適用されるということではない（附則34条1項）。

> 土地の所有者が，1998年4月1日から建物所有の目的で土地を賃貸した。当事者らが存続期間を定めなければ，存続期間は，借地借家法3条により2028年3月31日に満了する。この土地の賃貸借には，施行日以後も，改正前の民法が適用される。
>
> 確かに，今般の民法改正は，賃貸借当事者の法的地位を抜本的に変更するものではない。特に賃借人の法的保護が改正前に比して大きく減ぜられる局面は，見当たらない。したがって，適用される法律が改正の前後いずれであるか，深刻な問題をもたらす局面は想定しにくい。
>
> しかし，訴訟における当事者の陳述や，判決書においては法令の適用関係を示さなければならず，どちらでもよい，ということにはならない。

いったん期間が満了し，施行日以後に更新がされる場合も，原則として，更新後の契約に新法は適用されない。

> 施行日前に締結された建物賃貸借で期間の定めがあるものについて，期間が施行日以後に満了したことから，賃貸人が更新を拒絶する意思表示をしたものの，この更新拒絶には正当の事由がなく，更新がされた。これにより期間の定めのない賃貸借の関係が続くが，この賃貸借には改正前の民法が適用される。

ただし，更新に関しては，いくつか注意を要する。まず，期間満了の際に当事者らがする書面の作成の事務やその際の折衝の経過などの全体を観察し，それが従前の契約の更新であるか，それとも同じ当事者らの間でされる新しい契約であるか，微妙である場合が想定される。後者であるなら

ば，新法が適用されることは，疑いがない。また，前者であるとしても，更新に際し当事者らが更新後は賃貸借の新法の規定を適用すると合意することは妨げられない。

そこで，いったい新法の適用関係について何を考えたものであるか，という観点にも留意して，個別の事例における当事者らの意思を探求して解決がされるべきである。

> 施行日前に締結された建物賃貸借で期間の定めがあるものについて，期間が施行日後に満了したことから，当事者らが契約を更新する旨の合意をした場合において，その合意の中で，更新後の賃貸借に新しい民法の規定の賃貸借に関するものを適用する旨が約されたときに，更新後の賃貸借には，新法が適用される。
> また，施行日前に締結された定期建物賃貸借について，期間が施行日後に満了したことから，当事者らが再度，同様の定期建物賃貸借契約した場合において，再契約後の賃貸借には，新法が適用される。
> これらの場合において，建物が一部滅失したときは，賃料が当然に減額される。賃料減額の法律関係の確認を請求する訴訟において，賃借人が，賃料減額請求の意思表示をした旨を陳述したとしても，それは，主張自体失当である（一部滅失の事実のみを主張すれば，それにより賃料減額の効果が得られる。民新611条1項）。

なお，賃貸借の経過措置の特例として，附則34条2項，3項が定めるものがあることに注意を要する。すなわち，施行日前に賃貸借契約が締結された場合において，施行日以後に契約の更新に係る合意がされるときにも，民法新604条2項が適用され，改正前の民法では認められない最長50年の更新をすることができる。また，施行日前に不動産の賃貸借契約が締結された場合において，施行日以後に不動産の占有を第三者が妨害するなどする場合において，民法新605条の4が適用され，同条に基づく賃借人の返還や妨害排除の請求が認められる。

第 3 部

演習問題

第1問 時効取得

要件事実論**30**講

（Xの言い分）

　私が継いだ家では，市の郊外にある図面の15番地と16番地の土地を所有してきました。2017年5月6日に他界した先代のAを継いだあと，これら両土地の状況を調べたところ，15番地には甲建物があって，Aの後妻が住んでいます。16番地と，15番地のうちのハ・ニ・ト・チ・ハを結ぶ部分は，Yが使用しており，そこにある乙建物の所有者はYです。Aが残した日記や書付で確かめたところ，AはYの父であるBが親しい友人であったところから，好意で，これらの土地を1993年8月11日に無償で貸し，しばらくBは，そこに住んでいたらしいです。しかし，2015年ころになって，高齢になったBは，老人介護施設に入り，乙建物には住まなくなりました。既にBとも疎遠になっていたことから，Aは，2016年3月22日に，16番地などの貸借関係を解消することをBに通告しました。しかし，それからまもなくBは他界し，その後，Bを相続したYがやって来て，乙建物に住んでいます。

　自分としては，Aが明確に土地の貸借解消の意思をYの父であるBに告げていたのですから，Yに対しては，土地所有権に基づく請求として，速やかに乙建物を取り壊して16番地を明け渡して欲しいと考えています。なお，今話したように，15番地と16番地は，どちらも自分が所有しているのですが，この2つの土地の間の筆界は，ト・ニを直線で結んだ線であることが法務局の地図などではっきりしています。そこで，ハ・ニ・ト・チ・ハを結ぶ部分も，当然のことながら明け渡して欲しいと考えます。先方は，時効を主張したい

第1問　時効取得………529

ようですが，そのようなことも認めることはできません。

　　（Yの言い分）
　　隣家のAが2017年に亡くなったことは知っていましたが，そのあとを誰が継いだのかは，よく知りませんでした。この度Aの子息であるというXから突然に乙建物の取壊しと16番地全部の明渡しを求められ，大変に驚いています。いろいろ言いたいことはありますが，まず何よりも，16番地は私の土地です。この土地は，確かに昔はAのものであったかもしれませんが，Bに世話になったお礼として1993年8月11日にAがBに贈与したと聞きます。2016年4月15日に病没した父のBは，死の床で私に対し，何も財産を遺してやることができないけれども，16番地とそこに建っている乙建物を遺すことができ，せめても満足している，と語っていました。死に臨んで真剣に息子に告げた父がウソを言うはずはなく，この土地は，相続をした私のものです。
　　もちろん土地の境界の問題は，確かにあるようです。当方も，先日，法務局の地図で調べたところ，15番地と16番地との土地の境界は，ト・ニを結ぶ線です。どうも，このことは，否定し難いようです。しかし，考えてもみてください。それは，法務局の地図という図面の上だけの話です。現地においては，私と先代のBがハ・チを結ぶ線まで土地を使用してきたのです。そこにある生垣も，Bが元気なころは，毎日水やりをして育んできたものであり，Bが老人介護施設に入ってからは，私が管理をしてきました。こうして現地で土地の使用をしてきたことを忘れないでいただきたい。当方としては，ヘンな言いがかりをXから付けられるのが嫌ですから，2017年7月6日に，Xに対し，まず16番地は自分の所有であって借りたものではないこと，そして図面の上では越境しているように見えるハ・ニ・ト・チ・ハを結ぶ部分は時効で当方のものになっていること，さらに，16番地が当方の所有であるという主張が認められないとしても，そもそもハ・ホ・ヘ・チ・ハを結ぶ土地の全体を時効で

当方が取得したともいえることを，はっきりと通告しておきました。

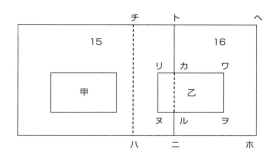

1 問題の趣旨

　時効取得を扱う第22講においては，時効取得の実体的要件を確認したうえで，注意すべき民法上の推定規定を指摘し，暫定真実の考え方などを紹介することを経て，時効取得の抗弁を提出する者が，占有が自主占有であることを主張立証する必要がないことを説明している。その発展として，この演習問題においては，相手方において占有が他主占有であることを主張して再抗弁をする局面を考察しようとするものである。

2 訴訟物

　所有権に基づく返還請求権としての土地明渡請求権　2個
　単純併合

3 請求の趣旨

　1　被告は，原告に対し，別紙物件目録（省略）記載の建物（以下「乙建物」という）を収去して別紙物件目録（省略）記載の土地（以下「16番地」という）を明け渡せ。

2　被告は，原告に対し，乙建物を収去して，別紙図面のハ・ニ・ト・チ・ハを順次直線で結んだ線で囲まれた範囲内の土地を明け渡せ。

4　事実摘示例

1　請求原因
(1)　16番地について
　ア　Aは，1993年8月11日当時，16番地を所有していた。
　イ　Aは，2017年5月6日，死亡した。
　ウ　Xは，Aの子である。
　エ　Yは，16番地において乙建物のうち別紙図面のル・ヲ・ワ・カ・ルを順次直線で結んだ線で囲まれた範囲内の部分を所有して同土地を占有している。
(2)　別紙図面のハ・ニ・ト・チ・ハを順次直線で結んだ線で囲まれた範囲内の土地（以下「本件土地部分」という）について
　ア　Aは，1993年8月11日当時，別紙物件目録1記載の土地（以下「15番地」という）のうち本件土地部分を所有していた。
　イ　前記(1)イと同じ。
　ウ　前記(1)ウと同じ。
　エ　Yは，本件土地部分上において乙建物のうち別紙図面のリ・ヌ・ル・カ・リを順次直線で結んだ線で囲まれた範囲内の部分を所有して本件土地部分を占有している。
(3)　よって，Xは，Yに対し，16番地及び本件土地部分の所有権に基づき，乙建物を収去して16番地及び本件土地部分を明け渡すことを求める。

2　請求原因に対する認否
(1)　請求原因1(1)ア，イ，エは認める。同ウは知らない。
(2)　請求原因1(2)ア，イ，エは認める。同ウは知らない。

3　抗弁
(1)　所有権喪失―贈与（請求原因(1)に対し）
　　Aは，1993年8月11日，16番地をBに贈与した。
(2)　所有権喪失―時効取得（請求原因(1)に対し）
　　ア　Bは，1993年8月11日当時，16番地を占有していた。
　　イ　Bは，2013年8月11日経過時，16番地を占有していた。
　　ウ　Bは，2016年4月15日に死亡した。
　　エ　Yは，Bの子である。
　　オ　Yは，2017年7月6日，Xに対し，16番地について取得時効を援用する旨の意思表示をした。
(3)　所有権喪失―時効取得（請求原因(2)に対し）
　　ア　Bは，1993年8月11日当時，本件土地部分を占有していた。
　　イ　Bは，2013年8月11日経過時，本件土地部分を占有していた。
　　ウ　抗弁(2)ウ，エと同じ。
　　オ　Yは，2017年7月6日，Xに対し，本件土地部分について取得時効を援用する旨の意思表示をした。

4　抗弁に対する認否
(1)　抗弁(1)は，否認する。Aは，1993年8月11日，Bに対し，16番地を期間の定めなく無償で貸し渡したものである。
(2)　抗弁(2)のうち，ウの死亡年月日は知らない，その余は認める。
(3)　抗弁(3)のうち，ウの死亡年月日は知らない，その余は認める。

5　再抗弁
　　他主占有権原―使用貸借（抗弁(2)及び(3)に対し）
　Aは，1993年8月11日，Bに対し，16番地及び本件土地部分を期間の定めなく無償で貸し渡した。

6　再抗弁に対する認否
　再抗弁は，否認する。Bは，1993年8月11日，16番地をAから贈与された際に，本件土地部分も16番地に含まれるものと信じて，本

> 件土地部分の占有を始めたものである。

〈参考〉
1 本問の再抗弁における他主占有権原の主張立証は，1993年当時の民法の規定により使用貸借が要物契約とされていたことを前提とする。使用貸借が諾成契約であるとされる現在の民法の規定（民新593条）を前提とするならば，再抗弁は，次のようになる。
　(1) A・Bは，1993年8月11日，AがBに対し16番地及び本件土地部分を期間の定めなく無償で貸す旨の契約を締結した。
　(2) Aは，同日，Bに対し，上記(1)の使用貸借契約に基づき，16番地及び本件土地部分を引き渡した。
2 高橋文清「取得時効」ジュリ増刊・判例から学ぶ民事事実認定（2006）。

第2問

売買

(Xの言い分)

　私は，2005年8月10日に別紙物件目録（省略）記載の土地建物（以下「本件土地建物」という）を，その元の所有者Aから代金3000万円で購入し，同日ころ，私名義に所有権移転登記手続をして所有していましたが，その後，本件土地建物を売却して，駅から近い便利な場所に新たに住宅地を購入して，娘夫婦と同居したいと考えるようになりました。そこで，私は，B不動産販売会社の仲介で，Yに対し，2021年6月15日，代金は4000万円とし，内金400万円は契約締結時に支払い，残金3600万円は，同年7月20日に本件土地建物の引渡しと所有権移転登記を受けるのと引換えに支払う，本件土地建物の引渡しと移転登記手続（登記書類等の引渡し）は私の取引銀行であるC銀行（所在地略）で行うとの約定で，本件土地建物を売り渡し（以下「本件売買契約」という），内金400万円を受領しました。私は，2021年7月20日，約束どおり，本件建物の鍵と本件土地建物の所有権移転登記に必要な書類一式を持参してC銀行に出向きましたが，Yは，何らの連絡をせず，C銀行に来ませんでした。そこで，私は，同日及び翌日の2回にわたり，Yに電話で，速やかに残代金を支払うよう求めましたが，Yは，残代金の融資の当てがはずれて金策がつかないから，とりあえずもう少し待って欲しいと述べるだけでした。

　ところが，Yは，2021年7月30日になって，一方的に，手付を放棄して本件売買契約を解除する旨通知してきました。Yは，内金400万円が解約手付であると主張していますが，この400万円は売買代金債務の一部弁済として受領したものであり，手付の趣旨ではあ

りませんし，Yの主張するような手付契約を締結したこともありません。また万一それが手付であると認められるとしても，私は，Yとの間で，本件売買契約の際に，解除権の留保はしないとの合意をしていますから，いずれにせよ，Yの主張は失当であると思います。

　私としては，Yの主張は一方的で，私には何の落ち度もないのですから，本件売買契約残代金3600万円とこれに対する遅延損害金の支払を求めたいところですが，仮に遅延損害金の請求ができないというのであれば，残代金3600万円の支払を求めます。

（Yの言い分）

　私は，不動産売買の仲介等を業としています。本件土地建物がXの所有であること，私がXとの間で本件売買契約を締結したことは認めます。私は，本件売買契約の残代金決済のために，2021年7月10日の段階で，私の取引銀行から資金として4000万円の決済を受けておりましたので，本件売買契約を約定どおり決済することはもとより可能でした。しかし，私は，市場調査の結果，本件土地建物が周辺不動産の市場価格より随分安いと判断して，転売目的で購入を決めたのですが，ちょうど，2021年7月10日ころ，私の友人からの紹介で，本件土地建物の周辺で，本件土地建物よりも格安の掘り出し物の物件（土地建物）が売りに出されているとの情報がありましたので，Xに同月20日に予定されている残代金の決済は都合により変更して欲しいと連絡を入れました。その後，私は，友人から紹介された物件が購入できる目処がついたことから，本件売買契約については，手付金400万円を放棄して本件売買契約を解約することとし，2021年7月30日には，Xに対し，手付を放棄して本件売買契約を解除する旨通知しました。

　Xは，内金400万円は解約手付ではないと主張していますが，この400万円は契約の成立を証するとともに，これを放棄すれば契約を解約することができるという趣旨で授受されたものですから，400万円が解約手付であることは明らかです。もちろん，Xの主張

するように，Xとの間で解除権の留保はしないというような合意をしたことはありません。

確かに，2021年7月21日と22日の2回にわたり，Xから，速やかに売買残代金を支払って欲しいとの電話を受けましたが，都合があるので，もう少し待って欲しいとお願いしました。その際の電話では，Xは，私から事前に連絡を受けたことから，2021年7月20日には本件土地建物の登記関係書類等は用意しておらず，C銀行にも行かなかったと言っていましたので，Xが2021年7月20日に登記関係書類等を持参してC銀行に行った旨のXの主張は虚偽であると思います。

本件売買契約を手付解除せざるをえない状況となったことは申し訳なく思いますが，以上の経過によれば，本件売買契約は有効に解除されているはずですから，Xの請求に応ずることはできません。

＊　民法575条2項本文の「利息」の法的性質を遅延損害金と解する多数説（遅延損害金説）の立場に立って考えること。

1　問題の趣旨

売買契約に基づく目的物引渡請求権を取り扱った第10講事例1では，抗弁として催告による解除の要件事実などについて説明し，売買契約に基づく代金支払請求権を取り扱った第10講事例2では，民法575条2項本文の「利息」の法的性質に関する遅延損害金説と法定利息説などについて説明している。これらの発展として，この演習問題においては，売買代金債務の履行遅滞に基づく損害賠償（遅延損害金）を請求するための要件事実を確認したうえで，実務上，不動産の売買契約によく見られる「手付」契約（民新557条）について，同契約に基づく契約解除の抗弁が提出される場合についての理解を確認しようとするものである。

2 訴訟物

> 売買契約に基づく代金支払請求権　1個

＊　遅延損害金説の立場では，本件土地建物は原告から被告に引き渡されていない（当事者間に争いがない）ため，履行遅滞に基づく損害賠償請求権を訴訟物とすることは相当でない。

3 請求の趣旨

> 被告は，原告に対し，3600万円を支払え。

4 事実摘示例

> 1　請求原因
> (1)　原告は，被告に対し，2021年6月15日，別紙物件目録（省略）記載の土地建物（以下「本件土地建物」という）を代金4000万円で売った（以下「本件売買契約」という）。
> (2)　よって，原告は，被告に対し，本件売買契約に基づき，売買残代金3600万円の支払を求める。
>
> 2　請求原因に対する認否
> 　認める。
>
> 3　抗弁
> 　手付解除
> (1)　被告は，原告との間で，本件売買契約の締結に際し，同契約に付随して手付として400万円を交付することを合意し，原告に対し，これを交付した。
> (2)　被告は，原告に対し，2021年7月30日，本件売買契約解除のためにすることを示して手付金返還請求権を放棄するとの意思表示をした。

(3) 被告は，原告に対し，(2)の際，本件売買契約を解除するとの意思表示をした。

4 抗弁に対する認否
(1) 抗弁(1)のうち，被告が原告に対し，本件売買契約締結の際に400万円を交付したことは認め，その余は否認する。
(2) 同(2)(3)はいずれも認める。

5 再抗弁
(1) 解除権留保排除の合意
　原告は，被告との間で，本件売買契約締結の際，抗弁(1)について解除権の留保はしないとの合意をした。
(2) 履行の着手——本件建物の引渡しの提供
　ア　原告と被告とは，本件売買契約締結の際，本件土地建物の引渡しは2021年7月20日にC銀行（所在地略）で行うとの合意をした。
　イ　原告は，2021年7月20日，本件建物の鍵を持参してC銀行に行った。
(3) 履行の着手——登記関係書類の提供
　ア　原告と被告とは，本件売買契約締結の際，本件土地建物の移転登記手続（登記書類等の引渡し）は2021年7月20日にC銀行で行うとの合意をした。
　イ　原告は，2021年7月20日，本件土地建物の所有権移転登記に必要な書類一式を持参してC銀行に行った。

6 再抗弁に対する認否
(1) 再抗弁(1)は否認する。
(2) 同(2)のうち，アは認め，イは否認する。
(3) 同(3)のうち，アは認め，イは否認する。

〈参考〉
(1) 手付について，類型別16頁，22頁，要件事実(1)147頁参照。
(2) 解除権留保排除の合意について，最判昭29・1・21民集8－1－64参照。
(3) 履行に着手した当事者からの解除について，最判昭40・11・24民集19－8－2019参照。
(4) 履行の着手の判断基準について，最判平5・3・16民集47－4－3005参照。

＊　改正前の民法557条1項においては，売主が解除の意思表示をする際に手付の倍額を現実に提供しなければならない（大判大3・12・8民録20－105－8，最判平6・3・22民集48－3－859参照）と解されており，また，手付が授受された売買契約の当事者の一方は，自ら履行に着手した場合であっても，相手方が履行に着手するまでは手付解除が可能である（上記(3)の最判昭40・11・24民集19－8－2019参照）と解されていたところ，民法新557条1項はこれらの判例法理を明文化したものである（潮見・概要255頁参照）。そのため，上記(1)から(4)の判例および解釈は，民法新557条1項においても引き続き妥当するものと解される。

第3問

要件事実論30講

消費貸借

（Xの言い分）

　私は，Yに対し，200万円を利息と損害金付きで貸しているので，その返還を求めたいと思います。利息と損害金も含め，きっちり取りたいと思っています。

　事情を詳しく説明します。私は，知人を通じて知り合ったYと親しくしていたのですが，2021年3月5日，Yから100万円を貸して欲しいと頼まれ，同月10日，期限を同年9月10日，利息は付けないとの約束で，100万円の現金をYに渡し，貸しました。もちろんこのときは，あくまでも知人の関係ですから，借用書は取りませんでした。また，同年6月8日にも，Yから100万円を貸して欲しいと頼まれ，同月14日，期限を同年12月14日，利息年5％，期限を過ぎた場合の損害金を年6％とする約束で，このときは銀行の自己宛小切手100万円を渡し，貸しました。お金が必要となった事情はよく聞いていませんが，身内の誰かのために必要となったと言っていたと思います。その後間もなくして，最初の100万円について，同年9月10日までには返せそうもないので，2回目と同じ日にして欲しいと頼まれ，同年6月20日，やむをえず1回目の返済期日を2回目の返済期日と同じ日にし，その代わり，同年7月1日から利息年5％とし，期限を過ぎた場合の損害金を年6％とする約束をしたのです。Yは，同月20日にも1回目の借金の期限を変更し，変更後の期日を2024年12月31日にした，2回目の期限は初めからその日にした，と言っているようですが，私が述べたことが本当で，期限をそのように先にすることはまったく考えられません。また，Yは，ずうずうしいことに，2022年3月になって，私が借金を棒引きにしたなど

第3問　消費貸借……… 541

と言っていますが，とんでもないことです。そのようなことをYに言ったことも，そんなことを書いた書面を渡したことも絶対にありません。なお，結局，1回目と2回目の利息と損害金が同じになりましたが，そのときに2つの借金をまとめたということはありません。

　また，Yは，私に掛け軸を30万円で売ったなどと言って，代金と相殺するとの主張をしていますが，掛け軸の売買の事実はありません。確かに，Yの言う日に，Yから掛け軸を受け取りましたが，この掛け軸はせいぜい1万円程度のものであり，あくまでも金を貸したことや期限を先に延ばしたことに対する単なるお礼でもらったものにすぎません。

（Yの言い分）
　私は，Xからもう済んだはずの借金の返済を求められて困っています。

　私は，2021年3月10日，Xから100万円を借りました。現金で受け取ったのは間違いありません。利息もなしで，期限は同年9月10日でした。また，同年6月初めころにも100万円を借りました。直接Xから現金を受け取ったのではなく，Xの使いの人が小切手を持って来てくれたのです。もちろん貸し借りのことや利息と損害金については，Xと直接話をして決めました。内容はXの言うとおりです。小切手を受け取ったのは，Xの言う日ころだったのは間違いありません。しかし，そのころにはかなり経済的に苦しくなっており，当分は返済できないと考え，期限は4～5年先にしてくれと頼んだのです。Xはさすがに渋っていましたが，最終的には，2024年12月31日まで待ってくれることになったのです。また，1回目の借金について，Xは，2021年6月20日に1回目の借金の期日の変更をし，利息と損害金を決めたと言っており，確かにXの言うとおり，その日に借金の期日を同年12月14日にするといったんは合意したのですが，その後，再度話し合い，同年7月20日に，再度期限を2回目の

期日と同じく，2024年12月31日にすることに決めたのです。また，1回目については，条件は従前と同じであり，利息も損害金も付けることにはしていないのです。
　私は，その後，ますます経済的に困窮し，この先10年以上，仕事上の借金を返していくだけで手一杯になってしまい，Xからの借金はどうにも返す当てがなくなってしまったので，2022年3月に入り，Xに対し，窮状を説明し，何とか助けてくれるよう頼んだのです。すると，Xは，その説明を理解してくれ，同月25日になって，「どうせ取れないだろうから，もう僕への借金はなしでいいよ。」と借金を棒引きにしてくれると私に言ってくれました。そのときその旨を書面にも書いてくれたのですが，残念ながら家のどこを探してもないのです。
　ところが，その後，Xも経済的に厳しくなってきたらしく，借金棒引きの書面がないことをいいことに，話を蒸し返し，貸金返還を請求してきたのです。
　また，私は，2022年4月15日，Xから強くねだられ，自宅にあった大切な掛け軸（山水図）1本を時価である30万円で売ることにし，その日にこの掛け軸をXに引き渡しています。借金棒引きのこともあったので，自分の心の中では代金は当分請求しないつもりでしたが，借金棒引きのことが否定され，それが認められないのなら，その代金分は，本日，原告の主張する債権と相殺します。
　※なお，現時点を2022年5月31日と仮定する。

1　問題の趣旨

　この演習問題は，消費貸借を扱う第12講で説明した貸金請求の要件事実を確認し，その基本的な知識を前提に，当事者の様々な主張の中から，法的に意味のある事実を選別することに主眼を置いている（要件事実とそれ以外の貸付の動機や事情などとの区別や，認否についても，使者による小切手の交付など，要件事実である請求原因を必ずしも否認しているとはいえない主張を見分けることが必要となる）。そして，期限の変更合意があった場合の

要件事実，免除および相殺の抗弁が主張された場合について，理解を深めさせようとするものである。

2　訴訟物

> 消費貸借に基づく貸金返還請求権　2個
> 利息契約に基づく利息請求権　2個
> 履行遅滞に基づく損害賠償請求権　2個
> 合計6個　単純併合

3　請求の趣旨

> 被告は，原告に対し，202万8849円及びうち200万円に対する2021年12月15日から支払済みまで年6％の割合による金員を支払え。

4　事実摘示例

> 1　請求原因
> (1)　請求原因1（第1貸付）
> 　ア　原告は，被告に対し，2021年3月10日，100万円を，同年9月10日を支払期日として，貸し付けた。
> 　イ　原告は，被告との間において，同年6月20日，(1)アの貸金について，同年7月1日から利息を年5％，損害金を年6％，支払期日を同年12月14日とする旨合意した。（注1）
> 　ウ　同年12月14日は経過した。
> (2)　請求原因2（第2貸付）
> 　ア　原告は，被告に対し，同年6月14日，100万円を，利息年5％，損害金年6％，同年12月14日を支払期日として，貸し付けた。（注1）（注2）

イ　同年12月14日は経過した。
(3)　よって，原告は，被告に対し，貸金合計200万円並びに以下のとおりの利息及び遅延損害金の支払をそれぞれ求める。
　　ア　2万8849円
　　　　100万円に対する2021年6月14日から，100万円に対する同年7月1日から，それぞれ同年12月14日まで年5％の割合による約定利息
　　イ　200万円に対する2021年12月15日から支払済みまで約定年6％の割合による遅延損害金

2　請求原因に対する認否
(1)　請求原因1(1)アは認める。同イのうち，原告が被告との間において，2021年6月20日，支払期日を同年12月14日とする旨合意したことは認め，その余は否認する。
(2)　同(2)アのうち，支払期日については否認し，その余は認める。

3　抗弁
(1)　免除（請求原因(1)及び(2)に対し）
　　原告は，被告に対し，2022年3月25日，請求原因(1)及び(2)の貸金，利息及び遅延損害金の支払債務を免除する旨の意思表示をした。（注3）
(2)　支払期日延期の合意（請求原因(1)に対し）
　　原告は，被告との間において，2021年7月20日，請求原因(1)の貸金の支払期日を2024年12月末日とする旨合意した。
(3)　相殺（請求原因(1)に対し）
　　ア　被告は，原告に対し，2022年4月15日，掛け軸（山水図）1本（以下「本件掛け軸」という）を代金30万円で売った（以下「本件売買契約」という）。
　　イ　被告は，原告に対し，同日，アの売買契約に基づき，本件掛け軸を引き渡した。
　　ウ　被告は，原告に対し，2022年5月31日，本件売買契約に基づ

> く代金債権30万円をもって，本訴請求債権と対当額で相殺する旨の意思表示をした。（注４）
>
> ４　抗弁に対する認否
> (1)　抗弁(1)(2)は否認する。
> (2)　抗弁(3)のうち，ア，イは否認し，ウは認める。（注５）

〈参考〉
（注１）　消費貸借は無利息が原則であり，貸主は，特約がなければ，借主に対して利息を請求することができない（民新589条１項）。
（注２）　銀行の自己宛小切手は現金と同様に扱われるので，現金の交付と同様に記載すれば足りる。
（注３）　民法519条，起案の手引巻末「事実摘示記載例集」25頁参照。
（注４）　利息，遅延損害金，元金の順で相殺されることについては，民法新512条２項２号，489条１項，２項，488条４項３号（なお，改正前の民法491条１項にいう「利息」には約定利息のみならず遅延利息（損害金）をも包含することについて，旧版注釈(12)227頁〔山下末人〕，同旨，大判明37・2・2民録10－70，大判昭15・8・24新聞4611－12，大判昭16・11・14民集20－1379参照）。

　民法新512条２項は，１項により充当の対象となる元本債権が決定されるが，それでもなお，相殺に適するようになった時期を同じくする債務が複数あるときは，その時期を同じくする元本債権相互間および元本債権とこれについての利息・費用債権との間での処理が問題となるところ，この場合に，充当合意がなければ，指定充当を認めず（判例法理の不採用），同条２項１号・２号の定める方法による法定充当によるべきことを定めるものである（潮見・概要200頁参照）。
（注５）　原告は「売買契約に基づく」引渡しを否定していることから，抗弁(3)イに対する認否を否認とした。

第4問

準消費貸借

（Xの言い分）

　私は，Yに対し，200万円を貸しているので，返還を求めたいと思います。

　詳しく事情を話します。私は，Yに対し，2021年2月5日，100万円を，同年5月10日，20万円を，いずれも支払期日を同年10月15日，無利息で貸し，お金を渡しました。また，同年7月20日，Yに対し，私所有の絵画「富士山」を代金80万円で売り，そのころこれを引き渡しました。代金の支払期日は，同年9月30日としました。

　ところが，同年9月半ばころになって，Yから，貸金や売買代金を払う当てにしていた収入が入らなくなってしまったため，支払期日をいずれも延ばしてもらいたいとの申入れを受けました。私が話が違うと文句を言ったところ，改めて，すべてをまとめて利息と損害金を付けて，正式に借り受けたいと言ってきたことから，同年9月25日，上記貸金合計120万円及び売買代金80万円を合わせた合計200万円を目的として，利息年2％，損害金年3％，支払期日を2022年6月5日とする約定で，貸すとの契約を結び，Yの妻Zを保証人として，1通の契約書を作りました。

　しかし，上記の支払期日になっても，利息はおろか元金も払わないので，元金と利息及び損害金の支払を求めます。

　Yは，私が自分のYに対する債権を自分のAに対する借金の代わりに譲渡したなどと言っていますが，私は自分のYに対する債権を他へ譲渡したことはありません。確かに，Yが主張するような借金はあります。それは，私がAから，2021年12月10日，300万円を，支払期日2022年4月15日とする約定で，無利息で借り受けたもので

す。私は，この借金については，現金での支払はせず，有していた債権で支払いましたが，それはYに対する債権ではなく，Bに対する200万円の債権です。これは，2021年8月10日，利息年5％，支払期日を同年11月7日とする約定で貸し付けたものです。債権譲渡は，2022年4月15日に行い，債権譲渡通知もその日のうちにBに対してしています。Yへの債権譲渡通知書が提出されていますが，それは偽物です。

（Yの言い分）

　私は，X主張のとおり，同人から，100万円を借り受け，また，絵画「富士山」を買い受けました。絵画の引渡しももちろん受けています。しかし，X主張のような20万円の借金はしていません。2021年9月25日，100万円の借金と売買代金の2つをまとめて，利息年2％，損害金を年3％とし，支払期日を2022年6月5日として借り直し，妻のZを保証人にしたことは間違いありません。確かにそのとき契約書を作りましたが，金額は空欄のままにして，後でXに記入してもらうことにしていたところ，Xが勝手に200万円と書いてしまったものと思います。

　また，Xは，既に私の債権者ではないはずです。すなわち，Xは，2022年4月15日，Xの私に対する債権をXのAに対する借金の支払の代わりに譲渡し，同日，その旨を私に確定日付ある証書で通知しました。XのAに対する借金の詳細は分かりませんが，Xの主張するとおりだと思います。

1　問題の趣旨

　この演習問題は，消費貸借を扱う第13講で説明した準消費貸借について，旧債務の主張立証責任に関する原告説と被告説とのそれぞれの立場に立った場合とで，要件事実がどのように違いが生ずるかを考えさせるとともに，債権譲渡（第26講，第27講参照）による債権喪失の抗弁に関して，その原

因となった代物弁済の要件事実について，理解を深めさせようとする問題である。なお，本問において，債権譲渡の効果は，代物弁済契約の成立により生ずるところ（類型別125頁），民法（債権関係）の改正により，代物弁済契約が諾成契約であることが明示され，代物弁済契約は当事者の合意によって成立し，代物の給付がされたときに債権が消滅することとされた（民新482条）。

2　訴訟物

> 準消費貸借契約に基づく貸金返還請求権　1個
> 利息契約に基づく利息請求権　1個
> 履行遅滞に基づく損害賠償請求権　1個
> 合計3個　単純併合

3　請求の趣旨

> 　　被告は，原告に対し，200万円並びにこれに対する2021年9月25日から2022年6月5日まで年2％の割合による金員及び同年6月6日から支払済みまで年3％の割合による金員を支払え。

4　事実摘示例

> 1　請求原因
> 【原告説の場合】
> (1)　原告は，被告に対し，2021年2月5日，100万円を，同年10月15日を支払期日として，貸し付けた。
> (2)　原告は，被告に対し，同年5月10日，20万円を，同年10月15日を支払期日として，貸し付けた。
> (3)ア　原告は，被告に対し，同年7月20日，絵画「富士山」を代

　　　　金80万円で売った。
　　イ　原告は，被告に対し，そのころ，上記売買契約に基づき，絵画「富士山」を引き渡した。(注1)
(4)　原告は，被告の間で，同年9月25日，利息を支払うこと，支払期日を2022年6月5日として，上記(1)の100万円の貸金債権，(2)の20万円の貸金債権及び(3)の80万円の売買代金債権を消費貸借の目的とする旨合意した（以下「本件準消費貸借契約」という）。(注2)
(5)　よって，原告は，被告に対し，本件準消費貸借契約に基づき，200万円並びにこれに対する2021年9月25日から2022年6月5日まで年2％の割合による約定利息及び同年6月6日から支払済みまで民法所定の年3％の割合による損害金の支払を求める。

【被告説の場合】
(1)　原告は，被告との間で，2021年9月25日，利息を支払うこと，支払期日を2022年6月5日として，原告の被告に対する両者間の2021年2月5日の消費貸借契約に基づく100万円の貸金債権，同じく同年5月10日の消費貸借契約に基づく20万円の貸金債権及び同じく同年7月20日の売買契約に基づく80万円の売買代金債権を消費貸借の目的とする旨合意した（以下「本件準消費貸借契約」という）。
(2)　よって，原告は，被告に対し，本件準消費貸借契約に基づき，200万円並びにこれに対する2021年9月25日から2022年6月5日まで年2％の割合による約定利息及び同年6月6日から支払済みまで民法所定の年3％の割合による遅延損害金の支払を求める。

2　請求原因に対する認否
【原告説の主張に対し】
(1)　請求原因(1)(3)は認め，同(2)は否認する。
(2)　同(4)のうち，(2)の20万円の貸金債権を消費貸借の目的とすることを合意したことは否認し，その余は認める。

【被告説の主張に対し】

請求原因(2)のうち，2021年5月10日の消費貸借契約に基づく20万円の貸金債権を消費貸借の目的とすることを合意したことは否認し，その余は認める。

3　抗弁
【原告説の請求原因に対し】
（債権喪失）
(1)　Aは，原告に対し，2021年12月10日，300万円を，支払期日を2022年4月15日とする約定で，貸し付けた。
(2)　原告は，Aとの間において，2022年4月15日，抗弁(1)の貸金元金の支払に代えて，原告の被告に対する本件準消費貸借契約に基づく200万円の貸金債権及び2021年9月25日から2022年4月15日までの利息債権を譲渡するとの合意をした。

【被告説の請求原因に対し】
(1)　契約不成立
　　　原告は，被告に対し，2021年5月10日，20万円を貸し付けなかった。
(2)　債権喪失
　ア　Aは，原告に対し，2021年12月10日，300万円を，支払期日を2022年4月15日とする約定で，貸し付けた。
　イ　原告は，Aとの間において，2022年4月15日，抗弁(2)アの貸金元金の支払に代えて，原告の被告に対する本件準消費貸借契約に基づく200万円の貸金債権及び2021年9月25日から2022年4月15日までの利息債権を譲渡するとの合意をした。

4　抗弁に対する認否
　【原告説の場合】
　抗弁(1)は認め，同(2)は否認する。
　【被告説の場合】

> 抗弁(1)は否認する。同(2)のアは認め，同イは否認する。

〈参考〉
(注1) 「せり上がり」については第7講，旧債務の同時履行の存続については第13講を参照。
(注2) 「利息を支払うこと」との摘示のみとし，「利息年2％」と摘示していないのは，「利息契約」の摘示だけがあれば，利息の合意がされた2021年9月25日当時の民法の定める法定利率年3％の利息請求が可能となるため（民新404条1項によれば，利息を生ずべき債権について別段の意思表示がないときは，その利率は，「その利息が生じた最初の時点における法定利率」によるとされる），その内金請求となる「利息を年2％とする合意」の摘示は不要となるとの見解による（新法における変動制を基礎に据えた法定利率のルールのもとでも，このように解してよいであろう）。

　また，遅延損害金については，民法上当然に，支払期日である2022年6月5日経過時の民法の定める法定利率年3％による請求が可能となるので（民新419条1項により，金銭債務の不履行を理由とする損害賠償の額は，債務者が遅滞の責任を負った最初の時点における法定利率によって定めるとされる），遅延損害金についての約定の摘示は不要となる。

第5問

賃貸借

（Xの言い分）

　別紙物件目録（省略）記載の建物（以下「本件建物」という）は，私の一人娘Aが所有していたものですが，Aは2022年8月7日に病気で亡くなりました。Aは，結婚をせず，子供もなく，父親も早くに亡くしていますので，母である私が唯一の相続人として，本件建物を相続しました。移転登記は未了です。

　Aは，2021年3月4日，本件建物をYの夫Bに賃貸していました。家賃は月額6万円，敷金は12万円でした。賃貸期間は定めていませんでした。

　Bは，2023年2月28日に亡くなり，その後は，妻Yが本件建物に住んでいます。Bには，子供はおらず，両親や兄弟姉妹もなく，相続人はYだけであったとのことです。

　ところで，私は，2024年4月ころ，Yに，同年7月以降の家賃を月額7万円にして欲しいと言いました。Yは，最初は渋っていましたが，同年5月13日，分かったと言ってくれました。ところが，その後，Yは，誰かに知恵を付けられたらしく，あの話はなかったことにしてくれと言い出し，同年6月10日に話し合った際には，同年7月分からの値上げを再度納得してくれたのに，同年7月以降も，月額6万円しか支払わず，その度に値上げをめぐって口論になりました。なお，話合いの際，私は，値上げの話を取り消すなどとは言っていません。私は，Yに対し，2025年5月15日，値上げ以降の差額合計10万円を14日以内に支払うよう催促したうえ，同月31日，賃貸借契約を解除することを通告しました。それなのに，Yは本件建物に居座っています。同年6月以降は，「賃料」を受け取るわけに

はいきませんので，Ｙにそう言ったところ，Ｙからは，月額６万円の支払すらなくなりました。なお，Ｙが同年６月30日に12万円を私の家に持参した事実はありません。

　そこで，私は，Ｙに対し，本件建物の明渡しと，2024年７月以降の賃料不足分及び2025年６月１日から明渡しまで１か月当たり７万円の支払を求めます。

（Ｙの言い分）
　ＢがＡからＸの言うとおりの内容で本件建物を賃借したこと，Ａが死亡し，その相続人はＸだけであったこと，Ｂが死亡し，その相続人は私だけであったこと，Ｘから家賃の値上げ分の支払の催促と，契約解除の通告があったことは，そのとおりですが，家賃の値上げには同意していません。Ｙから値上げの話はありましたが，私は，お断りしました。2024年６月10日にＸと話し合った際にも，私は値上げに同意していませんし，Ｘは，値上げの話は取り消すと言ってくれました。それでも，万が一に備えて，2025年６月30日には，それまでの値上げ分合計12万円をＸ宅に持参したのですが，Ｘは受け取ってくれませんでしたし，同年６月分の賃料６万円も受け取ってもらえませんでした。

　ところで，所有権が移転しても，登記をしないと第三者には対抗できないと聞きました。そうすると，Ｘは，Ａからの所有権移転登記をするまで，私に対抗できないはずです。

1　問題の趣旨

　この演習問題では，主に，賃貸借契約終了に基づく目的物返還請求権としての建物明渡請求権の発生要件事実（第14講，第16講）と相続の要件事実（第30講）の理解が試される。賃料支払請求権の発生原因事実については，第14講参照。賃料債務の不履行との関係における賃料増額合意の位置付け（請求原因か再抗弁か），賃料増額撤回の合意のみで抗弁となるか否か，

弁済提供と解除の意思表示との先後関係，賃貸人たる地位が相続によって移転した場合の所有権移転登記の要否や，賃料増額撤回の合意が同一の機会にした賃料増額合意と両立する主張なのかどうかにも留意する必要がある。

なお，今回の民法改正により，賃貸不動産の譲渡による賃貸人たる地位の移転が明文化された（民新605条の2，605条の3）。賃借人が対抗要件を備えている場合の賃貸不動産譲渡による賃貸人たる地位の当然承継（大判大10・5・30民録27-1013），対抗要件としての所有権移転登記（最判昭49・3・19民集28-2-325），賃貸不動産の新旧所有者の合意による賃貸人たる地位の移転（最判昭46・4・23民集25-3-388）など，改正前の民法下の判例法理を明文化している。

2 訴訟物

> 賃貸借契約終了に基づく目的物返還請求権としての建物明渡請求権　1個
> 賃貸借契約に基づく賃料支払請求権　1個
> 履行遅滞に基づく損害賠償請求権　1個
> 合計3個　単純併合

3 請求の趣旨

> 1　被告は，原告に対し，別紙物件目録（省略）記載の建物を明け渡せ。
> 2　被告は，原告に対し，11万円及び2025年6月1日から1の明渡済みまで1か月7万円の割合による金員を支払え。

4 事実摘示例

1 請求原因
(1) 2024年5月13日の賃料増額合意
　ア　Aは，Bに対し，2021年3月4日，別紙物件目録（省略）記載の建物（以下「本件建物」という）を，期間の定めなく，賃料1か月6万円の約定で賃貸した（以下「本件賃貸借契約」という）。
　イ　Aは，Bに対し，同日，本件賃貸借契約に基づき，本件建物を引き渡した。
　ウ　Aは，2022年8月7日，死亡した。
　エ　Aには，子はいない。
　オ　原告は，Aの母である。
　カ　Bは，2023年2月28日，死亡した。
　キ　被告は，Bの妻である。
　ク　原告と被告は，2024年5月13日，本件賃貸借契約の賃料を同年7月1日から1か月7万円にするとの合意をした。
　ケ　2024年7月から2025年4月までの各月末日は経過した。
　コ　原告は，被告に対し，2025年5月15日，2024年7月から2025年4月までの賃料のうち10万円の支払を催告した。
　サ　2025年5月29日は経過した。
　シ　原告は，被告に対し，2025年5月31日，本件賃貸借契約を解除するとの意思表示をした。
　ス　2025年5月31日は経過した。
　セ　2025年6月1日以降の本件建物の賃料相当額は，1か月7万円である。
(2) 2024年6月10日の賃料増額合意
　ア　(1)アからキまで，ケからセまでと同じ
　イ　原告と被告は，2024年6月10日，本件賃貸借契約の賃料を同年7月1日から1か月7万円にするとの合意をした。
(3) よって，原告は，被告に対し，本件賃貸借契約の終了に基づき

本件建物の明渡しを，本件賃貸借契約に基づき2024年7月1日から2025年5月31日まで1か月7万円の割合による賃料のうちの11万円の支払を，本件建物の明渡債務の履行遅滞に基づく損害賠償として本件賃貸借契約終了の日の翌日である2025年6月1日から明渡済みまで1か月7万円の割合による遅延損害金の支払を，それぞれ求める。

2　請求原因に対する認否
　(1)　請求原因(1)アからキまで，コ，シの各事実は認める。
　(2)　同(1)ク，セ，同(2)イの各事実は否認する。

3　抗弁
　賃料増額撤回の合意及び弁済（請求原因(1)に対し）
　(1)　原告と被告は，2024年6月10日，請求原因(1)クの合意を撤回するとの合意をした。
　(2)　被告は，原告に対し，2024年7月から2025年4月までの各月末日までに，6万円ずつを支払った。

4　抗弁に対する認否
　抗弁(1)の事実は否認する。
　同(2)の事実は認める。

〈参考〉
　賃料増額の合意以外に，借賃増額請求（借地借家32条）によっても，賃料は増額されるが，Xの言い分の中に，借賃増額請求の要件事実はないから，Xがこれを主張していると考えることはできないであろう。

第6問

代理

要件事実論30講

（Xの言い分）

　私は，建築資材の販売を業としています。私は，2021年12月15日，Yに対し，私が所有していた，著名な日本画家である青梅玉堂作の名画「三日月」（以下「本件絵画」という）を代金600万円で売り渡しました。

　私は，絵画が趣味で，日本画を幅広く収集していますが，2021年11月ころ，美術愛好家の仲間であるAが，Aの友人で，日本料理店を経営しているYが青梅玉堂の大のファンで，私が本件絵画を持っていることを聞きつけ，是非本件絵画を買いたいと言っているとして，AがYの代理人として本件絵画を購入したいと言ってきました。私は，代金が600万円とかなり高めに設定されていたことのほか，YがAの友人であり，私と同じ美術愛好家であることから，2021年12月15日，Yの代理人であるAとの間で，本件絵画を代金600万円でYに売り，本件絵画はAの指定する場所にて引き渡す，代金600万円は2022年2月25日に支払うとの内容の売買契約を締結し，2021年12月16日には，本件絵画をAの指定する場所に送付して引き渡しました。

　私が，2022年2月25日に売買代金の支払期日が到来したと知ったことは認めます。ところが，私は，その後体調を崩して入通院を繰り返していましたので，Yに請求することができずにいました。そして，2027年7月11日にYと直接会って話をしたところ，Yは，本件絵画の代金債務の支払に代えてY所有の池田七海作の彫刻「ポセイドン」1点を譲ることで許して欲しいと申し入れてきました。しかし，私には彫刻の趣味はありませんでしたので，Yの申入れを断

っています。
　　したがって，今さら，Ｙが無権代理であるとか，消滅時効であるとは言えないはずですから，きちんと代金600万円を支払って欲しいと思います。

＊　Ｘは，2027年10月15日の時点で民事訴訟を提起し，売買代金の支払を請求したものと仮定する。

　（Ｙの言い分）
　　私は，2021年４月ころ，知り合いのＡから，Ｘ所有の本件絵画を購入する気があるのであれば手に入りますよなどと持ちかけられ，私はもともと青梅玉堂のファンであり，本件絵画はかねてから欲しいと思っていたことから，私の経営していた日本料理店に飾るために本件絵画を購入したいとは思いましたが，当時は日本料理店の経営状態が悪かったために，本件絵画の購入は断念しましたので，Ａにその代理権を与えたことはありません。Ａからも，Ａが私の代理人として，Ｘとの間で本件絵画の売買契約を締結したことは聞いていません。
　　さらに，本件絵画の時価はせいぜい300万円程度ですから，Ｘの主張する本件絵画の売買代金はあまりに高額だと思います。仮にＸとＡとの間に本件絵画の売買契約が締結されていたとしても，Ｘの主張する契約内容からすると，Ｘは，2022年２月25日に売買代金の支払期日が到来したことを知り，売買代金支払請求権を行使できることを知った時から５年間行使しなかったのですから，売買代金債務は時効によって消滅していると思います。私は，Ｘに対し，2027年９月11日，念のために，本件売買契約の代金債権について消滅時効を援用すると通知しています。なお，私は，2027年７月11日にＸと喫茶店で会って話をしたことはありますが，本件絵画の売買はＡが勝手にしたことであるし，本件絵画は受け取っていないから売買代金を払う必要はないと述べただけで，池田七海作の彫刻「ポセイドン」１点を譲ることで許して欲しいとは言っておりません。私の

所有する「ポセイドン」は時価800万円もする代物ですから，私がそのような申入れをするわけがありません。

また，Xからも，Aからも，本件絵画の引渡しを受けていませんから，Xが私に本件絵画の代金の請求をするのであれば，まずは本件絵画を引き渡して欲しいと思います。

したがって，いずれにせよ，原告の請求に応ずることはできません。

1　問題の趣旨

　この演習問題は，第10講の売買契約に基づく代金支払請求の要件事実，第17講の有権代理の要件事実，第21講の消滅時効の要件事実の融合問題，応用問題である。有権代理および黙示の追認による売買の請求原因について，同時履行の抗弁と履行（弁済）の再抗弁，消滅時効の抗弁と時効援用権の喪失の再抗弁を取り上げ，これらの主張が問題となる場合の攻撃防御の構造についての理解を確認しようとするものである。

2　訴訟物

　売買契約に基づく代金支払請求権　1個

3　請求の趣旨

　被告は，原告に対し，600万円を支払え。

4　事実摘示例

　1　請求原因
（1）有権代理
　ア　原告は，Aに対し，2021年12月15日，青梅玉堂作の絵画「三

日月」（以下「本件絵画」という）を代金600万円で売った（以下「本件売買契約」という）。
　　イ　Aは，アの際，被告のためにすることを示した。
　　　（イの代わりに，「被告は，アの当時，日本料理店を営んでいた。」でもよい。）
　　ウ　被告は，Aに対し，アに先立ち，アの代理権を授与した。
(2)　黙示の追認
　　ア　(1)のア，イと同じ。
　　イ　被告は，原告に対し，2027年7月11日，被告の本件売買契約の売買代金債務の弁済に代えて被告所有の池田七海作の彫刻「ポセイドン」1点の所有権を原告に移転することを申し入れることによって，黙示にAの無権代理を追認するとの意思表示をした。
(3)　よって，原告は，被告に対し，本件売買契約に基づき，代金600万円の支払を求める。

2　請求原因に対する認否
(1)　請求原因1(1)のうち，ア，イは知らない。ウは否認する。
(2)　同(2)のイは否認する。

3　抗弁
(1)　消滅時効（請求原因(1)に対し）
　　ア　原告とAとは，本件売買契約において，代金600万円は2022年2月25日に300万円を支払うと合意した。
　　イ　2022年2月25日は到来した。
　　ウ　原告は，2022年2月25日にイを知った。
　　エ　2027年2月25日は経過した。
　　オ　被告は，原告に対し，2027年9月11日，本件売買契約の代金債権について，消滅時効を援用するとの意思表示をした。
(2)　同時履行（請求原因(1)及び(2)に対し）
　　被告は，原告が被告に対し，本件絵画を引き渡すまで，本件売

買契約の代金を支払うことを拒絶する。

　４　抗弁に対する認否
　　　抗弁(1)のうち，ア，ウ，オはいずれも認める。

　５　再抗弁
(1)　時効援用権の喪失（抗弁(1)に対し）
　　　被告は，原告に対し，2027年7月11日，被告の本件売買契約の代金債務の弁済に代えて被告所有の池田七海作の彫刻「ポセイドン」1点の所有権を原告に移転することを申し入れた。
(2)　履行（抗弁(2)に対し）
　　　原告は，2021年12月16日，本件売買契約に基づき，本件絵画をAの指定する場所に送付して引き渡した。

　６　再抗弁に対する認否
　　　再抗弁(1)(2)はいずれも否認する。

〈参考〉
(1)　消滅時効が，被告の追認時期との関係で，請求原因(2)に対する抗弁とならないことに留意すること。
(2)　黙示の追認（意思表示）について第6講，時効援用権の喪失について類型別37頁参照。
(3)　時効援用権の喪失と時効利益の放棄との関係について，最判昭41・4・20民集20－4－702参照。

第7問

保証

（Xの言い分）

　私は，Yに対して，保証債務として100万円及びこれに対する2021年8月11日から支払済みまでの法律で定められた利息の支払を求めたいと思います。

　詳しく事情を話します。

　私は，かねてよりAと親しくしていましたが，ある日，自分が所有している動産甲を見せたところ，是非欲しいと言うので売ってあげることにしました。動産甲は，私が祖父からもらったものですが，とても高価なもので大切にしていたのです。祖父からは，売れば200万円以上するものだと聞いていました。しかし，Aとはとても親しくしていましたし，どうしても欲しいと言うので売ることにしたのです。売買の日は2021年4月2日です。代金は，Aが若いことも考えて，100万円にしました。確かに，100万円でもAにとっては大金だとは思いましたが，それだけ価値のあるものでしたし，Aの両親は裕福で，親から金を借りると言っていたので，問題はないだろうと思っていました。引渡しは，代金の支払ができるということだった同年8月10日にし，その日を代金の支払期日にしました。

　もっとも，やはりAは若かったので，それだけでは心許ないこともあり，当時，Aの面倒を見ていたYに保証してもらうことにしました。Yに事情を話すと快く引き受けてくれ，同年4月5日，Yから「AがXから購入した動産甲の代金200万について，連帯保証いたします。」と記載され，Yが署名押印した書面（保証書）を受け取りました。

　ところが，私が同年8月10日に動産甲をAに渡したにもかかわら

ず，Aは代金を払いません。私も，てっきりすぐに払ってもらえるものだと思って，動産甲を知り合いに頼んで，Aのところに持って行かせたのですが，代金が払われないのであれば，Aに渡さなければよかったと思っています。

　同年10月20日になって，Aの両親（父B，母C）から，内容証明郵便が届き，売買契約を取り消すとの内容が書かれていました。Aは未成年（契約当時17歳3か月）であり，動産甲は返すので引き取ってもらいたいとも書いてありました。Aは若いとは思っていましたが，未成年とまでは思っていなかったので，少々驚いたのですが，しかし，本来，もう売ったものですから，代金をきちんと払ってもらいたいと思っています。

　そこで，保証人となったYに代わりに払ってもらいたいのです。Yは，Aの面倒を見ていたのですから，当然，Aが当時未成年者であることは知っていたはずであり，責任は免れないと思います。

　Yは，私がAを強迫したなどと言っていますが，そのようなことは絶対していません。現に，Aの内容証明郵便にはAが未成年者であるから取り消すとは書いてありましたが，強迫をしたなどとは書いてありません。また，Yは，保証の際に保証するのは代金債務だけで，遅延損害金は責任を持たないと約束したなどと言っていますが，そのような約束はまったくありません。

（Yの言い分）

　Xから保証債務の支払を求められていますが，払う理由はありません。

　私は，2021年4月初めころ，面識のあったXから，Aに売った物の代金支払を保証してやってくれないかと頼まれました。Aは，前から私の兄のところで，仕事の手伝いなどをしていたので，面識はありました。しかし，金額を聞くと100万円という大金だったので，一度は断ったのですが，Aからも何とかしてくれと泣きつかれ，やむなく承諾したのです。売買契約の内容は，X主張のとおりです。

その際，Ｘの主張する書面にたしかに署名押印しましたが，この書面を見てもらえば分かりますが，Ｘの署名押印はありませんので，このような書面で保証が成り立つのかは疑問です。また，Ｘは遅延損害金分の支払も求めていますが，私が約束したのは代金の保証だけで，遅延損害金の支払については保証しないと明確に約束しています。

　Ａの話によると，その後，同年８月10日に動産甲の引渡しを受けたようですが，代金は支払わなかったということです。それは，Ｘから強迫を受けて，無理矢理買わされた物だからだというのです。すなわち，Ａによれば，売買契約に先立ち，語気鋭く「自分は，暴力団に知り合いがいる。これを買わないと知り合いが何をするか分からないぞ。」と脅されたという話です。ＡとしてはＸが怖くなって買うことにし，私にも保証を泣きついたということで，私もなるほどと思ったのです。

　Ａは，その後，自分の両親（父Ｂ，母Ｃ）にも相談したところ，これは知らなかったのですが，Ａは実は未成年者であったということで，両親がＸに売買契約の取消しの意思表示を記載した内容証明郵便を送付し，この書面が同年10月20日にＸに到達したということです。したがって，もはや保証債務も払わなくてよいはずです。内容証明郵便には，Ａが未成年であったことしか書いてないようですが，それは，強迫についてはＡの言葉しか証拠がなく，未成年の主張が最も簡単であったからだと思います。したがって，当然，この売買契約は強迫を理由としても取り消されていると思いますが，万が一，強迫を理由とした取消しがまだされていないというのであれば，私は強迫を理由として保証債務の履行を拒絶します。

1　問題の趣旨

　第19講では根保証について解説したので，ここでは通常の保証（連帯保証）の事例を取り上げた。これに対し，未成年取消しと，強迫による取消しおよび保証範囲を限定する合意が抗弁として主張されている。未成年取

消しに対しては，民法449条による反論がされている。これらの要件事実について，実体法の理解を踏まえて，記載を検討することを求めている。

2 訴訟物

> 保証契約に基づく保証債務履行請求権　1個

3 請求の趣旨

> 被告は，原告に対し，100万円及びこれに対する2021年8月11日から支払済みまで年3％の割合による金員を支払え。

4 事実摘示例

> 1　請求原因
> (1)　原告は，Aに対し，2021年4月2日，動産甲を代金100万円，代金支払期日を同年8月10日とする約定で売った。(注1)
> (2)　被告は，原告との間で，2021年4月5日，請求原因(1)の代金債務について，保証する旨合意した。
> (3)　被告の前項の意思表示は，書面による。(注2)
> (4)　原告は，Aに対し，2021年8月10日，請求原因(1)に基づき，動産甲を引き渡した。(注1)
> (5)　2021年8月10日は経過した。(注1)
> (6)　よって，原告は，被告に対し，保証債務として，100万円及びこれに対する2021年8月11日から支払済みまで年3％の割合による金員の支払を求める。
>
> 2　請求原因に対する認否
> 請求原因(1)から(4)までは認める。

3　抗弁
(1)　未成年取消し
　ア　Aは，請求原因(1)の当時，17歳3か月であった。
　イ　BはAの父であり，CはAの母である。
　ウ　B及びCは，原告に対し，2021年10月20日，請求原因(1)を取り消す旨の意思表示をした。
(2)　強迫による取消し
　ア　原告は，Aに対し，請求原因(1)に先立ち，語気鋭く「自分は，暴力団に知り合いがいる。これを買わないと知り合いが何をするか分からないぞ。」と話して強迫し，同人を怖がらせ，その結果，請求原因(1)の売買契約を締結させた。
　イ　B及びCは，原告に対し，2021年10月20日，請求原因(1)を取り消す旨の意思表示をした。(注3)
(3)　保証範囲の特約（注4）
　　原告は，被告との間において，請求原因(2)の際，被告は遅延損害金債務を保証しない旨合意した。

4　抗弁に対する認否
(1)　抗弁(1)のア，イ，ウは認める。
(2)　抗弁(2)のうち，アは否認し，イは認める。
(3)　抗弁(3)は否認する。

5　再抗弁（保証人の悪意―抗弁(1)に対し）
　被告は，請求原因(2)の当時，Aが未成年者であることを知っていた。(注5)

6　再抗弁に対する認否
　再抗弁は否認する。

〈参考〉
(注1) 売買代金およびその履行遅滞に基づく損害賠償請求の要件事実については，第11講を参照。
(注2) 保証債務の書面性の意味については，第19講を参照。その意味について，保証契約当事者双方の意思表示が書面でされていることが必要であるとする見解に立つと，本件保証債務の履行請求は，そもそも主張自体失当ということになる。
(注3) 取消しの意思表示に取消しの理由を明記する必要はなく，かつ，記載しても他の取消事由に流用が可能である。したがって，2021年10月20日の取消しの意思表示をもって，強迫による取消しの主張も可能である。
(注4) 類型別40頁参照。
(注5) 民法449条については，推定規定ではなく解釈規定であり（倉田〔債権総論〕327頁），保証人の悪意が再抗弁となると解されている（定塚孝司・主張立証責任論の構造に関する一試論〔判例タイムズ社・1992〕74頁）。もっとも，この規定による保証人の債務を別の損害担保契約に基づく責任と捉え，別個の訴訟物になるとの考え方もありうる（大江忠・要件事実民法(3)債権総論〔第4版，第一法規・2016〕254頁参照）。

第8問 物権的請求権

（Ｘの言い分）
　私は，Ｙに対して，私が所有する人間国宝 *a* 作の壺（以下「本件壺」という）の返還を求めたいと思います。
　私は，本件壺を，2016年8月7日，知人のＡから，代金350万円で買い受け，大切に自宅に保管していたのですが，2021年10月15日，別の知人Ｂに頼まれて，これを同人に無料で，期間を定めないで貸すこととし，これを引き渡しました。ところが，Ｂは，これをもらったものだと主張して返してくれなかったのです。私は，Ｂに対して，その返還を求めるため，訴訟の提起を検討していたのですが，Ｂは，2022年5月ころになって，さらにこれをＢの友人であるＹに売り，引き渡してしまったようです。代金はよく分かりませんが，まともな売買とは思えませんので，本当に売買の事実があったかどうかも知りませんし，多分お金は払っていないと思います。しかし，本件壺は時価にして400万円は下らない品物で，Ｙは，私が本件壺を大切にしていたことを知っていましたから，ただで贈与するとは思っていないはずです。Ｙは，Ｂが私に有力な仕事先を紹介したなどと言っていますが，そのような事実はありません。したがって，お礼に贈与したなどということはありえませんし，ＢがＹにそのような話をしたこともないと思います。また，Ｙは，Ｂとは大変親しい関係にあり，Ｂから依頼を受け，本件壺の保管を担当していた者ですから，私の所有物であることを知っていたと思いますし，たとえ知らなかったとしても，容易に知りえたはずなのです。したがって，本件壺を私に返すべきなのです。

（Yの言い分）

　私は，私がBから買った本件壺の返還をXから求められて困っています。本件壺は，もともとAが所有していたのですが，それを2016年8月ころにCに250万円で売ったとAから聞きました。Xは，Cから，2017年5月ころに，Cの弱みにつけ込んでただ同然で買い受けたと聞いています。

　Bは，2021年10月15日，Xから本件壺の贈与を受けました。もともとXは，先にも述べたように本件壺をCからただ同然で買い受けたものでしたが，BがXに有力な仕事先を紹介して世話をしたことから，そのお礼に本件壺をBに贈与したと，Bから売買に際し聞きました。引渡しも，贈与の当日にされています。確かに，Bは，本件壺の保管を私に委ねていましたので，私は本件壺を預かっていました。そして，2022年5月20日，Bから本件壺を代金200万円で買い，同月27日，代金を支払いました。本件壺自体はもともと私が預かって保管していましたが，同日に引渡しを受けたこととし，以後自分のために保管しているのです。

　本件壺がBの所有ではなかったとは思いません。確かにBとは親しい関係ですし，本件壺の保管も任されていましたが，Bの所有ではないなどとは夢にも思いませんでした。なお，Bに本件壺が贈与されたときの本件壺の価値も200万円程度だと思います。

　どうか，Xの請求を退けてください。

1　問題の趣旨

　物権的請求権を扱った第20講，第21講では，不動産の所有権をめぐる紛争について取り上げたが，本問は，動産の所有権帰属をめぐる紛争を扱っている。所有権の承継取得を前提とする所有権喪失の抗弁（第3講参照）に加え，動産では即時取得が問題となる。即時取得の要件事実が何かを確認し，過失という規範的要件の要件事実として，評価根拠事実，評価障害事実の拾い上げをさせることを意図している（第6講参照）。

2 訴訟物

所有権に基づく返還請求権としての壺（動産）引渡請求権　1個

3 請求の趣旨

被告は，原告に対し，人間国宝α作の壺を引き渡せ。

4 事実摘示例

1　請求原因
(1) 原告は，2021年10月15日当時，人間国宝α作の壺（以下「本件壺」という）を所有していた。
(2) 被告は，本件壺を占有している
(3) よって，原告は，被告に対し，所有権に基づき，本件壺を引き渡すことを求める。

2　請求原因に対する認否
　請求原因(1)(2)はいずれも認める。

3　抗弁
(1) 所有権喪失1（贈与）
　原告は，Bに対し，2021年10月15日，本件壺を贈与した。（注1）
(2) 所有権喪失2（即時取得）
　ア　Bは，被告に対し，2022年5月20日，本件壺を代金200万円で売った。
　イ　Bは，被告に対し，同月27日，アの売買契約に基づき，本件壺を引き渡した。（注2）

4　抗弁に対する認否
(1)　抗弁(1)は否認する。
(2)　抗弁(2)アは知らない。同イのうち，本件壺の引渡しは認め，その余は否認する。

5　再抗弁（抗弁(2)に対し）
(1)　悪意
　　被告は，抗弁(2)イの引渡しの当時，Bが本件壺の所有者であると信じていなかった。
(2)　過失の評価根拠事実
　ア　2021年10月15日当時の本件壺の時価は400万円を下らないものであった。
　イ　原告とBは，同日，原告がBに対し，本件壺を，期限の定めなく無償で貸すとの合意をし，原告は，Bに対し，同合意に基づいて，これを引き渡した。
　ウ　被告は，抗弁(2)イの引渡しの当時，原告が本件壺を大切にしていたことを知っていた。
　エ　被告は，Bとかねてより親しい関係にあった。
　オ　Bと被告は，2021年10月15日から2022年5月20日までの間に，被告において本件壺を保管するとの合意をし，Bは，被告に対し，同合意に基づいて，これを引き渡した。（注3）

6　再抗弁に対する認否
(1)　再抗弁(1)は否認する。
(2)　同(2)のうち，ア，イ，ウは否認し，エ，オは認める。

7　再々抗弁（過失の評価障害事実―再抗弁(2)に対し）
(1)　原告は，2017年5月ころ，Cから本件壺をただ同然で買った。
(2)　Bは，原告に対し，2021年10月15日までに，有力な仕事先を紹介した。

(3) 被告は，抗弁(2)アの際，Bから，本件壺は原告から贈与された物だと聞いた。

8　再々抗弁に対する認否
　再々抗弁(1)から(3)までは，いずれも否認する。

〈参考〉
(注1)　抗弁として，XからBへの贈与と引渡しによる本件壺の即時取得の主張も考えられる。しかし，Xは，XからBへの引渡しは認めているが，贈与は否認しており，争点となる事実は同じ贈与の事実であって，贈与の事実が認められる以上，その余の点についての主張，立証を待たず，原告の請求は排斥されることになるのであるから，抗弁(1)の主張（贈与による所有権喪失）とは別個に即時取得の主張をしていると考える必要はない。
(注2)　抗弁(2)イの引渡しは，簡易の引渡しであるが，引渡し自体の認否は認めるとなっており，その態様まで具体的に記載する必要はないであろう。
(注3)　再抗弁の過失の評価根拠事実(2)オの事実（Bから被告への本件壺の保管依頼）については，再抗弁(2)のアからエまでの事実と併せると評価根拠事実となるが，再々抗弁の過失の評価障害事実(1)から(3)までと併せると，評価障害事実の１つと見ることもできる。評価障害事実は，評価根拠事実として認定された事実を前提とするので，評価障害事実として改めて記載する必要はない。

第9問

要件事実論30講

登記請求権

（Xの言い分）

　私は，2023年12月12日，Aに2000万円を貸し付けました（弁済期は6か月後の約束）。Aは，400万円は返してくれたのですが，残額はなかなか返済してくれませんでした。そこで，Aと話し合った結果，2025年3月3日，Aが所有していた別紙物件目録（省略）記載の土地（以下「本件土地」という）を私が1600万円で買い受け，売買代金債権と貸金残債権（損害金は免除しました）とを相殺し，所有権移転登記をしました。このような経緯で，本件土地は，現在，私の所有になっています。

　ところで，本件土地には，別紙登記目録（省略）記載の根抵当権設定登記（以下「本件登記」という）がされています。登記の内容は，2021年3月20日設定，同日受付，極度額は1500万円，債権の範囲は消費貸借取引，債務者はB，根抵当権者はYとなっています。Aによると，BはYから，2021年3月20日，800万円を借りた（弁済期は2022年3月20日，利息は年10％，遅延損害金は年20％の約束）のですが，その際，Yから担保を要求されたため，Bの仲間のCが巧妙にAになりすまし，Aの知らない間に本件登記をしたのだそうです。また，Bは，弁済期日に，1年分の利息を含めて880万円を返済していますので，Yに対する債務は残っていないはずです。ですから，Yは，本件登記を抹消する義務があると思います。なお，Yは，Dに対する貸金についてBが連帯保証していると言いますが，Bによると，Dが金を借りた事実も，Bが連帯保証した事実もないとのことです。それに，そもそも保証債務は「消費貸借取引」には含まれないので，上記根抵当権で担保される対象にはならないと思います。

そこで，私は，Yに対し，本件登記の抹消を求めます。

（Yの言い分）
　本件土地をAが所有していたというのは，そのとおりです。Xは，Aから本件土地を買ったと言っていますが，本当は，売買ではなく，貸金の返済が受けられないので，代物弁済で取得したと聞いています。ですから，現時点でXが本件土地を所有していることはあえて争いませんが，Xが所有するに至った経緯についてのXの言い分は間違いです。
　本件登記は，私が正当に取得したものです。CがAになりすましたというのは，言いがかりです。私は，Cなどという人物は知りません。Aに会って，きちんと契約をして，契約条項どおりに登記したのです。
　それに，Bからは，貸金の一部しか返済されておらず，元本としては600万円が返済未了です。また，私は，2025年2月1日，Dに1000万円を貸し付けた（弁済期は2026年1月31日，利息は年12％，遅延損害金は年20％の約束）のですが，その際，Bが連帯保証をし，Bが消費貸借契約証書の連帯保証人欄に署名押印しています。DからもBからも，いまだ返済はありません。
　ですから，Xの要求に応ずることはできません。

1　問題の趣旨

　この演習問題では，所有権に基づく妨害排除請求権としての登記請求権の要件事実と，登記保持権原の要件事実の理解が試される（第21講，第23講参照）。登記保持権原の抗弁や，それに対する再抗弁について検討する際は，抵当権と根抵当権との相違（附従性の有無）に留意する必要がある。

2 訴訟物

所有権に基づく妨害排除請求権としての根抵当権設定登記抹消登記請求権　1個

3 請求の趣旨

被告は，別紙物件目録（省略）記載の土地について，別紙登記目録（省略）記載の根抵当権設定登記の抹消登記手続をせよ。

4 事実摘示例

1　請求原因
(1) 原告は，別紙物件目録（省略）記載の土地（以下「本件土地」という）を所有している。
(2) 本件土地について，別紙登記目録（省略）記載の根抵当権設定登記（以下「本件登記」という）がある。
(3) よって，原告は，被告に対し，所有権に基づき，本件登記の抹消登記手続をすることを求める。

2　請求原因に対する認否
請求原因(1)(2)の各事実は認める。

3　抗弁
登記保持権原（根抵当権）
(1) Aは，2021年3月20日，被告との間で，本件土地につき，次の内容の根抵当権を設定するとの合意をした。
　　　極度額　　　1500万円
　　　債権の範囲　消費貸借取引

　　　　　債　務　者　　　Ｂ
　　　　　根抵当権者　　　　被告
(2)　Aは，(1)の当時，本件土地を所有していた。
(3)　本件登記は(1)に基づく。

4　抗弁に対する認否
(1)　抗弁(1)(3)の各事実は否認する。
(2)　同(2)は認める。

〈参考〉
(1)　権利自白の成立時期について，原則として「直近の時点での権利自白」をとるべきであるとする本書の立場（第20講）からは，Xの現所有について権利自白が成立するので，所有権取得の経緯は請求原因とならないことに留意すること。なお，登記保持権原の抗弁との関係を考慮して権利自白の成立時点を検討すべきとの考え方（新問研112頁参照）によると，この演習問題では，根抵当権設定時点のA所有について権利自白が成立するから，請求原因としては，根抵当権設定時点のA所有，AからXへの所有権移転原因事実（売買。Yはこれを否認しており，Y主張の代物弁済は不利益陳述となる）を主張すると考えることになろう。もっとも，このように考えると，本書の立場では，請求原因に争いがなく，請求原因が認められないことにより請求棄却となる余地はないが，後者の考え方によると，Xの主張する売買も，Yの不利益陳述である代物弁済も，いずれも真偽不明となって，請求原因が認められないことにより請求棄却となる可能性があることになる。どちらの考え方を採るべきかは，慎重に考える必要があろう。
(2)　「登記基づく」については第5講も参照。

第10問

不動産物権変動

（Xの言い分）

　私は，小さな工場で製造業を営んでいます。工場の隣に別紙物件目録（省略）記載の土地（以下「本件土地」という）があり，資材置き場として適当でしたので，1999年4月1日，所有者のAから代金600万円で買い受け（以下「99年売買」という），しばらく使用していました。売買代金は分割払の約束でしたが，資金繰りがうまくいかず，代金の支払がかなり遅れたこともあり，Aに迷惑をかけたので，2001年3月末ころ，いったん売買を白紙に戻し，本件土地をAに返しました。しかし，その後，経営が好転したこともあり，2002年2月2日，再度，Aから本件土地を代金650万円で買い（以下「2002年売買」という），それ以来，使用を継続しています。売買代金は，私の計算では，完済したはずですが，最近になって，Aから，代金が完済されなかったから契約は解除すると言われ，びっくりして登記を確認したところ，2021年9月21日，同日の売買を原因として，AからYへの別紙登記目録（省略）記載の所有権移転登記がされていることが分かりました。Aから私への所有権移転登記をしてもらうことをうっかり忘れていたことにつけ込んで，このような登記をしたに違いありません。Yは，本件土地を買うだけの資金を持っていませんから，仮にAとYが売買契約をしているとしても，形だけのものに決まっています。

　そこで，私は，Yに対し，本件土地の所有権移転登記を求めます。私は，間違いなくAから買っていますが，売買代金を支払ったかどうかについて面倒なことになるのが心配です。そこで，2002年売買の時点から計算して20年以上，本件土地を使っていますから，売買

は主張せず，時効を主張することにします。99年売買は，いったん白紙に戻し，Aに本件土地を返したのですが，そのことが認められないのであれば，99年売買の時点から20年以上使ったことによる時効を認めて欲しいと思います。なお，時効が完成しているはずだということは，2022年6月10日，Yに言いました。

（Yの言い分）
　Xから，時効が完成していると言われたのはそのとおりですが，時効の主張を認めるわけにはいきません。私は，2021年9月21日，Aから本件土地を代金1000万円で買いました。Xは，私にはそれだけの資金がないと言っているそうですが，失礼な話です。きちんと契約をし，代金も約束どおり支払っていますし，所有権移転登記もしたのですから，私の所有権を認めてもらえるはずだと思います。
　XとAとの間に99年売買があったことは認めます。Xは，99年売買はいったん白紙に戻したと言っていますが，Aの話によると，そのようなことはなく，ただ，代金の支払がかなり遅れたことがあるので，2002年2月ころ，Aは迷惑料として50万円を受け取っただけであり，この時に2002年売買をしたということではないのだそうです。ですから，Xは，99年売買の時点から現在までずっと本件土地を使用してきたことになります。しかし，私が所有権移転登記をしてもらったのですから，本件土地は私のものです。

＊　判例の立場を前提とした場合にどのような整理になるかを検討されたい。

1　問題の趣旨

　いわゆる「取得時効と登記」の問題である。まず，取得時効の要件事実についての理解が試される（第22講参照）。また，2002年売買の時点からの取得時効については，Yは時効完成前の第三者になるので，これに対する抗弁の要件事実は，99年売買の時点からの取得時効であることおよびYが時効完成後の第三者であることのようにも見えるであろうが，はたしてそ

うなのかを検討する必要がある。

2 訴訟物

所有権に基づく妨害排除請求権としての所有権移転登記請求権1個

3 請求の趣旨

被告は，原告に対し，別紙物件目録（省略）記載の土地について，2002年2月2日時効取得又は1999年4月1日時効取得を原因とする所有権移転登記手続をせよ。

4 事実摘示例

1 請求原因
(1) 2022年完成の取得時効
　ア　原告は，2002年2月2日，別紙物件目録（省略）記載の土地（以下「本件土地」という）を占有していた。
　イ　原告は，2022年2月2日経過時，本件土地を占有していた。
　ウ　原告は，被告に対し，2022年6月10日，上記時効を援用するとの意思表示をした。
　エ　本件土地について，別紙登記目録（省略）記載の所有権移転登記がある。
(2) 2019年完成の取得時効
　ア　原告は，1999年4月1日，本件土地を占有していた。
　イ　原告は，2019年4月1日経過時，本件土地を占有していた。
　ウ　原告は，被告に対し，2022年6月10日，上記時効を援用するとの意思表示をした。

エ　(1)エと同じ。
(3)　よって，原告は，被告に対し，所有権に基づき，本件土地につき，2002年２月２日時効取得又は1999年４月１日時効取得を原因とする所有権移転登記手続をすることを求める。

2　請求原因に対する認否
　　請求原因1(1)アからエまで及び(2)アからウまでの各事実は認める。

3　抗弁
(1)　占有の先行（請求原因(1)に対し）
　　請求原因(2)アと同じ
(2)　対抗要件具備による所有権喪失（請求原因(2)に対し）
　ア　請求原因(2)イ当時，Aは，本件土地を所有していた。
　イ　Aは，被告に対し，2021年９月21日，本件土地を代金1000万円で売った。
　ウ　Aは，被告に対し，同日，上記売買契約に基づき，本件土地につき所有権移転登記手続をした。

4　抗弁に対する認否
(1)　抗弁(1)の事実は認める。
(2)　同(2)のうち，アは認めるが，イ，ウの各事実は否認する。

5　再抗弁
(1)　占有継続の不存在（抗弁(1)に対し）
　　原告は，2001年３月末ころから2002年２月２日までの間，本件土地を占有しなかった。
(2)　虚偽表示（抗弁(2)に対し）
　　Aと被告は，抗弁(2)イの際，いずれも売買をする意思がないのに，その意思があるもののように仮装することを合意した。

6　再抗弁に対する認否
　再抗弁(1)(2)の各事実は否認する。

〈参考〉
　最判昭35・7・27民集14-10-1871参照。

第11問

債権譲渡(1)

（Xの言い分）

　私は，貸金業を個人で営んでいる者ですが，2021年3月初めころ，古美術商Aから，店舗の移転費用及び内装工事費用の融資を頼まれました。

　Aからは，①2000年4月10日，敷金1000万円を払って，Yから別紙物件目録（省略）記載の店舗（以下「旧店舗」という）を賃借して（以下「本件賃貸借契約」という），その日から営業を始め，以後2年ごとに協議して更新してきたが，旧店舗のあるビル（以下「本件ビル」という）が建て替えられることになって，店を移転することになった，②旧店舗の賃料は，契約時や更新時の相場の金額と定められており，最近は毎月100万円の賃料を滞りなく支払ってきた，③2021年2月25日，Yとの間で，同年7月15日に明渡料200万円の支払を受けること，同年8月25日までに旧店舗を明け渡して本件賃貸借契約を終了させること，同日までに旧店舗を明け渡したときは，明渡しまでの使用料の支払義務を免除すること，同年9月10日に敷金1000万円の返還を受けることを合意した，と聞きました。また，明渡料や敷金に関する合意が記載された書類も見せてもらいましたので，融資しても，その返済は確実だと思いました。私は，BがYの敷金債務を引き受けたことは知りませんでしたし，Aはそれを承諾していないはずです。

　そこで，私は，同年3月19日，Aに対して，弁済期を同年9月10日，利息を年15％，遅延損害金を年21.9％として，800万円をAに貸し付けました（以下「本件貸付」という）。

　ところが，Aは，同年9月10日を過ぎても，Yから入金がないと

言って支払をしないため，同年10月15日，本件貸付の元金800万円，その利息及び遅延損害金の支払に代えて，AのYに対する敷金返還請求権を譲り受けて精算することになりました。

　Aは，同年8月20日に旧店舗を明け渡し，同年10月15日に内容証明郵便で敷金返還請求権を私に譲渡した旨の通知書をYに発送し，その通知書は翌16日にYに届いたと聞いています。

　Yには，損害金まで請求するつもりはありませんが，敷金だけはきちんと支払をして欲しいと思います。

（Yの言い分）

　当社は，地元の駅前で，商業ビルを建てて賃貸することを主たる事業としています。

　当社は，本件ビルの敷地を含む数筆の土地を一体利用して，新しく商業ビルを建てることを計画し，2021年2月ころには，本件ビルに入居する賃借人全員との間で，敷金を返還し，明渡料を支払って，円満に賃借物件を明け渡してもらうことになりました。本件賃貸借契約に関する経緯は，XがAから聞いたとおりです。

　当社は，ビル新築の準備が進んでいた同年7月，ある事情から資金繰りが悪化したため，当社創業者Bに相談し，同年8月1日，Bに当社がXら本件ビルの賃借人に対して負担する明渡料及び返還すべき敷金の債務全額を負担してもらい，それらの債務を当社から切り離すことになりました。

　Aとは，同月10日，当社が負担する明渡料及び敷金の返還債務をBが負担し，当初の約束どおり同年9月10日までにBが支払うことを承諾してもらいました。本件ビルの他の賃借人とも，そのころまでに同旨の合意をしました。

　XとAとの間の貸借関係等は当社には分かりませんし，当社に郵送されたはずだという債権譲渡の通知書は見当たりません。同年10月には当社の資金繰りも落ち着いていて，重要書類を紛失するはずはありません。Xは，Aに騙されているのです。

> 　以上のとおり，Aから債権譲渡の通知を受けていないうえ，仮にXへの債権譲渡がされているとしても，当社がXの請求に応じる理由はありません。

1　問題の趣旨

　この演習問題は，第26講，第27講で解説された譲受債権請求訴訟における攻撃防御方法の構造および要件事実ならびに第14講で解説された敷金返還請求の要件事実を確認するとともに，債権譲渡と並んで説明されることの多い債務引受について，要件事実を研究してもらうための応用問題である。

　なお，今回の改正により，これまで明文の規定がなかった債務引受について，民法新470条以下に規定が設けられ，民法新470条が併存的債務引受の要件および効果について，同472条が免責的債務引受の要件および効果について規定している。併存的債務引受と免責的債務引受とでは，要件および効果を異にするため，別個の契約類型と考えられる。本問では，Yの言い分によると，YがXら賃借人に対して負担する明渡料および返還すべき敷金の債務全額を負担してもらい，それらの債務をYの債務から切り離すことになったというのであるから，免責的債務引受に当たる。

2　訴訟物

> 　A・Y間の敷金契約に基づく敷金返還請求権　1個

3　請求の趣旨

> 　被告は，原告に対し，1000万円を支払え。

4 事実摘示例

1 請求原因
(1) 原告は，2021年3月19日，Aに対し，弁済期を同年9月10日，利息を年15％，損害金を年21.9％と定めて，800万円を貸し付けた。
(2) Aは，2000年4月10日，被告との間で，賃貸借期間を2年間とし，相当額の賃料を支払う約束で，別紙物件目録（省略）記載の店舗（以下「旧店舗」という）を被告から賃借する旨の契約を締結した（以下「本件賃貸借契約」という）。
(3) Aは，同日，本件賃貸借契約に基づいて，被告から旧店舗の引渡しを受けた。
(4) Aは，同日，被告との間で，本件賃貸借契約の敷金として1000万円を交付する旨を合意し，被告に対し，1000万円を交付した。
(5) 被告とAとは，その後2020年まで2年ごとに，賃料をその当時の相当額と定めて，本件賃貸借契約を更新する旨の合意をした。
(6) Aと被告とは，2021年2月25日，被告は，Aに対し，同年7月15日に明渡料200万円を支払い，同年3月1日から遅くとも同年8月25日である明渡しの日までの賃料支払義務を免除し，Aは前記期限までに旧店舗を明け渡して本件賃貸借契約を終了し，同年9月10日に敷金を返還する旨を合意した。
(7) Aは，被告に対し，同月20日，前記(6)の合意に基づいて，旧店舗を明け渡した。
(8) Aは，被告に対し，2000年4月から2015年2月までの各月の末日ころに，本件賃貸借契約に基づく当月分の賃料を支払った。
(9) 同年9月10日は経過した。
(10) 原告とAとは，同年10月15日，前記(1)の貸金元金，利息及びその遅延損害金の弁済に代えて，前記(4)ないし(8)による敷金債権を譲渡する旨合意した。
(11) よって，原告は，被告に対し，Aと被告との間の敷金契約に基づき，1000万円の支払を求める。

2　請求原因に対する認否
　　請求原因(1)の事実は不知。同(2)ないし(8)の事実は認める。同(10)の事実は不知。

3　抗弁
(1)　免責的債務引受
　ア　被告とBとは，2021年8月1日，被告がAに対して負っている明渡料債務及び敷金返還債務を負担し，被告がそれらの債務を免れることを合意した。
　イ　Aは，被告に対し，同月10日，アの免責的債務引受について承諾するとの意思表示をした。
(2)　債務者対抗要件
　　請求原因(10)の（Aの原告に対する）債権譲渡につき，被告は，Aが被告に通知しまたは被告が承諾するまで，原告を債権者と認めない。

4　抗弁に対する認否
　　抗弁(1)アの事実は不知，同イの事実は否認する。

5　再抗弁—通知（抗弁(2)に対し）
　　Aは，被告に対し，2021年10月16日，請求原因(9)の債権譲渡を通知した。

6　再抗弁に対する認否
　　否認する。

〈参考〉
(1)　実務的には，本問のように賃貸借契約が更新されている事例が多い。

要件事実を考えるに当たって,「更新」がどのように位置付けられるか研究してもらいたい。
(2)　明渡猶予と使用料の免除等に関する合意は実体法的にどのように分析することができるか。事実摘示例は一例であり,停止期限付解除合意など他の構成も検討してもらいたい。
(3)　本問とは異なり,XがBに対して請求した場合の要件事実がどのようになるかも研究してもらいたい。

第12問

債権譲渡(2)

（Xの言い分）

　私は，貸金業を個人で営んでいますが，2021年5月下旬ころ，美術商Aから，店舗（○○県○○市○○町○番○号所在の△△ビル1階）の改装工事費用の融資を頼まれました。

　返済計画を尋ねたところ，Aは，同年6月に入金予定の売掛金合計900万円で返済が可能であり，7月以降入金予定の売掛金もあるので心配ないと説明し，売掛台帳を見せてくれました。それには，Aが言う6月の入金予定のほか，Yが買ったオルゴールの売買代金500万円が同年7月25日に支払われる旨の記載がありました。私は，Yとも取引があり，Yの会社の応接室で，最近購入したというアンティークのオルゴールを聴かせてもらったこともあって，Aの話を信用しました。また，Yが代金の一部を払ったとは思えません。

　そこで，私は，同年6月1日，弁済期を同月30日，利息を年14.6％，遅延損害金を年21.9％として，250万円をAに貸し付け（以下「本件貸付」という），Aと一緒にM法務局所属N公証人の公証役場に行って，本件貸付についての執行証書（同年第123号債務弁済契約公正証書）を作成しました。なお，Bがした改装工事の詳細や工事代金債権の譲渡のことは知りません。

　同年7月になって交渉してもAが支払わないので，私は，同月25日，J地方裁判所に対し，執行証書に基づいて，本件貸付の元金250万円，弁済期である同年6月30日までの利息3万円及び同年7月1日から同月25日までの遅延損害金3万7500円（合計256万7500円）を請求債権とし，前記Yに対する売買代金債権のうち256万7500円を目的として強制執行を申し立てました。債権差押命令は，

その日に発令され，同月28日にＹ，同月31日にＡにそれぞれ送達されました。なお，Ａは，Ｙの言う相殺の話は嘘で，代金を払ってもらえないと嘆いていました。

　ですから，Ｙは私に差押債権を支払うべきです。

（Ｙの言い分）

　私は，2021年3月30日，Ａから1895年ドイツ製のディスク・オルゴール（以下「本件オルゴール」という）を500万円で買いました。同日に頭金100万円，納品された同年4月10日に150万円を支払い，残金250万円は同年7月27日に支払う約束でした。Ｘが聴いたというのは，本件オルゴールです。

　本件オルゴールを買った時に，Ａから改装工事の話を聞き，個人で工務店を営むＢを紹介しました。Ｂによれば，同年5月31日，消費税込みの代金を260万円，工期を同年6月9日から同月20日まで，代金支払時期を同年7月11日，工事の完成又は代金の支払の遅延損害金は工事代金260万円に対する年6％の割合による金額と定めて，Ａの店舗の改装工事を請け負い（以下「本件請負代金債権」という），同年6月9日に着工し，同月20日に完成して引き渡したとのことです。通常は，契約時に半金，工事完成後3週間以内に残金を支払うのですが，私がＢに頼んで，同年7月11日に工事代金全額を一括して支払うことになりました。

　Ａが期日に支払をしなかったので，同月18日，私は，責任を感じて，Ｂから本件請負代金債権と同日までの遅延損害金債権とを一緒に買い取り，その代金260万円を支払いました。同日，Ｂは，Ａに，内容証明郵便で債権譲渡通知を発送し，その通知は翌19日にＡに届きました。

　私は，同月22日，Ａと交渉し，本件オルゴールの残代金と本件請負代金債権とを差引計算したうえ，私が差額の債権を放棄する旨を合意しました。

　送達された債権差押命令に記載のあるＸのＡに対する貸金やＡに

対する送達のことは，私には分かりません。
　　以上のとおりですから，支払う理由はありません。

1　問題の趣旨

　債権取立訴訟において債権譲渡と差押えおよび相殺が複合する典型的な事例について，研究してもらう問題である。

2　訴訟物

　　A・Y間の売買契約に基づく売買代金請求権　1個

3　請求の趣旨

　　被告は，原告に対し，250万円並びにこれに対する2021年6月1日から同月30日まで年14.6％及び同年7月1日から同月25日まで年21.9％の割合による金員（又は，256万7500円）を支払え。
　　※請求されている利息は3万円，損害金は3万7500円である。

4　事実摘示例

　1　請求原因
(1)　Aは，2021年3月30日，被告に対し，1895年ドイツ製ディスク・オルゴールを代金500万円で売った（以下「本件売買契約」という）。
(2)　J地方裁判所は，同年7月25日，債権者を原告，債務者をA，第三債務者を被告として，請求債権をM法務局所属N公証人作成同年第123号債務弁済契約の執行力のある公正証書に表示された下記ア，差押債権を下記イのとおりとする債権差押命令を発令した（以下「本件差押命令」という）。

記

　ア　原告が，同年6月1日，Aに対し，利息を年14.6％，遅延損害金を年21.9％と定めて貸し付けた250万円並びにこれに対する同日から同月30日までの利息債権3万円及び同年7月1日から同月25日までの遅延損害金3万7500円（合計256万7500円）

　イ　本件売買契約に基づく代金債権のうち，256万7500円に満つるまで

(3)　本件差押命令は，同月28日に被告に，同月31日にAに，それぞれ送達された。

(4)　同年8月7日は経過した。

(5)　よって，原告は，被告に対し，差押債権者の金銭債権取立権の行使として，本件売買契約に基づき，250万円並びにこれに対する同年6月1日から同月30日まで年14.6％及び同年7月1日から同月25日まで年21.9％の割合による金員（又は，256万7500円）の支払を求める。

2　請求原因に対する認否

　請求原因(1)及び(2)の事実は認める。(3)のうち，被告に対する送達の事実は認め，Aに対する送達の事実は不知。

3　抗弁

(1)　弁済

　被告は，Aに対し，本件売買契約の代金として，2020年3月30日に100万円，同年4月10日に150万円を支払った。

(2)　相殺と債権放棄の合意

　ア　Bは，同年5月31日，Aの注文により，Aが営む美術品店（○○県○○市○○町○番○号所在の△△ビル1階）の内装工事を，代金（以下「本件請負代金債権」という）260万円，支払時期を同年7月11日，遅延損害金を前記代金に対する年6％の割合による金額と定めて，請け負った。

　イ　Bは，アの請負契約に基づいて，同年6月20日，内装工事を

完成した。
　　ウ　被告は，同年7月18日，Bから，本件請負代金債権及び同日までの遅延損害金債権を代金260万円で買った。
　　エ　被告とAとは，同月22日，本件売買契約の残代金と本件請負代金債権とを対当額で相殺し，被告は相殺後の本件請負代金債権及び譲り受けた遅延損害金債権を放棄するとの合意をした。

　4　抗弁に対する認否
　　抗弁(1)及び同(2)エの事実は否認する。Aの売掛台帳には，被告に対する500万円の売掛金の記載があった。
　　同(2)アないしウの事実は不知。

〈参考〉
(1) 債権取立訴訟における請求原因は，債権執行に関する民事執行法および民事執行規則の条文（特に，民執155条，民執規21条，133条等）や要件事実最小限の原則（第1講参照），要件事実の不可分性（第7講参照）などから，考えてもらいたい。検討に当たっては，民事執行法が執行債権の実体的効力を争う方法をどのように定めているか，債務名義はどのようにして特定されるかなどの点を考慮する必要がある。
　　事実摘示例は強制執行の申立書の必要的記載事項など実務的な考慮をしたものであり，要件事実の論理を徹底すれば，債務名義も請求債権も不要とすることも考えられるので，種々の観点から検討してもらいたい。
(2) 債権譲渡と相殺，差押えと相殺に関する判例や学説をまず確認し，それを踏まえて抗弁の要件事実を検討する必要がある。
(3) YとAとの2020年7月22日の合意は，実体法的にどのように構成するのが当事者の意思に沿うか検討してもらいたい。事実摘示例は，相殺の合意と相殺後の自働債権の放棄の意思表示とが不可分な形で結び付いた契約（非典型契約）であり，相殺の合意には債権譲渡についてのAの承諾が伴っていると把握したものである。それとは異なって，単独行為と

第12問　債権譲渡(2)………593

しての相殺と債務免除（民519条）とが同時に行われたものと構成することも考えられ，その場合には異なる事実摘示になると考えられる。
(4) 抗弁の構造を検討してもらいたい（第27講参照）。
(5) 司法研修所編・執行関係等訴訟に関する実務上の諸問題（法曹会・1989）304頁以下参照。

第13問 債権者代位

（Xの言い分）

　私は，中華料理店を経営しています。私は，2022年7月1日，古くからの友人であるAに対し，2500万円を，損害金は年20％，弁済期は2024年7月1日と定めて貸し付けました（以下「本件貸付」という）。Aは，2022年当時はイタリアンレストランを経営していましたが，その後，経営状態が悪くなったとして，2024年6月20日ころ，債務の返済を2025年7月1日まで待ってくれるように申し入れてきましたので，これを承諾しました。Aは，同年5月10日に500万円を支払ってくれましたが，弁済期である同年7月1日を過ぎても，残金2000万円を返済してくれませんでした。

　そこで，2025年12月ころには，やむなく法的手段を採ることによって，本件貸付の残債権を回収するほかないと考え，Aの財産状態を調べたところ，Aが経営していたレストランの店舗は賃借物件であり，賃料を滞納している状況であったため敷金等の返還は受けられない状態でしたが，Aは将来住宅を建築する予定で別紙物件目録（省略）記載の土地（以下「本件土地」という）を購入し，これを所有していること，本件土地はAの唯一の資産であり，その時価評価額は2000万円程度であること，本件土地には，2023年10月5日付で，別紙登記目録（省略）記載のとおり，債権額は3000万円，債務者はA，抵当権者はYとする抵当権設定登記（以下「本件登記」という）がされていることが判明しました。そこで，Aに話を聞いたところ，Yから貸付を受け，本件土地に抵当権を設定したことはあるが，2025年1月30日ころにその被担保債務全額をYに返済しているから，Yの本件登記は無効だとのことでした。

私は，その後も，何度かAに支払を求めていますが，Aの経営状況はかなり悪化しているようであり，もう少し待って欲しいと言うのみで，埒が明きません。Yの抵当権さえなければ，本件土地から本件貸付の残債権を回収できますから，Yに本件登記の抹消を求めたいと思います。

（Yの言い分）
　私は，高級魚介類の卸売りを業としています。Xが主張しているとおり，XがAに対して本件貸付をしたこと，Aが本件土地以外に資産を有していないことは認めます。私は，Aの経営するレストランに，かねてから継続的に高級魚介類を納入していましたが，2023年8月31日の段階で，別紙売掛代金明細表（省略）記載のとおり，Aに対する2021年1月5日から2023年8月31日までの300回の取引に基づく売掛金が3000万円となったため，Aに何か担保となるものがなければ，これ以上取引を継続することができないとして，担保の差入れを求めたところ，Aは，私に対する売掛金債務の合計額が3000万円であることを認めるとともに，本件土地に抵当権を設定することを承諾してもよいと言いました。そこで，私は，2023年9月30日，Aとの間に，上記売掛金債権について，同年10月から2026年3月まで毎月末日に100万円ずつ30回に分けて返済する，一度でも返済を怠った場合には当然に期限の利益を喪失するとの約束で貸し付けたことにしました。また，Aは，その際に，私との間で，上記売掛金債務を担保するため，A所有の本件土地について抵当権を設定するとの合意をし，2023年10月5日付でその旨の登記手続をしました。しかし，Aは，初回の2023年10月分から一度も返済をしてくれませんでした。
　なお，Aの話では，Xに500万円を一部弁済したほか，2025年8月31日ころ，AがXに日頃からお世話になっているお礼として，Xが欲しがっていた時価800万円相当の高級腕時計を譲渡（贈与）したところ，Xはこれに感激して，本件貸付の残債務2000万円と遅延

> 損害金はもう返済しなくてよいと言ったとのことです。
> したがって，Xの請求に応ずることはできません。

1 問題の趣旨

　この演習問題は，債権者代位訴訟（民423条）についての理解を確認しようとするものである。債権者代位訴訟は，法定訴訟担当の１つであり，原告適格を基礎付ける要件事実として，①被保全債権の発生原因事実，②保全の必要性（債務者の無資力）を主張することが必要となる（民423条２項に注意）。したがって，請求原因は，①，②のほか，③訴訟物たる権利（代位されるべき債務者の権利）の発生原因事実（およびそれが行使可能な状態であること）となる。なお，本問のような金銭債権の保全のためではなく，特定債権を保全するため（民新423条の７が典型例であり，転用型といわれる）であれば，債務者が無資力であることが要件事実とならないことに注意する必要がある。

2 訴訟物

> 　　AのYに対する土地所有権に基づく妨害排除請求権としての抵当権設定登記抹消登記請求権　1個

3 請求の趣旨

> 　被告は，別紙物件目録（省略）記載の土地について，別紙登記目録（省略）記載の抵当権設定登記の抹消登記手続をせよ。

4 事実摘示例

> 　1　請求原因
> (1)　原告は，Aに対し，2022年7月1日，弁済期は2024年7月1日，

損害金は年20％との約定で，2500万円を貸し付けた（以下「本件貸付」という）。
(2) 2024年7月1日は経過した。
(3) Aには，別紙物件目録（省略）記載の土地（以下「本件土地」という）以外に原告の本件貸付債権を満足させるに足りる財産はない。
(4) Aは，本件土地を所有している。
(5) 本件土地について，被告を抵当権者とする別紙登記目録（省略）記載の抵当権設定登記（以下「本件登記」という）がある。
(6) よって，原告は，被告に対し，Aに代位して，Aの所有権に基づき，本件土地について，本件登記の抹消登記手続を求める。

2 請求原因に対する認否
　請求原因(1)(3)(4)(5)は認める。

3 抗弁
(1) 被保全債権の消滅—弁済及び債務免除
　ア　Aは，原告に対し，2025年5月10日，本件貸付債務について，500万円を支払った。
　イ　原告は，Aに対し，2025年8月31日ころ，本件貸付の残債務2000万円及び遅延損害金債務を免除するとの意思表示をした。
(2) 登記保持権原—抵当権
　ア　被告は，Aに対し，別紙売掛代金明細表（省略）記載のとおり，2021年1月5日から2023年8月31日までの間，300回にわたり，高級魚介類を売り，その売掛金の合計額は3000万円となった。
　イ　被告は，Aとの間で，2023年9月30日，弁済期は，同年10月から2026年3月まで毎月末日に100万円ずつ30回に分けて返済するとの約定で，アの売掛金債務3000万円を消費貸借の目的とするとの合意をした（以下「本件準消費貸借」という）。
　ウ　Aは，被告との間で，2023年9月30日，本件準消費貸借に基

づく債務を担保するため，本件土地について抵当権を設定するとの合意をした（以下「本件抵当権設定契約」という）。
　　エ　Ａは，本件抵当権設定契約当時，本件土地を所有していた。
　　オ　本件登記は，本件抵当権設定契約に基づく。

4　抗弁に対する認否
(1)　抗弁(1)のうち，アは認め，イは否認する。
(2)　同(2)のアないしオは，いずれも認める。

5　再抗弁
　　弁済（抗弁(2)に対し）
　Ａは，被告に対し，2025年1月30日ころ，本件準消費貸借に基づく債務（元本及び遅延損害金）全額を支払った。

6　再抗弁に対する認否
　　否認する。

〈参考〉
(1)　所有権に基づく妨害排除請求権について第21講，準消費貸借について第13講参照。
(2)　代位権の行使は，債務者自身が自ら権利を行使する以前であることが必要とされる（最判昭28・12・14民集7－12－1386参照）。債務者の権利不行使が請求原因か，債務者の権利行使が抗弁かは争いがあるが，後者が妥当であることについて倉田〔債権総論〕169頁，近藤昌昭・民事要件事実講座3（青林書院・2005）112頁参照。なお，債権者代位権が行使された後も，債務者は被代位権利について取立てその他の処分をすることが許されることになった（民新423条の5）。
(3)　被保全債権の消滅の抗弁は，弁済と債務免除の事実をあわせて主張して初めて意味を有することになる抗弁であり，このように複数の抗弁事

由があるように見えるが，それぞれ単独では抗弁として機能せず，複数の抗弁があわせて主張されて初めて抗弁として機能するものを，合体抗弁と呼ぶ場合がある。

(4) 登記保持権原の抗弁について第21講参照。

第14問

詐害行為取消権

　（Xの言い分）
　私は，旧友であるAから，双子の教育費用が多額で困っており，過去の教育ローンの返済資金とこの先の教育費用を一時的に貸して欲しいと懇願されました。私は，Aが可哀想になり，たまたま株取引による手持資金があったため，信用できる保証人を立ててくれるなら，貸付に応じてよいと返答し，Aに対し，2021年3月15日，弁済期は2022年9月20日との約定で，1200万円を貸し付けました（以下「本件貸付」という）。また，Aの叔父であるBは，本件貸付の際，私に対し，Aの本件貸付金債務の支払について連帯保証する旨約し，その旨の保証書を差し入れました。ところが，Aは，同日に50万円を支払ったのみで，その余の支払をしませんでした。
　そこで，A及びBから何とか本件貸付の残金を回収しようと考え，いろいろ調べたところ，Aは既に無資力の状態であったこと，連帯保証人であるBは，2023年3月1日には，Bが自宅として所有していた別紙物件目録（省略）記載の土地建物（以下「本件土地建物」という）をその長男であるCに贈与し（以下「本件贈与契約」という），同月2日には，これをCに引き渡すとともに，C名義の所有権移転登記手続をしていたことが判明しました。なお，本件土地建物は，土地が時価1100万円，建物が時価800万円相当ですが，Bの唯一の財産であって，本件贈与契約によって，Bは無資力状態にあるということです。さらに，Cは，同年9月1日には，Bの友人であるYとの間で，BのYに対する2000万円の貸金債務の担保として，本件土地建物について抵当権設定契約を締結し，その旨の抵当権設定登記手続をしていました。

しかし，BとCは親子であり，YはBの友人ですから，B，C及びYはいずれも，本件土地建物はBの唯一見るべき資産であり，これをCに贈与することは債権者である私を害することを知っているのは当然で，本件贈与契約は詐害行為に該当します。私は，遅延損害金までは回収しようとは思っていませんから，保証債務履行請求債権の元本債権部分をもって，本件贈与契約を取り消すとともに，本件土地建物についてのY名義の別紙登記目録（省略）記載の抵当権設定登記の抹消登記を求めたいと思います。なお，私は，本件訴訟に先立って，Cを被告とする詐害行為取消請求訴訟（別件訴訟）を提起しています。

（Yの言い分）
　私は，古くからのBの友人です。Xの言い分のうち，Bが所有していた本件土地建物について本件贈与契約があったこと，C名義の所有権移転登記手続が行われたこと，本件土地建物は，土地が時価1100万円，建物が時価800万円相当であること，私がCとの間で，2023年9月1日，私がBに対し2022年5月15日に期限の定めなく貸し付けた貸金債権2000万円の担保として，本件土地建物について抵当権を設定する旨の契約を締結し，その旨の登記手続が行われたことは認めますが，その余の事実は知りません。
　私は，Bの友人であり，Bの債権者であるとはいえ，Bの具体的な資産状態までは知りませんから，Bが本件贈与契約によって無資産状態となったなどとはまったく思いもよらないことであり，本件贈与契約が債権者を害することになるとは知りませんでした。また，Bによれば，本件贈与契約は，その長男Cに遺産相続の代わりに本件土地建物を贈与したというのですから，本件贈与契約の当時には，Bに悪意はなく，本件贈与契約は詐害行為にはならないと思いますし，仮にそれが詐害行為になるとしても，本件土地建物の譲受人であるCは，本件贈与契約によって，債権者を害することになるとは知らなかったものと思います。

なお，Bは，2024年1月15日には，それまで焦げ付いて回収できなかった商品の売掛代金合計5000万円を回収することができたことから，これを資金にして全債務の弁済をすることができるようになったとも聞いています。
　したがって，いずれにせよ，Xの請求には応ずることはできません。

1　問題の趣旨

　この演習問題は，詐害行為取消訴訟（民新424条以下）についての理解を確認しようとするものである。詐害行為取消権（債権者取消権）の法的性質については，詐害行為の取消しをその本質と解する形成権説や，債務者の一般財産から逸失した財産を取り戻すことをその本質と解する請求権説，逸出した財産を債務者に取り戻すことなく，受益者や転得者のもとに置いたままで，債務者に対する債務名義に基づいて強制執行できる財産として扱うべきであるとする責任説などがあったが，改正前の民法における判例・多数説は，詐害行為取消権の本質は，債務者の詐害行為を取り消し，かつ，受益者または転得者に対し，（債務者に代位することなく）自己の権利として逸失した財産を債務者の財産に取り戻すことにあるとされる折衷説の立場に立つと解されていた（大判明44・3・24民録17-117，我妻Ⅳ175頁，内田Ⅲ299頁等）。民法新424条の6の規定は，改正前の民法下における折衷説の立場を採用したものと考えられる（潮見・概要94頁参照）。

　受益者に対する詐害行為取消権の請求原因は，一般に，①詐害行為前の原因に基づく被保全債権の発生原因事実，②債務者による行為の存在，③債務者の無資力（②の行為が債権者を害すること），④債務者の悪意（詐害の意思）と解される（民新424条）。なお，受益者の詐害の意思については，民法新424条1項ただし書に規定されているとおり，受益者が，抗弁として，受益者の善意を主張立証すべきであると解される（改正前の民法424条についての判例・多数説〔大判明36・9・21民録9-970，最判昭37・3・6民集16-3-436，我妻Ⅳ191頁〕参照）。

　ただし，本問のように，受益者からの転得者を被告として詐害行為取消

権を行使する場合には，①から④の事実に加えて，⑤被告が債務者が有していた財産の転得者であること（本件では，被告が抵当権設定契約を締結し，その旨の登記を有していること），⑥転得者の悪意（転得者が，転得の当時，②の行為が債権者を害することを知っていたこと）も請求原因事実となる（民新424条の5）。

* なお，債権者は，詐害行為取消請求に係る訴えを提起したときは，遅滞なく，債務者に対し，訴訟告知をしなければならないことに注意が必要である（民新424条の7）。

2　訴訟物

> 詐害行為取消権　1個

* 原告は，本問において，本件贈与契約の取消しと本件土地建物について抵当権設定登記の抹消登記手続を求めているが，折衷説の立場では，これらの請求は1個の詐害行為取消権の内容にすぎないと考えるべきであるから，訴訟物は詐害行為取消権1個と解される（最判平22・10・19金判1355－16参照）。

3　請求の趣旨

> 1　BとCとが2023年3月1日にした別紙物件目録（省略）記載の土地建物の贈与契約を取り消す。
> 2　被告は，1の土地建物について，別紙登記目録（省略）記載の抵当権設定登記の抹消登記手続をせよ。

4　事実摘示例

> 1　請求原因
> (1)　原告は，Aに対し，2021年3月15日，弁済期は2022年9月20日との約定で，1200万円を貸し付けた。
> (2)　Bは，原告との間で，2021年3月15日，Aの(1)の貸金債務を保証するとの合意をした。

(3) Bの(2)の意思表示は保証書による。
(4) Bは，2023年3月1日当時，別紙物件目録（省略）記載の土地建物（以下「本件土地建物」という）を所有していた。
(5) Bは，Cに対し，同日，本件土地建物を贈与した（以下「本件贈与契約」という）。
(6) Bには，(5)の当時，本件土地建物以外に見るべき資産がなかった。
(7) Bは，本件贈与契約の際，これによって債権者を害することを知っていた。
(8) 被告は，2022年5月15日，Bに対し，期限の定めなく，2000万円を貸し付けた（以下「本件貸付」という）。
(9) 被告とCとは，2023年9月1日，本件貸付に基づくBの債務を担保するため，本件土地建物に抵当権を設定するとの合意をした（以下「本件抵当権設定契約」という）。
(10) Cは，被告に対し，2023年9月1日，本件土地建物について，本件抵当権設定契約に基づき，別紙登記目録（省略）記載の抵当権設定登記（以下「本件登記」という）手続をした。
(11) 被告は，本件抵当権設定契約締結の際，本件贈与契約がBの債権者を害することを知っていた。
(12) よって，原告は，被告に対し，詐害行為取消権に基づき，本件土地建物について，本件贈与契約の取消しと本件登記の抹消登記手続を求める。

2 請求原因に対する認否
(1) 請求原因(1)から(3)は，いずれも知らない。
(2) 同(4)(5)は，いずれも認める。
(3) 同(6)は知らない。
(4) 同(7)は否認する。
(5) 同(8)から(10)は，いずれも認める。
(6) 同(11)は否認する。

3　抗弁
(1)　受益者の善意
　　Cは，本件贈与契約の際，本件贈与契約がBの債権者を害することを知らなかった。
(2)　資力の回復
　　Bは，2024年1月15日，商品代金5000万円を回収した。

　4　抗弁に対する認否
　　抗弁(1)(2)は，いずれも否認する。

〈参考〉
(1)　売買について第10講事例1・事例2，第11講，保証について第19講参照。
(2)　詐害行為取消しの範囲について，取消債権者は，詐害行為が可分であるときは，被保全債権額の限度でのみ詐害行為取消権を行使することができるとされている（民新424条の8）。しかし，本件のように詐害行為の客体が可分でないときは，取消債権者は，詐害行為全部を取り消すことができると解される（改正前の民法424条についての判例〔最判昭30・10・11民集9-11-1626〕参照）。なお，詐害行為取消請求を認容する確定判決は，原告と被告のほか，債務者およびそのすべての債権者に対してもその効力を有するが（民新425条），転得者を被告とする詐害行為取消請求の場合には，その効果は，当該転得者の前者（受益者や自己の前に位置する転得者）には及ばない（潮見・概要99頁）。
(3)　詐害行為の成立要件のうち，債務者の無資力については，詐害行為当時の無資力のほか，口頭弁論終結時の無資力も必要であるが，請求原因としては，法律行為当時の無資力を主張立証すれば足り，その後に債務者が資力を回復したことは抗弁となると解されている。
(4)　本件で詐害行為として取消しの対象となるのは本件贈与契約であり（最判昭55・1・24民集34-1-110参照），詐害行為を特定するために同契

約に基づいて登記がされた事実までは不要であるが，本件では，原告が抵当権設定登記の抹消登記手続を求めていることからその対象となる登記を特定するために，当該抵当権設定登記が適法・有効にされていること（登記と実体関係の関連性および手続的適法性があること）が必要である。

第15問

債務不存在確認

（Xの言い分）

　私は，Yから40万円を支払って欲しいと言われて，困っています。
　Yとは，学生時代からの友人で，卒業後も付き合いが続いていました。Yは，お子さんが怪しげな宗教活動にのめり込んでいるとのことで，時々私に愚痴をこぼしており，私も相談に乗っていました。2021年10月ころ，Yのお子さんは，ようやくその宗教活動と縁が切れたとのことで，Yは非常に喜び，私のつたないアドバイスについても，ありがたかったと言って感謝してくれました。そして，そのお礼にと言って，私に真珠のネックレスをくれたのです。Yの話では，そのネックレスは，5年ほど前に80万円で買ったものだということでした。私は，友達なのだからそんな気遣いは無用だと言って断ったのですが，Yがどうしてもと言うので，むげに断ることもできず，もらうことにしました。もちろん，ただ単にもらうだけというわけにもいかず，それなりのお返しはしています。ところが，Yのお子さんは，その後，またその宗教活動に戻ってしまいました。そして，Yは，2022年4月，私に対して，ネックレスの代金40万円を払って欲しいと言ってきました。Yは，私にネックレスを売ったのだと言うのです。確かにYは，これは80万円で買ったもので，売ろうと思えば40万円くらいで売れると言っていました。ですが，正直なところ，40万円も出して買うほどの値打ちがあるとは思えませんでした。お礼にあげると言って押し付けておいて，後からあれは売ったのだと言うなんて，詐欺だと思います。なお，ネックレスは，その後，家に遊びに来た姪にあげてしまいました。その姪は，結婚して外国に住んでいますので，今さら返してくれとは言えません。

2022年4月にYから40万円払ってくれと言われた時，私も頭に来ていろいろ言ったところ，Yは「じゃあ，もう払ってくれなくていい。」と言って帰りましたので，仮に私が買ったのだとしても，代金支払義務はないはずです。それなのに，その後もしつこく支払を求めてきて，最近では私の勤務先にまで電話をかけてくるようになり，本当に迷惑しています。

そこで，私は，Yに40万円を支払う義務がないことの確認を求めます。

（Yの言い分）

私は，Xに真珠のネックレスを40万円で売ったのですが，Xがいつまで経っても支払ってくれないので，困っています。ネックレスは80万円も出して買ったものですが，Xが欲しそうにしていましたので，半額でなら売ってあげてもいいかと思い，売ることにしました。ただ，Xは，すぐに払うだけのお金がないと言いますので，友達だから支払はお金ができた時でいいよとは言いました。ですが，そうは言っても，いつまでも払ってくれないのでは困ります。確かに，子供のことでXに愚痴を言ったことはありますが，別にこれといって良いアドバイスをしてもらったわけではありません。Xは，私にお返しをしたと言っていますが，おみやげだと言って5000円くらいのお菓子をもらっただけです。また，私がXに，もう払ってくれなくていいなんて言ったことはありません。買ったとしても代金を払わなくていいなんて，そんなことを言って恥ずかしくないのでしょうか。利息や遅延損害金などを請求するとは言いませんが，40万円だけは払ってもらいたいと思います。

1 問題の趣旨

訴訟物である権利の発生原因事実という意味での請求原因は債務不存在確認請求訴訟では存在しない（抗弁である）が，一般に，確認の利益を基

礎付ける事実（権利についての争いの存在）が請求原因に位置付けられているので，そのことを前提として検討すること。

2　訴訟物

売買契約に基づく代金支払請求権　1個

3　請求の趣旨

別紙売買目録記載の売買契約に基づく原告の被告に対する40万円の売買代金債務が存在しないことを確認する。
　（売買目録）
　　契約日　2021年10月ころ
　　目的物　真珠のネックレス
　　代金額　40万円
　　売　主　被告
　　買　主　原告

4　事実摘示例

　1　請求原因
(1)　被告は，原告に対し，別紙売買目録記載の売買契約に基づく売買代金債権を有すると主張している。
(2)　よって，原告は，上記債務が存在しないことの確認を求める。

　2　請求原因に対する認否
　　請求原因(1)の事実は認める。

3　抗弁
　　売買
　　被告は，原告に対し，2021年10月ころ，真珠のネックレスを代金40万円で売った。

4　抗弁に対する認否
　　抗弁事実は否認する。

5　再抗弁
　　免除
　　被告は，原告に対し，2022年4月，上記売買契約に基づく売買代金債務を免除するとの意思表示をした。

6　再抗弁に対する認否
　　再抗弁事実は否認する。

〈参考〉
　Xの，ネックレスをもらったとの主張（主要事実か積極否認か）と，詐欺であるとの主張（売買の意思表示が認められることを前提とするものか）の扱いに留意すること。

第16問

請求異議

要件事実論30講

（Xの言い分）

　Yは，私に対し，2023年３月３日，突然電話で，私を債務者とし，Yを債権者とする○○法務局所属公証人Ａ作成の2021年６月10日付の2021年第5432号金銭消費貸借契約公正証書（以下「本件公正証書」という）があり，本件公正証書には，「ＹはＸに対し，2021年６月10日，500万円を，弁済期は2022年６月10日との約定で貸し付けた。Ｘが上記債務の履行を怠ったときには直ちに強制執行を受けることを認諾する。」との記載があるとして，500万円を１週間以内に支払うよう要求し，支払わないときは私の自宅の土地建物を差し押さえると言ってきました。私には思い当たることがありませんでしたが，Ｙが私の義理の弟Ｂの友人であったことから，Ｂに尋ねたところ，Ｂが，私の自宅から実印及び印鑑登録証明書を持ち出し，私が金融機関からの200万円の借入れのために交付していた委任状を利用して，私の代理人として，Ｙから500万円を借り受け，その際に，私の代理人として本件公正証書を作成することを承諾し，必要書類をＹに交付したので，Ｙがこれに基づいて公証人Ａに対し本件公正証書の作成を嘱託したものであることを白状しました。しかし，いずれにせよ，私は，Ｙから500万円を借りたことはありませんし，私がＡに対し，500万円借入れのための代理権を授与したり，本件公正証書作成のための代理権の授与等を行ったことはありません。また，Ｂの話では，Ｂは，Ｙに対し，2022年７月10日ころ，上記500万円を返済したとのことです。

　したがって，いずれにせよ本件公正証書は無効ですから，私は，

Yに対し，本件公正証書の執行力の排除を求めたいと思います。

（Yの言い分）
　私は，Xに対し，電話で，本件公正証書があることを告げて，500万円を1週間以内に支払うよう催告し，債務を弁済しないときは，不本意ながら，Xの自宅の土地建物を差し押さえると言いました。というのは，私は，実際にXに対し，500万円を貸し付け，本件公正証書まで作成しているにもかかわらず，Xが恩義を忘れ，言を左右にして500万円を返済しようとしないから，そのような行動に出ざるをえなかったのです。私は，Xの代理人であるBに対し，2021年6月10日，弁済期は2022年6月10日との約定で500万円の貸付（以下「本件貸付」という）をしたところ，BがXの代理人として，執行認諾文言を含む本件公正証書の作成に同意し，公正証書を作成するための必要書類を私に交付したうえ，公証人Aに対し，執行認諾の意思表示をするとともに，本件公正証書の作成を嘱託したのです。したがって，本件公正証書は適正かつ有効に成立しています。
　また，私は，2022年7月10日ころ，Bから500万円の支払を受けたことは認めますが，これは，Xに対する本件貸付に基づく債権の弁済として受領したものではなく，私がBに対し別に有していた1000万円の債権の弁済として受領したものですから，これによって，本件公正証書の執行力がなくなることはありません。さらに，仮に，XがBに対し，500万円の借入れ及び公正証書の作成について代理権を授与していなかったとしても，XはBに対し，金融機関から200万円を借り入れるための代理権を授与し，そのための委任状を交付していたのであり，Bは，この委任状を利用して，私から500万円を借り入れ，本件公正証書を作成したのです。私は，上記委任状の存在及びBがXの義理の弟であり，XとBとは従前から親しく交際していたので，BにXを代理する権限があるものと信じたのであって，私がそのように信ずるについては正当な事由があったといえると思いますから，Xは責任を負うべきです。

> したがって，Xの請求を認めることはできません。

1　問題の趣旨

　この演習問題は，請求異議の訴え（民執35条）の理解を確認しようとするものである。請求異議の訴えの法的性質については，判例・学説上議論があるが，判例・通説は債務名義の執行力を排除する判決を求める形成の訴えであるとする形成訴訟説の立場を採用しているとされている（司法研修所編・執行関係等訴訟に関する実務上の諸問題〔法曹会・1989〕21頁〔原田和徳〕，大判昭7・11・30民集11-2216）。

　なお，請求異議の訴えは，債務名義の執行力の排除を目的とするものであり，現実にされた具体的執行の排除を目的とするものではないから，執行行為がされたことは要件事実とはならない。しかし，判例・実務上は，具体的執行の不許を求める請求異議の訴えも許容されていること（大判大3・5・14民録20-531，大判昭13・5・28判決全集5-12-36，東京高決昭30・3・23東高時報6-3-45等）に注意する必要がある。

　本問は，公証人が作成した執行証書（民執22条5号）に対する請求異議の訴えの事例であるが，請求異議の訴えの中では，この執行証書に対するものが最も激しく争われる類型の1つとなっている。

2　訴訟物

> 請求異議権　1個

　＊　請求異議訴訟の訴訟物については，その法的性質とも関連して，諸説が唱えられているが，形成訴訟説の立場からは，請求異議訴訟の訴訟物は，「形成権たる執行法上の異議権」であり，訴訟物の個数は1個（債務名義の個数）と解するのが相当である。そして，この立場では，債務名義の執行力の排除は，執行法上の異議権の行使による執行力排除の判決の確定によって初めて形成されるのであるから，実体上の個々の異議事由（民執35条2項，3項）は攻撃方法にすぎないことになる（司法研修所編・前掲29頁，32頁，36頁〔原田和徳〕）。

3　請求の趣旨

> 被告から原告に対する○○法務局公証人Ａ作成の2021年第5432号金銭消費貸借契約公正証書に基づく強制執行は，これを許さない。

＊　これに対し，具体的執行行為の不許を求める場合の請求の趣旨は，「被告が原告に対する○○法務局公証人Ａ作成の2021年第5432号の執行文を付した金銭消費貸借契約公正証書に基づき，○年○月○日別紙物件目録記載の物件についてした強制執行は，これを許さない。」となる。なお，判決主文においては，民事執行法36条1項または3項の規定による仮の処分が先行する場合には，この仮の処分について，取消し，変更，認可等をし，仮執行宣言をしなければならないことに注意する必要がある（民執37条1項）。

4　事実摘示例

> 1　請求原因
> (1)　原告と被告との間には，被告を債権者，原告を債務者とする○○法務局公証人Ａ作成の2021年第5432号金銭消費貸借契約公正証書（以下「本件公正証書」という）が存在し，同公正証書には次の記載がある。
> 　ア　被告は，原告に対し，2021年6月10日，500万円を，弁済期は2022年6月10日との約定で貸し付けた。
> 　イ　原告が上記債務の履行を怠ったときには直ちに強制執行を受けることを認諾する。
> (2)　よって，原告は，本件公正証書の執行力の排除を求める。
>
> 2　請求原因に対する認否
> 　認める。
>
> 3　抗弁
> 　有権代理による本件公正証書の作成
> (1)　被告は，Bに対し，2021年6月10日，500万円を，弁済期は2022年6月10日との約定で貸し付けた（以下「本件貸付」という）。
> (2)　Bは，公証人Ａに対し，2021年6月10日，執行認諾の意思表示

をし，本件公正証書の作成を嘱託した。
(3) Bは，(1)及び(2)の際，原告のためにすることを示した。
(4) 原告は，Bに対し，(1)及び(2)に先立ち，(1)及び(2)の代理権を授与した。

4 抗弁に対する認否
(1) 抗弁(1)から(3)は，いずれも認める。
(2) 同(4)は否認する。

5 再抗弁
　第三者弁済
　Bは，被告に対し，2022年7月10日ころ，本件貸付に基づく原告の債務について，500万円を支払った。

6 再抗弁に対する認否
　否認する。

〈参考〉
(1) Yは，本件貸付は要物契約としての消費貸借契約であり，貸主である被告と，借主である原告の代理人Bとの間でされたと主張している。消費貸借契約に基づく貸金返還請求権について第12講，有権代理について第17講参照。
(2) 請求異議の訴えにおける攻撃防御の構造は，異議の対象となる債務名義が①執行証書の場合と，②判決の場合とでは異なる。債務名義が判決である場合には，判決の存在を主張することによって，抗弁として位置付けられるべき判決が実体上手続上の適法要件を具備していることが明らかになり，原告としては，本来再抗弁として位置付けられるべき請求権の消滅等の事実を請求原因として主張しなければならないからである（いわゆる「せり上がり」が生ずる）。なお，民事執行法35条2項参照。

(3)　請求異議訴訟における攻撃防御の構造は，異議の対象となる債務名義が執行証書の場合は，請求原因が「執行証書の存在」，抗弁が「執行証書に表示された請求権の発生原因事実」および「執行証書の成立を根拠付ける事実」，再抗弁が「請求権の消滅等の事実」または「執行受諾の意思表示の無効原因等の事実」であるのに対し，判決の場合は，請求原因が「判決の存在」および「判決に表示された請求権の消滅等の事実」となる。

(4)　公正証書の作成嘱託および執行認諾の意思表示は公証人に対する訴訟行為であり，表見代理の適用はないと解されているから（最判昭32・6・6民集11－7－1177，最判昭33・5・23民集12－8－1105），仮に本件貸付について表見代理が成立する場合であっても，本件公正証書の作成嘱託および執行認諾の意思表示は無効と解されている。

(5)　第三者弁済（民新474条）の抗弁が主張された場合の要件事実について，第三者弁済が債務者の意思に反すること，第三者弁済が債権者の意思に反すること，債務の性質が第三者弁済を許さないこと，当事者が第三者弁済を禁止または制限したことは，いずれも第三者弁済の抗弁（本問では再抗弁）に対する再抗弁に位置付けられる。

第 17 問

要件事実論30講

第三者異議

(Xの言い分)

　私の所有する別紙物件目録（省略）記載1から3までの動産3点が，Yから差し押さえられてしまったので，その排除を求めたいと思います。

　私が差押えの事実を知ったのは，2021年7月16日ころです。Aから連絡があり，AのところにYからの申立てで動産類の差押えがあり，Aのところに置いておいた私所有の動産3点が差し押さえられてしまったと言うのです。これらの動産は，いずれも私の所有ですが，所有している事情は異なります。

　まず，別紙物件目録（省略）記載1の動産（以下「本件動産1」という）については，もともとAの所有でしたが，2021年4月20日，私がAから代金80万円で買い受けたのです。すぐに本件動産1の現実の引渡しを受けたわけではありませんが，しばらくはAに預かってもらうということでAと合意をしていました。したがって，私としては，契約日に引渡しは終えていたという理解をしています。代金も当日支払っています。

　次に，別紙物件目録（省略）記載2の動産（以下「本件動産2」という）ですが，これはもともとAの物ではありません。本件動産2については，2021年5月18日，当時これを所有していたBから代金150万円で買い受けています。本件動産2については，Bからの引渡しはまだ受けていません。というのは，代金のうち30万円を手付として払っているのですが，まだ残金を支払い終えていないので，代金完済と同時に引渡しを受けることになっていたのです。代金の支払期日は2か月後の同年7月18日の約束でした。ただし，売買契

約の際，所有権を留保するなどの合意はしていません。ですから，所有権自体は私にあると考えています。本件動産2はAのもとにあったのですが，Aの話によると，Bから預かっていたということです。Yは，AがBから本件動産2を同年2月17日に買い受けていたなどと主張していますが，そのようなことはありません。ですから，本件動産2はAの物であったことは一度もないのです。

　最後に，別紙物件目録（省略）記載3の動産（以下「本件動産3」という）ですが，これはもともと私の所有でしたが，2021年6月7日，Aに代金50万円で売ったものです。ただし，所有権は私にあります。なぜなら，本件動産3の売買契約の際には，Aは代金を支払えなかったので，代金を支払うまで本件動産3の所有権を私に留保するとの合意をしていたからです。本件動産3の代金はいまだに払われていません。ですから，本件動産3についても，Aには所有権はなく，私が所有者なのです。

　これら私の所有である動産3点について，Yの強制執行の排除を求めます。

（Yの言い分）

　2021年7月15日，Aに対する○○地方裁判所同年(ワ)第5396号貸金請求事件の確定判決に基づいて，A所有の動産に強制執行をかけました。申立ては，少し前にしていたのですが，執行官からの連絡によると，同日，A宅に赴き，動産10点の差押えをしたということでした。ところが，差押え当日，Aはそのうち3点の動産は自分の物ではなく，Xの物であると言ったそうで，現実に，その後Xから，本件動産1から3までについて，自己の所有であるとの主張をされました。順に説明します。

　まず，本件動産1ですが，XとAの主張では，この動産はXが2021年4月20日，Aから代金80万円で買い受け，代金もAに払ったというのです。しかし，それならなぜ本件動産1はAのもとにあったのでしょうか。Aに代金相当額が支払われた形跡はありませんし，

そのような売買はなかったと思います。少なくともXに引き渡されていないのですから，Xは私に所有権の主張はできないはずです。当然，Xへの引渡しの主張も否定します。

次に，本件動産2ですが，これはXも認めている元の所有者Bから話を聞いたところによると，Bが2021年2月17日，Aに代金100万円で売り，同日に引き渡した物だということです。Xは，本件動産2について，AがBから預かっていた物で，Aに所有権はなく，それどころかXがBから買ったなどと主張していますが，確かにBがAに売ったものであり，BがXに売ったなどという事実はそもそも知りません。

最後に，本件動産3ですが，これがもともとXの所有であったことは認めます。しかし，Xが主張するように，本件動産3は既にAに売却されたものであり，もはやXの物ではありません。Xは，Aの代金支払が未了であり，所有権を留保することになっていたなどと述べていますが，そのような合意を示す証拠はどこにもありません。そのような合意はないと思っています。

以上のとおりですから，是非，Xの請求は退けてください。

1　問題の趣旨

本問は，第三者異議の訴え（民執38条）に関する問題である。まず，基本として，請求原因で主張すべき要件事実を理解する必要があるが，ここで取り上げる事例は動産の所有権の帰属に関する争いであり，所有権について論じた第3講，物権変動について論じた第24講の応用となっている。対抗要件の抗弁，対抗要件具備による所有権喪失の抗弁を動産についても正しく理解しているかを問うており，加えて，所有権留保の要件事実についても検討させている。

2　訴訟物

第三者異議権　3個

単純併合（注1）

3　請求の趣旨

被告がAに対する○○地方裁判所2021年(ワ)第5396号貸金請求事件の確定判決に基づき，別紙物件目録（省略）記載1から3までの動産に対してした強制執行はこれを許さない。（注2）

4　事実摘示例

1　請求原因（注3）
(1)　被告は，Aに対する○○地方裁判所2021年(ワ)第5396号貸金請求事件の確定判決に基づいて，同裁判所執行官に対し，強制執行の申立てをし，同裁判所執行官は，同年7月15日，別紙物件目録（省略）記載1から3までの動産（以下，順に「本件動産1」「本件動産2」「本件動産3」という）に対し差押えをした。
(2)　異議事由
　ア　本件動産1について
　　(ア)　Aは，2021年4月20日当時，本件動産1を所有していた。
　　(イ)　Aは，原告に対し，同日，本件動産1を代金80万円で売った。
　イ　本件動産2について
　　(ア)　Bは，2021年2月17日当時，本件動産2を所有していた。
　　(イ)　Bは，原告に対し，同年5月18日，本件動産2を代金150万円で売った。
　ウ　本件動産3について
　　原告は，2021年6月7日当時，本件動産3を所有していた。
(3)　よって，原告は，上記差押えの排除を求める。

2　請求原因に対する認否
(1)　請求原因(1)は認める。
(2)　同(2)のア(ア)，イ(ア)及びウは認め，イ(イ)は知らず，その余は否認する。

3　抗弁
(1)　対抗要件（異議事由アについて）
　　原告が対抗要件を具備するまで，原告の所有権取得を認めない。
(2)　対抗要件具備による所有権喪失（異議事由イについて）
　ア　Bは，Aに対し，2021年2月17日，本件動産2を代金100万円で売った。
　イ　Bは，Aに対し，同日，抗弁(2)アの売買契約に基づき，本件動産2を引き渡した。
(3)　所有権喪失（異議事由ウについて）
　　原告は，Aに対し，2021年6月7日，本件動産3を代金50万円で売った。

4　抗弁に対する認否
(1)　抗弁(2)ア，イは，いずれも否認する。
(2)　抗弁(3)は認める。

5　再抗弁
(1)　対抗要件具備（抗弁(1)に対し）（注4）
　ア　Aは，2021年4月20日，本件動産1を占有していた。
　イ　Aは，原告との間において，同日，請求原因(2)ア(イ)の売買契約に基づき，以後Aが原告のために本件動産1を占有する旨を合意した。
(2)　所有権留保特約（抗弁(3)に対し）（注5）
　　原告は，Aとの間で，抗弁(3)の売買契約の際，代金完済時に本件動産3の所有権をAに移転する旨の合意をした。

6　再抗弁に対する認否
(1)　再抗弁(1)のうち，アは認め，イは否認する。
(2)　再抗弁(2)は否認する。

〈参考〉
（注１）　侵害された所有権の個数により訴訟物の個数は３個と解される（司法研修所編・執行関係等訴訟に関する実務上の諸問題〔法曹会・1989〕146頁）。
（注２）　第三者異議の訴えについて，深澤利一（補訂・園部厚）・民事執行の実務〔補訂版〕（新日本法規・2007）646頁以下参照。
（注３）　起案の手引―事実摘示記載例集20頁参照。
（注４）　占有改定による引渡し（民183条）について，我妻栄＝有泉亨・民法講義Ⅱ新訂物権法（岩波書店・1983）477頁，482頁参照。
（注５）　類型別55頁。

請求原因・抗弁・再抗弁・再々抗弁記載例関係一覧表

請求原因	抗弁	再抗弁	再々抗弁
売買代金→P.195, 207, 298(有権代理), 318(商事代理), 538, 560(有権代理, 黙示の追認) 遅延損害金→P.110, 195, 318(商事代理)	弁済の提供→P.17		
	買主の代金減額請求権→P.299		
	相殺(売買代金債権)→P.418		
	手付解除→P.538	解除権留保排除の合意→P.539	
		履行の着手→P.539	
	消滅時効→P.561	時効援用権の喪失→P.562	
	同時履行→P.561	履行→P.562	
	錯誤による取消し→P.196	重過失の評価根拠事実→P.197	重過失の評価障害事実→P.197
	危険負担に基づく履行拒絶→P.207	債権者の帰責事由の評価根拠事実→P.207	
売買代金, 遅延損害金(権限外の行為の表見代理)→P.318	代理権消滅→P.319		
	正当な理由の評価障害事実→P.319		
売買代金, 遅延損害金(民法新112条2項による表見代理)→P.319	正当な理由の評価障害事実→P.319		
無権代理人に対する履行請求→P.299	代理権授与→P.300		
	買主の代金減額請求権→P.300		
債権譲渡(売買代金, 遅延損害金)→P.436, 452 債権譲渡(敷金返還請求権)→P.586	債務者対抗要件→P.437, 587	通知→P.587	
	第三者対抗要件→P.437		
	第三者対抗要件具備による債権喪失→P.437		
	弁済→P.453		
	相殺(売買代金債権, 遅延損害金債権)→P.453		
	免責的債務引受→P.587		

動産引渡し（売買） →P.123			
売買代金（取立訴訟） →P.591	弁済→P.592		
	相殺及び債権放棄の合意→P.592		
建物引渡し・所有権移転登記手続（売買） →P.180	催告による解除（停止条件付解除） →P.180	免除及び弁済 →P.181	
		不履行の軽微性の評価根拠事実→P.181	
	同時履行→P.181		
貸金，遅延損害金 →P.221, 544（利息）	相殺（売買代金債権） →P.545		
	弁済→P.222		
	免除→P.545		
	支払期日延期の合意 →P.545		
貸金（準消費貸借） →P.59, 242, 549 利息→P.242, 549 遅延損害金→P.242, 549	旧債務の不存在（被告説を採った場合） →P.551		
	代物弁済→P.243	詐欺取消し→P.244	
	同時履行→P.243		
	債権喪失（債権譲渡の合意）→P.551		
	免除→P.545		
	支払期日延期の合意 →P.545		
	相殺（売買代金債権） →P.545		
保証債務→P.21, 334, 566	催告の抗弁→P.31		
	錯誤による取消し →P.28		
	弁済→P.30		
	相殺（貸金債権） →P.334		
	未成年取消し →P.567	保証人の悪意 →P.567	
	強迫による取消し →P.567		
	保証範囲の特約 →P.567		

請求原因・抗弁・再抗弁・再々抗弁記載例関係一覧表……… 625

土地明渡し(賃貸借終了―無催告解除特約)→P.115			
土地明渡し(賃貸借終了―期間満了)→P.127	更新の推定→P.128		
土地明渡し(賃貸借終了―解約申入れ)→P.127			
土地明渡し(使用貸借終了―相続)→P.488	用法の承諾→P.489		
建物明渡し(賃貸借終了―賃料不払)→P.55, 259, 556	弁済の提供→P.120, 260		
	期限の猶予→P.260		
	賃料増額撤回の合意及び弁済→P.557		
賃料, 遅延損害金(賃料相当損害金)→P.259, 556	弁済の提供→P.260		
	期限の猶予→P.260		
建物明渡し(賃貸借終了―期間満了)→P.114, 283	更新拒絶について正当の事由があったことの評価障害事実→P.284		
敷金返還請求権→P.259			
建物収去土地明渡し(所有権)→P.36, 39, 42, 274, 532	占有権原―賃貸借→P.36		
	占有権原―賃借権譲渡(承諾)→P.274	用法違反解除→P.275	承諾→P.275
	占有権原―賃借権譲渡(非背信性の評価根拠事実)→P.274	非背信性の評価障害事実→P.275	
	占有権原―使用貸借(黙示)→P.101		
	占有権原―対抗要件具備→P.42		
	所有権喪失―売買→P.40		
	所有権喪失―贈与→P.533		
	所有権喪失―取得時効→P.533	他主占有権原―使用貸借→P.533	

土地明渡し(所有権) →P.121, 387	所有権喪失―売買 →P.121, 388		
	所有権喪失―取得時効→P.121, 387	無過失の評価障害事実→P.387	
建物明渡し(所有権) →P.48, 356	占有権原―賃貸借 →P.48		
	占有権原―転借権(承諾)→P.356		
	占有権原―転借権(非背信性の評価根拠事実)→P.357	非背信性評価障害事実→P.357	
	所有権喪失(売買) →P.357		
動産引渡し(所有権) →P.9, 96, 571	所有権喪失―即時取得→P.96, 571	悪意→P.572	
		過失の評価根拠事実→P.97, 572	過失の評価障害事実→P.98, 572
	所有権喪失―売買 →P.131	催告による解除 →P.131	
	所有権喪失―贈与 →P.571		
	同時履行→P.131		
所有権移転登記手続(所有権)→P.73, 406, 580(取得時効)	対抗要件具備による所有権喪失 →P.74, 406, 581	背信的悪意者 →P.406	
		虚偽表示→P.581	
	占有の先行→P.581	占有継続の不存在 →P.581	
所有権移転登記手続(売買・有権代理)→P.395	代理権消滅→P.396	善意の第三者(再抗弁説を採った場合)→P.396	
(根)抵当権設定登記抹消登記手続(所有権)→P.373, 576	登記保持権原(抵当権)→P.374, 576	消滅時効→P.374	承認→P.375
債権者代位(抵当権設定登記抹消登記手続)→P.597	被保全債権の消滅―弁済及び債務免除→P.598		
	登記保持権原(抵当権)→P.598	弁済→P.599	
詐害行為取消し(抵当権設定登記抹消登記手続)→P.604	受益者の善意 →P.606		
	資力の回復→P.606		
債務不存在確認(売買代金)→P.610	売買→P.611	免除→P.611	

請求異議(公正証書)→P.615	公正証書の作成→P.615	第三者弁済→P.616	
第三者異議→P.621	対抗要件→P.622	対抗要件具備→P.622	
	対抗要件具備による所有権喪失→P.622		
	所有権喪失→P.622	所有権留保特約→P.622	
手段債務(医療契約)の債務不履行に基づく損害賠償→P.466	医療契約に基づく債務の不履行の評価障害事実→P.468		
不法行為(工作物責任)→P.480	自然力起因→P.482		
	過失相殺→P.482	過失相殺の評価障害事実→P.482	
不法行為(一般不法行為)→P.481	自然力起因→P.482		
	過失相殺→P.482	過失相殺の評価障害事実→P.482	

事項索引

相手方の援用しない自己に不利益な事実の陳述 **75**, 110
明渡し 339
争いのある要件事実 16
争いのない事実 75, 145
争う 27
争うことを明らかにしない場合（沈黙） 26

異議をとどめない承諾 445
意思主義（民法176条） 344, 400
意思表示 99
　　――の撤回 173
一部(再)抗弁 62, 175, 178, 442, 443
一部請求の訴訟物 212
一物一権主義 121
一部不能 204
一部弁済 76, 177
一部免除 177
一般条項 77, 89
一般不法行為責任の請求原因 474
違法性阻却事由 111
医療契約に基づく債務の不履行に基づく損害賠償請求権 457
因果関係 464, 475

請負契約に基づく報酬債権 231
請負契約に基づく目的物修補請求権 237

営業的商行為 309
a＋b 84, **117**, **134**, 179, 352
　訴訟物と―― 122
　許された―― 85, 119, **124**, **134**
援用の法的性質（時効） 371, 383

王者的規範 77

公の秩序に関係しない規定 8, 107

解除権の行使 173
解除権の発生原因（催告解除） 168
解除の法的効果 167
買主の代金減額請求権 204, **292**
解約手付→手付解除
解約の申入れ（賃貸借） 127, 282
隠れた瑕疵（売買） 294
瑕疵（土地工作物） 473
瑕疵（売買） 89, 293
貸金返還請求（消費貸借） **213**, 366
瑕疵担保責任としての損害賠償請求権（売買） 293
過失 89
過失（即時取得） 97
過失（不法行為） 475
貸し付けた（事実摘示） 214
過失相殺の抗弁（不法行為） 478
過失相殺の主要事実 79
過剰主張 **117**, 124, 134
価値的な概念（価値的要件） 90
合体(再)抗弁 **178**, **444**, **600**
仮定(的)主張 126
仮執行宣言 363
間接効果説（契約の解除） 28, **167**
間接事実 11, **65**, 100, 140
間接事実説（規範的要件の主要事実） **90**, 150
元本確定期日（根保証） 329
関連事実 140

期間の経過 24
期間の定めのない建物賃貸借 282
期間満了による賃貸借契約の終了 114, 127, **280**
期限（法律行為の附款） 104
期限の定めのない債務の消滅時効 370
期限の定めのない場合（消費貸借） 215

事項索引………629

期限の到来・経過・徒過　22
期限の猶予（抗弁）　256
期限の利益の喪失　217
危険負担に基づく履行拒絶　202
擬制自白　**26**, 63, 137
基礎付け事実　100, 150
規範的要件　**89**, 150, 459
　　——における主要事実　90
　　——についての注意事項　99
旧債務の主張立証責任（準消費貸借）
　　229, 548
旧債務の同時履行の抗弁権（準消費貸借）
　　239
旧債務の不存在（抗弁）　60
旧訴訟物理論　152
供託の抗弁　119
強迫による取消し（抗弁）　567
共有持分権に基づく妨害排除請求権　73
虚偽表示　86, 581
極度額（根保証）　329
挙証責任 ⟶ 立証責任
銀行の自己宛小切手　546
金銭債務の特則（民法新419条１項）　219,
　　234

経過（期間・期限）　**22**, **24**, 451
継続的契約　24
継続的保証　328
契約
　　——に基づく請求に関する要件事実　**103**, 165
　　——に基づく請求の訴訟物の個数　164
　　——の解除　28, 51, **167**
　　——の拘束力　102
　　——の個数　164
　　——の成立時期　20
　　——の成立要件　102
　　——の締結および内容の自由　103
　　——の本質的要素　106
結果債務　460
欠陥（製造物責任）　89
権限外の行為の表見代理（民法新110条）
　　312
現在（事実審の口頭弁論終結時）　9, 342,
　　368

現実の提供　15, 16, 172
顕著な事実　7, **26**, 145
顕名　289, 308, **309**
権利関係不変の公理　5
権利抗弁　**7**, 27, 174, 238, 402, 430
権利抗弁説　402, 430
権利根拠規定　**14**, 154
権利根拠事実　18, **20**
権利自白　32, **64**, **73**, 342
　　——の成立時点　343
権利主張　175, 239, 333, 402, 430
権利障害規定　**14**, 154
権利障害事実　19, **27**
権利障害事実と権利消滅事実との区別　27
権利消滅規定　**14**, 154
権利消滅事実　19, **29**
権利阻止規定　**14**, 154
権利阻止事実　19, **30**
権利の継続性　4
権利の発生根拠　102

合意説（権利の発生根拠）　102
合意に基づき（事実摘示）　214
攻撃防御方法の避けられない不利益陳述（せり上がり）　109
攻撃防御方法の提出　138
攻撃防御方法の内包関係（a＋b）　117
行使効果説（同時履行の抗弁権）　173
更新拒絶の通知（賃貸借）　114, 138, **280**
更新の推定（賃貸借）　128
構成要件　4
構成要件要素　5
公然（占有）　96, 382
口頭の提供　15, 172
抗弁　19, **25**
小切手の交付　314
個人（貸金等）根保証契約　324, 328
個別合意説（契約の要件事実）　**104**, 150

再間接事実　143
債権行為　367, 423
債権者代位訴訟　597
債権者取消権　603

債権譲渡　422
　　――と相殺　443
　　――の承諾　431
　　――の通知　428
債権的請求権　132, 263
債権的登記請求権　363, 392
　　――の請求原因　394
債権取立訴訟　591
再抗弁　25, **129**
催告　170, 254, 296
　　――による解除　52, 112, 131, **167**, 252
　　――の抗弁　31
再々抗弁　25, **132**
財産権移転の約束（売買）　165
裁判規範　8, 153, 155
裁判上の自白　25, **64**
債務者対抗要件　**426**, 449
債務者の責めに帰すべき事由　168
債務消滅原因　29
債務の内容を明らかにする評価根拠事実　461
債務引受　585
債務不履行解除　→　催告による解除
債務不履行に基づく損害賠償請求　→　履行遅滞に基づく損害賠償請求権
在来様式の判決書　145
詐害行為取消訴訟　603
先立つ代理権授与　16, **289**, 310
詐欺による取消し（再抗弁）　241
錯誤による取消し　28, 191
避けられない不利益陳述（せり上がり）　109
暫定真実　96, 309, **382**

し

時価（相当額）　166
時間的先後（前後）関係　16, 22, 151
敷金　258
敷金契約　251, **259**
敷金返還請求権　258
事業に係る債務についての保証契約の特則　330
事件　7
自己宛小切手　546
時効取得の抗弁　380

時効消滅の抗弁　369
時効の援用　371, 383
自己に不利益な事実の陳述　64, 66
事実概念　10, 89
　　抽象度の高い概括的――　90
事実抗弁　7
事実抗弁説　401
事実審の口頭弁論終結時　9, 342, 368
事実的要件　**89**, 150
事実には継続性はない　5
事実認定と要件事実　144
事実の可分性　105
自主占有　382
時的因子　**15, 22**, 151
時的要素　**15, 22**, 54, 99, 151, 173, 177, 289, 310
　　占有の――　9, **345**
　　代理権授与の――　310
自白　25, 64
　　――された事実（争いのない事実）　75, 145
　　――の擬制（擬制自白）　**26**, **63**, **137**
　　――の成立要件　142
　　裁判上の――　25, **64**
支払済みまで　220, 234, 327
社会的事実の可分性　105
主位的主張・予備的主張　126
自由心証主義　65
修正された法律要件分類説　14, 80, 108, 153
重大な過失　89, 193
修補に代わる損害賠償請求権（請負）　238
重要な間接事実　100
主債務者が相殺権を有する場合の履行拒絶　331
手段債務　458, 460
　　――の不履行の主張立証　460
主張共通の原則　66
主張事実と認定事実との同一性　68
主張自体失当　67, **84**, 109, 135, 137
主張責任　11, 12, 64, 105
　　――と立証責任の所在の必然的一致　80, 154
　　――の有無が問題となる要件事実　68
　　――の分配基準　80, 154
主張の不備と解釈の必要性　67

事項索引………631

主張立証責任　→　主張責任，立証責任
取得時効の抗弁　380
主要事実　**5**, 63, 65, 90, 150
主要事実説（規範的要件の主要事実）　**90**,
　　99, 150
準委任契約　461
順次取得説（民法94条2項）　86, 133
順次譲渡型（所有権訴訟の類型）　73, 122,
　　132
準主要事実説（規範的要件の主要事実）
　　92, 94, 150
準消費貸借契約　229
　　――と旧債務の同時履行の抗弁権　239
　　――に基づく貸金返還請求権　59, **229**,
　　549
準備書面の記載と要件事実　140
準物権行為　423
準法律行為　29, 434
消極的事実の立証困難　34, 38, 108
条件（法律行為の附款）　104
条件・期限一体説（契約の要件事実）　104
商行為　308
　　――の代理　309
証拠共通の原則　65
証拠調べと要件事実　143
証拠資料　64
商事法定利率　189, 311, 523
使用貸借契約　206
　　――の解除　487
　　――の終了に基づく目的物返還請求権　485
商人性　309
消費貸借　**213**, 366
証明することを要しない事実　63
証明責任　→　主張責任
消滅時効の抗弁　369
職権証拠調べの禁止　65
職権探知主義　63
処分権主義　66, 77, 122, **139**
書面性（保証）　327
所有権移転登記請求権　164
所有権取得原因の要件事実　71
所有権取得の抗弁　121
所有権喪失の抗弁　**37**, **73**, 96, 121, 354
所有権訴訟の類型　73
所有権に基づく土地明渡請求権の発生原因事

実　379
所有権に基づく物権的請求権　32
所有権に基づく返還請求権　45, 96, 132
　　――としての建物明渡請求権　341
　　――としての建物収去土地明渡請求権　36
　　――としての土地明渡請求権　35, 264
所有権に基づく妨害排除請求権としての所有
　権移転登記請求権　399
所有権に基づく妨害排除請求権としての抵当
　権設定登記抹消登記請求権　364
所有権に基づく物の引渡請求訴訟　8
知らない（不知）　26
真偽不明　11, 99
新訴訟物理論　153
身体傷害による財産上および精神上の損害の
　賠償請求権の個数　472
新様式の判決書　145
信頼関係不破壊　→　背信性
信頼関係法理　52, 54

請求異議の訴え　614
請求原因　18, 20, 140, 165
　　――の認否　25
　　複数の――が存在する場合　187
請求を理由付ける事実　66, 140
正当事由　54, 89, 114, 138, 282
正当な理由　89, 312
積極否認　26
絶対的商行為　309
せり上がり　109
善意（占有）　96, 382
善意の第三者（民法94条2項）　86
先行自白　64, 75
選択的併合　472
全部合意説（契約の要件事実）　104
全部抗弁　444
占有　9, 89
　　――継続の不存在（再抗弁）　581
　　――の具体的な態様　10
　　――の継続に関する推定規定　381
　　――の事実概念　344
　　――の時的要素　9, **345**
　　――の先行（抗弁）　581
占有改定　96

632　……　事項索引

占有権原　74, 308
　　——の位置付け　266, 341
　　——の抗弁　**33**, 42, 48, 267, 271, 346, 352
占有正権原の抗弁　34

相殺適状　331, **411**, **447**
相殺の抗弁　29, 112, 331, 411, **447**
相続の要件事実　372, **485**
争点　141, 142
争点整理と要件事実　141
相当因果関係　464, 475
相当額　166
相当期間　173, 216, 370
即時取得　94
訴訟資料　63
訴状　137
　　——の記載と要件事実　140
訴訟物　4
　　——が複数の場合　187
　　——とa＋b　122
　　——の個数　164
　　——の選択と要件事実　139
存在効果　——> 同時履行の抗弁権の存在効果

第1次的主張・第2次的主張　126
代金減額請求権（売買）　204, **292**
代金支払の約束（売買）　165
対抗要件具備
　　——についての主張立証責任　400
　　——による所有権喪失の抗弁　40, 73, 403
　　——の再抗弁　43
対抗要件の抗弁　43, 402, 404
第三者（民法177条）　400
第三者異議の訴え　620
第三者抗弁説　401, 430
第三者対抗要件　429, 431
　　——具備による債権喪失の抗弁　435
　　——の抗弁　433
貸借型の契約　24, **151**, **215**, 230, 332
貸借型理論　**152**, **215**, 231, 251, 267, 332
代替執行　264
代物弁済　29, **235**
代理権授与　69, **289**, 308

——の時的要素　310
——の摘示　394
代理権消滅後の表見代理（民法新112条）　314, 393
　　——の主張の位置付け　306
代理権消滅の抗弁　395
代理権の消滅　315
代理権の発生原因事実　309
代理人契約　69, 76
代理の要件事実　68, **289**, 366
諾成契約　206, 235
　　——としての消費貸借契約　**214**, 366
立退料（賃貸借）　54
建物収去と土地明渡しとの関係　264
建物の賃貸借契約の期間満了　113
他に相続人がいないこと　——> 非のみ説
短期取得時効　380

遅延損害金請求の要件事実　218
遅延損害金説（民法575条2項）　190
遅延損害金の生ずる期間　220, 234, 327
遅延利息説（民法575条2項）　190
抽象的概括的事実　10
長期取得時効　380
重畳適用（民法110条と112条）　314
直接効果説（契約の解除）　28, **167**
賃借権
　　——が所有権に由来するものであること　349
　　——の承継　346
　　——の譲渡　268
　　——の対抗力　350
賃貸契約の終了に基づく目的物返還請求　127
賃貸した（事実摘示）　251, 267
賃貸借契約　267
　　——に基づく賃料支払請求権　255
　　——の期間満了　24, 113
　　——の更新　279
　　——の終了に基づく目的物返還請求権　52, 114, 250, 279
　　——の終了を原因とする目的物返還請求の訴訟物　129
賃貸人の所有　348

事項索引……… 633

賃貸人の地位の譲渡 346
沈黙 26
賃料の支払時期 251

通謀虚偽表示 86, 581

停止期限付解除 174
停止条件付解除 167, 174
停止条件付物権契約 367
抵当権設定契約 366
　──時の処分権 367
手付解除 538
典型契約 102, 104, 149
転借権の対抗力 350
転借権の要件事実 347

登記請求権 363
登記の欠缺を主張する正当の利益 404
動機の錯誤 28
登記保持権原 74, 122, 365, 576
登記基づく 74, 368
当時所有（もと所有） 9, 73
同時審判の申出 287
同時履行の抗弁（請負） 237
同時履行の抗弁（売買） 30, **174**
同時履行の抗弁権の存在効果（相殺）
　113, 416
同時履行の抗弁権の存在効果（履行遅滞）
　111, 170, 172, 188, 240
同時履行の対象（売買） 175
当然解除特約 116
答弁書の記載と要件事実 140
到来（期限） **22**, 451
徒過（期限） 22
特定物ドグマ 237, 293
土地工作物の占有者の責任の要件事実 472
土地所有権に基づく物権的請求権としての建
　物収去土地明渡請求権 264
土地所有権に基づく返還請求権としての土地
　明渡請求権 264
土地所有権に基づく妨害排除請求権としての
　建物収去請求権 264

土地建物引渡請求権 164
取り出し主張 150

二重譲渡型（所有権訴訟の類型） 73
によって（事実摘示） 464
任意規定 8, 107
　──と同じ内容の意思表示 8, **107**
認否 25

根保証契約 323, 328
　──に基づく保証債務履行請求権 323

のみ説（相続） 485

背信性 53, 89, 253, 271, 273, 352
背信的悪意者 43, 404
売買型の契約 151
売買契約 164
　──における所有権移転時期 344
　──に基づく財産権移転請求権の発生原因
　　事実 165
　──に基づく所有権移転登記手続請求
　　394
　──に基づく代金支払請求の請求原因
　　187
　──の解釈 386
　──の要件事実 344
売買代金債務の履行遅滞に基づく損害賠償
　110, 187
売買代金債務を自働債権とする相殺 112
売買代金の支払時期 166
判決書と要件事実 145
反証 138, 381

引換給付判決 **30**, 238, 381
引渡し 190, 339
　──の提供 111
　基づく── 96, 251, 269, 346, 349
筆界確定（筆界特定） 378
必要最小限の要件事実 11

非典型契約の要件事実　106
否認　26
非のみ説（相続）　62, 372, **485**
非背信性 ⟶ 背信性
評価根拠事実　89, 93, 99, 100
評価障害事実　93, 99, 100
評価障害障害事実　94
評価的要件（規範的要件）　**89**, 150
表見代理　297, 395
表示価値　99

附款（法律行為の附款）　104, 150, 165
附属的商行為　309
附帯請求　186, 213, 228
不知　26
物権契約　367
物権行為　367
物権的請求権　32, 132, 263, 340
物権的登記請求権　363, 391
　　　　──の請求原因　394
物権変動的登記請求権　364, 392
　　　　──の請求原因　394
物権変動の当事者　40
不当利得返還請求　109
不法行為責任の請求原因　474
不利益陳述　64, 66, **75**, 110
不履行の軽微性の評価根拠事実　178

平穏（占有）　96, 382
併存的債務引受　585
返還約束説（契約の要件事実）　**104**, 150, 268
弁済　177, **446**
　　　──と代理　314
　　　──の提供　15, 119, 171, 177, 256
　　　──の要件事実　220, 446
弁済期の合意（貸借型理論）　215
弁済期の定めなし（消費貸借）　216, 366
弁論主義と要件事実との関係　67
弁論主義の内容　63
弁論主義の理論的根拠　66
弁論の全趣旨　76

法規説（権利の発生根拠）　**102**, 149
法規不適用説　155
法定解除権　168
法定更新（賃貸借）　114, 280
法定充当　442
法定承継取得説（民法94条2項）　86, 133
法定利息説（民法575条2項）　190
法定利率　188, 303, **523**
法的概念　5
法的観点指摘義務　79, 151, 153
冒頭規定　**104**, 165
冒頭規定説（契約の要件事実）　**104**, 149, 165, 214, 268
法律行為の附款　104, 150, 165
法律効果　4
法律上の原因がないことの立証責任（不当利得）　109
法律上の権利推定　341
法律上の事実推定　128, 381, 382
法律上の主張　26, 27
法律上の推定　96
法律の規定と同一内容の合意　8, **107**
法律問題指摘義務 ⟶ 法的観点指摘義務
法律要件　4
法律要件要素　5
法律要件分類説　13, 80, 108, 153
保持権原型（所有権訴訟の類型）　73
保証契約　327
　　　──と連帯保証契約との関係　324
　　　──に基づく保証債務履行請求権　19
保証人の悪意（再抗弁）　567
保証範囲の特約（抗弁）　567
補助事実　11, **65**
本質的要素　7, 106, 166
本証　138
本人契約　69, 76

末日　24
抹消登記の主文　362

未成年取消し（抗弁）　27, 567

事項索引　635

見出し　129, 179, 187, 193, 205
認める（自白）　25
民法110条と112条の重畳適用　314
民法177条の第三者　400
民法717条1項による土地工作物の占有者の責任の要件事実　472
民法新112条2項による表見代理　305, **314**
民法新117条1項に基づく履行請求権　290

無過失　96, 382
無権代理人の責任　290
無催告解除　272
無催告解除特約　54, 109, 114, 254
無断転貸を理由とする解除（賃貸借）　355
無名契約　103
　　──の要件事実　106

明示的な一部請求　216
明示の意思表示　6, **99**
免除　177
免責的債務引受　585

黙示の意思表示　6, **99**, 150
目的物の修補に代わる損害賠償請求権（請負）　238
目的物の引渡時期　166
もと所有　9, 32, 73, 386
基づく占有　37
基づく登記　74
基づく引渡し　96, 251, 269, 346, 349

約定利率　189, 233

有権代理　308
有権代理説　134
譲受債権請求訴訟の訴訟物　423

譲受債権の取得原因事実　446
許されたa＋b　85, 119, **124**, **134**

要件事実　5, 6, 65, 90, 150
　　──最小限の原則　11, 117
　　──の意義　5
　　──の書き表し方　447
　　──の不可分性　105
　　──の分類　7, **18**
　　──ミニマムの原則　11, 117
　　──を特定する方法　15
要件事実論　148
要証事実　142
要素　7, 106, 166
要物契約　21, 206, 235, 259
　　──としての消費貸借契約　**213**, 366
用法義務違反による解除　271, 487
よって書き　**26**, 83, 216
予備的抗弁　133, 136
予備的主張　85, **124**, **135**, 306, 307
　　当事者の意思による──　126
予備的請求原因　129, **135**, 306, 307, 316, 395

履行遅滞に基づく損害賠償請求権　83, 108, **110**, **218**, 234, 255
履行遅滞の講学上の要件　168
履行の着手（手付解除）　539
履行不能　202
利息契約に基づく利息請求権　228, 233
利息の生ずる期間　326
利息を支払うこと（事実摘示）　552
立証責任　11, 12, 105
　　──と主張責任の関係　13
　　──の公平な分配　**14**, 154
　　──の分配基準　80, 108, 154

連帯の約定　330
連帯保証債務　324

【編著者紹介】

村田　渉（むらた　わたる）　＊第1・5～11講，第2・6・13・14・16問
　中央大学大学院法務研究科教授・弁護士（森・濱田松本法律事務所客員弁護士）
　1955年生まれ。1979年に早稲田大学政治経済学部を卒業し，1982年に司法修習生（36期），1984年に判事補任官（東京地方裁判所）。1986年福岡地方・家庭裁判所小倉支部判事補，1989年最高裁判所事務総局刑事局付，1995年京都地方裁判所判事，1998年東京地方裁判所判事，2001年司法研修所教官（民事裁判教官），2005年7月東京地方裁判所判事，2011年7月司法研修所教官（第一部上席教官），2016年4月仙台地方裁判所所長，2017年3月東京高等裁判所判事（部総括），2020年12月退官。2021年4月より現職，2022年8月弁護士登録。2004年4月から2007年3月まで早稲田大学大学院法務研究科客員教授を兼ねる。
　『民事訴訟実務の基礎〔第4版〕』（共著，弘文堂・2019），『手続裁量とその規律　理論と実務の架橋をめざして』（共著，有斐閣・2005），『事実認定体系　民法総則編1・2』（編著，第一法規・2017），『事実認定体系　物権編』（編著，第一法規・2017），『事実認定体系　新訂　契約各論編1～3』（編著，第一法規・2019），『事実認定体系　契約総論編』（編著，第一法規・2019）。

山野目　章夫（やまのめ　あきお）　＊第2～4・22・25・28講，第1問
　早稲田大学大学院法務研究科教授
　1958年生まれ。1981年に東北大学法学部を卒業し，同学部助手を経て，1988年に亜細亜大学法学部専任講師，1993年に中央大学法学部助教授，2000年に早稲田大学法学部教授。2004年4月より現職。エクス・マルセイユ第三大学客員教授（2003年3月，2006年3月）。
　『不動産登記法〔第3版〕』（商事法務・2024），『不動産登記法概論　登記先例のプロムナード』（有斐閣・2013），『定期借地権論　定期借地制度の創設と展開』（一粒社・1997），『有斐閣アルマ　民法――総則・物権〔第8版〕』（有斐閣・2022），『民法概論1　民法総則〔第2版〕』（有斐閣・2022），『民法概論2　物権法』（有斐閣・2022），『民法概論3　債権総論』（有斐閣・2024），『民法概論4　債権各論』（有斐閣・2020），『物権法〔第5版〕』（日本評論社・2012），『ケースではじめる民法〔第2版〕』（野澤正充教授との共編，弘文堂・2011），『要件事実論と民法学との対話』（大塚直教授および後藤巻則教授との共編著，商事法務・2005），『民法総則』（後藤巻則教授との共著，弘文堂・2008），『表現の自由とプライバシー　憲法・民法・訴訟実務の総合的研究』（田島泰彦教授および右崎正博教授との共編著，日本評論社・2006）。

【著者紹介】

後藤　巻則（ごとう　まきのり）　＊第23・24・30講
早稲田大学名誉教授・弁護士（ひかり総合法律事務所）
1952年生まれ。1976年に早稲田大学法学部を卒業し，獨協大学法学部教授などを経て，2003年に早稲田大学法学部教授。
『消費者契約の法理論』（弘文堂・2002），『要件事実論と民法学との対話』（共編著，商事法務・2005），『消費者契約と民法改正』（弘文堂・2013），『条解 消費者三法〔第2版〕』（共著，弘文堂・2021），『契約法講義〔第4版〕』（弘文堂・2017）。

髙橋　文淸（たかはし　ふみきよ）　＊第18・26・27講，第11・12問
公証人
1957年生まれ。1981年に東京大学法学部を卒業し，1985年に司法修習生（39期），1987年に大阪地方裁判所判事補。2002年に司法研修所教官，2006年10月に東京地方裁判所判事。2004年4月から3年間，一橋大学法科大学院特任教授。2007年4月に大阪高等裁判所判事，2008年9月に大阪地方裁判所判事，2016年4月に大阪高等裁判所判事，2018年5月に福岡高等裁判所宮崎支部判事，2021年1月退官。同年2月より現職。

大塚　直（おおつか　ただし）　＊第29講
早稲田大学法学部・同大学院法務研究科教授
1958年生まれ。1981年に東京大学法学部を卒業し，同大学助手，学習院大学法学部助教授・教授を経て，2001年に早稲田大学法学部教授。
『環境法〔第4版〕』（有斐閣・2020），『要件事実論と民法学との対話』（共編著，商事法務・2005），『国内排出枠取引制度と温暖化対策』（岩波書店・2011）。

村上　正敏（むらかみ　まさとし）　＊第14～17講，第5・9・10・15問
日本大学大学院法務研究科教授
1958年生まれ。1983年に京都大学法学部を卒業し，1983年に司法修習生（37期），1985年に横浜地方裁判所判事補。2003年に司法研修所教官，2007年9月に東京高等裁判所判事，2009年4月に東京地方裁判所判事，2015年4月に大分家裁判所所長，2017年3月に高松地方裁判所所長，2019年2月に東京高等裁判所判事，2023年6月退官。同年9月より現職。
『民事執行法上の保全処分』（共著，金融財政事情研究会・1993），『ステップアップ 民事事実認定〔第2版〕』（共著，有斐閣・2019）。

三角　比呂（みすみ　ひろ）　＊第12・13・19～21講，第3・4・7・8・17問
東京高等裁判所判事
1960年生まれ。1984年に中央大学法学部を卒業し，1984年に司法修習生（38期），1986年に大阪地方裁判所判事補。2001年に司法研修所教官，2005年7月に東京地方裁判所判事。2004年4月から3年間，中央大学法科大学院特任教授。2007年3月に仙台高等裁判所判事（事務局長），2011年7月に東京地方裁判所判事，2014年6月に司法研修所教官，2018年7月に静岡地方裁判所所長，

2020年8月より現職。
『手続裁量とその規律　理論と実務の架橋をめざして』（共著，有斐閣・2005），
『訴訟実務マニュアル　簡裁活用テクニック』（共著，第一法規・2004）。

鈴木　謙也（すずき　けんや）　＊第12・13・19～21講，第3・4・7・8・17問
東京地方裁判所判事
1967年生まれ。1992年に東京大学法学部を卒業し，1992年に司法修習生（46期），1994年に東京地方裁判所判事補。2014年4月に司法研修所教官，2018年4月に東京地方裁判所判事，2019年7月に司法研修所教官，2023年3月より現職。2012年から2年間，東京大学大学院法学政治学研究科客員教授。
『事実認定体系　新訂 契約各論編3』（村田渉編著，第一法規・2019），『事実認定体系　物権編』（村田渉編著，第一法規・2017），『リーガル・プログレッシブ・シリーズ　民事執行〔補訂版〕』（齋藤隆＝飯塚宏編著，青林書院・2014）

桃崎　剛（ももさき　つよし）　＊第18・26・27講，第11・12問
東京地方裁判所判事
1968年生まれ。1994年に早稲田大学法学部を卒業し，同年に司法修習生（48期），1996年に神戸地方裁判所判事補。2010年4月に司法研修所教官，2014年4月に東京地方裁判所判事，同年9月から2017年3月まで慶應義塾大学法科大学院派遣教員。2017年4月に名古屋地方裁判所判事，2020年4月より現職。
『事実認定体系　新訂 契約各論編1』（村田渉編著，第一法規・2018），『事実認定体系　物権編』（村田渉編著，第一法規・2017），『最新裁判実務大系4　不動産関係訴訟』（滝澤孝臣編著，青林書院・2016）。

德增　誠一（とくます　せいいち）　＊第10・11講，第2・6・13・14・16問
東京地方裁判所判事
1970年生まれ。1993年に中央大学を卒業し，1995年に司法修習生（49期），1997年に東京地方裁判所判事補，2007年4月に東京高等裁判所判事，2012年4月から中央大学法科大学院特任教授，2014年8月に司法研修所教官，2020年4月に東京高等裁判所判事，2021年4月に大阪地方裁判所判事，2024年4月より現職。
『民事実務研究Ⅴ』（共著，判例タイムズ社・2013），『事案分析　要件事実』（共著，弘文堂・2015），『事実認定体系　物権編』（村田渉編著，第一法規・2017）。

劔持　淳子（けんもつ　じゅんこ）　＊第14～17講，第5・9・10・15問
名古屋家庭裁判所判事
1972年生まれ。1996年に東京大学法学部を卒業し，1996年に司法修習生（50期），1998年に弁護士登録（第一東京弁護士会），2001年に横浜地方裁判所判事補。2010年に裁判所職員総合研修所教官，2013年4月に東京地方裁判所判事。同月から3年間，早稲田大学大学院法務研究科教授を兼ねる。2016年4月に那覇地方裁判所判事，2020年4月に東京地方裁判所判事，2022年4月より現職。
『令和元年改正 民事執行法制の法令解説・運用実務〔増補版〕』（共編著，金融財政事情研究会・2021），『民事実務研究Ⅳ』（共著，判例タイムズ社・2011）

〔編著者〕
村田　渉　　中央大学大学院法務研究科教授・弁護士
山野目章夫　早稲田大学大学院法務研究科教授

〔著者〕
後藤　巻則　早稲田大学名誉教授・弁護士
髙橋　文淸　公証人
大塚　　直　早稲田大学法学部・同大学院法務研究科教授
村上　正敏　日本大学大学院法務研究科教授
三角　比呂　東京高等裁判所判事
鈴木　謙也　東京地方裁判所判事
桃崎　　剛　東京地方裁判所判事
德増　誠一　東京地方裁判所判事
劒持　淳子　名古屋家庭裁判所判事

要件事実論30講〔第4版〕

2007（平成19）年3月30日　初版1刷発行
2009（平成21）年2月15日　第2版1刷発行
2012（平成24）年4月15日　第3版1刷発行
2018（平成30）年3月15日　第4版1刷発行
2024（令和6）年5月30日　同　　5刷発行

編著者　村田　渉
　　　　山野目章夫
発行者　鯉渕友南
発行所　株式会社 弘文堂　101-0062　東京都千代田区神田駿河台1の7
　　　　　　　　　　　　TEL 03(3294)4801　振替 00120-6-53909
　　　　　　　　　　　　https://www.koubundou.co.jp

装　丁　笠井亞子
印　刷　図書印刷
製　本　牧製本印刷

Ⓒ 2018 Wataru Murata & Akio Yamanome. Printed in Japan

JCOPY 〈(社)出版者著作権管理機構 委託出版物〉
本書の無断複写は著作権法上での例外を除き禁じられています。複写される場合は、そのつど事前に、(社)出版者著作権管理機構（電話 03-5244-5088、FAX 03-5244-5089、e-mail:info@jcopy.or.jp）の許諾を得てください。
また本書を代行業者等の第三者に依頼してスキャンやデジタル化することは、たとえ個人や家庭内での利用であっても一切認められておりません。

ISBN978-4-335-35750-3

――― 好評発売中 ―――
民事訴訟実務の基礎〔第4版〕
加藤新太郎 編著 前田惠三・村田渉・松家元 著

民事訴訟実務は、実体法と手続法とが交錯するダイナミックな現場である。実体法と手続法、理論と実務、スキルとマインドとが架橋・融合された民事訴訟実務のすべてがわかる。法科大学院における到達すべきレベルを具体的に示し、動態的な民事訴訟実務が実践的に学べる法律実務家になるための必修テキスト。定価(**本体3200円+税**)

- ●「民事訴訟実務の基礎」を学ぶためのスタンダード・テキスト
- ●2020年4月施行の債権法改正に完全対応の最新版
- ●具体的な建物明渡事件を題材に、民事紛争の発端、訴訟準備から、民事保全、判決、執行までをカバーし、民事紛争解決プロセスの全体像が把握できる
- ●事件記録を収めた「記録篇」と、実務と理論を架橋したわかりやすい記述の「解決篇」の2冊組み
- ●実務修習に入る際に求められる基本的知識が身につく構成
- ●法実務の動向や関連文献など最新の情報をふまえた内容
- ●各章の冒頭に、学びのポイントを明示し、より学びやすさを追求
- ●重要判例の要旨や判例および法理論に関連する基本情報を整理
- ●法科大学院生や司法修習生、若手法曹実務家、予備試験受験生にも最適の手引書

Before/After民法改正
2017年債権法改正 〔第2版〕
潮見佳男・窪田充見・中込一洋 ＝編著
増田勝久・水野紀子・山田攝子

改正の前後で、どのような違いが生じるのかを、シンプルな設例(Case)をもとに、「旧法での処理はどうだったか」(Before)、「新法での処理はどうなるか」(After)に分け、第一線で活躍する民法学者および実務家が、見開き2頁でわかりやすく解説。根拠条文・要件効果の違いを示すことを第一義にし、実務においても学習においても、まず、押さえておきたい基本を明示。新しい民法の理解が一気に深まるお勧めの一冊。

A5判 504頁 定価(**本体3300円+税**)

弘文堂　　　＊2024年5月現在